KB246266

스토리가
살아 있는

POWER POINT 2016

장경호 저

YoungJin.com Y.
영진닷컴

스토리가
살아있는
POWERPOINT 2016

ISBN : 978-89-314-5667-7

독자님의 의견을 받습니다.

이 책을 구입한 독자님은 영진닷컴의 가장 중요한 비평가이자 조언가입니다. 저희 책의 장점과 문제점이 무엇인지, 어떤 책이 출판되기를 바라는지, 책을 더욱 알차게 꾸밀 수 있는 아이디어가 있으면 팩스나 이메일, 또는 우편으로 연락주시기 바랍니다. 의견을 주실 때에는 책 제목 및 독자님의 성함과 연락처(전화번호나 이메일)를 꼭 남겨 주시기 바랍니다. 독자님의 의견에 대해 바로 답변을 드리고, 또 독자님의 의견을 다음 책에 충분히 반영하도록 늘 노력하겠습니다.

파본이나 잘못된 도서는 구입처에서 교환 및 환불해 드립니다.

이 메 일 : support@youngjin.com
주   소 : (우)08505 서울시 금천구 가산디지털2로 123 월드메르디앙벤처센터 2차 10층 1016호

STAFF

저자 장경호 | **기획** 기획 1팀 | **책임** 김태경 | **진행** 성민, 최윤정
디자인 지화경 | **내지 편집** 지화경, 함세영 | **내지 편집** 예림인쇄

잘 선택하셨습니다!

제 도서를 선택해 주신 독자들에게 진심으로 감사하다는 인사를 전합니다.
파워포인트를 배울 수 있는 방법이 많아진 현실에서 본 도서를 선택했다는 것은
제대로! 남들보다 뛰어나게! 파워포인트를 배우고, 활용하고 싶은 분이라 생각됩니다.

잘 연구했습니다!

저는 오늘도 새로운 프로그램을 공부합니다.
프로그램을 배우는 데 있어서 가장 좋은 도구는 책입니다. 그래서 저는 새로운 프로그램을 공부할 때 여러 권의 책을 주문합니다. 같은 프로그램을 다룬 도서라도 저자에 따라 배움의 정도가 달라짐을 느낍니다. 같은 프로그램을 다룬 도서이고, 같은 기능을 설명하지만 독자가 느끼는 배움의 정도는 다릅니다. 그런 책들을 보고 익히며, 저자의 입장에서 어떻게 하면 독자들에게 더 쉽고 더 좋은 내용으로 집필할 수 있을지 연구하게 됩니다.

잘 보여드립니다!

저자는 공무원이었던 시절부터 디자인 회사를 운영하는 현재까지 20권이 넘는 책을 출간했습니다. 출간한 책이 늘어갈수록 더 좋은 내용을 독자들에게 선보이기 위해 꾸준히 노력해왔습니다. 파워포인트 기능을 실무 예제에 잘 엮어 좋은 콘텐츠와 좋은 노하우로 한 권의 책에 제대로 채워 넣었습니다.

잘 활용할 수 있습니다!

한 권의 책을 마스터해도 제자리일 수밖에 없는 이유는 책 내용을 제대로 활용할 수 없기 때문입니다. 단순히 기능을 익히고 수많은 이야기를 하더라도 실무에서 활용할 수 없다면 무용지물입니다. 본 도서는 책 내용이나 예제를 잘 활용할 수 있도록 기획하고 구성했습니다.

그리고, 감사합니다!

한 권의 책이 탄생하기까지 참 많은 분들이 고생을 합니다. 이 책은 2016년 8월부터 집필을 시작하여 1년여 만에 완성되었습니다. 그 시간을 함께 고생한 영진닷컴 식구들에게 고마움을 전합니다. 두 아이의 엄마이자 항상 곁에서 힘이 되어주는 아내, 그리고 소연, 소희에게도 사랑한다는 말을 전합니다.

저자 장경호 드림

이 책은 파워포인트 2016을 처음 사용하는 입문자들이 체계적으로 학습할 수 있는 2개의 스토리와 6개의 PART로 구성되어 있습니다. 본격적인 학습에 앞서 이 책이 어떤 요소들로 만들어졌는지 알아보겠습니다.

Story

두 개의 Story로 내용을 구분하며, 첫 번째 Story에서는 파워포인트의 기본기를 튼튼히 다지고, 두 번째 Story에서는 프레젠테이션을 돋보이게 하는 다양한 슬라이드 제작 테크닉을 소개합니다.

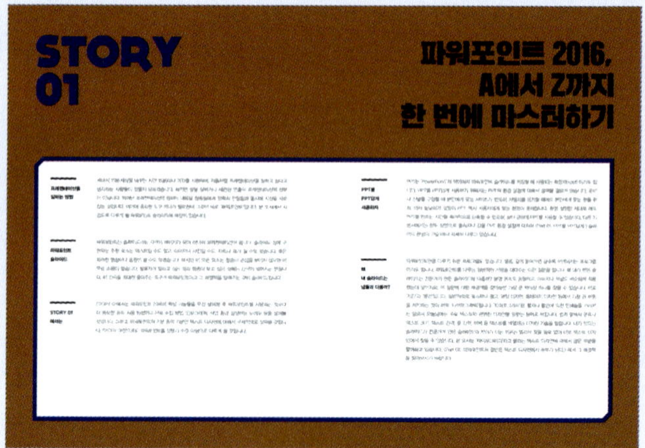

Part

총 6개의 Part로 구성되어 있으며, 각각의 Part는 파워포인트의 작업 환경 구성과 핵심 기본 기능, 프레젠테이션을 위한 도해 및 멀티미디어 소스 파일들을 어떻게 하면 제대로 써먹을 수 있는지 체계적으로 소개합니다.

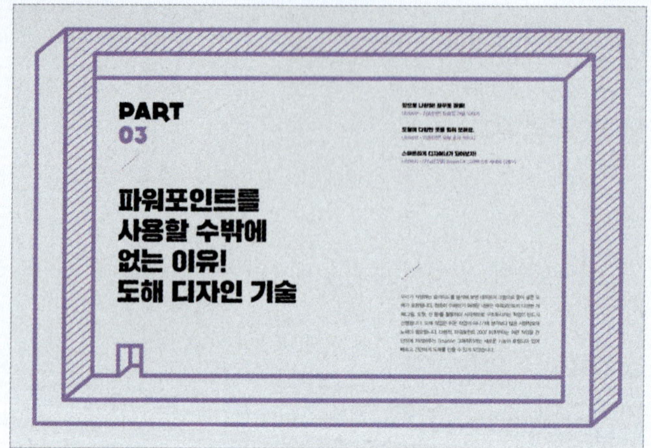

Special Page

본문의 학습 내용과 연계하여 학습할 수 있는 내용들을 별도의 페이지로 구성하여 소개합니다.

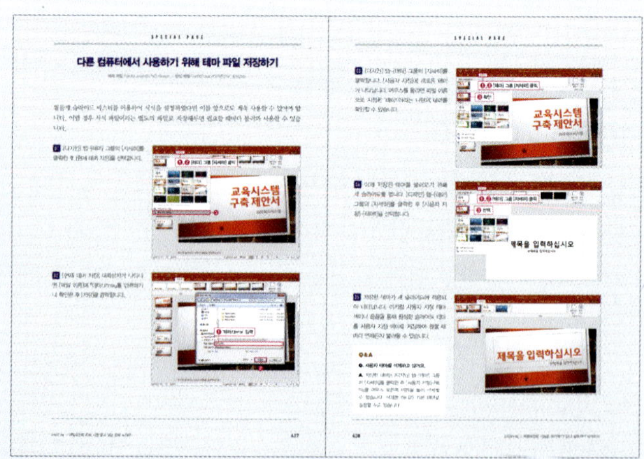

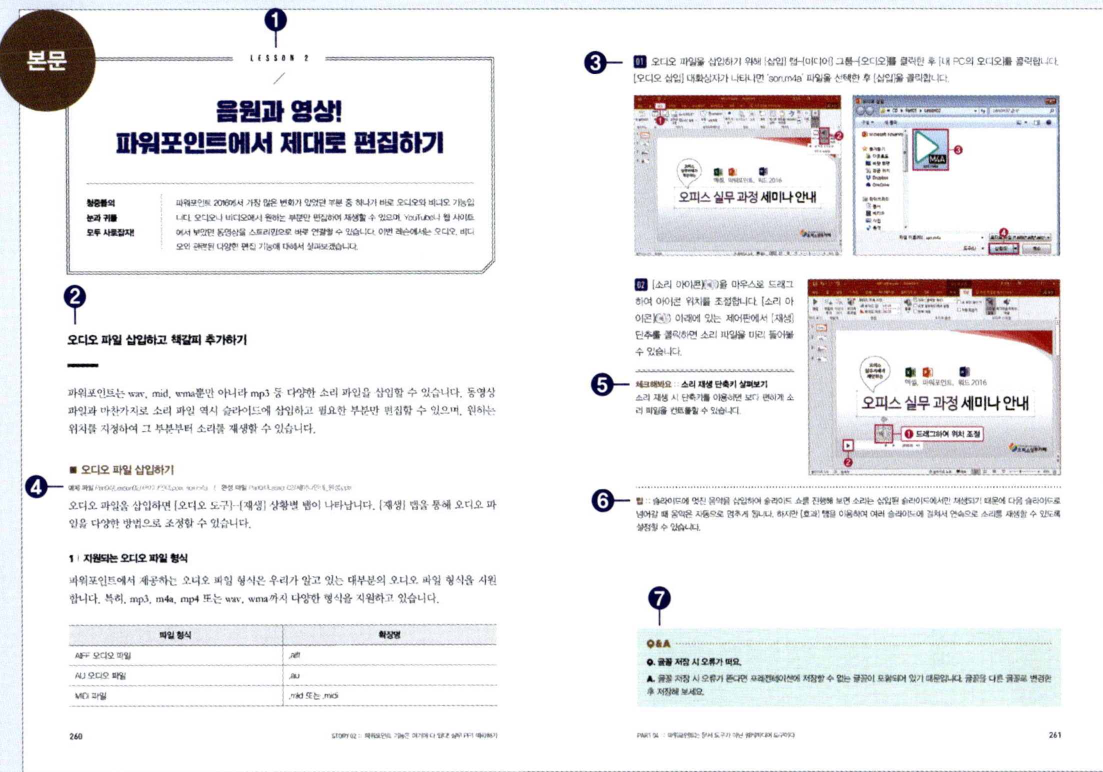

❶ Lesson

파워포인트 2016의 다양한 기능을 Lesson으로 구성합니다.

❷ 소제목

본격적인 학습 코너로써, 이론적인 내용을 소개하기도 하며, 따라하기 형식으로 파워포인트 본연의 기능을 익힐 수 있도록 유도합니다.

❸ 따라하기

마우스 클릭 표시로 따라하기 내용을 하나하나 순서대로 쉽게 학습할 수 있도록 구성합니다.

❹ 예제/완성 파일

본문의 학습에 필요한 예제/완성 파일 경로를 알려줍니다. 예제/완성 파일을 영진닷컴 홈페이지에서도 다운로드할 수 있습니다.

❺ 체크해봐요

본문의 따라하기 과정에서 발생하는 문제들이나, 주의해야 하는 내용들을 소개합니다.

❻ 팁

본문의 따라하기 과정에서 참고해야 할 사항을 알려줍니다.

❼ Q&A

독자들이 파워포인트 사용 시 쉽게 실수하는 내용들을 질문과 답변 형식으로 구성합니다.

이 책의 구성

STORY 01
파워포인트 2016,
A에서 Z까지 한 번에
마스터하기
PPT를 PPT답게! 슬라이드 완성의 기술 PART
PART 01
PART 02
파워포인트의
'기초와 근본' Part 들
PART 01
PART 06
PART 02
STORY 02
파워포인트 기능은
여기에 다 있다!
실무 PPT 따라하기
목적에 맞는 프레젠테이션을 위한 실무 PPT 제작 PART
PART 03
PART 04
PART 05
PART 06

이 책의 학습에 필요한 예제/완성 파일은 영진닷컴 홈페이지(www.youngjin.com)의 [고객센터]–[도서자료실/CD 다운로드] 게시판에서 검색 창에 도서명(스토리가 살아 있는 파워포인트 2016)이나 키워드(파워포인트 2016)를 입력한 후 다운로드 받아 사용하실 수 있습니다.

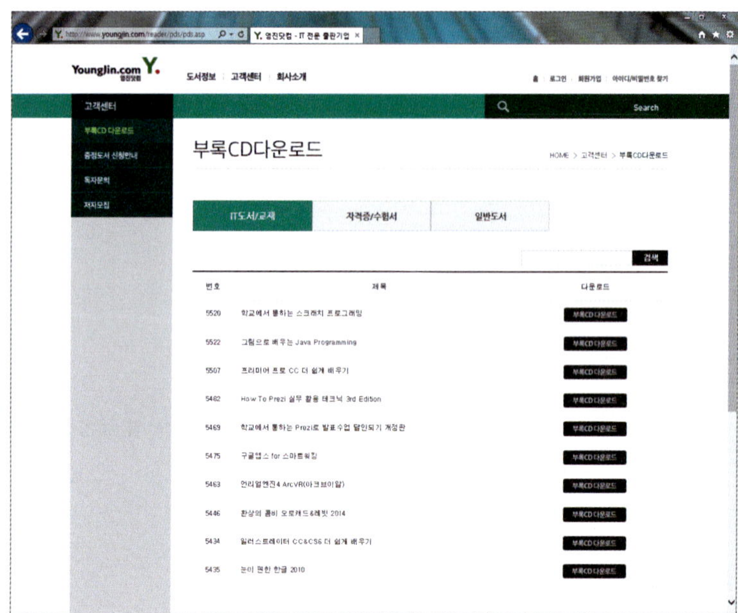

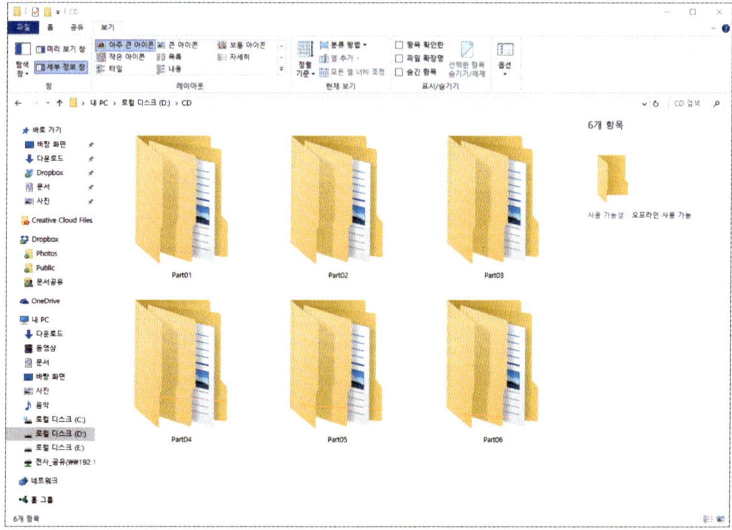

▲ 다운로드한 압축 파일을 해제한 PART별 예제/완성 파일 폴더

C O N T E N T S

STORY 01 | 파워포인트 2016, A에서 Z까지 한 번에 마스터하기

STORY
01

**프레젠테이션을
잘하는 방법**

세바시 15분(세상을 바꾸는 시간 15분)이나 TED를 시청하며, 저들처럼 프레젠테이션을 잘하고 싶다고 생각하는 사람들이 있을지 모르겠습니다. 하지만 말을 잘하거나 세련된 연출이 프레젠테이션의 전부는 아닙니다. 뛰어난 프레젠테이션은 원하는 내용을 청중들에게 정확히 전달함과 동시에 시선을 사로잡는 것입니다. 여기에 중요한 도구 하나가 필요한데 그것이 바로 '파워포인트'입니다. 본 도서에서 지겹도록 다루게 될 파워포인트 슬라이드에 해답이 있습니다.

**파워포인트
슬라이드**

파워포인트는 슬라이드라는 각각의 페이지가 묶여 하나의 프레젠테이션이 됩니다. 슬라이드에서 구현되는 주된 요소는 텍스트일 수도 있고, 이미지나 사진일 수도, 차트나 표가 될 수도 있습니다. 혹은 화려한 영상이나 음원이 될 수도 있겠습니다. 하지만 이 모든 요소는 청중이 관심을 보이지 않으면 아무런 소용이 없습니다. 발표자가 알리고 싶은 것과 청중이 보고 싶은 것에는 간극이 있어서는 안됩니다. 이 간극을 최대한 줄여주는 도구가 파워포인트이고 그 해결책을 알려주는 것이 슬라이드입니다.

**STORY 01
에서는**

STORY 01에서는 파워포인트 2016의 핵심 기능들을 우선 살펴본 후 파워포인트를 사용하는 것보다 더 중요한 폰트 사용 방법이나 자료 수집 방법, 인포그래픽, 작업 환경 설정하는 노하우 등을 살펴볼 것입니다. 그리고, 파워포인트의 기본 중의 기본인 텍스트 디자인에 대해서 구체적으로 살펴볼 것입니다. STORY 01만으로도 파워포인트를 전문가 수준 이상으로 다루게 될 것입니다.

파워포인트 2016, A에서 Z까지 한 번에 마스터하기

PPT는 'PowerPoinT'의 약어이자 파워포인트 슬라이드를 저장할 때 사용되는 확장자(*.ppt) 이기도 합니다. PPT를 PPT답게 사용하기 위해서는 PPT의 환경 설정에 대해서 살펴볼 필요가 있습니다. 옷이나 신발을 구입할 때 본인에게 맞는 사이즈가 있듯이, 자동차를 운전할 때에도 본인에게 맞는 핸들 위치, 의자 높낮이가 있듯이 PPT 역시 사용자에게 맞는 환경이 존재합니다. 환경 설정만 제대로 해도 PPT를 만드는 시간을 획기적으로 단축할 수 있으며, 보다 편하게 PPT를 사용할 수 있습니다.

파워포인트만큼 다루기 쉬운 프로그램도 없습니다. 물론, 깊게 들어가면 갈수록 어려워지는 프로그램이기도 합니다. 파워포인트를 다루는 일반적인 사람들 대다수는 이런 질문을 합니다. 왜 내가 만든 슬라이드는 전문가가 만든 슬라이드와 다를까? 분명 폰트도 동일하고, 이미지나 색상도 비슷하게 적용했는데 말이지요. 이 질문에 대한 해결책을 찾아보면 가장 큰 차이점 하나를 찾을 수 있습니다. 바로 '자간'과 '행간'입니다. 일반적으로 포스터나 광고, 편집 디자인, 홈페이지 디자인 등에서 가장 큰 비중을 차지하는 것이 바로 '타이포그래피'입니다. '타이포그래피'란, 활자나 활판에 의한 인쇄술을 가리키는 말로써 오늘날에는 주로 텍스트와 관련한 디자인을 일컫는 용어로 쓰입니다. 쉽게 말해서 폰트나 텍스트 크기, 텍스트 간격, 줄 간격, 여백 등 텍스트를 배열하는 디자인 기술을 말합니다. 내가 만드는 슬라이드가 전문가가 만든 슬라이드와 차이가 나는 이유는 멀리서 찾을 필요 없이 바로 텍스트 디자인에서 찾을 수 있습니다. 본 도서는 '타이포그래피'라고 불리는 텍스트 디자인에 대해서 넓은 부분을 할애하고 있습니다. 〈Part 02. 파워포인트의 절반은 텍스트 디자인에서 승부가 난다〉에서 그 해결책을 찾아보기 바랍니다.

PART 01

파워포인트 2016의 모든 것

나만의 작업 환경을 만들어 보자
LESSON 01 • 사용자가 완성하는 파워포인트 환경 설정하기

사람들의 눈을 즐겁게 할 PPT 만들기
LESSON 02 • 파워포인트 디자인, 이것만 알아도 당신은 PPT 디자이너!

프레젠테이션이란, 적절한 매체를 이용하여 자신이 전달하고자 하는 바를 청중들에게 전달함으로써 원하는 목적을 달성하는 커뮤니케이션 방법을 말합니다. 발표자의 의견이 청중들에게 효과적으로 전달되면 최상의 프레젠테이션이라 할 수 있습니다. 이런 프레젠테이션을 가능하게 해주는 도구가 바로 파워포인트입니다. 이번 파트에서는 파워포인트가 무엇이고, 파워포인트로 할 수 있는 다양한 작업에 대해서 살펴보겠습니다.

사용자가 완성하는 파워포인트 환경 설정하기

나만의 작업 환경을 만들어 보자.

파워포인트를 제대로 활용하기 위해서는 리본 메뉴나 상황별 탭을 비롯해 각종 작업 창 등 파워포인트의 작업을 빠르게 도와주는 화면 구성에 대해서 이해하고 있어야 합니다. 이번 레슨에서는 파워포인트 2016에서 주목해야 하는 기능이나 특징을 비롯해 파워포인트의 리본 메뉴, 각종 기능, 작업 환경에 대해서 살펴보겠습니다.

파워포인트 2016에서 주목해야 할 기능 14가지

우리는 수없이 많은 프레젠테이션을 경험하며 진행하고 있습니다. 직장이나 학교에서 프레젠테이션으로 인해 많은 밤을 지새우며 때로는 전문가의 도움과 조언을 구해 좀 더 명확하고 완전한 프레젠테이션을 꿈꿉니다.

우리가 하는 프레젠테이션은 슬라이드라는 정형화된 프레임 안에서 이루어지며, 지금까지 진행된 수많은 프레젠테이션이 이런 형식을 따르고 있습니다. 정형화되어 있는 글머리 기호와 텍스트 개체 틀, 슬라이드 미리보기 창, 리본 메뉴, 탭, 그룹 등은 마이크로소프트 오피스만의 방식이며, 프로그램이 지속 발전하면서도 계속 유지되어 오는 방식입니다. 이는 수십 년 동안 프레젠테이션 도구로써 발전해온 파워포인트의 오랜 경험과 철학에서 나온 방식이며, 수많은 시행착오와 피드백 끝에 정착된 방식이기도 합니다.

지금까지 마이크로소프트사의 오피스 제품의 경우 출시 연도를 뒤에 붙여 오피스 2007, 오피스 2010으로 불러왔습니다. 하지만, 오피스 2013부터는 뉴 오피스, 오피스 365, 오피스 2013 등 다양한 이름으로 불리고 있습니다. 여기서는 다른 프로그램과 다른 파워포인트만의 주목해야 하는 기능에 대해서 살펴보겠습니다.

■ 마지막으로 읽은 위치

여러 장의 슬라이드로 구성되어 있을 경우 책갈피처럼 마지막에 읽은 슬라이드 위치 및 읽은 날짜 등을
슬라이드 편집 창의 오른쪽에 표시해 줍니다. 이를 통해 기존에 하던 작업을 이어서 진행할 수 있습니다.

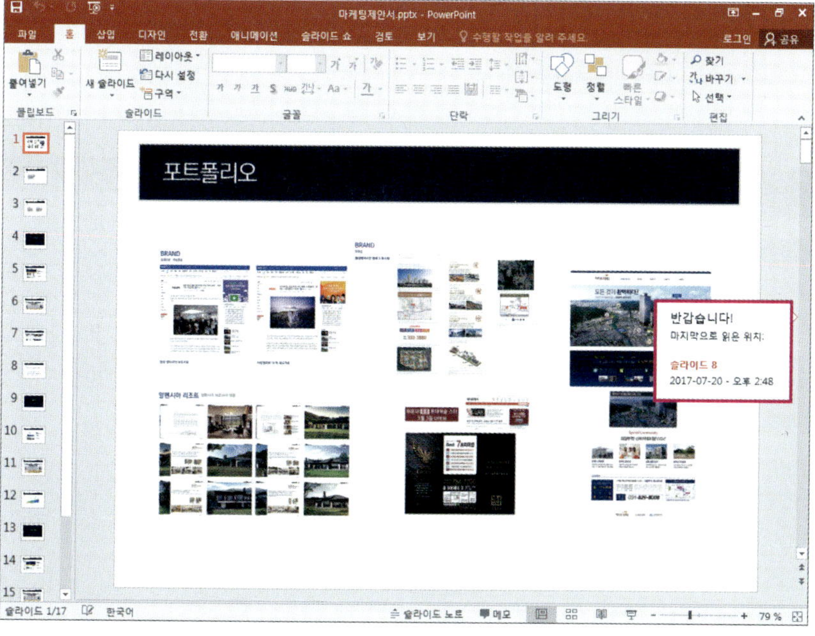

■ 색 일치를 위한 스포이트

사진이나 그림에서 마음에 드는 색상을 RGB 색상 값으로 불러오는 것이 아니라, 스포이트 기능을
통해 파워포인트에 바로 적용할 수 있습니다.

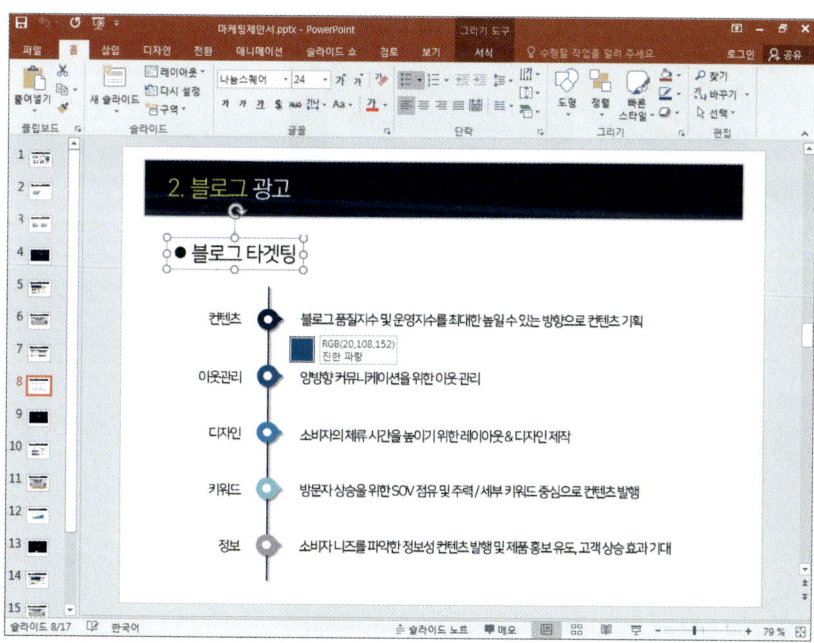

■ 와이드 스크린과 사용자 지정 크기

파워포인트 2007이나 2010 버전의 슬라이드 크기는 전형적인 4 : 3 비율을 가지고 있는 반면에 파워포인트 2013의 슬라이드 크기는 16 : 9 비율의 와이드 화면으로 시작합니다. 물론 기존 슬라이드 크기대로 변경할 수 있으며, 사용자가 원하는 크기대로 슬라이드를 조정할 수도 있습니다.

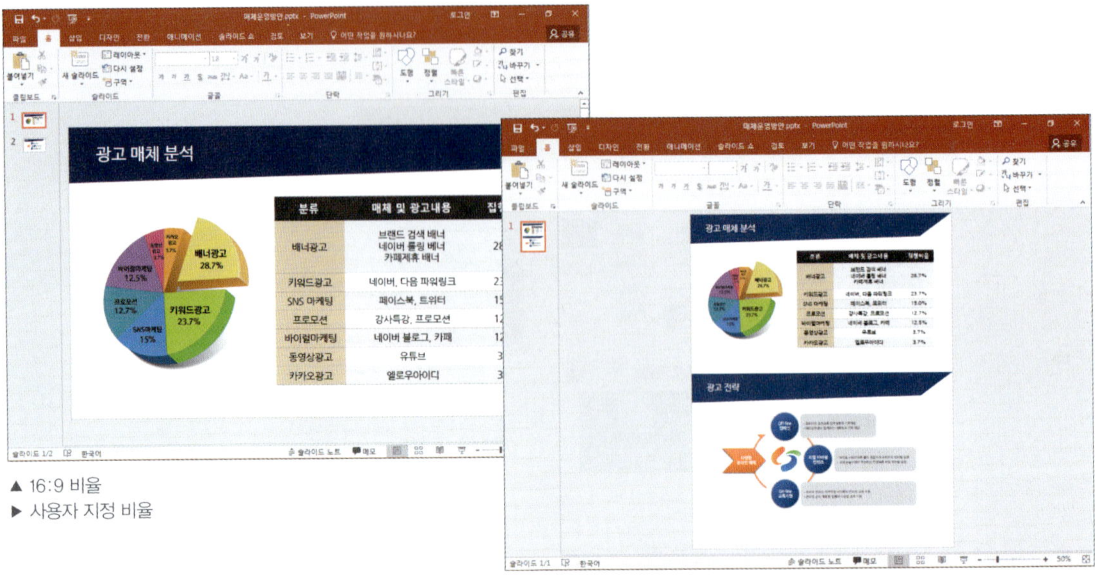

▲ 16:9 비율
▶ 사용자 지정 비율

■ 향상된 발표자 도구

사용자 편의성을 대폭 강화하여 그 동안 사용하기 다소 불편했던 발표자 도구가 쉽고 편리하게 변경되었습니다. 기능도 많은 부분 향상되었습니다.

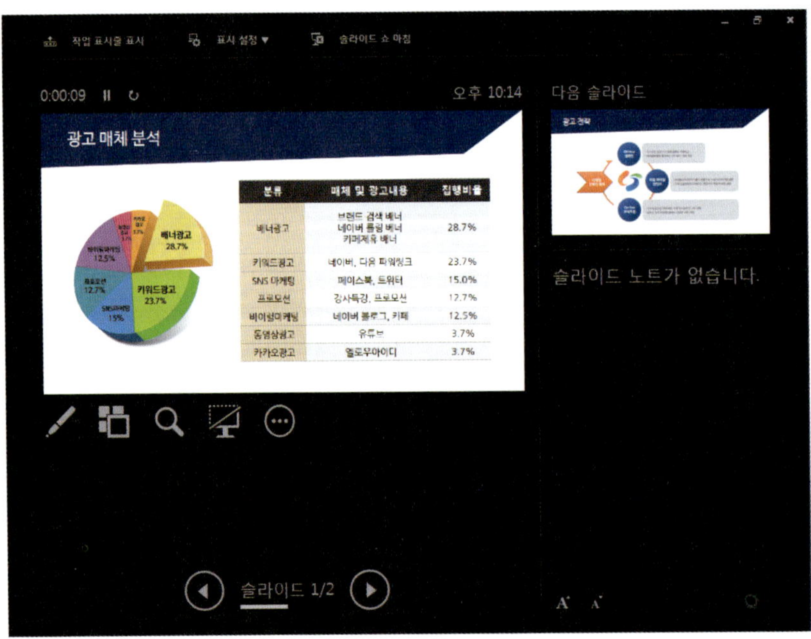

■ 맞춤과 배분으로 개체 정렬

도형, 텍스트 상자 및 워드아트 등의 개체는 맞춤과 배분 기능을 통해 원하는 간격 및 정렬 상태로 일관되게 배치할 수 있습니다.

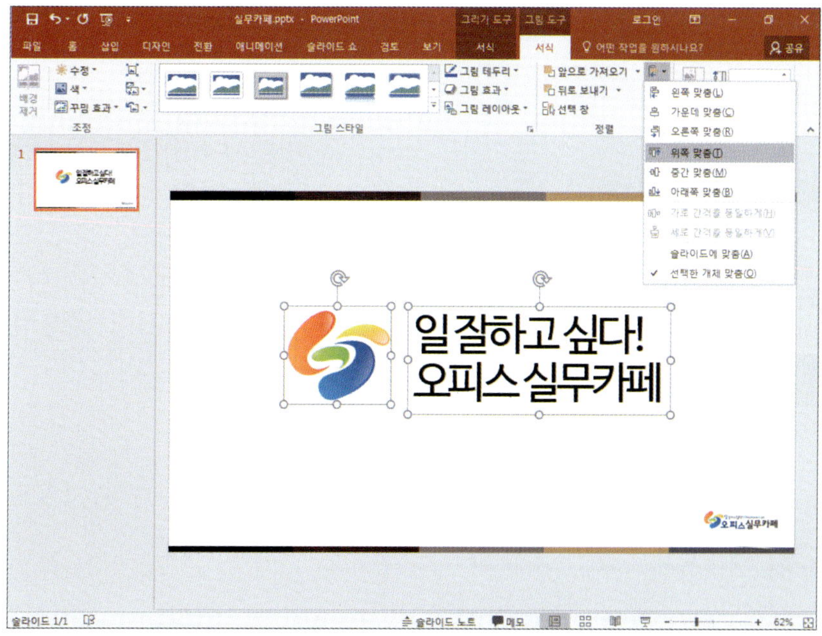

■ 자유로운 줄 간격과 자간, 행간 조정

파워포인트는 자유롭게 줄 간격을 조정할 수 있으며, 미세하게 문자 간격을 조정할 수 있는 다양한 옵션을 제공합니다.

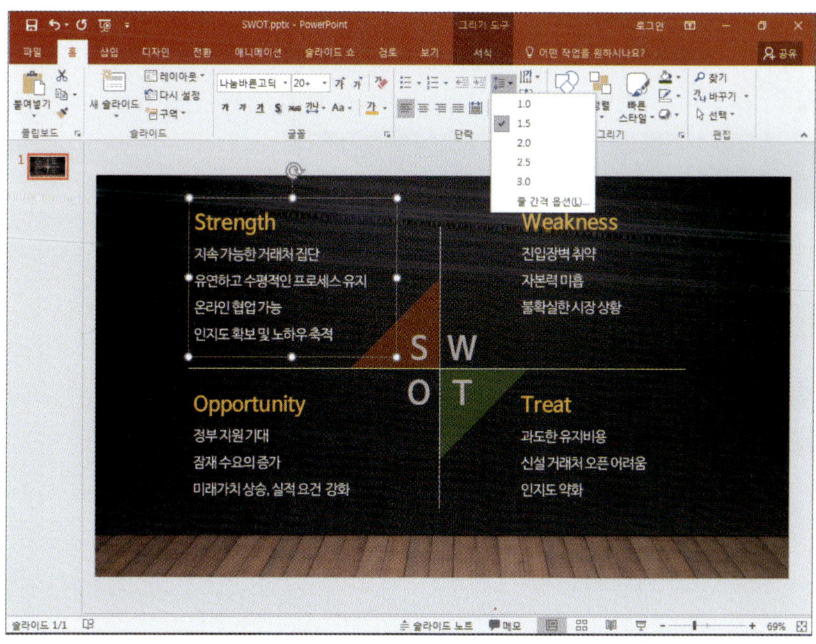

■ 단축키를 통한 빠른 개체 복제

도형을 선택한 후 일정한 간격으로 Ctrl + D 를 연속해서 누르면 일정한 간격만큼 계속해서 복사됩니다.

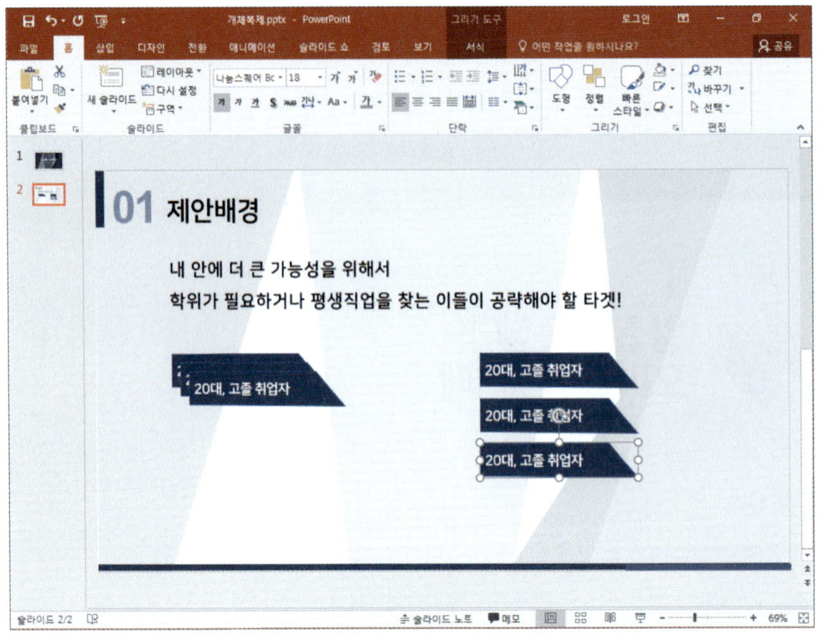

■ 도형과 텍스트의 속성을 100% 그대로 복제하기

서식 복사를 통해 텍스트를 비롯해 이미지, 도형 등의 속성을 그대로 복사할 수 있습니다.

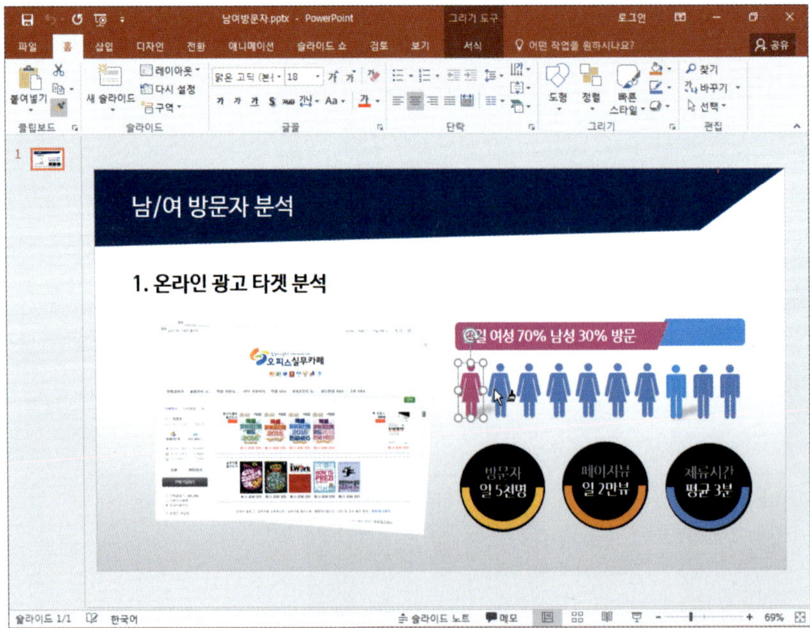

점 편집과 선 편집을 통해 일상적인 도형이 아닌 곡선이 있는 도형이나 전혀 새로운 모양의 도형을 만들 수 있습니다.

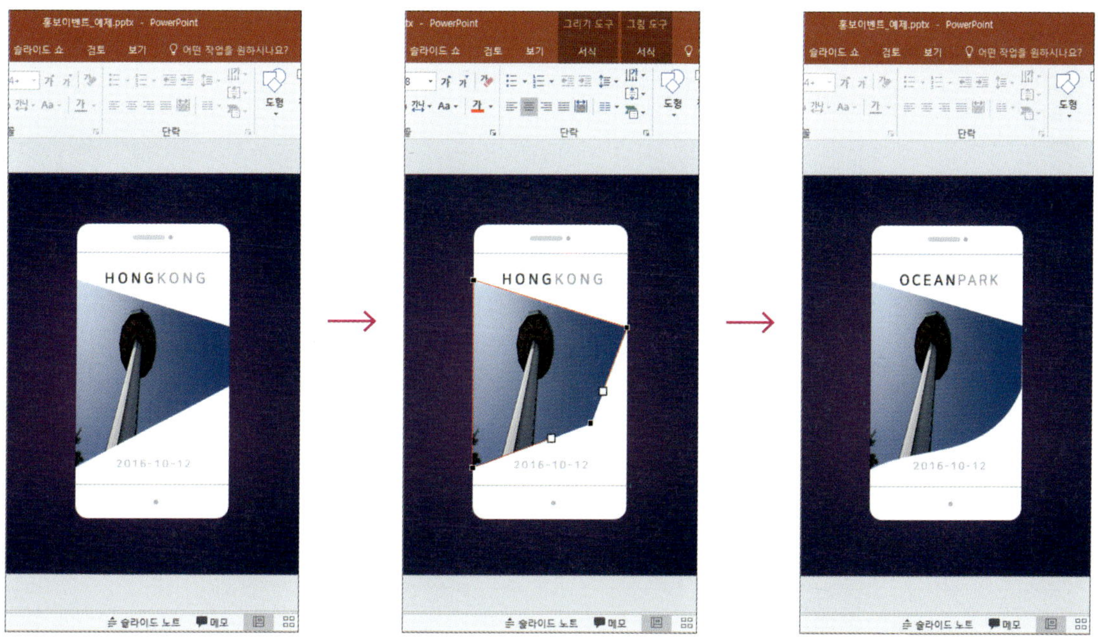

■ 빠른 차트 요소, 스타일 및 색, 필터

차트 삽입 시 차트의 오른쪽 상단에 차트 요소, 스타일 및 색, 차트 필터를 선택할 수 있습니다.

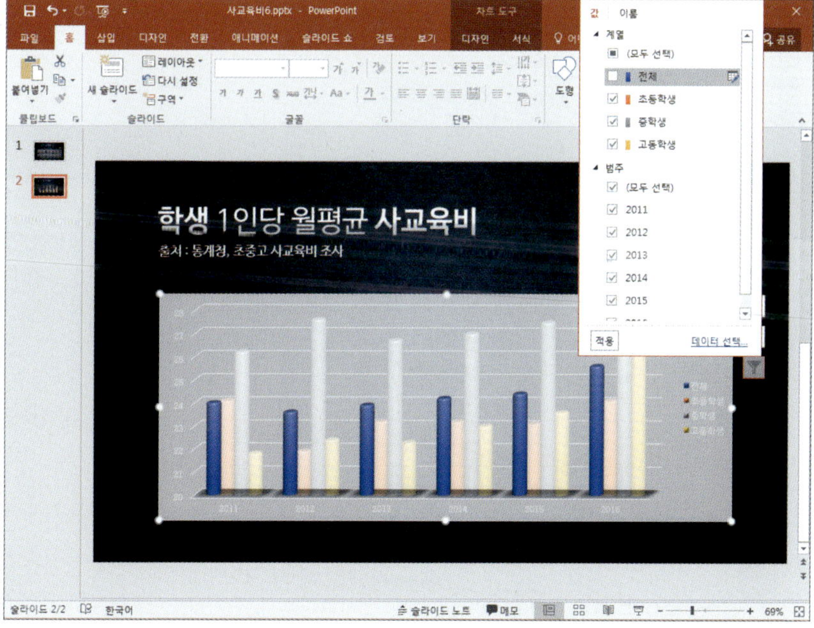

■ 다양한 기능을 실현해주는 옵션 창

개체의 특징에 따라 부여되는 옵션 창을 통해 다양한 기능을 실현할 수 있습니다.

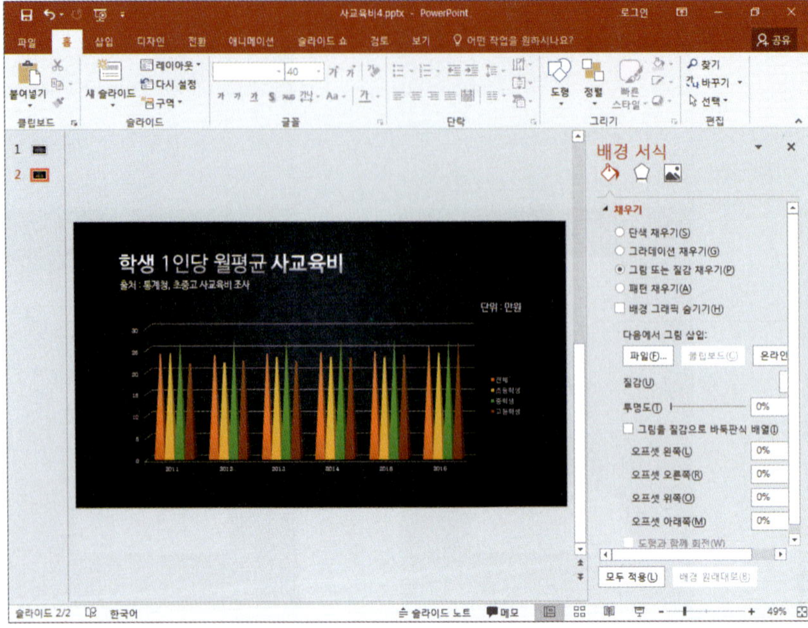

■ 정확한 높이, 너비를 비롯한 이미지 배열

파워포인트는 직감이 아닌 수치를 활용하여 정확하게 높이와 너비를 조절할 수 있으며, 슬라이드 쇼를 위한 최적의 배율을 맞출 수도 있습니다.

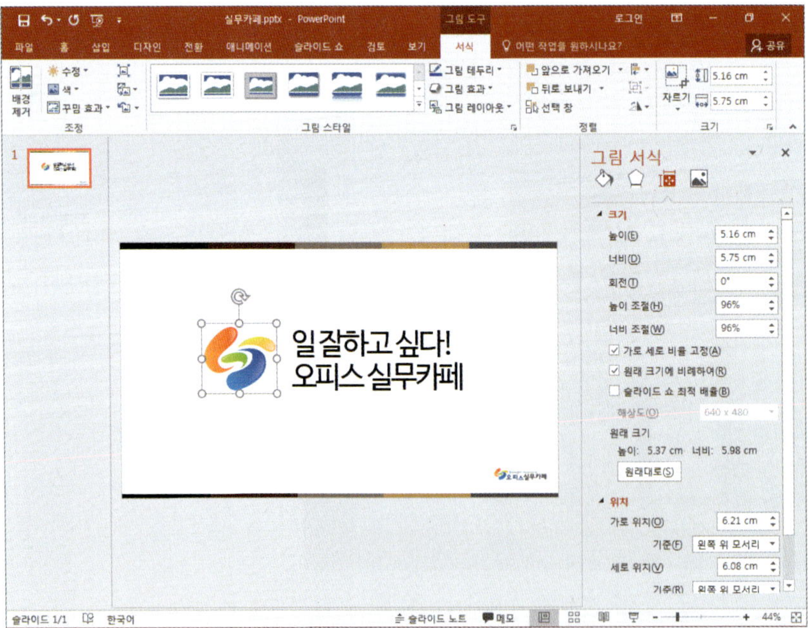

■ 포토샵 버금가는 밝기 및 대비, 색상 톤 조정

밝기 및 대비, 색상 톤 등은 [조정] 그룹에서 지정할 수 있는데 포토샵과 같은 이미지 제작 도구에서 작업하던 것처럼 다양한 그림 효과를 파워포인트에서도 적용할 수 있습니다.

■ 화면 녹화 기능을 이용한 작업 화면 녹화

화면 녹화 기능을 통해 사용자가 직접 화면을 녹화하여 동영상 파일로 생성하거나 파워포인트 슬라이드에 삽입할 수 있습니다.

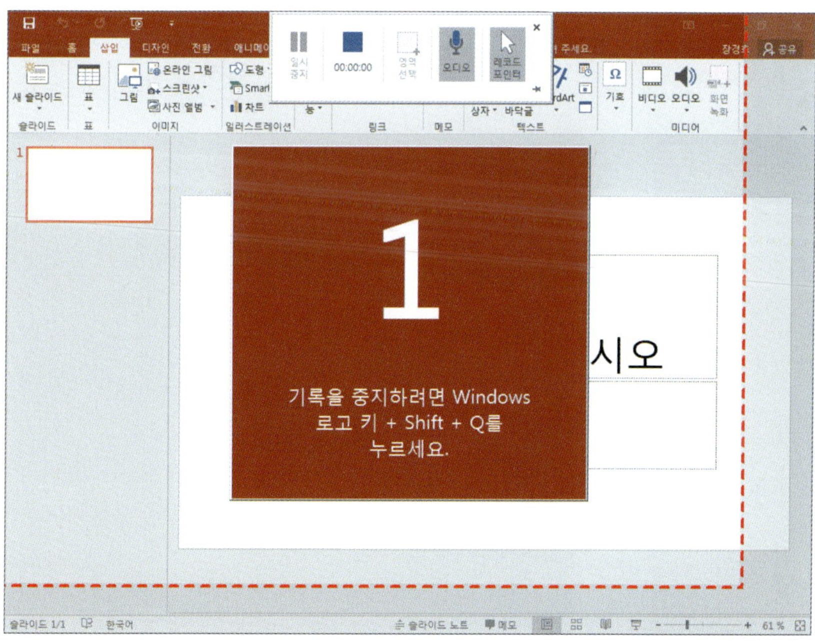

사용자를 위한 파워포인트 기본 환경 설정 변경하기

파워포인트는 사용자 이름을 비롯해 저장되는 폴더도 원하는 대로 변경할 수 있습니다. 여기서는 옵션을 통해 다양한 환경 설정을 진행해 보겠습니다.

■ 기본 설정 변경하기

파워포인트는 [기본] 보기로 슬라이드가 열리거나 마지막 저장할 때 설정한 보기로 슬라이드가 열립니다. 이를 원하는 보기 방법으로 변경할 수 있습니다. 이 외에 다양한 기본 설정 방법을 살펴보겠습니다.

1 ┃ 파워포인트 실행 시 나타나는 인트로 페이지 On/Off

파워포인트를 열면 슬라이드 테마를 선택할 수 있는 인트로 페이지가 표시됩니다. 파워포인트 2013 이상 버전을 사용하는 독자라면 자동으로 뜨는 인트로 페이지가 불편할 수 있습니다. 이럴 때에는 2013 이하 버전처럼 시작 화면을 변경할 수 있습니다.

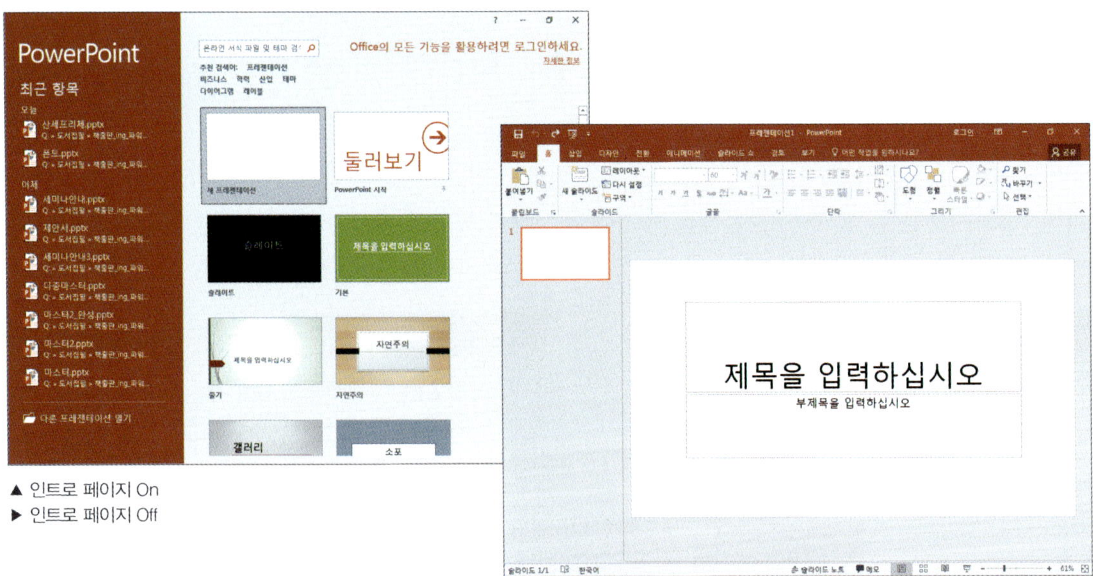

▲ 인트로 페이지 On
▶ 인트로 페이지 Off

2 | 오피스 테마 색상

파워포인트 2016은 파워포인트 로고 색상이 적용된 레드 계열의 색상을 가진 프로그램입니다. 하지만, 테마 변경을 통해 어두운 회색이나 흰색으로 변경할 수 있습니다. 이 외에도 [PowerPoint 옵션] 대화상자를 통해 사용자가 원하는 설정을 변경할 수 있는 방법이 다수 존재합니다.

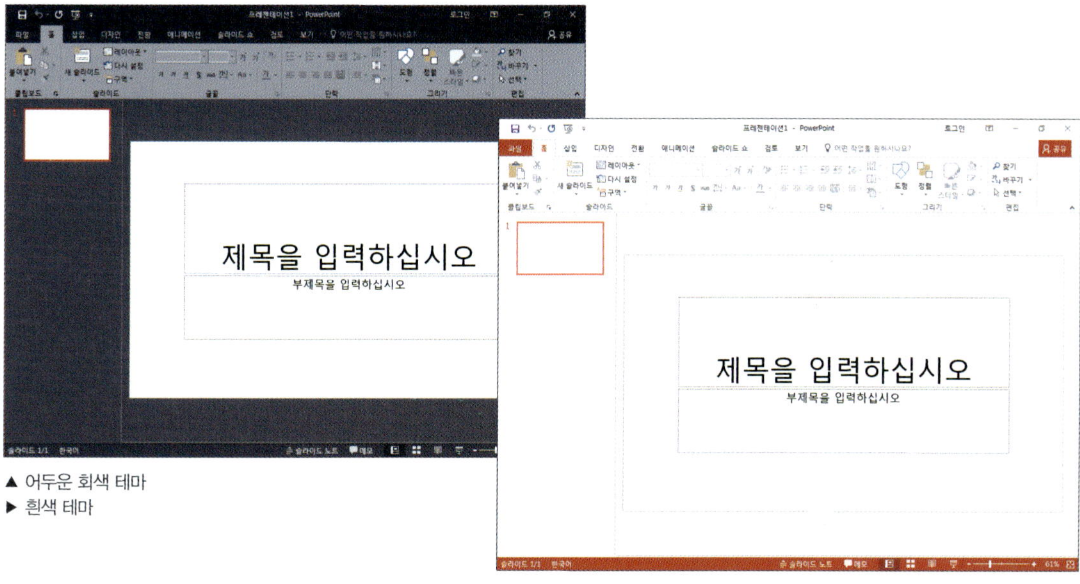

▲ 어두운 회색 테마
▶ 흰색 테마

● 보기 방법 변경하기

파워포인트 환경 설정에는 다양한 옵션이 존재합니다. 따라하기를 통해 하나하나 살펴보겠습니다. [파일] 탭을 클릭한 후 [옵션]을 선택합니다. [PowerPoint 옵션] 대화상자가 열리면 [고급] 항목에서 [이 보기를 사용하여 모든 문서 열기]의 화살표를 클릭하여 보기 방법을 변경합니다.

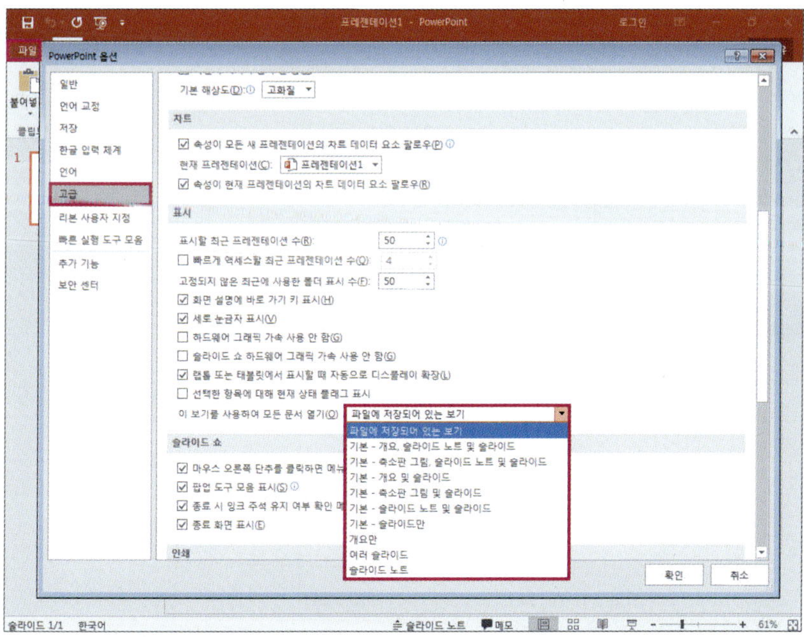

● 사용자 이름과 이니셜 설정하기

사용자 이름은 슬라이드를 저장할 때 만든 이가 누구인지 알 수 있는 중요한 요소입니다. [일반] 항목에서 [사용자 이름]과 [이니셜]에 사용자 이름과 이니셜을 입력합니다.

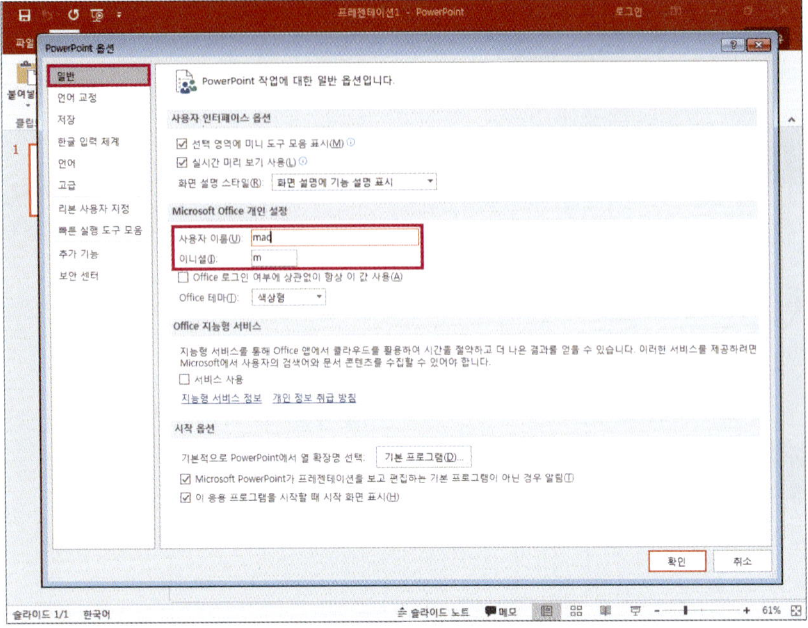

● 제목 표시줄, 리본 메뉴 색상 지정하기

파워포인트의 제목 표시줄과 리본 메뉴는 빨간색의 강렬한 인상을 주는 디자인으로 구성되어 있지만 어두운 회색이나 흰색으로 변경할 수 있습니다. [일반] 항목에서 [Office 테마] 화살표를 클릭하여 원하는 테마를 선택합니다.

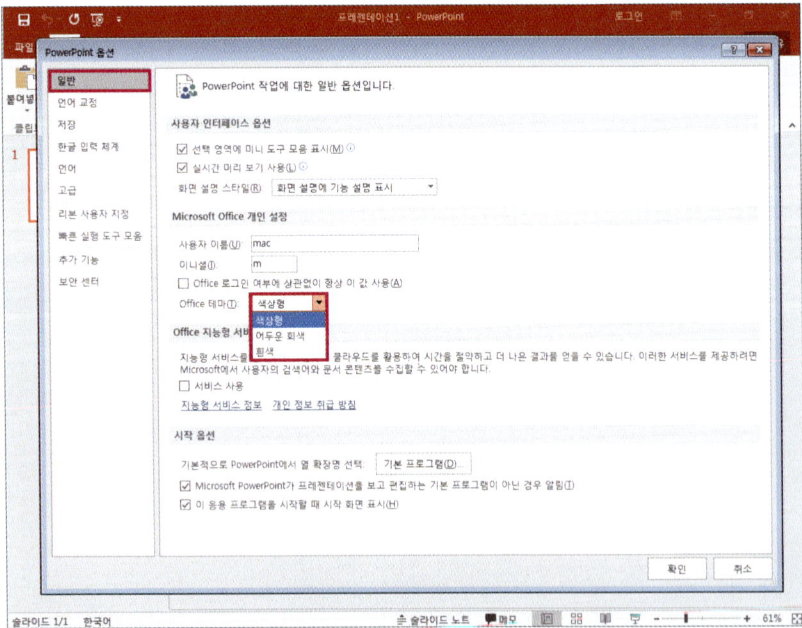

● 파일의 글꼴 포함 유무 지정하기

윈도우에서 제공하는 글꼴을 사용하지 않고 특정 글꼴을 사용했다면 상대방 컴퓨터에서는 글꼴이 제대로 표시되지 않을 수 있습니다. 이럴 경우 [저장] 항목에서 [파일의 글꼴 포함]에 체크한 후 [프레젠테이션에 사용되는 문자만 포함]이나 [모든 문자 포함]을 선택하여 사용한 글꼴을 파일과 함께 저장할 수 있습니다.

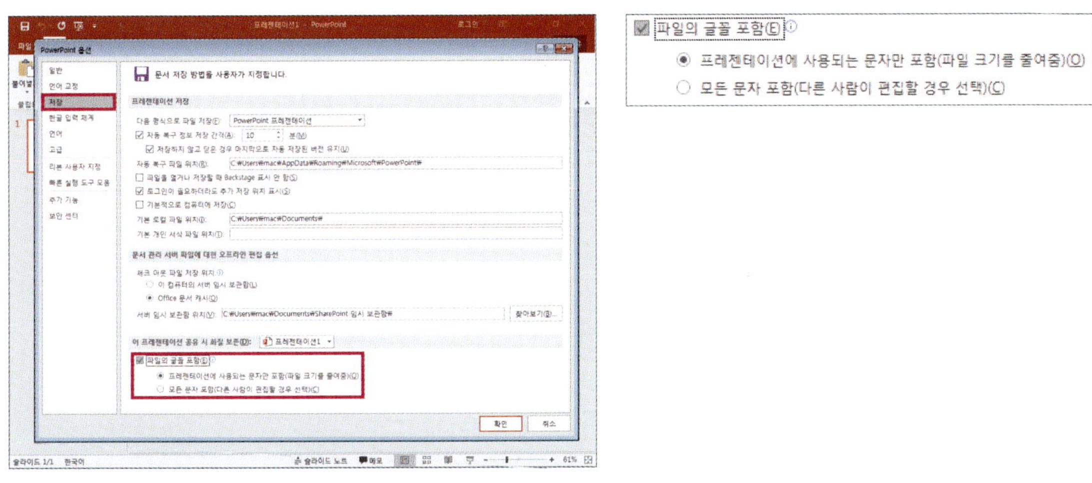

체크해봐요 :: 사용한 글꼴을 파일에 함께 저장할 경우 파일의 용량이 커질 수 있다는 단점과 함께 상업적인 글꼴의 경우 함께 저장되지 않거나, 저장되더라도 저작권 문제가 발생할 수 있으니 주의가 필요합니다.

● 인트로 페이지 유무 지정하기

파워포인트 실행 시 나타나는 인트로 페이지를 열리지 않게 설정해 보겠습니다. [일반] 항목에서 [시작 옵션]-[이 응용 프로그램을 시작할 때 시작 화면 표시]의 체크를 해제합니다.

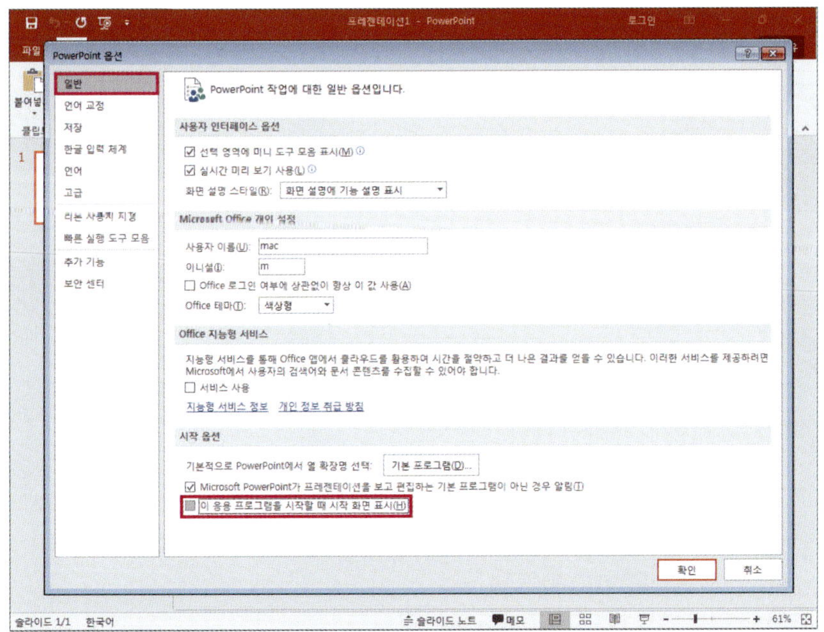

● 자동으로 맞춤법 검사

텍스트를 입력할 때 자동으로 맞춤법 검사를 실시간으로 실행할 수 있습니다. 잘못 반영된 텍스트는 빨간색의 경고줄이 표시됩니다.

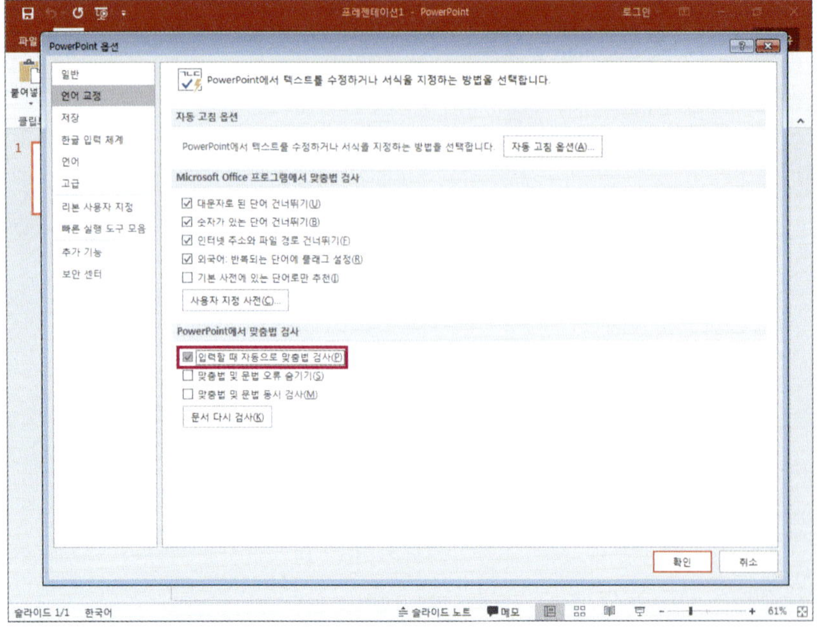

● 자동 저장 시간 지정하기

파워포인트 작업 도중 예기치 않은 오류로 프로그램이 종료되는 불상사를 막기 위해 자동 저장 시간을 설정할 수 있습니다. 설정한 시간대로 파일이 자동 저장됩니다.

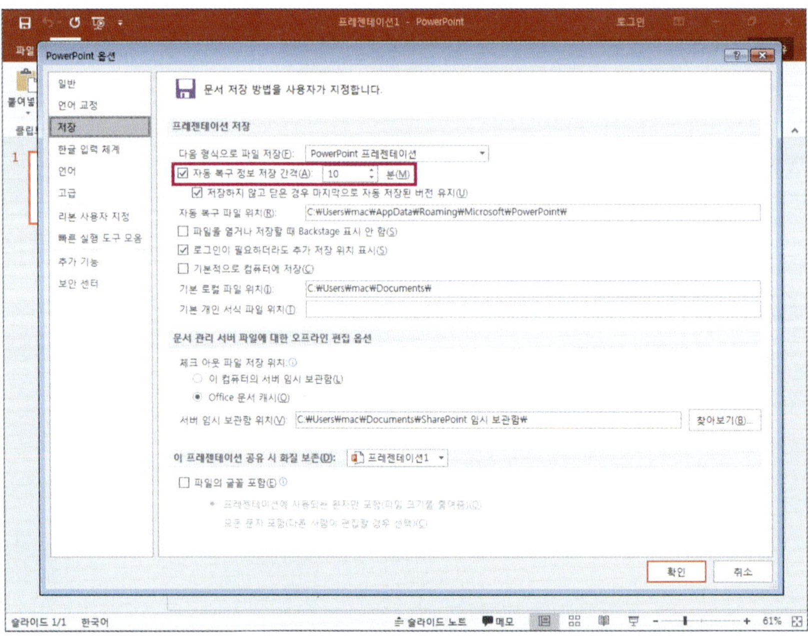

■ 사용자 로그인하기

윈도우 8 이상을 사용하는 사용자라면 파워포인트에 자동으로 로그인되어 있을 수 있습니다. 만일, 로그인되어 있지 않다면 파워포인트에 로그인하여 계정을 편하게 활용할 수 있습니다.

1 | 사용자 계정 만들기

Outlook.com 메일을 비롯해 Xbox LIVE, Windows phone 아이디가 있으면 새로 생성할 필요 없이 로그인할 수 있지만 아이디가 없다면 아이디를 만들 수 있습니다. 본인의 메일 주소를 입력해서 '연결된 계정을 찾지 못했습니다'라는 안내문이 뜨면 [등록]을 클릭하여 사용자 계정을 만듭니다.

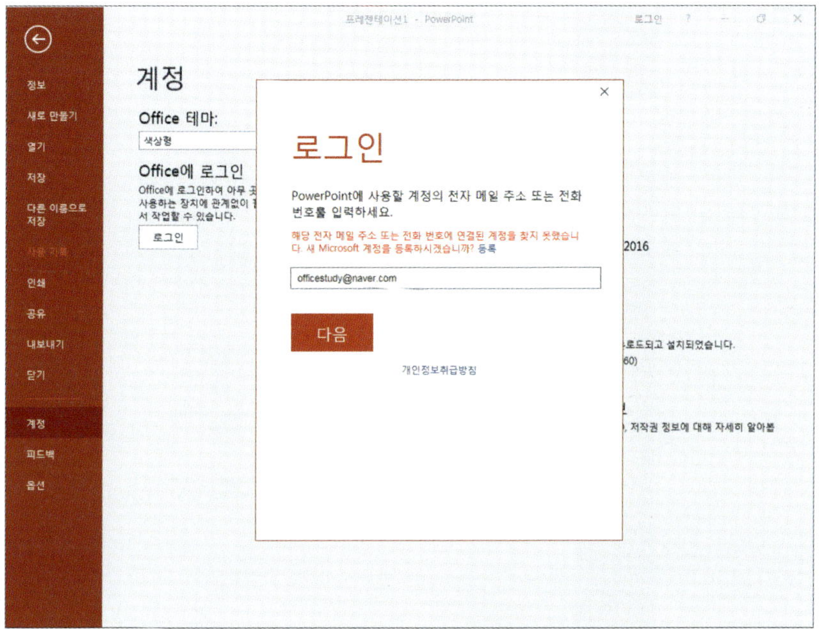

01 [계정]을 클릭한 후 [Office에 로그인]-[로그인]을 선택하여 사용자 로그인합니다. [로그인] 창이 뜨면 이메일 주소를 입력한 후 [다음]을 클릭합니다.

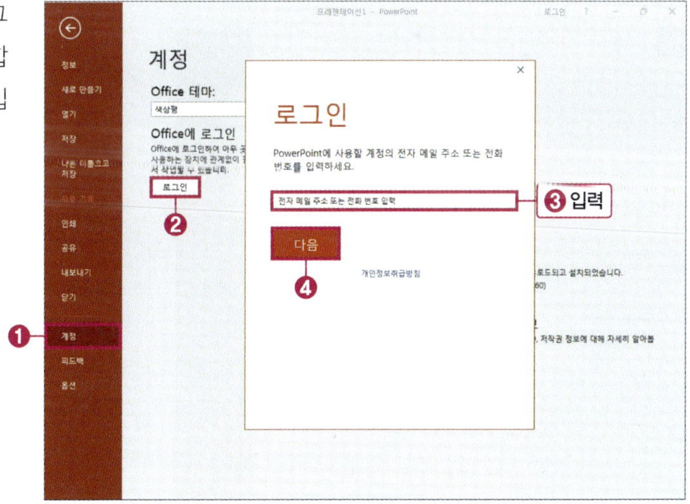

02 [암호]에 암호를 입력한 후 [로그인]을 클릭합니다.

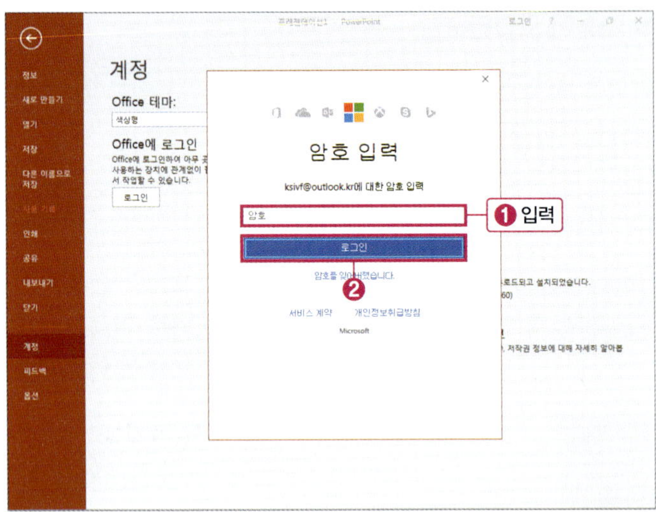

03 사용자 계정으로 접속되면서 사용자 정보에 본인의 이름과 이메일 주소 등이 표시됩니다.

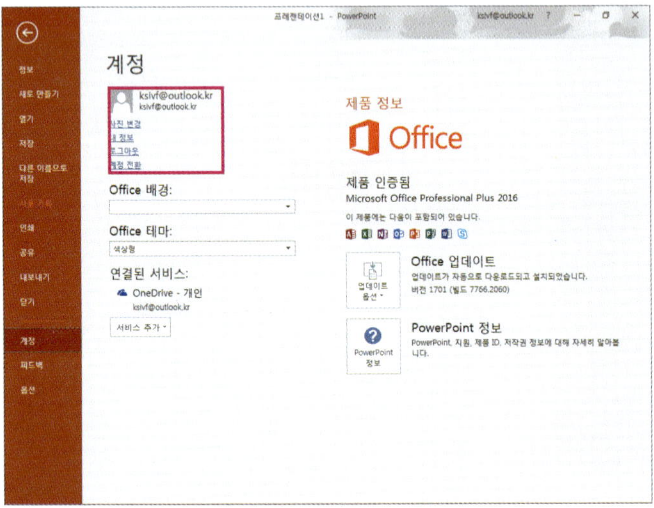

04 사용자 계정으로 로그인되면 상단 제목 표시줄에 그림이 표시됩니다. 이는 [계정]-[Office 배경] 화살표를 클릭해 변경할 수 있습니다.

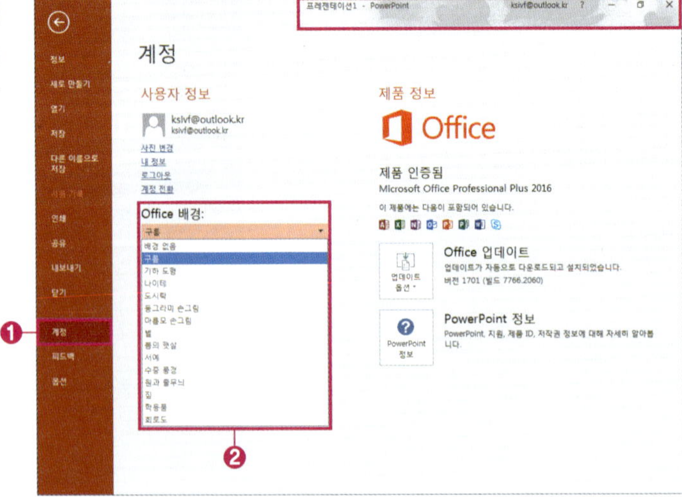

■ YouTube나 Facebook 등의 서비스 연결하기

파워포인트 2016은 기존 버전들과 다르게 OneDrive를 비롯해 YouTube나 Facebook 등 다양한 서비스를 추가할 수 있습니다.

1 | 계정 페이지

사용자 로그인하면 기존 설정과 다르게 [계정] 페이지의 설정이 다르게 표시됩니다. [계정] 페이지를 통해 사진 변경이나, 연결된 서비스의 추가/삭제를 할 수 있습니다.

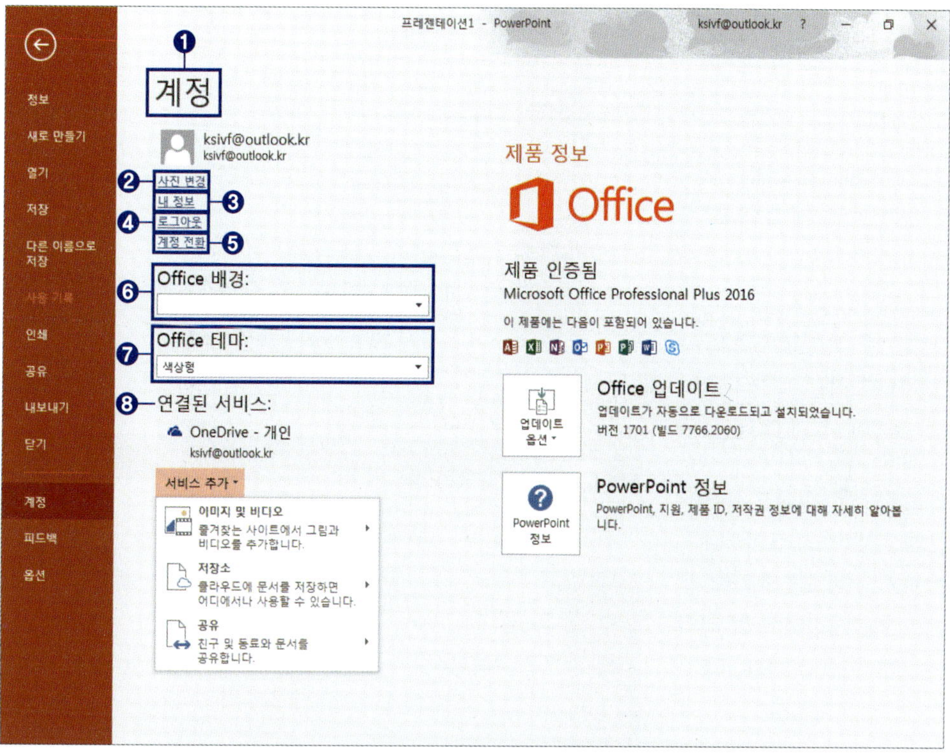

❶ 계정 : 사용자 사진을 비롯해 연결된 이메일 주소가 나타납니다.

❷ 사진 변경 : 파워포인트 오른쪽 상단에 나타나는 사진을 변경할 수 있습니다.

❸ 내 정보 : 이메일 주소를 비롯해 Skype, Messenger, 연결된 서비스 등의 내 정보를 변경할 수 있습니다.

❹ 로그아웃 : 연결된 계정을 로그아웃합니다.

❺ 계정 전환 : 파워포인트 2016은 여러 개의 계정을 만들어 목적에 맞게 전환할 수 있습니다.

❻ Office 배경 : 구름, 기하 도형, 나이테 등으로 리본 메뉴의 배경을 변경할 수 있습니다.

❼ Office 테마 : 흰색, 연한 회색, 어두운 회색 등으로 테마 색상을 변경할 수 있습니다.

❽ 연결된 서비스 : Facebook을 비롯해 YouTube 등 이미지 및 비디오, 저장소 등의 서비스를 파워포인트와 연결할 수 있습니다.

2 | 연결된 서비스

연결된 계정을 통해 YouTube, Facebook 등 다양한 온라인 서비스를 파워포인트 계정에 연결할 수 있습니다. 연결 전과 연결 후를 살펴보면 달라진 점을 발견할 수 있습니다.

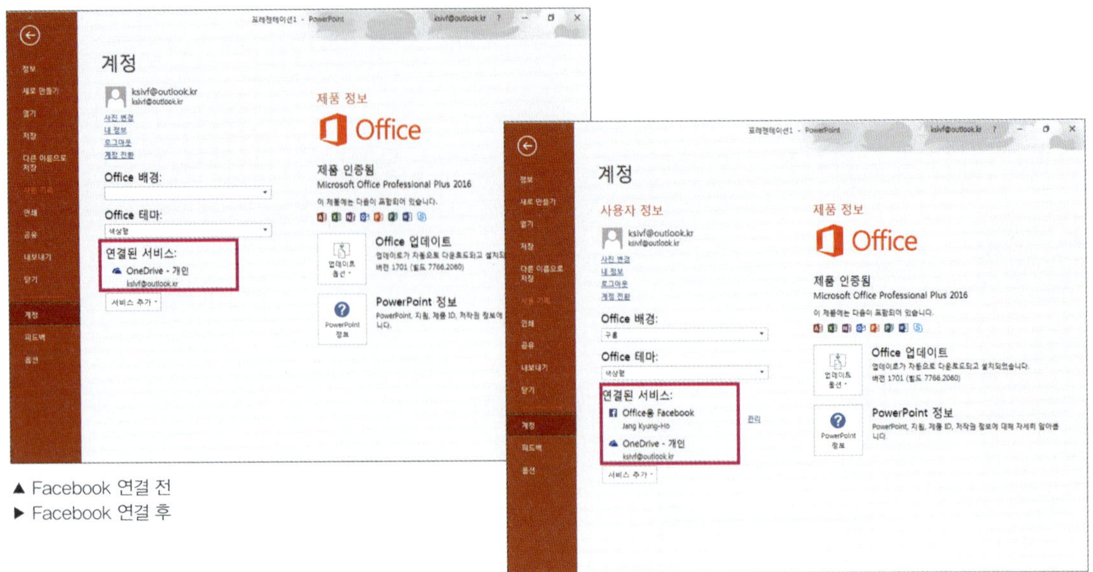

▲ Facebook 연결 전
▶ Facebook 연결 후

01 따라하기를 통해 살펴보겠습니다. [파일] 탭-[계정]을 클릭한 후 [연결된 서비스]를 보면 현재 연결된 서비스가 표시됩니다. 여기서는 Facebook 서비스를 추가해 보겠습니다. [서비스 추가]-[이미지 및 비디오]-[Office용 Facebook]을 선택합니다.

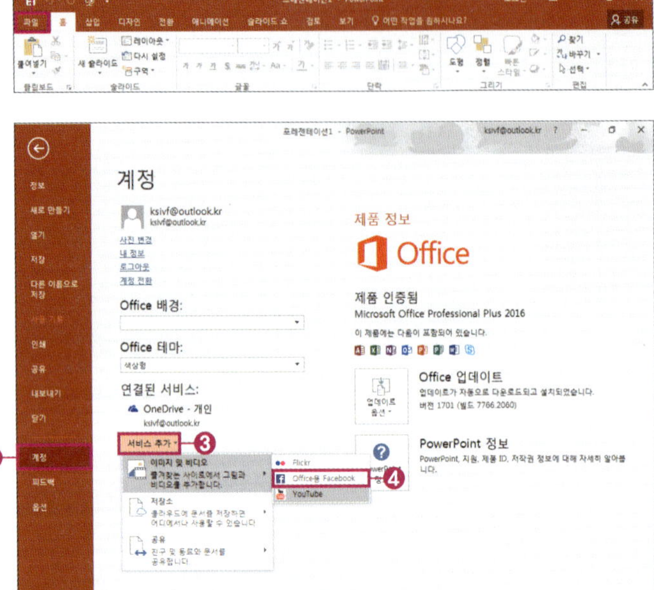

02 잠시 후 [한 곳에서 모든 사진 보기] 창이 뜨면 [연결]을 클릭합니다.

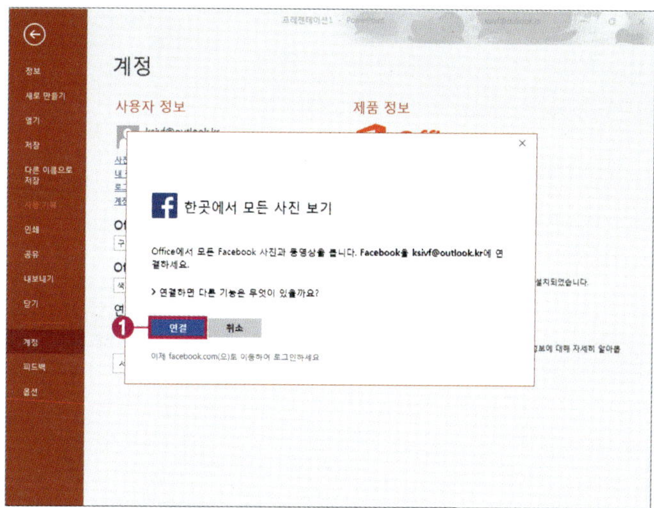

03 로그인 창이 뜨면 Facebook 계정에 로그인합니다. 로그인되면 [완료]를 클릭합니다.

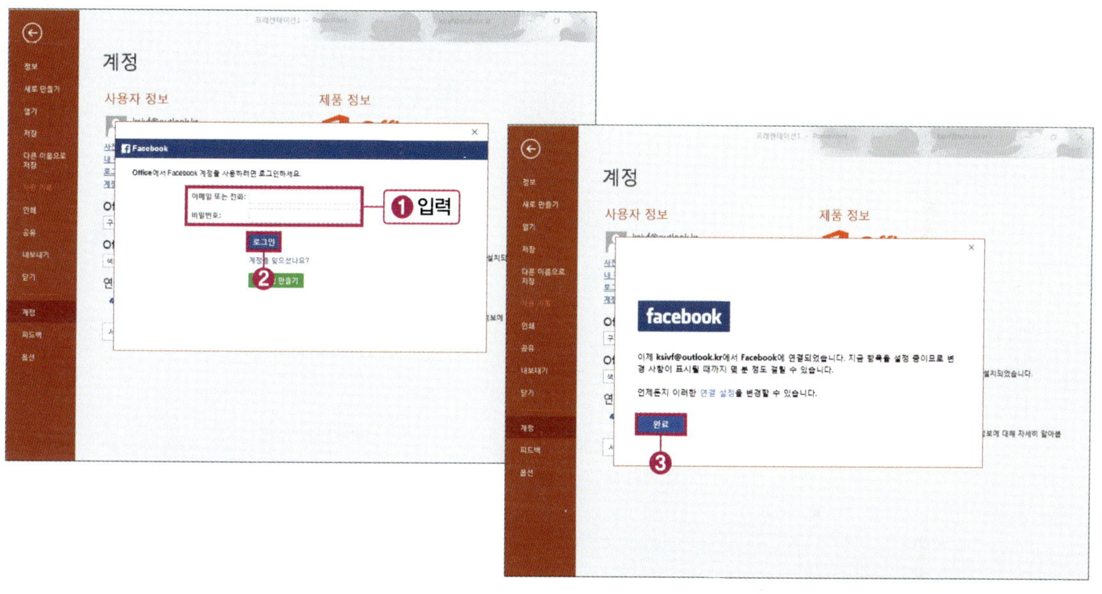

. . . .

팁 :: Facebook 계정이 없다면 [새 계정 만들기]를 클릭해 계정을 만들 수 있습니다.

04 [삽입] 탭–[이미지] 그룹에서 [온라인 그림]을 클릭한 후 기존에 존재하지 않았 던 [Facebook]–[찾아보기]를 클릭합니다.

팁 :: YouTube 등 필요한 서비스를 동일한 방법 으로 파워포인트 계정과 연결해 보세요.

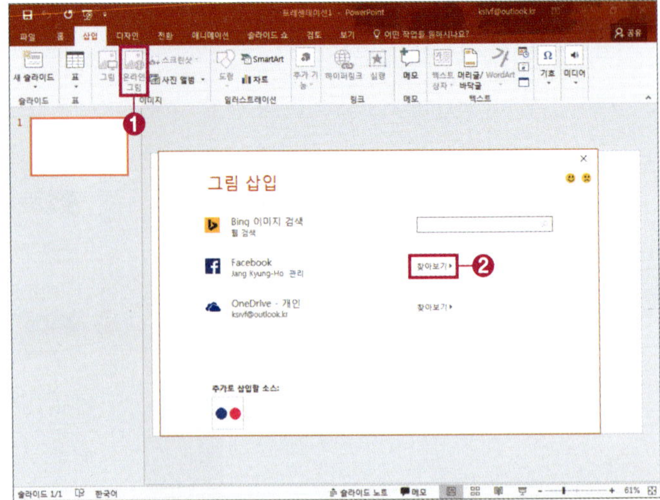

05 Facebook 계정에 업로드했던 내 이 미지를 파워포인트로 손쉽게 가져올 수 있 습니다.

팁 :: Facebook 이미지는 사용자 계정에 따라 다 를 수 있습니다.

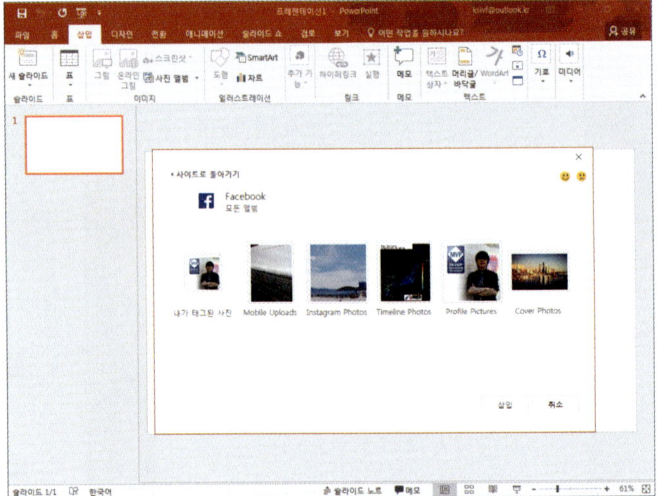

■ 저장 위치 변경하기

사용자 로그인하면 기본 저장 위치는 내 컴퓨터가 아닌 OneDrive입니다. 이를 파워포인트 2013 등 이전 버전처럼 내 컴퓨터의 [문서] 폴더 혹은 [Documents] 폴더로 기본 저장 위치를 변경할 수 있습니다.

1 | 저장 위치 보기

파워포인트 2016은 기본 저장 위치를 내 컴퓨터나 OneDrive 계정으로 설정할 수 있습니다. One-Drive 계정으로 설정되어 있으면 제작하는 슬라이드 파일이 내 컴퓨터가 아닌 마이크로소프트가 제공하는 온라인 클라우드 서비스에 저장됩니다.

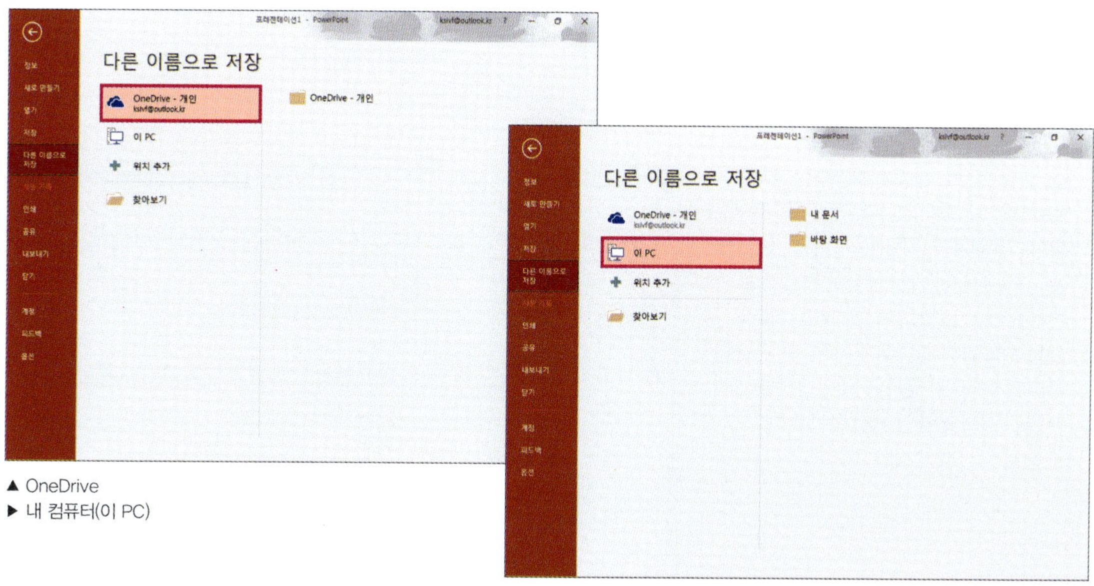

▲ OneDrive
▶ 내 컴퓨터(이 PC)

01 [저장] 항목에서 [기본적으로 컴퓨터에 저장]에 체크합니다.

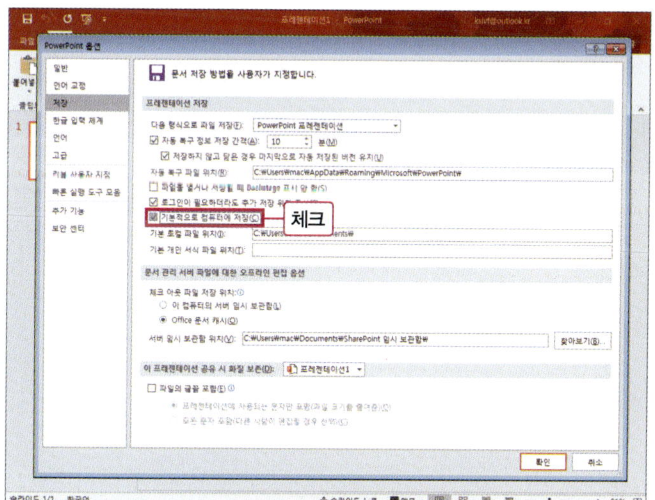

02 [파일] 탭–[다른 이름으로 저장]을 클릭하면 기본 저장 설정이 내 컴퓨터로 되어 있는 것을 확인할 수 있습니다.

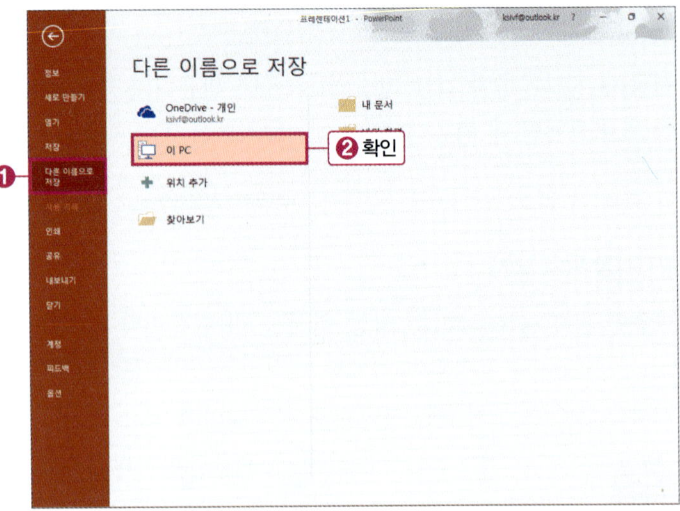

Q&A

Q. 파워포인트 파일이 저장되는 폴더가 내 컴퓨터의 '내 문서'입니다. 기본 폴더를 다른 폴더로 변경할 수 있나요?

A. 기본 저장 위치로 변경하고 싶은 폴더가 있다면 [기본 로컬 저장 위치]에서 원하는 폴더를 지정할 수 있습니다. [파일] 탭–[옵션]을 클릭한 후 [저장] 항목의 [기본 로컬 파일 위치]에 원하는 폴더 경로를 입력합니다.

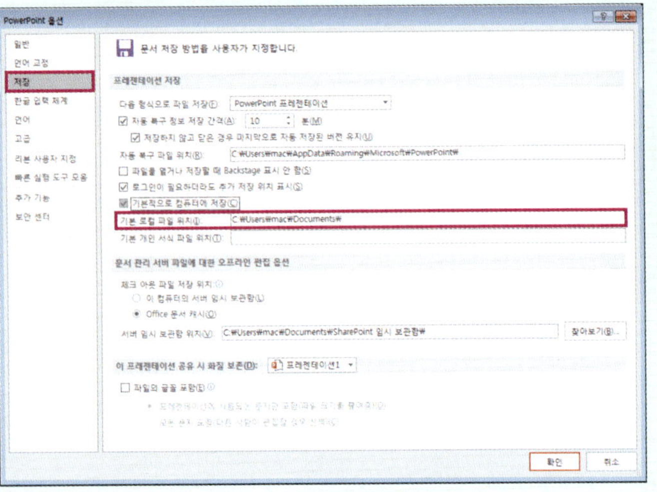

파워포인트 메뉴와 기능을 한 눈에 살펴보기

우리가 하는 프레젠테이션은 슬라이드라는 정형화된 프레임 안에서 이루어지며, 지금까지 진행된 수많은 프레젠테이션이 이런 형식을 따르고 있습니다. 파워포인트의 가장 큰 특징은 바로 슬라이드로 이루어진 작업 화면과 리본 메뉴로 구성되어 있는 독특한 기능 아이콘이라 볼 수 있습니다.

■ 파워포인트 2016 화면 구성

파워포인트 2016의 화면 구성은 [파일] 단추를 비롯해 리본 메뉴, 미리보기 창, 슬라이드 작업 창 등으로 구분할 수 있습니다.

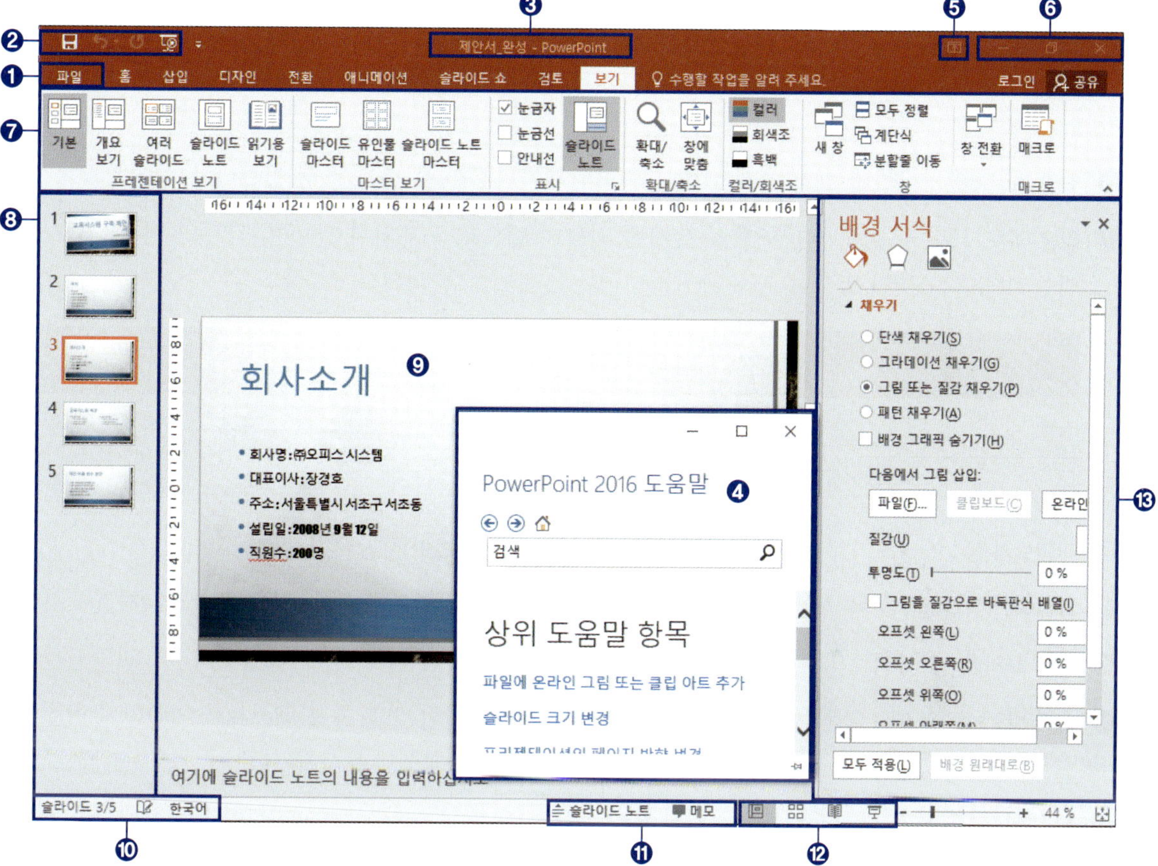

❶ **[파일] 단추** : 클라우드 서비스를 비롯해 새로 만들기, 열기, 저장, 인쇄 등의 기본적인 메뉴와 파워포인트의 다양한 옵션을 지정할 수 있는 [PowerPoint 옵션]을 제공합니다.

❷ **빠른 실행 도구 모음** : 자주 사용하는 기능을 아이콘 형식으로 표시하여 편하게 불러올 수 있습니다.

❸ **제목 표시줄** : 작업 중인 프레젠테이션의 파일명을 표시합니다.

❹ **도움말** : F1을 누르면 파워포인트의 기능이나 사용법 등을 매뉴얼 형식으로 표시해 줍니다.

❺ **리본 메뉴 표시 옵션** : 슬라이드의 화면을 확대 및 축소하거나 슬라이드를 현재 창 크기로 맞출 수 있습니다.

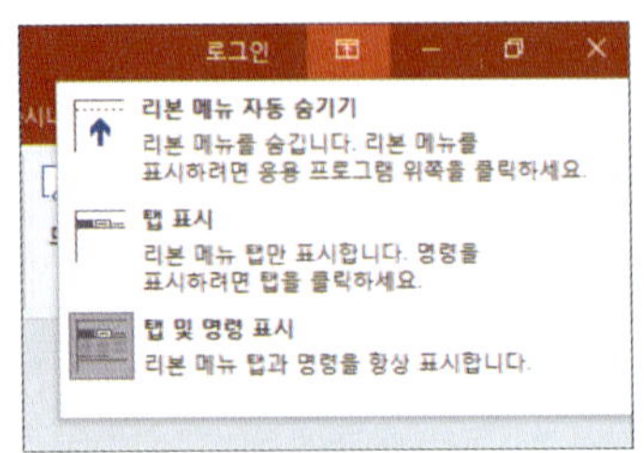

❻ **화면 조절 버튼** : 화면의 크기 조정을 비롯해 파워포인트 2016을 종료할 수 있습니다.

❼ **리본 메뉴** : [홈], [삽입], [디자인] 등 유사한 기능이 탭으로 구분되어 있으며, 각각의 탭은 그룹이라는 이름으로 묶여 있습니다.

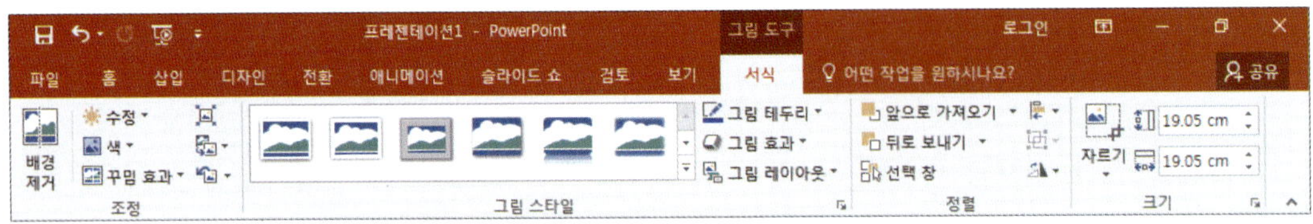

❽ **미리보기 창** : 미리보기 창을 통해 슬라이드 화면을 섬네일로 표시합니다.

❾ **슬라이드 작업 창** : 제목 개체 틀, 내용 개체 틀을 비롯해 슬라이드 작업을 하는 공간입니다.

❿ **상태 표시줄** : 슬라이드의 번호, 디자인 테마, 언어를 표시합니다.

⓫ **슬라이드 노트 및 메모 단추** : 슬라이드에 대한 시나리오나 간단한 설명 등을 텍스트로 입력할 수 있는 슬라이드 노트 및 여러 사람들과 함께 의견을 나눌 수 있는 메모를 표시합니다.

⓬ **보기 단추** : 기본, 여러 슬라이드, 읽기용 보기, 슬라이드 쇼로 슬라이드를 보는 방법을 선택합니다.

⓭ **옵션 창** : 선택하는 기능에 따라 다양한 옵션 창이 슬라이드 편집 창 오른쪽에 나타납니다.

■ 슬라이드 화면의 4가지 작업 영역

슬라이드 화면은 [개요] 창을 비롯해 [슬라이드] 미리보기 창, [슬라이드] 편집 창, [슬라이드 노트]
창으로 구분 지을 수 있습니다.

1 | [개요] 창

[개요] 창은 슬라이드 텍스트를 개요 형식으로 보여 줍니다. [개요] 창은 보다 빠르고 내용을 요약,
정리할 수 있는 장점이 있는 반면, 텍스트 이외의 그래픽이나 애니메이션 등은 표시되지 않습니다.
[개요] 창은 상태 표시줄의 [슬라이드 노트] 단추 오른쪽에 있는 [기본] 단추를 클릭해서 열 수 있습
니다.

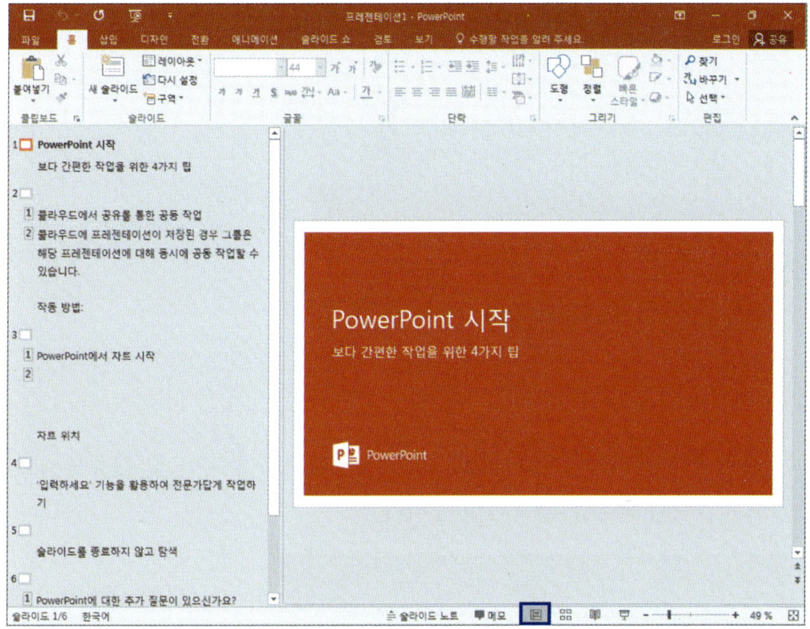

2 | [슬라이드] 미리보기 창

슬라이드를 축소판 그림으로 표시합니다. 축소판 그림을 사용하면 쉽게 슬라이드의 구성을 확인할 수 있으며, 슬라이드를 정렬할 수도 있습니다. 상태 표시줄에서 [여러 슬라이드] 단추를 클릭하면 됩니다.

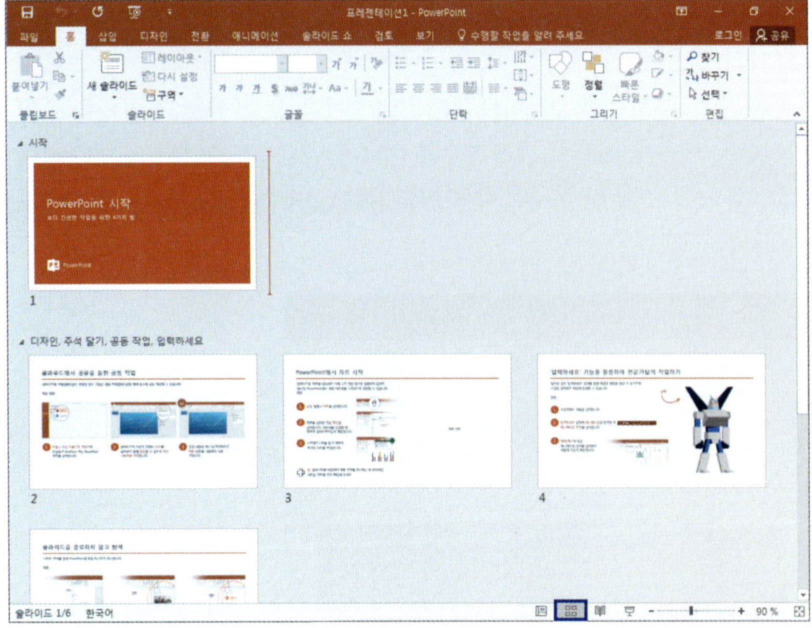

3 | [슬라이드] 편집 창

슬라이드 작업이 이루어지는 공간으로 텍스트를 추가하고, 다양한 멀티미디어 기능 및 개체를 삽입할 수 있습니다. 상태 표시줄에서 [기본] 단추를 클릭하면 됩니다.

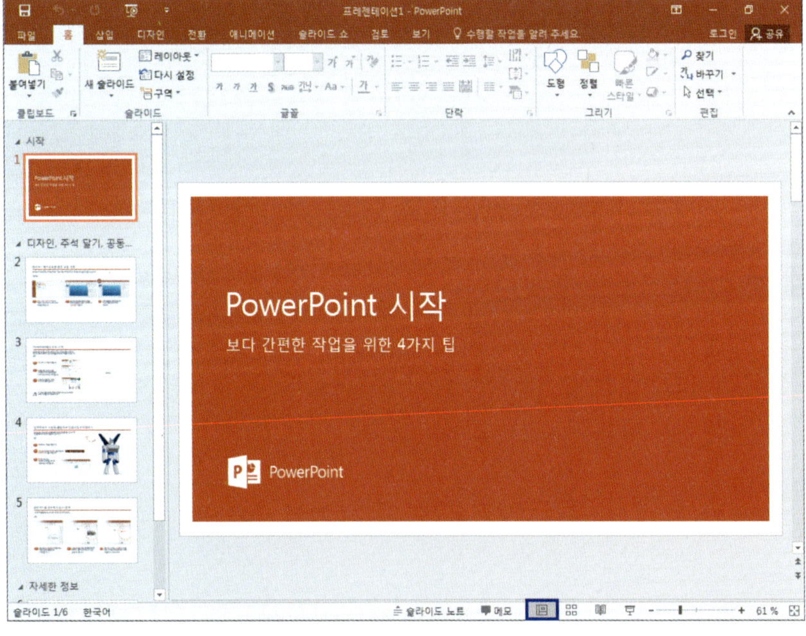

4 | [슬라이드 노트] 창

[슬라이드] 편집 창 아래에는 현재 슬라이드와 관련된 내용을 입력할 수 있는 [슬라이드 노트] 창이 있습니다. [슬라이드 노트] 창에는 현재 슬라이드에 해당하는 내용을 입력할 수 있으며, [슬라이드 노트] 창에 입력하는 내용은 슬라이드 쇼를 진행할 때에는 나타나지 않습니다. [슬라이드 노트] 창을 불러오기 위해서는 상태 표시줄에서 [슬라이드 노트] 단추를 클릭합니다.

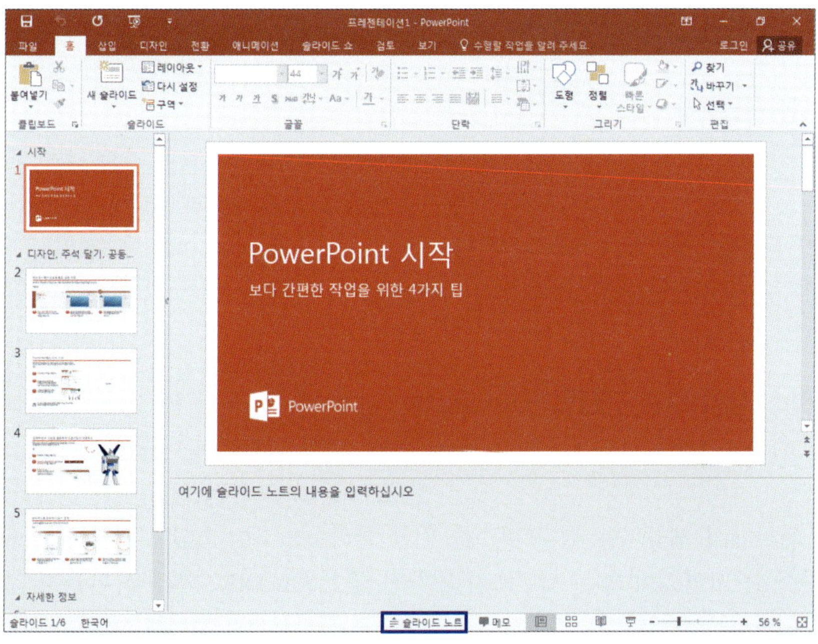

체크해봐요 :: [옵션] 대화상자와 옵션 창 살펴보기

파워포인트 2007이나 2010에서는 모든 [옵션] 관련 대화상자나 [옵션] 관련 창이 새로운 화면으로 나타났지만 파워포인트 2013과 2016에서는 선택하는 명령에 따라 새로운 화면이나 슬라이드 편집 창의 오른쪽에 옵션 창으로 나타납니다.

1. [옵션] 대화상자 표시하기

리본 메뉴의 그룹에는 오른쪽 하단에 [옵션] 단추가 표시되어 있습니다. 제목 개체 틀을 선택한 후 [홈] 탭→[단락] 그룹에서 [옵션] 단추를 클릭합니다. [단락] 대화상자가 나타납니다.

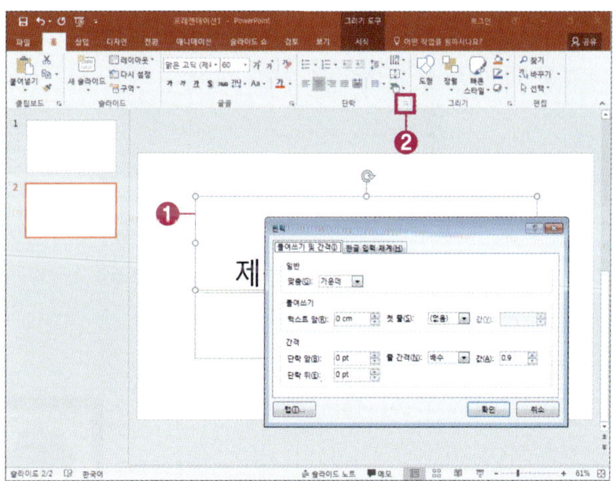

2. 옵션 창 표시하기

제목 개체 틀을 선택한 후 [그리기 도구]-[서식] 상황별 탭의 [도형 스타일] 그룹에서 [옵션] 단추를 클릭합니다. 슬라이드 편집 창의 오른쪽에 [도형 서식] 옵션 창이 나타납니다.

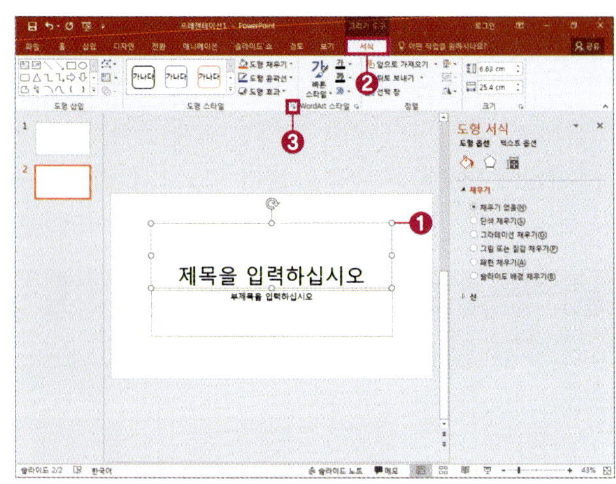

OneDrive로 온라인 오피스 작업 환경 구현하기

OneDrive는 마이크로소프트사에서 제공하는 웹 오피스를 위한 클라우드 서비스입니다. 마이크로소프트에서 제공하는 서비스 중 가입되어 있는 서비스가 있다면 굳이 OneDrive 계정을 만들지 않아도 OneDrive 계정을 이용할 수 있습니다.

■ OneDrive란 무엇인가?

OneDrive는 마이크로소프트사에서 만든 클라우드 서비스를 말합니다. 휴대폰, 태블릿, PC 또는 Mac(맥) 어디에서나 OneDrive 계정만 있다면 연결된 모든 사진이나 오피스 문서 혹은 그 외 기타 중요한 파일 등을 보관하고 원할 때마다 바로바로 사용할 수 있습니다.

Microsoft 계정을 사용하면 OneDrive 무료 파일 저장소를 무려 7GB나 사용할 수 있습니다. 연결된 OneDrive 계정은 파워포인트 2016에서도 바로 불러와서 작업할 수 있으며, 작업한 슬라이드 파일은 OneDrive 계정으로 업로드하여 이동식 HDD나 내 컴퓨터에 저장하지 않더라도 언제 어디서나 불러와 작업할 수 있습니다.

■ 온라인 OneDrive와 오프라인 OneDrive

OneDrive 계정에 접속하거나 OneDrive를 통해 오피스 웹 앱을 이용하기 위해서는 'http://www.onedrive.com' 혹은 'http://office.live.com'에 접속하여 아이디 및 암호를 입력해야 사용할 수 있습니다. 아이디와 암호가 없으면 계정을 새로 만들어 사용할 수 있습니다. 본인의 계정이 열리면 엑셀이나 파워포인트 등 다양한 오피스 작업을 온라인으로 할 수 있습니다.

만일, OneDrive에 저장되어 있는 파워포인트 파일을 선택한 후 [열기]를 클릭하면 온라인에서 파일을 열 것인지 아니면 내 컴퓨터에 설치되어 있는 파워포인트에서 열 것인지를 선택할 수 있습니다.

웹 브라우저를 열어 사용하는 온라인 OneDrive와는 달리 내 컴퓨터에 설치하여 사용할 수 있는 오프라인 OneDrive도 존재합니다. 내 컴퓨터에 OneDrive 데스크톱 앱을 설치하면 원하는 파일을 자동으로 동기화할 수 있습니다.

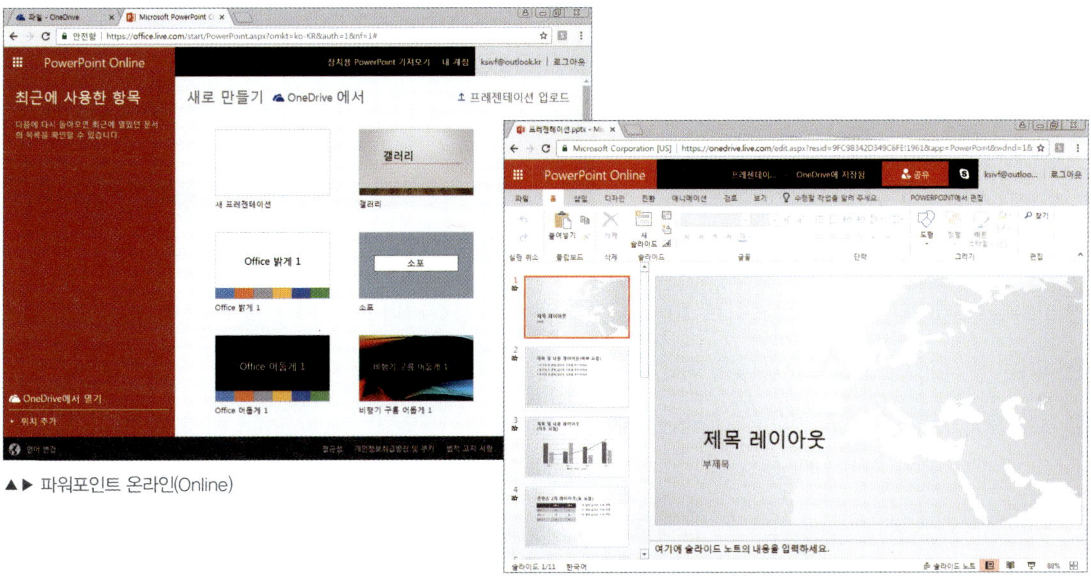

▲▶ 파워포인트 온라인(Online)

■ PowerPoint Online

OneDrive의 파워포인트 슬라이드 파일을 선택한 후 [PowerPoint Web App]을 선택하면 자동으로
PowerPoint Web App 화면이 열립니다. 프레젠테이션 편집부터 공유, 슬라이드 쇼 등을 진행할 수
있습니다.

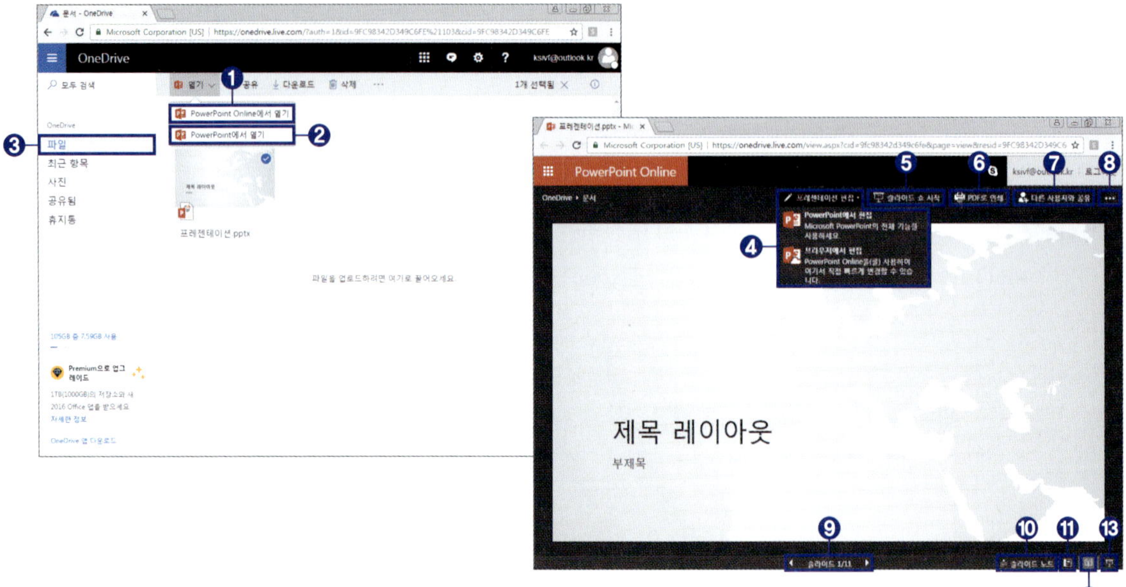

❶ PowerPoint Online에서 열기 : 파워포인트 온라인을 실행합니다.

❷ PowerPoint에서 열기 : 파워포인트 2016 프로그램을 실행합니다.

❸ 파일 : 인쇄나 공유, 도움말 등을 확인할 수 있습니다.

❹ 프레젠테이션 편집 : 파워포인트 프로그램에서 파일을 열기 위해 [PowerPoint에서 편집]이나 브라
우저에서 열기 위해 [PowerPoint Online] 중에서 선택할 수 있습니다.

❺ 슬라이드 쇼 시작 : 파워포인트 웹 앱에서 슬라이드 쇼를 시작할 수 있습니다.

❻ PDF로 인쇄 : PDF 파일로 변환하여 인쇄할 수 있습니다.

❼ 다른 사용자와 공유 : 메일을 보내거나 SNS 공유, 링크 만들기 등 공유를 위해 선택할 수 있습니다.

❽ 기타 : 메모를 추가하거나 협업 대상자와 공유하는 등의 다양한 옵션을 선택할 수 있습니다.

❾ 슬라이드 메뉴 : 슬라이드 중에 원하는 슬라이드를 선택할 수 있습니다.

❿ 슬라이드 노트 : 슬라이드 노트를 열 수 있습니다.

⓫ 편집용 보기 : 파워포인트 웹 앱에서 슬라이드 파일을 편집할 수 있습니다.

⓬ 읽기용 보기 : 읽기용 보기로 파일을 열 수 있습니다.

⓭ 슬라이드 쇼 : 슬라이드 쇼를 시작할 수 있습니다.

파워포인트 디자인,
이것만 알아도 당신은 PPT 디자이너!

**사람들의 눈을
즐겁게 할
PPT 만들기!**

파워포인트 작업 시 스토리에 부합하는 이미지나 멀티미디어적인 요소를 찾는 것은 쉽지 않습니다. 설명하려는 내용에 적합한 이미지를 함께 삽입하여 표현해야 독자들이 쉽게 이해할 수 있기에 스토리에 부합하는 이미지를 찾는 것은 매우 중요합니다. 여기서는 파워포인트 디자인을 도와줄 다양한 기능과 테크닉을 배워보겠습니다.

서체, 이것만 제대로 활용해도 당신은 디자이너!

슬라이드 제작 시 가장 먼저 고려해야 하는 사항이 바로 '가독성'입니다. 선택하는 서체의 종류와 크기에 따라 가독성에 많은 차이가 나기에, 주로 사용하는 서체의 종류와 크기에 따라 어떤 느낌이 나는지 한 번 살펴보는 것이 좋습니다. 시각적인 속성을 지닌 서체는 전체 페이지에 동일하게 들어가는 요소이기 때문에 잘못 선택한 서체는 전체 페이지를 망치게 되는 요소가 되기도 합니다.

■ 가독성과 명시성, 판독성

가독성이란 '시야에 보이는 텍스트 등의 개체를 얼마나 빨리 쉽게 읽을 수 있느냐'를 말합니다. 프레젠테이션에서 일명 신명조체라고 불리는 세리프체를 사용하지 않는 것도 바로 가독성 때문입니다. 세리프체는 상하의 획에 붙이는 가는 장식 선을 의미하는데 장식 선으로 인해 서체가 미려해질 수는 있지만 주목도를 떨어뜨리는 우를 범할 수 있습니다. 그렇기에 세리프체는 문서용 글씨체로써 문서 편집이나 잡지, 신문 등 인쇄용도에 적합합니다.

프레젠테이션에서는 이런 문제로 인해 세리프체보다는 산(san) 세리프체를 주로 사용합니다. 일명 고딕체라고 불리는 산세리프체는 상하의 획이 없는 서체로써 딱딱한 느낌이 듭니다.

▲ 산세리프체
▶ 세리프체

서체를 선택할 때에는 '판독성'도 고려해야 합니다. 판독성이란, '얼마나 빨리 판단할 수 있느냐'를 말합니다. 가독성과 판독성에 유념하여 서체를 선택하고, 서체의 크기를 생각해야 하는데 프레젠테이션에서는 여러 이견이 있긴 하지만 보통 14pt 이하의 글꼴은 사용해서는 안 됩니다. 14pt 이하의 서체는 스크린에 투과했을 때 먼 거리에서는 명확하게 어떤 글인지를 확인할 수 없기에 '가독성과 판독성이 좋다, 좋지 않다'를 평가할 수조차 없습니다.

글꼴의 크기

1. 표지 제목 : 44pt

2. 목차 및 간지 : 36 ～ 40pt

3. 슬라이드 제목 : 30 ～ 34pt

4. 슬라이드 소제목 : 20 ～ 22pt

5. 슬라이드 내용 : 14 ～ 18pt

■ 무료 배포되는 서체 활용

유명 포털이나 기업체에서 자사의 아이덴티티가 묻어있는 서체를 무료로 제공하는 사례가 점점 많아지고 있습니다. 많은 개발비가 소요되었을 것 같은 자사의 서체를 방문자들에게 무료로 제공하는 이유는 무엇일까요?

서체 공유는 기업의 공익성을 높이는 측면도 있지만 아무래도 자사 서체를 공유함으로써 서체 브랜딩을 구축하고자 하는 목적이 가장 크리라 봅니다. 이제는 나눔고딕체나 다음체 등을 인터넷 홈페이지나 블로그, 그리고 인쇄물 등에서도 흔히 볼 수 있으며 이 서체를 사용해 본 적이 있는 사람, 혹은 디자인 종사자라면 서체를 보는 순간 제일 먼저 네이버나 다음이 떠오르게 될 것입니다. 목적이 어떻든 서체 공개는 이를 사용하는 사용자 측면에서는 매우 반가운 소식일 것입니다.

다행히, 파워포인트 2007 이상에서는 '맑은 고딕'이라는 서체가 기본 설정됩니다. 맑은 고딕은 비교적 완성도가 높아 보편적으로 사용하던 HY 견고딕이나 유료로 구매하여 사용하던 릭스고딕, 윤고딕, 산돌고딕 등과 비슷한 시각적 효과를 누릴 수 있게 되었습니다. 또한, 유료로 구매해야만 가능했던 고급 서체들이 이제는 무료 배포를 통해 슬라이드에 적용될 수도 있습니다. 국내 프레젠테이션 프로그램인 한쇼 2010의 경우에도 프레젠테이션에 적합한 함초롱체를 기본 제공하고 있으며, 최근 네이버나 다음, 조선일보, 한겨레 등에서는 자사에서 사용하거나 개발한 서체를 홈페이지에 공개하고 방문자들에게 무료로 제공하고 있습니다.

▲ 맑은 고딕체　　　　　▲ 나눔 바른고딕　　　　　▲ KoPub체

▲ 서울 남산체　　　　　▲ 다음체　　　　　▲ 아리따체

무료 서체를 상업적인 용도로 사용하려면 서체마다 약간의 제약 조건이 있는지 검토해야 합니다. 예를 들어, 아리따체의 경우 거의 모든 용도에 자유롭게 사용할 수 있지만 BI, CI에는 쓸 수 없습니다. 하지만, 네이버 나눔체라든지 서울시의 서울서체의 경우 어떤 용도로든 허가 없이 쓸 수 있다고 밝히고 있습니다. 자세한 사항은 무료 서체를 제공하는 사이트에서 확인하기 바랍니다.

서체명	다운로드 주소
나눔체	http://hangeul.naver.com/font
KoPub체	http://www.kopus.org/Biz/electronic/Font.aspx
서울체	http://www.seoul.go.kr/v2012/seoul/symbol/font.html
아리따체	http://software.naver.com/software/summary.nhn?softwareId=GWS_000069
배달의 민족	http://www.woowahan.com/?page_id=3985
대한체	http://yoonfont.co.kr/event/20140101_daehan/daehan_20140101.html
고양체	http://www.goyang.go.kr/kr/intro/sub03/09/
이순신체	http://www.asan.go.kr/font
바다체	http://www.busanbadattf.com/
야놀자 야체	http://cast.yanolja.com/detail/2171

■ 무료 서체 설치하기

파워포인트 2016은 기본적으로 '맑은 고딕'이라는 글꼴이 기본 서체로 지정되어 있습니다. 이를 무료 서체인 네이버 나눔체나 다음체 등으로 변경할 수 있습니다. 여기서는 다양한 무료 서체를 내 컴퓨터에 설치하여 파워포인트에서 사용해 보겠습니다.

01 여기서는 최근 가장 많은 분들에게 사랑받고 있는 네이버 나눔체를 설치해 보겠습니다. 'http://hangeul.naver.com'에 접속하여 [나눔글꼴]을 클릭합니다.

02 페이지가 열리면 [나눔글꼴 모음 설치하기]-[윈도우용]을 클릭하여 폰트를 설치합니다.

팁 :: [맥용]의 경우 매킨토시에서 사용할 수 있는 글꼴입니다.

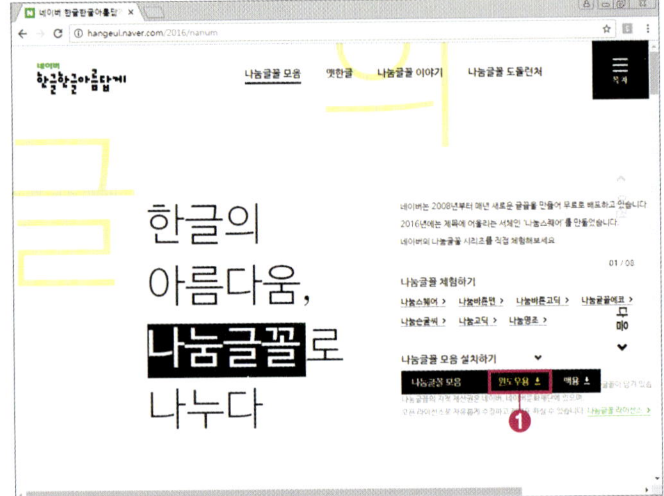

03 [나눔글꼴 설치] 설치 창이 나타나면 나눔글꼴을 설치합니다.

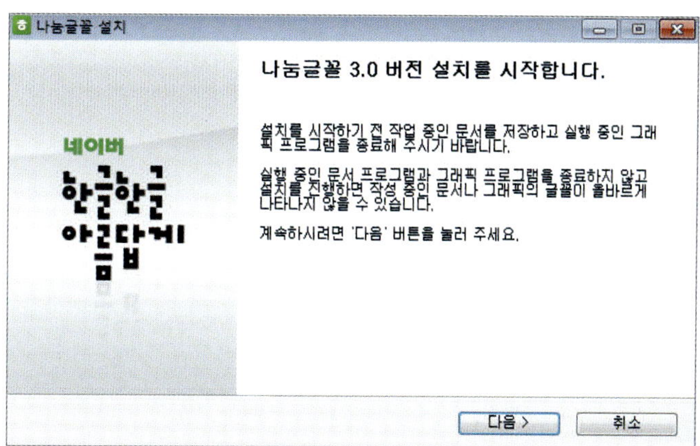

04 파워포인트 2016을 종료한 후 다시 엽니다. [홈] 탭-[글꼴] 그룹의 [글꼴]에서 내 컴퓨터에 서체가 제대로 설치되었는지 확인합니다.

팁 :: 본 도서에서는 '나눔고딕'을 비롯한 나눔체를 주로 사용합니다. 그렇기에 '나눔체'를 반드시 설치한 후 본 도서를 따라하기 바랍니다.

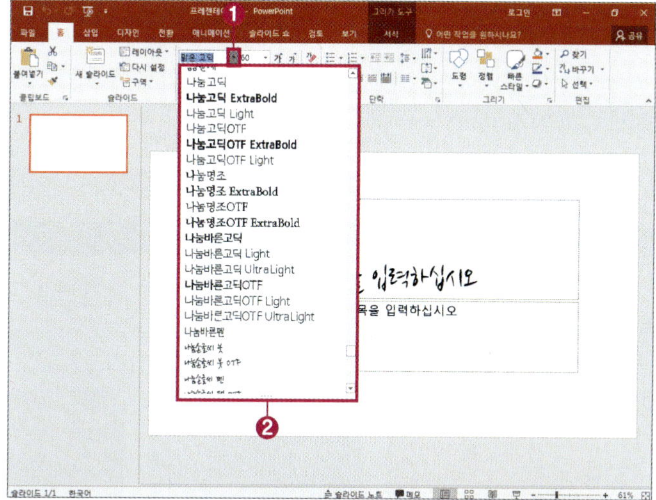

검증된 자료와 데이터를 위해 통계자료 활용하기

파워포인트 슬라이드를 제작하다 보면 검증된 자료와 데이터를 활용하는 경우가 많습니다. 국내의 주요 사이트에서 다양한 통계자료뿐만 아니라 사회, 경제, 정치, 문화에 걸쳐 다양한 통계자료를 제공하고 있습니다. 여기서는 파워포인트 슬라이드에서 활용 가능한 통계자료를 활용하는 방법에 대해서 살펴보겠습니다.

■ e-나라지표 시스템

e-나라지표 시스템은 정부기관에서 엄선한 통계자료뿐 아니라 사회, 경제, 정치, 문화 등 다양한 방면의 조사통계를 보여줍니다. 시계열 자료를 통하여 정책 결과의 변동을 확인할 수 있으며, 이를 그래프로 도식화하여 쉽게 그 추이를 알 수 있습니다. 또한, 이용자들의 이해를 돕고자 지표에 대한 분석자료를 함께 제공하고 있습니다.

◀ 주소 : http://www.index.go.kr

메인 홈페이지에서 [국가주요지표]-[부문별지표]를 클릭하면 총량지표부터 경제, 사회, 문화 등 사회 전반적인 경제지표를 확인할 수 있습니다. 선택한 항목에 따라 연관된 관련 파일을 다운로드 받을 수 있으며, 다양한 의견 및 질문도 할 수 있습니다.

e-나라지표 시스템에서는 시계열 조회를 비롯해 엑셀 파일로 데이터를 다운로드 받을 수 있습니다. 예를 들어, 사교육비에 관한 자료가 필요하다면 사교육비를 검색해 단순한 데이터를 파워포인트 슬라이드로 활용 가치가 있는 자료로 만들 수 있습니다.

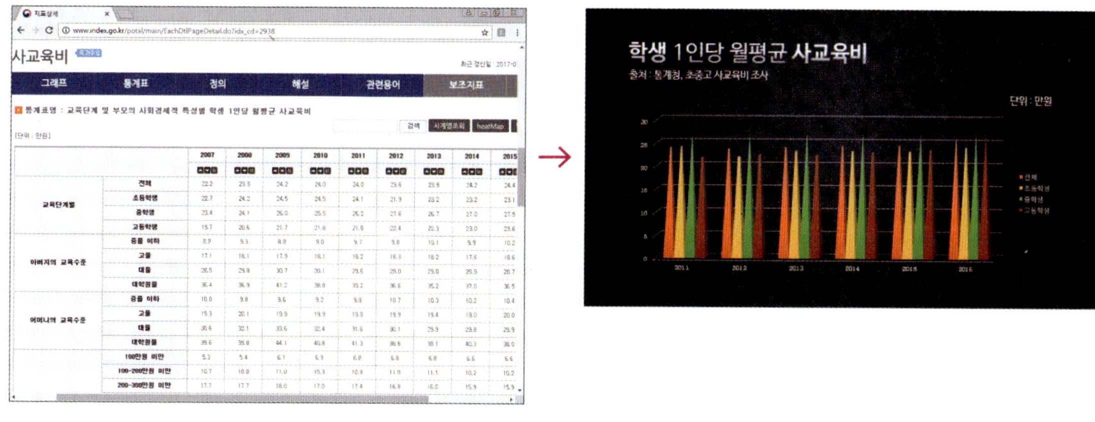

팁 :: 333 페이지의 예제 역시 e-나라지표 시스템 데이터를 활용하여 파워포인트 슬라이드에 적용했습니다.

■ KOSIS 국가통계포털

통계청은 120여 개의 통계작성기관에서 생산하는 경제나 사회, 문화, 환경에 관한 570여 종의 국가 승인 통계를 KOSIS라는 국가통계포털을 통해 제공하고 있습니다. 제공되는 각종 통계지표들을 조합해 본인에게 필요한 통계를 추출할 수 있으며, 스마트폰이나 태블릿 PC 등의 모바일 기기에서도 검색이 가능한 통계 내비게이터 서비스도 제공하고 있습니다.

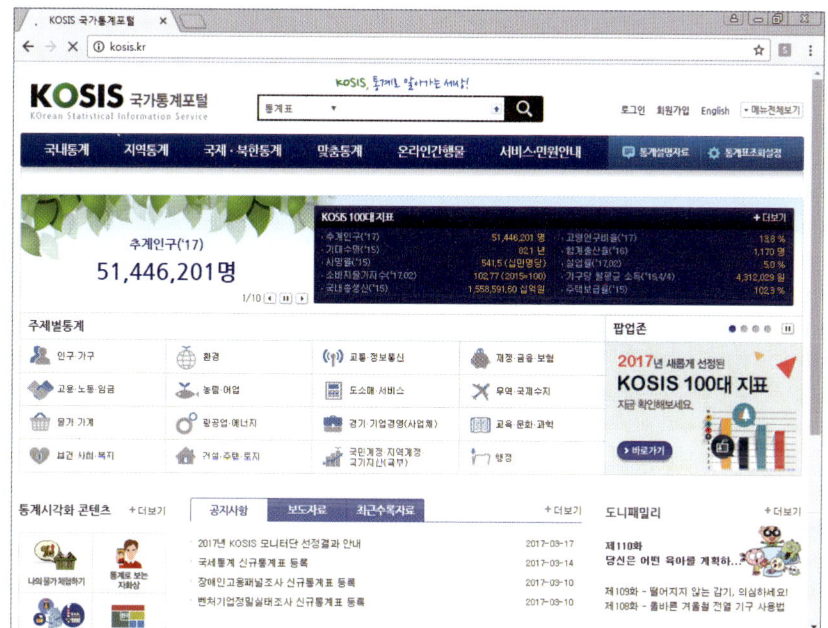

◀ 주소 : http://www.kosis.kr

예를 들어, [국내통계]-[주제별통계]를 통해 원하는 주제를 검색할 수 있으며, [통계표보기]에서 통계표를 확인할 수 있습니다. 통계DB 조회 프로그램이 실행되면 원하는 데이터를 확인하거나 데이터 정렬 혹은 차트 보기 등을 선택할 수 있습니다. 또한, 엑셀이나 CSV 혹은 텍스트 파일로 다운로드 받아 활용할 수도 있습니다.

KOSIS 국가통계포털에는 이 외에도 다양한 통계나 온라인간행물을 다운로드 받아 확인할 수 있습니다. 프레젠테이션을 기획할 때 여러 통계 자료나 데이터에 관한 출처가 필요하다면 이곳을 활용해 보기 바랍니다.

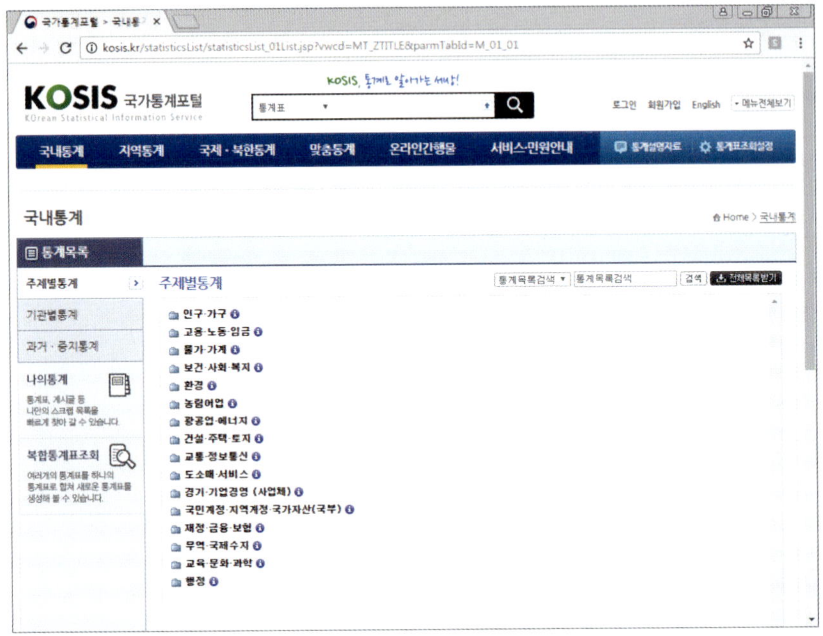

■ 그 외 통계 서비스

통계청은 일반 국민들이 통계분류를 쉽고 편리하게 이용할 수 있도록 '통계분류포털'이라는 사이트를 제공하고 있습니다. 그 외 랭키닷컴 등에서 국가 서비스는 아니지만 유용한 통계 서비스를 제공받을 수 있습니다.

1 │ 통계청 통계분류포털

통계분류포털을 통해 민원인이나 통계업무 담당자가 표준분류 6종(산업, 직업, 교육, 질병사인, 무역, 목적별지출분류) 등 총 30종의 통계분류를 손쉽게 검색하고, 신속한 상담서비스를 제공받을 수 있도록 다양한 서비스를 제공하고 있습니다.

산업분류는 사업체에서 수행하는 주된 산업활동의 특성(산출물, 원재료, 제조공정 및 방법, 기능 및 용도, 제공하는 서비스 및 제공방법 등)에 따라 분류되므로 산업활동의 특성을 미리 정리하여 산업분류를 확인하면 보다 정확하게 서비스를 활용할 수 있습니다.

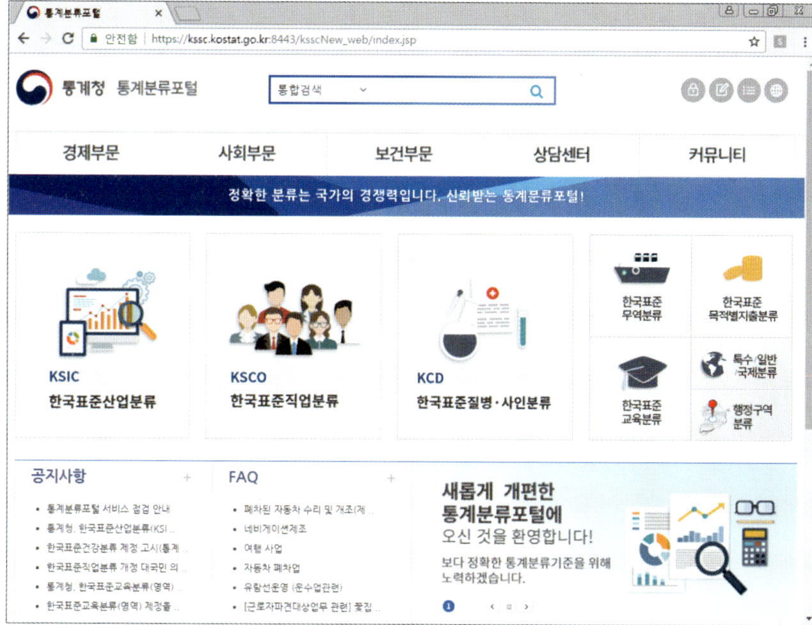

◀ 주소 : http://kssc.kostat.go.kr

2 ┃ 랭키닷컴

인터넷이나 모바일, 애플리케이션의 이용 행태와 개별 산업군의 데이터 분석을 통해 다양한 통계 및 순위를 제공하는 사이트입니다. 다양한 업종군에서 평가 지표로 삼고 있으며, 유료 가입의 경우 정밀한 분석 데이터를 제공합니다.

◀ 주소 : https://www.rankey.com

최근 유행하는 인포그래픽 디자인도 이제는 파워포인트로

프레젠테이션 제작 시 가장 중요한 요소는 기획과 디자인입니다. 기획이 아무리 잘 되어도 디자인이 형편없으면 인정받기 어렵습니다. 반대로 디자인이 아무리 예뻐도 기획이 제대로 되지 않으면 내용 전달이 형편없을 수 있습니다. 이 둘을 모두 만족하는 프레젠테이션은 항상 어려움이 동반됩니다. 전체적인 주제와 콘셉트에 어울리는 디자인을 고려할 때 생각할 수 있는 것이 바로 '인포그래픽'입니다.

최근 신문 기사나 연구 보고서, 혹은 인터넷 페이지나 각종 통계 자료 등에도 인포그래픽이 유행하고 있는데 인포그래픽은 슬라이드 디자인과 달라서 약간의 아이디어와 핵심 메시지를 직관적으로 전달할 수 있는 기획력이 있다면 여러 도구의 힘을 빌려 제작할 수 있습니다.

■ 자동화 툴을 활용한 인포그래픽 제작 기법

과거 복잡한 데이터를 동반한 텍스트 가득한 여러 장의 보고서가 지금은 이미지와 차트, 픽토그램으로 구성된 1장짜리 그래픽 보고서로 변화하고 있습니다. 인포그래픽은 눈으로 보고 마음으로 이해하기는 쉽지만 실제 제작하기 위해서는 포토샵이나 일러스트레이터를 이용하거나 전문 툴을 활용해 제작해야 하는 어려움이 있습니다. 하지만, 파워포인트를 활용하면 생각보다 쉽게 인포그래픽을 만들 수 있습니다.

인포그래픽이 인기를 끌면서 인포그래픽을 제작할 수 있는 사이트도 많이 생겨났습니다. 슬라이드 제작이 어려운 파워포인트 사용자들을 위해 템플릿이나 서식, 혹은 디자인 제공 등을 통해 수익을 창출하는 업체들이 존재하는 것처럼, 인포그래픽 역시 이런 생태계가 만들어지고 있습니다. 아직까지는 제공되는 한글 서체가 부족하고 한글 제공 등에 있어서는 다소 미약하지만 클릭 몇 번 만으로 전문가 수준의 인포그래픽을 만들 수 있기 때문에 충분히 활용 가치가 있습니다.

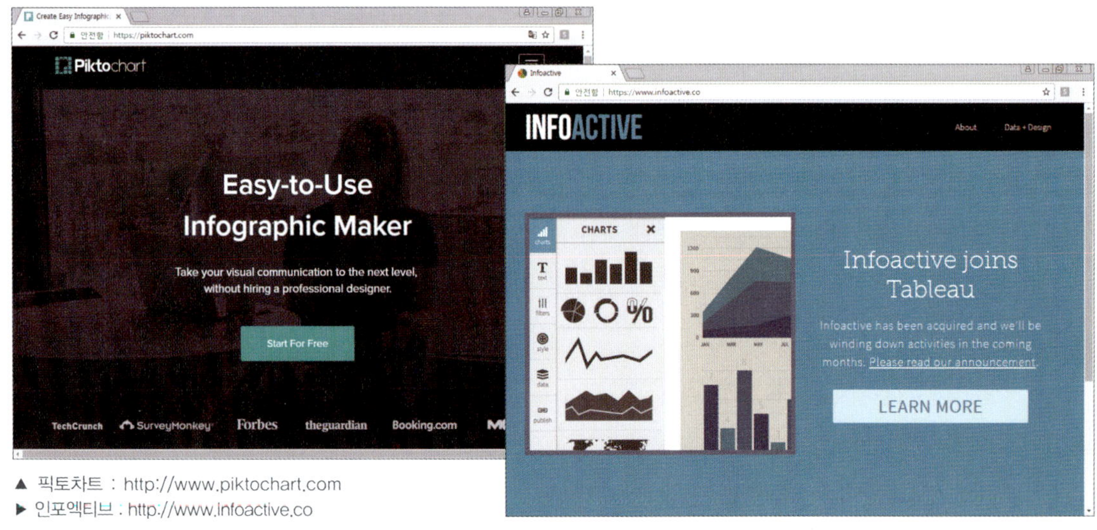

▲ 픽토차트 : http://www.piktochart.com
▶ 인포엑티브 : http://www.infoactive.co

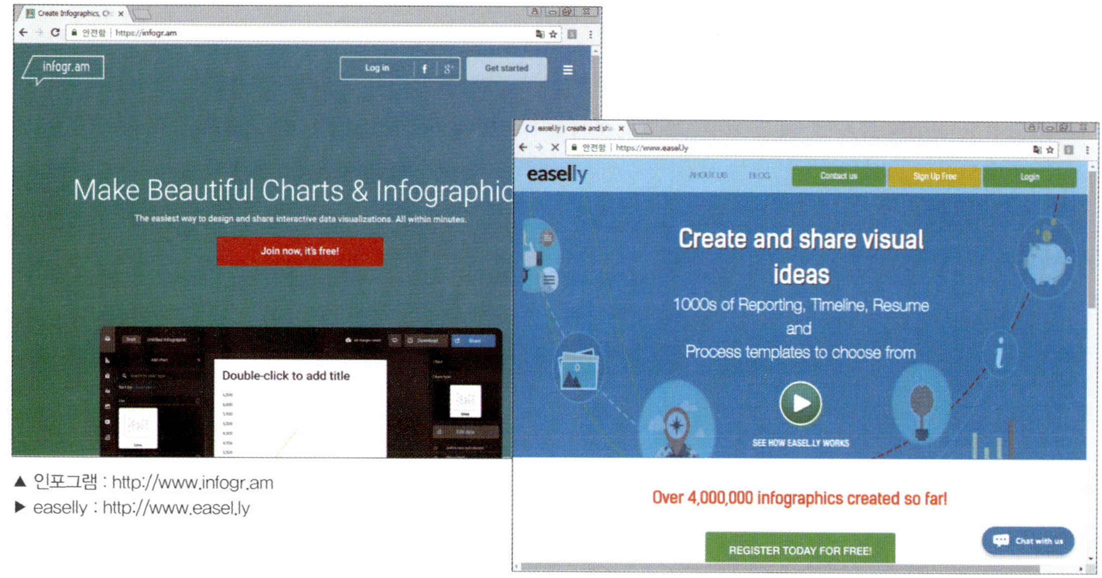

▲ 인포그램 : http://www.infogr.am
▶ easelly : http://www.easel.ly

또한, 인포그래픽을 만들지 않더라도 인포그래픽으로 작업된 사이트나 그래프만 보더라도 나만의 인포그래픽 제작에 참고할 수 있습니다. 아래 사이트는 다양한 인포그래픽 결과물을 확인할 수 있는 사이트들로써 여러분들의 나침반이 되어줄 겁니다.

1. visual.ly : http://www.visual.ly
2. 구글 인포그래픽 : http://www.google.com에서 'infographic' 혹은 'infographics' 검색
3. Pinterest 인포그래픽 : http://www.pinterest.com에서 'infographic' 혹은 'infographics' 검색
4. 비주얼다이브 : http://www.visualdive.co.kr

■ 인터렉티브 그래프를 만들 수 있는 인포그램 활용하기

인포그래픽 아이디어를 얻을 수 있는 최고의 방법은 인포그래픽 전문가들이 제작한 자료를 찾아보는 것입니다. 특히, 국내 업체들이나 서울시 등에서 만든 인포그래픽은 우리나라 실정에 적합하면서도 실생활에 도움이 되는 자료들이 많습니다.

1 | 인포그램에서 제공되는 대표적인 차트

인포그래픽을 제작할 때 파워포인트 슬라이드보다 훨씬 많은 고민과 시간이 소요된다면 굳이 인포그래픽 요소를 파워포인트에 접목할 필요는 없습니다. 하지만 조금만 응용해 보면 파워포인트에서도 인포그래픽을 쉽게 만들고 활용할 수 있습니다.

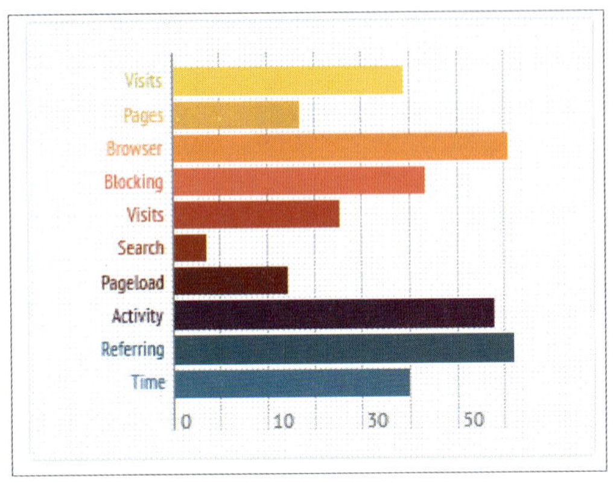

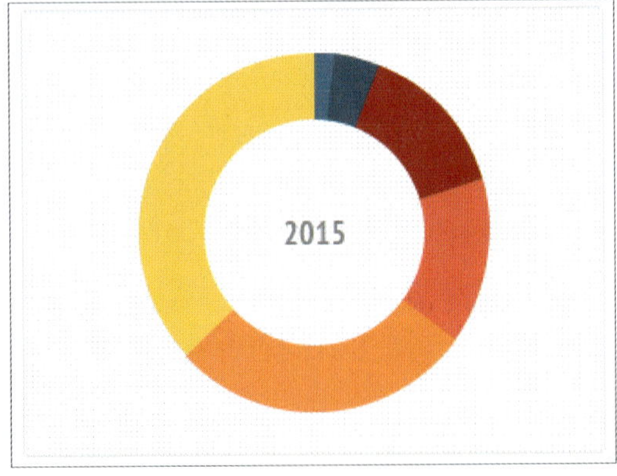

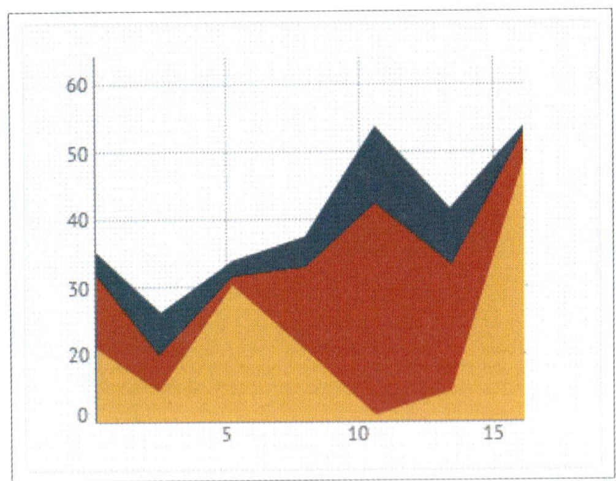

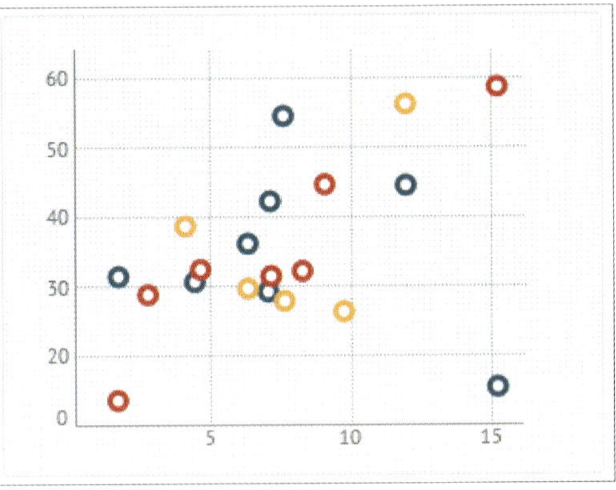

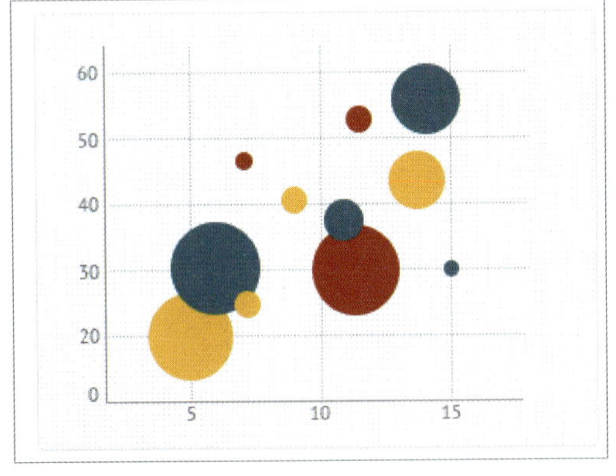

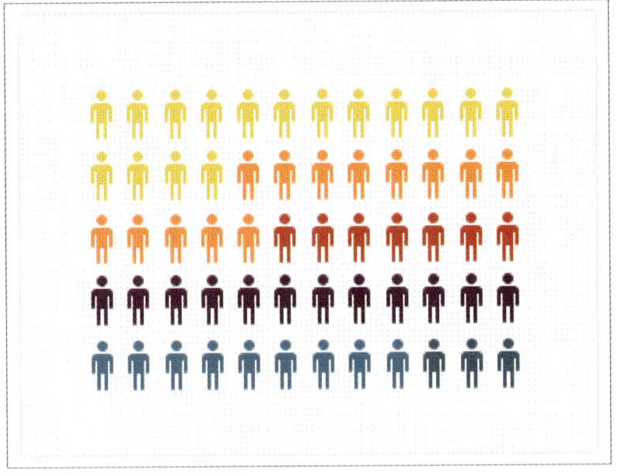

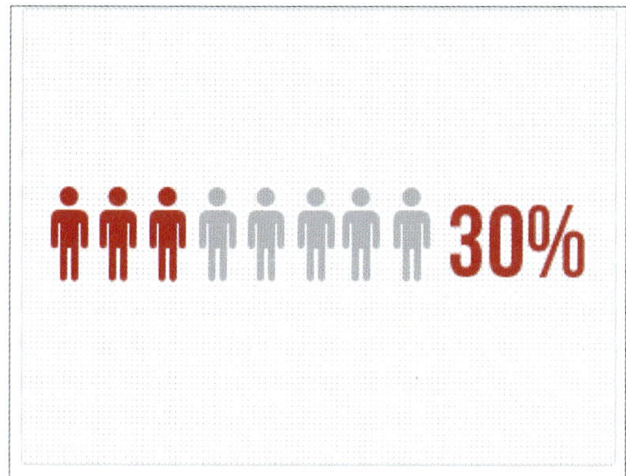

30%

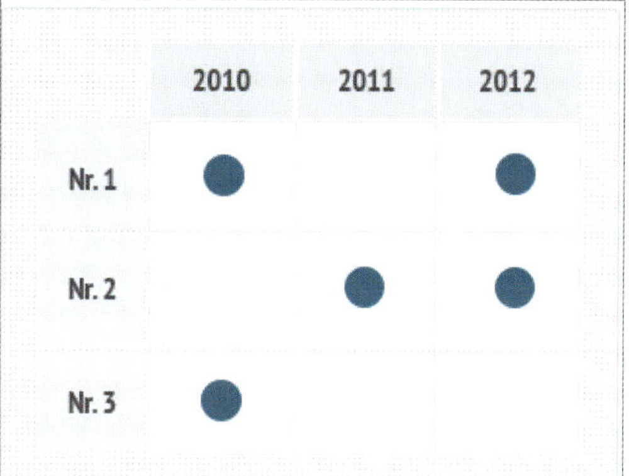

2010
2011
2012
Nr. 1
Nr. 2
Nr. 3

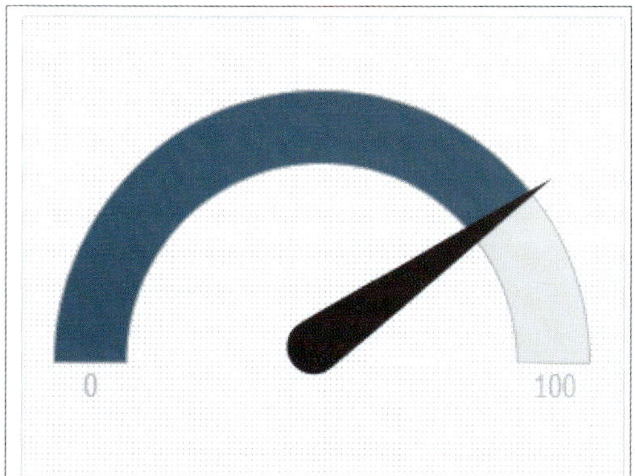

0
100

Xiu Xiu
The Dø
S.Mt. Zion
Radiohead
The xx
Hot Chip
The Life
Casiotone for the Painfully Alone
Microphones
Boards of Canada

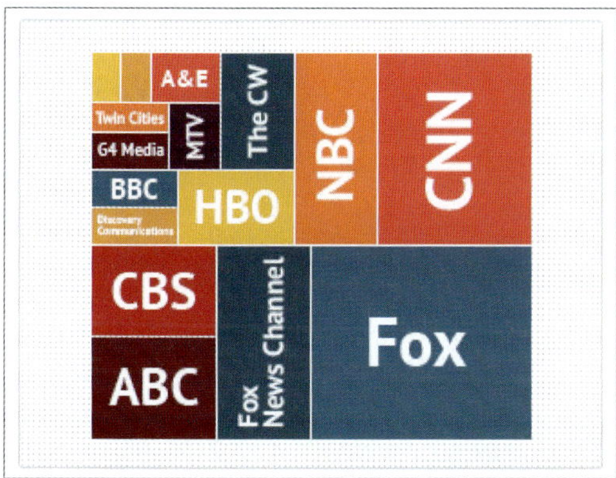

A&E
Twin Cities
G4 Media
MTV
The CW
NBC
CNN
BBC
Discovery Communications
HBO
CBS
Fox News Channel
Fox
ABC

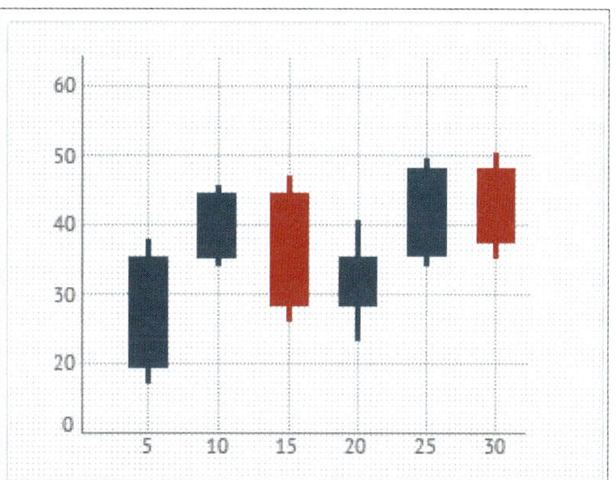

60
50
40
30
20
0
5
10
15
20
25
30

01 인포그래픽을 만들 수 있는 사이트 중 가장 널리 알려진 곳이 바로 '인포그램'입니다. 무엇보다 사용할 수 있는 차트 종류도 많고, 퀄리티 역시 높다보니 대중적으로 널리 사랑을 받고 있는 듯합니다. 계정이 없다면 사이트에 접속한 후 회원 가입을 합니다.

http://www.infogr.am

....

팁∷ 인포그램의 사용 방법이나 FAQ, 혹은 참고 동영상 등은 https://infogram.zendesk.com/hc/en-us에서 확인할 수 있습니다.

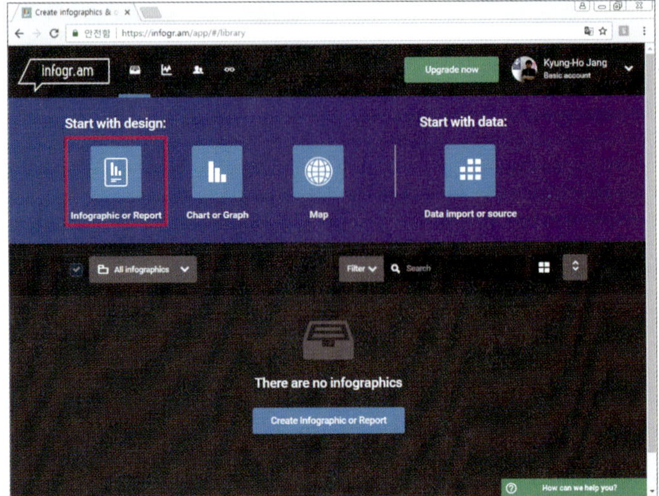

02 로그인하면 인포그래픽을 만들 수 있는 [Create], 만들었던 인포그래픽을 볼 수 있는 [My Library], 그리고 유료 계정으로 전환할 수 있는 [Upgrade to Pro] 중에서 선택할 수 있는 창이 뜹니다. 여기서는 [Infographic or Report]를 클릭하여 새로운 인포그래픽을 만들어 보겠습니다.

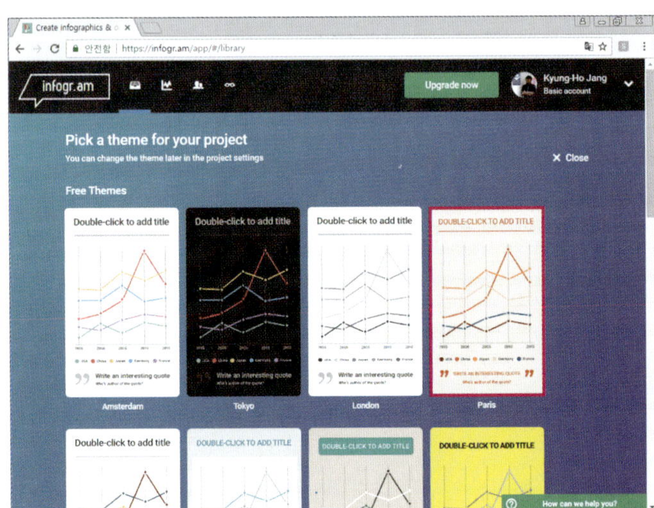

03 차트 형식을 선택할 수 있는 창이 열립니다. 원하는 차트 형식이나 테마를 선택합니다.

04 차트를 생성할 수 있는 작업 창이 열립니다. 한두 번 클릭해 보면 무슨 기능인지 알 수 있을 정도의 직관적인 UI로 구성되어 있습니다. 인포그램은 주요 메뉴가 오른쪽에 배치되어 있습니다. 차트나 지도, 텍스트, 이미지, 비디오 등을 삽입할 수 있습니다.

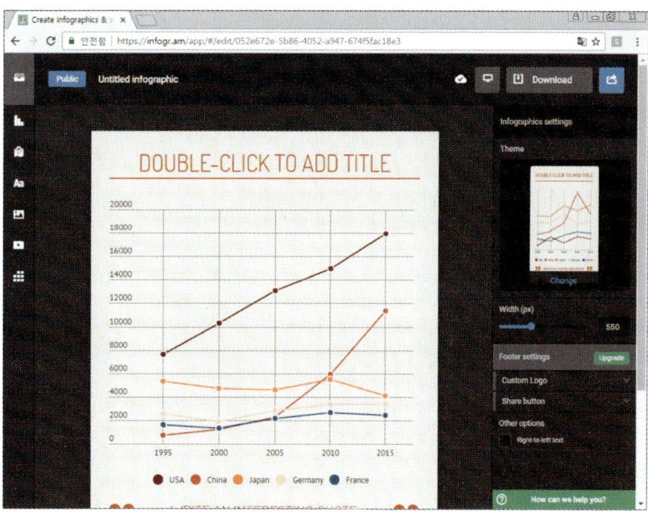

05 차트를 더블클릭하면 엑셀 시트와 비슷한 작업 창이 열립니다. 또한, 해당 차트를 수정할 수 있는 기능이 상단에 표시됩니다. 그리드 선을 표시할 수 있는 [Grid], 선을 부드럽게 처리해 주는 [Smooth curves], 점을 표시하는 [Data points], 차트를 전환할 수 있는 [Reverse axis], 데이터를 불러올 수 있는 [Load data] 등으로 구성되어 있습니다.

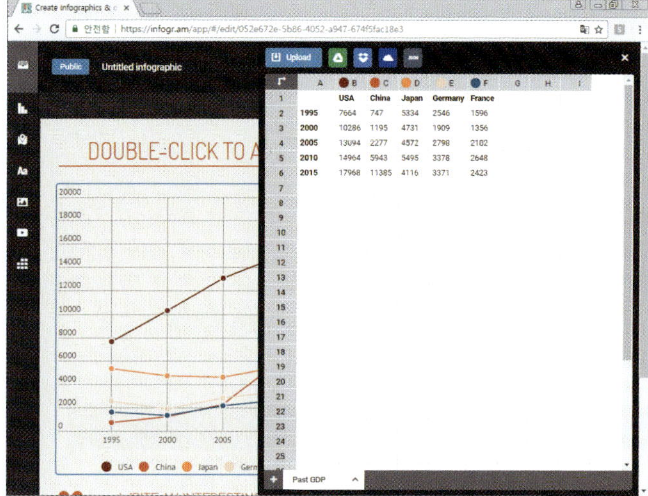

06 [Add a chart]를 클릭하면 30가지가 넘는 다양한 차트 종류와 형식이 표시됩니다. 파워포인트에서 만들기에는 시간이 많이 소요되는 차트도 간단히 만들 수 있습니다.

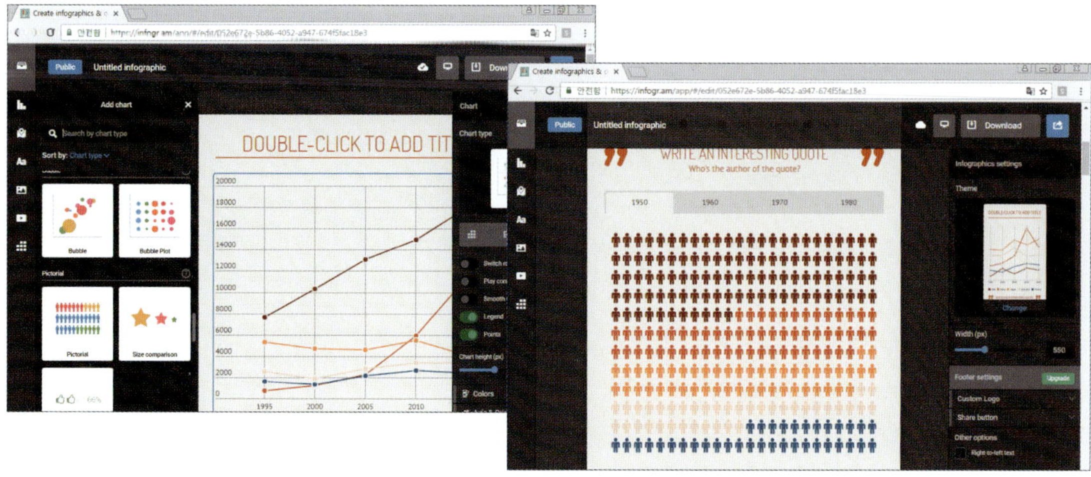

07 아쉽게도 파워포인트로 불러올 수 있는 기능은 없습니다. 파워포인트로 불러오기 위해서는 캡처 프로그램을 활용할 수 있습니다. 여기서는 알캡처 프로그램을 통해 캡처 영역을 드래그하여 지정한 후 파워포인트로 붙여 넣기 하여 활용할 수 있습니다.

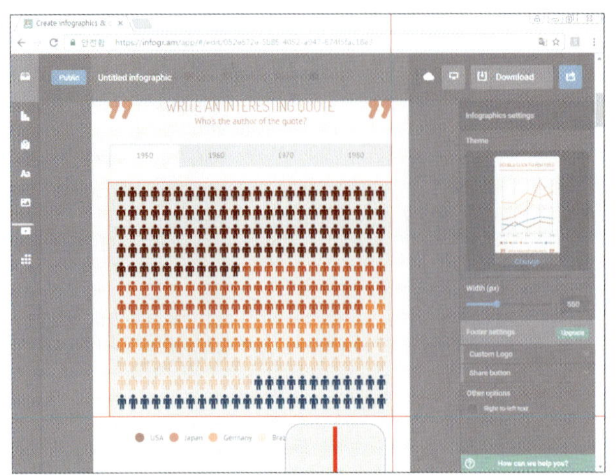

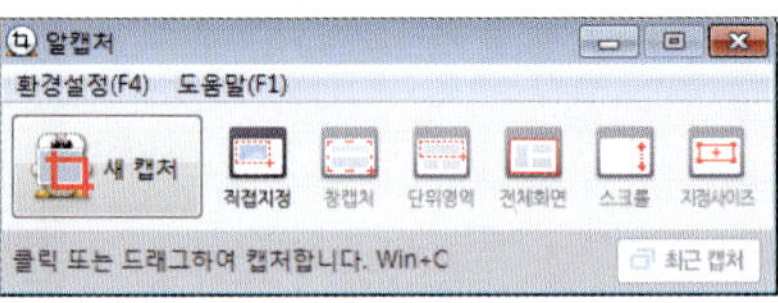

팁 :: 인포그램의 Free 버전에서는 PDF 혹은 이미지 형식으로 저장할 수 없습니다. Pro 버전의 경우 'Download' 기능을 통해 PDF 혹은 이미지 형식으로 저장할 수 있습니다.

체크해봐요 :: **알캡처**

이스트소프트에서 무료 배포하는 캡처 프로그램으로, 프로그램을 실행하면 캡처를 하고 싶은 영역을 바로 지정할 수 있을 정도로 사용이 간편한 프로그램입니다. 특히, 지정 캡처, 단위영역 캡처, 전체화면 캡처, 스크롤 캡처, 윈도우 캡처, 간단 편집 등의 기능이 제공되며, 다양한 단축키를 설정해 빠르고 편하게 캡처를 진행할 수 있습니다.

다운로드 : http://www.alcapture.co.kr

■ 픽토그램 사이트 활용하기

인포그래픽 이외에도 이미지를 시각화시킨 픽토그램을 제공하는 사이트를 통해 슬라이드에 활용할 수 있습니다. 다양한 픽토그램 사이트 중에서 thenounproject.com을 통해 고퀄리티의 픽토그램을 무료로 사용할 수 있습니다. thenounproject.com은 누구나 디자이너가 되어 자신이 만든 픽토그램을 공유하고 있으며, 다양한 픽토그램을 무료로 사용할 수 있습니다.

1 | 픽토그램 무료 제공 사이트

픽토그램을 제공하는 사이트를 통해 픽토그램을 다운로드 받아서 파워포인트 슬라이드에 활용할 수 있습니다.

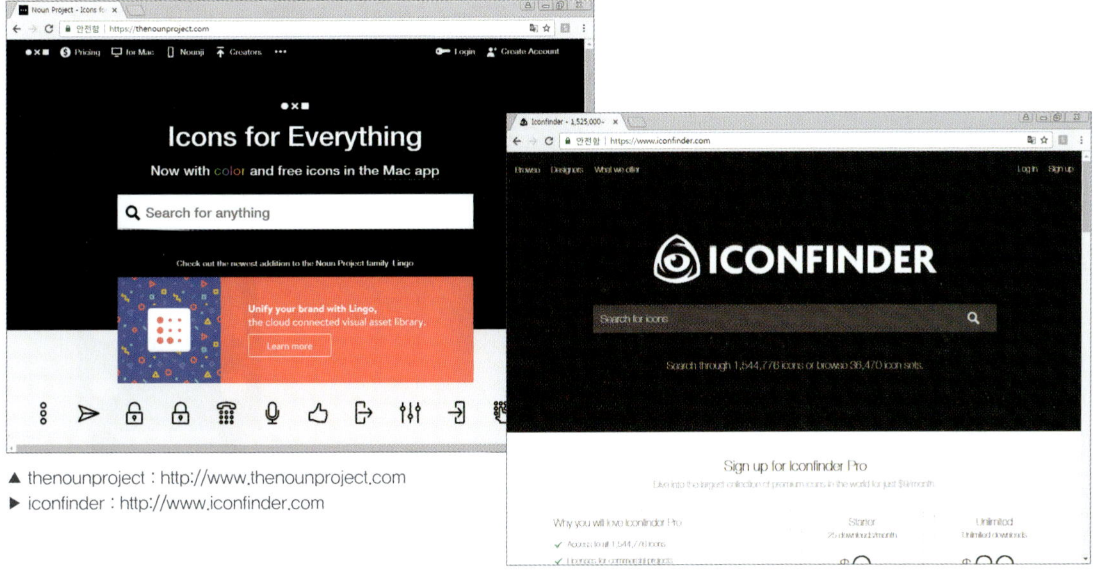

▲ thenounproject : http://www.thenounproject.com
▶ iconfinder : http://www.iconfinder.com

01 아이콘을 무료로 제공하는 'http:// www.thenounproject.com' 사이트를 통해 픽토그램 이미지를 가져오겠습니다. 사이트에 접속한 후 검색 창에 『bus』를 입력합니다.

··

팁:: 회원 가입이 되어 있지 않다면 이미지를 정상적으로 다운로드 받을 수 없습니다. 상단의 메뉴 중에서 [Sign up]을 클릭하여 회원 가입을 한 후 이미지를 검색합니다.

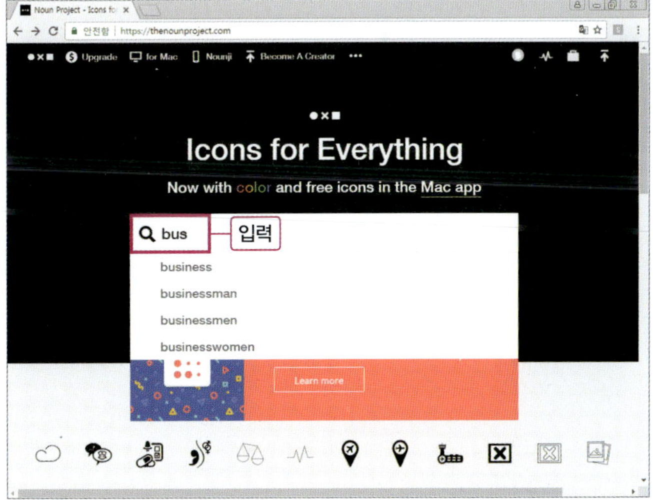

02 다양한 'bus' 관련 픽토그램이 검색됩니다. 스크롤을 내려 원하는 픽토그램을 찾아봅니다.

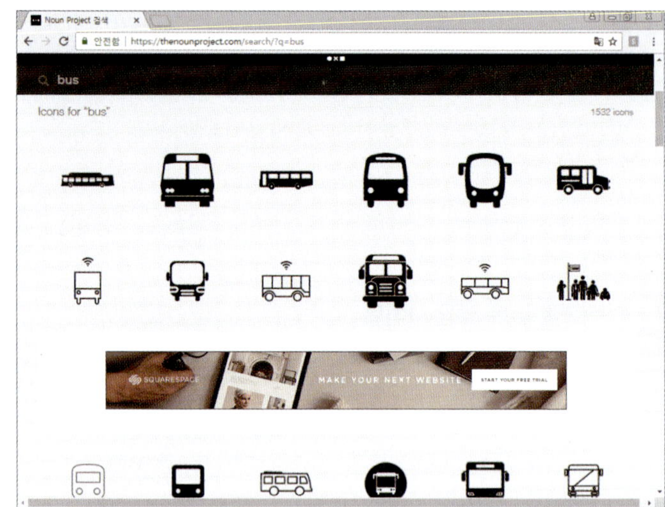

03 원하는 이미지를 선택한 후 [Download]를 클릭합니다.

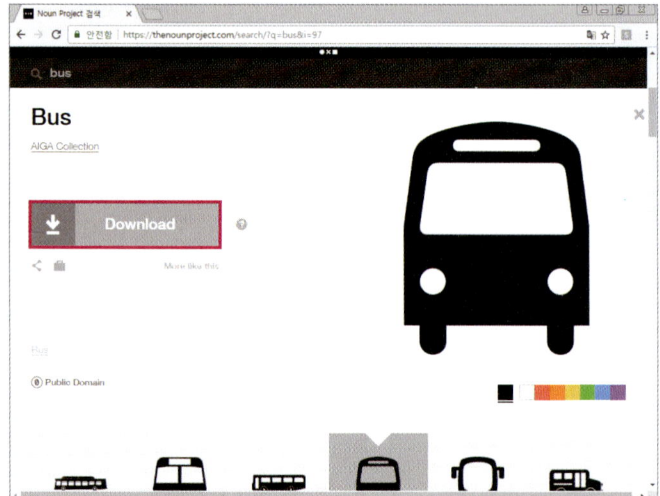

04 [PNG] 혹은 [SVG] 중에서 원하는 파일 형식을 선택한 후 내 컴퓨터에 다운로드 받습니다.

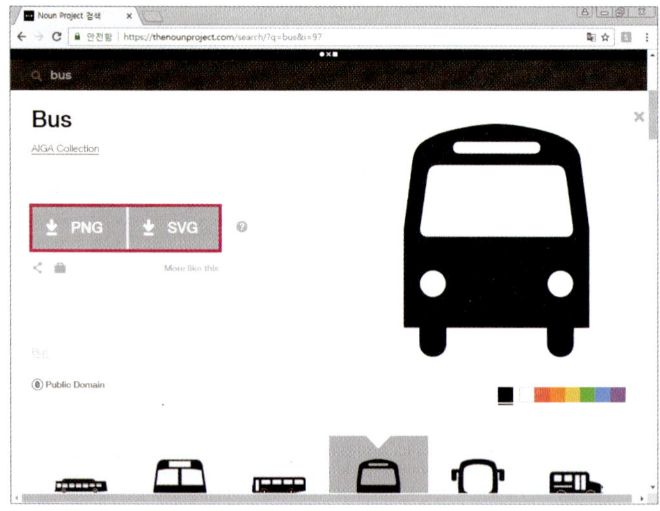

05 '`http://www.thenounproject.com`' 사이트에서 다운로드 받은 픽토그램을 이용해 다음과 같은 슬라이드를 완성할 수 있습니다.

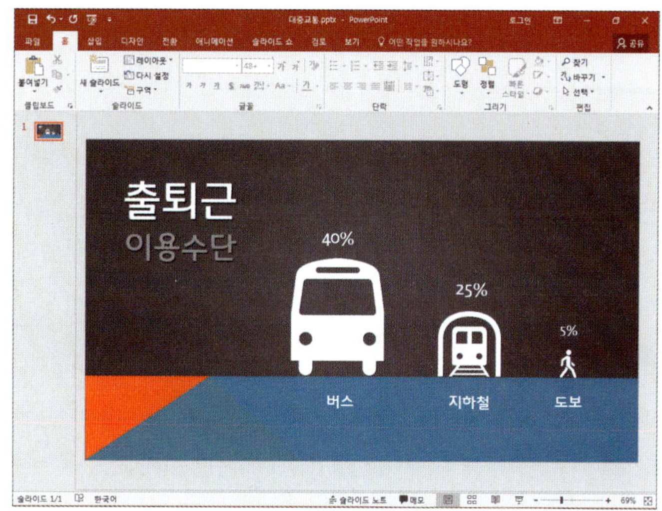

팁 :: 픽토그램을 활용한 슬라이드 디자인

픽토그램은 픽토(picto)와 텔레그램(telegram)의 합성어로써, 내용을 빠르고 쉽게 이해할 수 있도록 나타낸 시각 디자인을 말합니다. 파워포인트 슬라이드에도 픽토그램이 자주 활용됩니다. 픽토그램를 활용하면 다양한 슬라이드 디자인을 연출할 수 있습니다.

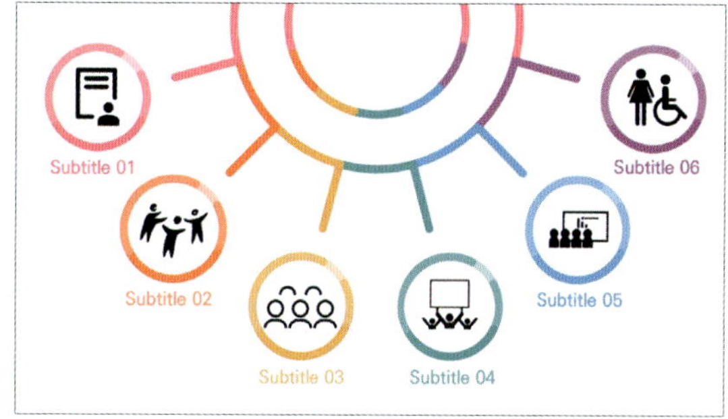

나만의 작업 환경으로 파워포인트를 편리하게 사용하기

자주 사용하는 기능은 나만의 리본 메뉴에 추가하여 하나의 그룹으로 만들어 사용할 수 있습니다. 자주 사용하는 기능이 몇 가지 되지 않는다면 [빠른 실행 도구 모음]에 추가해서 사용하는 것이 편하지만 자주 사용하는 기능이 많다면 나만의 리본 메뉴를 만들어 사용하는 것이 훨씬 효율적입니다.

■ 리본 메뉴를 사용자가 직접 설정하기

파워포인트가 제공하는 리본 메뉴는 총 7개입니다. 하지만 사용자에 따라 원하는 리본 메뉴를 따로 구성할 수 있습니다. 자주 사용하는 기능을 하나의 리본 메뉴로 만들어 보세요.

01 [파일] 탭–[옵션]을 클릭하여 [Power-Point 옵션] 대화상자를 불러옵니다. [리본 사용자 지정] 항목을 클릭한 후 [새 탭]을 클릭합니다.

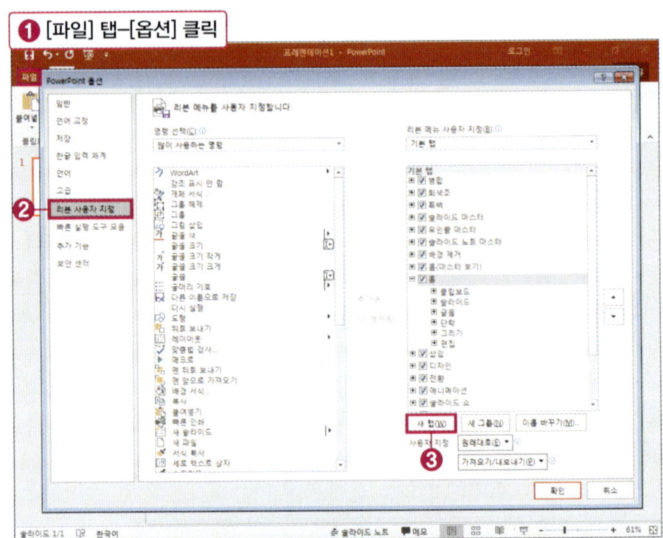

02 [새 탭(사용자 지정)]과 [새 그룹(사용자 지정)]이 생성됩니다. [새 그룹(사용자 지정)]을 선택한 후 [명령 선택]–[모든 명령]을 클릭합니다.

팁 :: '모든 명령'을 선택하면 파워포인트 2016에서 실행할 수 있는 모든 명령이 표시됩니다.

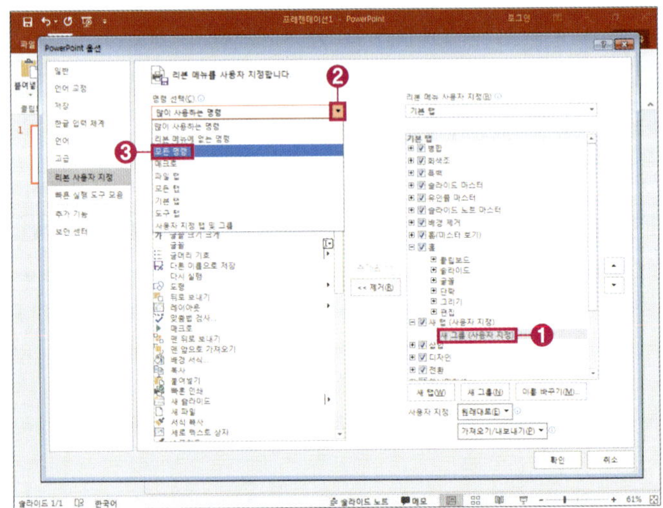

03 원하는 명령을 선택한 후 [추가]를 클릭합니다. 명령이 [새 그룹(사용자 지정)]에 추가되면 여러 개의 명령을 계속 추가합니다. 여기서는 SmartArt 그래픽 관련 기능을 모두 추가합니다.

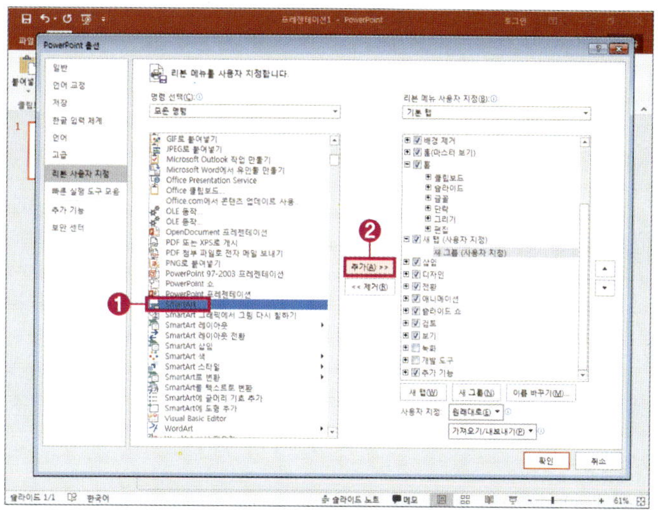

04 명령 추가를 마쳤다면 [새 그룹(사용자 지정)]의 이름을 변경하기 위해 [이름 바꾸기]를 클릭합니다. [이름 바꾸기] 대화상자가 뜨면 원하는 기호를 선택합니다. [표시 이름]에 『스마트아트』를 입력한 후 [확인]을 클릭합니다. [PowerPoint 옵션] 대화상자의 [확인]도 클릭합니다.

⋯⋯⋯⋯⋯⋯⋯⋯⋯⋯⋯⋯⋯⋯⋯⋯

팁 :: [새 탭(사용자 지정)]도 동일한 방법으로 추가하고 이름을 변경할 수 있습니다.

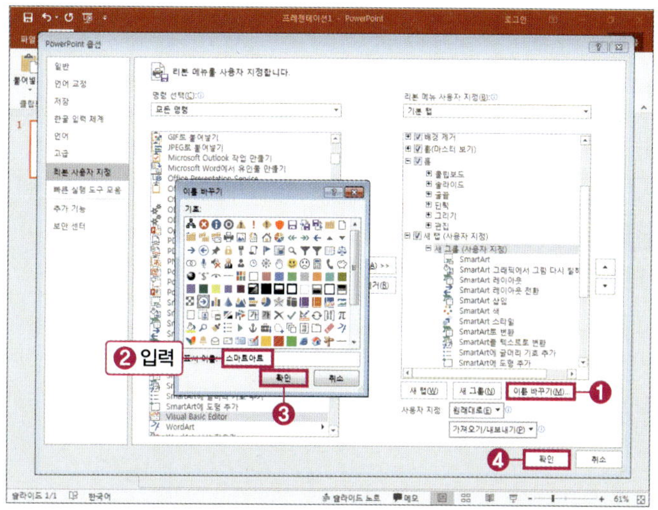

05 [새 탭] 탭을 클릭하면 새롭게 추가한 [스마트아트] 그룹이 나타나는 것을 확인할 수 있습니다.

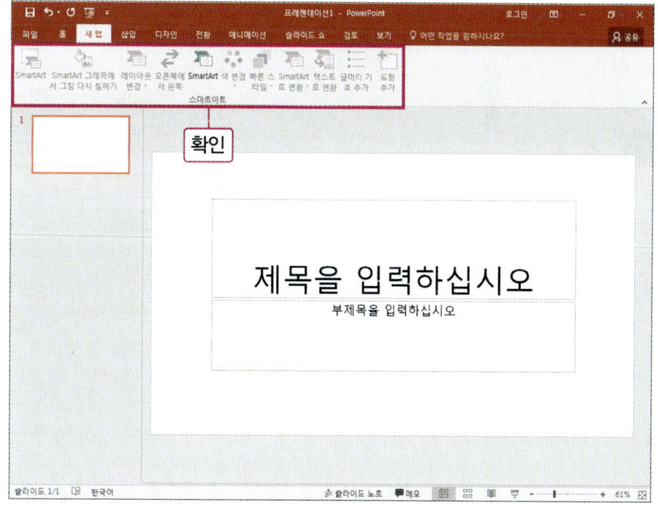

■ 리본 메뉴를 다른 컴퓨터에서 사용하기

완성 파일 Part01/Lesson02/PowerPoint Customizations.exportedUI

본인이 직접 만든 리본 메뉴는 한 번 쓰고 버리기에는 너무 아쉽습니다. 본인이 직접 만든 리본 메뉴는 '가져오기/내보내기'를 통해 내 컴퓨터뿐만 아니라 다른 컴퓨터에서도 사용할 수 있습니다.

01 [파일] 탭–[옵션]을 클릭합니다. [Power-Point 옵션] 대화상자에서 [리본 사용자 지정] 항목을 선택한 후 [가져오기/내보내기]를 클릭합니다. [모든 사용자 지정 항목 내보내기]를 선택합니다.

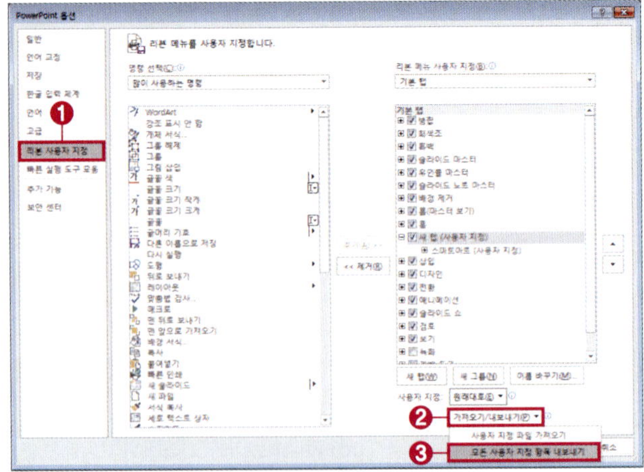

02 [파일 저장] 대화상자가 열립니다. [파일 이름]과 [파일 형식]을 확인하고 원하는 폴더를 지정한 후 [저장]을 클릭합니다.

팁 :: 나만의 리본 메뉴는 다른 컴퓨터에서도 그대로 사용할 수 있습니다. 파워포인트를 연 다음 [파일] 탭–[옵션]을 클릭합니다. [PowerPoint 옵션] 대화상자에서 [리본 사용자 지정] 항목을 선택한 후 [가져오기/내보내기]를 클릭합니다. [사용자 지정 파일 가져오기]를 클릭한 후 'PowerPoint Customizations.export-edUI' 파일을 엽니다.

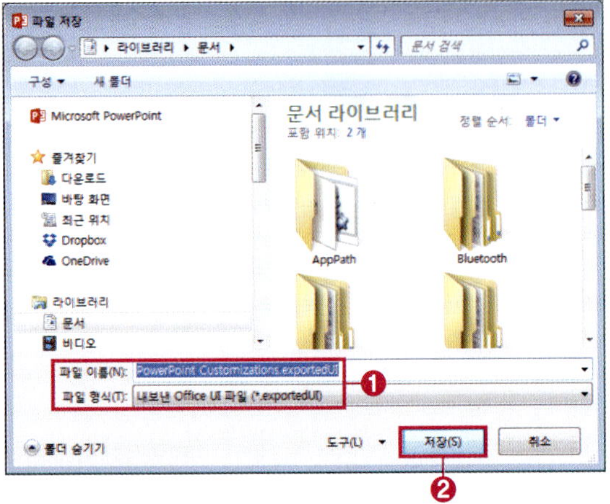

03 나만의 리본 메뉴를 원래대로 되돌리고 싶다면 [사용자 지정]–[원래대로]–[모든 사용자 지정 다시 설정]을 선택합니다.

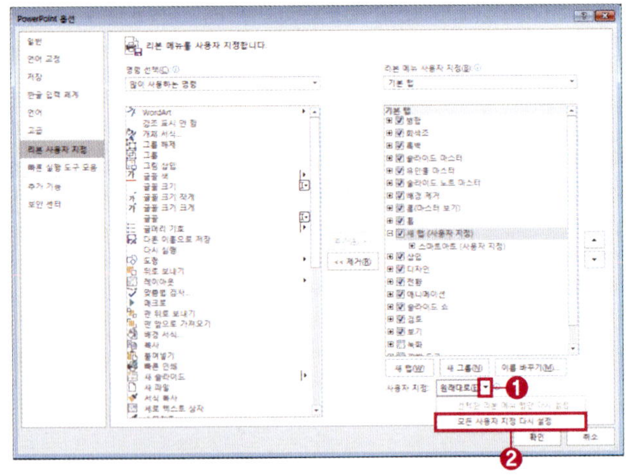

■ 본인의 모니터 환경에 따라 작업 화면 마음대로 변경하기

파워포인트에서 제공하는 리본 메뉴는 보기에는 좋을지 몰라도 본인이 사용하는 모니터의 화면이 작다면 매우 불편한 존재이기도 합니다. 본인의 모니터 환경에 따라 리본 메뉴를 비롯한 작업 화면의 크기를 마음대로 변경할 수 있습니다.

1 | 리본 메뉴 표시 옵션

리본 메뉴 오른쪽 상단에 위치하고 있는 리본 메뉴 표시 옵션은 리본 메뉴 자동 숨기기, 탭 표시, 탭 및 명령 표시로 구성되어 있습니다.

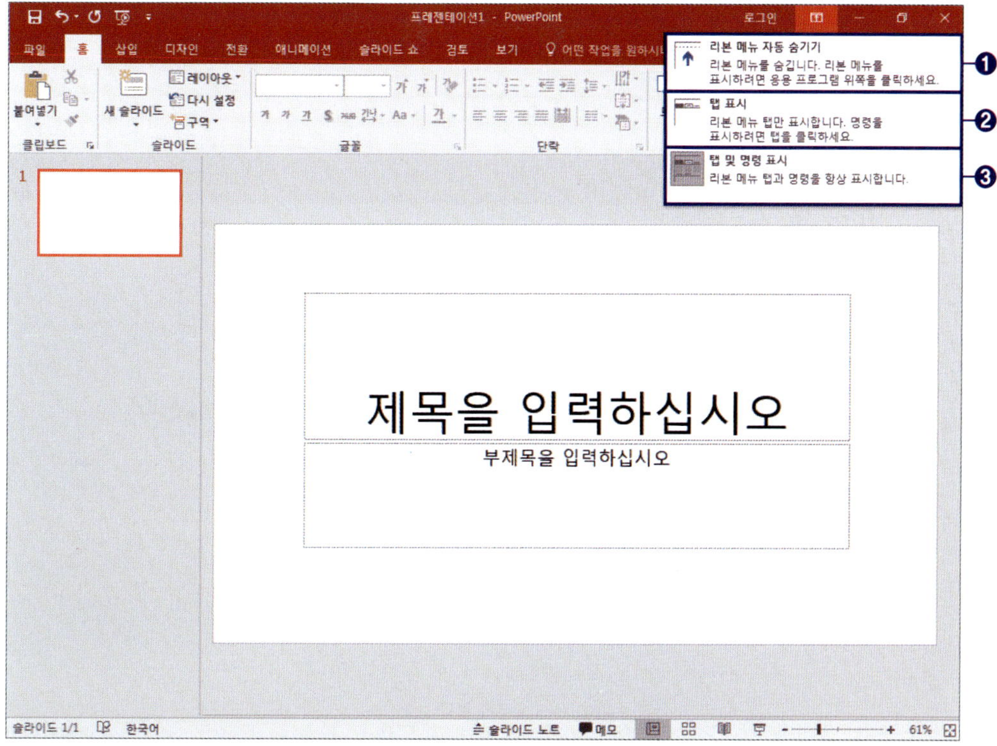

❶ **리본 메뉴 자동 숨기기** : 리본 메뉴 전체를 자동으로 숨깁니다.

❷ **탭 표시** : 리본 메뉴 탭만 표시합니다.

❸ **탭 및 명령 표시** : 리본 메뉴와 명령을 항상 표시합니다.

01 먼저 리본 메뉴를 숨겨보겠습니다. 리본 메뉴를 숨기기 위해 탭 이름을 더블클릭합니다.

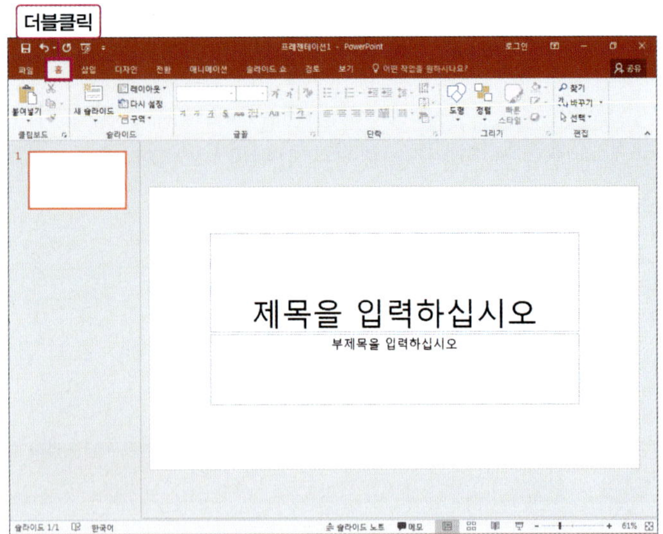

02 리본 메뉴가 탭 이름만 남겨지고 숨겨집니다. 참고로, 리본 메뉴가 숨겨진 상태에서 탭을 클릭하면 탭이 활성화됩니다. 작업이 끝나고 나면 다시 리본 메뉴가 숨겨집니다.

....

팁 :: **Ctrl** + **F1**을 눌러도 리본 메뉴를 표시하거나 표시하지 않을 수 있습니다.

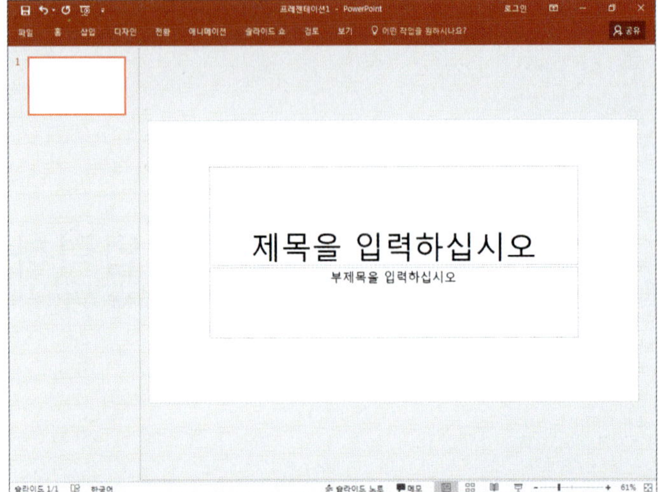

03 다시 되돌리고 싶다면 탭 이름을 더블클릭하거나 리본 메뉴에서 마우스 오른쪽 버튼을 눌러 [리본 메뉴 축소]를 선택합니다.

....

팁 :: 리본 메뉴 오른쪽 하단에 있는 리본 메뉴 축소 아이콘(^)을 클릭해도 리본 메뉴를 축소할 수 있습니다.

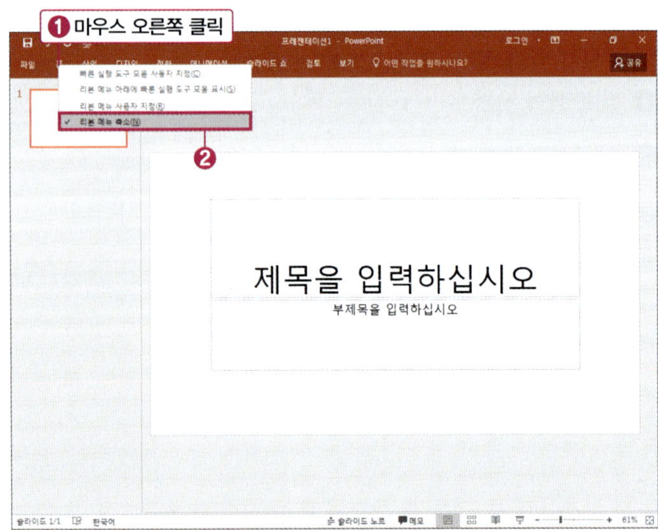

04 이번에는 [슬라이드 미리보기] 창을 숨겨보겠습니다. [슬라이드 미리보기] 창의 오른쪽 경계선을 왼쪽으로 드래그합니다.

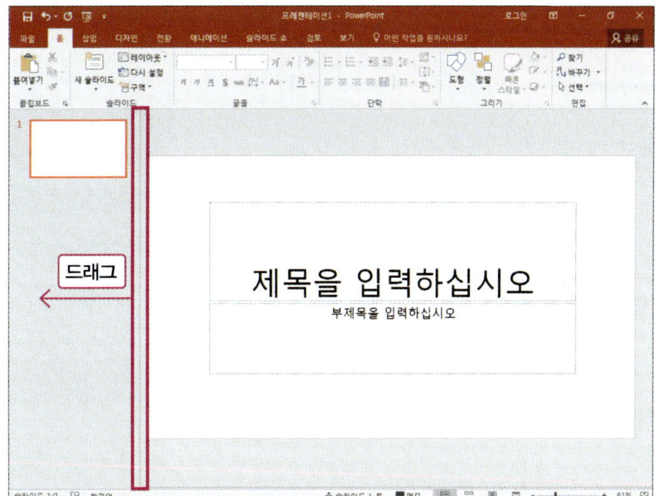

05 [슬라이드 미리보기] 창이 숨겨집니다. 다시 표시하고 싶다면 [축소판 그림]을 클릭합니다.

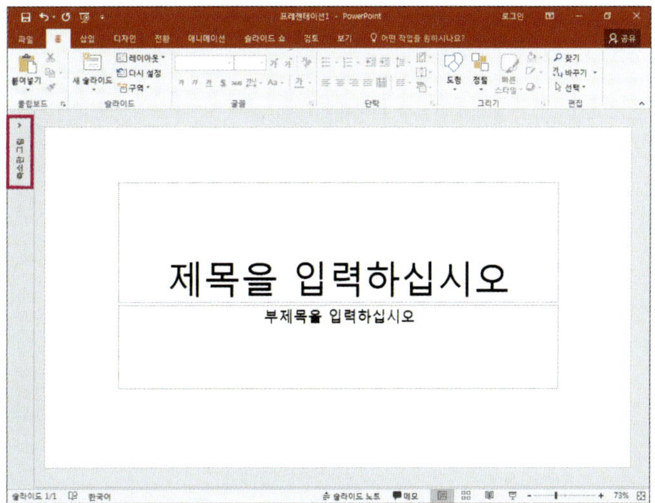

빠른 실행 도구 모음으로 최적의 작업 환경 만들기

자주 사용하는 명령이나 단추를 빠른 실행 도구 모음에 추가할 수 있습니다. 빠른 실행 도구 모음은 파워포인트의 기능 중 자주 사용하는 기능들을 한곳에 모아 놓고 활용할 수 있는 편리한 기능입니다.

■ 빠른 실행 도구 모음 만들기

빠른 실행 도구 모음은 파워포인트의 기능 중 자주 사용하는 기능들을 한 곳에 모아 놓고 활용할 수 있는 편리한 기능입니다.

01 [빠른 실행 도구 모음 사용자 지정](▾) 단추를 클릭하면 나타나는 메뉴 중 [기타 명령]을 선택합니다.

팁 :: [파일] 탭–[옵션]을 클릭한 후 [빠른 실행 도구 모음]을 선택해도 됩니다.

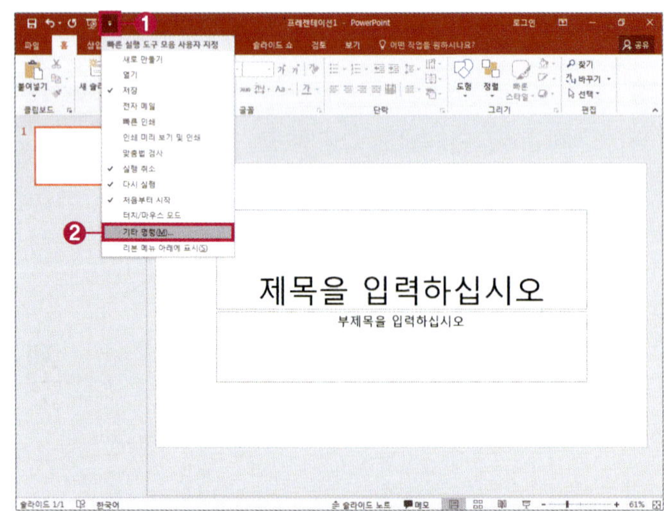

02 [PowerPoint 옵션] 대화상자가 나타납니다. [명령 선택]–[모든 명령]을 선택하고 [빠른 실행 도구 모음]에 추가하고 싶은 명령을 선택한 후 [추가]를 클릭합니다. [빠른 실행 도구 모음 사용자 지정]에 명령이 추가됩니다. [확인]을 클릭합니다.

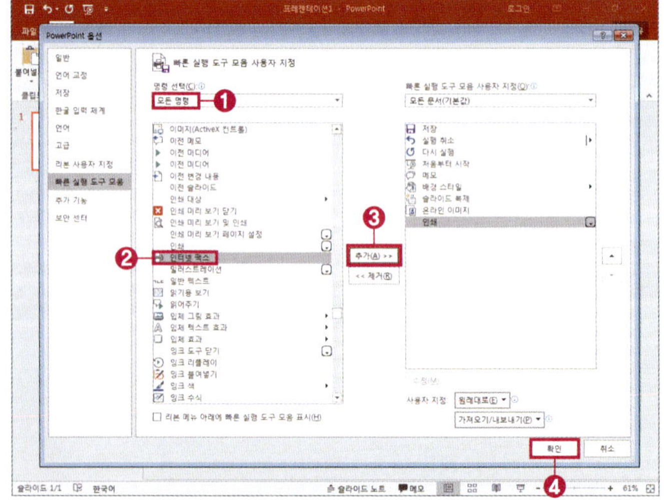

03 빠른 실행 도구 모음에 명령이 추가됩니다. 리본 메뉴에서도 바로 빠른 실행 도구 모음에 기능을 추가할 수 있습니다. 리본 메뉴에서 추가하고 싶은 기능을 선택한 후 마우스 오른쪽 버튼을 눌러 [빠른 실행 도구 모음에 추가]를 선택합니다.

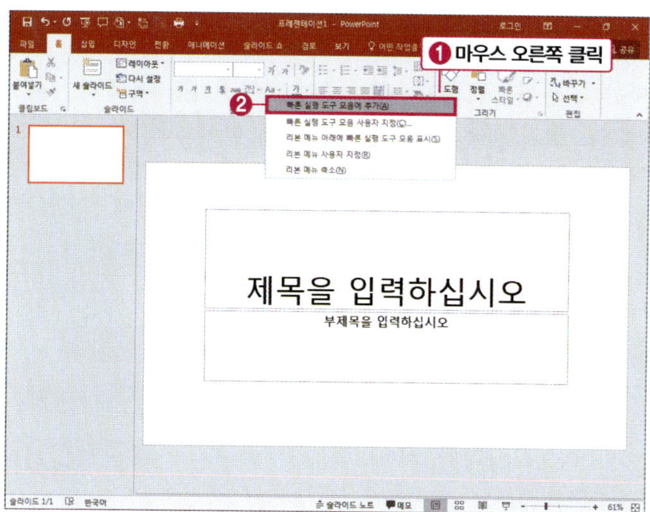

04 선택한 명령이 빠른 실행 도구 모음에 추가되는 것을 확인할 수 있습니다. 만일, 빠른 실행 도구 모음에 추가한 명령을 삭제하고 싶다면 삭제하고 싶은 단추를 마우스 오른쪽 버튼으로 누른 후 [빠른 실행 도구 모음에서 제거]를 선택합니다.

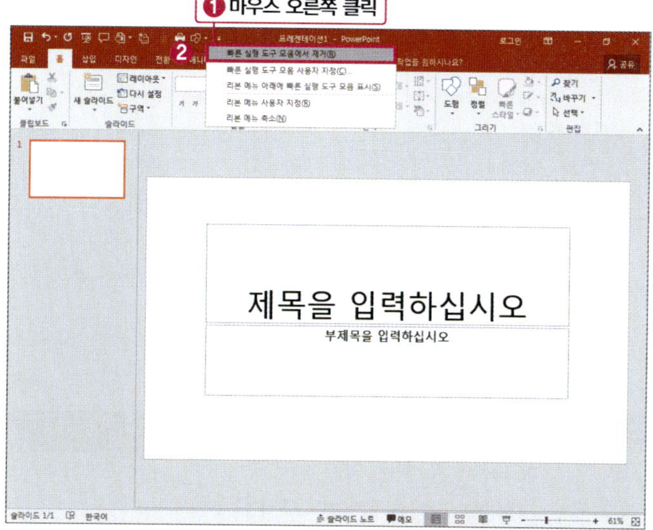

05 빠른 실행 도구 모음에서 선택한 기능이 삭제됩니다.

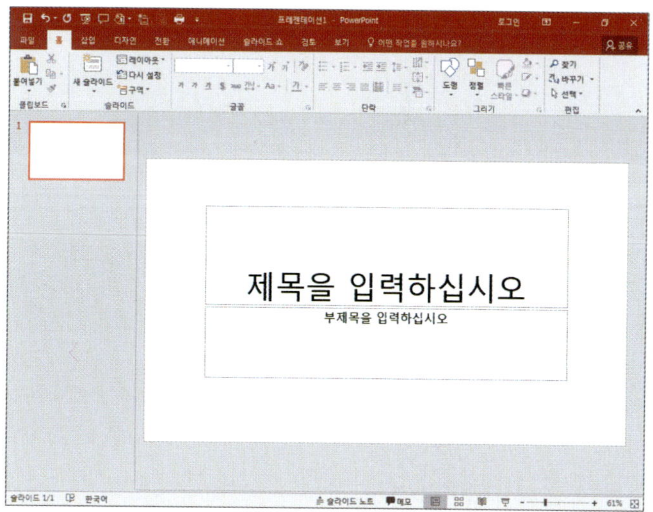

■ 빠른 실행 도구 모음 위치 이동하기

빠른 실행 도구 모음의 아이콘이 많아진다면 제목 표시줄에 모두 표시되지 않을 수 있습니다. 이럴 때에는 빠른 실행 도구 모음의 상/하 위치를 이동하여 모두 표시할 수 있습니다.

1 | 리본 메뉴 위에 표시하기와 아래에 표시하기

빠른 실행 도구 모음은 위치를 자유롭게 이동할 수 있습니다.

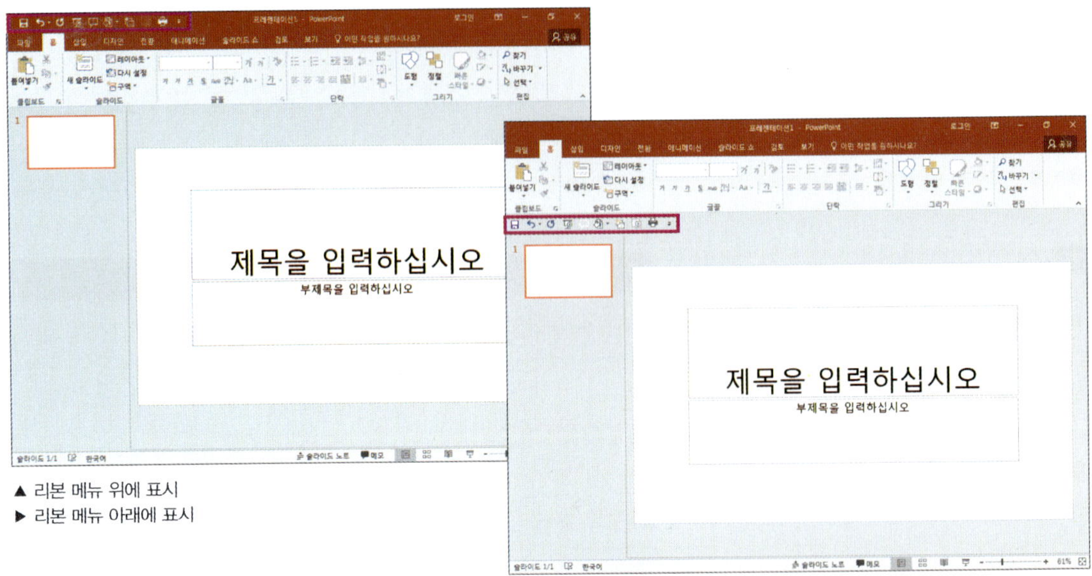

▲ 리본 메뉴 위에 표시
▶ 리본 메뉴 아래에 표시

01 여러 개의 빠른 실행 도구 모음을 추가한 후 제목 표시줄의 [빠른 실행 도구 모음 사용자 지정](▾) 단추를 클릭한 후 [리본 메뉴 아래에 표시]를 선택합니다.

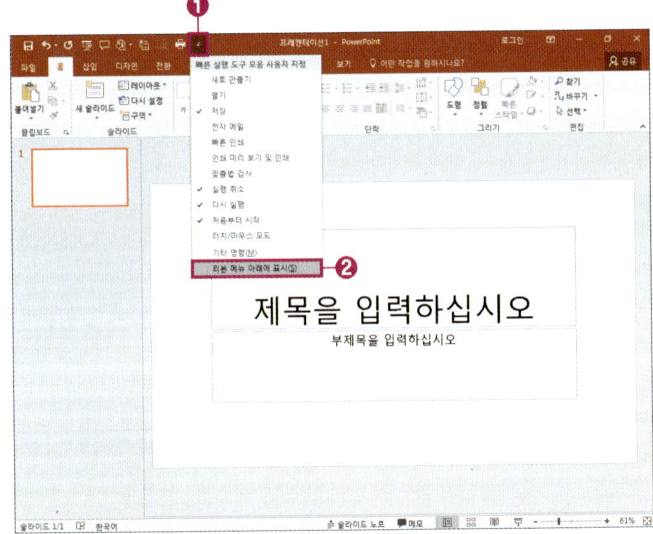

02 리본 메뉴 하단에 빠른 실행 도구 모음이 나타납니다. 다시 원래 자리로 되돌리고 싶다면 [빠른 실행 도구 모음 사용자 지정](■) 단추를 클릭한 후 [리본 메뉴 위에 표시]를 선택합니다.

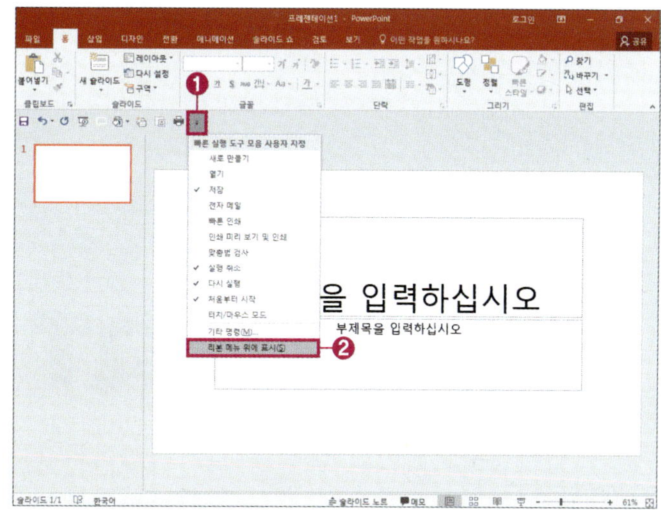

체크해봐요 :: [개발 도구] 탭 불러오기

파워포인트가 기본 제공하는 리본 메뉴는 7개라고 이전 섹션에서 말씀드렸습니다. 하지만, 실제로 파워포인트가 제공하는 리본 메뉴는 [개발 도구] 탭을 포함하여 8개입니다. 즉, [개발 도구] 탭은 리본 메뉴 중에서 숨겨진 메뉴로써 파워포인트를 보다 전문적으로 다루기 위해 존재하는 탭입니다.

1. [파일] 탭–[옵션]을 클릭합니다. [PowerPoint 옵션] 대화상자가 나타나면 [리본 사용자 지정] 항목을 클릭한 다음 [리본 메뉴 사용자 지정]에서 [개발 도구]에 체크합니다. [확인]을 클릭합니다.

팁 :: [개발 도구] 탭은 다양한 VBA 코드를 삽입하거나 매크로 설정, 혹은 체크박스나 내용 입력 창 등의 컨트롤 박스를 삽입하고자 할 때 사용할 수 있습니다.

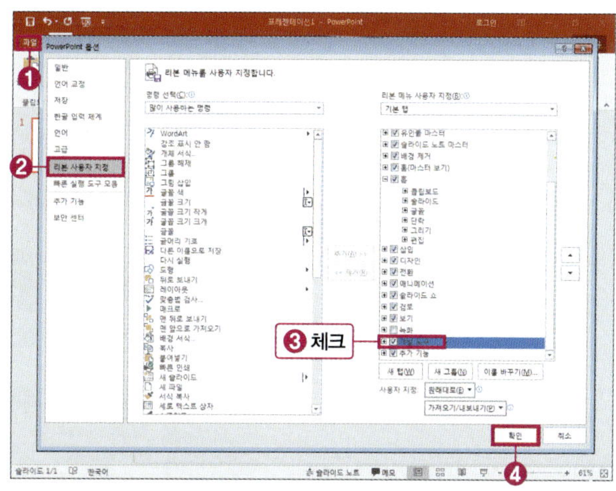

2. 리본 메뉴에 [개발 도구]라는 탭이 생성된 것을 확인할 수 있습니다.

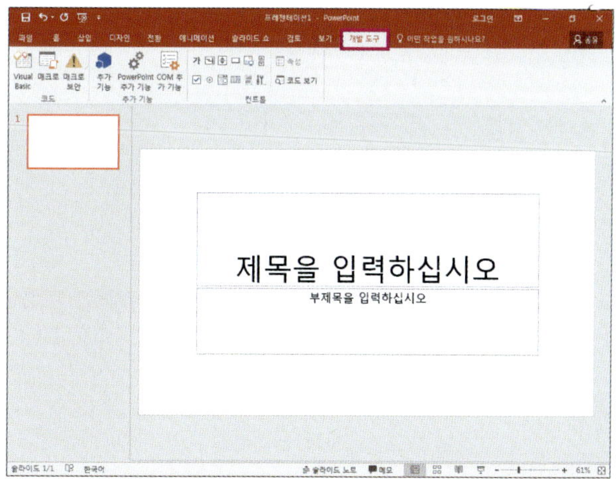

PART 02

파워포인트
작업의 절반은
텍스트 디자인에서
승부가 난다

파워포인트는 다른 프로그램과 다르게 텍스트를 입력하는 것만으로도 완성도 높은 슬라이드를 만들 수 있습니다. 조금이라도 나은 디자인을 위해서 파워포인트는 텍스트 입력을 도와줄 글머리 기호를 비롯해 자간, 행간 조정, 특수 문자, WordArt 스타일 등 다양한 옵션을 제공하고 있습니다.
텍스트 디자인은 파워포인트에서 가장 기본이자 중요한 부분으로써 이번 파트에서는 텍스트 편집을 위한 다양한 기능에 대해서 살펴보도록 하겠습니다.

작은 차이가 큰 차이!
텍스트 단락 편집 노하우

**단락 설정으로
문서를
깔끔하게!**

파워포인트에서 작성하는 텍스트는 단락을 어떻게 편집하느냐에 따라 많은 차이가 날 수 있습니다. 여기서는 텍스트 디자인을 위해 텍스트를 편집하는 다양한 노하우를 살펴보도록 하겠습니다.

인터넷 문서를 파워포인트에 저장하는 가장 편한 방법!

정보의 바다라고 불리는 인터넷에서는 수많은 데이터와 자료를 얻을 수 있습니다. 슬라이드를 완성하기 위해 정보 수집을 한다면 아래와 같은 방법을 통해 파워포인트로 가져오는 것이 좋습니다.

■ 원본 서식을 유지하거나 텍스트만 유지하기

파워포인트에는 붙여넣기 옵션을 통해 다양한 복사 기능을 실행할 수 있으며 다양한 방법으로 내용을 가져올 수 있습니다. 여기서는 인터넷 문서를 가져오는 가장 좋은 방법을 살펴보도록 하겠습니다.

1 | 붙여넣기 옵션

예제 파일 Part02/Lesson01/사이트정보.pptx **| 완성 파일** Part02/Lesson01/사이트정보_완성.pptx

붙여넣기 옵션은 활용도가 무척 높은 기능이지만 생각보다 모르는 독자들이 많습니다. 붙여넣기 옵션을 통해 테마나 스타일을 가져오거나 그림이나 텍스트를 가져올 수 있습니다.

여기서 살펴볼 붙여넣기 옵션은 [원본 서식 유지]와 [텍스트만 유지]입니다. 나머지 붙여넣기 옵션은 다른 파트에서 살펴보겠습니다.

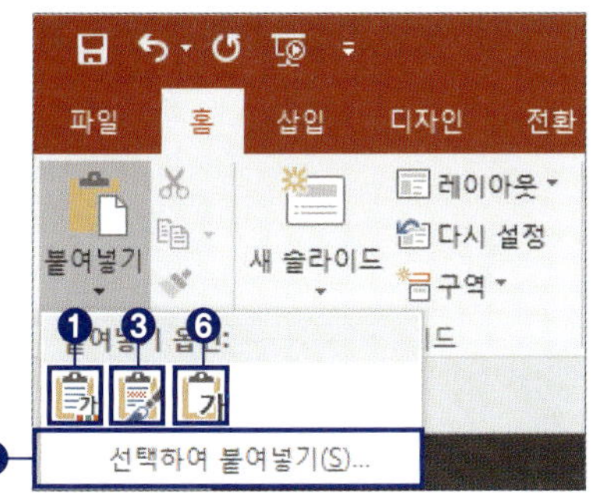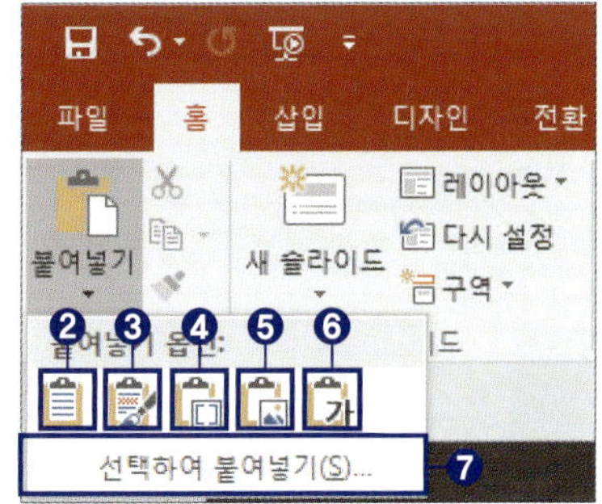

❶ **대상 테마 사용** : 슬라이드에 적용된 테마를 그대로 사용합니다.

❷ **대상 스타일 사용** : 슬라이드에 적용된 스타일을 그대로 사용합니다.

❸ **원본 서식 유지** : 가져올 문서의 서식을 그대로 사용합니다.

❹ **포함** : 수식 등을 그대로 사용할 수 있도록 기능이 슬라이드에 포함됩니다.

❺ **그림** : 가져올 문서의 내용이 그림으로 변환되어 포함됩니다.

❻ **텍스트만 유지** : 가져올 문서에 적용된 서식을 제외하고 텍스트만 문서에 포함됩니다.

❼ **선택하여 붙여넣기** : [선택하여 붙여넣기] 대화상자를 표시합니다.

2 | 붙여넣기 옵션의 원본 서식 유지와 텍스트만 유지

파워포인트에서 슬라이드 작업을 할 때 인터넷 문서를 파워포인트로 복사하여 가져오는 경우가 많이 있습니다. 하지만, 복사하여 붙여넣기를 하게 되면 불필요한 부분까지 함께 붙여넣기가 되어 오히려 내용을 타이핑할 때보다 더 많은 시간이 소요되는 경우가 있습니다.

인터넷 문서를 파워포인트로 가져오는 방법은 여러 가지가 있지만 가장 많이 활용되는 방법은 [원본 서식 유지] 혹은 [텍스트만 유지]입니다.

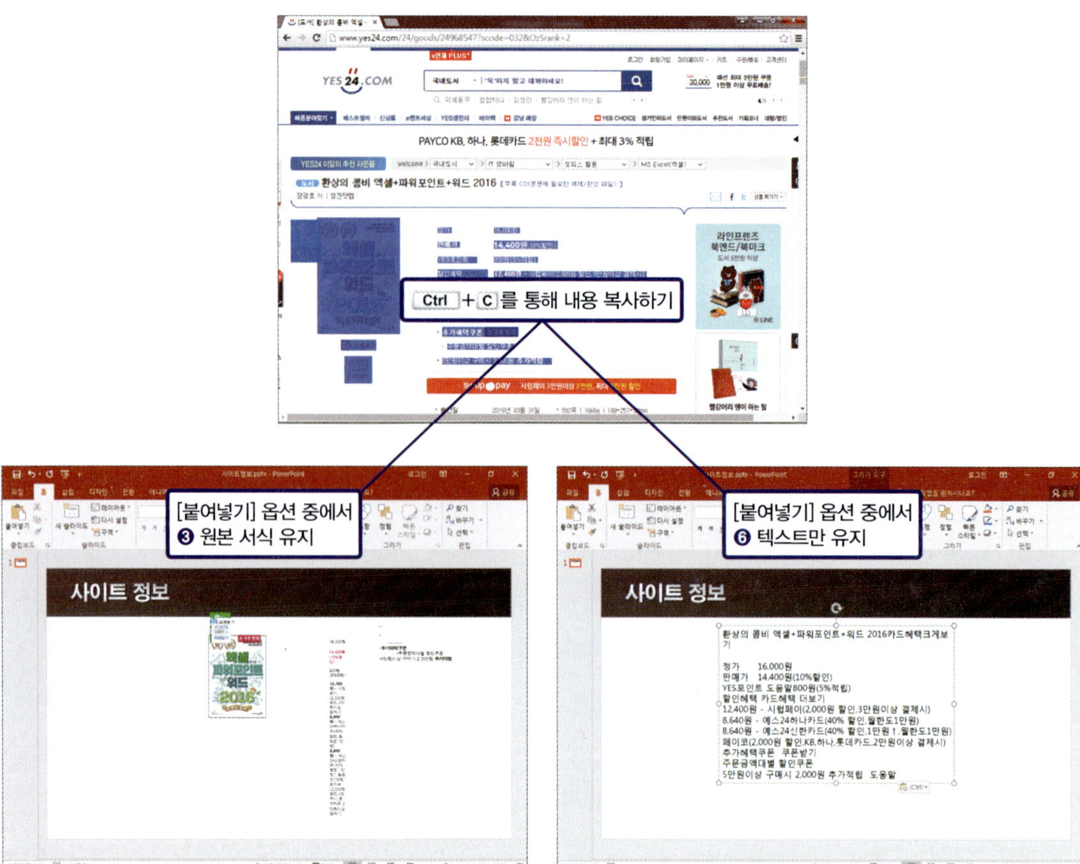

[붙여넣기] 옵션 중에서 원본 서식을 유지한 채 붙여넣기를 할 경우 드래그하여 선택한 이미지를 비롯한 모든 내용이 복사되어 파워포인트에 붙여넣기됩니다. 이미지를 비롯한 모든 내용이 붙여넣기 되기에 편집을 하려면 많은 시간과 작업이 필요합니다.

하지만, [붙여넣기] 옵션 중에서 텍스트만 유지한 채 붙여넣기를 하면 이미지 등이 제외되는 것은 물론이거니와 텍스트의 속성(글꼴, 굵기, 색상 등)도 모두 제거되어 순수한 텍스트만 붙여넣기됩니다. 비록, 이미지 등은 다시 가져와야 하는 불편함이 있지만 속성이 모두 제거된 텍스트만 가져올 수 있기에 파워포인트에서 작업하기에 편리합니다.

물론, 다음과 같이 파워포인트의 '스크린샷' 기능을 통해 인터넷 문서를 슬라이드로 가져올 수도 있습니다('스크린샷' 기능은 251 페이지에서 자세히 설명하고 있습니다.). '스크린샷' 기능은 이미지를 비롯해 텍스트까지 한 번에 가져올 수 있고, 무엇보다 인터넷상에 보이는 모습 그대로를 가져올 수 있다는 점이 무엇보다 큰 장점입니다. 하지만, 텍스트 등을 파워포인트에서 따로 편집할 수 없다는 가장 큰 단점이 존재합니다.

가장 이상적인 방법은 붙여넣기 옵션 중 [텍스트만 유지]를 통해 텍스트를 불러온 후 필요한 이미지는 Ctrl + C 를 통해 복사하거나 스크린샷 기능을 통해 부분적으로 캡처하여 작업하는 방법입니다.

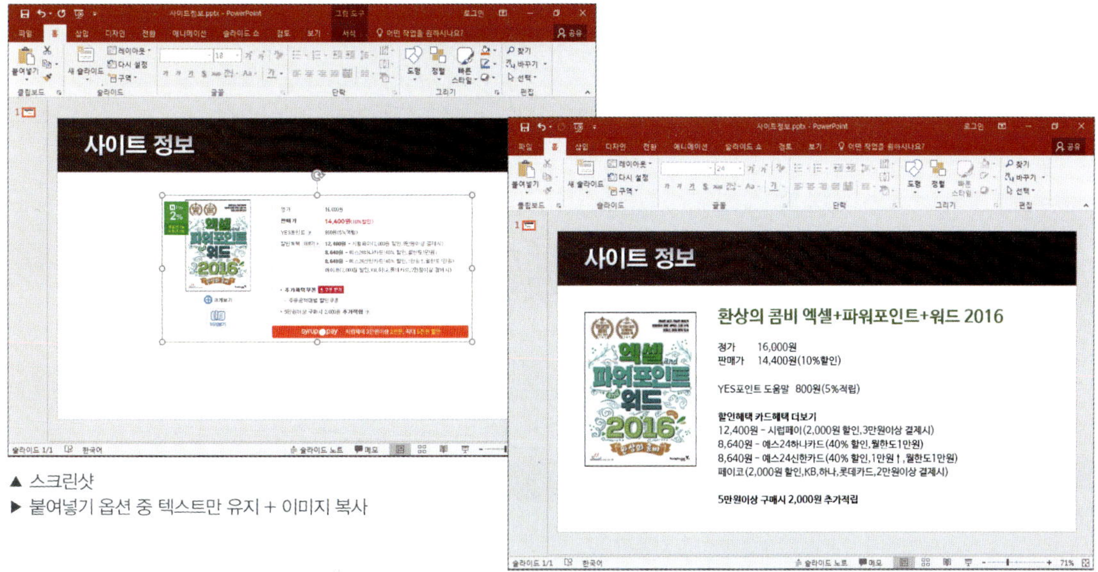

▲ 스크린샷

▶ 붙여넣기 옵션 중 텍스트만 유지 + 이미지 복사

01 예제를 통해 살펴보겠습니다. 익스플로러나 크롬 등을 통해 인터넷 창에서 『http://www.yes24.com/24/goods/24968547』을 엽니다. 물론, 다른 사이트나 웹 페이지를 불러와도 됩니다. 사이트 정보를 드래그한 후 마우스 오른쪽 버튼을 눌러 [복사]를 선택하거나 Ctrl + C 를 눌러 내용을 복사합니다.

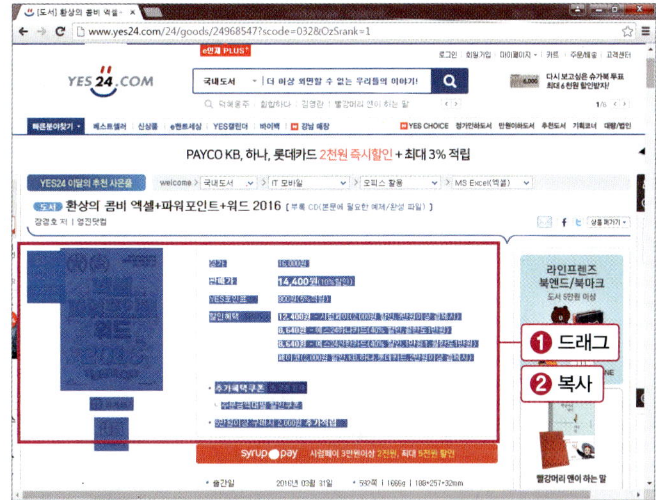

02 파워포인트의 [홈] 탭–[클립보드] 그룹에서 [붙여넣기] 화살표를 클릭한 후 [원본 서식 유지]에 마우스를 올립니다. 슬라이드 편집 창에 이미지를 비롯해 내용이 표시됩니다.

팁 :: 원본 서식 그대로 붙여넣기가 되기에 이미지를 비롯해 텍스트 속성을 그대로 불러오게 됩니다. 인터넷 문서에는 인터넷 문서만의 Frame과 Tag가 포함되어 있기에 파워포인트로 불러오면 지금처럼 인터넷 문서상의 모양과 다르게 불러오게 됩니다.

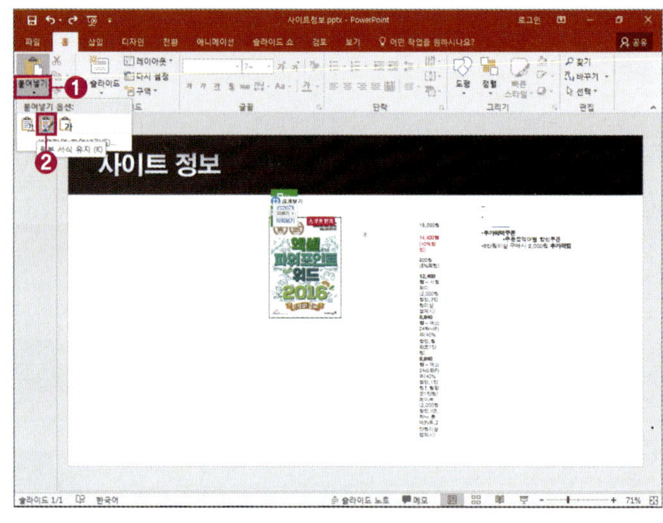

03 그렇기에, 인터넷 문서를 파워포인트에 제대로 복사하기 위해서는 텍스트 따로, 이미지 따로 가져오는 것이 좋습니다. [홈] 탭–[클립보드] 그룹에서 [붙여넣기] 화살표를 클릭한 후 [텍스트만 유지]에 마우스를 올립니다. 슬라이드 편집 창에 텍스트가 표시됩니다. [텍스트만 유지]를 클릭합니다.

팁 :: 텍스트만 유지를 선택하면 이미지를 비롯한 텍스트 속성을 모두 제거한 후 텍스트만 파워포인트에 불러올 수 있습니다.

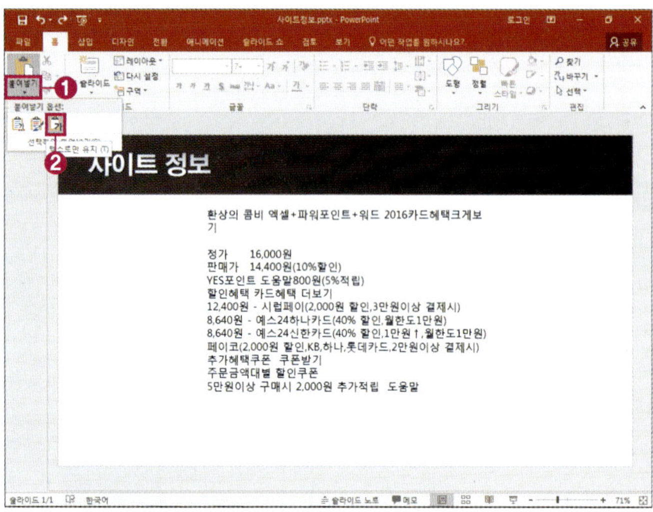

04 다시 인터넷 창을 연 다음 이번에는 이미지를 마우스로 드래그한 후 Ctrl+C를 누릅니다.

05 [홈] 탭–[클립보드] 그룹에서 [붙여넣기] 화살표를 클릭한 후 [원본 서식 유지]를 선택합니다. 이미지가 슬라이드에 포함됩니다.

팁 :: 이미지를 복사한 경우 파워포인트에서 Ctrl + V 를 눌러 붙여넣어도 됩니다.

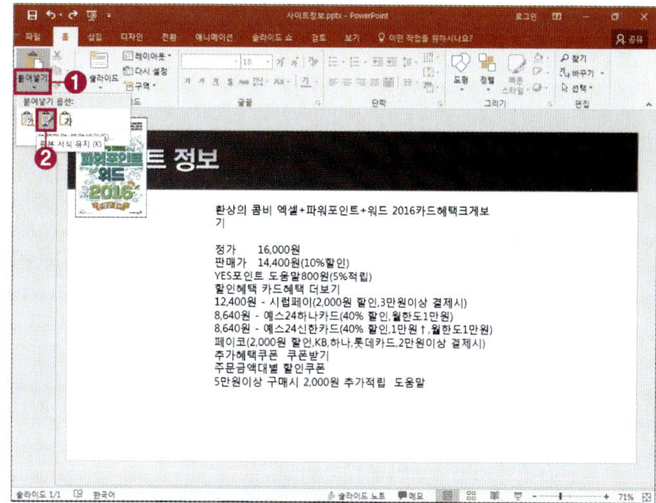

06 [홈] 탭–[글꼴] 그룹의 다양한 텍스트 옵션을 통해 텍스트를 편집하여 문서를 완성합니다.

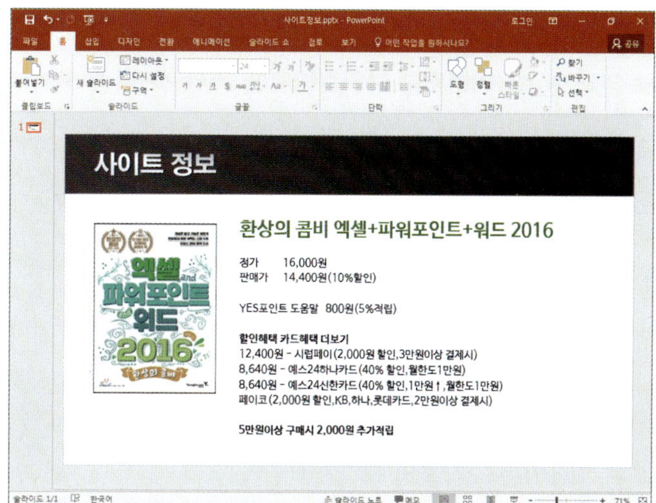

Q&A

Q. 파워포인트에서 제공하는 붙여넣기 옵션을 이용하지 않고 인터넷 문서상의 텍스트를 보다 편하게 불러오고 싶을 때 해결하는 방법이 있을까요?

A. 저자가 가장 많이 활용하는 방법은 메모장을 이용하는 것입니다. 인터넷 문서의 내용을 복사한 후 파워포인트로 바로 불러오면 원하지 않던 서식이나 속성까지 함께 복사가 됩니다. 메모장에 한 번 붙여넣기를 한 후 그 내용을 다시 복사하여 파워포인트로 불러오면 텍스트에 적용되어 있는 모든 서식이나 속성이 한 번에 제거됩니다.

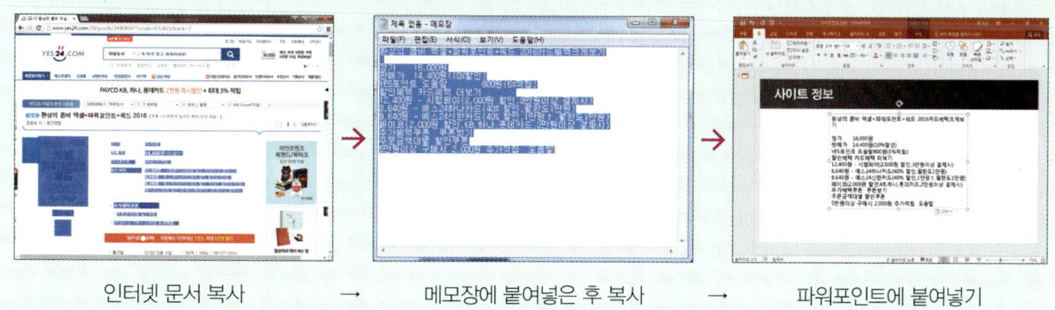

| 인터넷 문서 복사 | → | 메모장에 붙여넣은 후 복사 | → | 파워포인트에 붙여넣기 |

Q. 저는 붙여넣기 옵션이 표시되지 않아요.

A. [파일] 탭–[옵션]을 클릭한 후 [PowerPoint 옵션] 대화상자에서 [고급] 항목–[잘라내기, 복사, 붙여넣기] 옵션 중에서 [내용을 붙여 넣을 때 붙여넣기 옵션 단추 표시]에 체크한 후 [확인]을 클릭합니다.

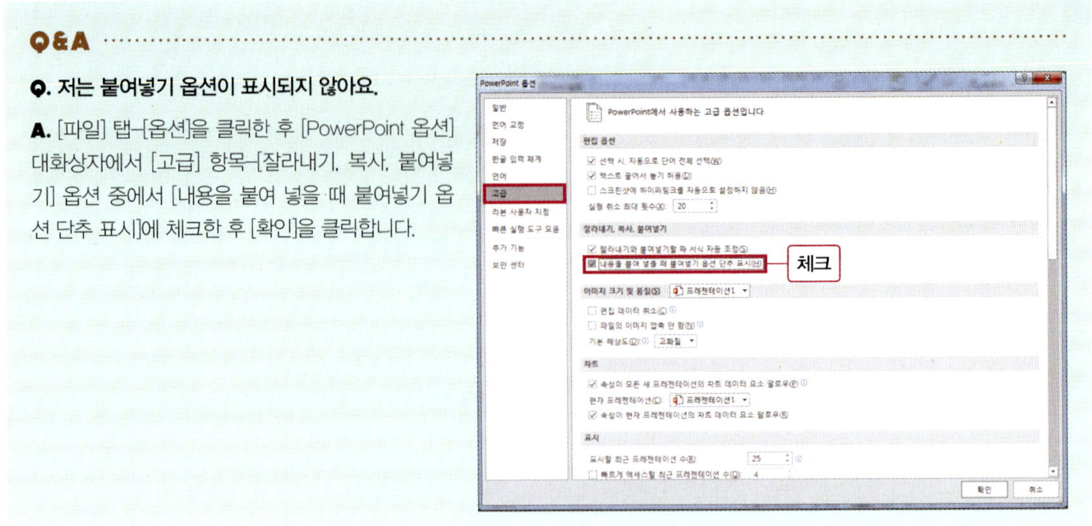

■ 인터넷상의 이미지를 파워포인트에 가져오거나 이미지 출처 가져오기

슬라이드 작업을 위해 인터넷의 이미지를 활용하는 경우가 있습니다. 붙여넣기 옵션을 활용하면 이미지나 이미지의 출처가 기록되어 있는 하이퍼링크 주소를 쉽게 가져올 수 있습니다.

1 │ 이미지 저작권

인터넷상에서 쉽게 구할 수 있는 이미지라고 하더라도 저작권자의 허락 없이 배포가 가능한 프레젠테이션 파일에 사용하거나 상업적인 용도로 활용할 수는 없습니다. 이미지 저작권 침해에 해당하는 경우 벌금이나 손해배상 청구 소송을 당할 수 있습니다. 그렇기에 저작권법에 따라 인터넷에서 무료로 제공되는 저작물의 저작재산권자를 확인하고, 이용 방법이나 조건의 범위를 준수하는 것이 좋습니다.

가장 좋은 방법은 무료 배포나 상업적인 용도로 사용을 허가한 이미지 사이트를 이용하거나 Creative Commons를 통해 이미지의 변경을 금지하는 저작권 표시 이미지와 저작권이 자유로운 비영리 사용권 이미지를 분류하여 사용하는 것이 좋습니다.

구글에서 이미지를 검색한다면 5가지 사용 권한을 통해 이미지를 선택할 수 있습니다. 구글에서 검색한 이미지를 사용하기 위해서는 반드시 출처를 표시하는 것이 좋습니다.

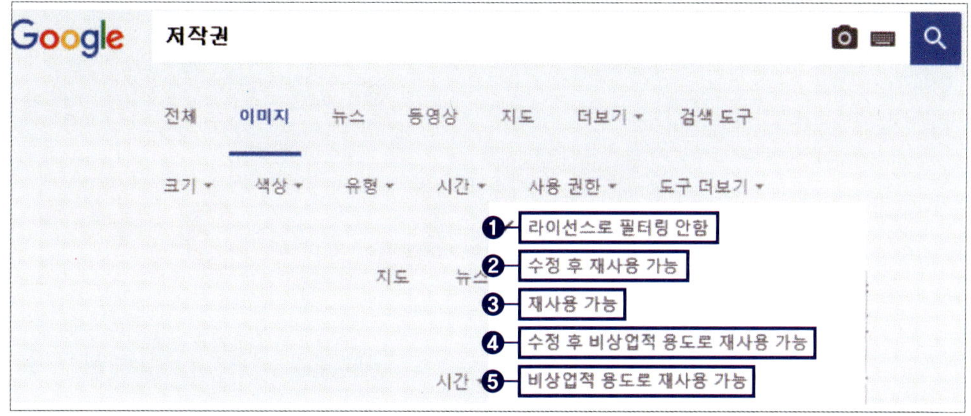

❶ **라이선스로 필터링 안함** : 모든 이미지가 검색됩니다.

❷ **수정 후 재사용 가능** : 상업적 이용이 가능한 이미지가 검색됩니다.

❸ **재사용 가능** : 수정은 불가능하지만 상업적 이용이 가능한 이미지가 검색됩니다.

❹ **수정 후 비상업적 용도로 재사용 가능** : 수정이 가능하고, 비상업적 이용만 가능한 이미지가 검색됩니다.

❺ **비상업적 용도로 재사용 가능** : 수정이 불가능하고 비상업적 이용만 가능한 이미지가 검색됩니다.

팁 :: 보다 자세한 사항은 'http://www.flickr.com/creativecommons/'를 참조하기 바랍니다.

01 'http://www.google.com' 사이트를 연 다음 검색 창에 파워포인트를 입력합니다. [이미지]를 클릭한 후 [검색 도구]를 클릭합니다.

02 [사용 권한]을 클릭한 후 [수정 후 재사용 가능]을 선택합니다.

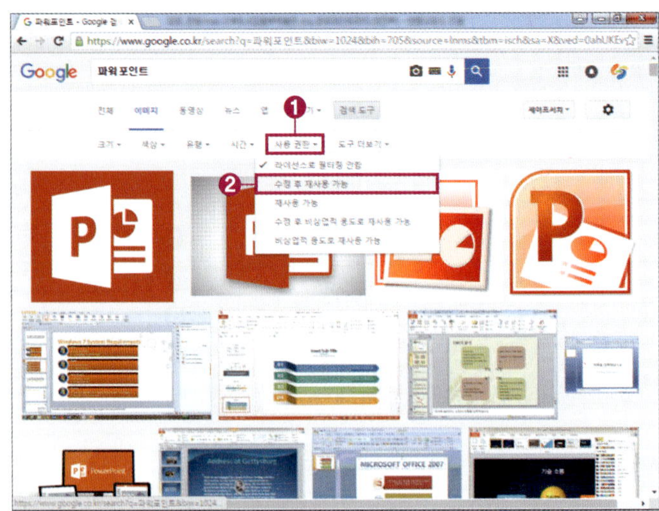

03 파워포인트로 가져오고 싶은 이미지를 선택한 후 마우스 오른쪽 버튼을 눌러 [이미지 복사]나 [복사]를 선택합니다.

⋯⋯⋯⋯⋯⋯⋯⋯⋯⋯⋯⋯⋯⋯⋯⋯⋯⋯⋯⋯⋯⋯

팁 :: 구글 크롬 브라우저의 경우 [이미지 복사], 마이크로소프트 익스플로러의 경우 [복사]를 클릭합니다.

04 파워포인트를 열어 슬라이드 편집 창에서 마우스 오른쪽 버튼을 누릅니다. [붙여넣기] 옵션에서 [그림]을 클릭합니다.

⋯⋯⋯⋯⋯⋯⋯⋯⋯⋯⋯⋯⋯⋯⋯⋯⋯⋯⋯⋯⋯⋯

팁 :: [붙여넣기] 옵션은 [홈] 탭–[클립보드] 그룹에서 선택할 수도 있지만 지금처럼 슬라이드 편집에서 마우스 오른쪽 버튼을 눌러 선택할 수도 있습니다.

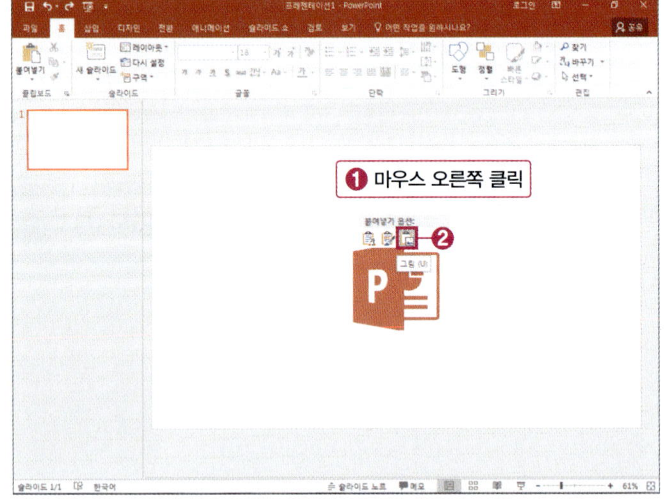

05 이미지가 파워포인트 슬라이드 편집 창에 붙여넣기됩니다. 이처럼 인터넷상의 이미지를 별도 저장 없이 파워포인트에서 사용할 수 있습니다.

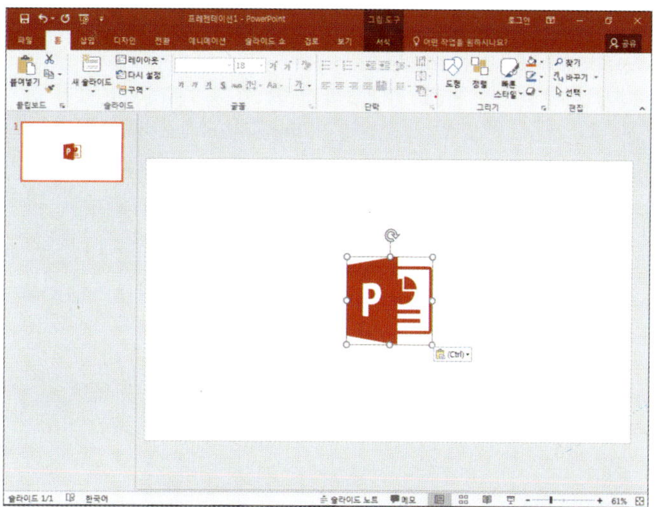

06 이미지 출처를 가져오고 싶다면 인터넷 창에서 이미지를 마우스 오른쪽 버튼으로 누른 다음 [링크 주소 복사]를 선택하거나 [바로가기 복사]를 선택합니다.

팁 :: [링크 주소 복사]는 구글 크롬이나 파이어폭스에서의 명령어이며, [바로가기 복사]는 마이크로소프트 익스플로러에서의 명령어입니다.

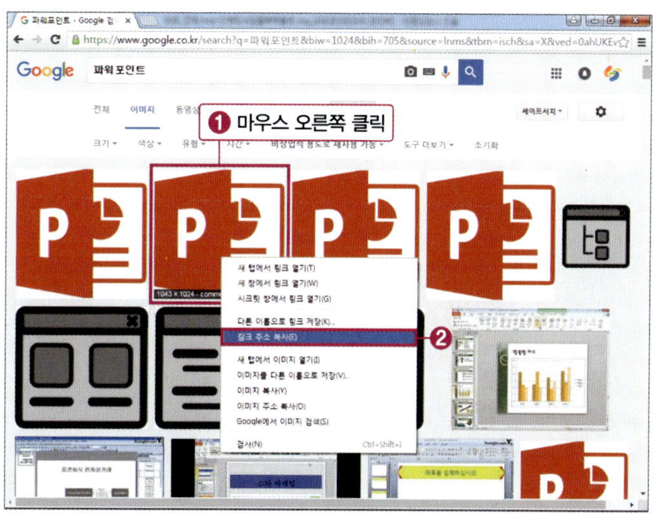

07 파워포인트에서 이미지의 출처가 표시됩니다. 저자가 가져온 이미지는 위키미디어 이미지라는 것을 확인할 수 있습니다. 보다 자세한 이야기 출처를 확인하고 싶다면 257–258 페이지를 참고하세요.

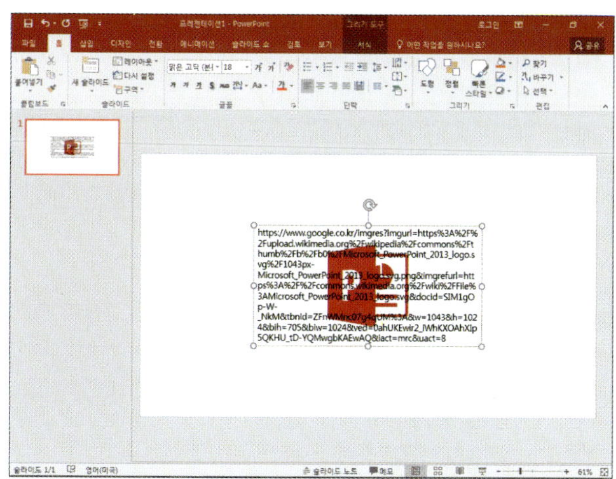

팁 :: 이미지의 출처는 파워포인트 문서를 배포할 때 중요한 부분이 될 수 있습니다. 인터넷에서 가져온 이미지일 경우 출처를 파악할 수 있다면 출처를 표기해 주는 것이 좋습니다.

이미지의 출처는 앞선 방법을 통해 슬라이드에 반드시 표시해 주는 것이 좋습니다. 저작권자를 확인하지 않거나, 저작권자에게 허락 받지 않고 사용한 이미지는 단 한 장의 이미지라고 할지라도 나중에 문제가 될 수 있기 때문입니다.

▲ 주소 : http://ccl.cckorea.org

84~85 페이지에서도 잠깐 살펴보았지만 인터넷상에서 검색한 이미지를 슬라이드에 삽입할 때에는 크리에이티브 커먼즈 라이선스 (Creative Commons License, CCL)를 적용한 이미지를 찾아서 넣는 것이 좋습니다.

일일이 저작권자를 찾아다니는 것이 생각보다 쉽지 않거니와 저작권자 중에서는 나의 이미지를 마음껏 써도 좋다는 표시를 해 놓은 경우도 많기 때문입니다. 크리에이티브 커먼즈 라이선스(CCL)는 미국 마운틴뷰에 있는 크리에이티브 커먼즈란 비영리기구가 배포하는 저작물 사전 이용 허락 표시로써 다양한 라이선스 조건 기호들을 통해 저작권을 확인할 수 있습니다.

이런 이미지를 검색하는 방법은 플리커(www.flickr.com)에서 CCL이 적용된 이미지를 검색하거나 크리에이티브 커먼즈 재단이 만든 '크리에이티브 커먼즈 검색 페이지'에서도 검색이 가능합니다. 이 밖에도 웹브라우저 파이어폭스 플러그인 중 위키미디어 커먼즈나 플리커 커먼즈를 설치해 검색할 수도 있습니다.

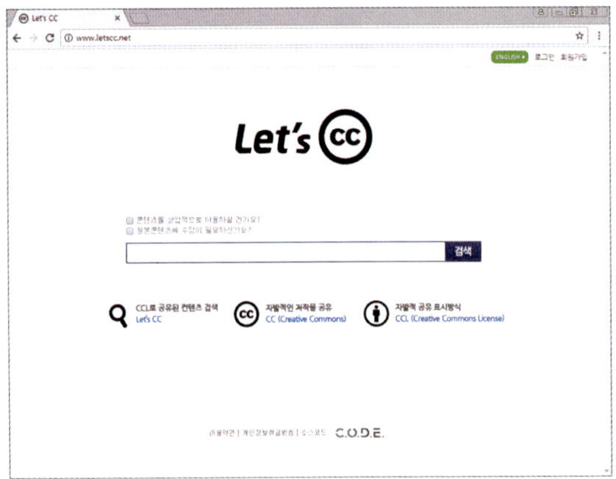
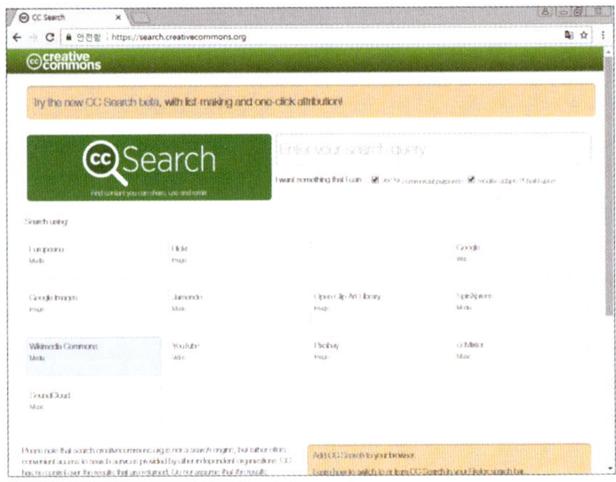

▲ 크리에이티브 커먼즈 코리아의 렛츠CC 사이트(http://www.letscc.net)
▲▶ 크리에이티브 커먼즈 검색 페이지(http://search.creativecommons.org)

메모장에 작성한 내용을 슬라이드에서 한 번에 편집하기

파워포인트에 작성할 내용은 메모장을 활용하는 것이 좋습니다. 메모장에 슬라이드 내용을 작성할 때 슬라이드 구분은 **Enter**, 슬라이드 내용은 **Tab** 으로 구분할 수 있습니다.

■ 메모장에 내용 작성하고 불러오기

예제 파일 Part02/Lesson01/입학설명회.txt ┃ **완성 파일** Part02/Lesson01/입학설명회_완성.txt

파워포인트로 기획안을 제작하거나 내용부터 순차적으로 작성하려 한다면 논리적인 전개나 체계적인 구성을 기대하기 어렵습니다. 충분한 검토가 끝난 상태에서 시나리오가 어느 정도 구상되었다면, 파워포인트의 개요 보기를 통해 문서의 전체적인 맥락 및 해당하는 자료나 데이터를 정리해 놓는 것이 구체적인 결과물을 만들기에 좋습니다.

1 | 슬라이드 내용을 가장 빠르게 작성하는 방법

❶ 메모장을 연 다음 첫 번째 슬라이드 제목을 입력합니다. ❷ **Enter** 를 눌러 줄 바꿈을 한 다음 ❸ 슬라이드 내용은 **Tab** 을 누른 후 입력합니다. ❹ 같은 방법으로 두 번째 슬라이드 역시 **Enter** 를 눌러 구분한 다음 슬라이드 내용은 **Tab** 을 눌러 입력합니다.

❺ 모든 입력을 마무리했다면 [파일]-[다른 이름으로 저장]을 클릭하여 파워포인트로 불러옵니다. [다른 이름으로 저장]을 통해 메모장 파일을 저장할 때에는 ❻ 확장자는 '*.txt' 파일로 저장합니다. 또한, ❼ [인코딩] 옵션을 [유니코드]로 변경해야 합니다.

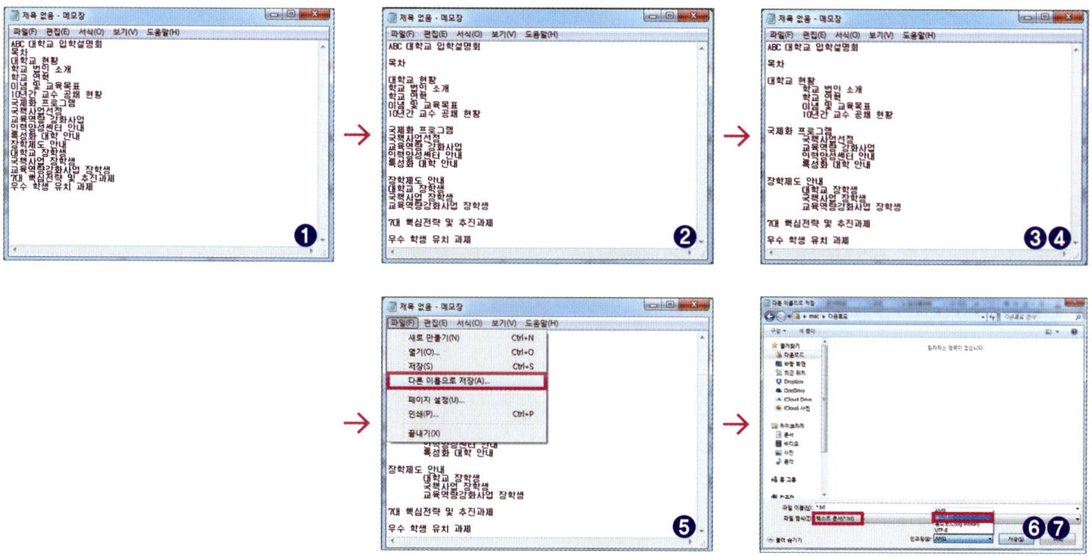

01 예제를 통해 살펴보겠습니다. 메모장을 열어 시나리오로 구상한 내용을 작성합니다. 여기서는 '입학설명회.txt' 파일을 엽니다. 각각의 내용은 **Enter** 로 나누고, 제목에 해당하는 소분류는 **Tab** 을 눌러 제목과 소분류를 구분합니다.

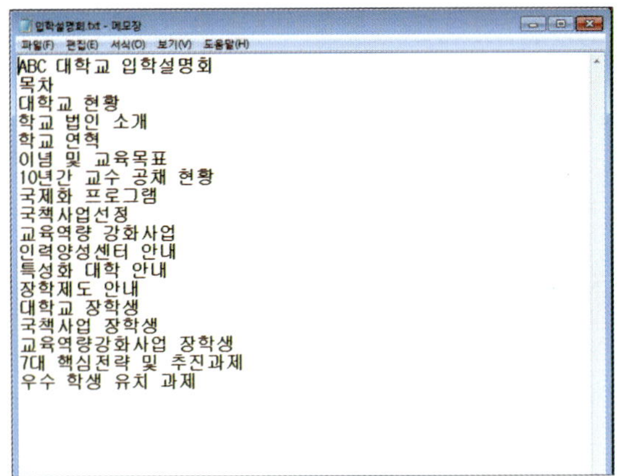

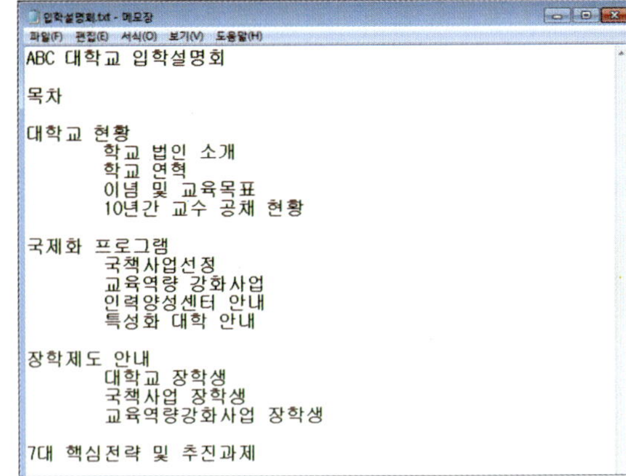

02 [파일]-[다른 이름으로 저장]을 클릭합니다. [다른 이름으로 저장] 대화상자가 표시되면 [인코딩]-[유니코드]를 선택하고 [파일 이름]을 입력한 후 [저장]을 클릭합니다.

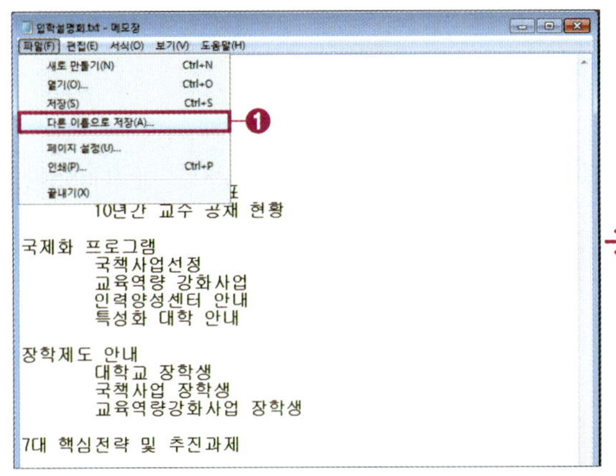

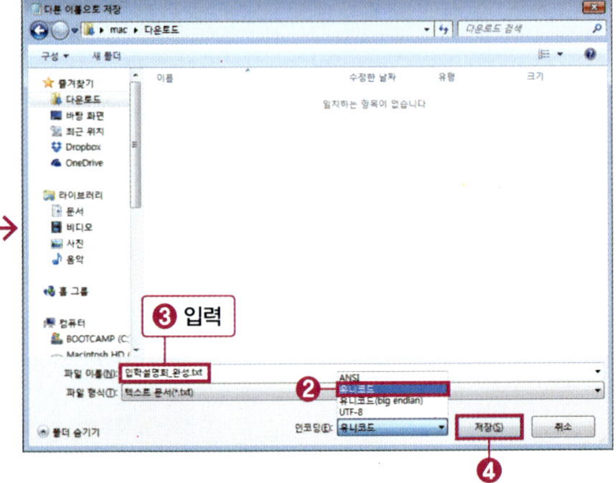

03 파워포인트를 실행한 후 [열기]를 클릭합니다. [찾아보기]를 클릭한 후 [열기] 대화상자가 표시되면 [파일 형식] 화살표를 클릭해 [모든 개요 (*.txt,*.rtf,....)]를 선택합니다. 내 컴퓨터에 저장했던 텍스트 파일을 선택하고 [열기]를 클릭합니다.

파일 : 입학설명회_완성.txt

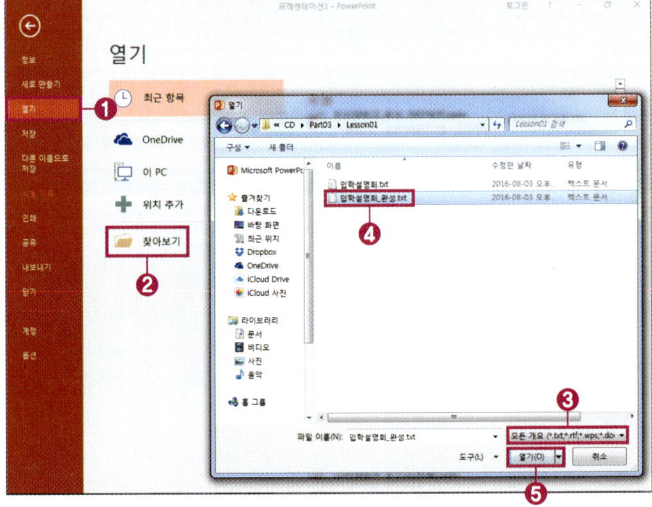

04 메모장을 통해 입력했던 항목들이 파워포인트의 제목 개체틀에 그대로 표시됩니다.

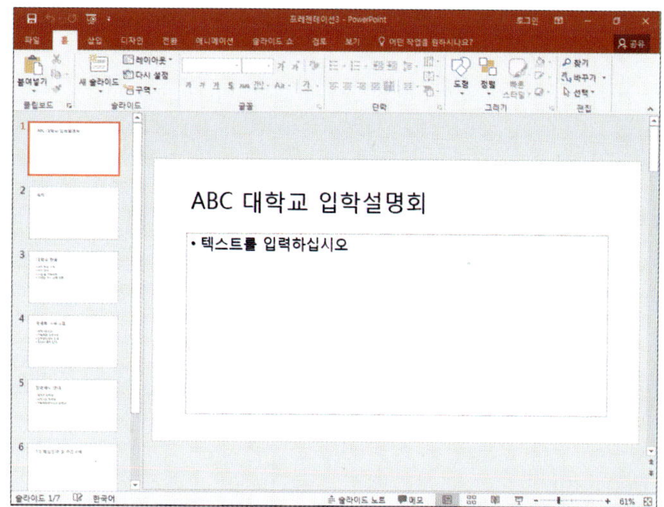

05 [보기] 탭–[프레젠테이션 보기] 그룹에 있는 [개요 보기]를 클릭하면 [개요] 창이 열리면서 상세한 내용을 확인할 수 있습니다.

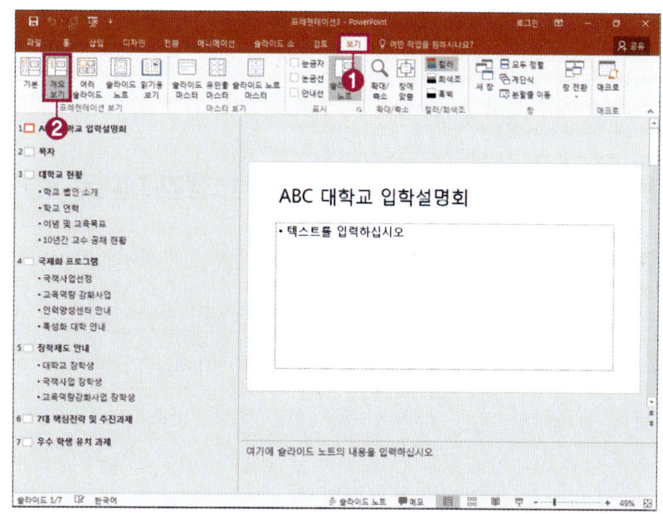

체크해봐요 :: 리본 메뉴를 통해 보다 빠르게 메모장 내용 불러오기

리본 메뉴를 활용하면 보다 빠르게 메모장 내용을 슬라이드로 불러올 수 있습니다. 메모장 파일을 리본 메뉴로 드래그합니다.

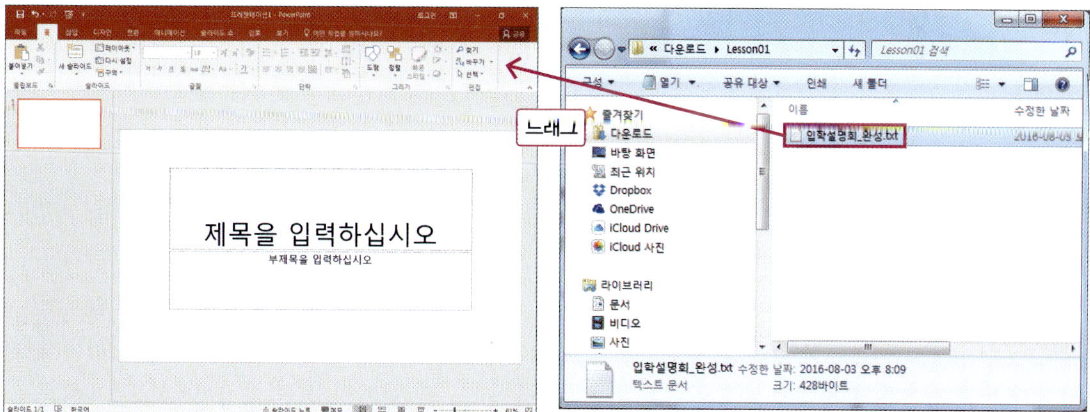

Q. 메모장에서 슬라이드 내용을 작성하여 파워포인트로 불러오면 이상한 언어로 표시돼요.

A. 아래와 같이 이상한 언어로 불러진다면 인코딩 문제일 경우가 큽니다. 메모장 파일을 다른 이름으로 저장할 때 [인코딩] 옵션을 [유니코드]로 변경해 보세요.

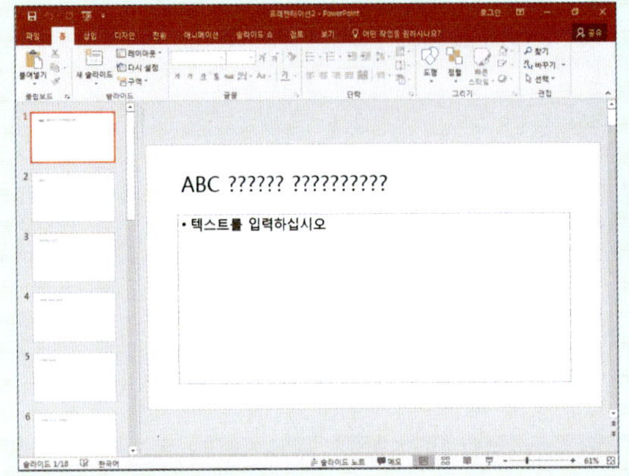
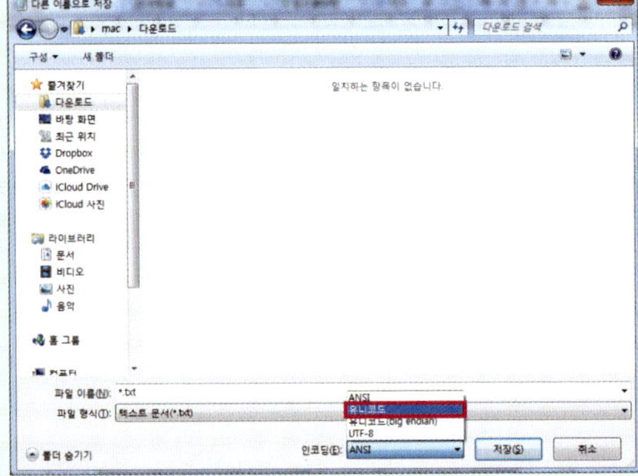

문서의 편집을 돋보이게 만드는 자간, 행간 제대로 알기

파워포인트에서 가장 많이 활용하는 개체가 바로 텍스트입니다. 보통의 슬라이드는 텍스트가 전체 구성의 80% 이상을 차지합니다. 단순히 자간이나 행간만 조정해도 보기 좋은 슬라이드 문서를 완성할 수 있습니다.

■ 텍스트의 가로 간격, 자간 조절하기

예제 파일 Part02/Lesson01/마케팅.pptx | 완성 파일 Part02/Lesson01/마케팅_완성.pptx

줄이나 단락 간격을 조절하는 것만으로도 가독성을 높일 수 있습니다. 줄이나 단락을 조정하기 위해서는 [홈] 탭–[단락] 그룹에서 [줄 간격]을 클릭하거나 [줄 간격 옵션]을 클릭하여 조정할 수 있습니다.

1 | 자간(열)

자간(열)이란, 글자의 간격 중에서 가로 간격을 말하며, 행간(행)이란 세로 간격을 말합니다. 자간은 마이너스 값을 사용할 수 있으며, 행간은 마이너스 값을 사용할 수 없습니다.

파워포인트는 자간을 조정할 수 있도록 [문자 간격] 기능을 지원하고 있습니다. 다음 데이터의 왼쪽 이미지는 글자 크기 66pt에서 [문자 간격]을 [매우 좁게]로, 중간 이미지는 [문자 간격]을 [표준으로]로, 오른쪽 이미지는 [문자 간격]을 [매우 넓게]로 지정했습니다.

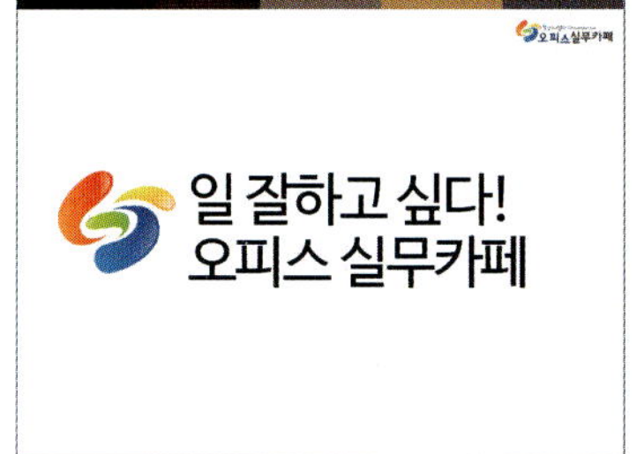

▲ [문자 간격]-[매우 좁게]

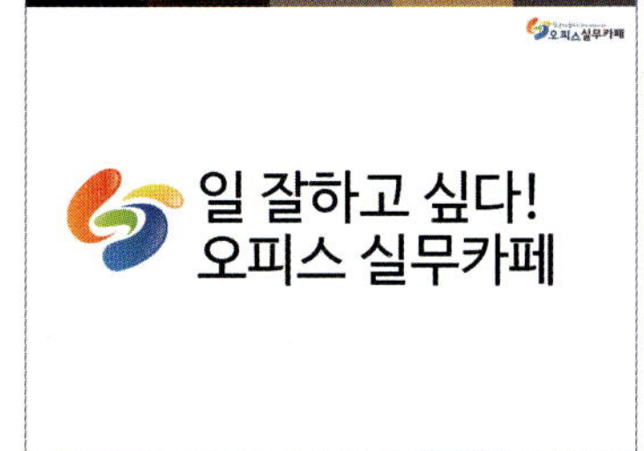

▲ [문자 간격]-[표준으로]

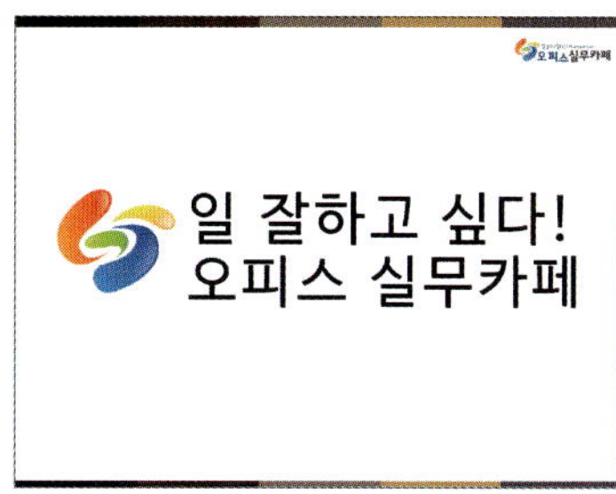

▲ [문자 간격]-[매우 넓게]

2 | 줄 간격과 기타 간격

파워포인트에서 자간은 [홈] 탭-[단락] 그룹의 [줄 간격]을 통해 조정할 수 있습니다. 특히, [기타 간격]을 선택하면 보다 정밀하게 자간을 조정할 수 있습니다. [문자 간격] 탭에서 [간격]-[좁게]를 선택하면 수치가 높아질수록 문자 간격이 좁아지며, [간격]-[넓게]를 선택하면 수치가 높아질수록 간격이 넓어집니다.

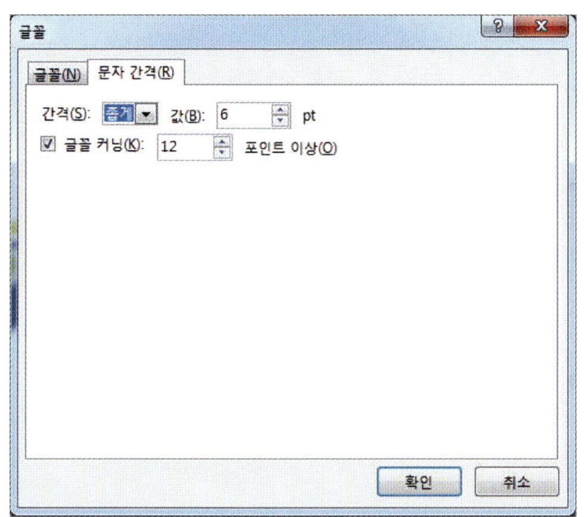

▲ [간격]-[좁게], [값]-[6pt]

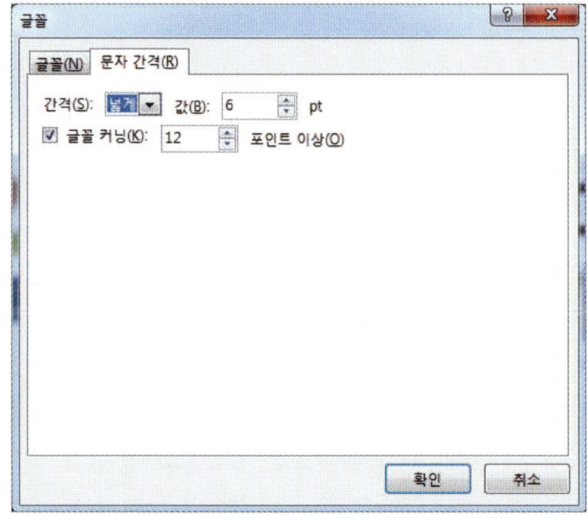

▲ [간격]-[넓게], [값]-[6pt]

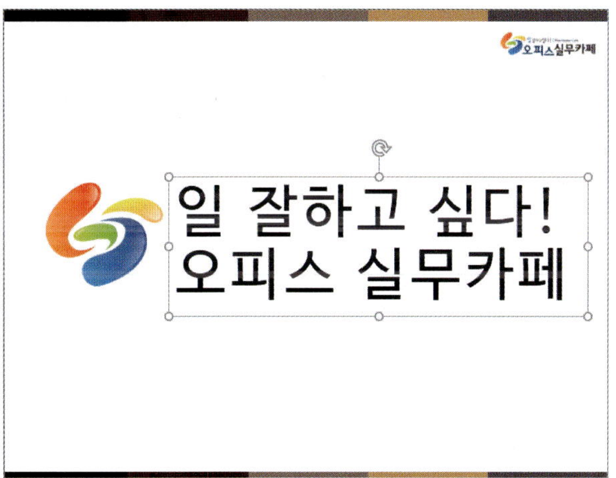

01 예제를 통해 텍스트의 간격을 조절해 보겠습니다. 두 번째 텍스트의 경우 도형 밖으로 텍스트가 넘쳐 있습니다. [홈] 탭–[글꼴] 그룹의 [문자 간격]을 통해 문자 간격을 조정할 수 있습니다. 여기서는 [기타 간격]을 통해 보다 섬세하게 간격을 조정해 보겠습니다. 두 번째 텍스트를 선택한 상태에서 [홈] 탭–[글꼴] 그룹의 [문자 간격]–[기타 간격]을 선택합니다.

팁 :: 문자 간격은 '매우 좁게, 좁게, 표준, 넓게, 매우 넓게'로 조절할 수 있습니다. '기타 간격'을 선택하면 보다 정밀하게 자간을 조절할 수 있기에 '기타 간격'을 자주 활용하도록 합시다.

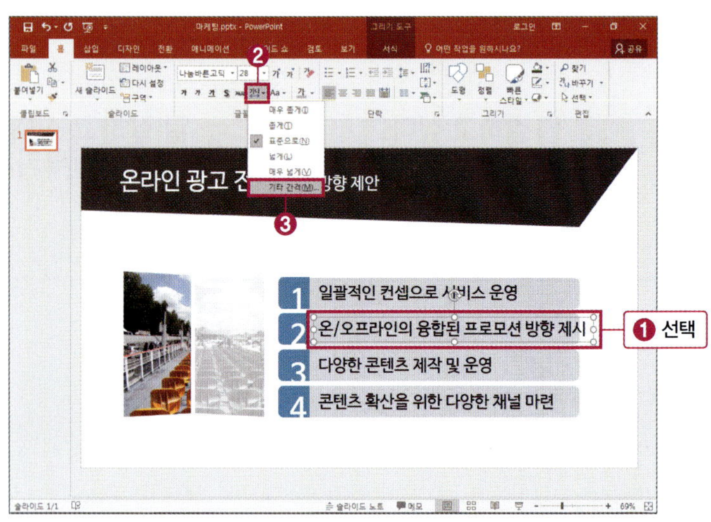

02 [글꼴] 대화상자의 [문자 간격] 탭이 열리면 [간격]은 [좁게], [값]은 [2]로 지정하고 [확인]을 클릭합니다.

팁 :: [값] 항목에는 '0.8', '1.5'와 같은 소수점도 입력할 수 있으며 단위는 포인트(pt)입니다.

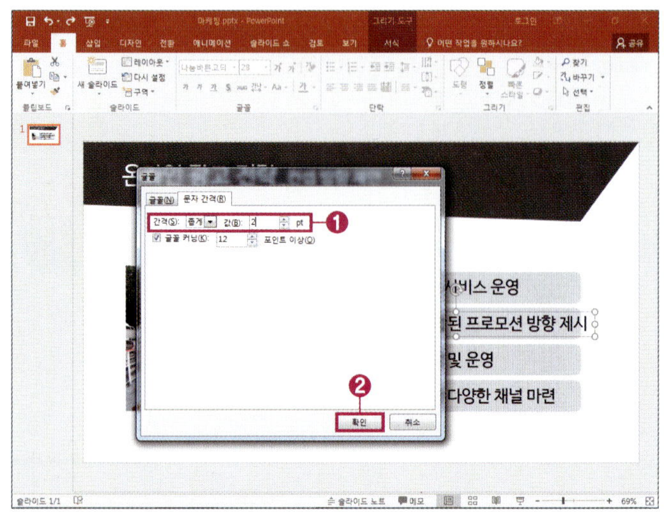

03 문자 간격이 다음과 같이 조정됩니다.

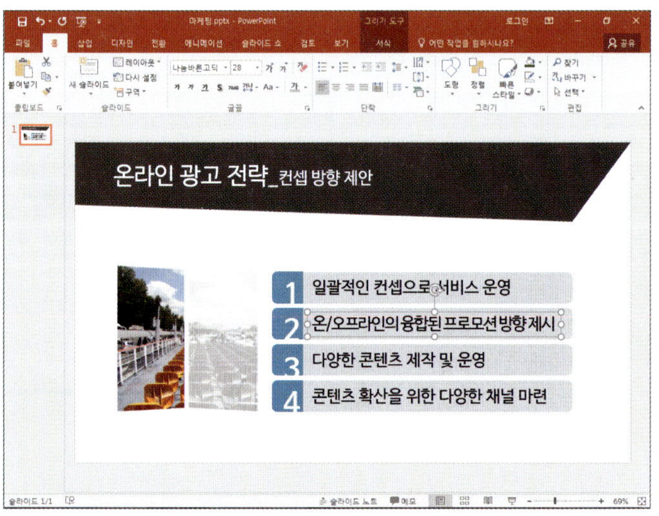

체크해봐요 :: 텍스트 상자에 텍스트를 입력하는 방법

[삽입]-[텍스트 상자]를 통해 텍스트를 입력할 때 사용자의 편의에 따라 2가지 입력 방법을 선택할 수 있습니다.

❶ 텍스트 상자의 가로 사이즈 지정하기

텍스트 상자를 삽입할 때 슬라이드 편집 창을 드래그하면 드래그한 가로 사이즈만큼 텍스트가 입력됩니다. 텍스트가 넘치면 바로 아래에 텍스트가 자동 정렬되어 입력됩니다.

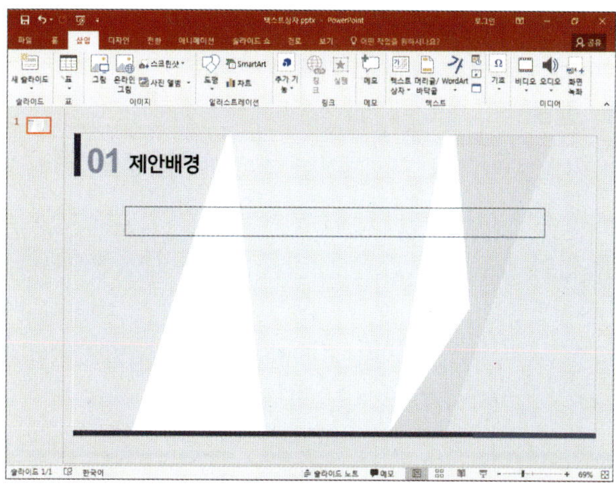

❷ 텍스트 상자의 가로 사이즈 지정하지 않기

❶은 보편적으로 텍스트를 입력할 때 사용하는 방법입니다. 텍스트 상자의 가로 사이즈는 삽입하는 개체에 따라 조정되어야 하기 때문이죠. 하지만 때때로 가로 사이즈를 지정하지 않고 텍스트를 입력하고 싶을 경우가 있습니다. 이럴 때에는 텍스트 상자를 삽입할 때 슬라이드 편집 창을 드래그하지 않고 한 번 클릭하면 됩니다. 이럴 경우 텍스트 상자는 텍스트가 입력되는 만큼 자동으로 늘어나면서 입력됩니다.

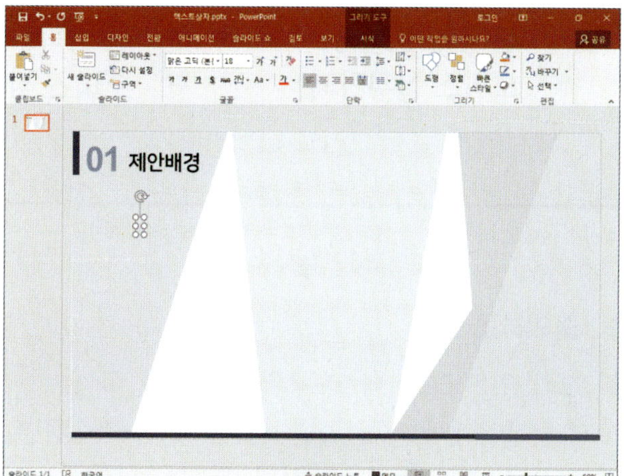

■ 텍스트의 세로 간격, 행간 조절하기

예제 파일 Part02/Lesson01/세미나.pptx ┃ 완성 파일 Part02/Lesson01/세미나_완성.pptx

단락의 제목과 소제목 사이의 간격이나 내용의 세로 간격이 넓거나 좁을 경우 [줄 간격 옵션]을 통해 간격을 조절할 수 있습니다.

1 ┃ 행간(행)

파워포인트는 행간을 조정할 수 있도록 [줄 간격 옵션] 기능을 지원하고 있습니다. 왼쪽 이미지는 글자 크기 66pt에서 [줄 간격 옵션]을 [0.8]로 설정했으며, 중앙 이미지는 [줄 간격 옵션]을 [1]로, 오른쪽 이미지는 [줄 간격 옵션]을 [1.2]로 설정했습니다.

파워포인트에서 행간을 조정하려면 지금처럼 '줄 간격 옵션'을 통해 지정할 수 있는데 설정 크기가 높을수록 세로 간격은 넓어지게 됩니다.

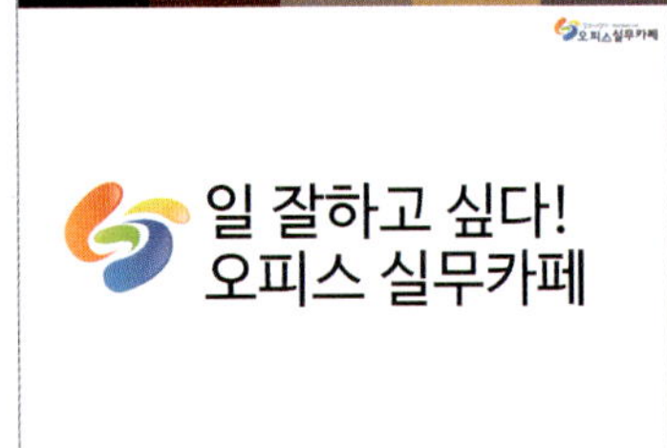

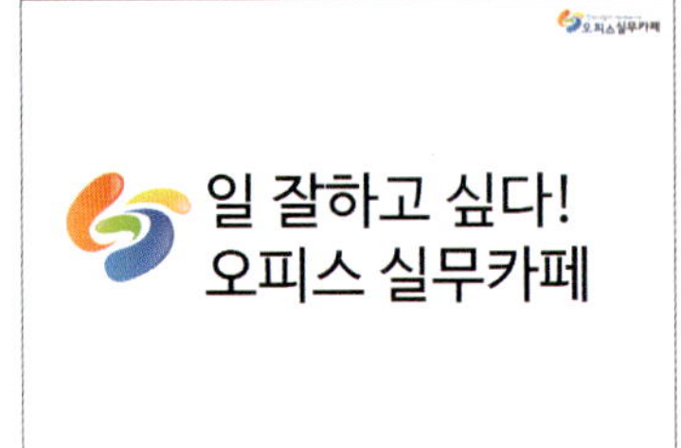

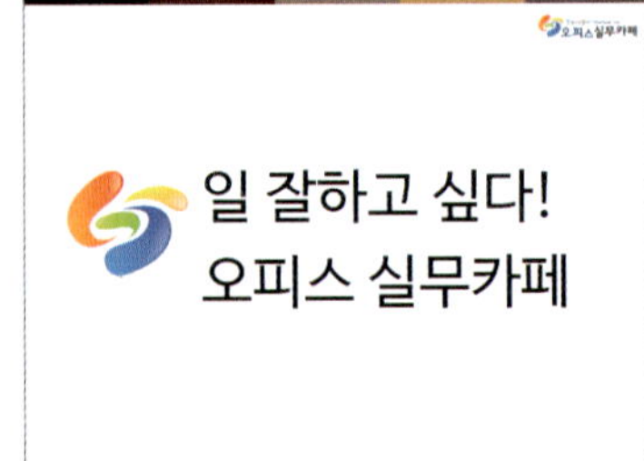

▲ [줄 간격 옵션]-[0.8]　　▲ [줄 간격 옵션]-[1]　　▲ [줄 간격 옵션]-[1.2]

2 ┃ 줄 간격 옵션

한 장의 슬라이드에 텍스트 분량이 많을 경우에는 행간을 넓혀 가독성을 높여주는 것이 좋고, 텍스트가 넘칠 경우에는 행간을 줄여 텍스트를 적절히 배치하는 것이 좋습니다. 단락의 제목과 소제목 사이의 행간도 조정이 가능한데 단락의 제목과 소제목 사이의 행간은 기본 설정된 크기보다 좁게 설정하는 것도 텍스트 디자인을 잘하는 한 가지 방법이 될 수 있습니다.

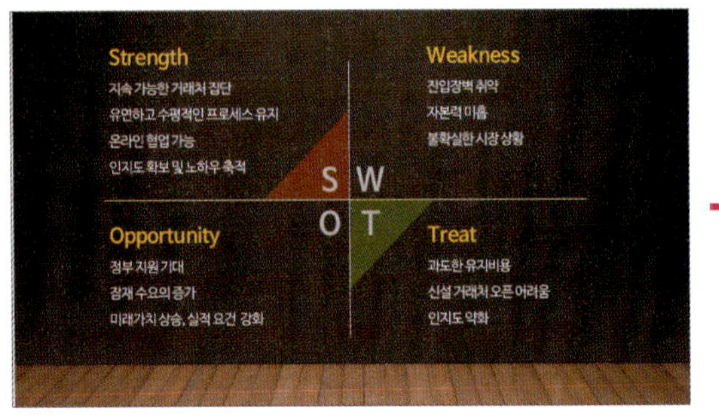

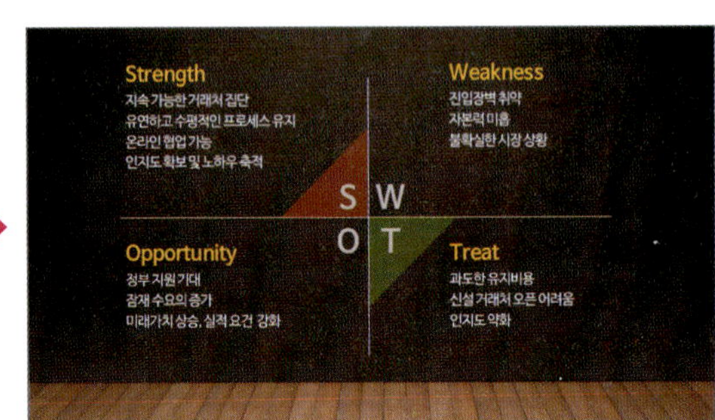

줄이나 단락 간격을 조절하는 것만으로도 가독성을 높일 수 있습니다. 유사한 영역은 행간을 줄이고, 다른 영역은 행간을 늘려 보기 좋은 텍스트 디자인을 해 보세요.

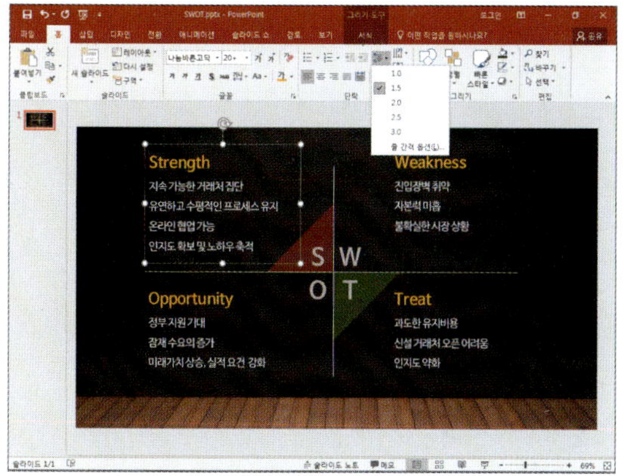

▲ [줄 간격] 옵션 조정

1.0	100%
1.5	150%
2.0	200%
2.5	250%
3.0	300%

01 예제를 통해 텍스트 개체 틀에 작성되어 있는 텍스트의 줄 간격을 적절하게 조정해 보겠습니다. 텍스트 개체 틀을 선택한 상태로 [홈] 탭 [단락] 그룹의 [줄 간격]에서 [1.0]을 선택합니다.

팁 :: 행간을 조절하기 위해서는 [홈] 탭–[단락] 그룹에서 [줄 간격]을 선택하여 [1.0], [1.5], [2.0], [2.5] 등 미리 설정된 수치를 선택하거나 [줄 간격 옵션]을 선택하여 원하는 수치를 정확하게 입력할 수 있습니다.

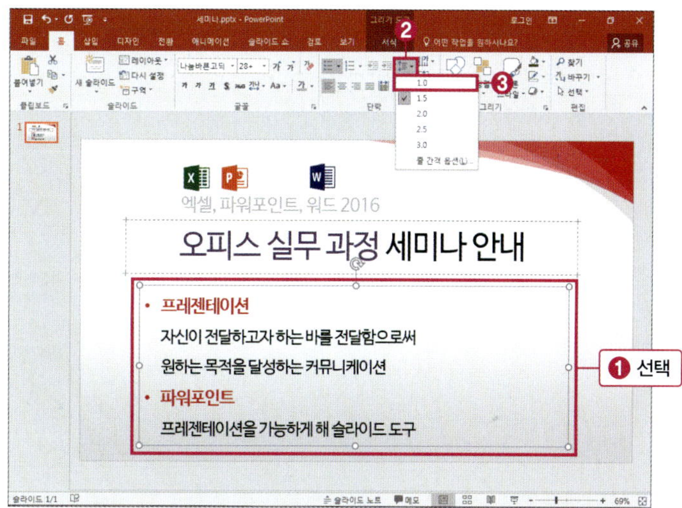

02 글머리 기호로 구분돼 있는 '프레젠테이션' 단락과 '파워포인트' 단락의 간격이 너무 촘촘하게 지정되어 있기에 [줄 간격 옵션]을 통해 단락별로 줄 간격을 구분 지어보겠습니다. [홈] 탭–[단락] 그룹에서 [줄 간격]–[줄 간격 옵션]을 선택합니다.

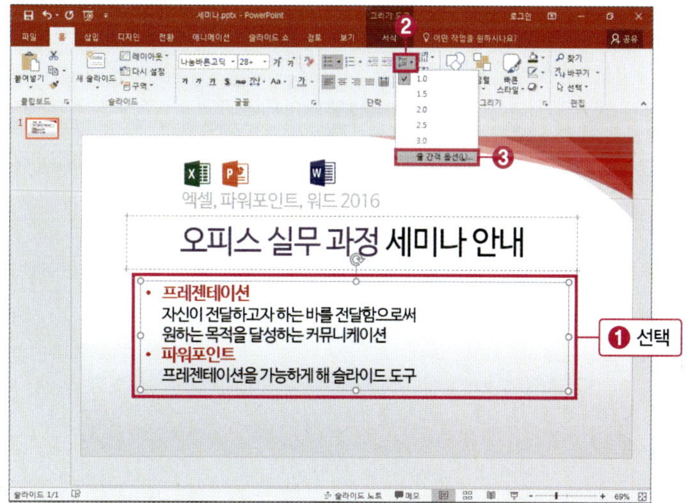

03 [단락] 대화상자의 [들여쓰기 및 간격] 탭이 열리면 [단락 앞]과 [줄 간격]은 그대로 놔두고 [단락 뒤]를 [24pt]로 지정한 후 [확인]을 클릭합니다.

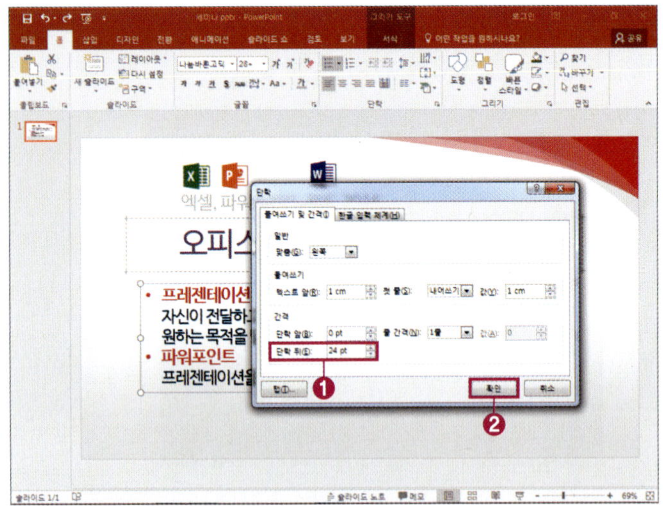

04 '프레젠테이션' 단락과 '파워포인트' 단락 사이의 간격이 조정됩니다.

팁 :: [단락] 대화상자에서 [단락 앞]에 수치를 지정하면 '단락 앞' 간격이 조정됩니다. 예를 들어, '프레젠테이션' 단락에 마우스 커서를 놓은 후 [단락 앞]에 수치를 지정하면 '프레젠테이션' 단락 앞에는 아무런 단락이 없기에 반응이 없습니다. 하지만, '파워포인트' 단락에 마우스 커서를 놓은 후 [단락 앞]에 수치를 지정하면 지정한 수치만큼 단락이 조정됩니다.

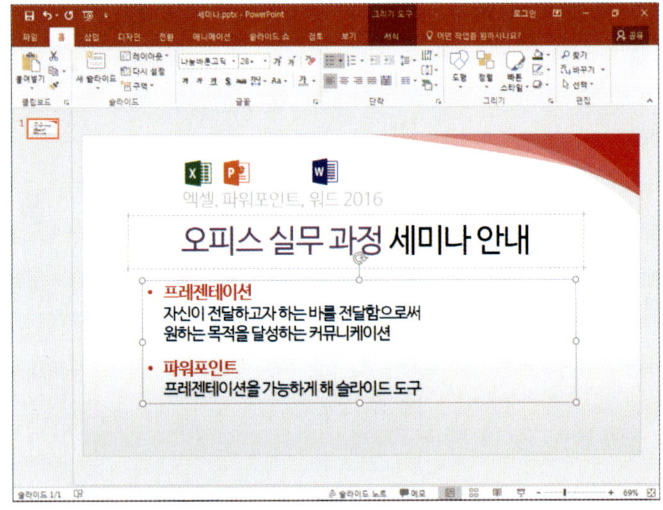

체크해봐요 :: **단락 조정의 순서**

단락의 간격을 조정할 때에는 될 수 있으면 아래의 순서로 조정하는 것이 좋습니다. ❶ [홈] 탭–[단락] 그룹에서 [줄 간격]을 통해 전체 간격을 먼저 조정합니다. ❷ [홈] 탭–[단락] 그룹에서 [줄 간격 옵션]을 클릭, [단락] 대화상자에서 [단락 앞], [단락 뒤] 등을 통해 단락별로 세부적인 간격을 조정합니다.

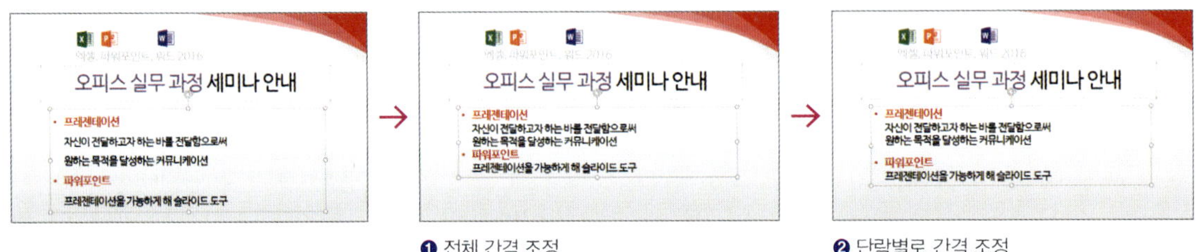

❶ 전체 간격 조정 　　　　❷ 단락별로 간격 조정

■ 문단 정렬을 통해 텍스트 맞춤 설정하기

예제 파일 Part02/Lesson01/지원사업.pptx | **완성 파일** Part02/Lesson01/지원사업_완성.pptx

[텍스트 맞춤]을 통해 텍스트 상자나 도형에 입력한 텍스트를 위쪽, 중간, 아래쪽으로 정렬할 수 있습니다. [텍스트 맞춤]-[기타 옵션]을 통해 보다 다양한 텍스트 맞춤 옵션을 선택할 수 있습니다.

1 | 텍스트 맞춤

[홈] 탭-[단락] 그룹의 [텍스트 맞춤]을 통해 텍스트 상자의 정렬 방법을 변경할 수 있습니다.

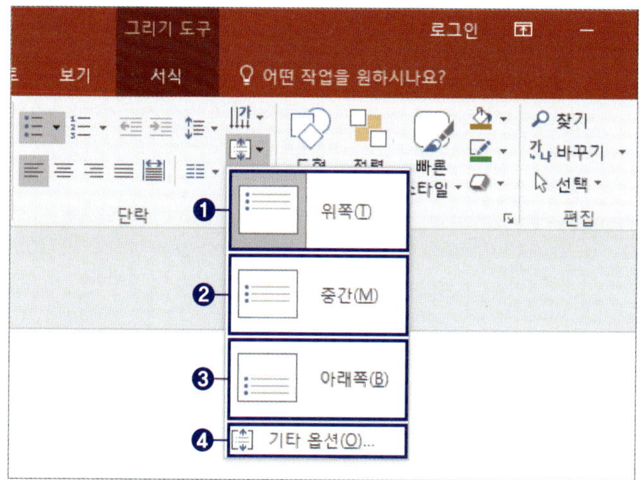

❶ 위쪽 : 텍스트가 개체 틀의 위쪽을 기준으로 정렬됩니다.

❷ 중간 : 텍스트가 개체 틀의 중앙을 기준으로 정렬됩니다.

❸ 아래쪽 : 텍스트가 개체 틀의 아래쪽을 기준으로 정렬됩니다.

❹ 기타 옵션 : 다양한 옵션으로 텍스트를 정렬합니다.

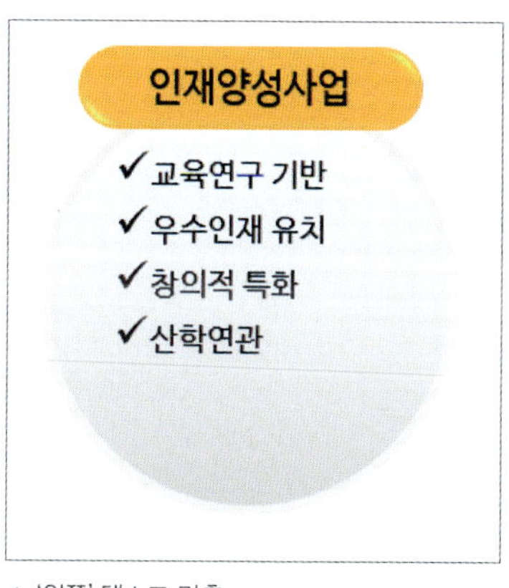

▲ '위쪽' 텍스트 맞춤

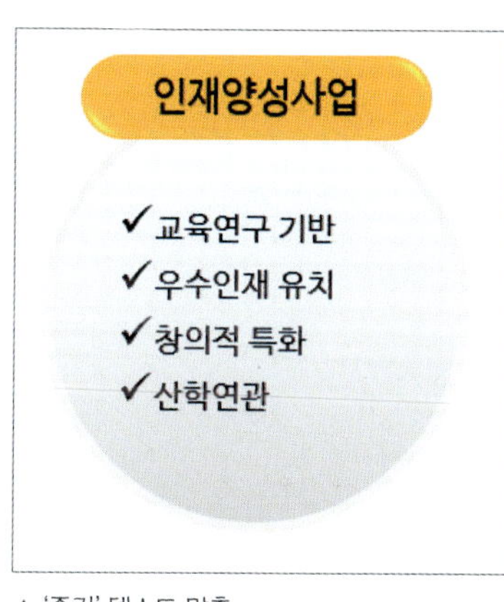

▲ '중간' 텍스트 맞춤

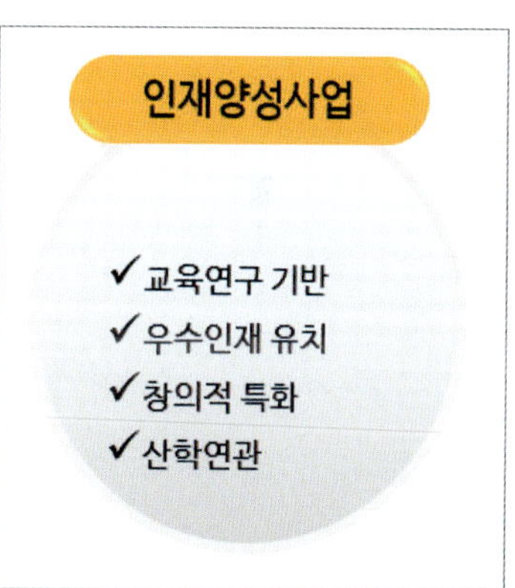

▲ '아래쪽' 텍스트 맞춤

01 첫 번째 레이아웃의 하단 도형을 선택한 후 Ctrl 을 누른 상태에서 두 번째, 세 번째 레이아웃의 하단 도형을 선택합니다. [홈] 탭–[단락] 그룹의 [텍스트 맞춤]–[중간]을 클릭합니다.

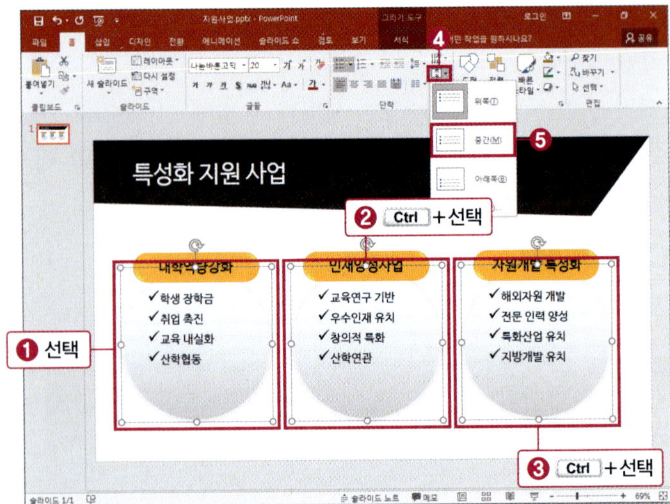

02 이처럼, 텍스트 상자나 도형에 입력한 텍스트를 위쪽, 중간, 아래쪽으로 정렬할 수 있습니다.

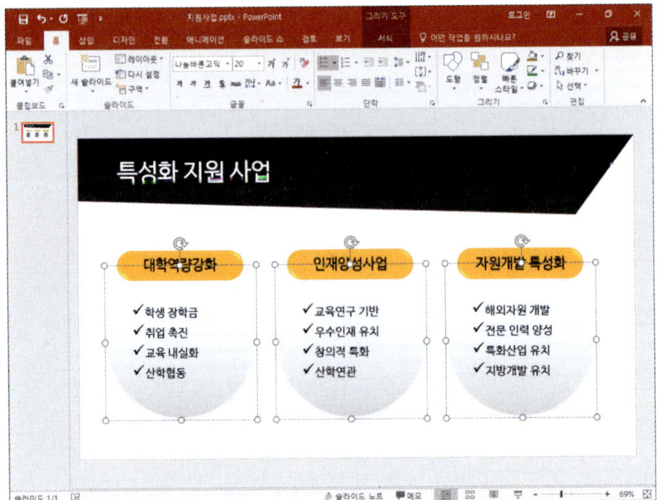

목록 수준 줄임과 목록 수준 늘림으로 단락 조절하기

파워포인트 기능 중에는 평소 잘 사용하지 않는 '목록 수준 줄임'이나 '목록 수준 늘림'이라는 말이 있습니다. '목록 수준 줄임'이라는 말은 '내어쓰기'라는 말로 상위 항목과 동일한 등급으로 내용을 표시한다는 말이고, '목록 수준 늘림'이라는 말은 '들여쓰기'라는 말로 상위 항목보다 들여쓰기를 통해 하위 항목처럼 보이도록 내용을 작성한다는 말입니다.

■ 텍스트 상자에 텍스트 입력 후 내어쓰기, 들여쓰기하기

예제 파일 Part02/Lesson01/부동산.pptx **| 완성 파일** Part02/Lesson01/부동산_완성.pptx

내어쓰기와 들여쓰기를 하기 위해서는 텍스트 상자에 단락이 텍스트로 입력되어 있어야 합니다. 텍스트 상자뿐 아니라 텍스트가 작성되어 있는 표나 도형에서도 내어쓰기, 들여쓰기를 할 수 있습니다.

1 | 목록 수준 내리기와 목록 수준 올리기

내어쓰기를 하고 싶은 단락 블록을 선택한 후 [홈] 탭-[단락] 그룹의 [목록 수준 늘림]을 클릭합니다. 글머리 기호가 포함되어 있는 텍스트 상자의 경우 들여쓰기, 내어쓰기를 하면 자동으로 텍스트의 크기도 조정됩니다.

목록 수준 내리기 : [홈] 탭-[목록 수준 늘림] 또는 `Tab`

목록 수준 올리기 : [홈] 탭-[목록 수준 줄임] 또는 `Shift` + `Tab`

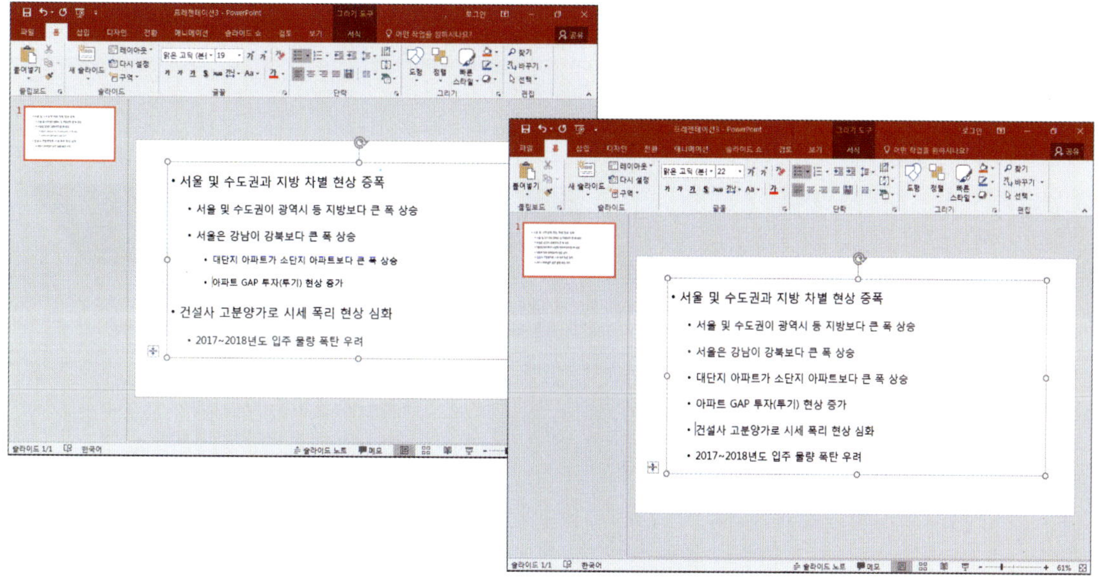

2 | [단락] 그룹

[단락] 그룹에서는 글머리 기호를 비롯하여 목록 수준 줄임, 늘림, 줄 간격 등 다양한 줄 및 단락 서식 관련 기능을 적용할 수 있습니다.

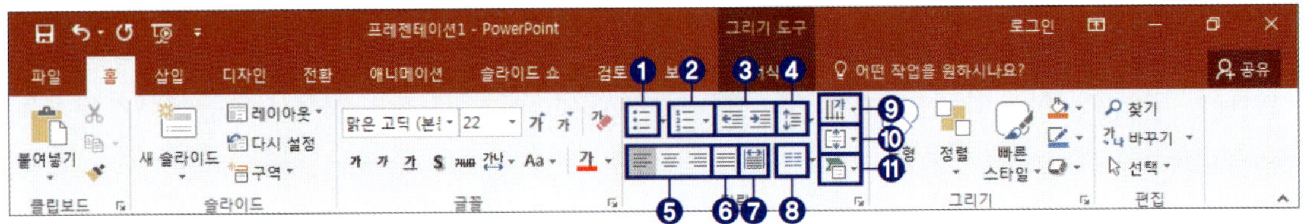

❶ **글머리 기호** : 텍스트 상자나 개체 틀에 글머리 기호를 삽입합니다.

❷ **번호 매기기** : 텍스트 상자나 개체 틀에 번호 매기기를 삽입합니다.

❸ **목록 수준 줄임, 늘림** : 들여쓰기 수준을 낮추거나 높입니다.

❹ **줄 간격** : 줄 간격을 지정합니다.

❺ **텍스트 왼쪽, 가운데, 오른쪽 맞춤** : 텍스트를 왼쪽, 가운데, 오른쪽으로 정렬합니다.

❻ **양쪽 맞춤** : 텍스트를 양쪽 맞춤으로 정렬합니다.

❼ **균등 분할** : 필요한 경우 문자 사이에 공백을 추가하여 왼쪽과 오른쪽 여백에 단락을 맞춥니다.

❽ **단** : 텍스트를 둘 이상의 열로 맞춥니다.

❾ **텍스트 방향** : 텍스트의 방향을 지정합니다.

❿ **텍스트 맞춤** : 텍스트 상자에서 텍스트가 정렬되는 방법을 변경합니다.

⓫ **SmartArt 그래픽으로 변환** : 텍스트를 SmartArt로 변환합니다.

01 예제를 통해 살펴보겠습니다. '서울 및 수도권'이라고 적힌 텍스트 앞에 마우스 커서를 위치시킨 다음 [홈] 탭–[단락] 그룹에 있는 [목록 수준 늘림]을 클릭합니다.

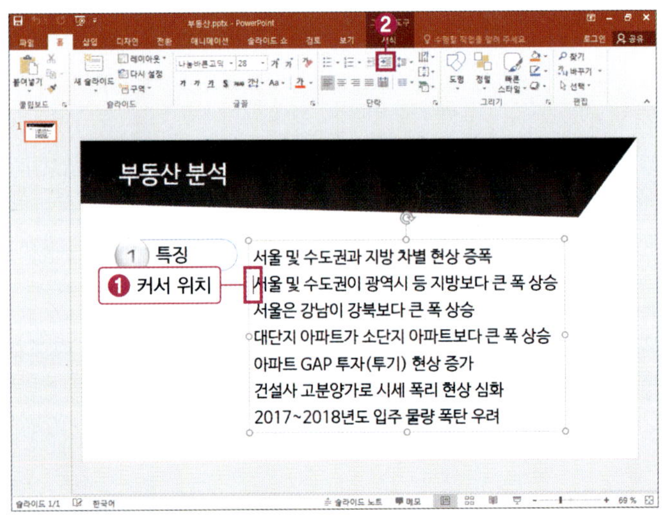

02 텍스트가 들여쓰기가 되면서 글자 크기도 줄어듭니다. 나머지 텍스트에도 [목록 수준 늘림]을 이용하여 들여쓰기를 해 줍니다.

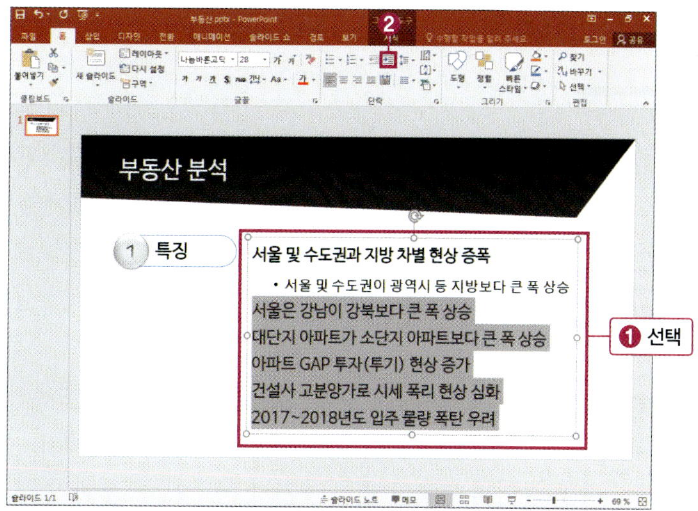

03 이와는 반대로 목록 수준을 줄이려면 [홈] 탭–[단락] 그룹에 있는 [목록 수준 줄임]을 클릭합니다. 텍스트 크기가 일정 수준 커지며 내어쓰기됩니다.

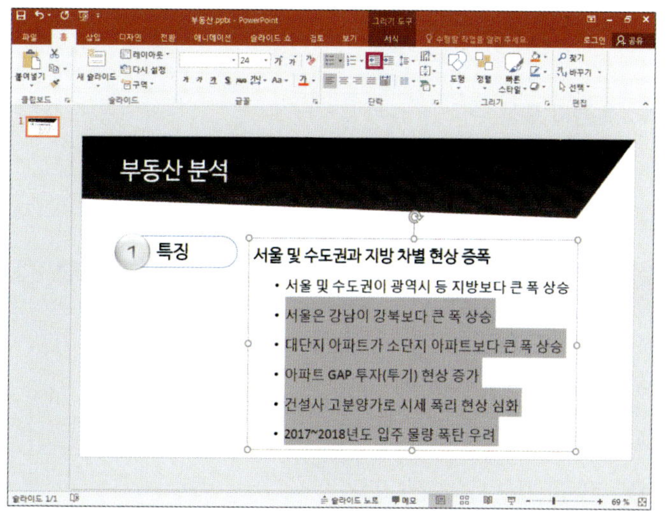

Q&A

Q. 개체 틀에 텍스트를 입력하면 자동으로 텍스트 크기가 조절돼요.

A. 파워포인트는 삽입되어 있는 텍스트 개체 틀 크기에 맞게 자동으로 텍스트 크기가 조절됩니다. 하지만, 가끔 이런 자동 조절이 번거로운 경우가 있는데요. 이럴 때에는 개체 틀 주변에 표시되는 [자동 맞춤 옵션](⊞)을 눌러 [이 개체 틀에 텍스트 맞춤 중지]를 선택하면 됩니다.

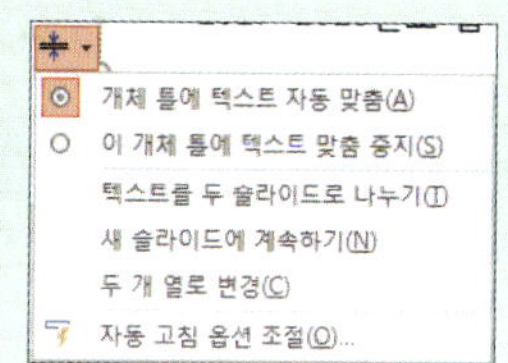

특정 단락의 앞과 뒤를 미세하기 조절하기

앞에서도 언급했지만 내어쓰기와 들여쓰기는 파워포인트에서는 '목록 수준 줄임', '목록 수준 늘림'이라는 이름으로 제공하고 있습니다. 목록 수준 늘림이나 목록 수준 줄임을 내가 원하는 간격으로 하고 싶을 경우에는 어떻게 하면 될까요? 이럴 경우 눈금자 표식을 슬라이드 편집 창에 표시하여 간격을 직접 조정할 수 있습니다.

■ 눈금자 표시하여 텍스트 간격 조절하기

예제 파일 Part02/Lesson01/환경분석.pptx | **완성 파일** Part02/Lesson01/환경분석_완성.pptx

텍스트에 글머리 기호나 번호 매기기 목록이 두 수준 이상 포함되어 있으면 각 수준에 대한 들여쓰기 표식이 눈금자에 표시됩니다. 눈금자 표식이 자주 혼돈되기에 여기서는 눈금자 표식에 대해서 잠시 살펴보겠습니다.

1 | 눈금자 표식

눈금자 표식이 표시되지 않는다면 [보기] 탭-[표시] 그룹의 [눈금자]에 체크합니다. 눈금자 표식이 표시되면 각각의 표식 역할을 기억합니다.

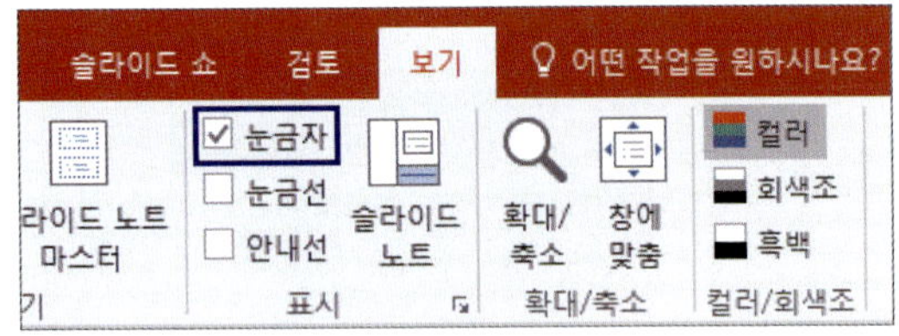
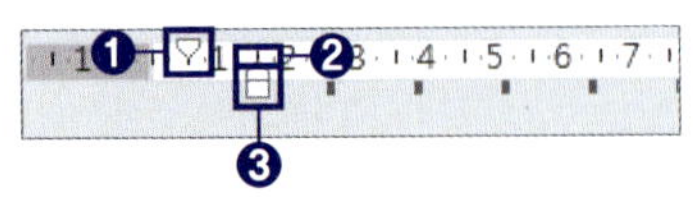

❶ 글머리 기호 시작 지점 표식

❷ 텍스트의 시작 지점 표식

❸ 글머리 기호와 텍스트의 전체 시작 지점 표식

각 수준에 대한 들여쓰기 표식이 눈금자에 표시됩니다. 이를 드래그하여 들여쓰기 수준을 조절할 수 있습니다. 자세한 사용 방법은 다음 예제를 통해 살펴보겠습니다.

01 눈금자를 표시해 텍스트 간격을 조절해 보겠습니다. [보기] 탭–[표시] 그룹의 [눈금자]에 체크합니다. [눈금자]가 슬라이드 창에 표시되면 눈금자 아래쪽에 위치한 표식(⬚)을 오른쪽으로 조금 드래그합니다.

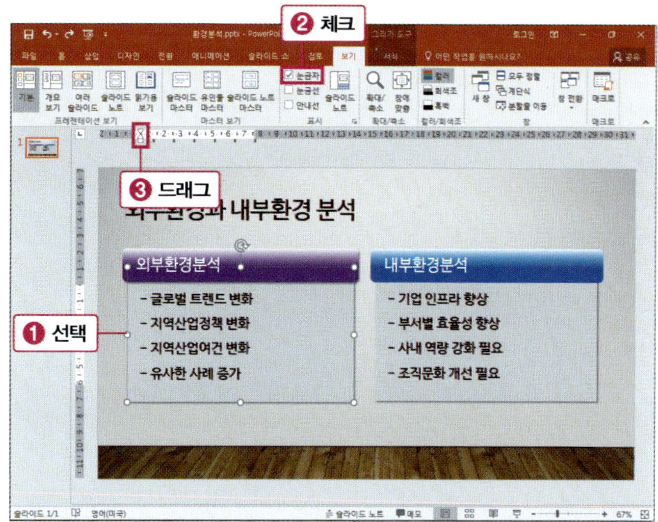

02 다른 단락까지 한 번에 들여쓰기하고 싶다면 들여쓰기하고 싶은 단락을 모두 선택한 다음 눈금자를 드래그하여 조정합니다.

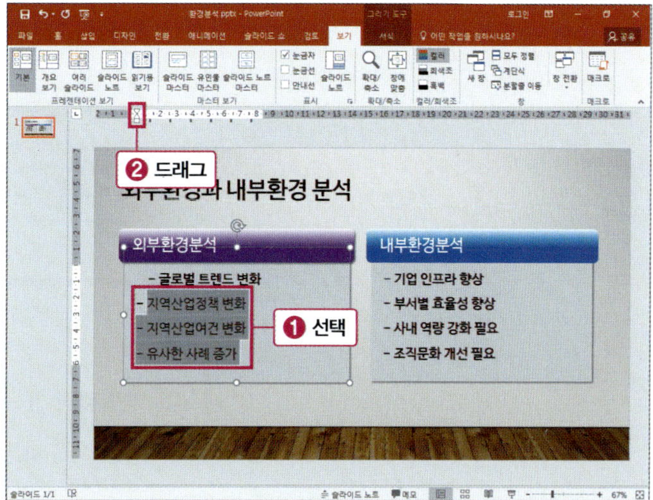

텍스트를 선택하는 5가지 방법

예제 파일 Part02/Lesson01/광고타겟.pptx

텍스트는 클릭하거나 드래그하는 등 다양한 방법으로 선택할 수 있습니다. 텍스트를 선택하는 일이 많기 때문에 이번 예제에서는 텍스트를 선택하는 바람직한 방법에 대해서 잠시 살펴보겠습니다.

■ 클릭하기

단어를 클릭합니다. 단어를 클릭하면 단어가 블록 표시가 되지 않지만 글꼴이나 글꼴 크기를 변경할 때에는 단어가 선택된 것으로 인식하여 단어에 해당하는 글꼴이나 글꼴 크기를 쉽게 변경할 수 있습니다.

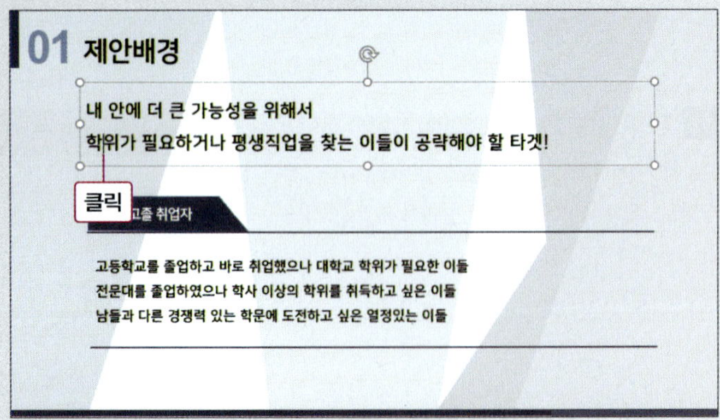

■ 드래그

가장 많이 사용하는 방법으로 단어를 드래그합니다. 단어뿐 아니라 문장도 드래그할 수 있습니다. 드래그한 후 텍스트의 속성을 변경하면 드래그한 부분만 속성이 변경됩니다.

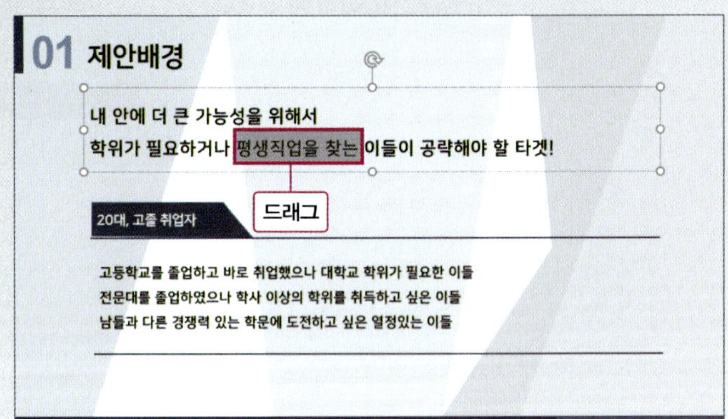

■ 더블클릭

단어를 더블클릭합니다. 단어가 블록 표시되면서 선택됩니다.

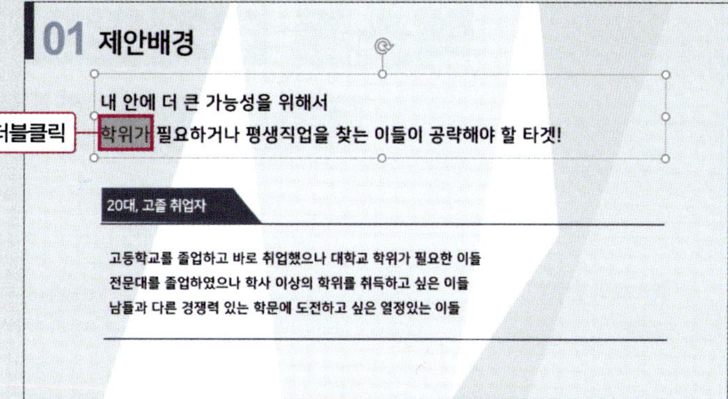

■ 세 번 클릭

문장이나 단락을 선택하고 싶다면 드래그하여 선택하는 경우가 많지만 문장이나 단락이 있는 아무 단어나 세 번 클릭하면 문장이나 단락을 쉽게 선택할 수 있습니다.

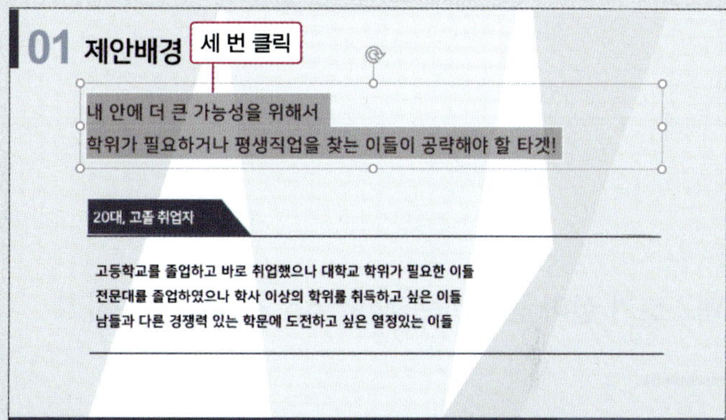

■ 개체 틀 선택

텍스트 전체를 선택하고 싶다면 텍스트를 감싸고 있는 개체 틀을 선택합니다. 개체 틀이 활성화되어 있다면 한꺼번에 텍스트 속성을 변경할 수 있습니다.

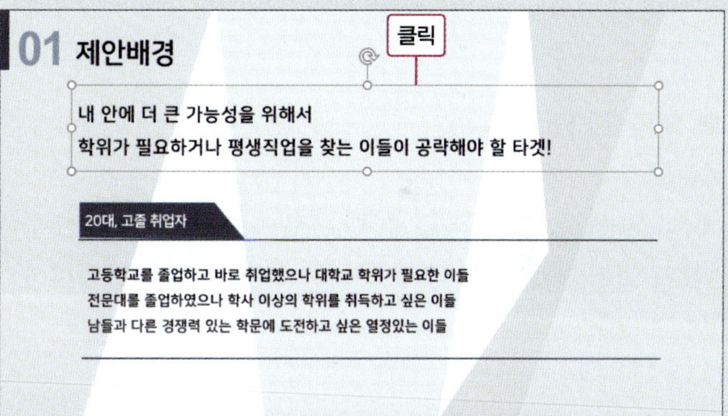

텍스트 디자인의 팔색조! WordArt 디자인

텍스트의 변신은 무죄!

파워포인트에는 텍스트 작업이 반 이상을 차지합니다. 하지만, 단순히 텍스트만 입력한다면 한글이나 워드 프로그램을 이용하면 되지 굳이 파워포인트를 활용할 필요는 없을 것입니다. 전달하고자 하는 내용을 보다 명확히 표현하기 위해 텍스트에 다양한 효과를 지정해 보세요. 내용을 보다 명확하게 전달할 수 있습니다. 특히, 이번 레슨에서 다룰 WordArt 디자인은 다양한 텍스트 서식을 담아 표현하는 3차원 텍스트 서식으로, 기존의 텍스트를 그림자 또는 반사 효과와 같은 스타일로 만들어주기에 보다 화려하고 멋진 텍스트를 완성할 수 있도록 도와줍니다.

텍스트가 살아 움직이는 WordArt 스타일 적용하기

WordArt 스타일에는 반사, 네온, 입체 효과 등 다양한 스타일을 제공합니다. 원하는 스타일을 직접 선택해 보세요.

■ 빠른 스타일 적용하기

예제 파일 Part02/Lesson02/빠른스타일.pptx **완성 파일** Part02/Lesson02/빠른스타일_완성.pptx

빠른 스타일을 통해 빠르게 WordArt 스타일을 적용할 수 있으며, '그림자, 반사, 네온, 입체 효과, 3차원 회전, 변환'과 같은 스타일을 선택할 수도 있습니다.

1 | [서식] 탭–[WordArt 스타일] 그룹

텍스트를 선택한 후 [그리기 도구]–[서식] 상황별 탭–[WordArt 스타일] 그룹을 살펴보면 다양한 WordArt 스타일을 선택할 수 있습니다.

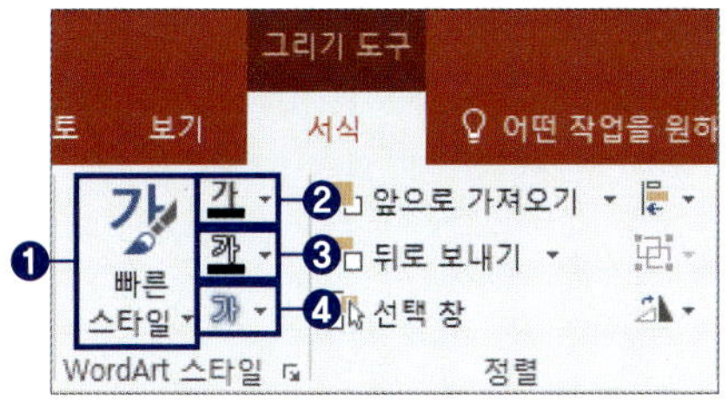

❶ 빠른 스타일 : 파워포인트가 제공하는 기본 WordArt 스타일을 선택할 수 있습니다.

❷ 텍스트 채우기 : 텍스트 색이나 그림, 그라데이션, 질감 등을 선택할 수 있습니다.

❸ 텍스트 윤곽선 : 텍스트 윤곽선 색, 두께, 대시 스타일 등을 선택할 수 있습니다.

❹ 텍스트 효과 : 그림자, 반사, 네온 등의 효과를 선택할 수 있습니다.

2 | WordArt 스타일

WordArt 스타일에는 '그림자, 반사, 네온, 입체 효과, 3차원 회전, 변환' 등이 있습니다.

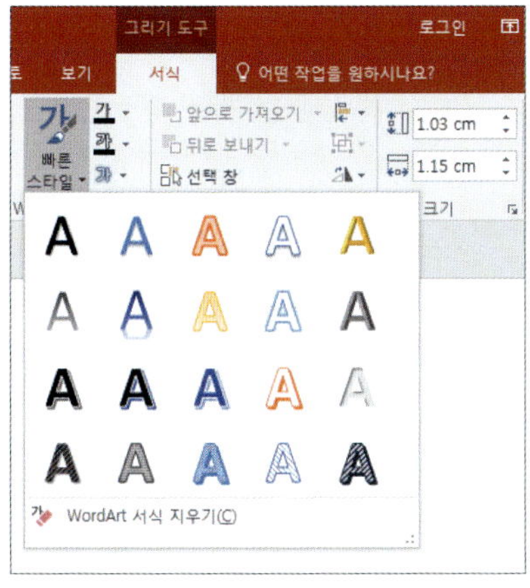

▲ 빠른 스타일

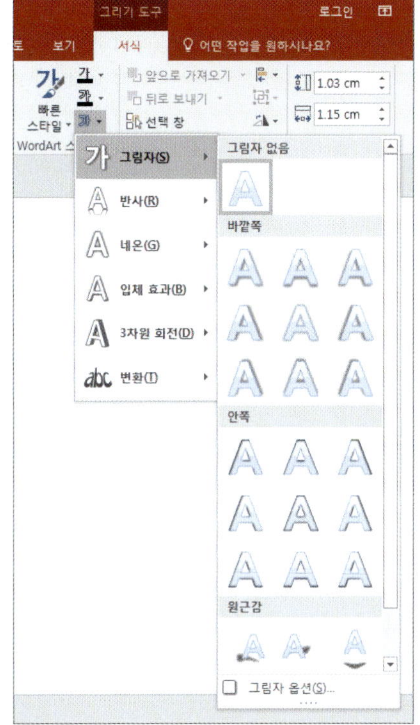

▲ 그림자

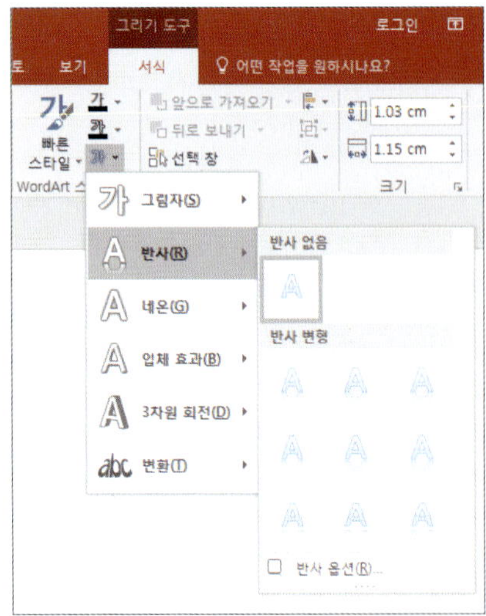

▲ 반사

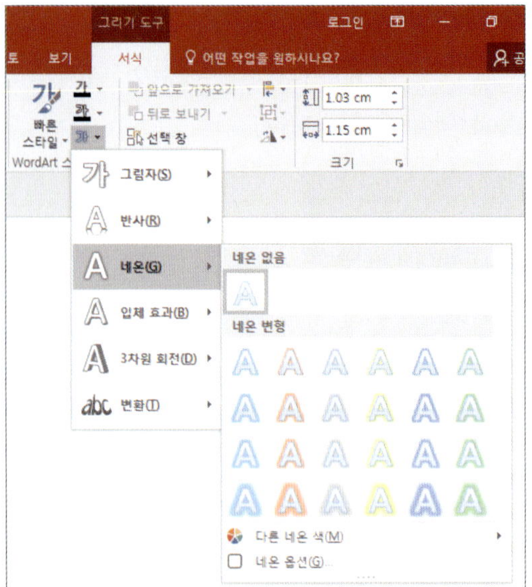

▲ 네온

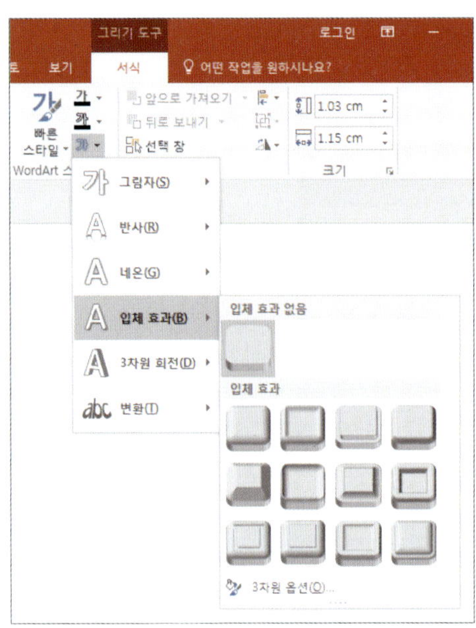

▲ 입체 효과

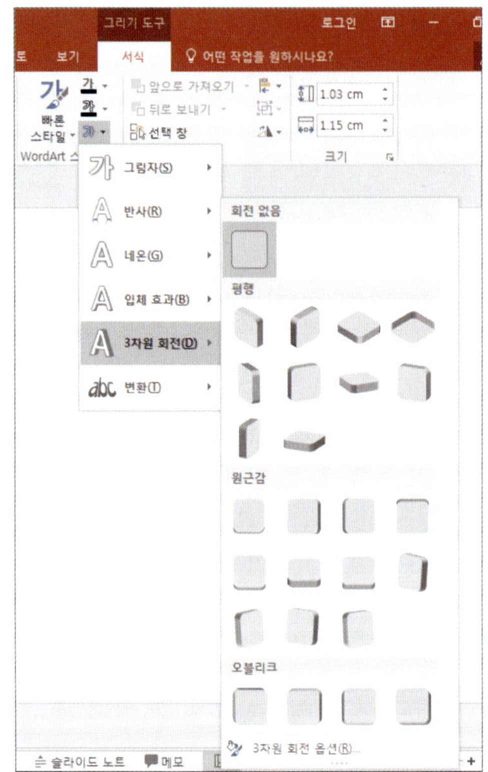

▲ 3차원 회전

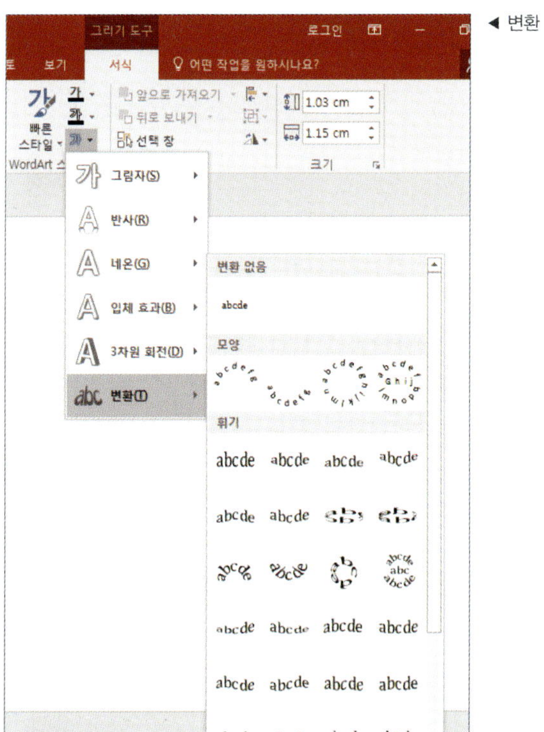

01 예제를 통해 살펴보겠습니다. 제목 텍스트 개체 틀을 선택한 다음 [그리기 도구]–[서식] 상황별 탭–[WordArt 스타일] 그룹에서 [빠른 스타일]을 클릭한 후 원하는 서식을 선택합니다.

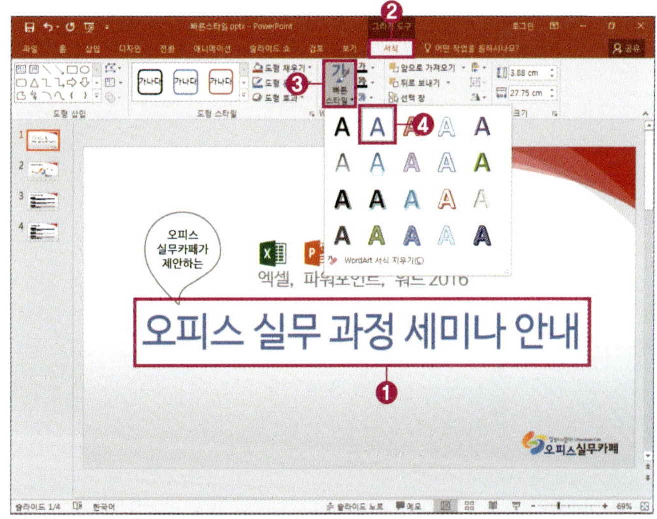

02 [그리기 도구]–[서식] 상황별 탭의 [WordArt 스타일] 그룹–[그림자]에서 원하는 그림자 효과를 선택합니다.

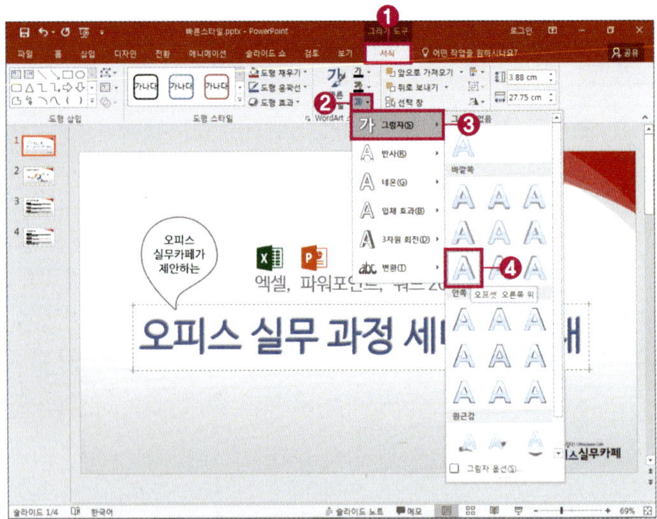

03 마지막으로, [그리기 도구]–[서식] 상황별 탭의 [WordArt 스타일] 그룹–[입체 효과]에서 원하는 입체 효과를 선택하여 제목 슬라이드를 완성합니다.

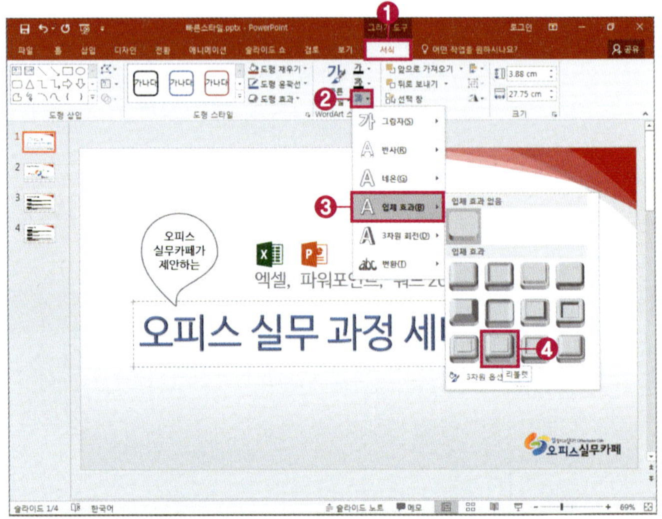

■ WordArt 스타일 모양 변경하기

예제 파일 Part02/Lesson02/변환조정.pptx **| 완성 파일** Part02/Lesson02/변환조정_완성.pptx

WordArt 스타일에는 텍스트 서식에서 제공하지 않는 독특한 스타일이 있습니다. 바로 '변환' 기능으로 텍스트의 모양을 변환하여 독특한 모양을 만들 수 있습니다. 변환 스타일을 통해 텍스트의 모양을 변환했다면 주황색의 변환 조정 핸들(◉)을 드래그하여 독특한 모양을 만들 수 있습니다.

1 | 변환 조정 핸들

변환 조정 핸들을 통해 독특한 스타일을 만들 수 있습니다. 동일한 변환 효과를 가지고도 변환 조정 핸들(◉)을 통해 다양한 스타일을 만들어 보세요.

▲ 사각형

▲ 물결: 아래로

2 | 3차원 옵션

[WordArt 스타일] 그룹에서 [옵션](▣) 단추를 클릭하면 WordArt 스타일에도 3차원 옵션을 지정할 수 있습니다. [도형 서식] 옵션 창의 [텍스트 옵션]-[텍스트 효과]-[3차원 회전]에서 원하는 3차원 옵션을 지정합니다.

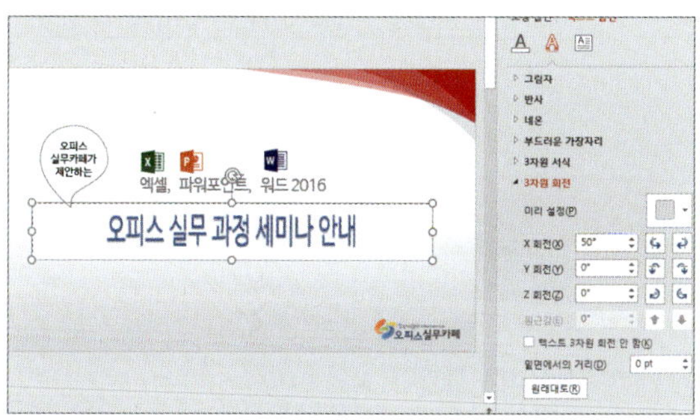

▲ X 회전

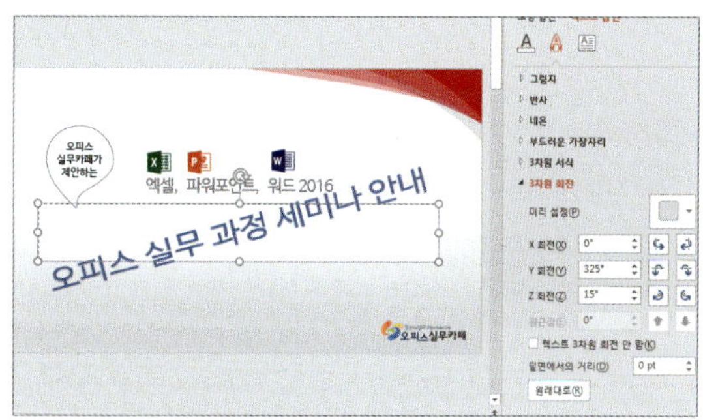

▲ Y 회전, Z 회전

01 예제를 통해 살펴보겠습니다. 슬라이드 미리보기 창에서 두 번째 슬라이드를 선택합니다. 두 번째 슬라이드의 제목 텍스트에 WordArt 스타일을 미리 지정해 놓았습니다. 변환 효과를 지정하기 위해 제목 텍스트를 선택한 후 [그리기 도구]-[서식] 상황별 탭에서 [WordArt 스타일] 그룹-[모양 변경]-[변환]-[갈매기형 수장: 위로]를 클릭합니다.

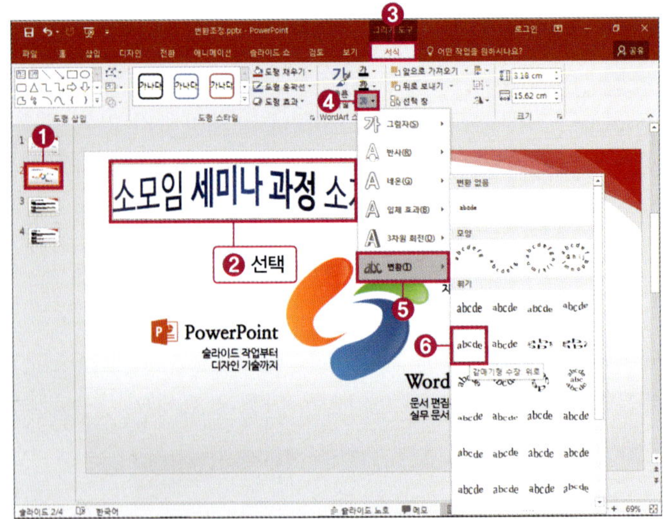

02 WordArt 스타일이 '갈매기형 수장: 위로' 형태로 변경됩니다. 변환 조정 핸들(◉)을 드래그하여 WordArt 스타일의 모양을 변경합니다.

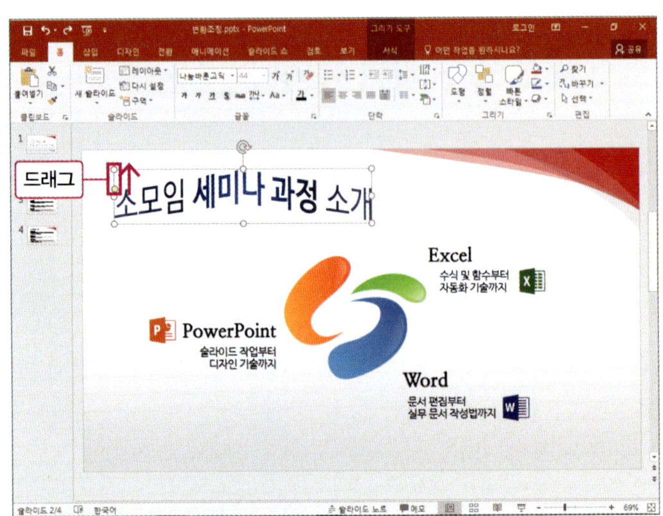

Q&A

Q. 지정된 모든 서식을 지우고 싶어요.

A. 텍스트에 다양한 서식을 지정한 후 다시 처음으로 되돌리고 싶을 경우에는 [홈] 탭-[글꼴] 그룹의 [모든 서식 지우기]를 클릭하면 모든 서식이 삭제됩니다. 또한, Ctrl + Space Bar 를 눌러도 모든 서식을 지울 수 있습니다.

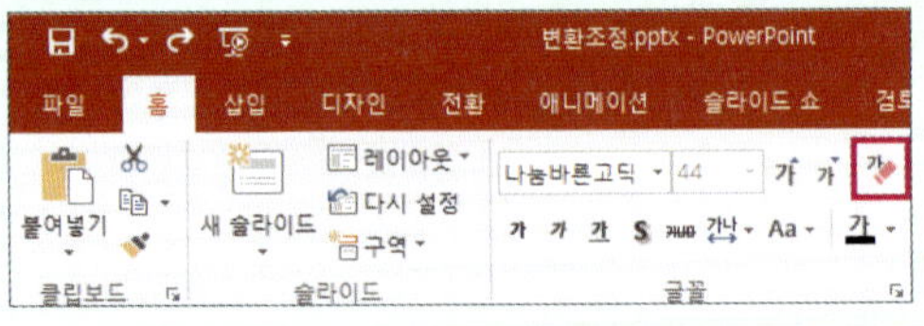

가장 활용도가 높은 투명도 효과 지정하기

텍스트에는 다양한 효과를 지정할 수 있습니다. 그중에서도 투명도 효과는 가장 기초적인 효과이면서도 활용도가 높은 효과입니다.

■ 투명도 조절하기

예제 파일 Part02/Lesson02/지원항목.pptx | 완성 파일 Part02/Lesson02/지원항목_완성.pptx

텍스트 개체에는 도형이나 그림과 동일하게 투명도를 지정할 수 있습니다. 투명도의 경우 1~100%까지 투명도를 지정할 수 있습니다. 투명도가 100%일 경우 완전히 투명한 개체이며, 투명도가 0%일 경우 투명도는 사라집니다.

1 | 도형에 적용된 투명도 조절 – [색] 대화상자

텍스트를 제외한 도형에 적용되어 있는 색상에 투명도를 지정하기 위해서는 도형을 선택한 후 [색] 대화상자를 통해 지정할 수 있습니다. [색] 대화상자는 [그리기 도구]–[서식] 상황별 탭의 [도형 스타일] 그룹–[도형 채우기]–[다른 채우기 색]을 클릭하여 열 수 있습니다.

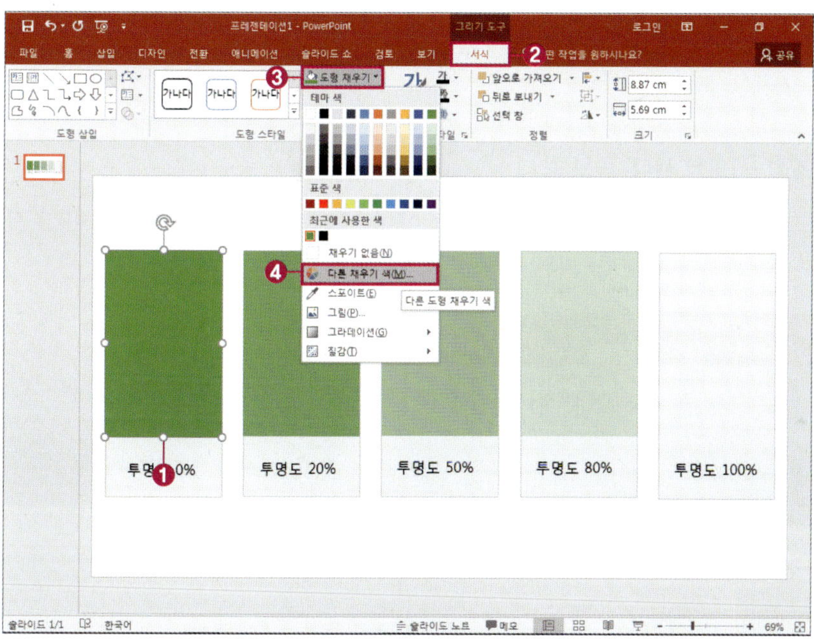

[색] 대화상자가 열리면 [표준]과 [사용자 지정] 탭의 [투명도]에 수치를 직접 입력하거나 지정하여
투명도를 표현할 수 있습니다. 투명도 수치에 따른 느낌을 한 번 살펴보겠습니다.

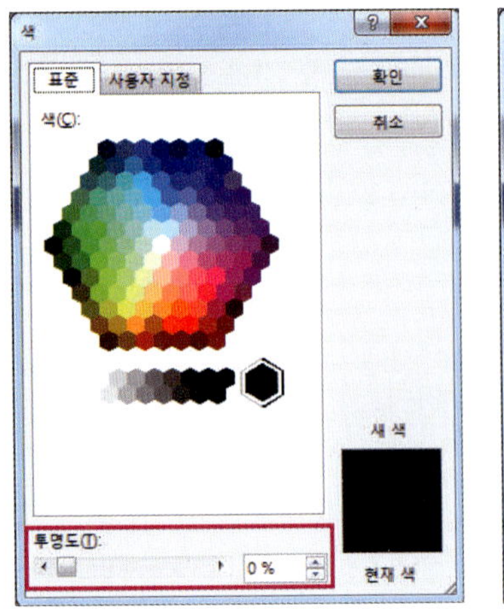
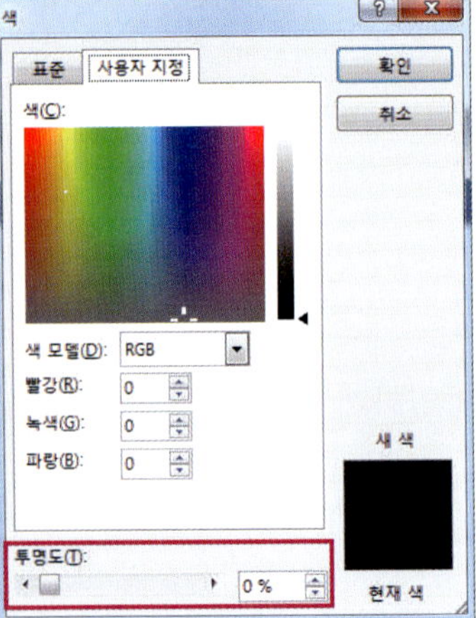

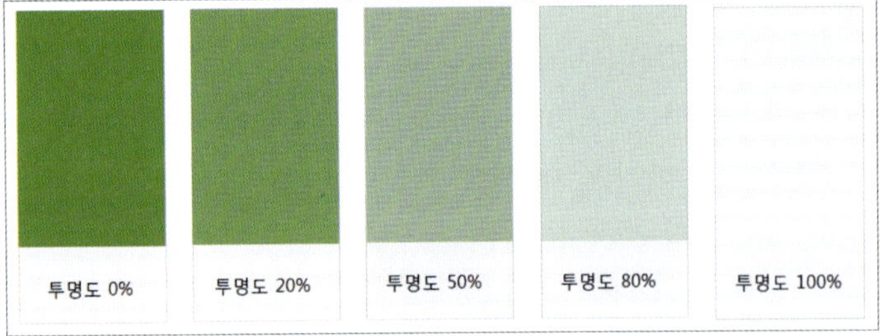

2 | 텍스트에 적용된 투명도 조절 – [도형 서식] 옵션 창

텍스트에 적용된 투명도를 조정하고 싶다면 [색] 대화상자가 아닌 [도형 서식] 옵션 창을 열어 조절
해야 합니다.

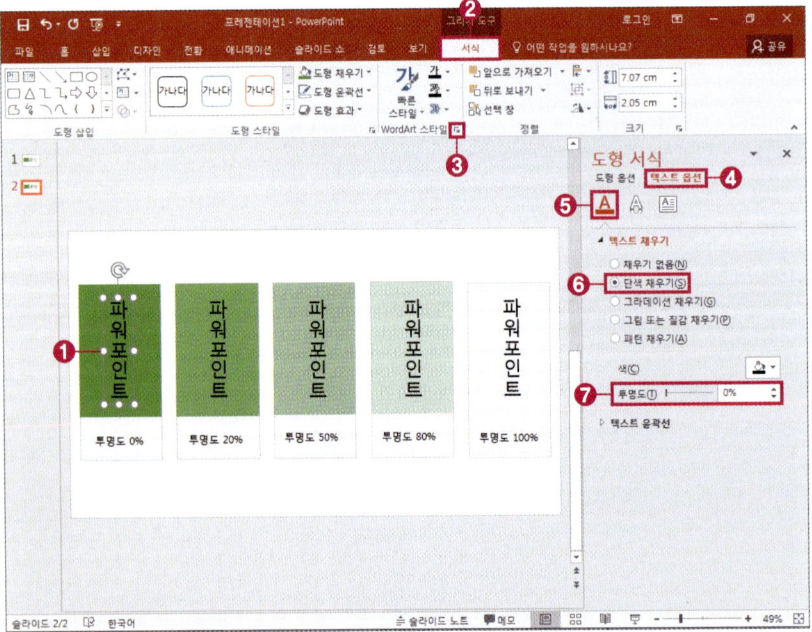

투명도를 조정하고 싶은 텍스트를 선택한 후 [그리기 도구]–[서식] 상황별 탭에서 [WordArt 스타일] 그룹의 [옵션](⬗) 단추를 클릭합니다. [도형 서식] 옵션 창이 나타나면 [텍스트 옵션]에서 [텍스트 채우기 및 윤곽선]을 선택합니다. [텍스트 채우기]–[단색 채우기]에서 [투명도]의 화살표를 드래그하여 텍스트의 투명도를 조절합니다.

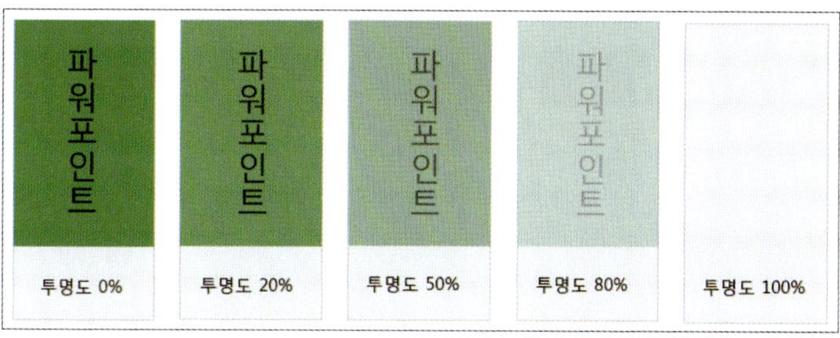

01 예제를 통해 살펴보겠습니다. 두 번째 도형을 선택한 상태에서 Shift 를 누른 채 첫 번째 도형을 제외한 나머지 도형을 선택합니다. [그리기 도구]–[서식] 상황별 탭에서 [도형 스타일] 그룹–[도형 채우기]를 클릭한 다음 [다른 채우기 색]을 선택합니다.

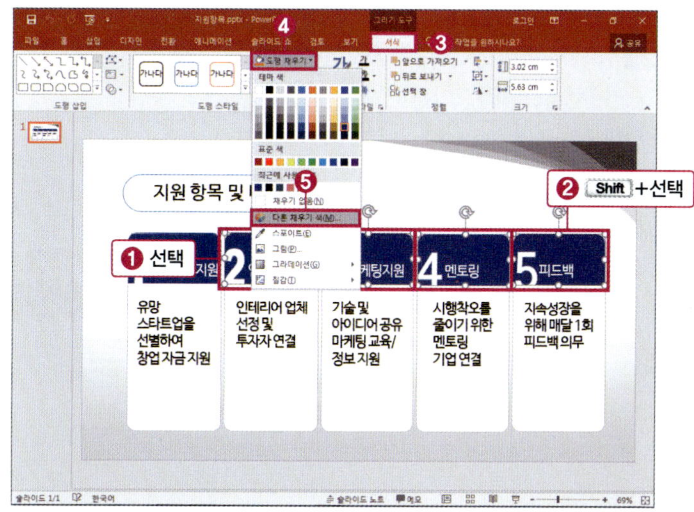

02 [색] 대화상자가 나타나면 [투명도]에 『60』을 입력하여 투명도를 조정하고 [확인]을 클릭합니다.

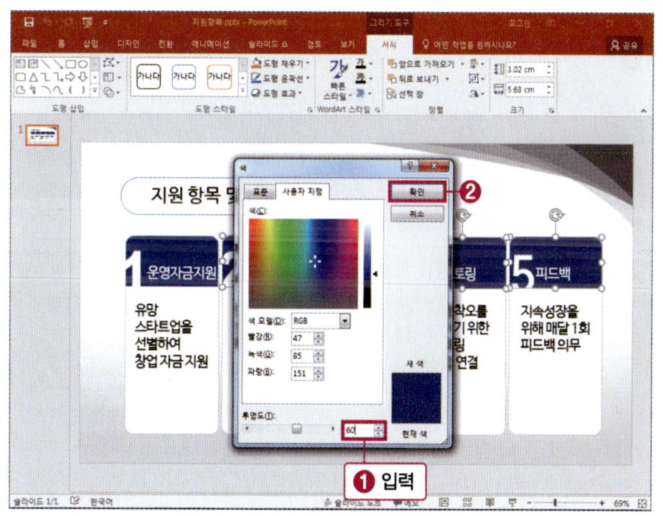

03 도형에 투명도가 조절됩니다. 이번에는 텍스트의 투명도를 조절해 보겠습니다. 첫 번째 도형에 작성되어 있는 텍스트는 제외하고 나머지 텍스트를 모두 선택한 후 [그리기 도구]-[서식] 상황별 탭에서 [WordArt 스타일] 그룹의 [옵션](🖬) 단추를 클릭합니다.

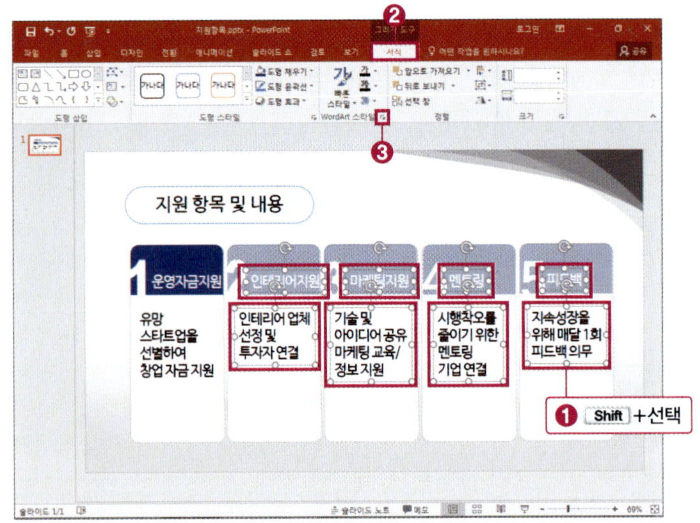

04 [도형 서식] 옵션 창이 뜨면 [텍스트 옵션]-[텍스트 채우기 및 윤곽선]에서 [단색 채우기]를 선택합니다. [색] 화살표를 클릭해 투명도로 표시할 색상을 선택하고 [투명도]에 『80』을 입력합니다. [도형 서식] 옵션 창을 닫습니다.

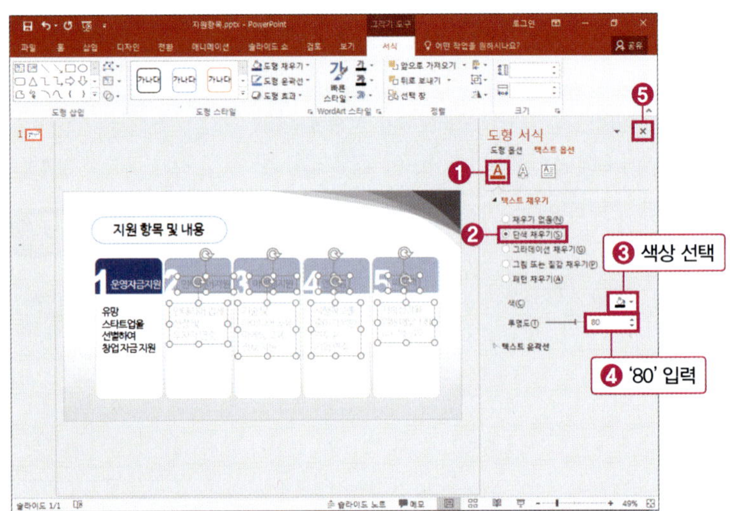

05 이번 예제와 같이 단계별로 설명하는 슬라이드의 경우 투명도를 반복 적용하여 원하는 내용만 보여줄 수 있습니다. 나중에 배우게 될 애니메이션 효과를 통해서도 비슷한 효과를 낼 수 있지만 투명도 효과를 통해서도 연출이 가능합니다.

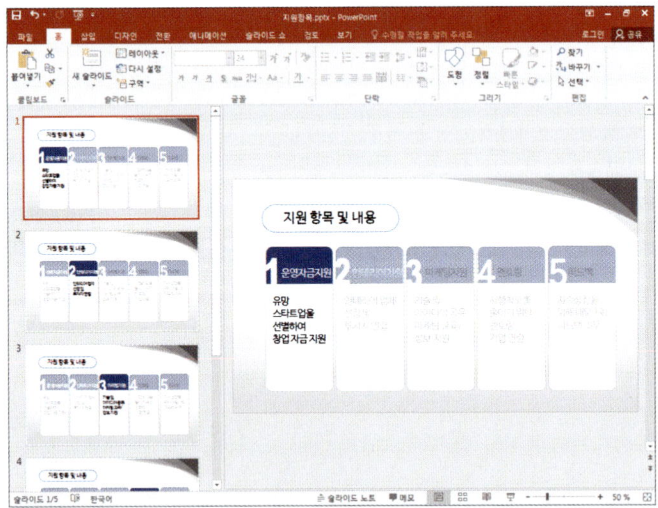

중지점을 활용하여 그라데이션 효과 지정하기

그라데이션(Gradation)이란, 한 가지 이상의 색이나 음영이 점진적으로 표시되는 효과를 말합니다. 즉, 도형이나 텍스트에 들어가는 색상이 한 가지가 아니라 다양한 색상들이 함께 들어가는 것이 그라데이션이라고 생각하면 이해가 빠를 겁니다. 그라데이션 효과를 적용하면 중지점에 따라 다양하게 색상을 변경하거나 위치, 방향 등을 설정할 수 있습니다.

■ 그라데이션 적용하기

예제 파일 Part02/Lesson02/그라데이션.pptx ㅣ **완성 파일** Part02/Lesson02/그라데이션_완성.pptx

그라데이션을 지정하기 위해서는 그라데이션 중지점이나 방향, 각도 등 다양한 옵션에 대해서 이해하고 있어야 합니다. 여기서는 그라데이션을 적용하는 방법에 대해서 살펴보겠습니다.

1 ㅣ 그라데이션

기본적으로 선택하는 색상은 대부분 단색이지만 그라데이션은 두 가지 이상의 색상이 포함된 혼합 색상으로 표현됩니다. 도형이나 텍스트 상자, SmartArt 그래픽, 혹은 표나 차트 등 파워포인트에서 색상이 들어가는 모든 개체에 그라데이션을 적용할 수 있습니다.

그라데이션에서 가장 중요한 요소가 바로 중지점입니다. 중지점은 2개 이상 지정할 수 있는데 아래처럼 3개의 중지점을 지정했다면 상단, 중앙, 하단에 각기 다른 색상을 조합할 수 있습니다.

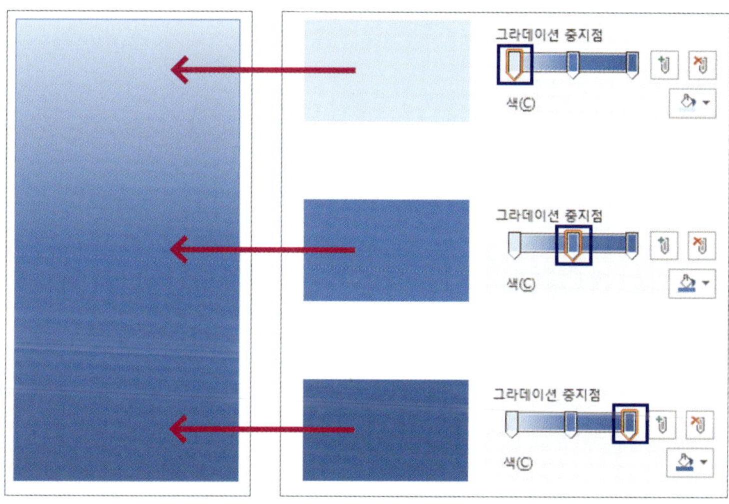

아래 이미지는 다양한 색상을 활용하여 그라데이션을 지정한 모습입니다. 그라데이션에서 가장 중요한 요소는 중지점으로 중지점이 몇 개인지 중지점의 위치가 어디인지에 따라서 그라데이션 모양이 많이 달라집니다.

▲ 중지점 2개 : 흰색, 주황색

▲ 중지점 3개 : 흰색, 연한 파랑, 진한 파랑

▲ 중지점 4개 : 흰색, 연한 파랑, 노랑, 연한 녹색

그라데이션은 위치와 방향, 중지점의 활용에 따라 다양한 모양으로 완성할 수 있습니다. 그라데이션 옵션은 종류, 방향, 각도에서부터 중지점의 위치와 숫자, 색상, 투명도 등에 따라서도 다양하게 지정할 수 있습니다.

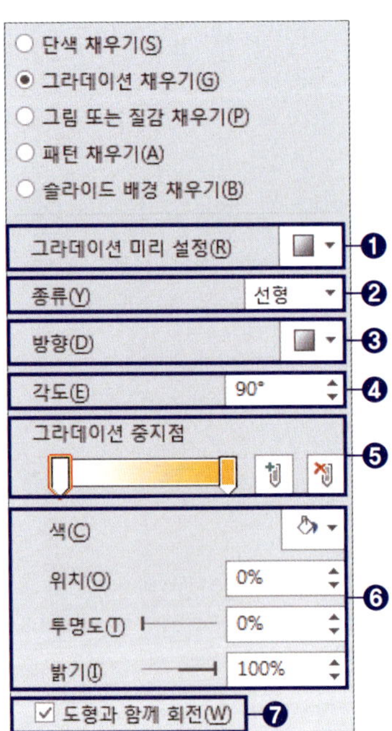

❶ 그라데이션 미리 설정 : 파워포인트에서 제공하는 기본 그라데이션이 표시됩니다.

❷ 종류 : 선형, 방사형, 사각형, 경로형 중에서 원하는 그라데이션 종류를 선택합니다.

❸ 방향 : 그라데이션의 방향을 지정합니다. '선형'은 각도가 표시되지만 '방사형, 사각형, 경로형'은 각도가 표시되지 않습니다.

STORY 01 :: 파워포인트 2016, A에서 Z까지 한 번에 마스터하기

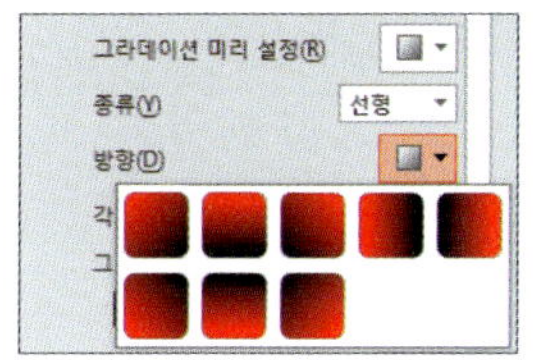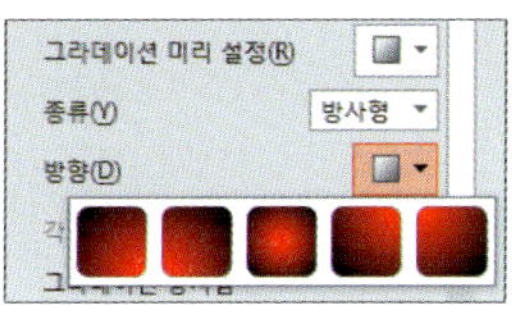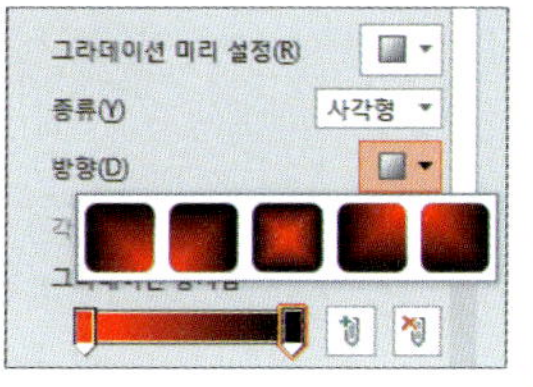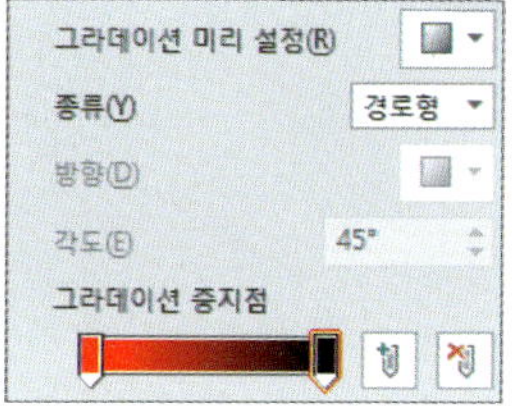

❹ 각도 : 각도를 입력하여 그라데이션 방향을 지정할 수 있습니다.

❺ 그라데이션 중지점 : 2개부터 10개까지 그라데이션 중지점을 표시할 수 있습니다. [추가]( ) 및 [삭제]( ) 단추를 이용하여 그라데이션 중지점을 변경할 수 있습니다.

❻ 색, 위치, 투명도, 밝기 : 그라데이션의 색이나 위치, 그리고 투명도, 밝기를 지정하여 다양한 그라데이션을 연출할 수 있습니다.

❼ 도형과 함께 회전 : 도형을 회전시켰을 경우 그라데이션도 함께 회전합니다.

01 예제를 통해 살펴보겠습니다. 그라데이션을 지정할 텍스트를 선택한 후 [그리기 도구]–[서식] 상황별 탭의 [WordArt 스타일] 그룹에서 [옵션]( ) 단추를 클릭합니다. [도형 서식] 옵션 창이 나타나면 [텍스트 옵션]–[텍스트 채우기 및 윤곽선]을 클릭합니다.

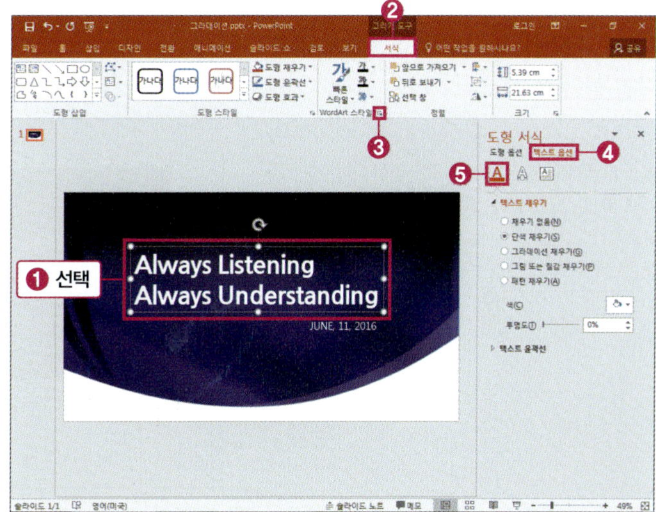

02 [그라데이션 채우기]를 체크합니다. [그라데이션 미리 설정]–[밝은 그라데이션–강조 6]을 선택합니다.

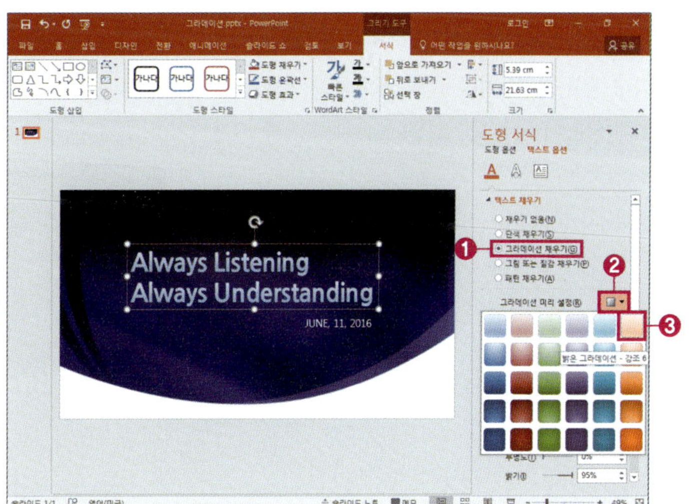

03 [방향]–[선형 아래쪽]을 클릭합니다.

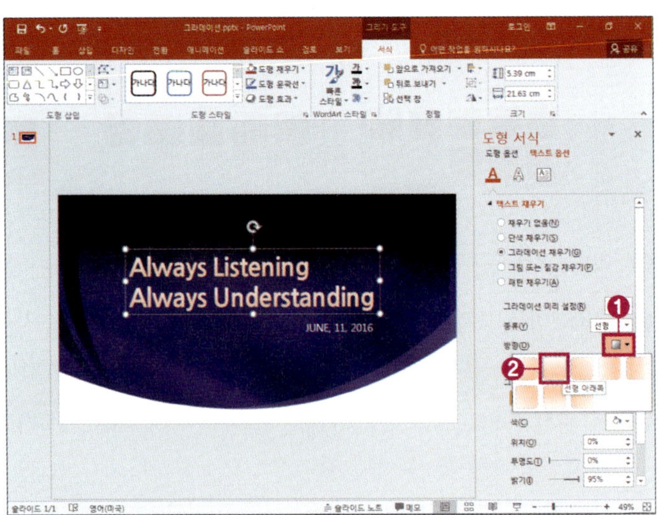

04 [그라데이션 중지점]에서 두 번째 중지점을 선택한 후 [그라데이션 중지점 제거]를 클릭합니다.

팁 :: 그라데이션 중지점은 2개 이상 만들 수 있습니다. 또한, 필요 없는 중지점은 삭제할 수도 있습니다.

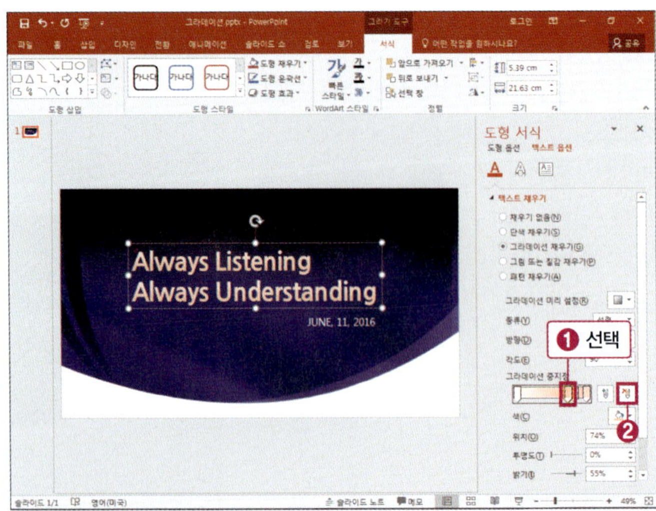

05 동일한 방법으로 [그라데이션 중지점]에서 세 번째 중지점을 선택한 후 [그라데이션 중지점 제거]를 클릭하여 왼쪽 중지점과 오른쪽 중지점만 남겨 놓습니다.

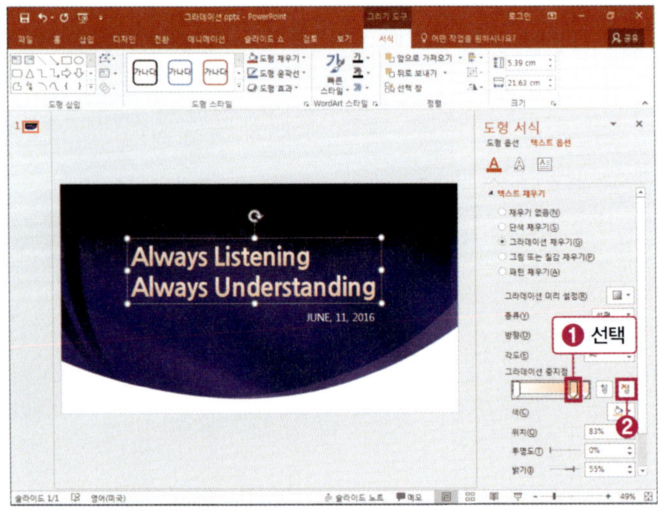

06 왼쪽 중지점을 선택한 후 [색]–[노랑]을 클릭합니다.

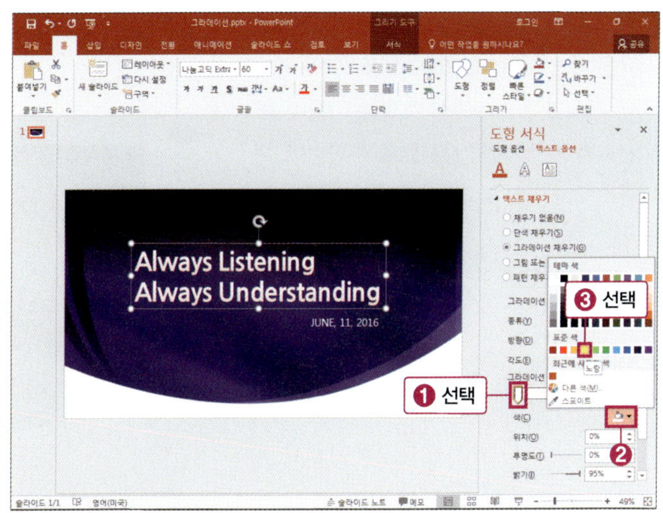

07 오른쪽 중지점을 클릭합니다. [색]을 클릭한 후 [다른 색]을 선택합니다.

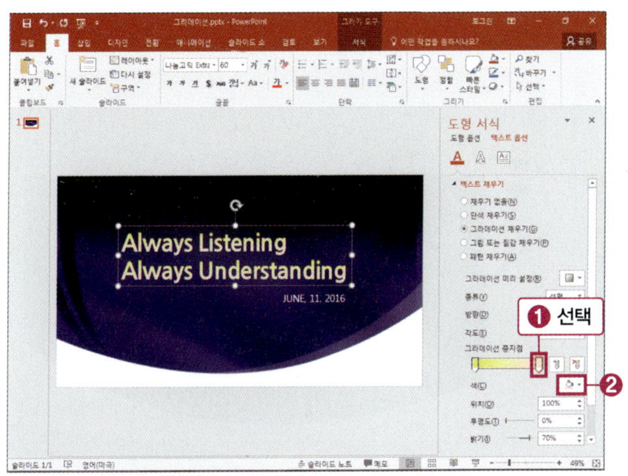

08 [색] 대화상자가 나타나면 [사용자 지정] 탭을 클릭하고 빨강, 녹색, 파랑의 RGB 색상에 다음과 같은 수치를 입력한 후 [확인]을 클릭합니다. [도형 서식] 옵션 창을 닫습니다.

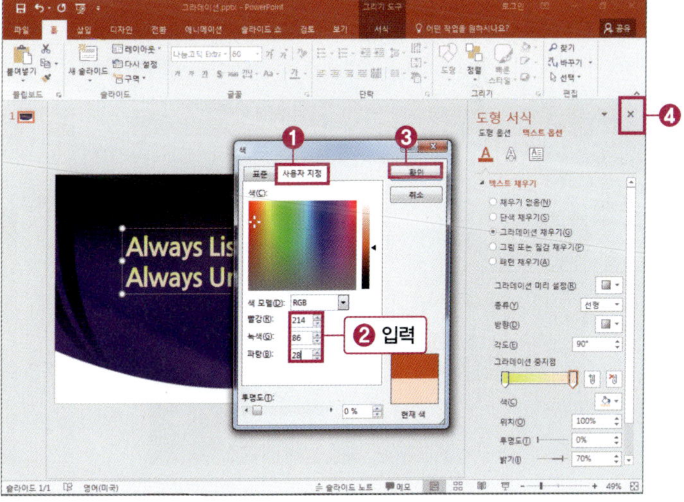

09 그림처럼 텍스트에 그라데이션 효과가 적용됩니다. 이번 예제에서는 두 개의 중지점만 가지고 그라데이션 효과를 적용해 보았습니다. 여러 개의 중지점을 추가하여 색다른 그라데이션 효과를 만들어 보세요.

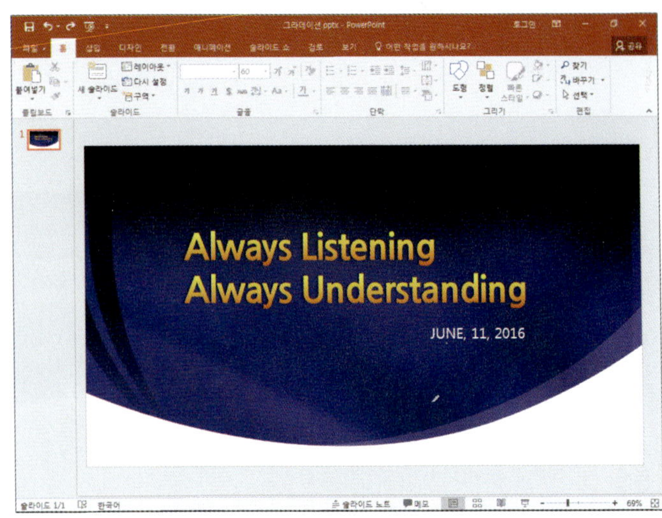

팁 :: 그라데이션 효과 대신 그림이나 패턴 채우기

그라데이션 효과는 텍스트뿐 아니라 도형 개체 등에도 적용할 수 있으며, 그라데이션 효과 대신 그림이나 패턴으로도 텍스트를 꾸밀 수도 있습니다.

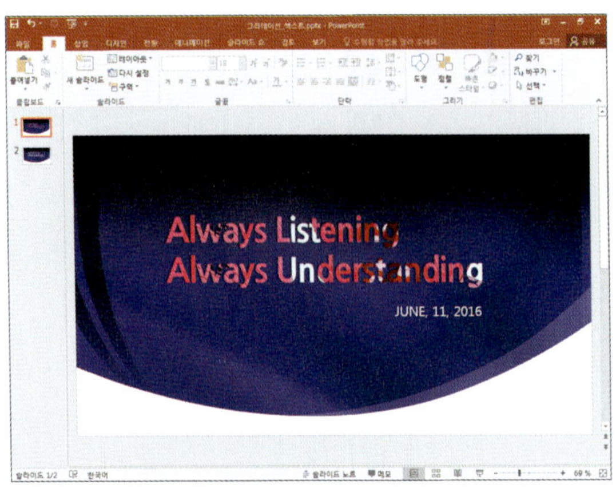

▲ 텍스트에 그림 채우기

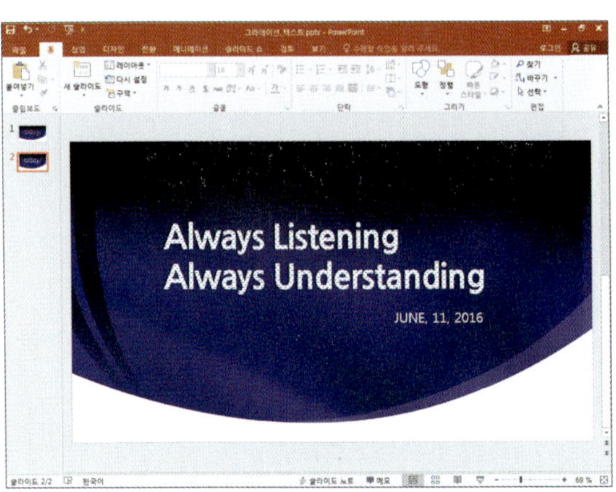

▲ 텍스트에 패턴 채우기

팁 :: 배경 이미지에 그라데이션 효과 적용하기

배경 이미지를 만들 때 중지점을 잘 활용하여 그라데이션 효과를 적용하면 보다 멋진 배경 이미지를 만들 수 있습니다.

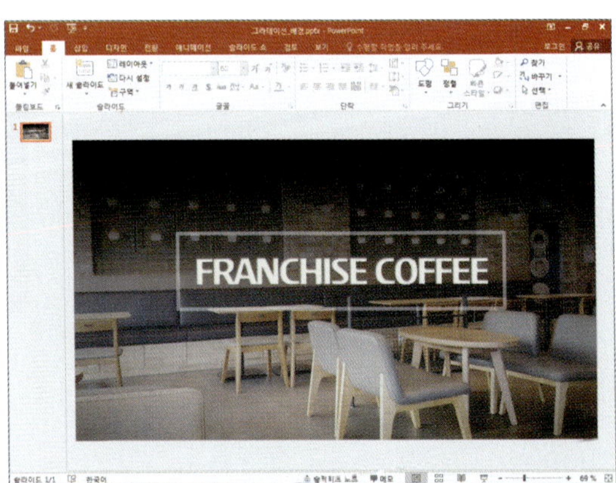

텍스트와 워드아트에 적용한 서식 한 번에 지우기

예제 파일 Part02/Lesson02/스마트세일즈.pptx | 완성 파일 Part02/Lesson02/스마트세일즈_완성.pptx

텍스트와 워드아트에는 다양한 서식을 적용할 수 있습니다. 하지만, 다시 원래대로 되돌려야 한다면 여간 불편한 일이 아닙니다. 다행히 파워포인트는 텍스트와 워드아트에 적용한 서식을 한 번에 지울 수 있습니다.

01 워드아트에 적용된 다양한 서식을 처음으로 되돌리고 싶을 경우에는 [WordArt 스타일] 그룹에서 [빠른 스타일]을 클릭한 후 [WordArt 서식 지우기]를 선택합니다.

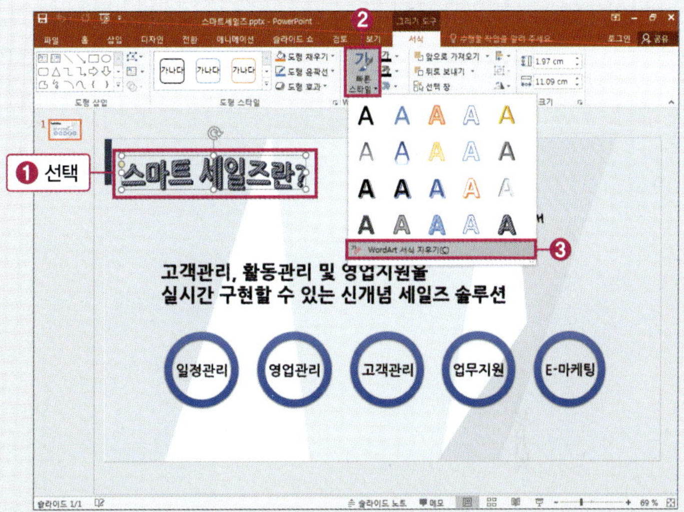

02 텍스트에 지정한 색상을 비롯해 크기 등 텍스트 관련 서식을 모두 지우고 싶다면 [홈] 탭-[글꼴] 그룹의 [모든 서식 지우기]를 클릭합니다.

팁 :: Ctrl + Space Bar 를 눌러도 모든 서식을 지울 수 있습니다.

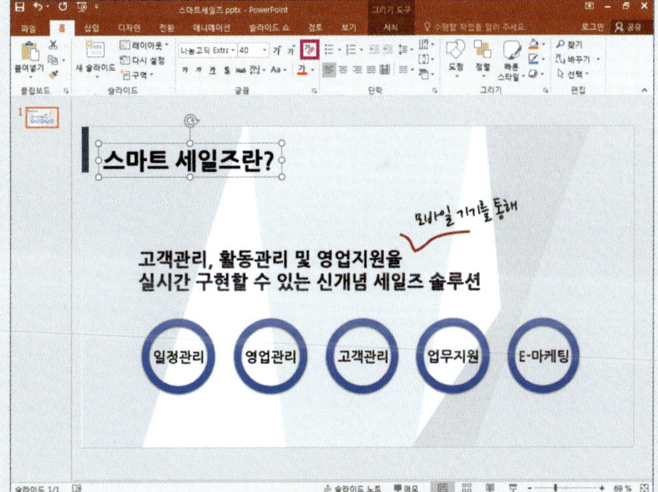

03 텍스트에 지정된 모든 서식이 삭제됩
니다.

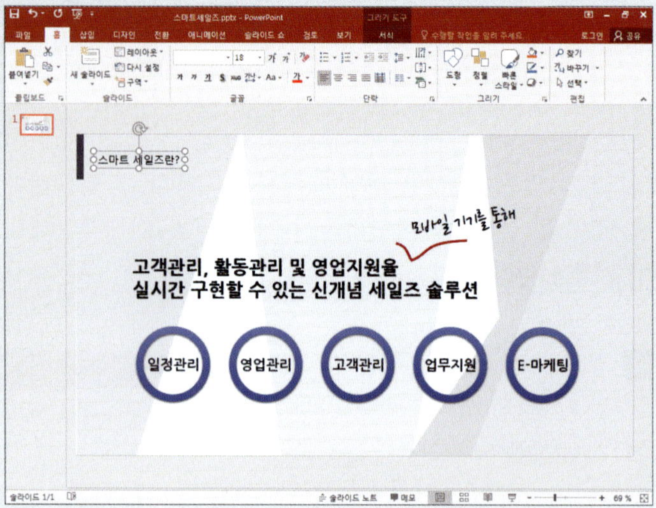

텍스트 디자인의 마무리! 텍스트 옵션 들여다보기

**텍스트 디자인의
화룡점정**

지금까지 다양한 예제와 함께 텍스트를 꾸미는 방법과 텍스트 디자인 기법에 대해서 살펴보았습니다. 이 외에도 파워포인트에는 다양한 텍스트 옵션이 마련되어 있습니다. 이번 레슨에서는 텍스트 옵션에 대해서 보다 심층적으로 살펴보겠습니다.

글머리 기호 지정하고, 글머리 기호 위치 조정하기

글머리 기호는 슬라이드에 기본 옵션으로 포함되는 요소입니다. 글머리 기호를 통해 슬라이드 내용을 일목요연하게 정리할 수 있습니다. 파워포인트에서 기본 제공하는 글머리 기호뿐 아니라 'Wingdings'나 'Wingdings 2', 'Wingdings 3'과 같은 색다른 글머리 기호를 적용할 수도 있습니다.

■ 글머리 기호로 Wingdings 기호 삽입하기

예제 파일 Part02/Lesson03/글머리기호.pptx | **완성 파일** Part02/Lesson03/글머리기호_완성.pptx

슬라이드에 포함되어 있는 개체 틀에 텍스트를 입력하면 글머리 기호가 자동으로 생성됩니다. 만약, 글머리 기호가 나타나지 않는다면 [홈] 탭–[단락] 그룹의 [글머리 기호]를 이용하여 불러올 수 있습니다.

1 | 대표적인 기호 글꼴

글꼴에는 다양한 글머리 기호가 포함되어 있습니다. 특히, 'Wingdings'나 'Wingdings 2', 'Wingdings 3'을 선택하면 다양한 기호를 지정할 수 있습니다. [글꼴] 화살표를 클릭해 다양한 글꼴을 선택해 보세요.

대표적인 기호 글꼴 : Webdings, Wingdings, Wingdings 2, Wingdings 3

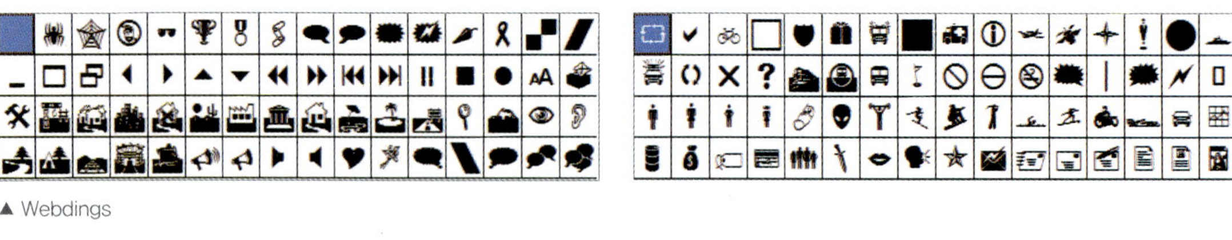

▲ Webdings

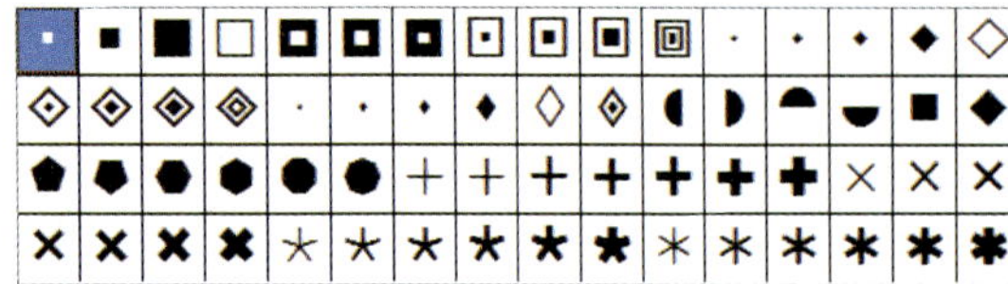

▲ Wingdings

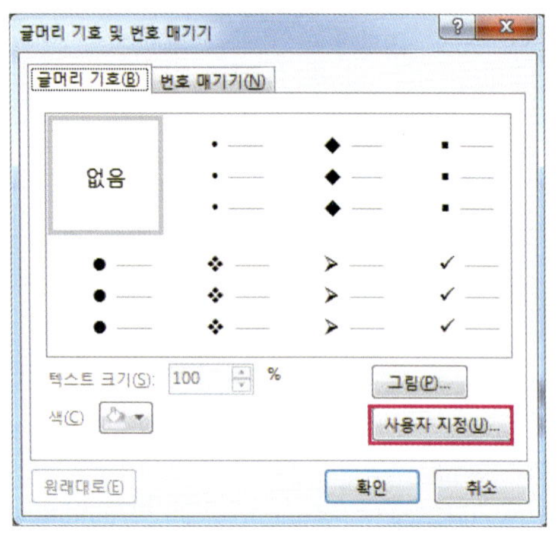

▲ Wingdings 2

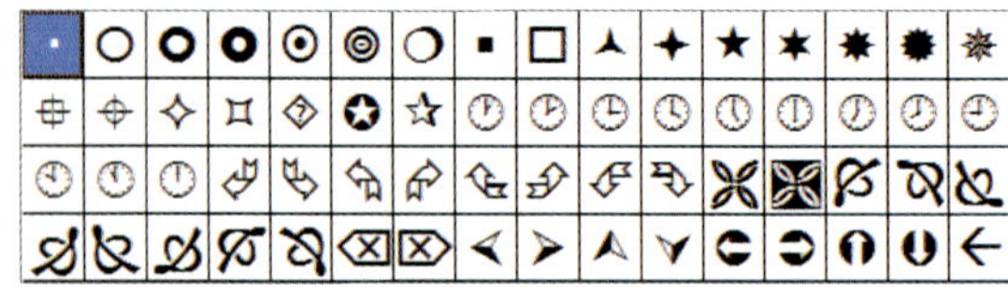

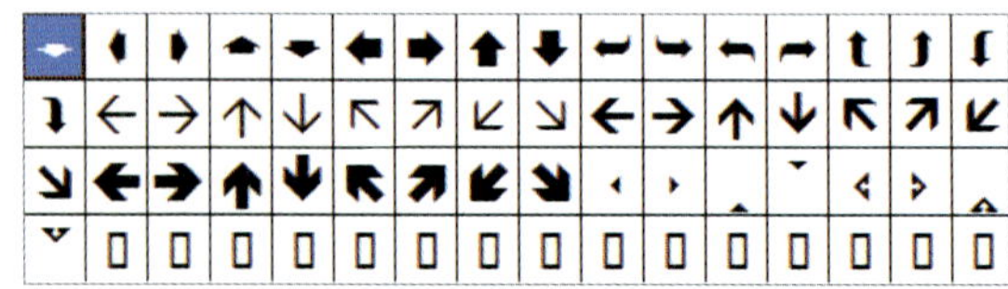

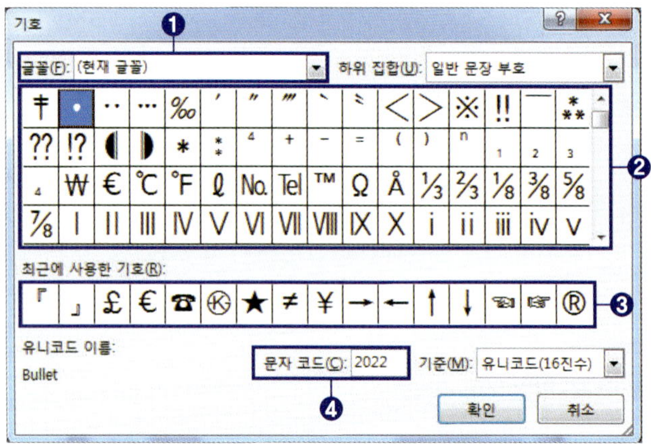

▲ Wingdings 3

2 │ [기호] 대화상자

글머리 기호를 넣고 싶다면 [홈] 탭-[단락] 그룹에서 [글머리 기호]의 화살표를 클릭합니다. [글머리 기호 및 번호 매기기]를 선택하면 글머리 기호를 슬라이드에 삽입할 수 있습니다. [사용자 지정]을 클릭해 [기호] 대화상자를 불러올 수도 있습니다. [기호] 대화상자에서는 글머리 기호가 포함된 글꼴을 비롯해 최근 사용한 기호, 문자 코드를 제공합니다.

❶ 글꼴 : 글머리 기호가 포함된 글꼴을 선택합니다.

❷ 미리보기 : 글머리 기호를 선택할 수 있습니다.

❸ 최근에 사용한 기호 : 최근에 사용한 기호가 차례대로 표시됩니다.

❹ 문자 코드 : 글머리 기호마다 문자 코드가 다른데 자주 사용하는 문자 코드를 알고 있다면 코드를 입력하여 빠르게 글머리 기호를 불러올 수 있습니다.

01 예제 파일에 글머리 기호를 입력해 보겠습니다. 내용 개체 틀을 선택한 다음 [홈] 탭–[단락] 그룹에서 [글머리 기호]의 화살표를 클릭한 후 원하는 글머리 기호를 선택합니다. 여기서는 [속이 찬 정사각형 글머리 기호]를 선택합니다.

팁 :: 보다 다양한 글머리 기호를 슬라이드에 넣고 싶다면 [글머리 기호 및 번호 매기기]를 클릭합니다.

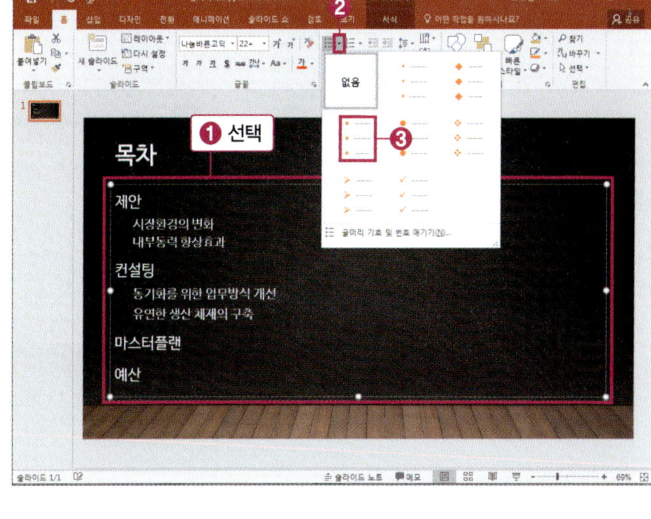

02 이번에는 Wingdings 기호를 글머리 기호로 삽입해 보겠습니다. [홈] 탭–[단락] 그룹에서 [글머리 기호]의 화살표를 클릭한 후 [글머리 기호 및 번호 매기기]를 선택합니다.

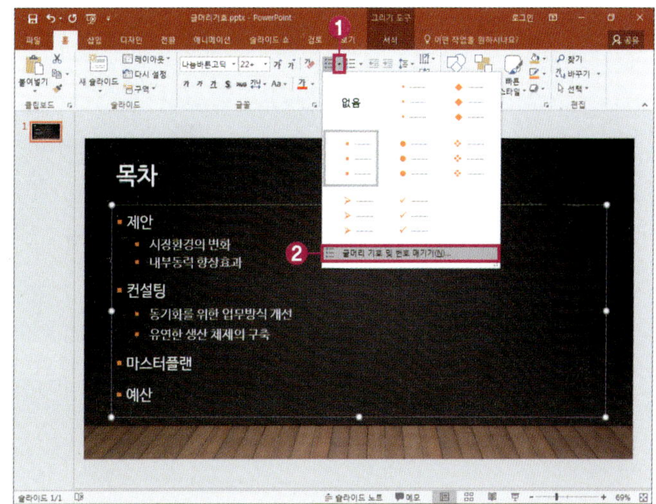

03 [글머리 기호 및 번호 매기기] 대화상자가 나타나면 [글머리 기호] 탭에서 [사용자 지정]을 클릭합니다. [기호] 대화상자가 나타나면 [글꼴] 화살표를 클릭하여 [Wingdings]를 선택합니다.

팁 :: [기호] 대화상자 아래에는 [최근에 사용한 기호]가 표시됩니다. 동일한 기호를 추가하고 싶을 경우에 쉽게 기호를 추가할 수 있습니다.

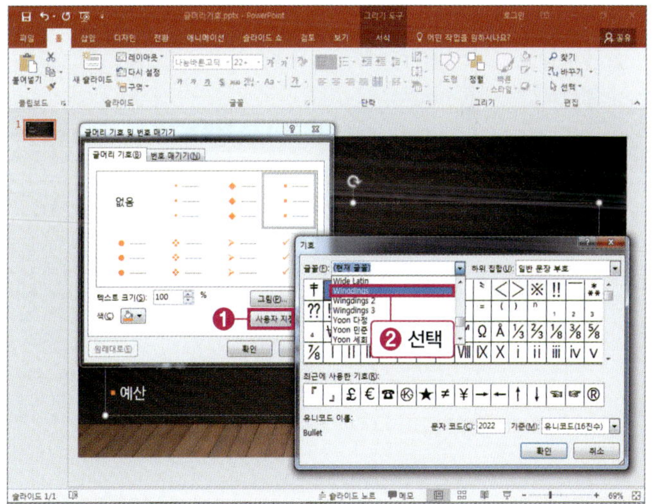

04 원하는 글머리 기호를 선택합니다. 저자가 선택한 글머리 기호는 문자 코드가 '109'로 되어 있는 글머리 기호입니다.

....

팁 :: 저자가 고른 글머리 기호를 찾지 못하겠다면 [문자 코드]에 『109』를 입력해도 됩니다.

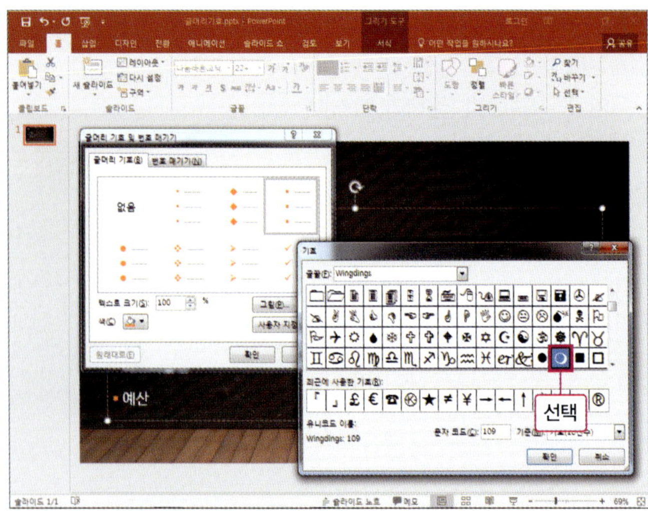

05 글머리 기호의 색상을 변경해 보겠습니다. [글머리 기호 및 번호 매기기] 대화상자의 [글머리 기호] 탭에서 [색]–[연한 녹색]을 선택합니다. [텍스트 크기]에 『110』을 입력한 후 [확인]을 클릭합니다.

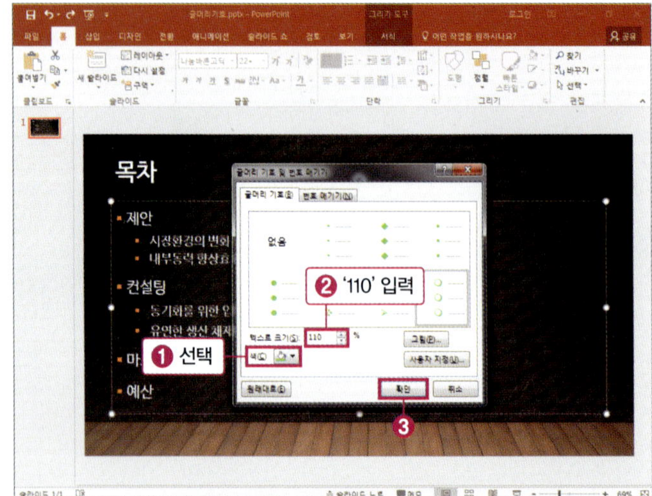

Q&A

Q. 윈도우에서 제공하는 다른 기호를 파워포인트에 삽입할 수 없나요?

A. 윈도우에서 [시작]–[프로그램]–[보조 프로그램]–[시스템 도구]–[문자표]를 차례대로 선택합니다. [문자표] 대화상자가 나타나면 [글꼴]의 화살표를 눌러 원하는 글꼴을 선택합니다. 파워포인트의 [기호] 대화상자가 나타나면 [글꼴] 화살표를 클릭하여 [Wingdings]를 선택할 수도 있지만 [문자표] 대화상자의 [Wingdings]를 선택하여 원하는 문자를 선택할 수도 있습니다.

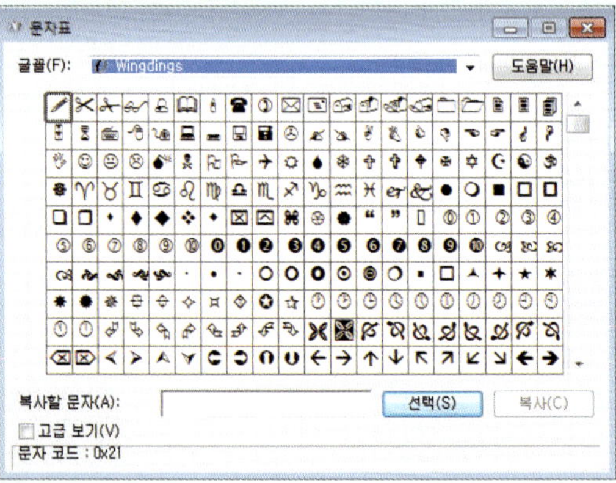

■ 글머리 기호 삽입 후 줄과 단락 구분하기

예제 파일 Part02/Lesson03/실적보고서.pptx | 완성 파일 Part02/Lesson03/실적보고서_완성.pptx

글머리 기호가 삽입된 상태에서 **Enter**를 누르면 글머리 기호가 자동으로 삽입됩니다. 글머리 기호가 필요 없는 경우에는 난감한데요. 이럴 때에는 **Shift** + **Enter**를 눌러 글머리 기호를 삽입하지 않을 수 있습니다.

1 | **Enter** 와 **Shift** + **Enter**

텍스트로만 이루어진 슬라이드는 항목별로 내용이 잘 드러나도록 단락 및 텍스트 서식을 적절히 이용하는 것이 매우 중요합니다. 각 단락마다 **Enter**를 눌러 단락 간격을 일정하게 지정할 수 있습니다.

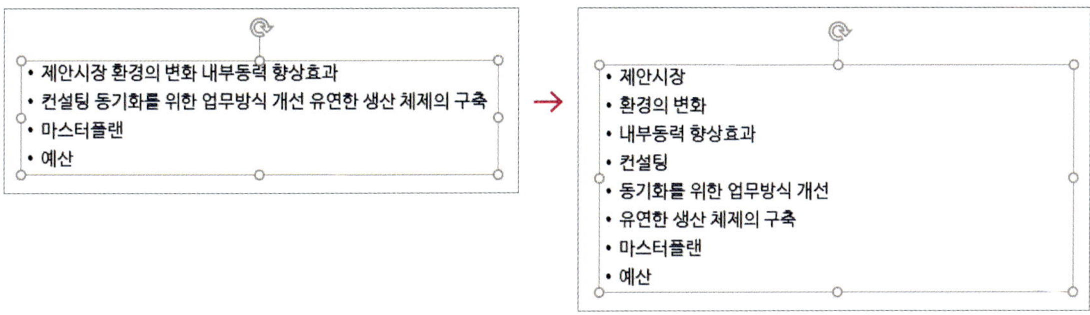

다만, 단락이 아닌 줄을 바꿀 때에는 어떻게 할까요? 줄을 바꿀 때에는 **Shift** + **Enter**를 누르면 됩니다.

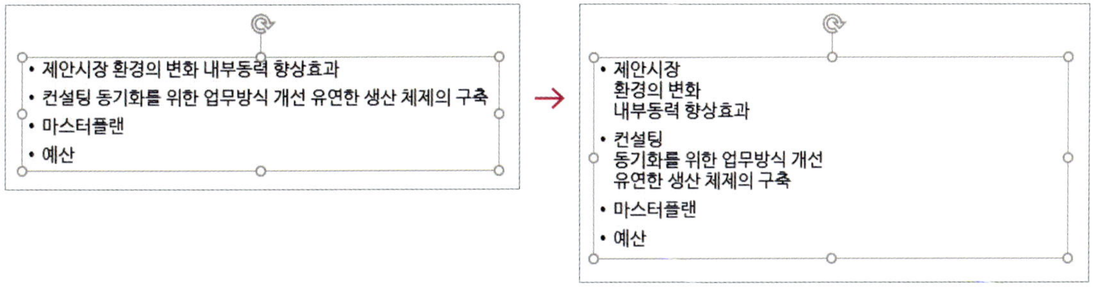

참고로, 글머리 기호가 삽입된 상태에서 **Enter**를 누르면 글머리 기호가 삽입되지만, **Shift** + **Enter**를 누르면 글머리 기호가 삽입되지 않습니다.

 예제를 통해 확인해 보겠습니다. '텍스트를 입력하십시오'라고 적힌 내용 개체 틀을 클릭합니다. 『작년 대비 점유율 2배 달성』을 입력한 후 Enter 를 누릅니다.

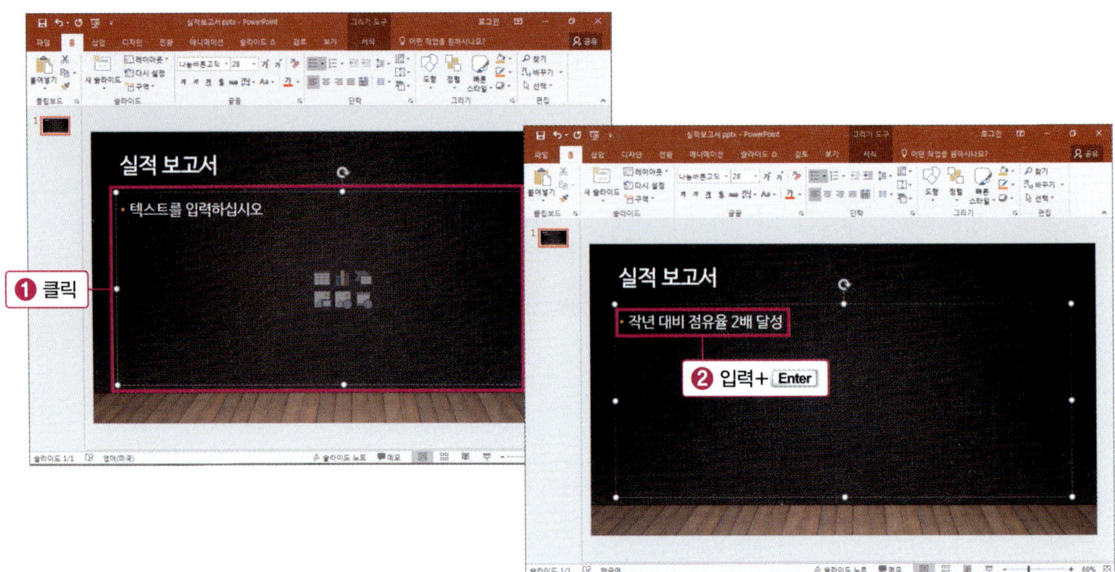

 두 번째 단락으로 이동하면 이번에는 『목표 달성율 148% 달성』을 입력한 후 Shift ＋ Enter 를 눌러 줄 바꿈을 합니다.

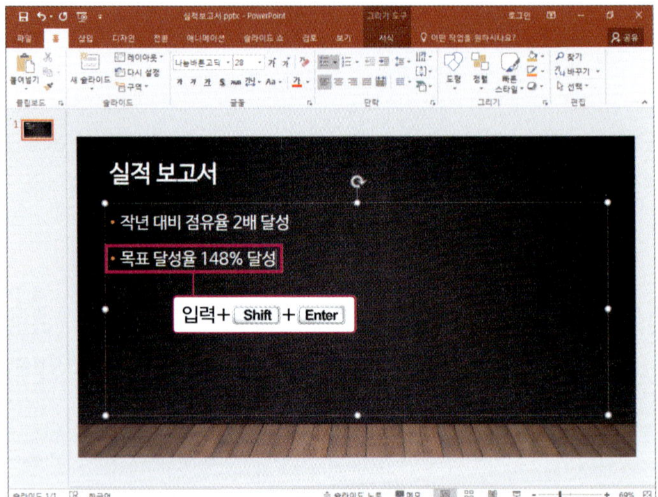

03 줄 바꿈이 되면 『(점유율 50%)』을 입력합니다. 입력 후 다시 [Enter]를 눌러 단락을 변경합니다.

팁 :: [Enter]를 누르면 단락을 변경할 수 있으며, [Shift]+[Enter]를 누르면 줄 바꿈을 할 수 있습니다.

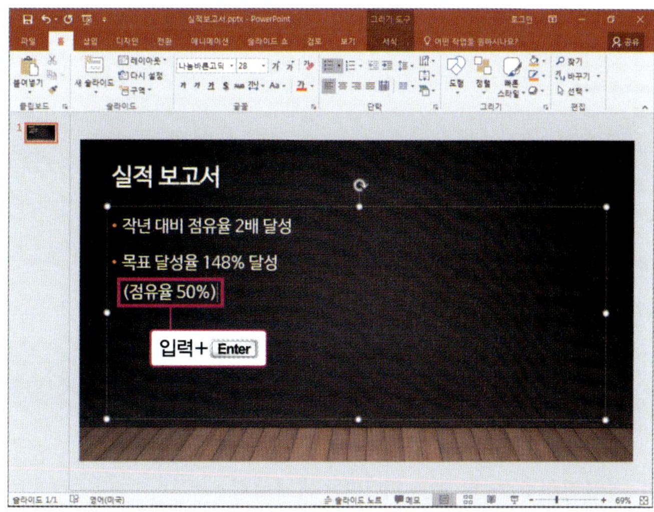

04 단락이 변경되면 『점포현황 20호점 달성』을 입력한 후 [Esc]를 눌러 텍스트 입력을 완성합니다.

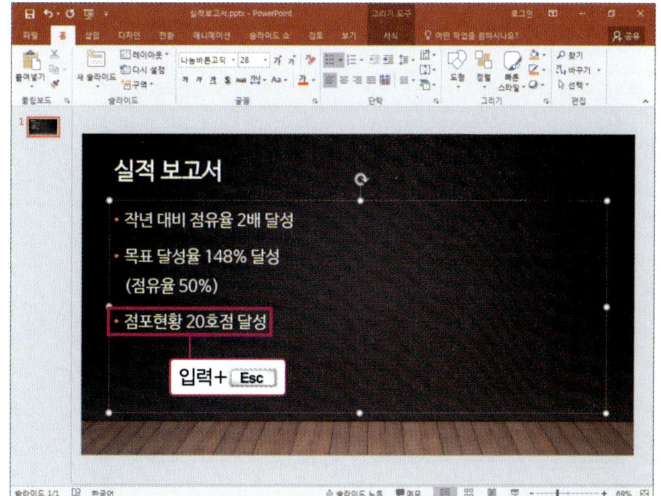

글머리 번호 지정하고, 시작 번호 변경하기

텍스트에 삽입한 글머리 기호를 아라비아 숫자나 영어 알파벳순의 글머리 번호로 변경할 수 있습니다.

■ 글머리 번호 크기 지정하고, 시작 번호 변경하기

예제 파일 Part02/Lesson03/글머리번호.pptx **ㅣ 완성 파일** Part02/Lesson03/글머리번호_완성.pptx

글머리 기호만큼 글머리 번호도 많이 사용됩니다. 여기서는 글머리 번호를 입력 후 크기를 지정하고 시작 번호를 변경해 보겠습니다.

1 ㅣ [글머리 기호 및 번호 매기기] 대화상자

[글머리 기호 및 번호 매기기] 대화상자에서 [번호 매기기] 탭을 클릭하면 아라비아 숫자나 영어 알파벳으로 번호를 매길 수 있습니다.

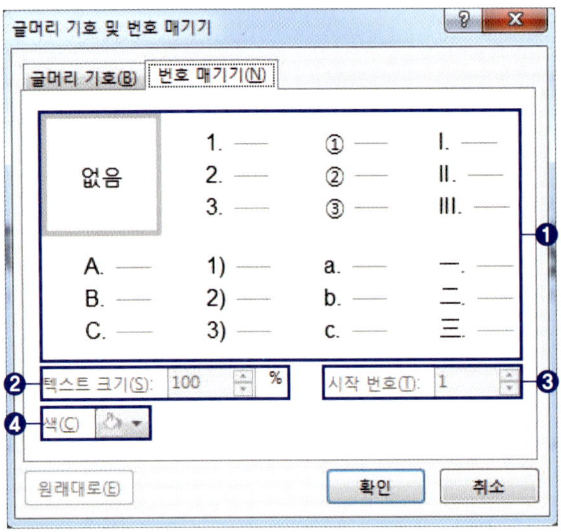

❶ 형식 선택하기 : 아라비아 숫자나 영어 알파벳을 선택할 수 있습니다.

❷ 텍스트 크기 : 글머리 번호의 크기를 100% 기준으로 지정할 수 있습니다.

❸ 시작 번호 : 글머리 번호를 '1'이 아닌 원하는 번호부터 시작할 수 있습니다.

❹ 색 : 글머리 기호는 텍스트이기에 원하는 색상을 선택할 수 있습니다.

01 내용 개체 틀을 선택합니다. [홈] 탭–[단락] 그룹에서 [번호 매기기]의 화살표를 클릭하고, 원하는 글머리 번호를 선택합니다.

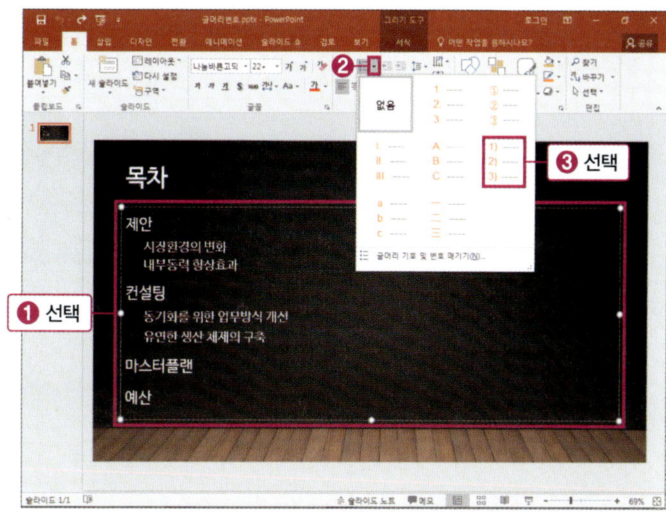

02 글머리 기호가 삽입됩니다. [홈] 탭–[단락] 그룹에서 [번호 매기기]의 화살표를 클릭한 후 [글머리 기호 및 번호 매기기]를 클릭하면 번호 매기기의 번호의 크기 및 시작 번호를 변경할 수 있습니다. [글머리 기호 및 번호 매기기]를 클릭합니다.

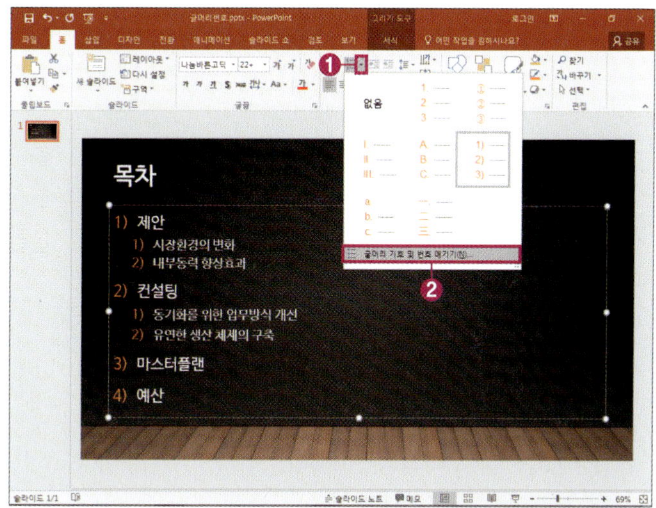

03 현재 지정된 글머리 번호 크기는 100% 입니다. [텍스트 크기]에 『80』을 입력하여 크기를 줄여봅니다. [시작 번호]에 원하는 번호를 입력한 후 [확인]을 클릭합니다.

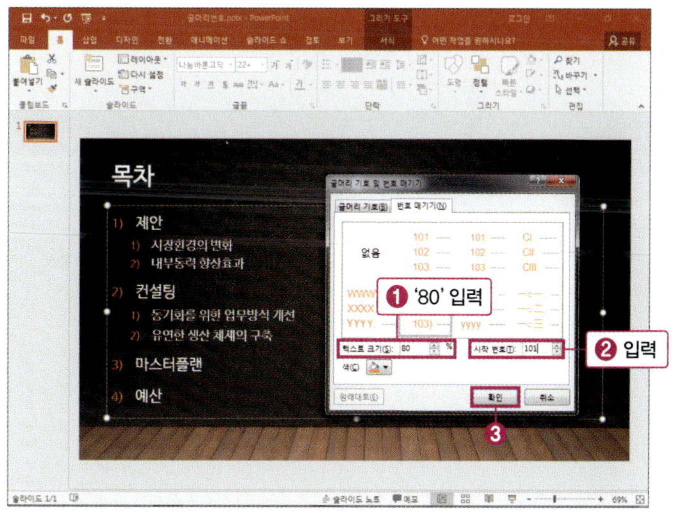

04 글머리 번호의 크기를 비롯해 시작 번
호가 수정됩니다.

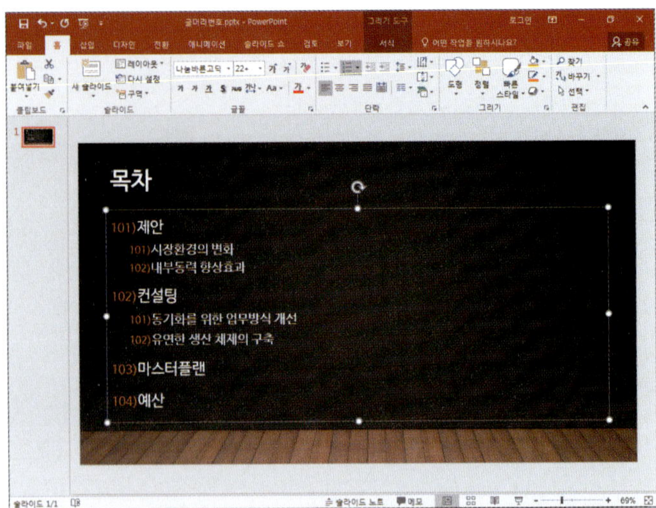

한자와 특수 문자를 입력하는 다양한 방법 살펴보기

파워포인트도 워드나 한글과 같은 워드프로세서 프로그램처럼 한자나 특수 문자를 쉽게 삽입할 수 있습니다.

■ 한자를 입력하는 다양한 방법

예제 파일 Part02/Lesson03/한자.pptx ┃ **완성 파일** Part02/Lesson03/한자_완성.pptx

[한글/한자 변환] 대화상자에서 [입력 형태]를 통해 다양한 방법으로 한자를 입력할 수 있습니다. 이 외에도 한자를 입력하는 다양한 방법에 대해서 살펴보겠습니다.

1 ┃ [한글/한자 변환] 대화상자

[검토] 탭-[언어] 그룹에서 [한글/한자 변환]을 클릭하여 [한글/한자 변환] 대화상자를 불러올 수 있습니다.

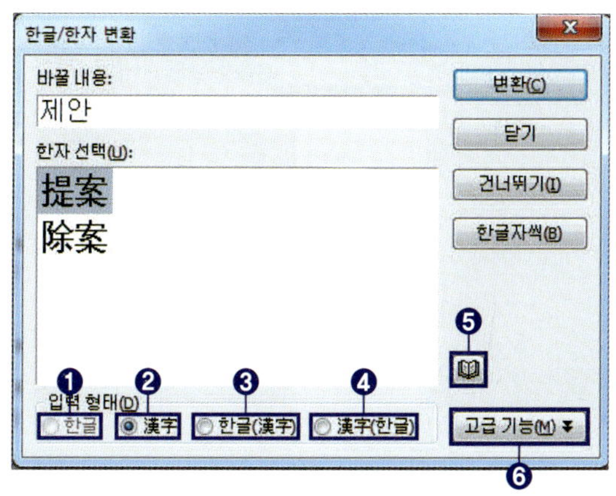
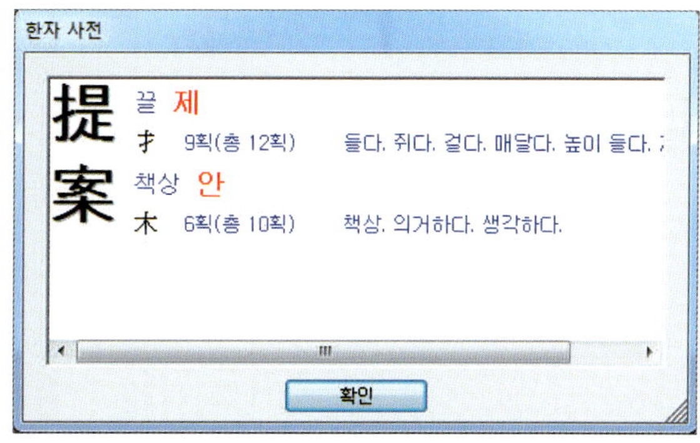

❶ 한글 : 단어를 한글로 표시합니다.

❷ 漢字 : 단어를 한자로 표시합니다.

❸ 한글(漢字) : 한글과 한자를 함께 표시하는데 그 순서는 한글(漢字)입니다.

❹ 漢字(한글) : 한글과 한자를 함께 표시하는데 그 순서는 漢字(한글)입니다.

❺ 한자 사전 : 한글이나 한자의 음과 뜻을 확인할 수 있습니다.

❻ 고급 기능 : 새 단어를 등록하거나 단어 삭제, 옵션 등 고급 기능을 실행할 수 있습니다.

01 '목차'라고 적혀있는 글자를 드래그 하여 선택합니다. [검토] 탭-[언어] 그룹의 [한글/한자 변환]을 클릭합니다. [한글/한자 변환] 대화상자가 나타나면 변환할 한자를 선택하고 [입력 형태]에서 [한글(漢子)]를 선택한 후 [변환]을 클릭합니다.

팁 :: [한자 사전]을 클릭하면 한자의 음과 뜻을 확인할 수 있습니다.

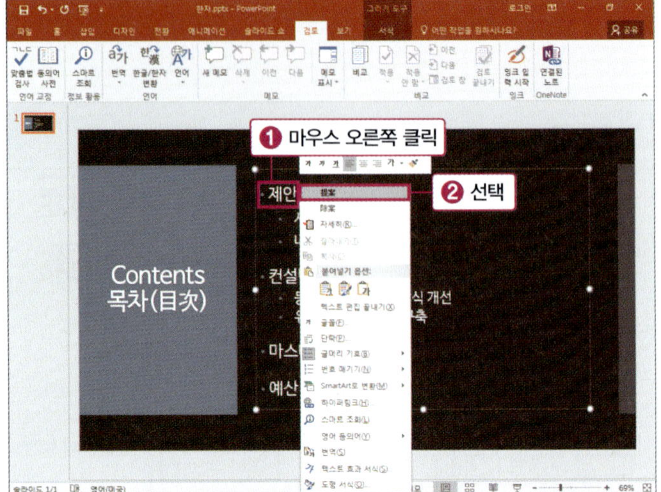

02 이번에는 '제안'이라고 적혀 있는 글자를 마우스 오른쪽 버튼으로 누른 후 원하는 한자를 빠르게 선택할 수 있습니다.

팁 :: 키보드에서 [한자]를 눌러 원하는 한자를 선택할 수도 있습니다.

■ [기호] 대화상자와 한글 자음을 이용해 특수 문자 입력하기

예제 파일 Part02/Lesson03/특수문자.pptx ┃ **완성 파일** Part02/Lesson03/특수문자_완성.pptx

[기호] 그룹의 [기호]를 선택하거나 한글 자음을 입력한 상태에서 [한자]를 누르면 특수 문자를 입력할 수 있습니다.

1 ┃ 특수 문자 불러오기

[ㅁ]+[한자], [ㄴ]+[한자], [ㅇ]+[한자]를 누르면 특수 문자가 나타납니다. 특수 문자가 나타났을 때 [»]를 누르면 더 많은 특수 문자를 열 수 있습니다.

01 '시장환경'이라고 적힌 글자 앞에 커서를 둔 다음 [삽입] 탭–[기호] 그룹에서 [기호]를 클릭합니다. [기호] 대화상자가 나타나면 [글꼴]은 [현재 글꼴], [하위 집합]은 [한중일 기호 및 문장 부호]를 선택한 다음 '「'를 선택합니다. [삽입]과 [닫기]를 차례대로 클릭합니다.

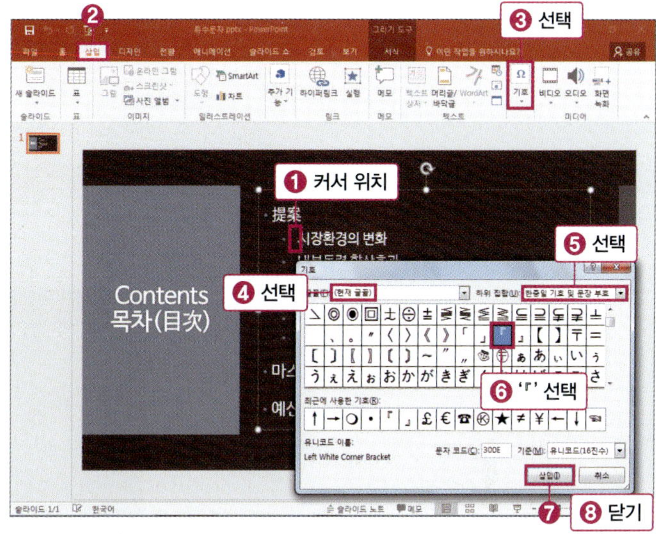

02 '시장환경'이라고 적힌 글자 뒤에 커서를 둔 다음 [삽입] 탭–[기호] 그룹에서 [기호]를 클릭합니다. [기호] 대화상자가 나타나면 [글꼴]은 [현재 글꼴], [하위 집합]은 [한중일 기호 및 문장 부호]를 선택한 다음 '」'를 선택합니다. [삽입]과 [닫기]를 차례대로 클릭합니다.

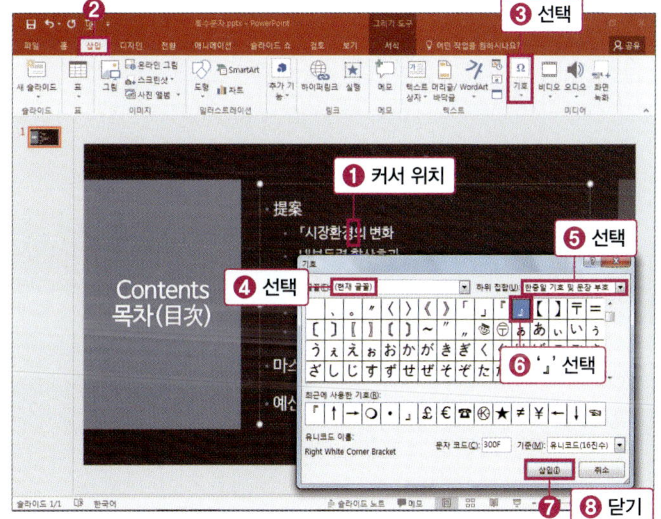

 이번에는 키보드를 통해 특수 문자를
입력해 보겠습니다. 『ㅁ』을 입력한 상태에
서 한자를 누릅니다. 다양한 특수 문자가 표
시되면 원하는 특수 문자를 선택합니다.

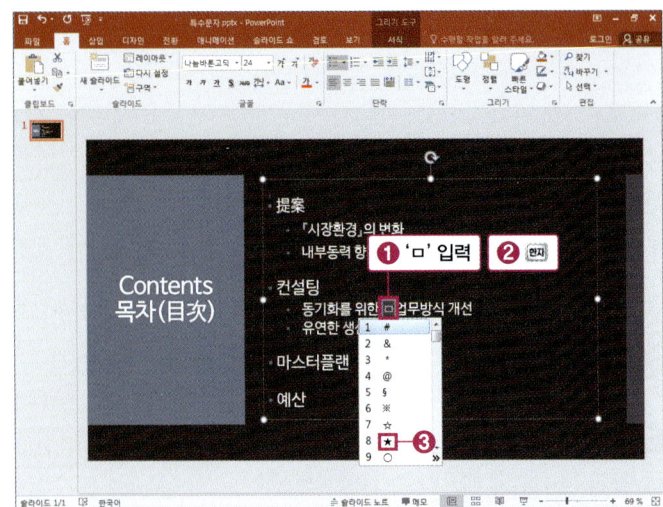

 원하는 특수 문자를 클릭하여 슬라이
드를 완성합니다.

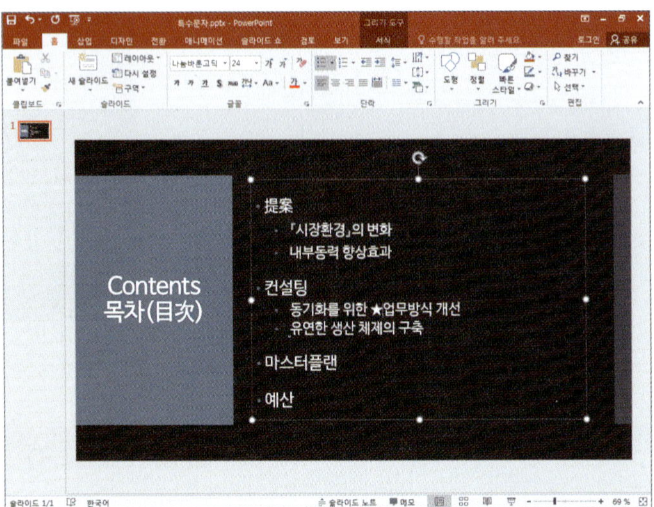

글꼴 깨짐 현상을 방지하기 위한 2가지 방법

슬라이드에 포함되는 글꼴은 프레젠테이션을 진행하거나 편집하는 컴퓨터에 해당 글꼴이 없다면 글
꼴 깨짐 현상이 발생합니다. 이럴 때에는 처음부터 글꼴을 포함해서 저장하면 글꼴 깨짐 현상을 방지
할 수 있습니다. 혹은, 깨지는 글꼴을 새 글꼴로 일괄 변경하는 방법을 활용할 수 있습니다.

■ 글꼴을 파워포인트 파일에 함께 저장하기

예제 파일 Part02/Lesson03/글꼴저장.pptx | **완성 파일** Part02/Lesson03/글꼴저장_완성.pptx

글꼴을 파워포인트 파일에 함께 저장하면 글꼴 깨짐 현상을 방지할 수 있습니다. 다만, 글꼴을 함께
저장하면 용량이 커지는 등 단점도 있으니 참고하세요.

1 | 저장 옵션

[다른 이름으로 저장] 대화상자의 [도구]를 클릭하면 나타나는 다양한 옵션 중에서 [저장 옵션]을 클
릭해서 '파일의 글꼴 포함'을 비롯하여 다양한 저장 옵션을 지정할 수 있습니다.

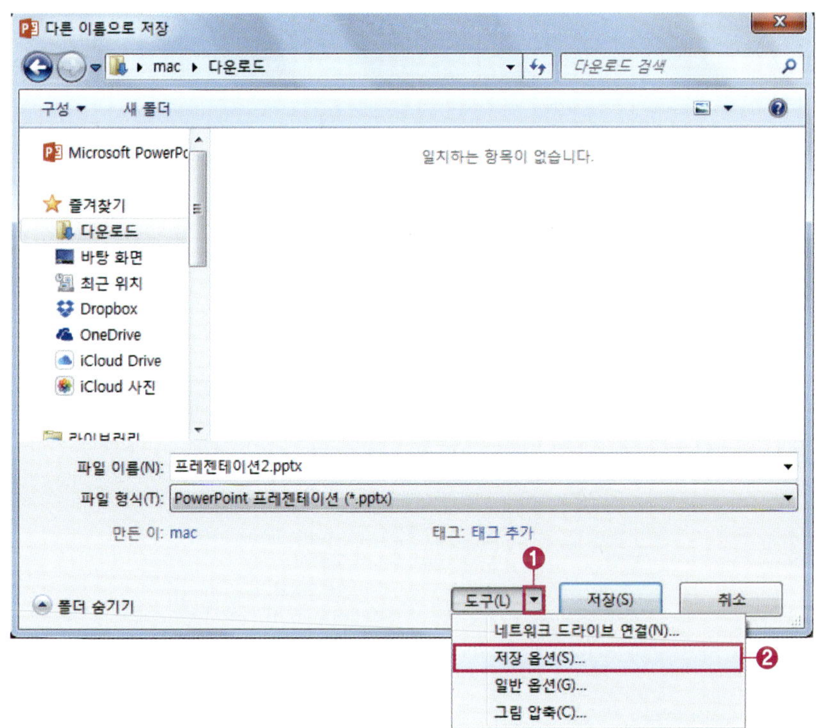

2 | 파일의 글꼴 포함

파워포인트의 기본 서체가 아니라면 프레젠테이션 발표를 하거나 외부에 배포할 경우 [PowerPoint 옵
션] 대화상자의 [저장] 항목에서 [파일의 글꼴 포함]에 체크하여 슬라이드에 글꼴을 포함하는 것이 좋
습니다.

3 | CD용 패키지 기능으로 글꼴 저장하기

마지막으로 살펴볼 방법은 [CD용 패키지] 대화상자를 통해 글꼴을 파워포인트 파일과 함께 저장하는 것입니다. CD용 패키지로 저장하면 현재 파일과 함께 글꼴도 한 번에 CD나 USB 이동식 디스크에 저장할 수 있습니다.

[파일] 탭에서 ❶ [내보내기]를 클릭한 후 ❷ [CD용 패키지 프레젠테이션]을 클릭합니다. ❸ [CD용 패키지]를 클릭한 후 [CD용 패키지] 대화상자가 표시되면 ❹ [옵션]을 클릭합니다. [옵션] 대화상자에서 ❺ [포함된 트루타입 글꼴] 옵션에 체크한 후 ❻ [확인]을 클릭합니다. [CD용 패키지] 대화상자에서 ❼ [폴더로 복사] 혹은 [CD로 복사]를 클릭합니다.

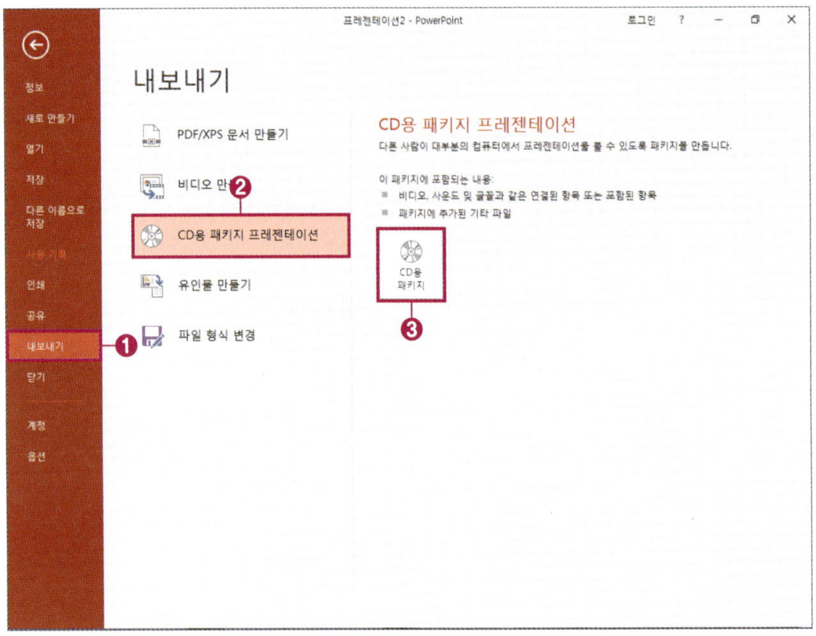

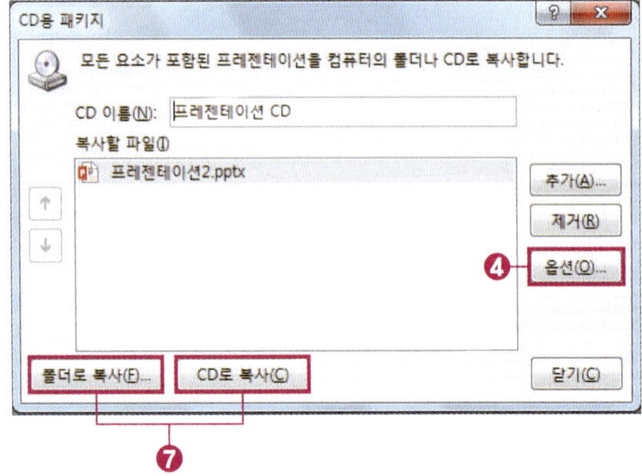

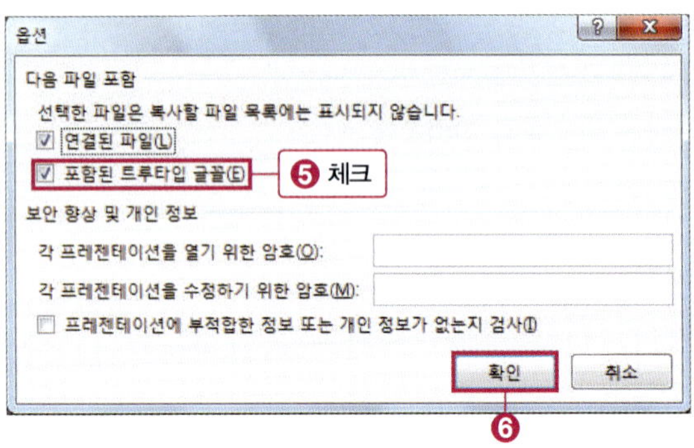

01 예제를 통해 파워포인트 파일에 저장해 보겠습니다. [파일] 탭-[옵션]을 클릭하여 [PowerPoint 옵션] 대화상자를 불러옵니다.

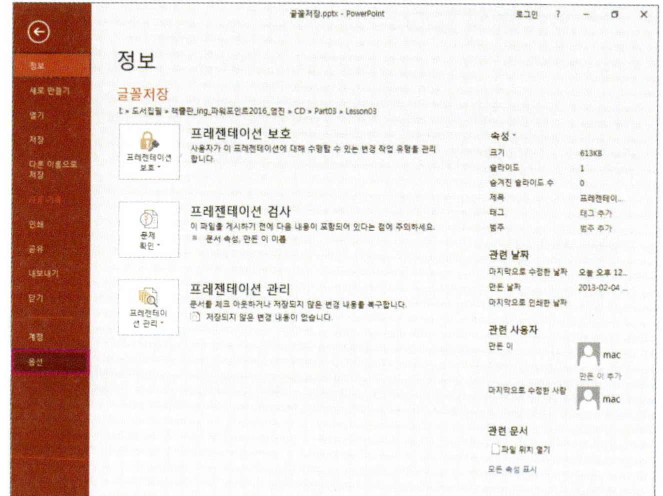

02 [저장] 항목에서 [파일의 글꼴 포함]에 체크하여 슬라이드에 글꼴을 포함합니다.

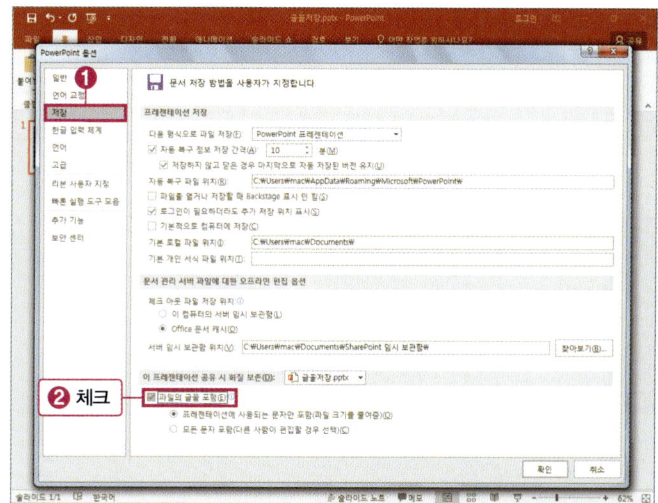

Q&A

Q. 글꼴 저장 시 오류가 떠요.

A. 글꼴 저장 시 오류가 뜬다면 프레젠테이션에 저장할 수 없는 글꼴이 포함되어 있기 때문입니다. 글꼴을 다른 글꼴로 변경한 후 저장해 보세요.

■ 기존 글꼴을 새 글꼴로 바꾸기

예제 파일 Part02/Lesson03/광고타겟.pptx | 완성 파일 Part02/Lesson03/광고타겟_완성.pptx

글꼴이 마음에 들지 않을 때 텍스트를 하나하나 선택하여 수정할 필요가 없습니다. 글꼴을 한 번에 변경하는 방법에 대해서 살펴보겠습니다.

1 | 글꼴 바꾸기

[홈] 탭-[편집] 그룹에서 [바꾸기]-[글꼴 바꾸기]를 클릭하면 슬라이드에 작성되어 있는 글꼴을 한 번에 변경할 수 있습니다. [현재 글꼴]에는 현재 슬라이드 파일에 적용된 글꼴이 모두 나타납니다.

본 예제 파일에는 'Arial' 글꼴과 'HY견고딕', '맑은 고딕' 글꼴이 적용되어 있네요. [현재 글꼴]에서 마음에 들지 않는 글꼴을 선택한 후 [새 글꼴]에서 마음에 드는 글꼴을 선택하면 한 번에 글꼴을 변경할 수 있습니다.

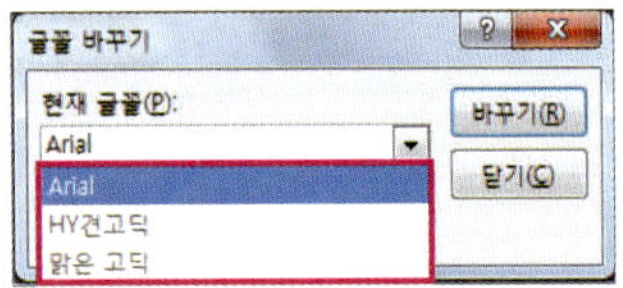

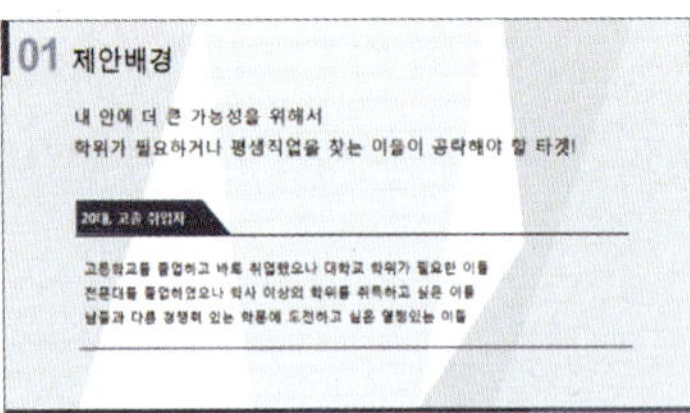

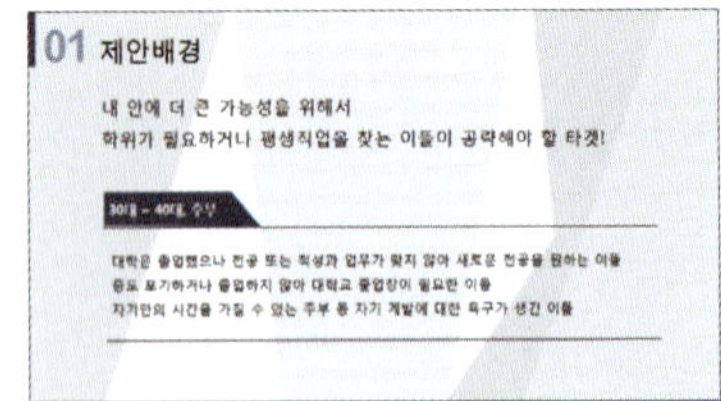

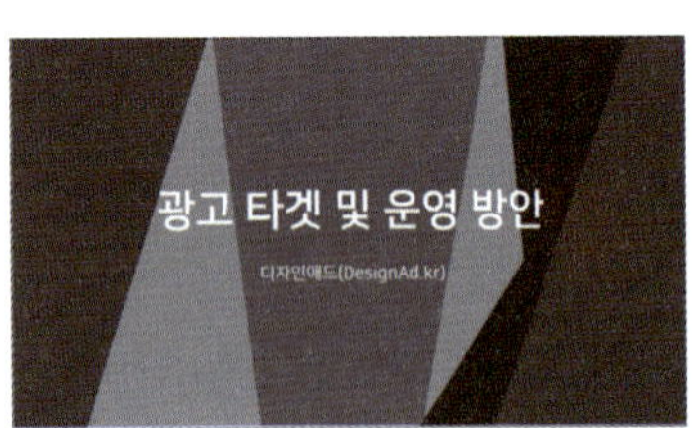

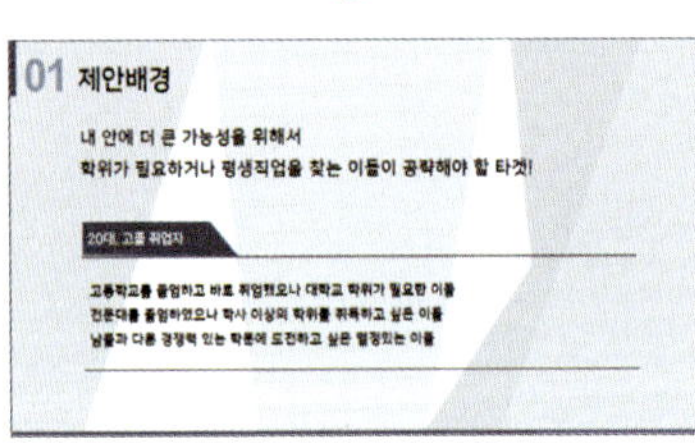

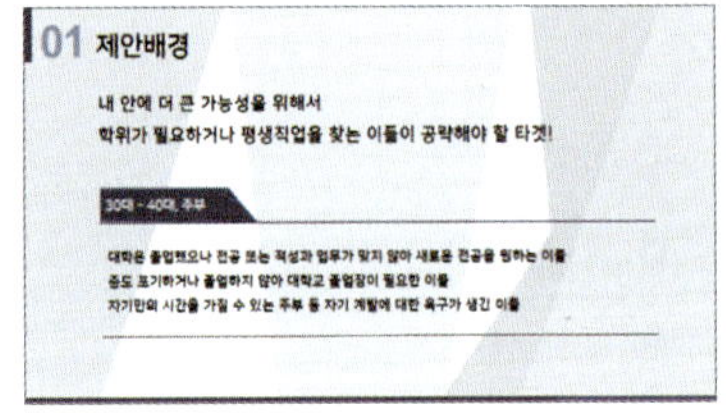

여러분이 예전에 만든 슬라이드 파일을 열어보세요. 어떤 글꼴이 포함되어 있나요? 클릭 한방으로 전체 슬라이드의 글꼴을 바꿀 수 있습니다.

01 예제를 통해 확인해 보겠습니다. [홈] 탭–[편집] 그룹에서 [바꾸기]–[글꼴 바꾸기]를 클릭합니다.

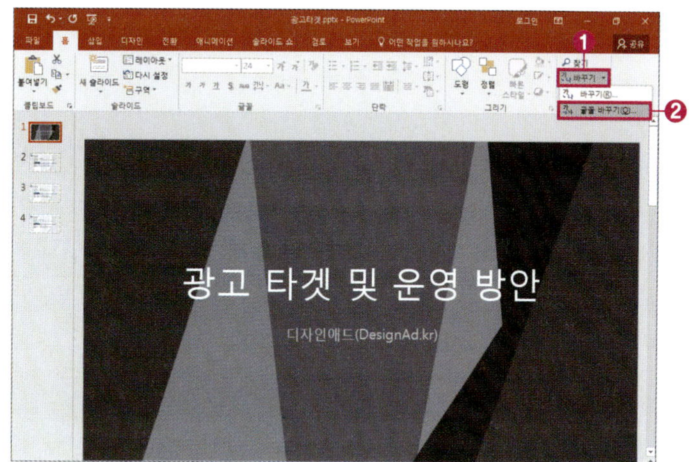

02 [글꼴 바꾸기] 대화상자가 나타나면 [현재 글꼴]에는 현재 적용된 글꼴 이름을 선택합니다. 여기서는 [맑은 고딕]을 선택합니다.

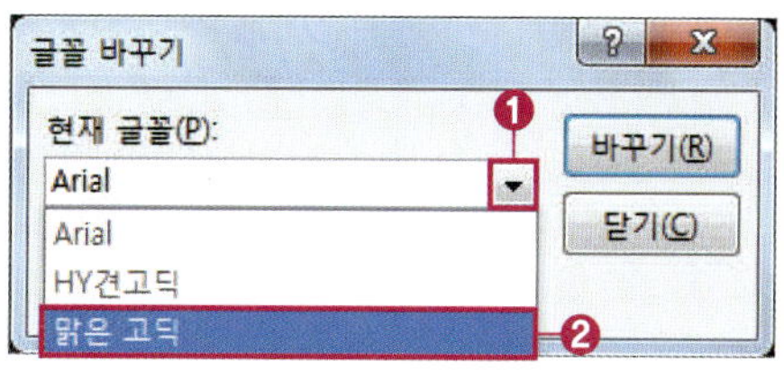

03 [새 글꼴]에는 새롭게 적용할 글꼴을 선택한 후 [바꾸기]를 클릭합니다. 여기서는 [나눔스퀘어 Bold]를 선택한 후 [닫기]를 클릭합니다.

팁 :: '나눔스퀘어 Bold'는 네이버에서 무료로 배포하는 서체입니다. '나눔스퀘어 Bold'가 없다면 다른 서체를 선택하도록 합니다. '나눔스퀘어 Bold'를 설치하고 싶다면 50페이지를 참조하세요.

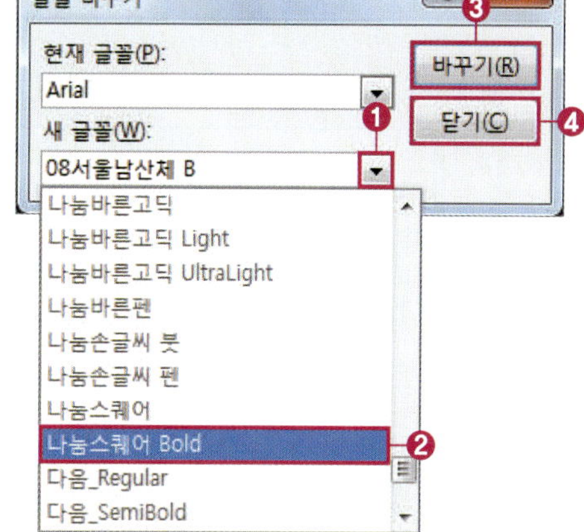

04 전체 슬라이드에 [새 글꼴]로 선택한 글꼴로 한 번에 변경됩니다.

팁 :: 슬라이드의 글꼴이 [맑은 고딕]에서 [나눔스퀘어 Bold]로 변경됩니다.

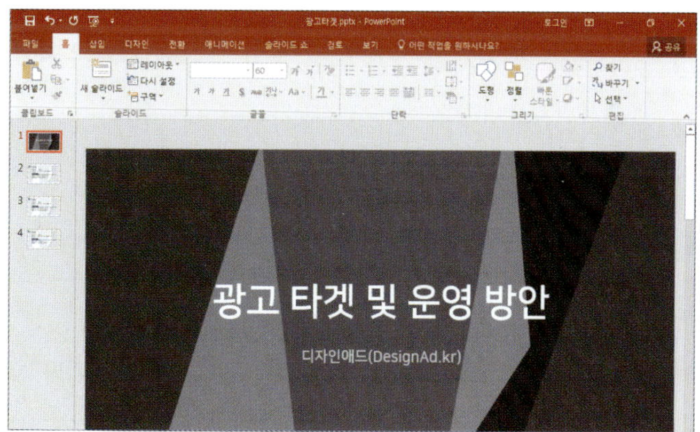

맞춤법 검사와 영문, 일어 번역도 한 번에!

파워포인트 작업을 하다보면 텍스트 아래에 빨간색(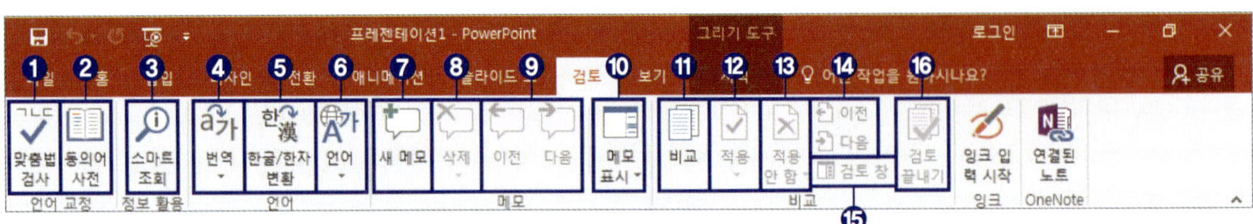)의 물결 모양이 표시되는 경우가 있습니다. 이는 맞춤법이 잘못되어 있거나 사전에 없는 단어일 경우 파워포인트가 오류로 인식하여 표시하는 경고 메시지입니다. 그렇기에 슬라이드 작업 후 혹시나 모를 오타나 오류에 대비하기 위해 맞춤법 검사를 진행하는 것이 좋습니다. 여기서는 맞춤법 검사를 비롯해 번역 기능에 대해서 살펴보겠습니다.

■ 맞춤법 검사하기

예제 파일 Part02/Lesson03/분양가.pptx **|** **완성 파일** Part02/Lesson03/분양가_완성.pptx

슬라이드를 프레젠테이션하거나 출판하기 전에 최종적으로 맞춤법 검사를 통해 잘못된 단어를 변경하거나 추천 단어로 변경할 수 있습니다.

1 | [검토] 탭

맞춤법 검사는 [검토] 탭에서 진행할 수 있습니다. 리서치, 한글/한자 변환이나 메모 등도 [검토] 탭에서 실행할 수 있습니다.

❶ **맞춤법 검사** : 맞춤법을 검사할 수 있습니다.

❷ **동의어 사전** : 동일한 뜻의 새로운 단어를 추천합니다.

❸ **스마트 조회** : 다양한 온라인 소스의 정보, 이미지 등을 확인하여 조회합니다.

❹ **번역** : 사전 또는 온라인 서비스를 사용하여 텍스트를 다른 언어로 변경합니다.

❺ **한글/한자 변환** : 한글이나 한자를 변환할 수 있습니다.

❻ **언어** : 맞춤법 검사와 같은 언어 교정 도구에 사용할 언어를 선택합니다.

❼ **새 메모** : 슬라이드에 새로운 메모를 입력합니다.

❽ **삭제** : 메모를 삭제합니다.

❾ **이전 / 다음** : 여러 메모가 입력되어 있으면 이전과 다음을 선택해 메모를 확인할 수 있습니다.

❿ **메모 표시** : 메모 창을 표시합니다.

⓫ **비교** : 현재 프레젠테이션을 다른 프레젠테이션과 비교합니다.

⓬ **적용** : 변경 내용 모두 적용 등 추가 옵션을 지정할 수 있습니다.

⑬ **적용 안 함** : 현재 변경 내용을 취소합니다.

⑭ **이전 / 다음** : 이전 변경 내용, 다음 변경 내용을 선택할 수 있습니다.

⑮ **검토 창** : 검토 창을 표시합니다.

⑯ **검토 끝내기** : 프레젠테이션 검토를 끝냅니다.

2 | [맞춤법 검사] 옵션 창

텍스트 작업을 하다보면 텍스트 아래에 빨간색( )의 밑줄이 자동으로 그어지는 경우가 있습니다. 이는 맞춤법에 문제가 있거나 잘못 사용되는 단어일 경우 표시됩니다. 문제가 없다면 넘어가도 상관없지만 [검토] 탭의 [맞춤법 검사]를 통해 맞춤법을 검사해 보는 것도 좋은 방법입니다.

[검토] 탭의 [맞춤법 검사]를 선택하면 [맞춤법 검사] 옵션 창이 표시됩니다. [맞춤법 검사] 옵션 창을 통해 맞춤법이 잘못된 단어를 선택하고 추천 단어로 변경할 수 있습니다.

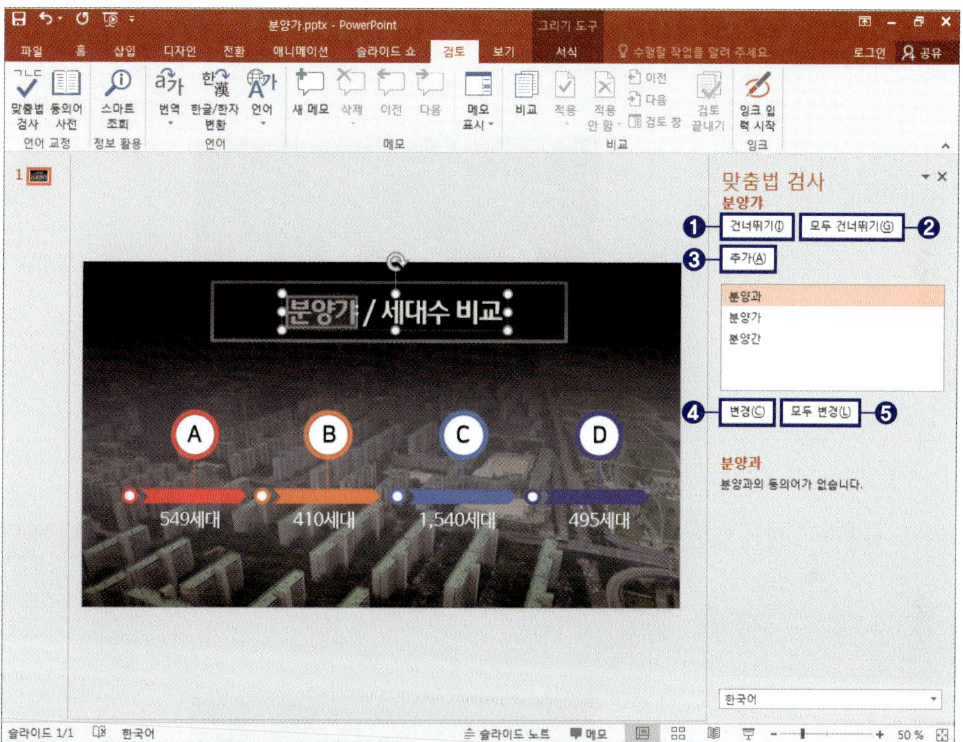

❶ **건너뛰기** : 현재 단어를 건너뜁니다.

❷ **모두 건너뛰기** : 현재 슬라이드에서 모두 건너뜁니다.

❸ **추가** : 이 단어를 사전에 추가합니다.

❹ **변경** : 현재 단어를 추천 단어로 변경합니다.

❺ **모두 변경하기** : 이 단어를 모두 추천 단어로 변경합니다.

01 예제를 통해 살펴보겠습니다. [검토] 탭-[언어 교정] 그룹에서 [맞춤법 검사]를 클릭합니다. 슬라이드 편집 창에 오류가 있는 글자가 블록 설정되면서 [맞춤법 검사] 옵션 창이 나타납니다. 맞춤법이 맞는 단어를 선택한 후 [변경]을 클릭합니다.

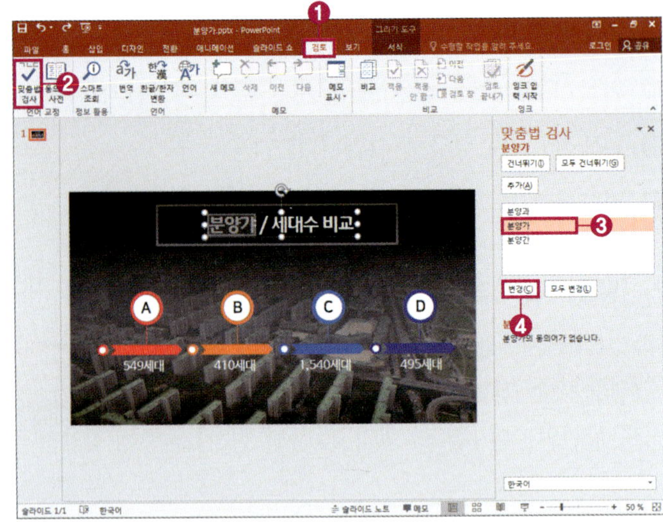

02 바른 맞춤법이 표기됩니다. 다시, 슬라이드 화면에 오류가 있는 글자가 블록 설정되면서 [맞춤법 검사] 옵션 창에 추천 단어가 표시됩니다. 이번에는 '세대수'라는 단어의 맞춤법이 정상적이라고 생각하고 넘어가 보겠습니다. [건너뛰기]를 클릭합니다.

팁 :: 맞춤법 검사에서 [건너뛰기]를 클릭하면 맞춤법 오류와 상관없이 넘어갈 수 있습니다.

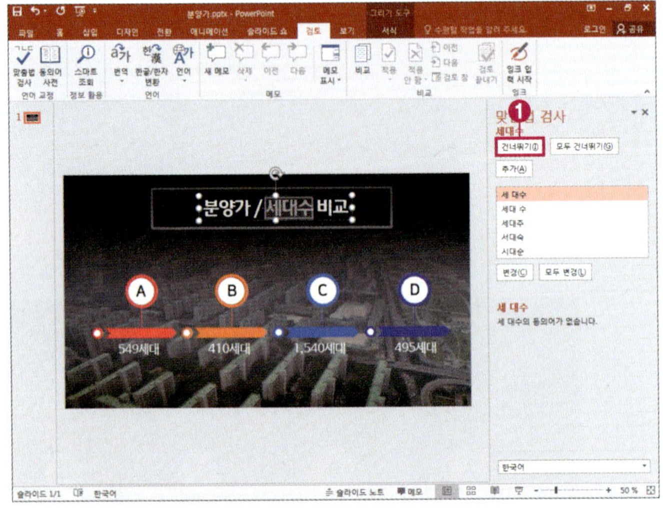

03 다시, 슬라이드 화면에 오류가 있는 글자가 블록 설정되면서 [맞춤법 검사] 옵션 창에 추천 단어가 표시됩니다. 맞춤법이 맞는 단어를 선택한 후 [변경]을 클릭합니다.

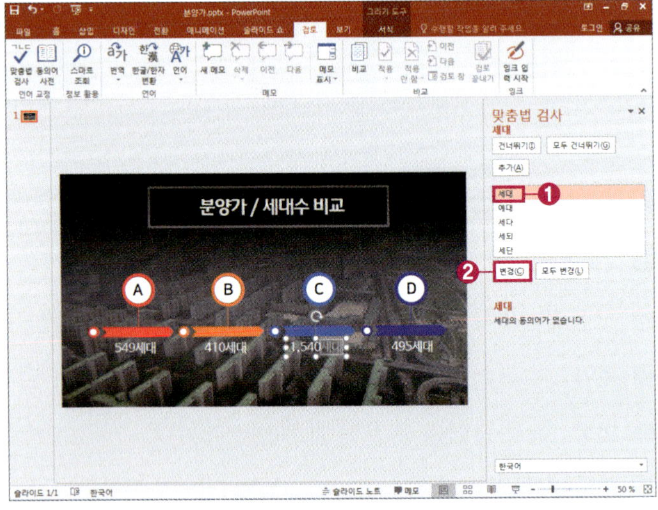

04 [맞춤법 검사가 끝났습니다.] 창이 나타나면, [확인]을 클릭합니다.

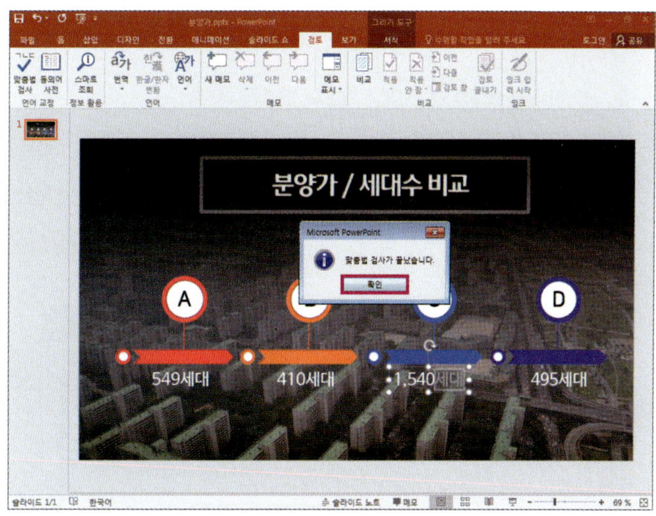

맞춤법이 맞지 않는 단어는 슬라이드 편집 창에서 텍스트 아래에 빨간색( )을 통해 이를 확인시켜 주는데 이런 무늬를 표시하고 싶지 않을 경우에는 [PowerPoint 옵션] 대화상자에서 [언어 교정]–[PowerPoint에서 맞춤법 검사]에서 [입력할 때 자동으로 맞춤법 검사]의 체크를 해제합니다.

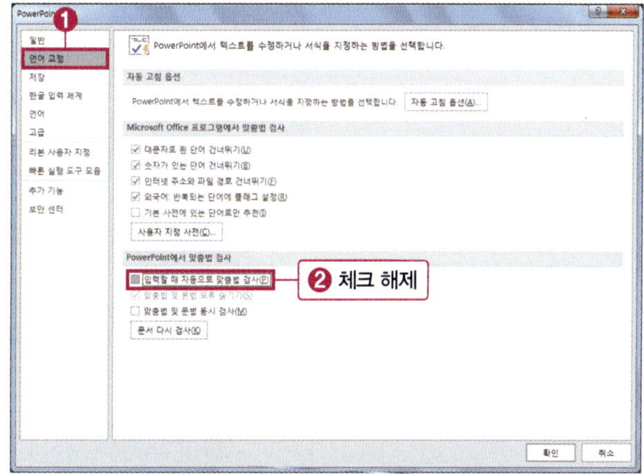

체크해봐요 :: **사용자 지정 사전을 통해 단어 추가하기**

[언어 교정]–[사용자 지정 사전]을 클릭하면 사용자가 사전을 직접 지정할 수 있습니다. [사용자 지정 사전] 대화상자의 [단어 목록 편집]을 클릭하면 맞춤법 검사 시 단어 등을 미리 지정하여 오류가 발생하지 않도록 설정할 수 있습니다.

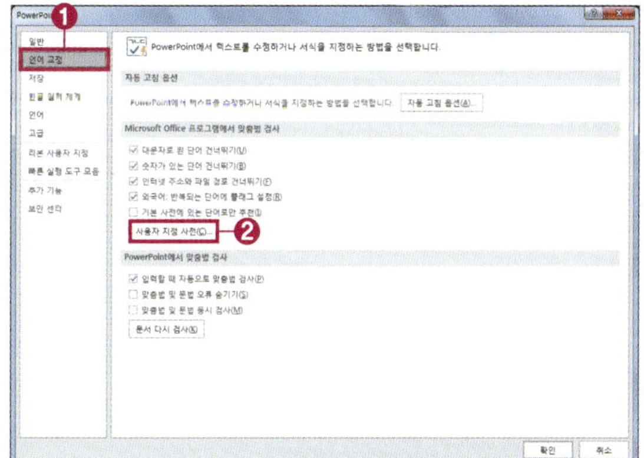
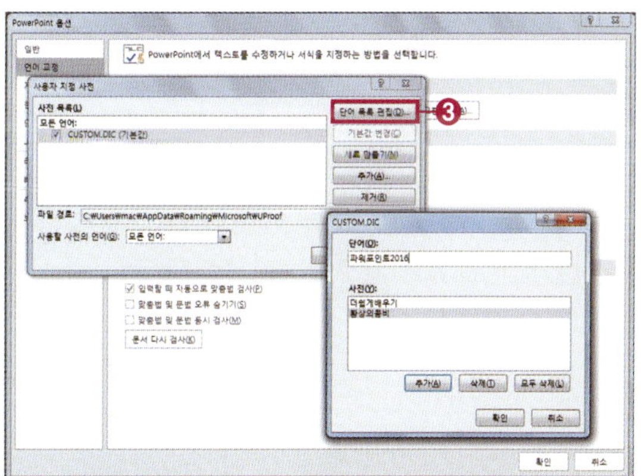

Q. 단어가 자동으로 다른 단어나 기호로 변경됩니다.

A. 텍스트를 입력하다 보면 자동으로 단어가 변경되는 경우가 있습니다. 특히, 영문으로 입력해야 하는데 자동으로 한글이 바뀌는 경험은 누구나 있을 겁니다. 편리한 기능이기는 하지만 가끔 불편할 때가 있습니다.

이럴 경우 자동 고침 옵션을 통해 자동 고침을 변경할 수 있습니다. [자동 고침 옵션]을 클릭한 후 [자동 고침] 대화상자에서 [자동 고침] 탭을 클릭합니다. [한/영 자동 고침]에 체크를 해제합니다.

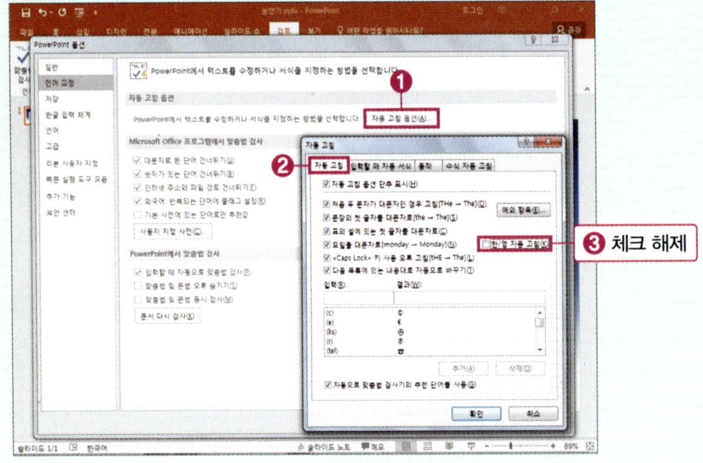

또한, 자동으로 글머리 기호나 번호가 입력되는 것이 불편하거나, 텍스트 자동 맞춤 등이 불편할 경우에는 [입력할 때 자동 서식] 탭을 클릭한 후 필요 없는 옵션에 체크를 해제합니다.

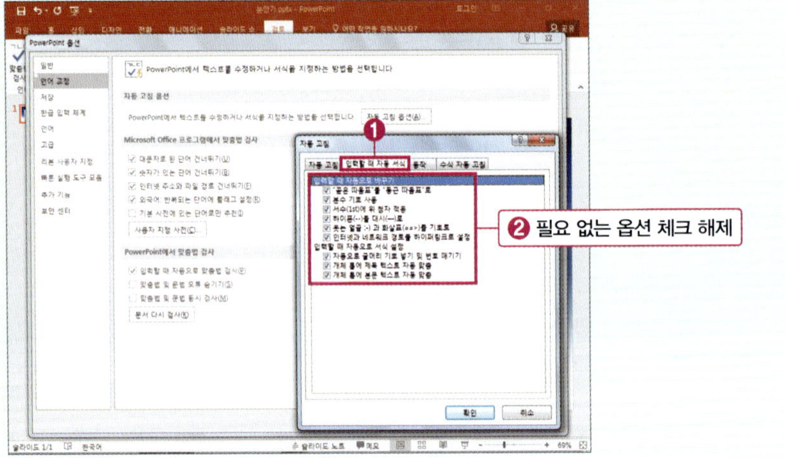

■ 선택한 텍스트를 영어나 일본어로 번역하기

예제 파일 Part02/Lesson03/분양가2.pptx ┃ **완성 파일** Part02/Lesson03/분양가2_완성.pptx

슬라이드에 삽입한 한글은 [번역] 기능을 통해 영어나 일본어 등 다른 언어로 번역할 수 있습니다.

1 ┃ 번역 서비스

파워포인트 2016은 번역 서비스를 제공하고 있습니다. 번역을 원하는 텍스트를 선택한 후 [검토] 탭-[언어] 그룹에서 [번역]-[선택한 텍스트 번역]을 클릭합니다.

번역은 영어뿐 아니라 일본어, 중국어, 이란어, 포르투갈어 등 다양한 언어로 번역할 수 있습니다. 또한, [번역 옵션]에서 온라인 사전 및 기계 번역을 할 수 있는 사전과 언어를 선택할 수 있습니다.

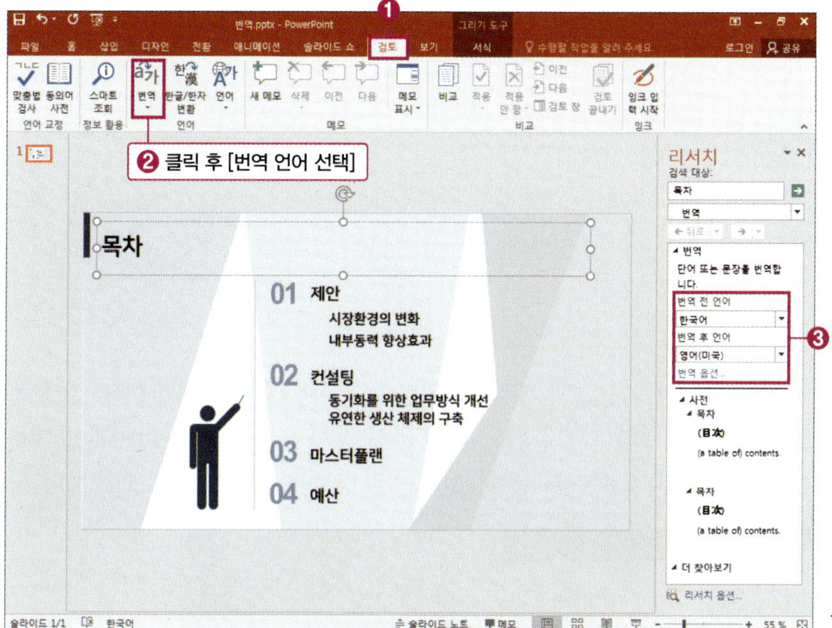

◀ [리서치] 옵션 창

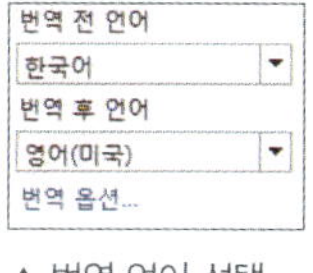

▲ 번역 언어 선택

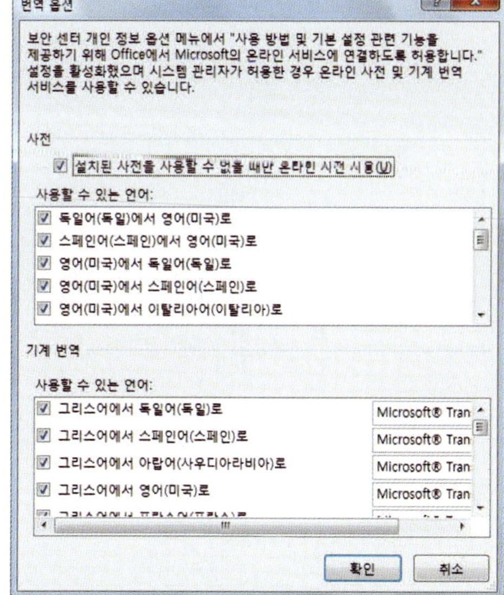

◀ [번역 옵션] 대화상자

번역을 위해서는 인터넷이 연결되어 있는 환경이어야 하며, Microsoft 혹은 번역 서비스 제공자에게 번역할 내용이 제공됩니다. [리서치] 옵션 창은 번역뿐 아니라 사전이나 검색 기능도 함께 수행합니다.

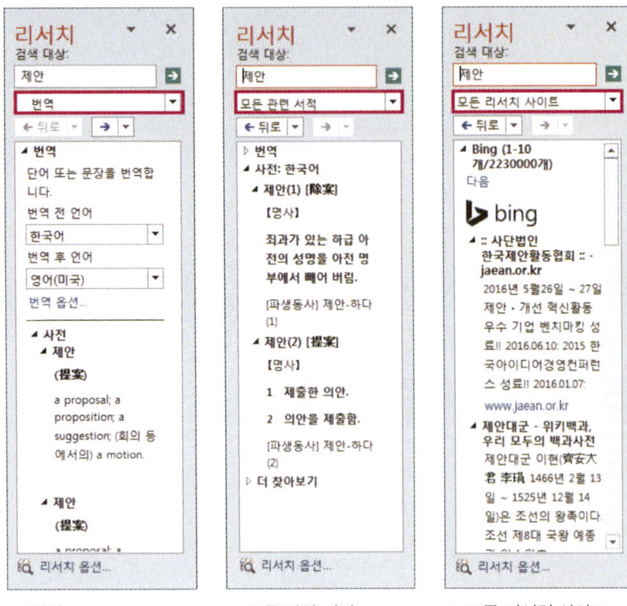

▲ 번역　　　　　▲ 모든 관련 서적　　　　　▲ 모든 리서치 사이트

2 | 스마트 조회

스마트 조회는 웹 브라우저를 통해 검색 기능을 실행할 수 있습니다. 텍스트를 드래그한 후 마우스 오른쪽 버튼을 눌러 [스마트 조회]를 선택합니다. [정보 활용] 옵션 창이 뜨면서 Bing 이미지를 비롯해 웹 검색을 통해 정보가 검색됩니다. [더 보기]를 통해 보다 많은 정보를 검색할 수도 있습니다.

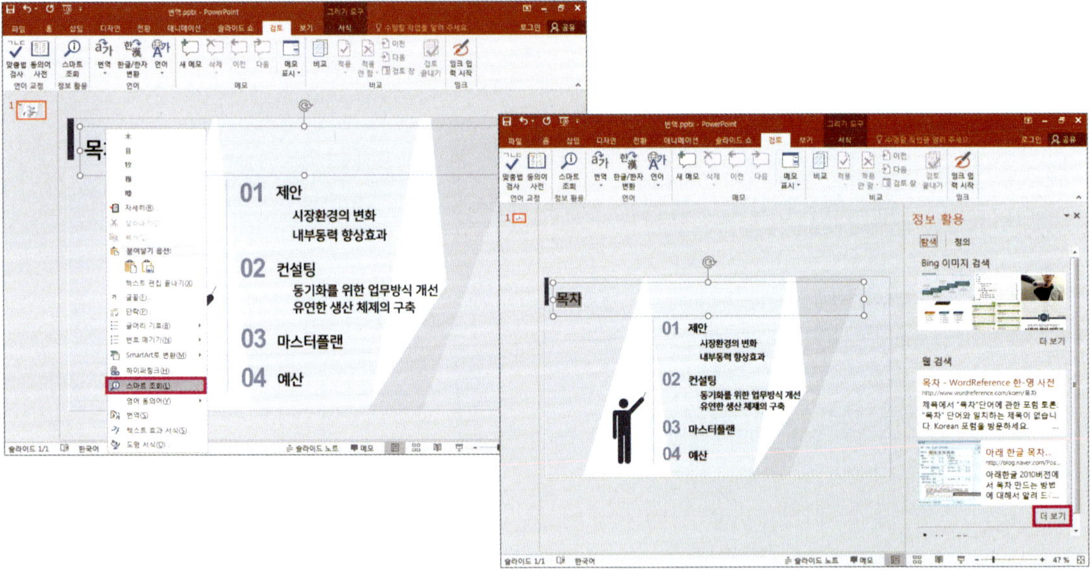

3 | 영어 동의어 찾기

영어 단어를 마우스 오른쪽 버튼으로 누르면 [영어 동의어]를 선택할 수 있습니다. 선택한 단어와 동일한 동의어가 표시됩니다. [동의어 사전]을 선택하면 옵션 창이 뜨면서 보다 다양한 동의어를 검색할 수 있습니다.

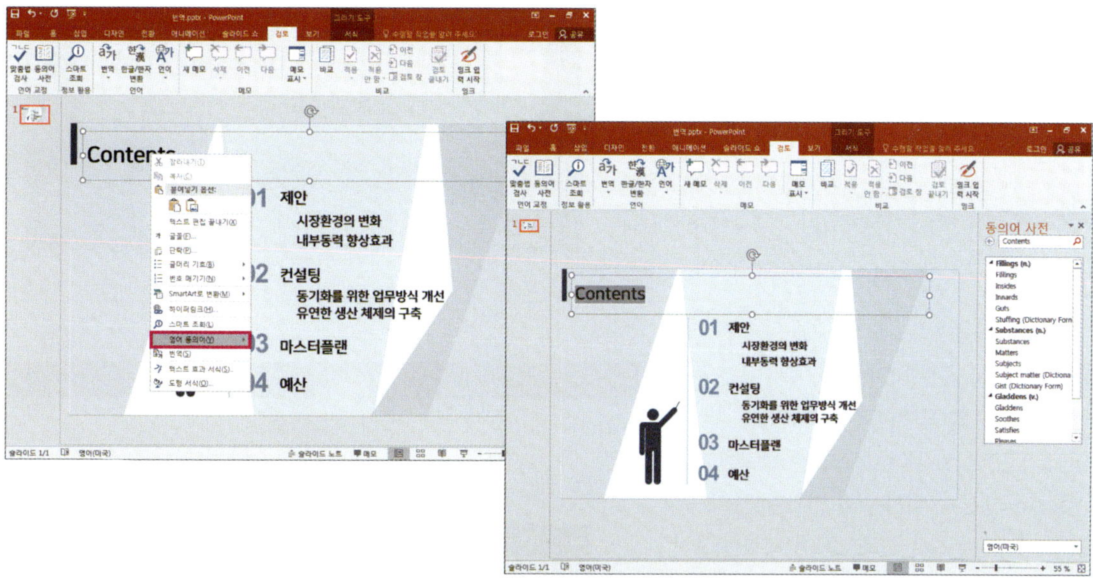

01 예제를 통해 살펴보겠습니다. '비교'라는 텍스트를 드래그하여 선택한 후 [검토] 탭-[언어] 그룹에서 [번역] 화살표를 클릭합니다. [선택한 텍스트 번역]을 클릭합니다.

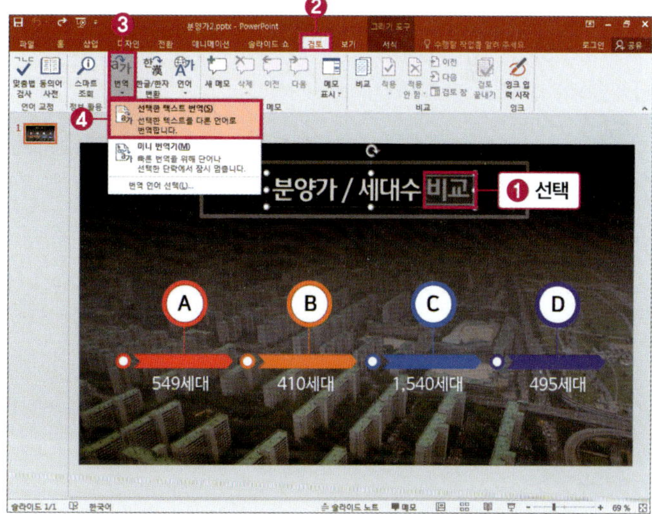

02 [선택한 텍스트 번역] 창이 뜨면 [예]를 클릭합니다.

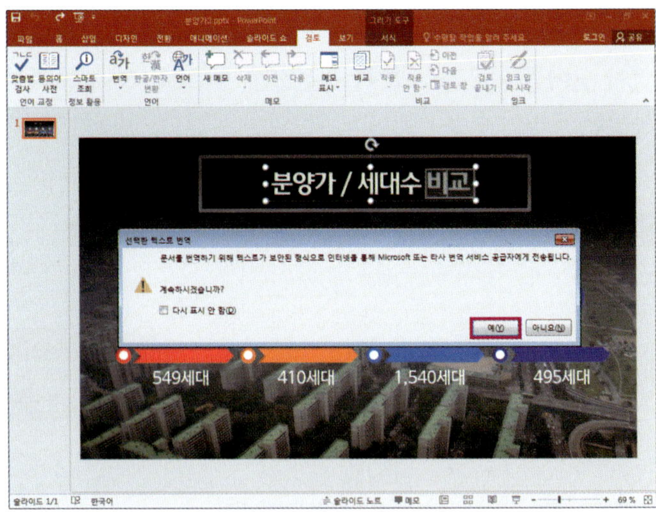

03 [리서치] 옵션 창이 표시되면 [번역 전 언어] 화살표를 클릭한 후 [한국어]를 선택합니다. [번역 후 언어] 화살표를 클릭한 후 [영어(미국)]을 선택합니다. 번역한 단어가 표시되면 마우스로 드래그하여 복사한 후 슬라이드 편집 창에 붙여넣기나 원하는 형식으로 활용할 수 있습니다.

팁 :: 단어가 검색되지 않는다면 [검색을 시작합니다]( )를 클릭합니다.

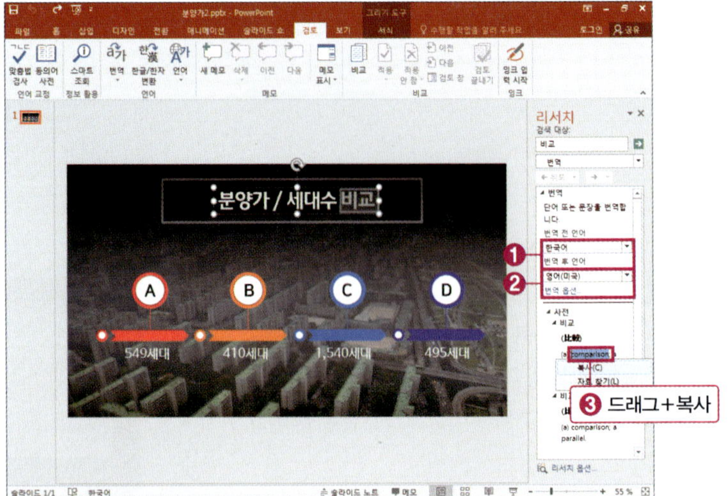

텍스트 번역 이외에도 슬라이드 편집 창에 미니 번역기를 표시할 수 있습니다. [검토] 탭–[언어] 그룹에서 [번역] 화살표를 클릭합니다. [미니 번역기]를 선택한 후 번역할 언어를 지정하면 선택한 단어에 해당하는 번역 단어가 화면에 표시됩니다.

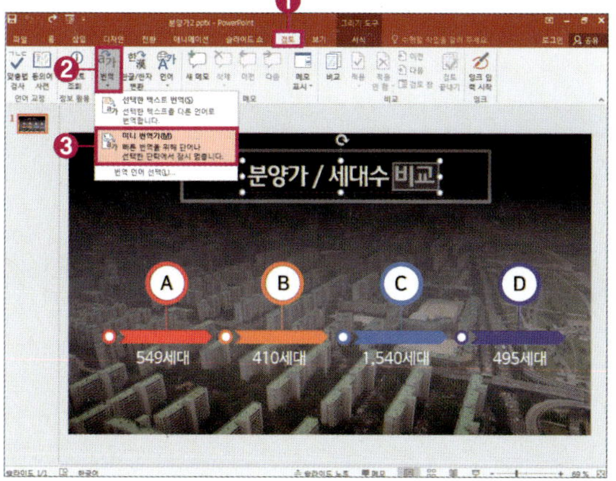
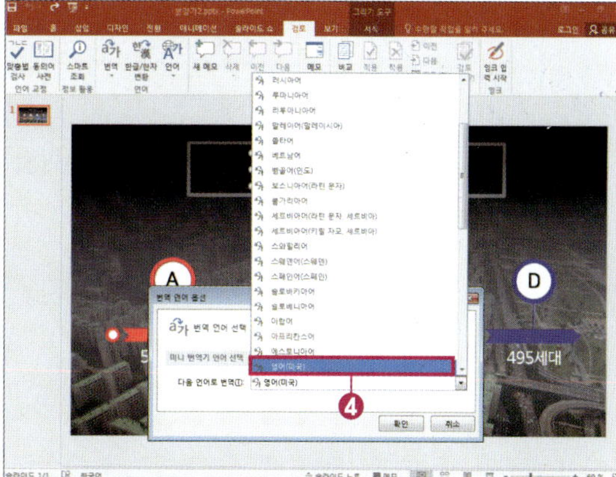

[미니 번역기]를 선택하면 슬라이드상의 텍스트 위에 마우스 커서를 놓기만 해도 [미니 번역기] 창이 열리게 됩니다. 이를 통해 간단히 내용을 번역하거나 확인할 수 있습니다.

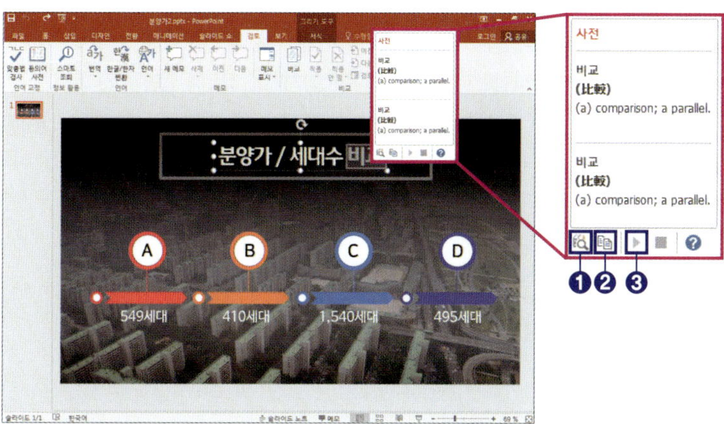

❶ 확장 : [리서치] 옵션 창이 표시되며 자세한 정보가 표시됩니다.

❷ 복사 : 번역 내용을 복사합니다.

❸ 재생 : 영문(혹은 다른 언어)을 읽어줍니다.

Q&A

Q. 저는 미니 번역기가 표시되지 않아요.

A. 미니 번역기가 표시되지 않는다면 [검토] 탭에서 [번역]을 클릭한 후 [(한국어) 미니 번역기]를 선택합니다.

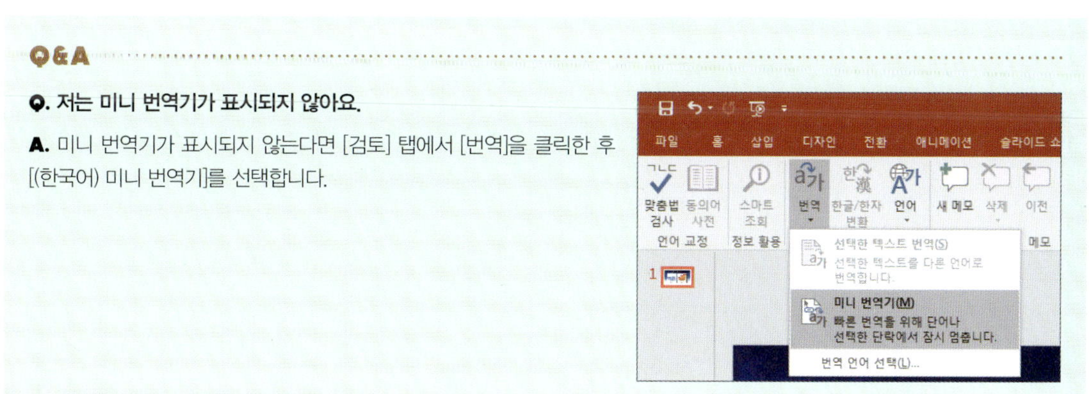

STORY 02

이번에 진행하는 프레젠테이션의 목적이 무엇인가요? 프레젠테이션의 목적을 어떻게 설정하느냐에 따라서 슬라이드를 제작하는 방식도 달라집니다. '클라이언트가 원하는 시간이 30분인데 슬라이드 분량이 너무 적어. 더 넣자.', '시작할 때 임팩트를 주었으면 좋겠어. 괜찮은 음악 하나 찾아봐', '이 도해는 너무 구식이야. 더 예쁜 도해로 바꿔보자', '프레젠테이션 마지막에 질문과 답변 시간이 있을 거야. 우리 회사를 상징하는 슬라이드를 하나 만들자.' '우리 회사 로고가 눈에 안 띄잖아. 더 크게 만들어봐.' 이렇게 밤새워 슬라이드 작업을 완료하면 이제 마지막 주자인 발표자에 의해 성공적인 프레젠테이션이 되기를 기대하게 됩니다. 하지만, 프레젠테이션의 본질은 세일즈입니다. 위와 같은 슬라이드 작업을 통해서는 A+ 학점처럼 높은 점수를 받을 수 있는 프레젠테이션은 기대할 수 있을지 몰라도 회사의 이익을 가져다줄 수 있다는 기대는 접는 게 맞습니다.

파워포인트 슬라이드를 통해 프레젠테이션 자료를 만드는 궁극적인 목표는 직장 동료나 상사에게 받는 박수가 아닌 회사의 이익을 극대화하는 것입니다. '작년에 광고주에게 호응을 이끌어낸 내용이 뭐였지?', 'A라는 이슈로 좋은 결과를 이끌어 냈으니 이번에는 A+B라는 이슈를 꺼내보자.', '이런 시나리오로 접근하면 광고주가 좋아할까?', '이 정도 제안이라면 다른 업체보다 나은 제안일 거야.', '올해 예산이 대폭 삭감되었대. 거기에 맞춰 최적의 제안을 만들어보자.', '계약이 이루어지려면 이런 내용이 필요할 것 같아.' 파워포인트 슬라이드를 만드는 궁극적인 목표는 바로 세일즈입니다. 모든 관점은 우리가 아닌 고객이어야 하며, 이해와 납득이 아닌 판매와 계약이어야 합니다.

파워포인트 기능은 여기에 다 있다! 실무 PPT 따라하기

파워포인트 슬라이드에서 구성되는 내용 중 8할은 텍스트입니다. 파워포인트 슬라이드는 텍스트가 내용 구성부터 디자인까지 대부분을 차지합니다. 하지만 이미지, 표, 차트, 애니메이션 등 나머지 2할이 파워포인트 슬라이드의 완성도를 좌우합니다. 고객이나 청중, 광고주는 슬라이드 텍스트를 보고 내용을 파악하지만 실질적인 반응은 텍스트가 아닌 다른 부분에서 이루어집니다. 주제에 적합한 도해를 통해 내용을 이해하게 되며, 머릿속으로 잘 그려지지 않는 상황도 이미지나 영상을 통해 이해하게 됩니다. 또한, 각종 수치나 복잡한 데이터는 차트나 표를 통해 명확하게 되며, 애니메이션이나 각종 효과를 통해 중요한 내용을 부각시킬 수 있습니다. 이 부분은 〈Story 02. 파워포인트 기능은 여기에 다 있다! 실무 PPT 따라하기〉를 통해 자세히 다루어보겠습니다.

파워포인트를
사용할 수밖에
없는 이유!
도해 디자인 기술

우리가 작성하는 슬라이드를 분석해 보면 대부분이 그림으로 풀어 넣은 도해가 포함됩니다. 청중이 이해하기 어려운 내용은 파워포인트의 다양한 개체(그림, 도형, 선 등)를 활용하여 시각적으로 구조화시키는 작업이 반드시 선행됩니다. 도해 작업은 쉬운 작업이 아니기에 생각보다 많은 시행착오와 노력이 필요합니다. 다행히, 파워포인트 2007 이후부터는 이런 작업을 간단하게 처리주는 SmartArt 그래픽이라는 새로운 기능이 포함되어 있어 빠르고 간단하게 도해를 만들 수 있게 되었습니다.

기초탄탄!
드로잉 기술 익히기

앞으로 나란히!
좌우로 정렬!

파워포인트는 다른 오피스 프로그램보다 개체를 드로잉하는 기술이 많이 필요합니다. 선, 직사각형, 타원뿐 아니라 자유형 도구를 활용하여 다양한 개체를 만들 수 있으며, 두 개 이상의 도형을 결합해 전혀 다른 도형을 만들 수도 있습니다. 이번 레슨에서는 파워포인트의 다양한 드로잉 기술에 대해서 살펴보겠습니다.

스마트 가이드와 맞춤, 배분으로 배열을 정확하게!

파워포인트 2010 버전부터 새로 추가된 기능인 '스마트 가이드'는 슬라이드에 삽입되는 개체의 중심과 위, 아래 등 모서리를 기준으로 다른 개체와의 간격이나 배치를 안내선으로 표시하여 크기나 위치를 눈으로 확인하며 맞출 수 있는 기능입니다. 여기서는 스마트 가이드와 맞춤, 배분 기능에 대해서 살펴보겠습니다.

■ 스마트 가이드와 안내선, 눈금선

예제 파일 Part03/Lesson01/스마트세일즈.pptx **• 완성 파일** Part03/Lesson01/스마트세일즈_완성.pptx

도형이나 그림, 텍스트 개체 틀 등 슬라이드에 삽입되는 다양한 개체를 균등한 간격으로 배치하고 싶을 때 사용하는 요소가 바로 스마트 가이드입니다.

1 | 스마트 가이드

스마트 가이드는 [눈금 및 안내선] 대화상자를 통해 표시할 수 있습니다. [보기] 탭-[표시] 그룹에서 [옵션]( ) 단추를 클릭합니다. [눈금 및 안내선] 대화상자가 표시되면 [도형 맞춤 시 스마트 가이드 표시]에 체크하여 스마트 가이드를 표시할 수 있습니다.

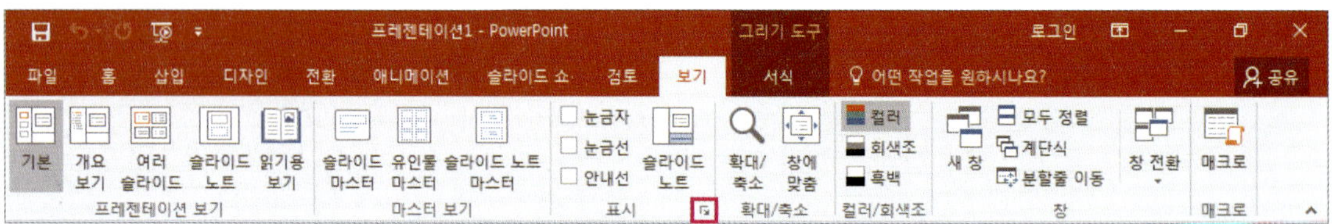

스마트 가이드는 슬라이드 편집 창에 삽입한 개체를 움직이면 주변 개체에 맞춰서 가이드 라인을 알려주는 선입니다. 주변 개체와의 간격이나 위치를 알려주기에 개체 간의 간격을 균등하게 배치하거나 나열할 때 편리합니다.

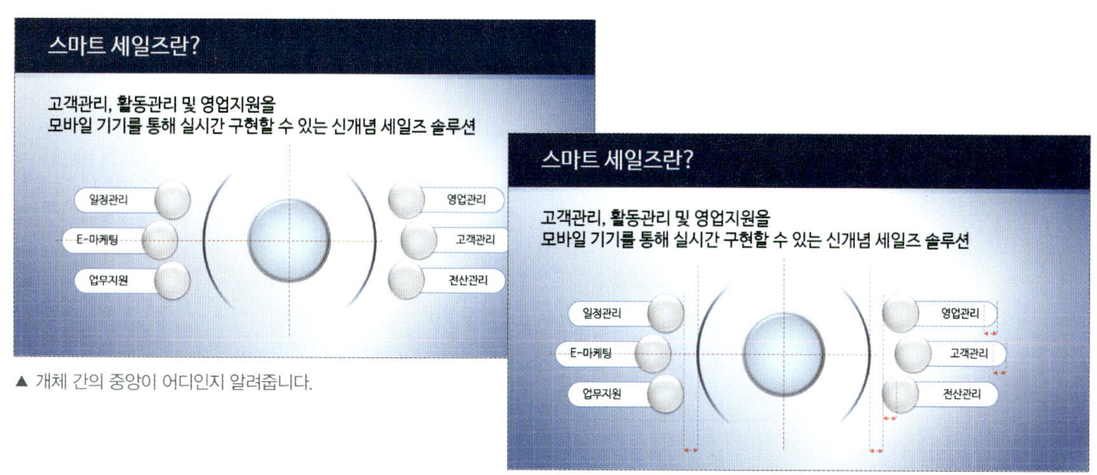

▲ 개체 간의 중앙이 어디인지 알려줍니다.

▲ 개체 간의 간격을 표시해 줍니다.

2 | 안내선과 눈금선

스마트 가이드와 함께 안내선과 눈금선도 자주 사용하는 요소입니다. 안내선과 눈금선은 스마트 가이드와 마찬가지로 슬라이드에 삽입되는 다양한 개체를 일정한 간격으로 배치하거나 특정 지점에 맞춰서 정렬하고 싶을 때 사용합니다.

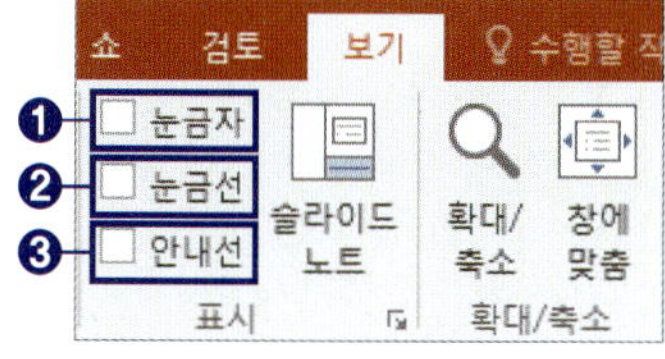

❶ 눈금자 : 슬라이드 편집 창 상단과 왼쪽에 눈금자를 표시합니다.

❷ 눈금선 : 개체를 정확하게 배치할 수 있도록 슬라이드 편집 창에 눈금선을 표시합니다.

❸ 안내선 : 슬라이드 개체를 맞출 수 있는 그리기 안내선을 표시합니다.

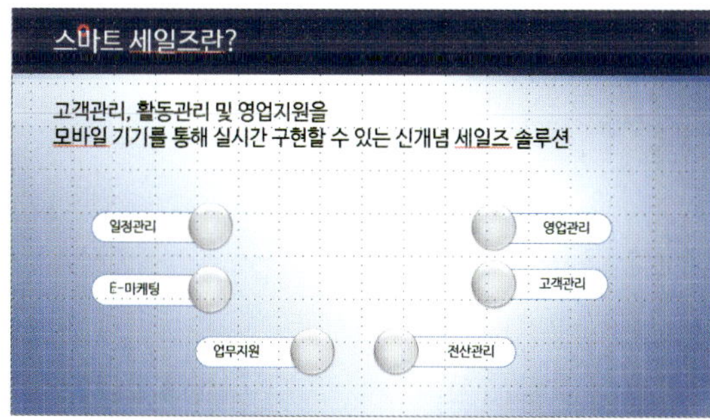

▲ 눈금선

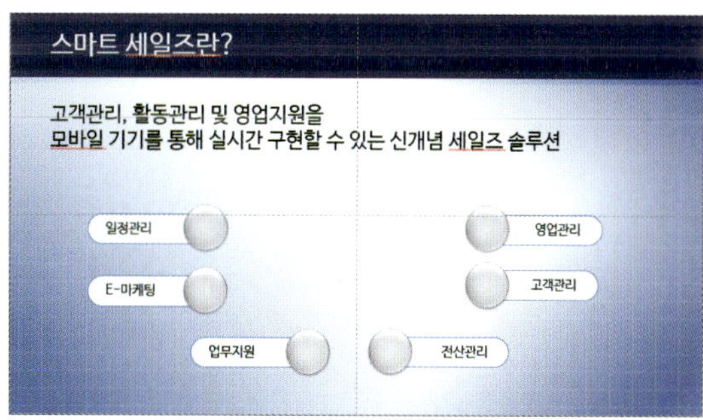

▲ 안내선

눈금선과 안내선은 단축키를 통해서도 편하게 켜고 끌 수 있습니다.

눈금선 켜기/끄기 : **Shift** + **F9**
안내선 켜기/끄기 : **Alt** + **F9**

눈금선은 [보기] 탭에서 [눈금선]을 클릭하거나 **Shift** + **F9** 를 눌러 표시하거나 숨길 수 있습니다. 눈금 간격은 0.2cm로 설정되어 있는데 [눈금 및 안내선] 대화상자의 [눈금 설정]에서 간격을 조정할 수 있습니다. [눈금 설정]에서 원하는 간격을 지정해 보세요.

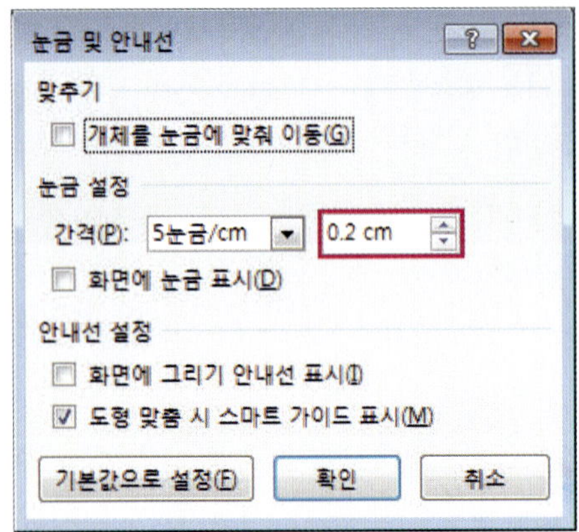

눈금자나 안내선을 슬라이드에 표시하면 눈금자와 안내선에 따라 개체의 위치를 지정할 수 있습니다. 하지만, 눈금자나 안내선에 상관없이 개체를 이동하거나 조정하고 싶다면 [눈금 및 안내선] 대화상자에서 [맞추기]-[개체를 눈금에 맞춰 이동]의 체크를 해제합니다. 눈금자와 안내선에 상관없이 마음대로 조정이 가능합니다.

01 예제를 통해 살펴보겠습니다. '업무지원' 도형을 스마트 가이드를 통해 다른 도형과 동일한 간격으로 위치시켜 보겠습니다. '업무지원' 도형을 선택한 후 'E-마케팅' 도형과 동일한 간격으로 위치시킵니다.

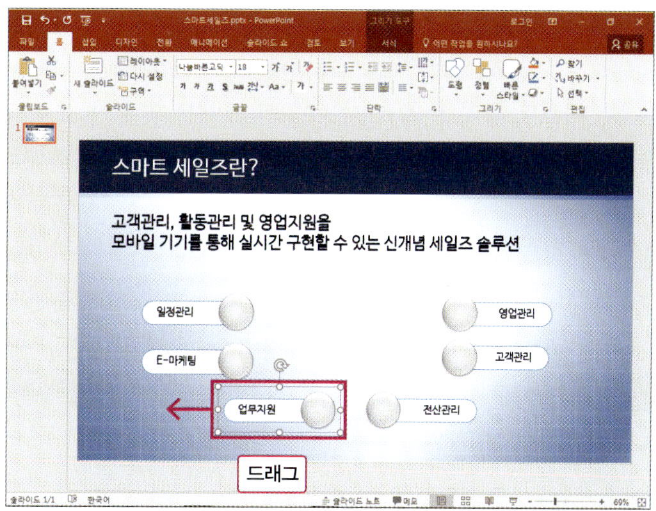

02 자동으로 스마트 가이드가 나타나며 상, 하 간격을 알려줍니다. 이번에는 '전산관리' 도형을 균등한 간격으로 정렬해 보겠습니다. '전산관리' 도형을 선택한 후 '고객관리' 도형과 동일한 간격에 위치시킵니다.

팁 :: 스마트 가이드가 표시되지 않는다면 [보기] 탭-[표시] 그룹에서 [옵션](□) 단추를 클릭한 후 [도형 맞춤 시 스마트 가이드 표시]에 체크하여 스마트 가이드를 표시합니다.

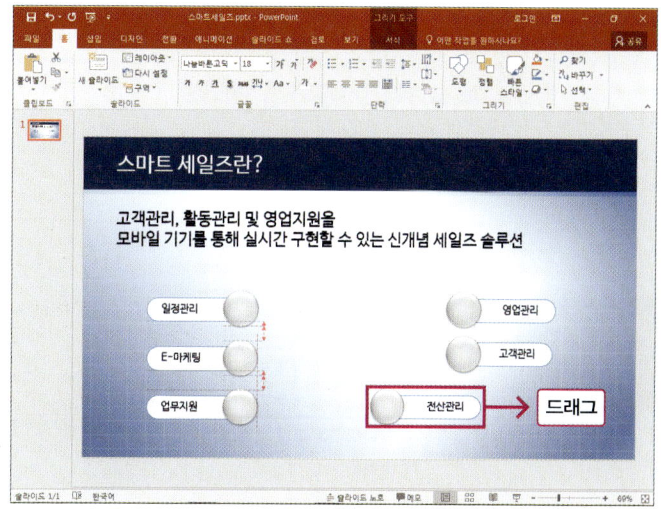

03 균등한 간격으로 배치되면 자동으로 스마트 가이드가 나타나며 배치를 알려줍니다.

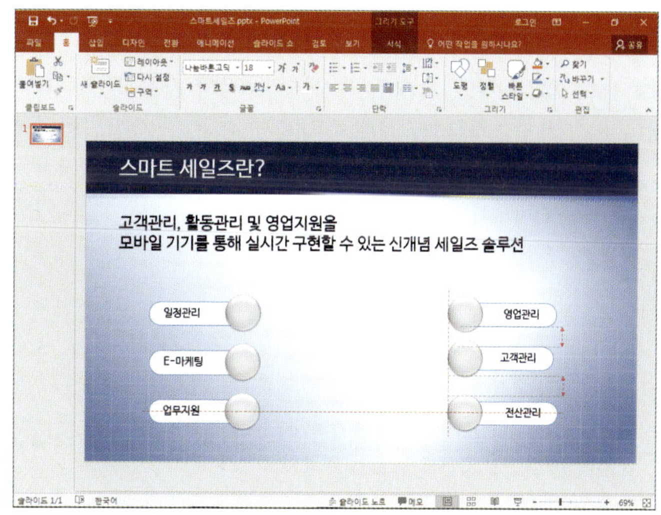

■ 맞춤과 배분으로 개체 정렬하기

예제 파일 Part03/Lesson01/요약재무제표.pptx ㅣ **완성 파일** Part03/Lesson01/요약재무제표_완성.pptx

도형, 텍스트 상자 및 워드아트 등의 개체는 맞춤과 배분 기능을 통해 원하는 간격 및 정렬 상태로 일관되게 배치할 수 있습니다. 맞춤과 배분에 대해서 자세히 살펴보겠습니다.

1 ㅣ 개체 맞춤

스마트 가이드를 통해 일반적인 개체는 모두 정확하게 정렬할 수 있습니다. 하지만 정렬해야 하는 개체가 많아진다면 이야기가 달라집니다. 개체가 많다면 일일이 간격이나 정렬을 맞추는 것이 쉽지 않습니다. 이럴 때에는 [서식] 탭-[정렬] 그룹의 [개체 맞춤]을 통해 개체를 정렬하는 방법을 추천합니다.

[개체 맞춤]에는 6개의 맞춤 정렬과 2가지의 배분 정렬을 제공합니다.

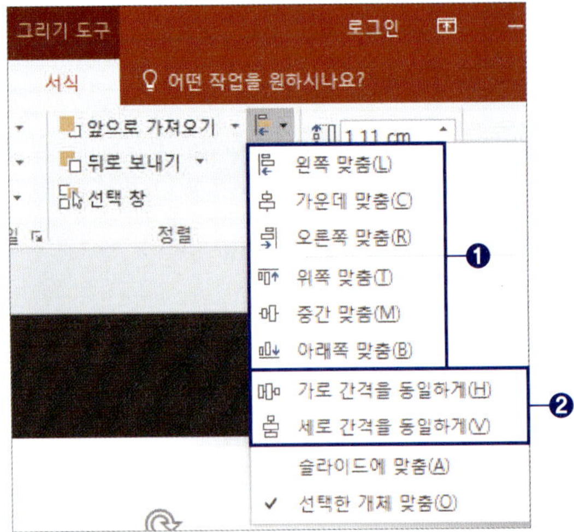

❶ **맞춤 정렬** : 맞춤 정렬은 가로와 세로를 기준선으로 잡습니다. 즉, 가로로 정렬할 것인지 세로로 정렬할 것인지만 정하면 쉽게 개체를 정렬할 수 있습니다.

❷ **배분 정렬** : 배분 정렬은 각 개체 사이의 간격을 균등하게 배분하는 것으로, 맞춤 정렬과 마찬가지로 가로로 배분할 것인지 세로로 배분할 것인지만 정하면 됩니다.

2 | 맞춤 정렬

먼저, 맞춤 정렬을 살펴보겠습니다. 맞춤 정렬은 6개의 정렬 기능을 제공합니다. 앞에서도 언급했듯이 맞춤 정렬은 가로와 세로 중에서 원하는 정렬을 정하면 쉽게 개체를 정렬할 수 있습니다.

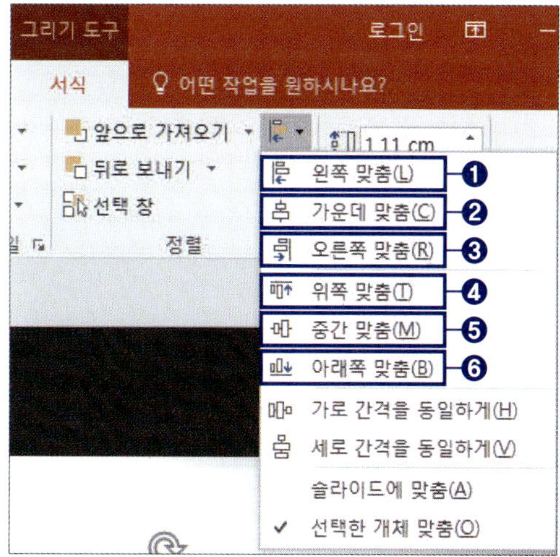

세로를 기준으로 정렬을 원한다면 ❶ 왼쪽 맞춤, ❷ 가운데 맞춤, ❸ 오른쪽 맞춤 중에서 선택하면 되며, 가로를 기준으로 정렬을 원한다면 ❹ 위쪽 맞춤, ❺ 중간 맞춤, ❻ 아래쪽 맞춤 중에서 선택하면 됩니다. 여기서는 '위쪽 맞춤'을 통해 가로 정렬해 보겠습니다. '위쪽 맞춤'의 경우 선택한 개체들 중에서 가장 위쪽에 있는 개체를 기준으로 맞춤 정렬이 진행됩니다. 아래 이미지에서는 가장 위쪽에 배치되어 있는 '196,260'이라고 적힌 도형의 위치를 기준으로 정렬됩니다.

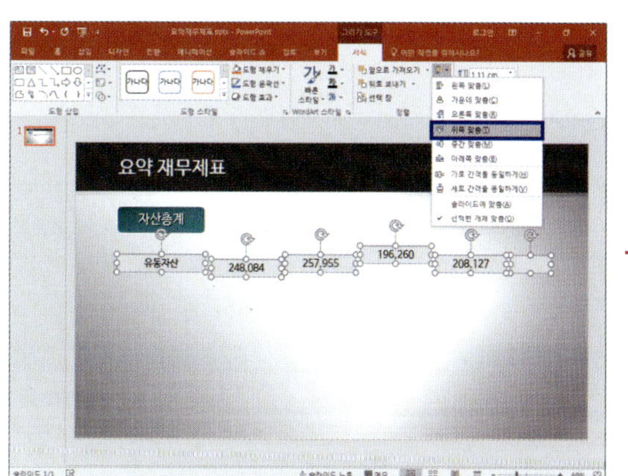

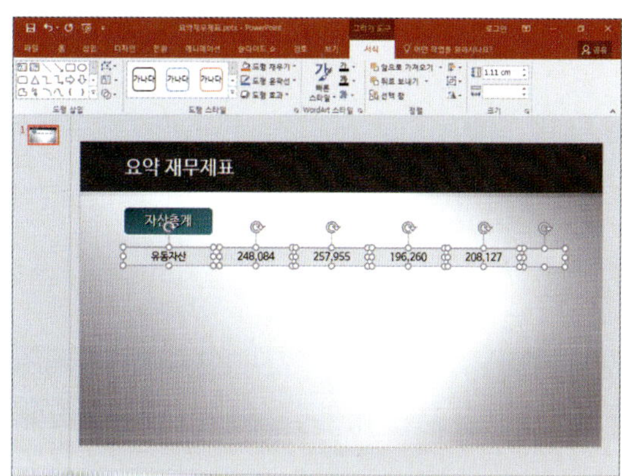

▲ 위쪽 맞춤 – 선택한 개체 중에서 가장 위에 있는 개체를 기준으로 정렬

동일하게 '중간 맞춤'의 경우 선택한 모든 개체에서 중앙에 위치하고 있는 개체를 기준으로 정렬되며, '아래쪽 맞춤'의 경우 선택한 모든 개체에서 가장 아래쪽에 있는 개체를 기준으로 정렬됩니다.

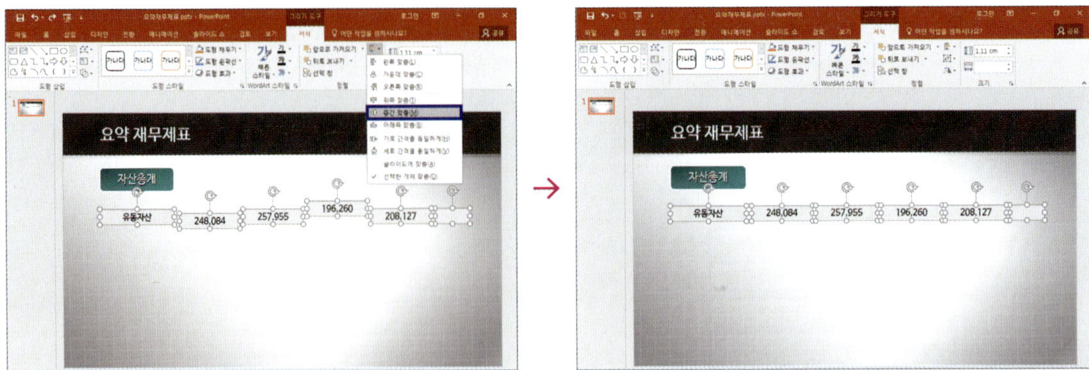

▲ 중간 맞춤 – 선택한 개체 중에서 중앙에 있는 개체를 기준으로 정렬

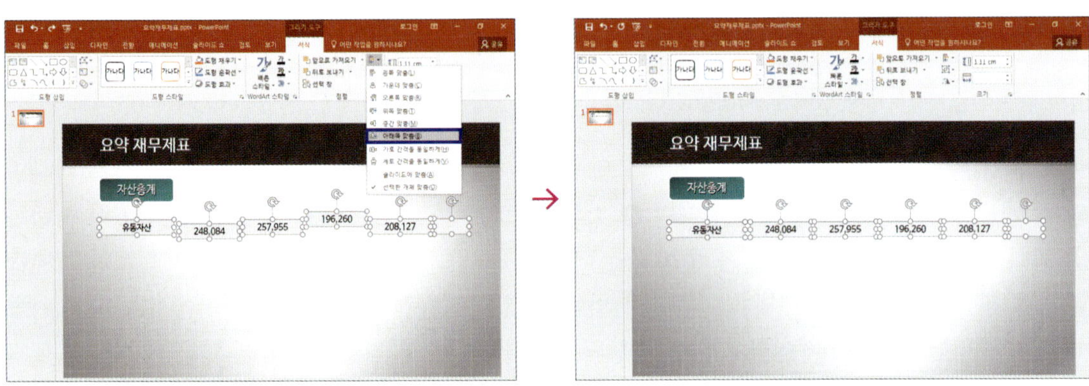

▲ 아래쪽 맞춤 – 선택한 개체 중에서 가장 아래에 있는 개체를 기준으로 정렬

3 | 배분 정렬

각 개체 사이의 간격을 균등하게 배분하고 싶다면 '배분 정렬'을 통해 진행할 수 있습니다. 여기서는 세로로 나열되어 있는 개체들의 사이 간격을 동일하게 배분해 보겠습니다. 현재 선택한 개체들의 간격은 모두 다르게 정렬되어 있는데 '세로 간격을 동일하게'를 선택하면 모두 동일한 간격으로 정렬됩니다.

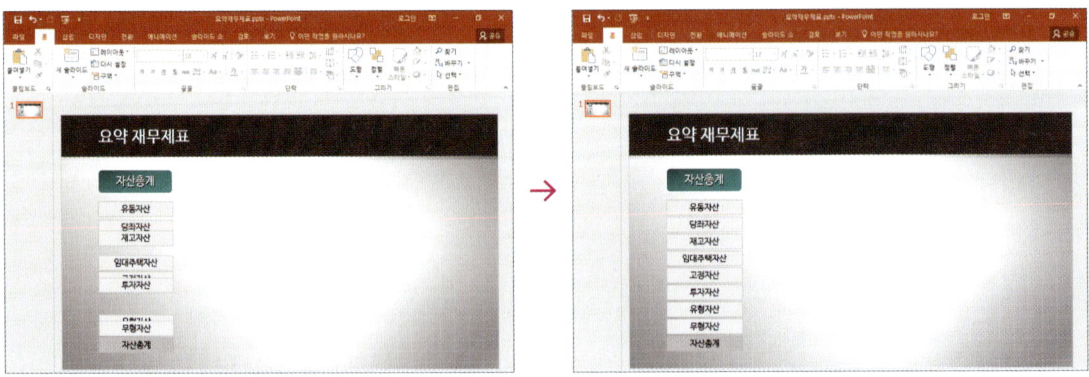

▲ 배분 정렬 – 각 개체 사이의 간격을 동일하게 배분

배분 정렬에서 가장 중요한 점은 선택한 도형의 첫 번째 도형과 마지막 도형을 기준으로 배분 정렬되기에 첫 번째 도형과 마지막 도형 사이의 간격을 어느 정도 확보해 놓은 채 기능을 실행하는 것이 좋습니다.

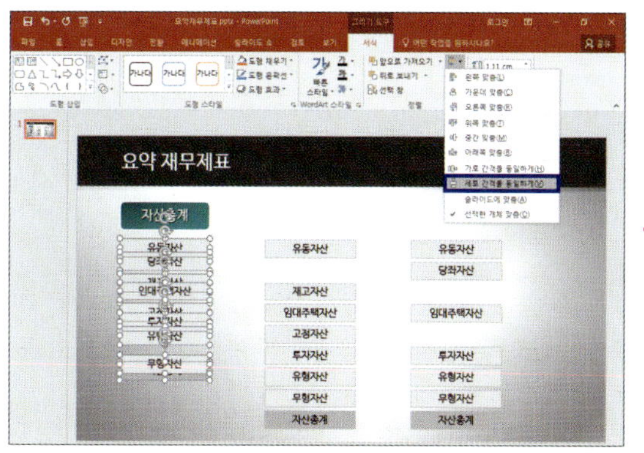 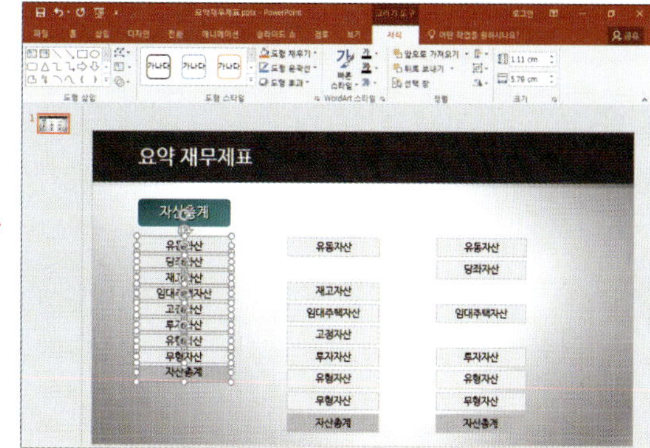

▲ 첫 번째 도형과 마지막 도형 사이의 간격이 부족한 경우

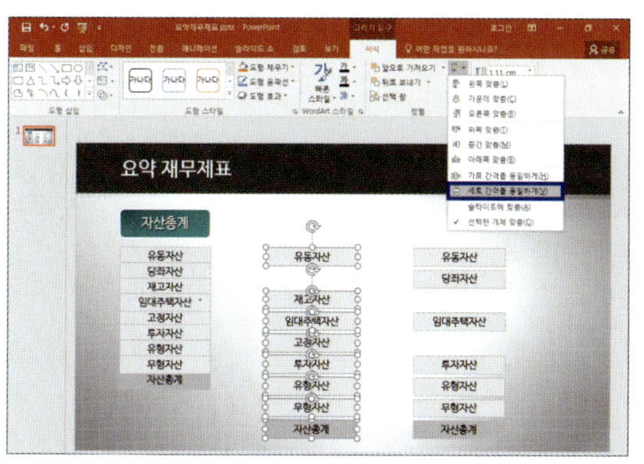 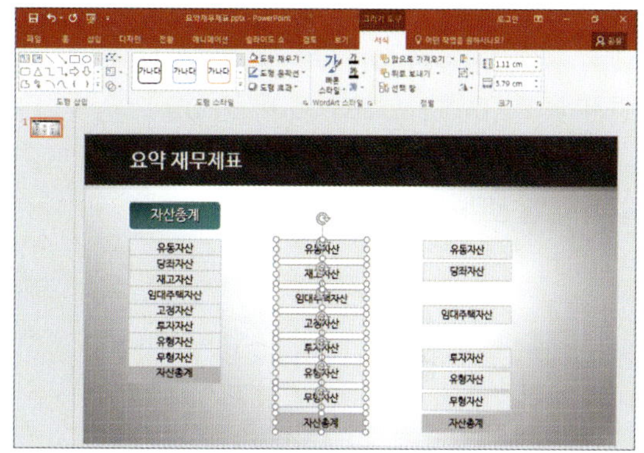

▲ 첫 번째 도형과 마지막 도형 사이의 간격이 충분한 경우(1)

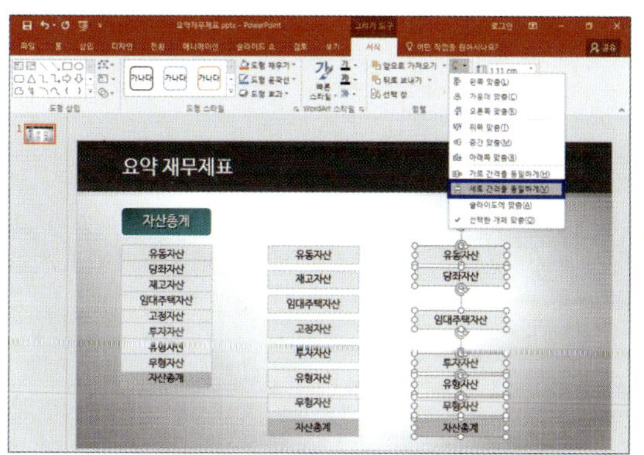 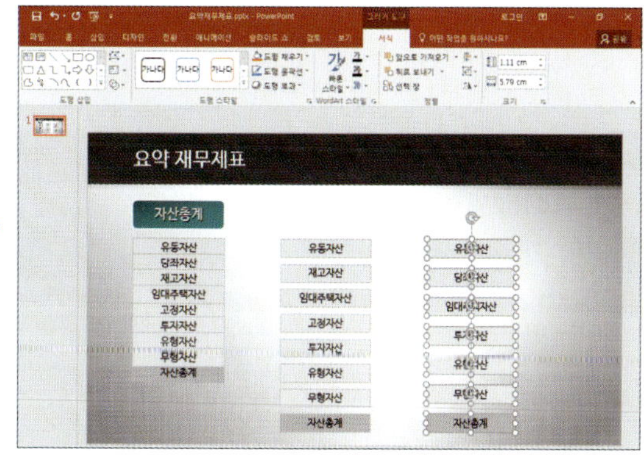

▲ 첫 번째 도형과 마지막 도형 사이의 간격이 충분한 경우(2)

01 예제를 통해 지그재그로 정렬되어 있는 표를 동일한 간격으로 조정해 보겠습니다. 정렬을 원하는 개체를 드래그하여 선택한 후 [그리기 도구]-[서식] 상황별 탭에서 [정렬] 그룹-[맞춤]을 클릭하고 [왼쪽 맞춤]을 선택합니다.

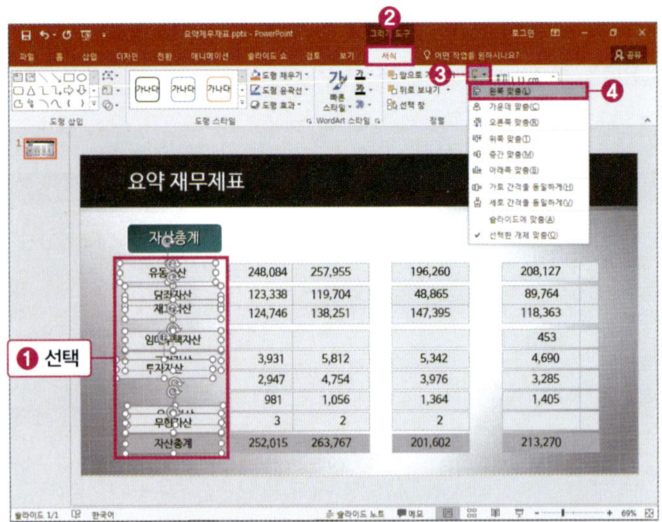

02 왼쪽 맞춤으로 정렬됩니다. 이번에는 세로 간격을 동일하게 조정하기 위해 [그리기 도구]-[서식] 상황별 탭에서 [정렬] 그룹-[맞춤]을 클릭하고 [세로 간격을 동일하게]를 선택합니다.

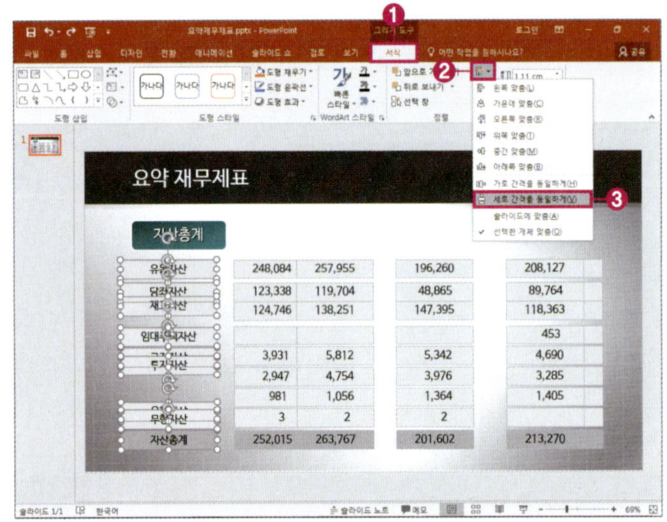

03 선택한 모든 개체의 세로 간격이 동일하게 조정됩니다. '자산 총계' 도형과 라인을 맞추기 위해 '자산 총계' 도형을 Ctrl 을 누른 상태에서 선택한 후 [그리기 도구]-[서식] 상황별 탭에서 [정렬] 그룹-[맞춤]을 클릭하고 [오른쪽 맞춤]을 선택합니다.

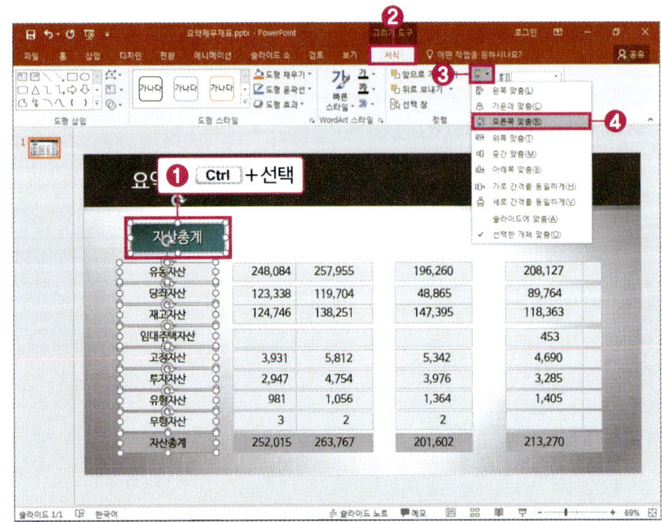

04 가장 오른쪽에 있던 '자산 총계' 도형에 개체 맞춤됩니다. 이번에는 나머지 열과 행도 정렬해 보겠습니다. 첫 번째 열을 제외한 두 번째 열부터 시작되는 첫 번째 행을 모두 선택합니다. [그리기 도구]–[서식] 상황별 탭에서 [정렬] 그룹–[맞춤]을 클릭하고 [가로 간격을 동일하게]를 선택합니다.

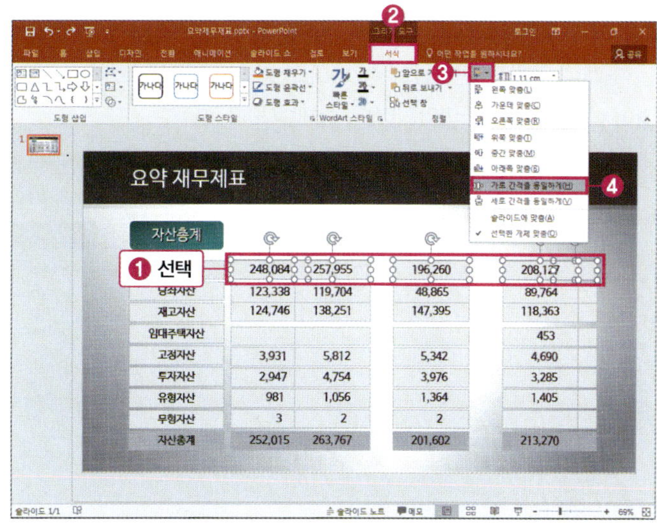

05 선택하지 않은 첫 번째 도형을 제외하고 첫 번째 행의 가로 간격이 모두 동일하게 조정됩니다. 이제 세 번째 열을 모두 선택한 후 [그리기 도구]–[서식] 상황별 탭에서 [정렬] 그룹–[맞춤]을 클릭하고 [오른쪽 맞춤]을 선택합니다.

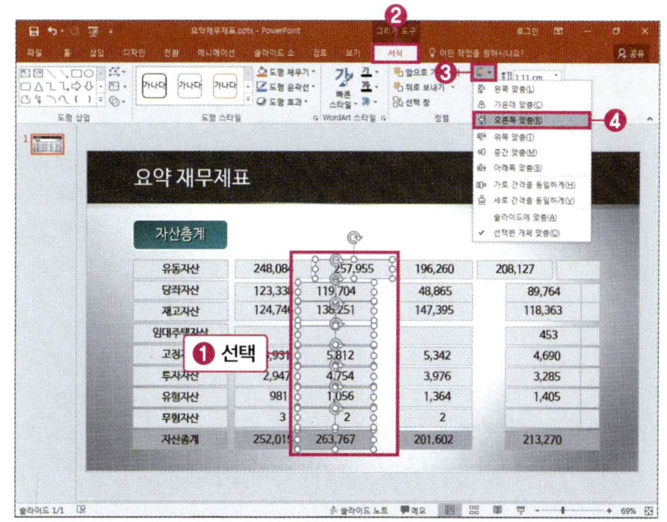

06 동일한 방법으로 다섯 번째 열을 모두 선택한 후 [그리기 도구]–[서식] 상황별 탭에서 [정렬] 그룹–[맞춤]을 클릭하고 [왼쪽 맞춤]을 선택합니다.

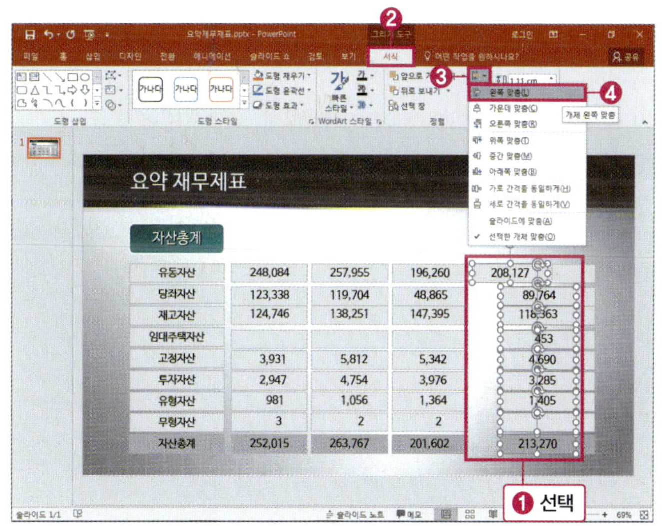

07 이제 거의 다 왔습니다. 열과 열 사이는 제대로 맞춰졌지만 행과 행 사이의 간격이 아직 맞춰지지 않았습니다. 이제부터 세로 간격을 동일하게 조절해 보겠습니다.

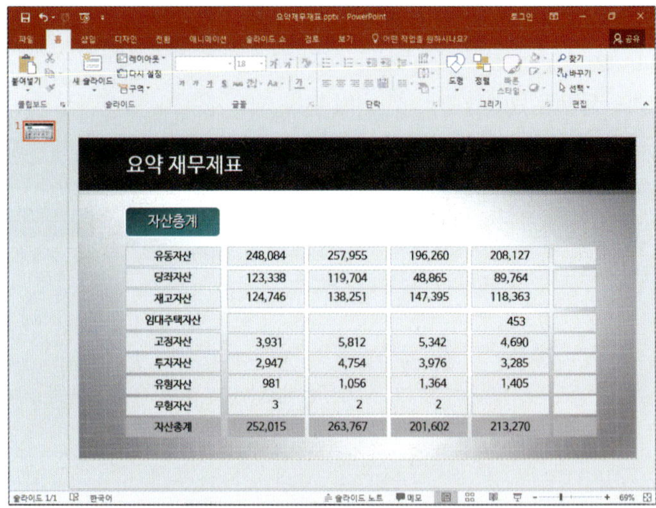

08 두 번째 열을 모두 선택한 후 [그리기 도구]–[서식] 상황별 탭에서 [정렬] 그룹–[맞춤]을 클릭하고 [세로 간격을 동일하게]를 선택합니다.

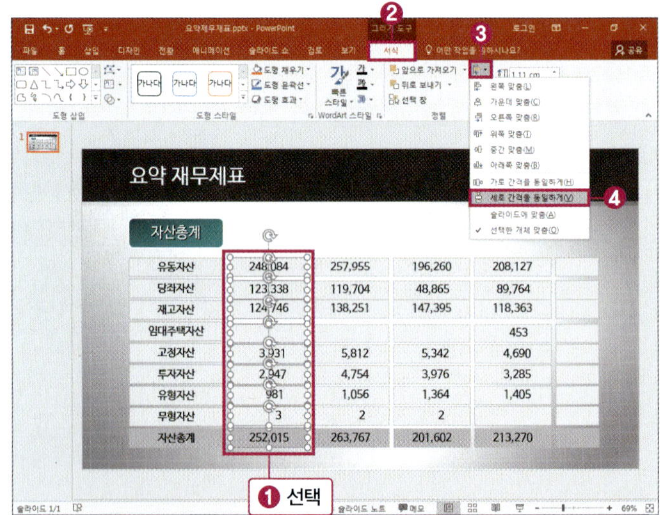

09 세 번째, 네 번째, 다섯 번째, 여섯 번째 열도 동일한 방법으로 선택한 후 [그리기 도구]–[서식] 상황별 탭에서 [정렬] 그룹–[맞춤]을 클릭하고 [세로 간격을 동일하게]를 선택합니다.

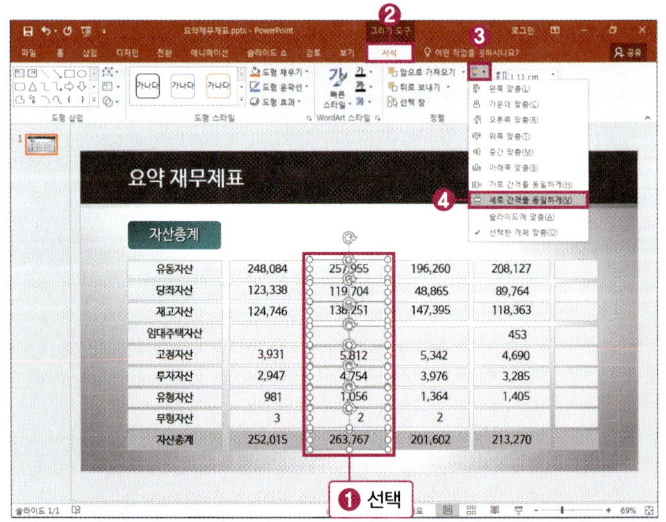

10 다음과 같이 지그재그로 정렬되어 있던 표가 몇 번의 클릭만으로 가로, 세로 모두 균등한 간격으로 정렬되는 것을 확인할 수 있습니다.

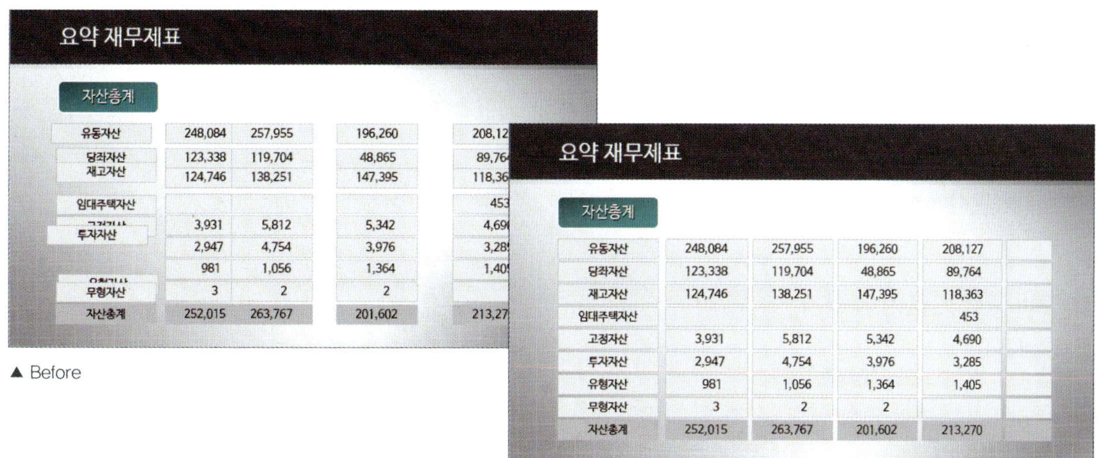

▲ Before

▲ After

[Ctrl]과 [Shift]로 자유롭게 조작하기

[Ctrl]을 누른 채 도형을 이동시키면 도형이 복사되면서 이동하며, 도형의 중심 위치를 고정한 채 도형의 크기를 조절할 수 있습니다. [Shift]를 누른 채 도형을 이동하면 수직이나 수평 방향으로만 도형을 이동할 수 있으며, 가로와 세로 비율을 그대로 유지하면서 도형의 크기를 조절할 수 있습니다. 이 외에도 [Ctrl]과 [Shift]만의 다양한 기능이 숨겨져 있기에 이번에 살펴보겠습니다.

■ [Ctrl]로 드로잉 익히기

[Ctrl]을 누른 채 도형을 이동하면 도형이 복사되어 이동되며, 도형의 중심 위치를 고정한 채 도형의 크기를 조절할 수 있습니다. 또한, [Ctrl]을 누른 채 도형을 드래그하면 보다 세밀하게 이동할 수 있습니다.

또한, 슬라이드 편집 창의 화면을 확대하거나 축소할 때에도 개체를 선택한 후 [Ctrl]을 누른 상태에서 마우스 휠을 돌리면 선택한 개체를 중심으로 화면을 확대하거나 축소할 수 있습니다.

[Ctrl]을 누르면 나타나는 특징

1. 도형이 복사된다.
2. 도형의 중심을 고정한 채 도형의 크기를 조절할 수 있다.
3. 세밀하게 이동할 수 있다.
4. 선택한 개체 중심으로 화면을 확대하거나 축소할 수 있다.

▲ [Ctrl]을 누른 채 도형 드래그 : 도형 복사

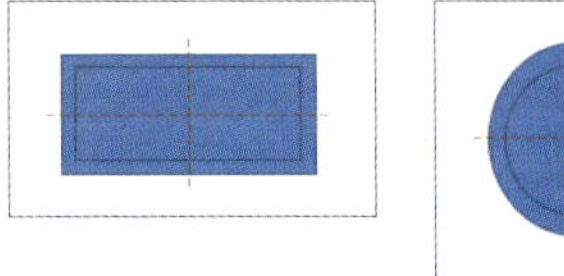

▲ [Ctrl]을 누른 채 크기 조절 : 중심 위치를 고정한 채 크기 조절

■ Shift 로 드로잉 익히기

Shift 를 누른 채 도형을 드래그하면 수직이나 수평 방향으로만 도형을 이동시킬 수 있습니다. 가로와 세로 비율을 그대로 유지하면서 도형의 크기를 조절하거나 가로, 세로 비율이 1 대 1인 정사각형, 정원형과 같은 정방향의 도형을 그릴 때에도 유용하게 사용할 수 있습니다.

또한, 선을 그릴 때 Shift 를 누른 상태에서 마우스를 드래그하면 45˚ 간격으로 선의 각도를 조절해서 그릴 수 있습니다. 또한, 도형을 회전할 때에도 15˚ 간격으로 회전시킬 수 있습니다. 너무 복잡하다구요? 아래 예제를 보면 쉽게 기억할 수 있을 겁니다.

Shift 를 누르면 나타나는 특징

1. 수직, 수평 방향으로만 이동된다.
2. 정사각형, 정삼각형 등 정방형 도형을 그릴 수 있다.
3. 도형 회전 시 15˚ 간격으로만 조정된다.
4. 45˚ 간격으로 선을 그릴 수 있다.
5. 개체의 크기를 바꿀 때 비율을 유지한 채 조절할 수 있다.
6. 여러 개체를 동시에 선택할 수 있다.

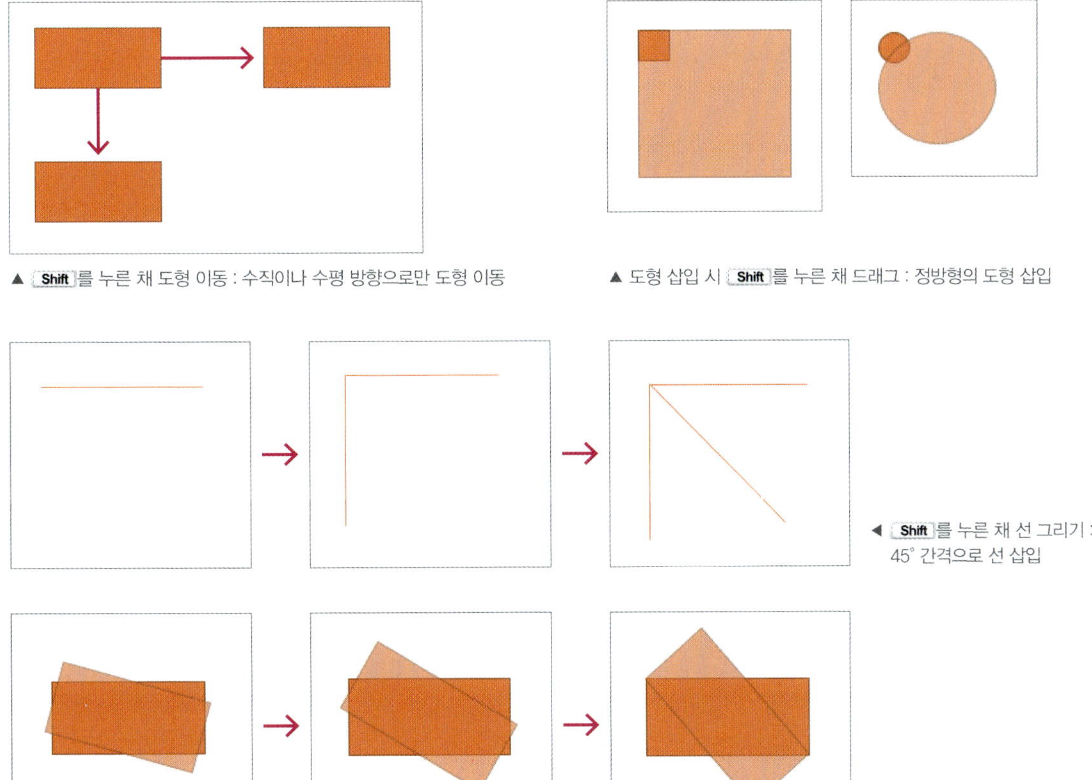

▲ Shift 를 누른 채 도형 이동 : 수직이나 수평 방향으로만 도형 이동

▲ 도형 삽입 시 Shift 를 누른 채 드래그 : 정방형의 도형 삽입

◀ Shift 를 누른 채 선 그리기 : 45˚ 간격으로 선 삽입

◀ Shift 를 누른 채 도형 회전 : 15˚ 간격으로 도형 회전

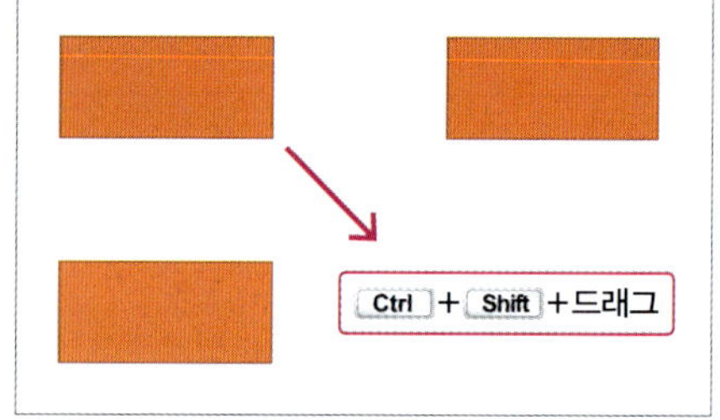

■ Alt 로 드로잉 익히기

Alt 는 Ctrl 과 Shift 보다 하는 일이 적습니다. 하지만 개체를 미세하게 조정해야 한다면 Alt 가 유용하게 사용됩니다. 개체를 미세하게 움직이고 싶다면 Alt 를 누른 채 마우스를 이동합니다. 다만, 키보드로 개체를 미세하게 움직이고 싶다면 Ctrl 을 누른 채 방향키를 누릅니다.

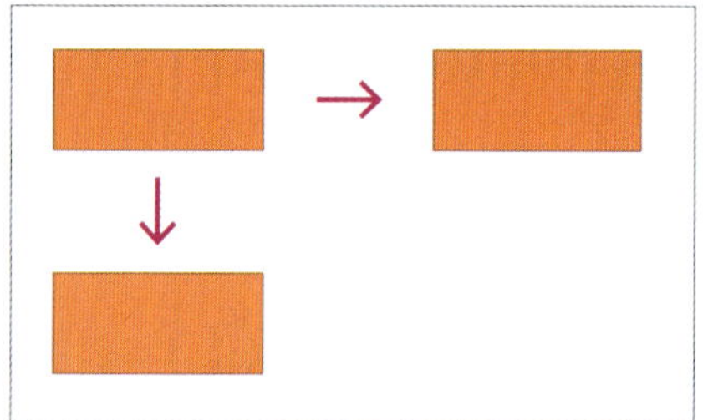

▲ Alt 을 누른 채 마우스로 이동 : 개체를 미세하게 조정

■ 도형 크기 조절하기

[모양 조정 핸들]은 도형의 모서리에 나타나는 흰색 원형( )을 말합니다. 이를 드래그하면 도형의 크기를 변경할 수 있습니다.

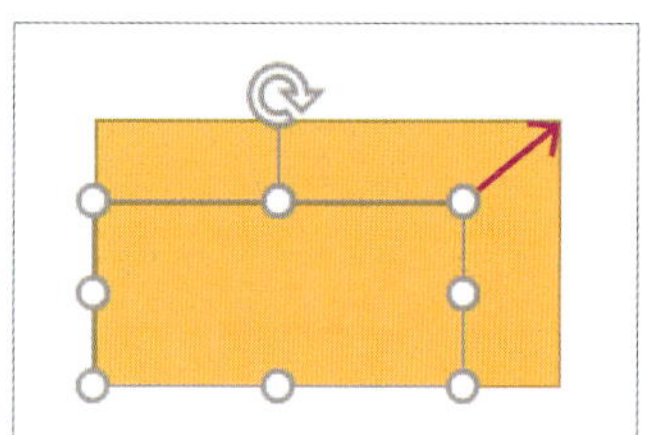
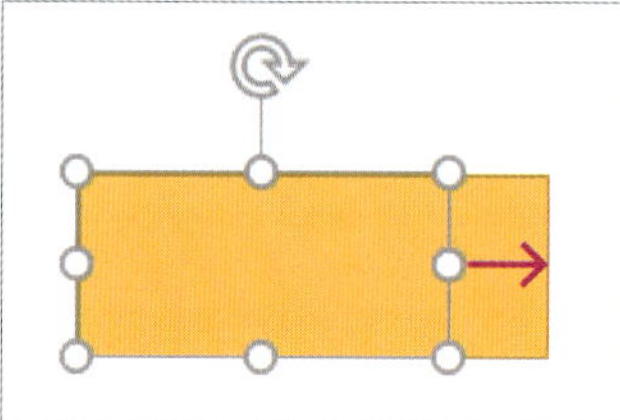

▲ [크기 조정 핸들]( )을 드래그 : 도형 크기 조절

■ 도형 모양 변경하기

대부분의 도형은 [모양 조정 핸들](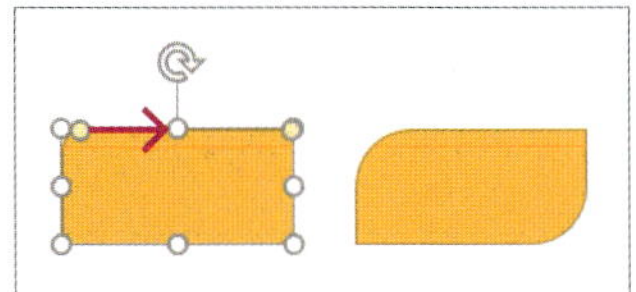)을 이용하여 모양을 변경할 수 있습니다. 도형을 선택했을 때 도형 주위에 나타나는 노란색의 [모양 조정 핸들]을 원하는 위치로 드래그하면 도형의 모양이 변경됩니다. 아래의 그림에서 왼쪽은 기본 도형이고 나머지는 [모양 조정 핸들]을 이용하여 모양을 변경한 도형입니다.

[모양 조정 핸들]은 도형에 따라 나타나지 않을 수도 있고, 두 개 또는 세 개의 [모양 조정 핸들]이 나타나기도 합니다.

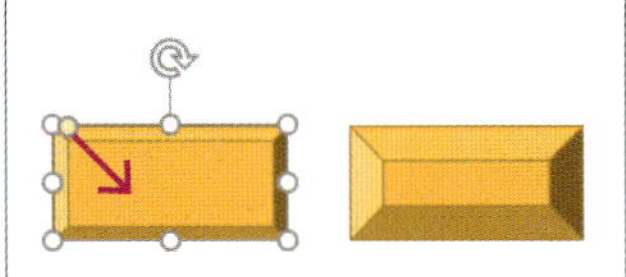

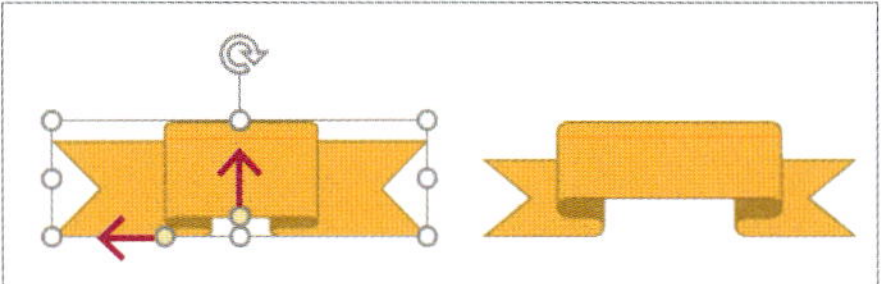

▲ [모양 조정 핸들]() 드래그

■ 도형 회전하기

[회전 핸들]()은 도형을 삽입했을 때 나타나는 흰색 원을 말합니다. 이를 회전시킬 방향으로 드래그하면 도형을 회전시킬 수 있습니다.

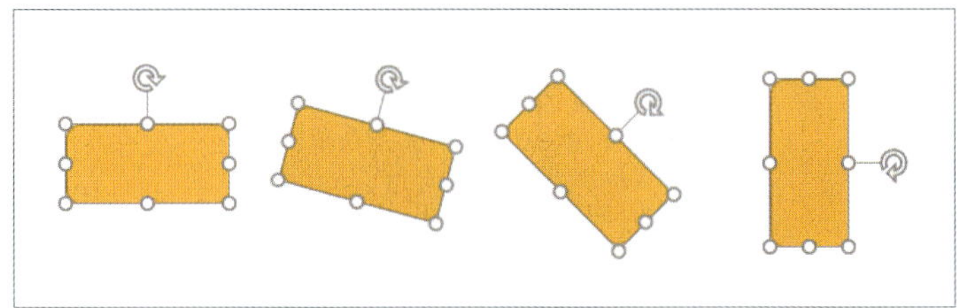

실행 취소와 취소 되돌리기로 실수도 자유롭게

여러 가지 작업을 하다보면 진행했던 작업을 취소하고 이전으로 되돌리고 싶을 경우가 발생합니다. 이를 파워포인트에서는 '실행 취소'라고 합니다. 여기서는 '실행 취소'하는 방법과 실행 취소한 내용을 되돌리는 기능인 '취소 되돌리기'에 대해서 살펴보겠습니다.

■ 실행 취소하기, 취소 되돌리기

예제 파일 Part03/Lesson01/SWOT.pptx

실행했던 바로 전 단계로 되돌리는 '실행 취소'와 그 실행을 다시 취소할 수 있는 '취소 되돌리기'를 살펴보겠습니다.

1 | 실행 취소와 취소 되돌리기

[실행 취소]와 [취소 되돌리기]는 빠른 실행 도구 모음에 기본적으로 포함되어 있습니다.

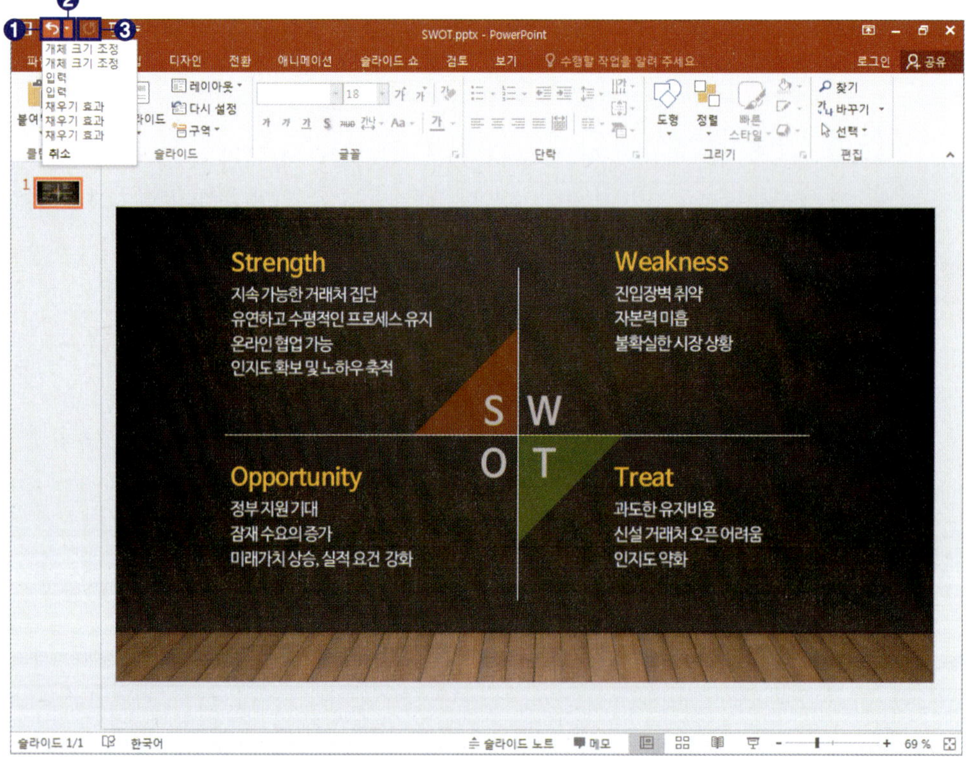

❶ **실행 취소** : 실행했던 바로 전 단계로 되돌아갑니다.

❷ **실행 취소 화살표** : 실행 취소가 가능한 목록이 나타납니다.

❸ **취소 되돌리기** : 바로 전 단계에서 되돌아갔던 내용을 다시 취소합니다.

01 실행했던 바로 전 단계로 가기 위해서는 빠른 실행 도구 모음에서 [실행 취소]를 클릭하거나 `Ctrl`+`Z`를 누릅니다.

팁 :: [실행 취소]는 슬라이드를 처음 열었을 때에는 활성화가 되어 있지 않습니다. 슬라이드상의 개체를 이것저것 수정해본 후 따라하기를 진행해 보세요.

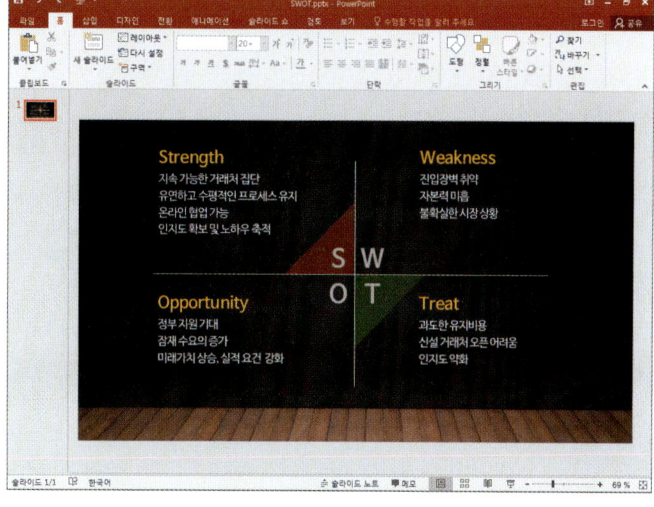

02 [실행 취소]의 화살표를 클릭하면 실행 취소가 가능한 목록이 나타납니다. [취소 되돌리기]를 클릭하면 되돌아갔던 내용을 취소합니다.

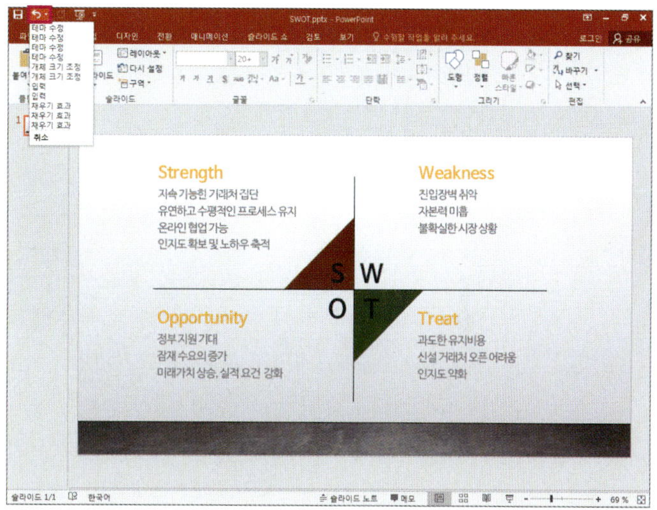

■ 실행 취소 횟수 조정하기

파워포인트는 기본적으로 실행 취소 횟수가 20회입니다. 하지만, 실행 취소 횟수는 최대 150회까지 설정할 수 있습니다.

1 | 실행 취소 최대 횟수

실행 취소 횟수는 [Powerpoint 옵션] 대화상자의 [고급] 항목–[편집 옵션]에서 [실행 취소 최대 횟수]를 통해 조정합니다.

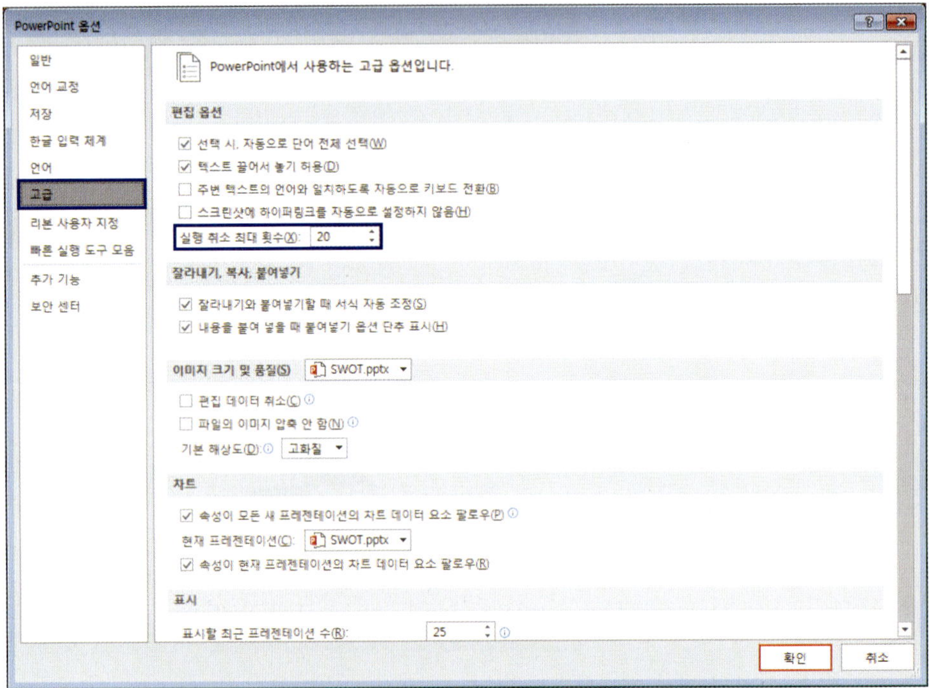

일정 간격으로 빠르게 개체 복제하기

예제 파일 Part03/Lesson01/개체복제.pptx ∣ **완성 파일** Part03/Lesson01/개체복제_완성.pptx

Ctrl+D를 눌러 도형을 복제할 수 있습니다. 복제된 도형을 일정한 간격으로 띄워놓고 다시 Ctrl+D를 눌러 일정한 간격으로 도형을 계속 복사할 수 있습니다.

■ 간격 조절 없이 Ctrl+D를 눌러 도형 복제

도형을 복제하기 위해 복제할 도형을 선택한 후 Ctrl+D를 누릅니다. 다시 Ctrl+D를 누릅니다.

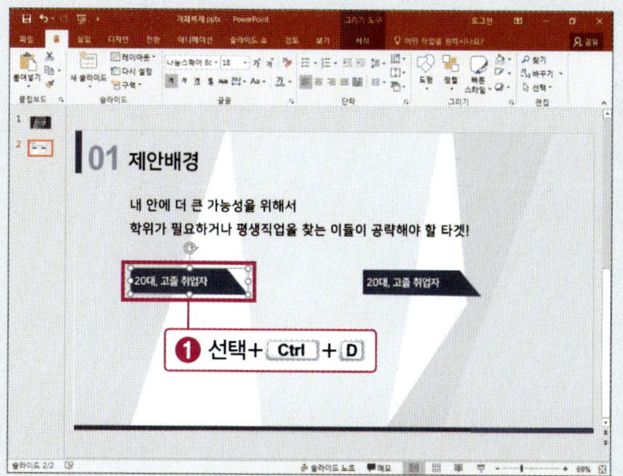
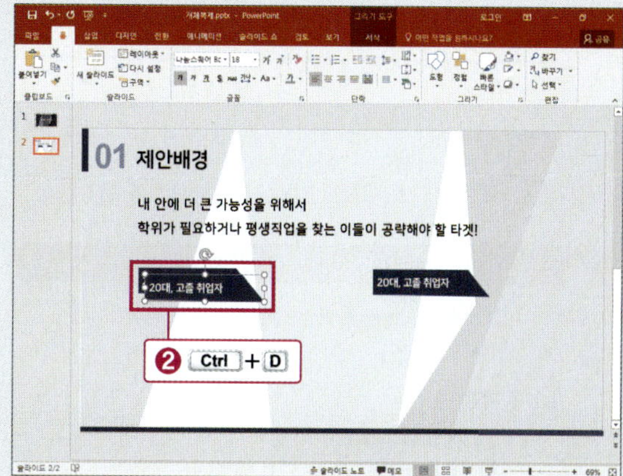

Ctrl+D를 누른 만큼 도형이 복제됩니다.

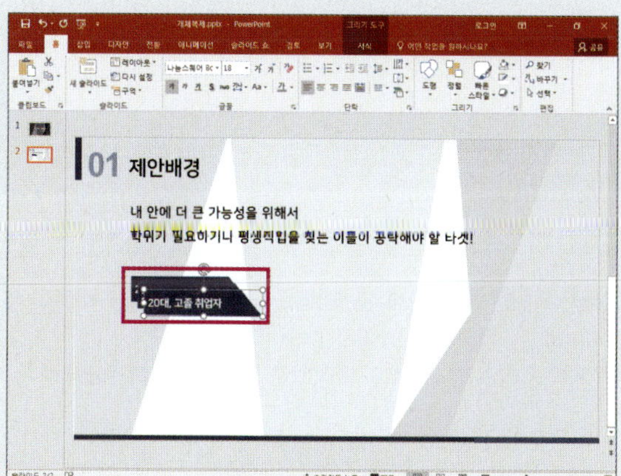

■ 간격 조절한 후 Ctrl + D 를 눌러 도형 복제

도형을 복제하기 위해 복제할 도형을 선택한 후 Ctrl + D 를 누릅니다. 복제한 도형을 기존 도형에서 아래쪽으로 일정한 간격만큼 띄워놓은 다음 다시 Ctrl + D 를 누릅니다.

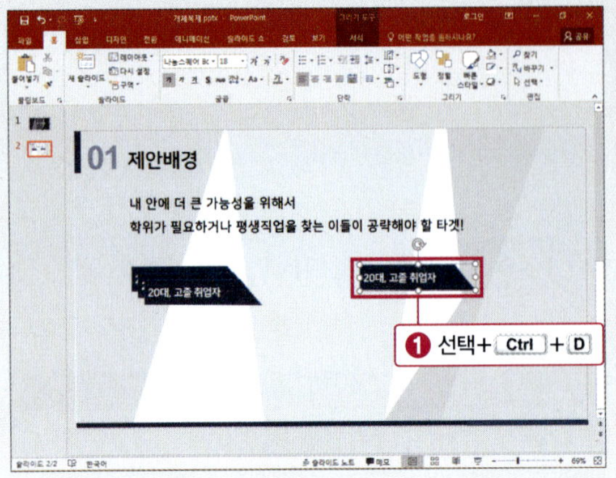

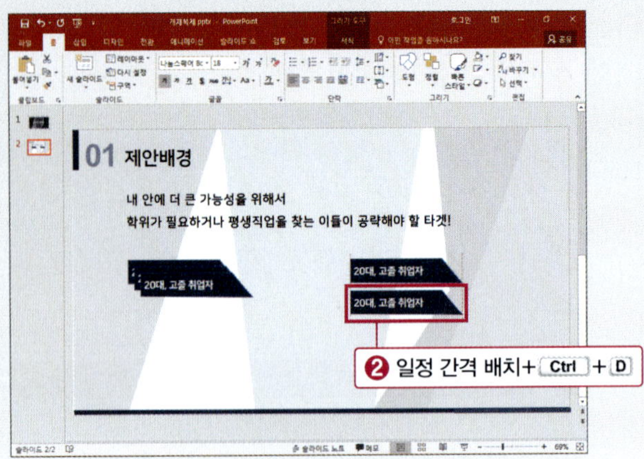

일정한 간격만큼 띄워진 채 도형이 복제됩니다.

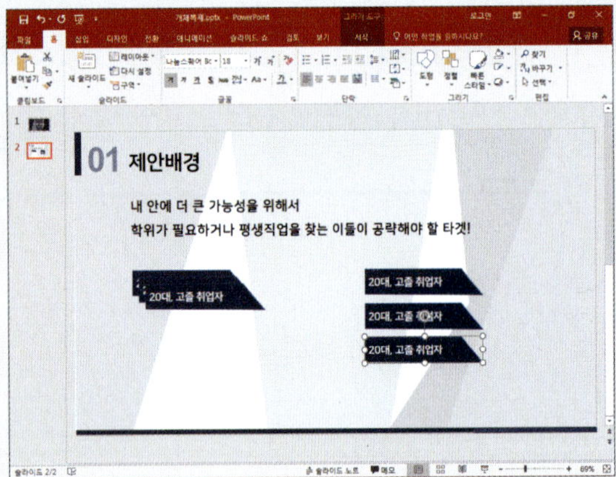

Q&A

Q. Ctrl + C 와 Ctrl + D 의 차이점이 궁금합니다.

A. Ctrl + C 로 복사하고 Ctrl + V 로 붙여 넣는 방법과 달리 Ctrl + D 를 통해 복제하는 방법은 단순히 도형을 복사한다는 개념보다는 도형에 적용되어 있는 여러 서식까지도 함께 복제할 수 있다는 점에서 큰 차이가 있습니다.
또한, Ctrl + D 를 통해 도형을 복제하면 기존 도형의 모든 속성과 개체 사이의 간격까지도 일정하게 유지하면서 복사되어 빠르게 도형을 복제할 수 있습니다.

기본탄탄!
도형 효과 익히기

**도형에
다양한 옷을
입혀 보아요.**

도형을 삽입하면 [그리기 도구]-[서식] 상황별 탭이 자동으로 나타납니다. 상황별 탭에서는 도형의 색상이나 그림자 등의 스타일을 지정하거나 다양한 도형 옵션을 설정할 수 있습니다. 또한, 빠른 스타일을 적용하여 디자이너 수준의 멋진 도형을 만들 수도 있습니다. 이번에는 도형에 적용할 수 있는 다양한 효과와 서식에 대해서 살펴보겠습니다.

도형 채우기와 빠른 스타일로 시간 단축하기

도형 채우기를 통해 도형에 질감, 그림 또는 그라데이션을 삽입할 수 있으며, 도형 윤곽선을 통해 도형의 두께나 대시, 화살표 등을 변경할 수 있습니다. 빠른 스타일을 통해 파워포인트가 제공해 주는 서식을 빠르고 쉽게 지정할 수 있습니다.

■ [크기 및 위치]로 정확하게 크기 조정하기

예제 파일 Part03/Lesson02/실무카페.pptx | **완성 파일** Part03/Lesson02/실무카페_완성.pptx

개체를 선택한 후 마우스 오른쪽 버튼을 눌러 [크기 및 위치]를 선택하면 도형의 크기를 정확하게 맞출 수 있습니다. 도형과 그림 모두 [크기 및 위치] 옵션이 존재하기에 여기서는 '그림'을 통해 [크기 및 위치] 옵션을 살펴보겠습니다.

1 | 크기 및 위치

[크기 및 위치]를 선택하면 [도형 서식] 옵션 창 혹은, [그림 서식] 창을 통해 도형의 높이와 너비, 회전 옵션 등 크기와 위치 옵션을 쉽게 조정할 수 있습니다.

먼저, [크기] 항목을 살펴보겠습니다. ❶ [높이]와 [너비]에 원하는 크기를 입력하여 이미지의 크기를 조절할 수 있습니다. 참고로, ❷ [가로 세로 비율 고정]이 체크되어 있다면 [높이]나 [너비] 중에서 어느 한쪽의 크기를 변경하면 다른 쪽의 크기도 가로 세로 비율을 계산하여 자동으로 조정됩니다.

❸ [원래 크기] 항목을 통해 선택한 이미지의 원래 높이와 너비 크기를 확인할 수 있으며 [원래대로]를 클릭하여 원래 크기로 되돌릴 수 있습니다. 참고로 '도형'의 경우 [원래 크기] 항목이 표시되지 않습니다.

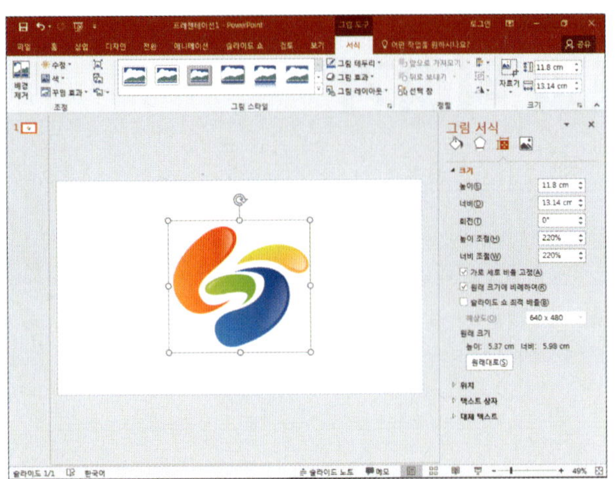

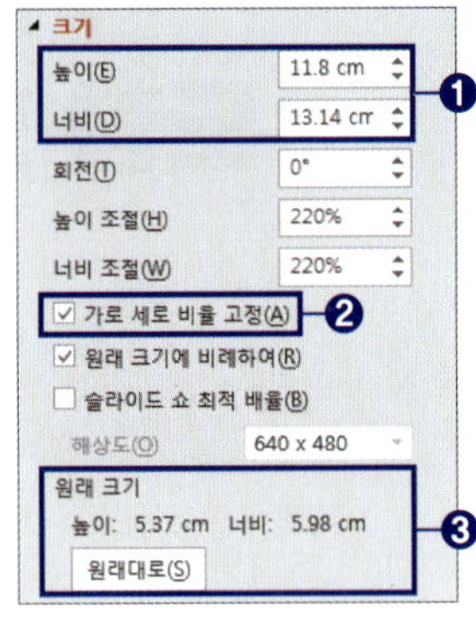

▲ [크기] 옵션

[위치] 항목에서는 ❹ [기준 위치]를 통해 이미지의 위치를 조정할 수 있습니다. ❺ [기준]에서 제공하는 이미지의 위치는 '왼쪽 위 모서리', '가운데'입니다. '왼쪽 위 모서리', '가운데' 중에서 원하는 기준을 선택하여 조정합니다. 참고로, 기준이 되는 위치는 이미지가 시작되는 지점. 즉, 이미지의 왼쪽 위 모서리가 기준이 됩니다.

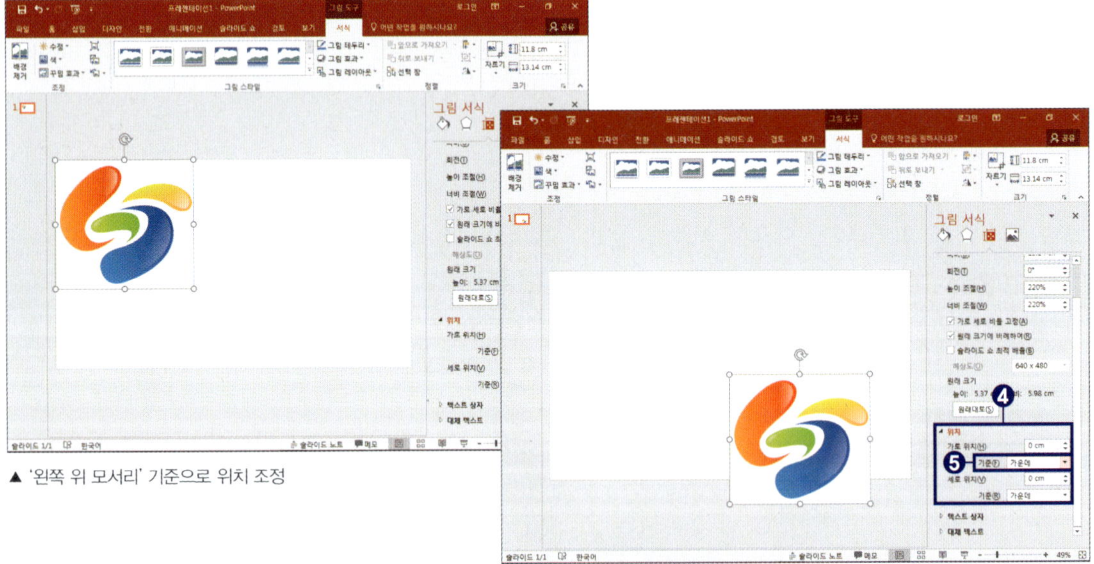

▲ '왼쪽 위 모서리' 기준으로 위치 조정

▲ '가운데' 기준으로 위치 조정

01 예제를 통해 도형의 위치와 크기를 변경해 보겠습니다. 위치와 크기를 변경하고 싶은 이미지를 선택합니다. 마우스 오른쪽 버튼을 누른 후 [크기 및 위치]를 선택합니다.

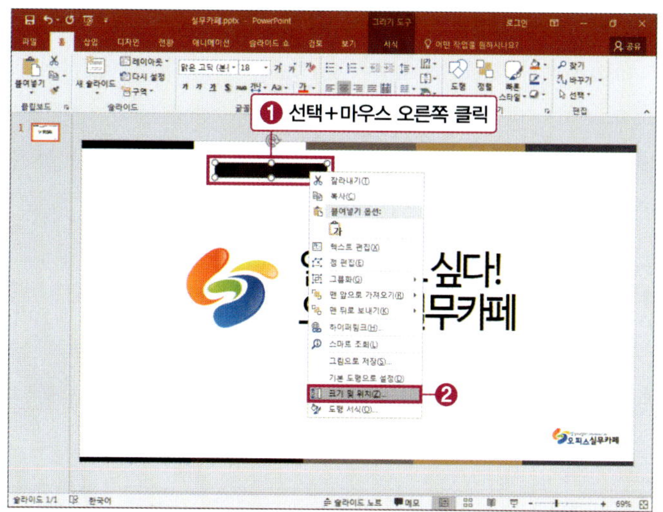

02 [도형 서식] 옵션 창이 뜨면 [가로 세로 비율 고정]의 체크를 해제합니다. [크기]–[높이]에 『0.47』를 입력합니다. [크기]–[너비]에 『6.77』을 입력합니다.

··

팁 :: [가로 세로 비율 고정]에 체크가 되어 있다면 [높이] 항목만 변경해도 [너비] 항목도 자동으로 변경됩니다.

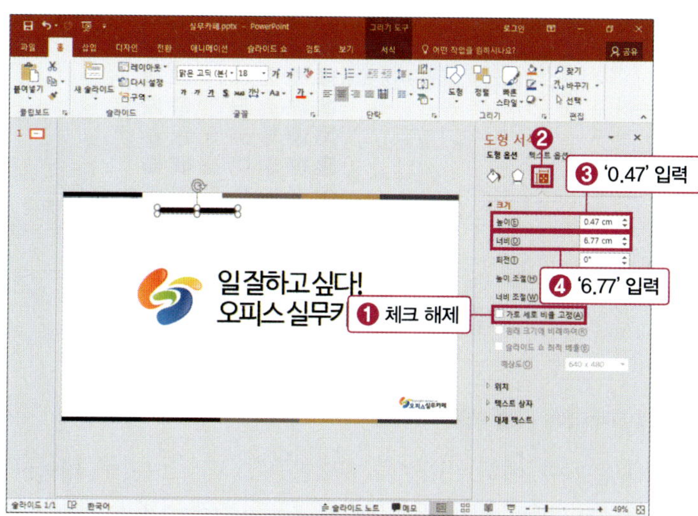

03 이번에는 [위치] 항목을 통해 이미지의 위치를 조정해 보겠습니다. [기준]–[왼쪽 위 모서리]를 기준으로 [가로 위치]에 『6.77』, [세로 위치]에 『0.01』을 입력합니다. 이미지의 위치가 변경됩니다.

··

팁 :: 이미지의 위치는 이미지를 마우스로 드래그하여 조정할 수도 있지만 [위치] 항목을 통해 보다 세밀하게 조정할 수 있습니다.

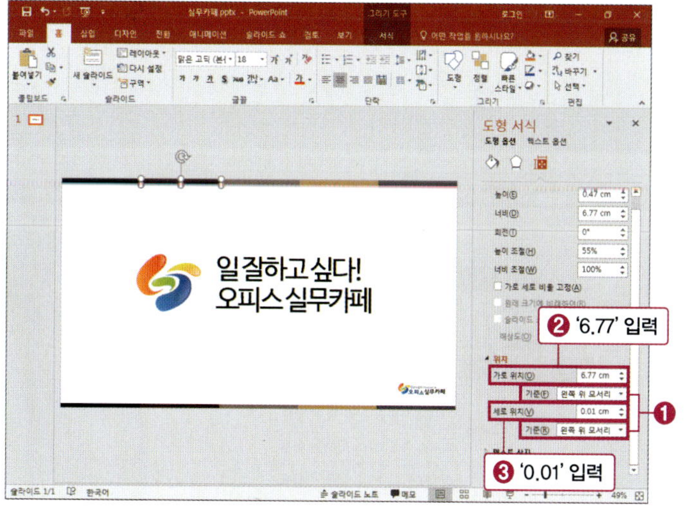

■ 빠른 스타일과 테마의 상관관계

예제 파일 Part03/Lesson02/빠른스타일.pptx ┃ 완성 파일 Part03/Lesson02/빠른스타일_완성.pptx

파워포인트가 제공하는 빠른 스타일은 눈에 보이는 것이 전부가 아닙니다. 사용하는 테마에 따라
빠른 스타일도 모두 다르게 제공됩니다. 아직, 테마 기능은 배우지 않았지만 여기서 잠시 살펴보고
가겠습니다.

1 ┃ 빠른 스타일과 도형 스타일

도형을 선택한 상태에서 [홈] 탭–[그리기] 그룹의 [빠른 스타일]을 클릭한 후 원하는 스타일을 선택
합니다. [그리기 도구]–[서식] 상황별 탭의 [도형 스타일] 그룹에서 [자세히]를 클릭하여 원하는 스
타일을 선택할 수도 있습니다.

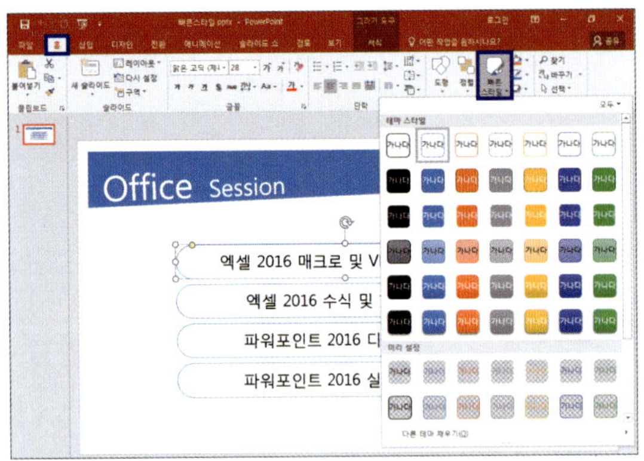

▲ 빠른 스타일

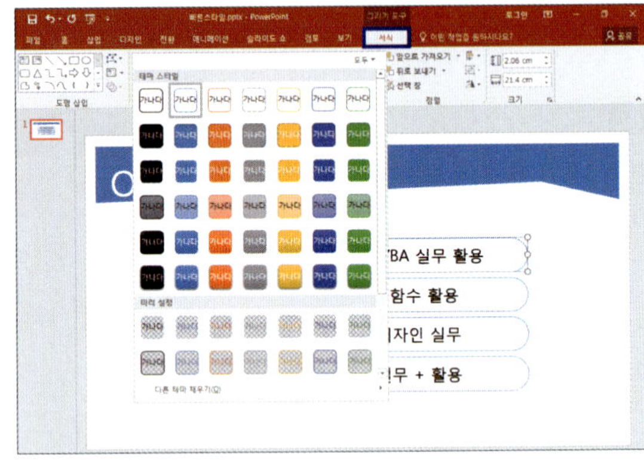

▲ 도형 스타일

2 ┃ 테마에 따른 빠른 스타일

파워포인트에는 슬라이드 작업을 도와주는 다양한 테마가 준비되어 있습니다. [디자인] 탭–[테마]
그룹을 열면 갤러리, 3D 메탈 테마, 메모 테마 등 다양한 테마를 선택할 수 있습니다. 선택한 테마
마다 제공되는 빠른 스타일도 다르게 표시됩니다.

예를 들어, '기본' 테마를 선택한 후 빠른 스타일이나 도형 스타일을 선택하면 아래와 같이 모양이
다른 스타일이 표시됩니다.

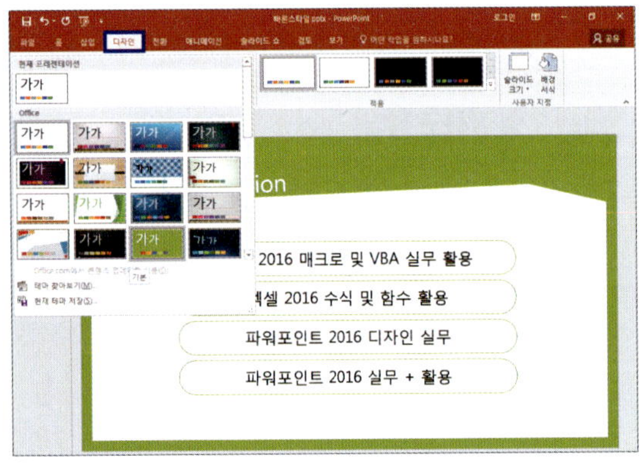

▲ '기본' 테마 선택

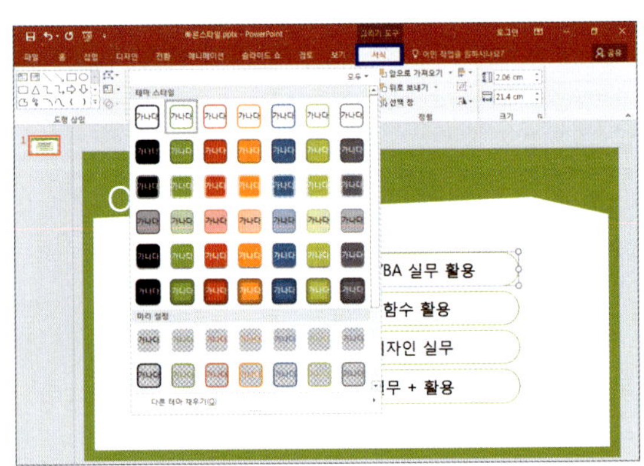

▲ '기본' 테마에 따른 도형 스타일

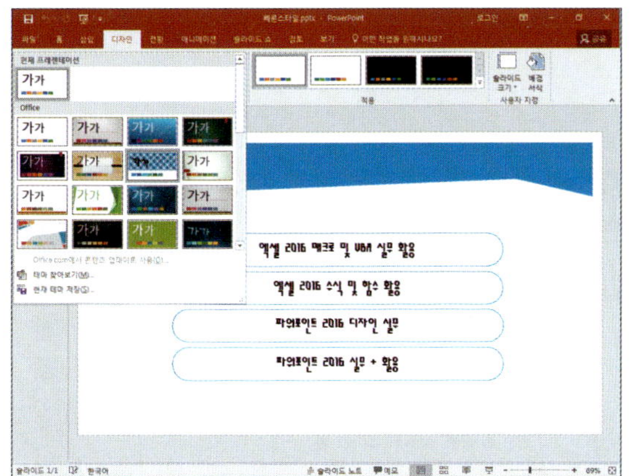

▲ '전체' 테마 선택

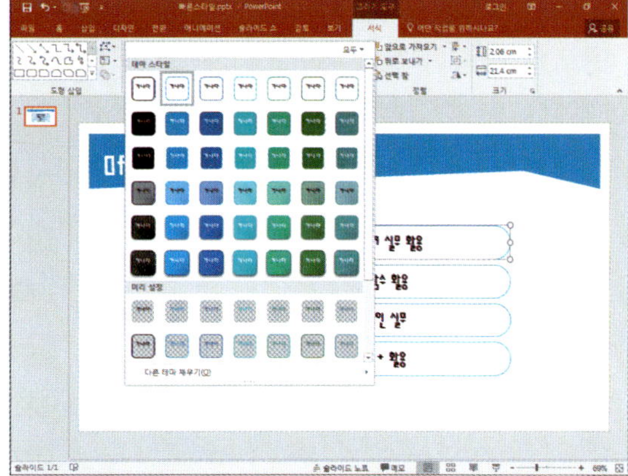

▲ '전체' 테마에 따른 도형 스타일

선택하는 테마에 따라서 적용되는 빠른 스타일이나 도형 스타일이 변경되는 것을 확인할 수 있습니다.

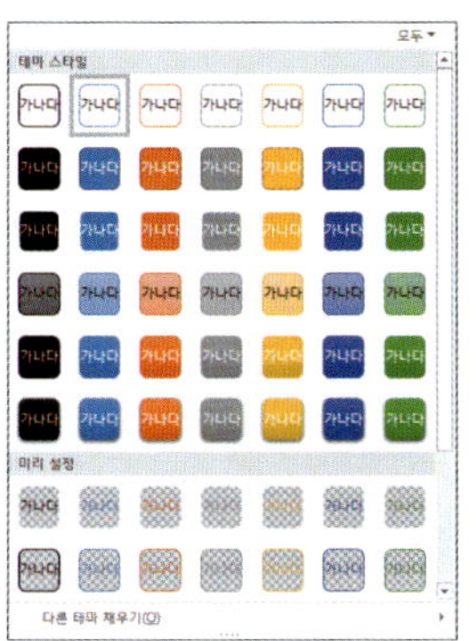

▲ Office 테마

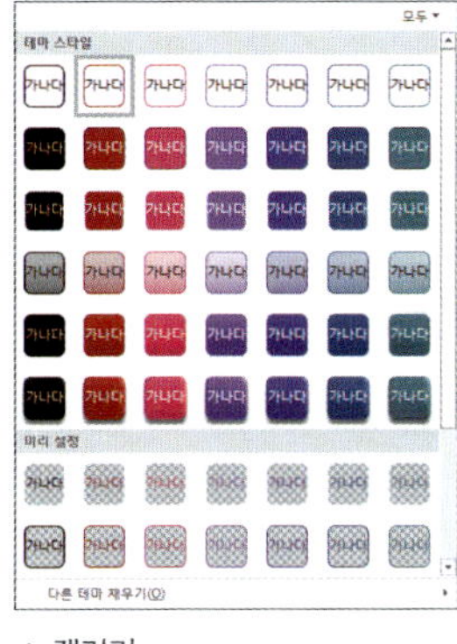

▲ 갤러리

▲ 슬라이스

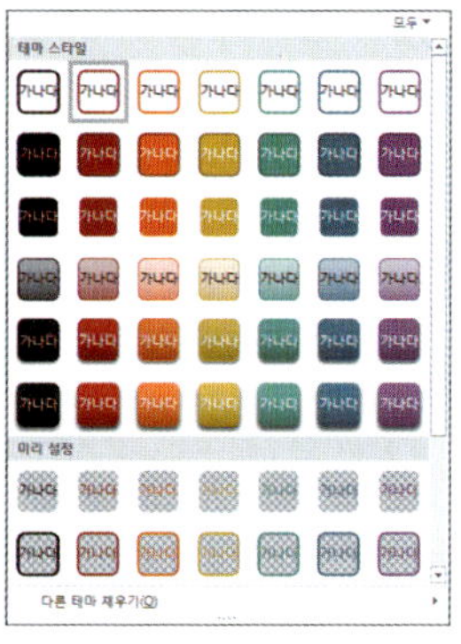

▲ 이온

▲ 자연주의

▲ 전체

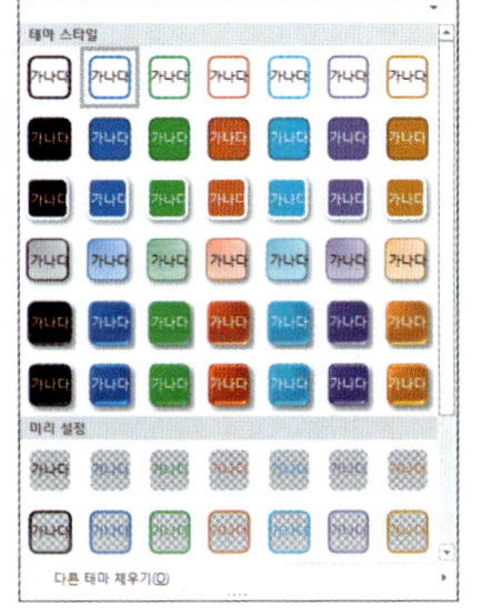

▲ 3D 메탈

▲ 어린이

01 예제 파일을 연 다음 빠른 스타일을 적용해 보겠습니다. 첫 번째 도형을 선택한 상태에서 [홈] 탭–[그리기] 그룹에서 [빠른 스타일]을 클릭합니다. 다양한 도형 스타일이 나타나면 원하는 스타일을 선택합니다.

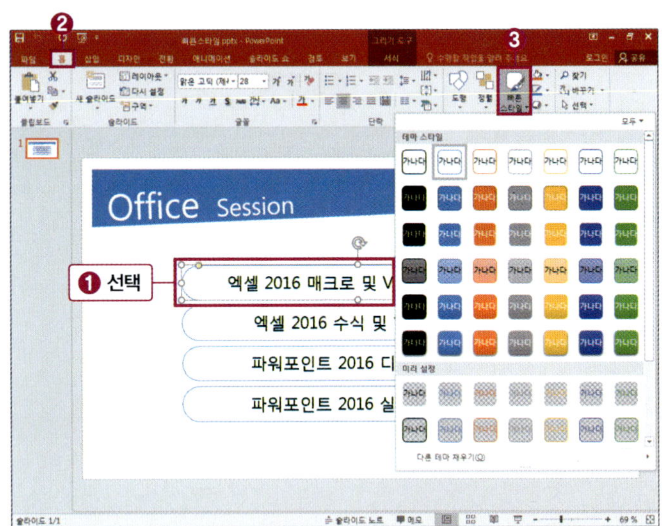

02 상황별 탭에서도 서식을 지정할 수 있습니다. 두 번째 도형을 선택한 후 [그리기 도구]–[서식] 상황별 탭에 있는 [도형 스타일] 그룹에서 [자세히]를 클릭하여 원하는 스타일을 선택합니다.

❷ 클릭 후 [도형 스타일] 그룹–[자세히] 클릭

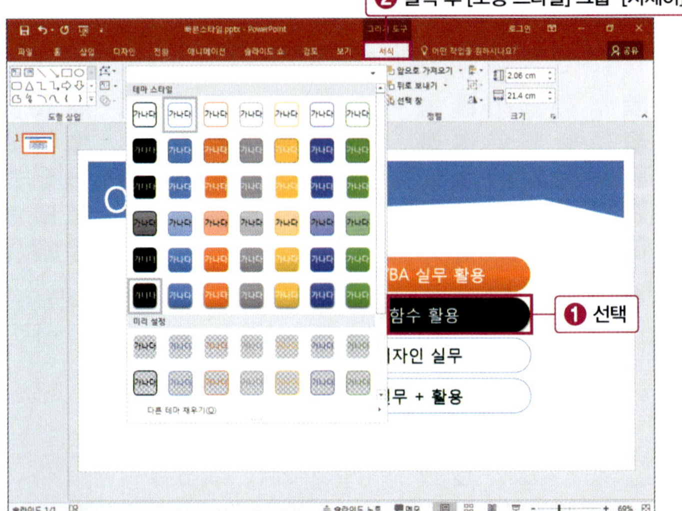

3차원 서식과 그림자로 효과 만들기

3차원 서식은 몇 번의 클릭으로 멋진 입체 모양의 도형을 만들 수 있는 기능입니다. 3차원 서식은 [도형 서식] 옵션 창을 열어 지정할 수 있습니다. 여기서는 3차원 서식 지정을 위한 [도형 서식] 옵션 창에 대해서 살펴보고 다양한 3차원 서식과 그림자 효과를 지정하는 방법에 대해서 살펴보겠습니다.

■ 3차원 서식 작업 창 살펴보기

예제 파일 Part03/Lesson02/3차원서식.pptx | **완성 파일** Part03/Lesson02/3차원서식_완성.pptx

평면 도형을 3차원 도형으로 만들기 위해서는 [도형 서식] 옵션 창을 눈여겨봐야 합니다. 여기서는 3차원 서식 지정을 위해 [도형 서식] 옵션 창을 살펴보겠습니다.

1 | 3차원 서식

[도형 서식] 옵션 창의 [도형 옵션]–[효과]–[3차원 서식]을 통해 평면 도형을 3차원 도형으로 만들 수 있습니다.

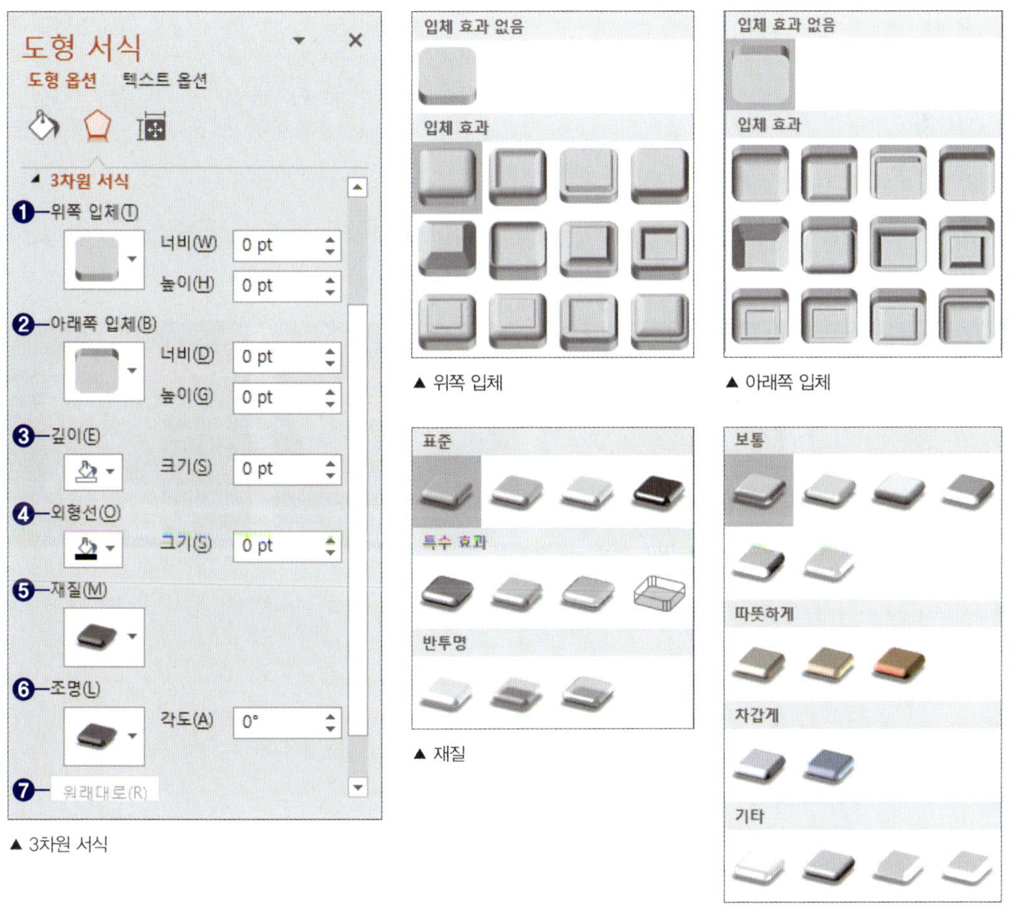

▲ 3차원 서식

▲ 위쪽 입체

▲ 아래쪽 입체

▲ 재질

▲ 조명

❶ **위쪽 입체** : 입체 도형의 윗면 형태를 지정합니다. [너비]와 [높이]에 해당하는 수치를 입력하여 입체 모양을 조정할 수 있습니다.

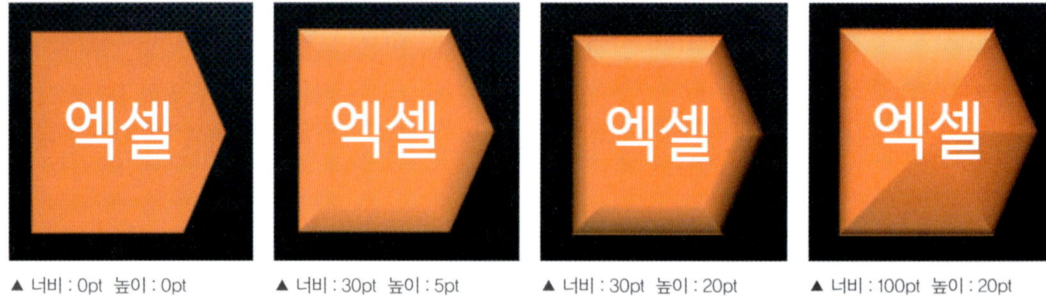

▲ 너비 : 0pt 높이 : 0pt　　▲ 너비 : 30pt 높이 : 5pt　　▲ 너비 : 30pt 높이 : 20pt　　▲ 너비 : 100pt 높이 : 20pt

❷ **아래쪽 입체** : 입체 도형의 아랫면 형태를 지정합니다. [너비]와 [높이]에 해당하는 수치를 입력하여 입체 모양을 조정할 수 있습니다.

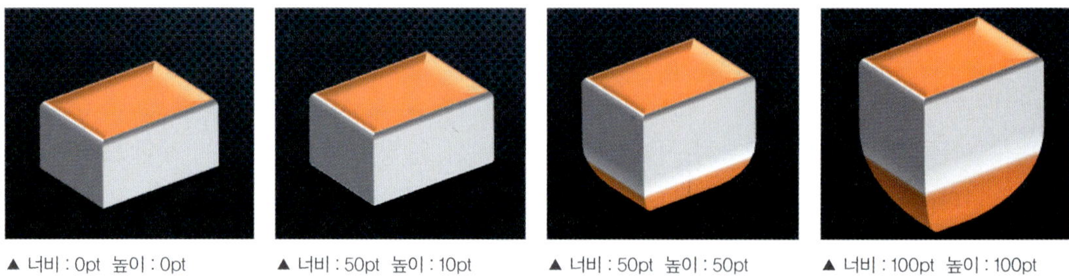

▲ 너비 : 0pt 높이 : 0pt　　▲ 너비 : 50pt 높이 : 10pt　　▲ 너비 : 50pt 높이 : 50pt　　▲ 너비 : 100pt 높이 : 100pt

[아래쪽 입체]는 도형의 하단 부분의 입체 효과이기 때문에 눈으로 식별이 거의 어렵습니다. 위에 표시해 놓은 이미지는 아래쪽 입체 모습을 잘 보이게 하기 위해 '3차원 회전' 기능을 통해 도형을 돌려보았습니다.

❸ **깊이** : 입체 도형의 높이를 지정합니다. 작은 값을 입력하면 얇은 도형을 만들 수 있고, 큰 값을 입력하면 두꺼운 도형을 만들 수 있습니다.

▲ 깊이 : 0pt　　　　▲ 깊이 : 20pt　　　　▲ 깊이 : 50pt　　　　▲ 깊이 : 100pt

❹ **외형선** : 입체 도형의 외형에 해당하는 선의 색상과 크기를 지정합니다.

❺ **재질** : 특수 효과나 반투명 등 입체 도형의 표면을 선택합니다.

❻ **조명** : 따뜻하게, 차갑게 등 입체 도형에 비치는 조명의 느낌을 선택합니다.

❼ **원래대로** : 3차원 서식 효과를 제거하고 원래대로 되돌립니다.

01 예제를 통해 살펴보겠습니다. '엑셀'이라고 적힌 도형을 선택한 후 [그리기 도구]–[서식] 상황별 탭의 [도형 스타일] 그룹에서 [옵션]을 클릭합니다. [도형 서식] 옵션 창이 뜨면 [도형 옵션]–[효과]–[3차원 서식]을 차례대로 선택합니다. [위쪽 입체]의 [너비]에 『50』, [높이]에 『10』을 입력합니다.

팁 :: [위쪽 입체]의 화살표(⊟)를 클릭하여 미리 설정된 다양한 입체 효과 갤러리를 선택해도 됩니다.

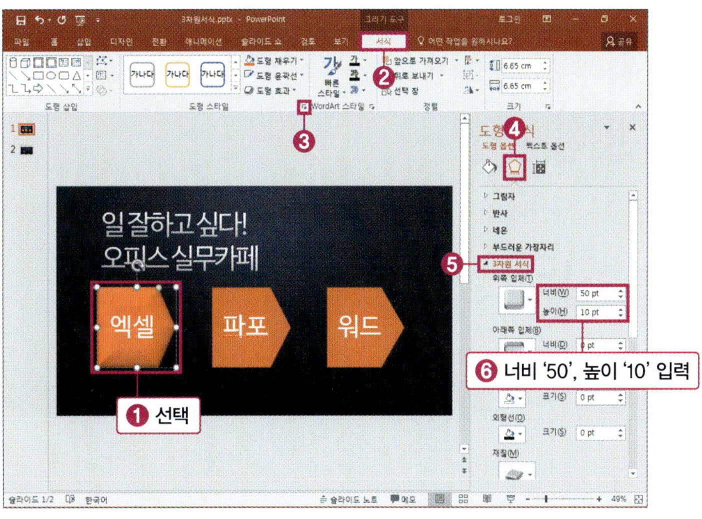

02 이번에는 [재질]을 클릭한 후 [플라스틱]을 선택합니다. 재질뿐 아니라 조명을 통해서도 다양한 입체 효과를 지정할 수 있습니다.

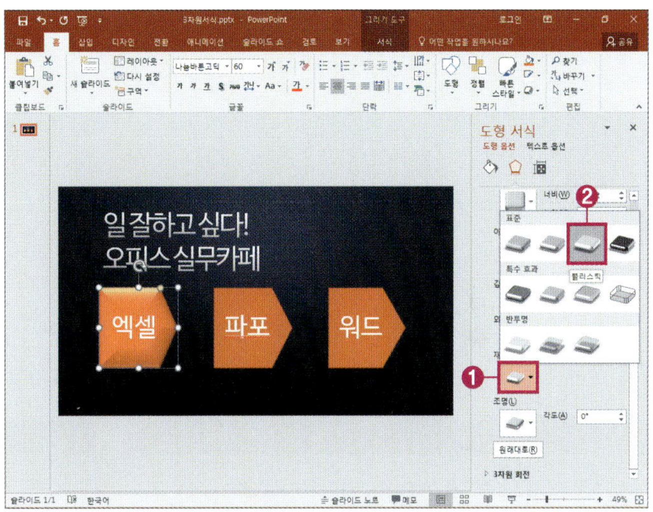

03 이번에는 아래쪽 입체를 지정해 보겠습니다. [아래쪽 입체]의 [너비]에 『50』, [높이]에 『50』을 입력한 후 슬라이드 편집 창을 클릭합니다.

팁 :: 아래쪽 입체에 변화가 느껴지나요? 느껴지지 않을 겁니다. 아래쪽 입체는 도형 아래의 모습이기에 눈으로는 식별되지 않습니다.

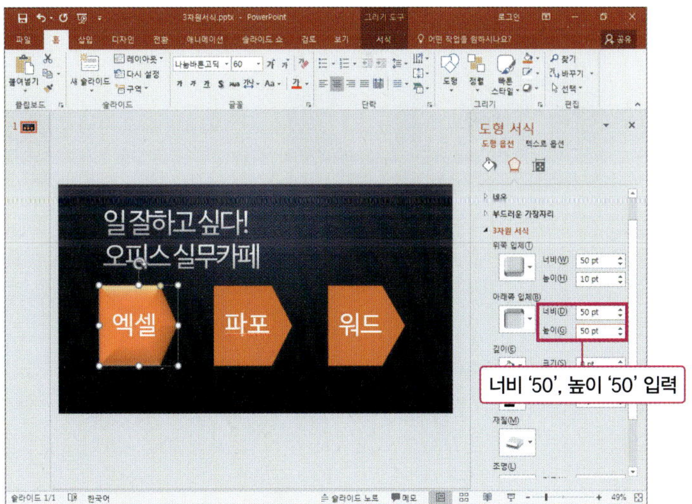

04 아래쪽 입체 모양을 확인하기 위해 [3차원 회전]을 클릭합니다. 여기서는 아래쪽 입체 모양을 확인하기 위해 [X 회전]에 『70』을 입력합니다.

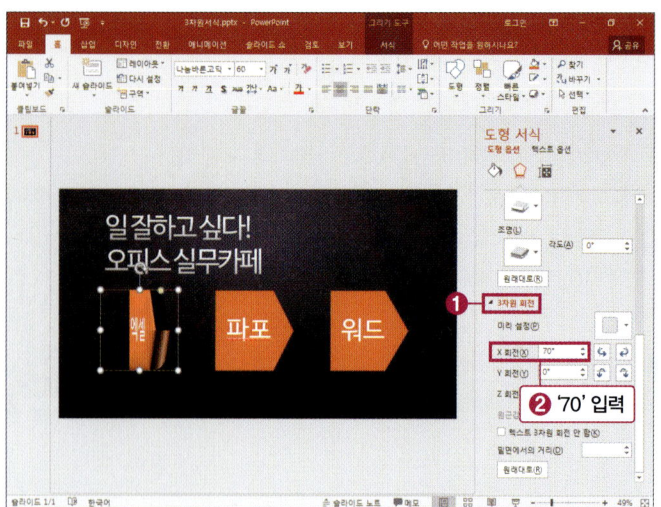

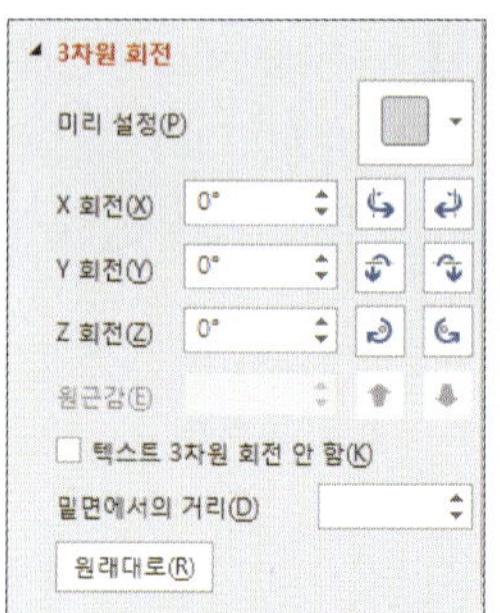

팁 :: [3차원 회전]에는 X 회전, Y 회전, Z 회전이 존재합니다.
X 회전, Y 회전, Z 회전에 각도를 입력하여 3차원 회전값을 지정할 수 있습니다.

05 아래쪽 입체 효과를 통해 아래쪽에도 3차원 효과가 적용된 것을 확인할 수 있습니다.

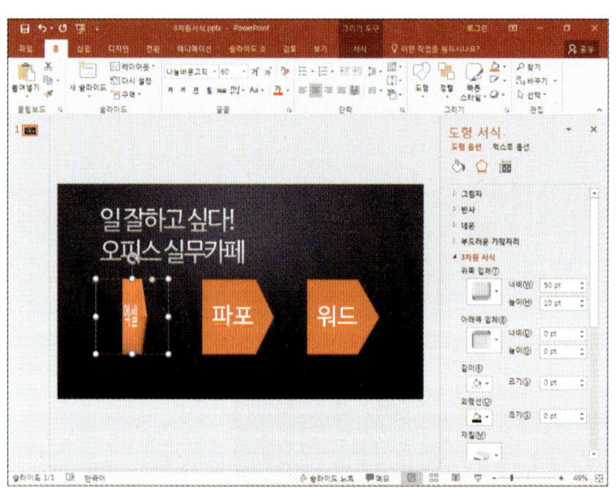

▲ 아래쪽 입체를 지정 안 했을 경우

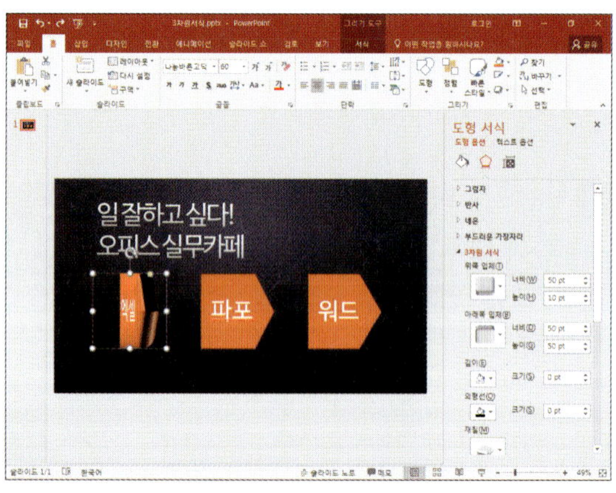

▲ 아래쪽 입체를 지정했을 경우

팁 :: 이번 예제에서 살펴보았듯이 3차원 서식의 위쪽 입체, 아래쪽 입체, 그리고 3차원 회전 등을 통하여 다양한 입체 모양의 도형을 만들 수 있습니다.

Q. 3차원 회전을 보면 X 회전, Y 회전, Z 회전이 있습니다. 각각 어떻게 실행하며, 어떤 역할을 하는지 궁금합니다.

A. 쉽게 그림으로 표현해 보겠습니다. 3차원 회전의 경우 X 회전, Y 회전, Z 회전이 다음 그림처럼 진행됩니다.

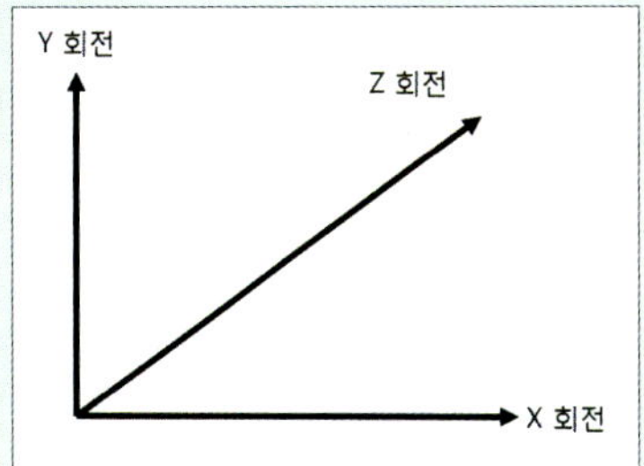

X 회전은 왼쪽과 오른쪽 회전, Y 회전은 위쪽과 아래쪽 회전, Z 회전은 시계 방향과 시계 반대 방향 회전이라고 할 수 있습니다.

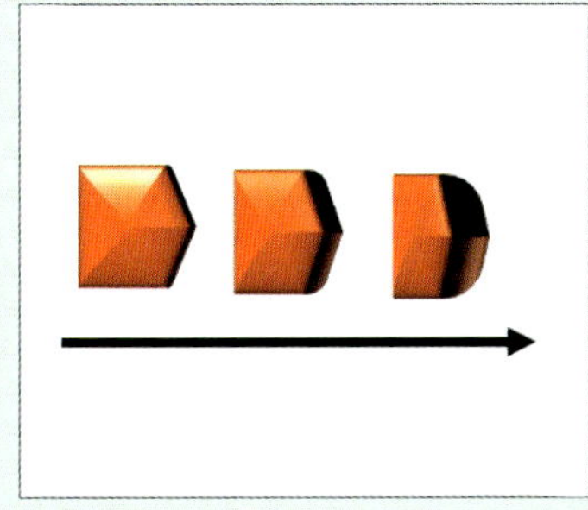

▲ X 회전

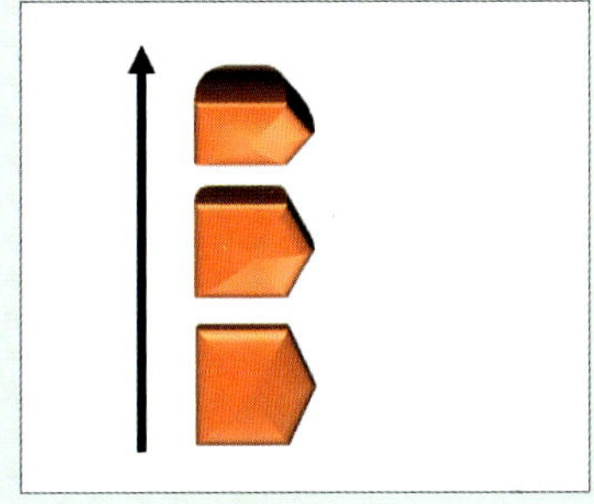

▲ Y 회전

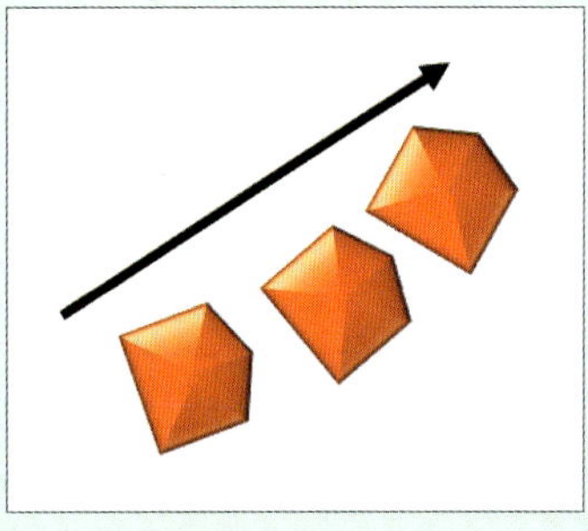

▲ Z 회전

파워포인트 기능 중 [3차원 회전] 옵션에서 [X 회전]에 각도를 높이면 왼쪽에서 오른쪽으로 각도가 조절됩니다. 마찬가지로 [Z 회전]에 각도를 높이면 시계 방향에서 시계 반대 반향으로 각도가 조절됩니다. [X 회전]과 [Y 회전], [Z 회전]을 적절히 활용하면 다양한 입체 효과를 만들 수 있습니다.

연결선으로 도형과 하나되는 이음선 만들기

연결선의 장점은 연결선이 그려진 도형을 드래그하면 자동으로 선까지 함께 움직인다는 점입니다. 한 번 연결선으로 지정하면 도형과 하나의 개체로 인식되어 편리하게 작업할 수 있습니다.

■ 선 개체 및 자동 연결선으로 연결하기

예제 파일 Part03/Lesson02/조직도.pptx | **완성 파일** Part03/Lesson02/조직도_완성.pptx

선 개체마다 독특한 특징이 존재합니다. 선 종류에는 일반선과 연결선이 있습니다. 연결선은 잘못 지정하는 경우가 많기에 이번에는 일반선과 연결선의 특징을 확인하고 제대로 연결하는 노하우를 살펴보겠습니다.

1 | 선 종류 살펴보기

[홈] 탭-[그리기] 그룹에서 [도형]-[선]을 선택하면 다양한 선 개체를 슬라이드에 삽입할 수 있습니다.

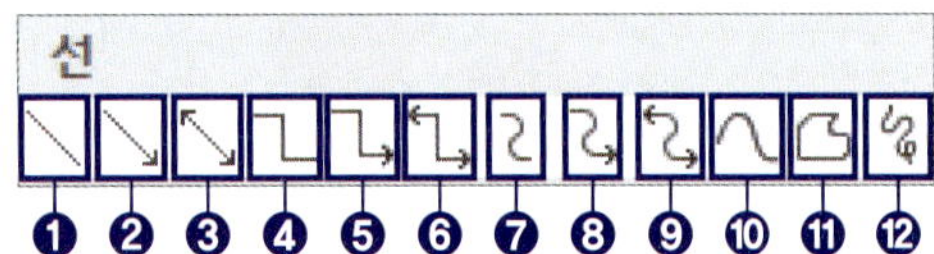

❶ 선

❷ 화살표

❸ 양방향 화살표

❹ 꺾인 연결선

❺ 꺾인 화살표 연결선

❻ 꺾인 양쪽 화살표 연결선

❼ 구부러진 연결선

❽ 구부러진 화살표 연결선

❾ 구부러진 양쪽 화살표 연결선

❿ 곡선

⓫ 자유형

⓬ 자유 곡선

2 | 일반선과 연결선

파워포인트에 삽입하는 선은 일반선과 연결선으로 나눌 수 있습니다. 일반선은 말 그대로 파워포인트에 삽입하는 선을 말합니다. 연결선은 도형과 도형을 서로 연결해 주는 선으로 연결과 동시에 도형과 하나의 그룹으로 지정됩니다. 장점은, 도형이 이동할 때 함께 이동된다는 점입니다. 하지만 가끔 제대로 연결되지 않는 경우도 발생하는데 이를 확인하는 방법은 선의 선택 핸들의 색상으로 확인할 수 있습니다.

▲ 일반선   ▲ 연결선

일반선과 연결선은 흰색과 초록색으로 구분할 수 있습니다. 초록색의 선택 핸들은 연결선으로 지정된 것을 의미합니다. 도형과 도형 사이의 선이 초록색의 선택 핸들로 나타나면 도형과 연결된 선을 의미하며, 흰색의 선택 핸들로 나타나면 도형과 연결된 선이 아닌 일반선을 의미합니다.

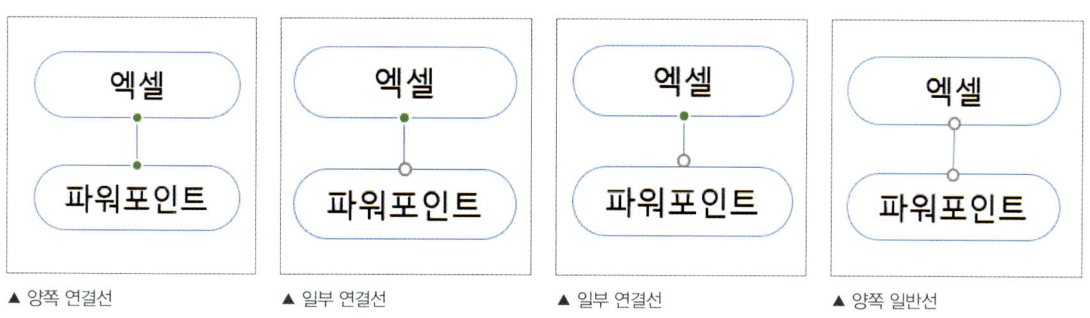

▲ 양쪽 연결선   ▲ 일부 연결선   ▲ 일부 연결선   ▲ 양쪽 일반선

01 일반선과 연결선은 어떤 차이가 있는지 살펴보겠습니다. [홈] 탭-[그리기] 그룹에서 [도형]을 클릭하고 [선]-[선]을 선택합니다.

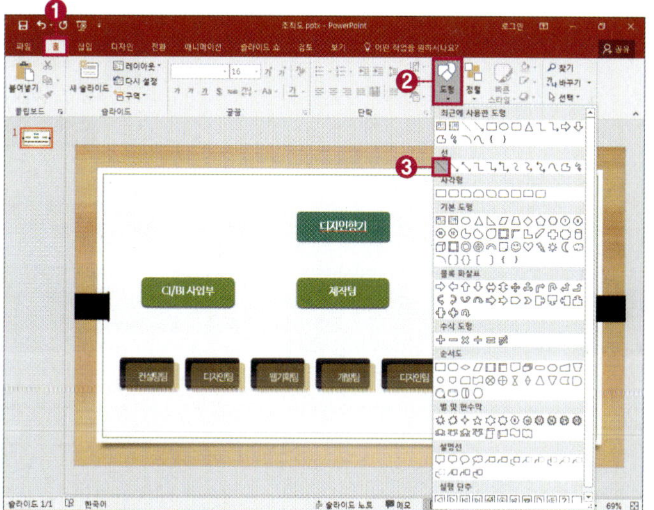

02 첫 번째 도형에 마우스를 가져가면 검은 영역이 나타납니다. 이를 드래그하여 도형과 도형을 연결해 줍니다.

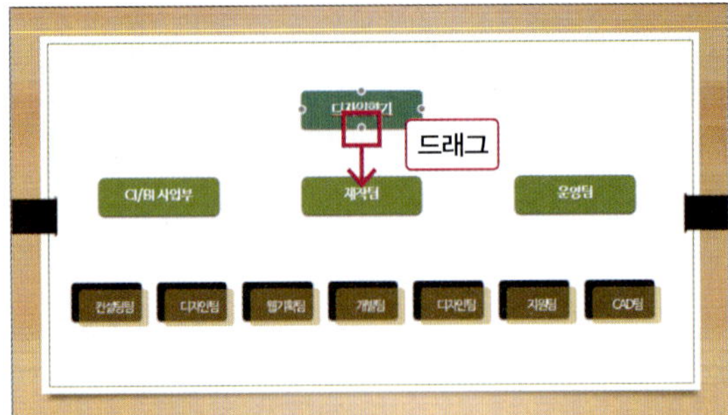

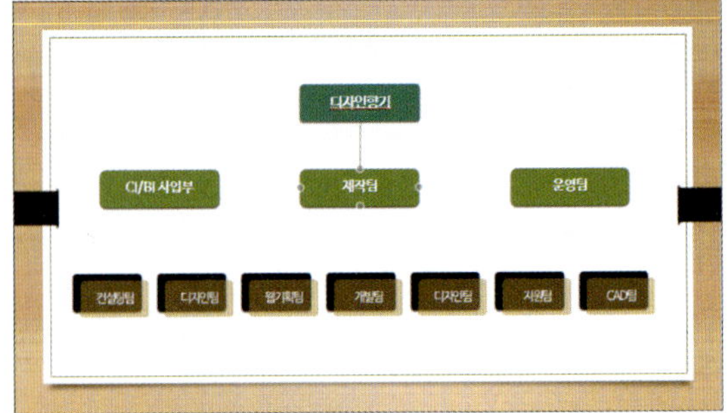

팁 :: 제대로 연결이 되었다면 '흰색' 일반선이 아닌 '초록색' 연결선이 표시됩니다. '초록색'이 아닌 '흰색' 일반선이라면 다시 연결을 시도합니다.

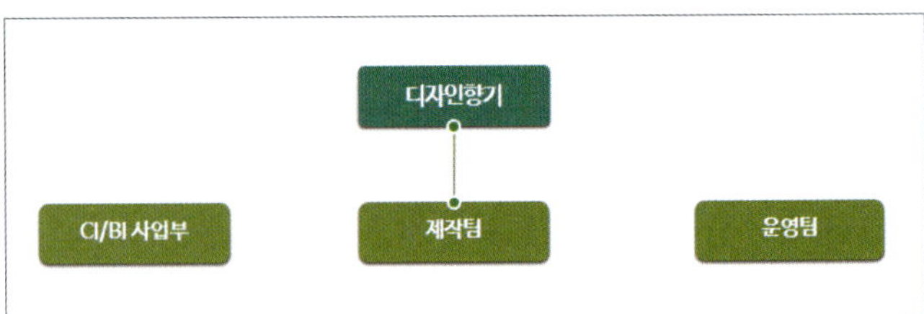

03 이번에는 [홈] 탭–[그리기] 그룹에서 [도형]을 클릭하여 [선]–[꺾인 연결선]을 선택합니다.

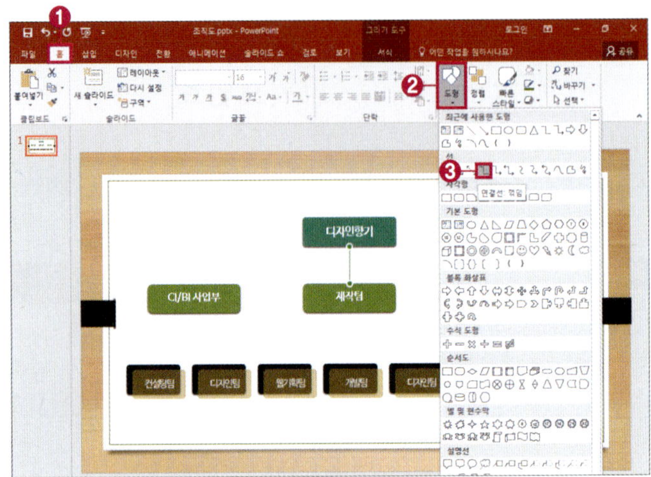

04 드래그하여 연결선을 지정합니다. 먼저 02번 따라하기에서 지정한 선에서 'CI/BI 사업부' 도형의 윗부분까지 연결선을 지정합니다.

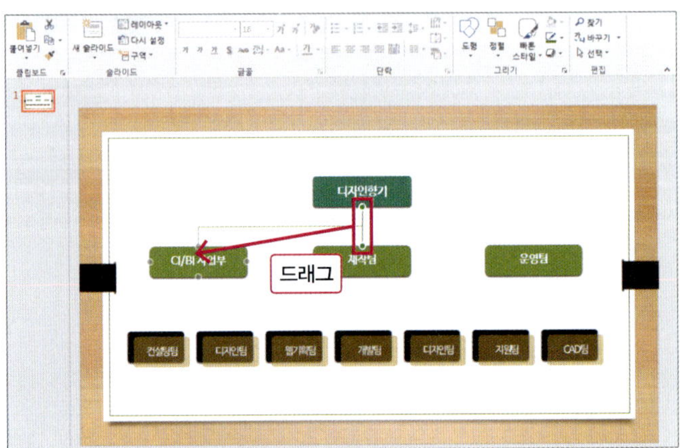

05 02번 따라하기에서 지정한 선의 모서리 부분을 드래그하여 '운영팀' 도형의 윗부분까지 연결선을 지정합니다.

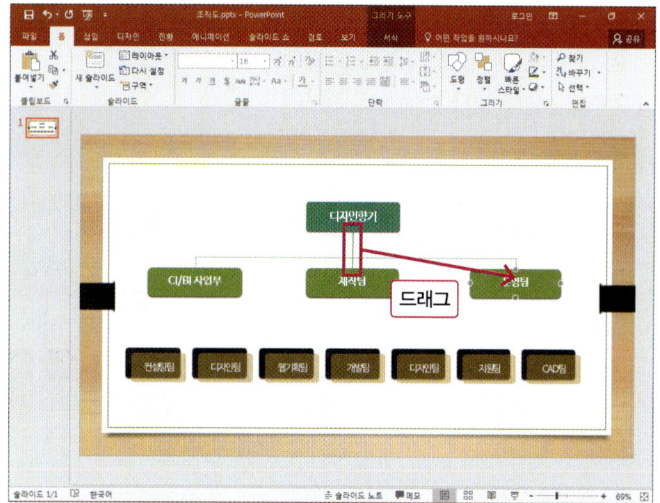

06 연결선이 지정되면 '꺾인 연결선' 중앙 부분에 모양 조절 핸들(◉)을 드래그하여 '꺾인 연결선'의 모양을 조정합니다.

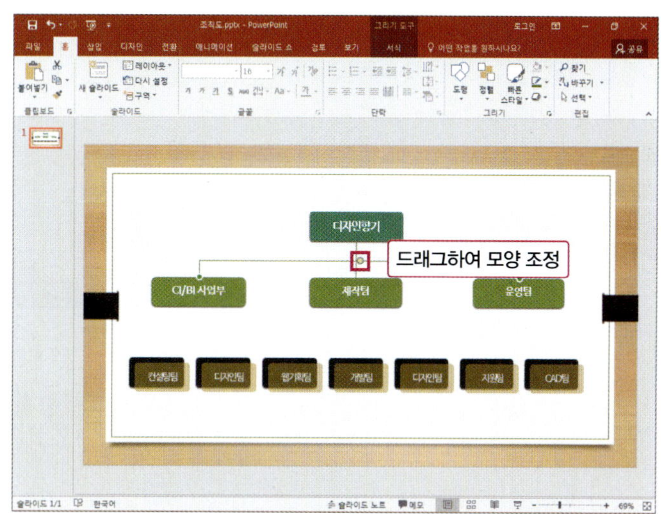

07 동일한 방법으로 [홈] 탭-[그리기] 그룹에서 [도형]을 클릭하고 [선]-[꺾인 연결선]을 선택한 후 'CI/BI 사업부' 하단 중앙 부분과 '컨설팅팀' 상단 중앙 부분을 연결합니다.

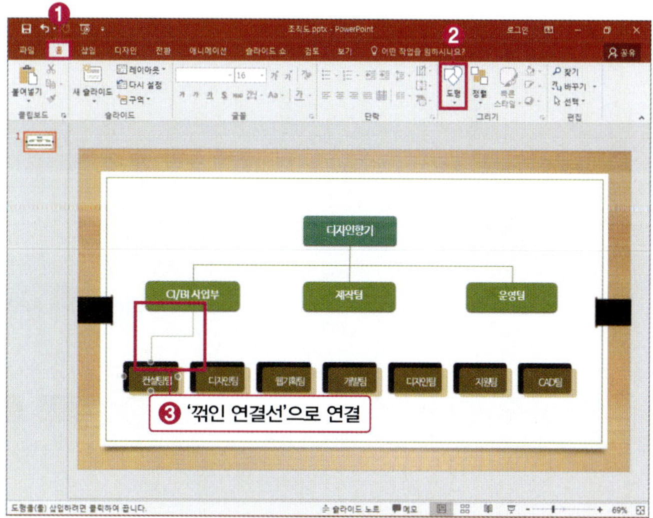

08 다시 [선]–[꺾인 연결선]을 선택한 후 'CI/BI 사업부' 하단 중앙 부분과 '디자인팀' 상단 중앙 부분을 연결합니다.

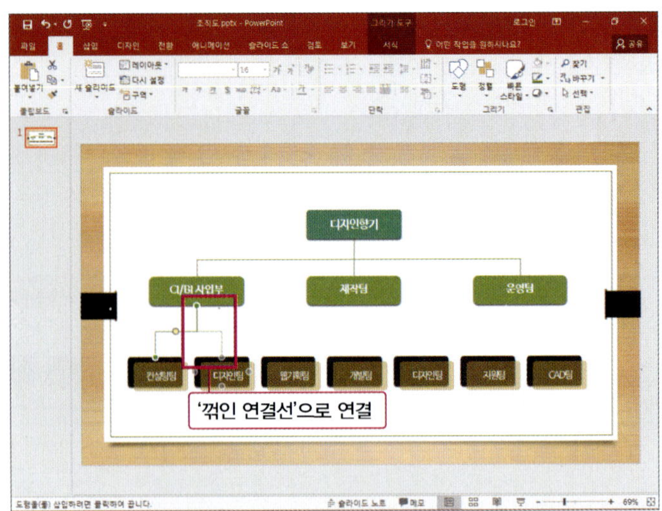

09 제대로 연결이 되었다면 도형을 드래 그했을 경우 연결선도 함께 이동합니다.

팁 :: 도형을 이동할 때 연결선이 함께 이동하지 않는다면 연결선이 아닌 일반선(　)으로 연결이 된 경우입니다. 이런 경우에는 연결선(　)으로 재 지정합니다.

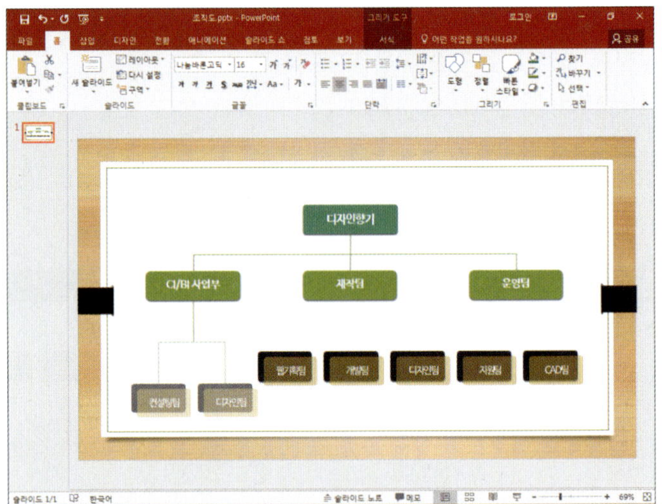

10 같은 방법으로 나머지 도형도 연결한 후 예제를 완성합니다.

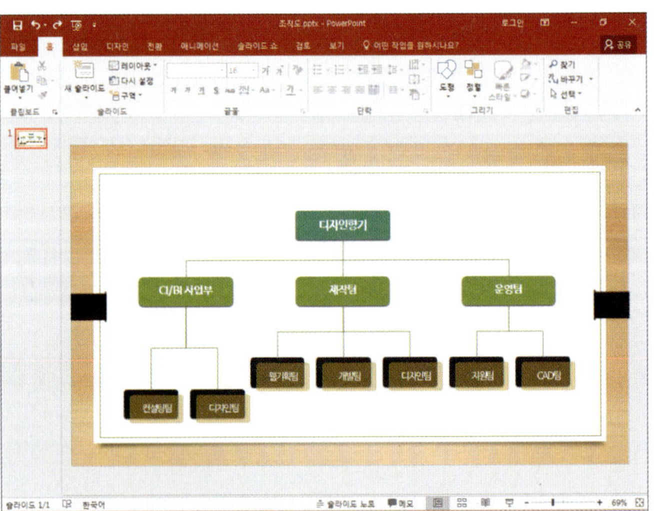

도형과 텍스트의 속성을 100% 그대로 복제하기

예제 파일 Part03/Lesson02/남여방문자.pptx | **완성 파일** Part03/Lesson02/남여방문자_완성.pptx

나만의 서식 소스를 가지고 있다면, `Ctrl`+`Shift`+`C`와 `Ctrl`+`Shift`+`V`를 통해 자유자재로 슬라이드를 완성할 수 있습니다.

1 | 서식 복사

서식 복사 : `Ctrl`+`Shift`+`C`

서식 붙여넣기 : `Ctrl`+`Shift`+`V`

서식 복사하는 방법은 생각보다 간단합니다. 서식이 지정되어 있는 텍스트를 선택한 후 [서식 복사]를 클릭하면 눈에 보이지는 않지만 클립보드에 서식이 복사됩니다. 마우스 포인터가 붓 모양으로 변경되면 다른 텍스트를 클릭합니다. 그러면 다른 텍스트에 서식이 그대로 복사됩니다.

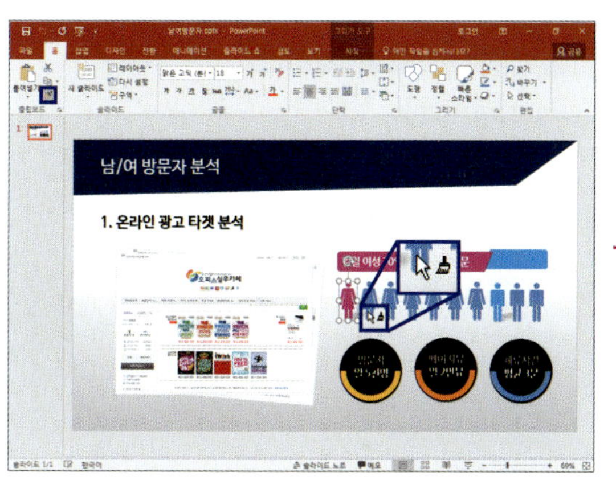
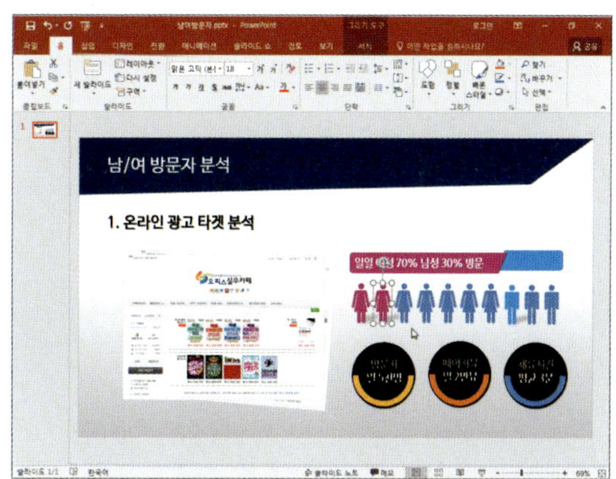

위에서 언급한 단축키를 통해서도 동일하게 서식을 복사하고 붙여넣기할 수 있습니다. 서식이 지정되어 있는 텍스트를 선택한 후 `Ctrl`+`Shift`+`C`를 누릅니다. 붙여넣고 싶은 텍스트를 선택한 후 `Ctrl`+`Shift`+`V`를 누릅니다.

참고로 서식 복사는 텍스트에서도 사용 가능하며, 엑셀이나 워드 등 다른 오피스에서도 사용 가능합니다. 텍스트를 선택한 후 서식 복사를 통해 다른 텍스트를 선택하면 지정된 글꼴이나 단락 속성의 서식을 그대로 복사할 수 있습니다.

01 예제를 통해 살펴보겠습니다. 첫 번째 도형은 이미 서식이 지정된 도형입니다. 서식이 지정된 도형의 서식을 나머지 도형에 그대로 복사해 보겠습니다. 이미 서식이 지정된 첫 번째 도형을 선택한 후 [홈] 탭-[클립보드] 그룹의 [서식 복사]를 클릭합니다.

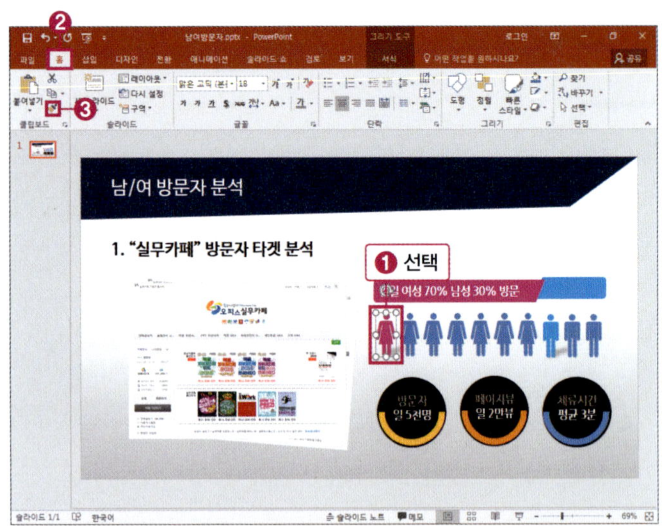

02 마우스 포인터가 서식 복사 모양으로 변경되면 두 번째 도형을 클릭합니다. 두 번째 도형의 서식이 첫 번째 도형의 서식으로 복사됩니다.

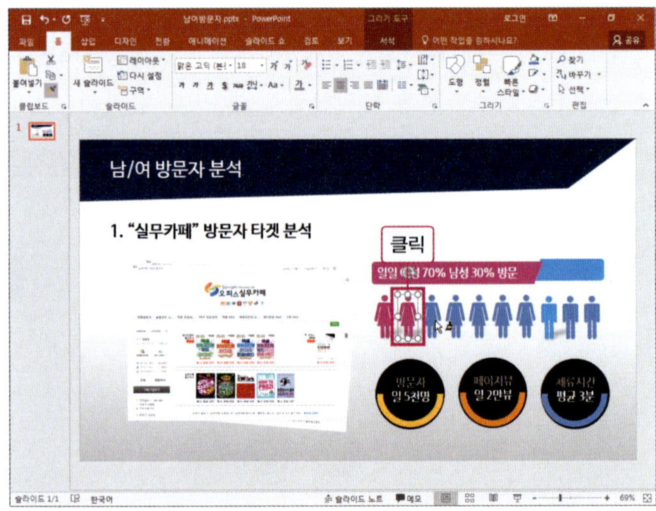

03 서식 복사는 연속으로 지정할 수도 있습니다. 두 번째 도형을 선택한 후 [홈] 탭-[클립보드] 그룹의 [서식 복사]를 두 번 클릭합니다.

팁 :: [홈] 탭-[클립보드] 그룹의 [서식 복사]를 한 번 클릭하면 단 한 번만 서식이 복사되나 [서식 복사]를 연속으로 두 번 클릭하면 Esc 를 누르거나 다시 [서식 복사]를 클릭하기 전까지 계속해서 서식을 복사할 수 있습니다.

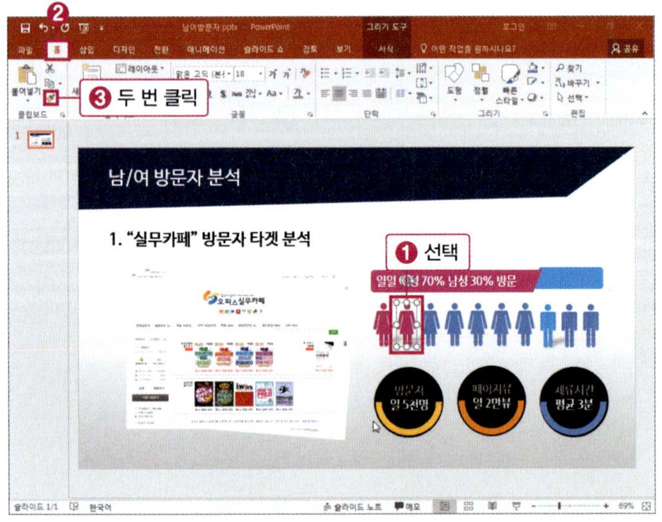

04 마우스 포인터가 서식 복사 모양으로 변경됩니다. 세 번째 도형을 클릭합니다. 세 번째 도형 모양이 두 번째 서식 모양과 동일하게 변경됩니다.

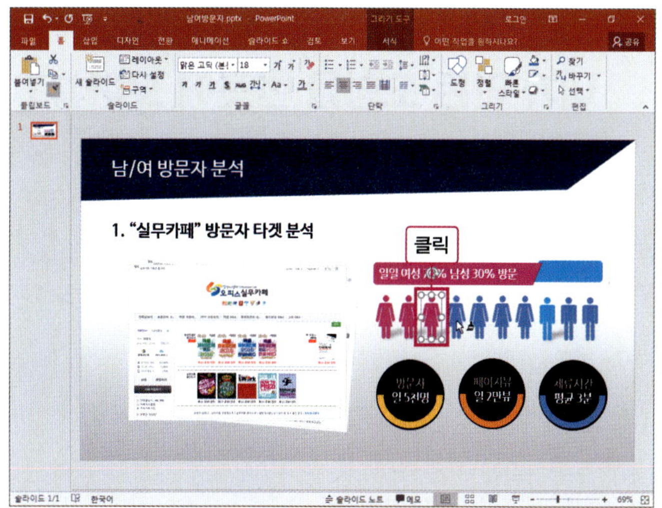

05 나머지 도형도 클릭하여 서식을 동일하게 변경합니다.

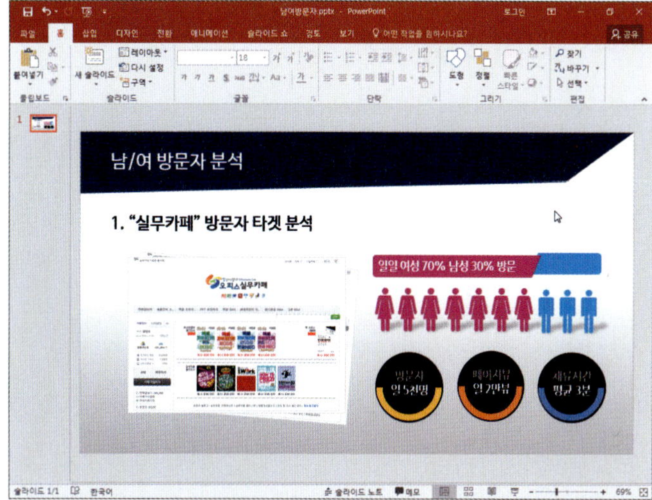

내가 만든 도형을 한곳에 모아놓고 나중에 다시 사용하기

프레젠테이션을 주로 작성하는 사람들에는 공통적인 특징이 하나 있습니다. 바로 프레젠테이션용 이동식 디스크 혹은 외장 하드를 사용한다는 것입니다.

이번에 이야기할 것이 바로 이런 내용들의 수집에 관한 것입니다. 프레젠테이션을 주로 작성하는 사람들의 외장 하드에는 지금까지 작성한 수많은 프레젠테이션과 경쟁업체 프레젠테이션 자료, 그리고 슬라이드 배경이나 템플릿, 도형, 클립아트 등이 들어 있을 겁니다. 이런 프레젠테이션 자료들을 하나의 외장 하드에 저장해 놓으면 앞으로 닥칠 수많은 슬라이드 작성에 많은 도움을 받을 수 있습니다.

■ 자사 로고를 편집해 놓자

중소규모 이상의 회사는 자사 홈페이지에 로고 원본을 공개하거나 부서의 담당자가 일러스트레이터(AI) 파일로 보관하고 있을 것입니다. AI 파일은 벡터 파일로 크기를 아무리 확대해도 깨지지 않으며 각 개체별로 색상 등을 쉽게 변경할 수 있습니다.

물론 일러스트레이터 파일을 자유자재로 사용하려면 PNG나 GIF 파일로 변경하여 저장해 놓는 것이 좋습니다.

또한, 로고는 원본 파일과 함께 검은색과 흰색 버전을 따로 만들어 저장해 놓는 것이 좋습니다. 검은색과 흰색 버전으로 따로 보관하는 이유는 앞으로 만들 슬라이드 문서의 배경 색상과 관련이 있습니다. 밝거나 어두운 계열의 배경일 경우 로고에 따라 색상이 어울리지 않을 수도 있습니다. 그렇기에 검은색과 흰색 버전으로 로고를 만들어 놓으면 슬라이드 문서의 배경 색에 상관없이 적재적소에 로고를 활용할 수 있습니다.

■ 경쟁사 로고를 수집하라

자사 로고뿐만 아니라 경쟁사의 로고나 유사 업종의 로고, 그리고 국내외 주요 회사의 로고도 시간이 날 때마다 수집해 놓는 것도 좋은 방법입니다. 이런 로고들은 슬라이드 작성 시 적지 않은 도움을 받을 수 있습니다.

경쟁사의 로고 역시 경쟁사 홈페이지에서 다운로드 받을 수 있으며 찾기 어려운 경우 Google, Flicker 등의 이미지 검색 사이트 통해서 수집할 수도 있습니다. 또한, 각종 인터넷 사이트를 비롯해 인터넷 카페의 로고 자료실 등에서도 손쉽게 구할 수 있습니다.

▲ 다양한 로고 색상

■ 업무와 관련된 클립아트를 수집하라

업무와 관련된 클립아트를 슬라이드 한 장에 모아두면 필요할 때마다 꺼내 쓸 수 있습니다. 또한, 슬라이드 작성 시간도 많이 단축할 수 있습니다.

예를 들어, 전산과 관련된 업무를 한다면 컴퓨터나 라우터, 모뎀 등의 클립아트를, 의료와 관련된 일을 한다면 의료나 의료기기와 관련된 클립아트를 한 장의 슬라이드에 모아두는 것이 좋습니다. 또한, 자주 사용하지는 않지만 사용했을 때 슬라이드를 돋보이게 할 수 있는 클립아트는 그때그때 수집할 필요가 있습니다.

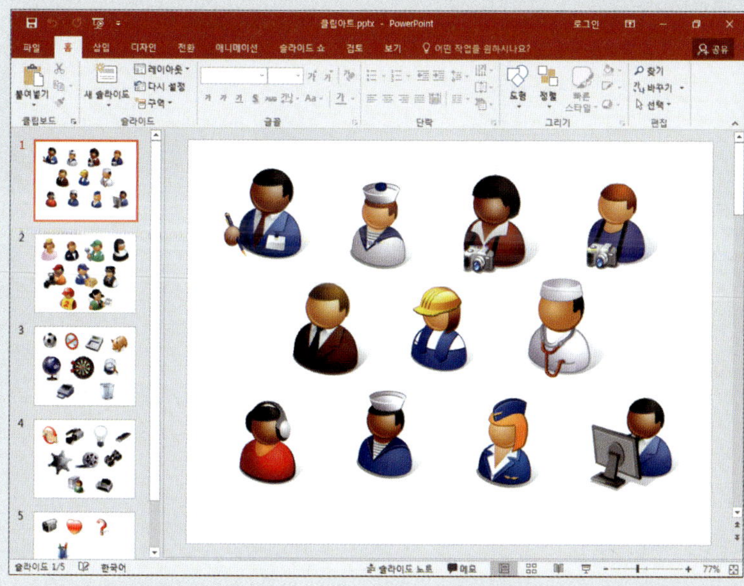

▲ 슬라이드에 클립아트 보관

특히, 최근에는 클립아트 이외에도 인포그래픽 활용을 위한 심벌이나 픽토그램도 주로 활용합니다. 인포그래픽을 비롯한 픽토그램에 관해서는 56 페이지에서 자세히 다루고 있으니 참고하세요.

■ 도형을 간직하라

파워포인트 버전이 업그레이드되면서 이제 도형을 가지고 응용하지 않더라도 멋진 도해를 만들 수 있게 되었습니다. 바로 SmartArt라는 기능을 통해 가능한데 이 기능을 활용하면 단 몇 초 만에 여러 서식과 디자인이 가미된 도해를 만들 수 있습니다.

하지만 모양이 획일적이고 슬라이드의 절반 이상을 차지하는 크기 때문에 잘 사용하지 않게 됩니다. 그렇기에 자주 사용하는 도형 스타일 및 도해를 미리 작성하여 한 장의 슬라이드에 만들어 놓으면 두고두고 활용할 수 있습니다.

■ 수정된 파일은 초안부터 모두 보관하라

하나의 프레젠테이션이 완성되기까지 여러 번의 수정 작업은 당연한 일입니다. 특히, 검토자가 많으면 많을수록 기획 시 의도했던 내용과는 다른 내용으로 변경되기도 하고, 발표를 하루 남겨놓고 내용 전체가 뒤죽박죽 변경되기도 합니다. 또한, 반대로 여러 번 변경된 내용이 다시 검토를 통해 예전으로 되돌아가기도 합니다.

수정된 파일은 초안부터 모두 보관하는 것이 좋습니다. 많은 작업을 하다보면 폴더 관리에도 노하우가 생기기 마련입니다. 폴더는 날짜 혹은 월별로 구분하고 슬라이드 파일에는 날짜와 버전을 반드시 명시해야 합니다. 특히, 많은 내용이 변경될 경우에는 폴더나 파일에 본 내용을 명시하여 혹시나 모를 사항에 대비하는 것이 좋습니

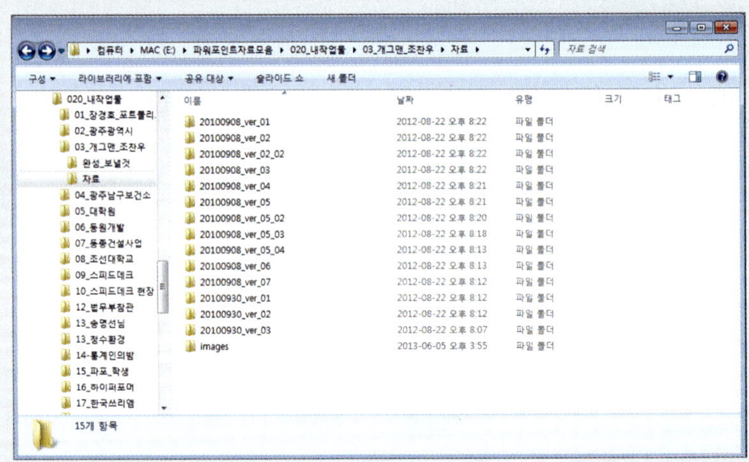

▲ 수정한 날짜별로 폴더에 표시

다. 만일 파워포인트를 사용한다면 파일을 열어 개인정보에 수정된 사항이나 검토자의 이름 등을 태그로 명시해 놓으면 파일을 찾을 때 유용합니다.

다이어그램!
SmartArt 그래픽으로 제대로 만들기

**스마트하게
디자이너가
되어보자!**

다이어그램이란, 설명이 필요한 복잡한 내용이나 현상을 도형이나 그림 등을 활용하여 알기 쉽게 표현해 놓은 것을 말합니다. 다이어그램을 활용하면 직관적으로 사물을 표현할 수 있어 청중들의 이해력과 전달력을 높일 수 있습니다. 다만, 다이어그램 제작은 시간이 많이 걸리고, 복잡한 과정을 거쳐야 한다는 생각에 중간에 포기하는 경우가 많습니다.

파워포인트에서는 다이어그램을 손쉽게 만들 수 있는 SmartArt 그래픽이라는 기능을 제공하고 있습니다. SmartArt 그래픽을 활용하면 다이어그램을 만들 때 사용하는 각종 도형이나 모양, 강조 효과를 편하게 적용할 수 있습니다. SmartArt 그래픽에는 목록형, 프로세스형, 주기형, 관계형 등 다양한 종류의 그래픽이 80개 이상 마련되어 있습니다.

파워포인트에서 제공하는 다이어그램 종류 살펴보기

파워포인트에서는 도해와 같은 다이어그램을 통해 아이디어를 표현할 수 있습니다. 하지만 막상 아무것도 없는 흰 종이에 아이디어를 스케치하려면 어떻게 표현해야 할지 고민이 될 것입니다. 이럴 때 검증된 여러 가지 다이어그램 유형을 알고 있다면 쉽게 작업할 수 있습니다.

■ SmartArt 종류

SmartArt 그래픽은 '목록형, 프로세스형, 주기형, 계층 구조형, 관계형, 행렬형, 피라미드형, 그림'의 총 8개 유형으로 구분되어 있는데 각각의 유형은 나름대로의 특성이 있습니다. SmartArt 그래픽을 만들기 전에 가장 적합한 그래픽 유형이 어떤 것인지 미리 그려 본 다음 SmartArt 그래픽을 선택하는 것이 좋습니다.

1 | SmartArt 그래픽 유형별 특징

각각의 SmartArt 그래픽의 유형별 특징을 살펴보겠습니다.

그래픽 유형	용도	종류
목록형	여러 가지 요소를 순서에 관계없이 나열할 때 사용	기본 블록 목록형, 세로 상자 목록형, 연속 그림 목록형 등
프로세스형	시간적 순서 혹은 중요도 순서 등을 표시할 때 사용	기본 프로세스형, 강조 프로세스형, 연속 블록 프로세스형 등
주기형	연속된 과정을 설명할 때 사용	기본 주기형, 텍스트 주기형, 다방향 주기형 등
계층 구조형	조직도나 여러 관계를 설명할 때 사용	조직도형, 계층 구조형, 표 계층 구조형 등
관계형	여러 연결을 일러스트레이션으로 표시	밸런스형, 깔때기형, 톱니바퀴형, 화살표 리본형 등
행렬형	여러 요소를 행렬 형태로 표시	기본 행렬형, 눈금 행렬형 등
피라미드형	가장 큰 요소가 맨 위, 가장 작은 요소가 맨 아래에 있는 형태	기본 피라미드형, 세그먼트 피라미드형 등
그림	그림을 사용하여 콘텐츠 표현 또는 강조	강조된 그림형, 그림 설명 목록형 등

2 | 목록형 SmartArt

다양한 도형을 각각의 목록으로 만들어 나열 형식으로 표시할 수 있습니다.

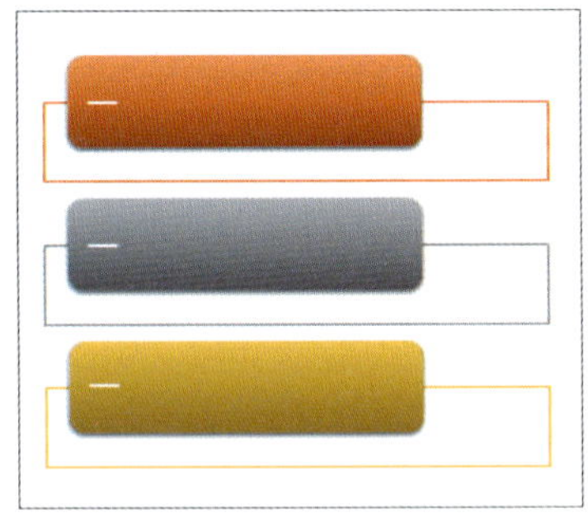

▲ 세로 상자 목록형

▲ 세로 갈매기형 수장 목록형

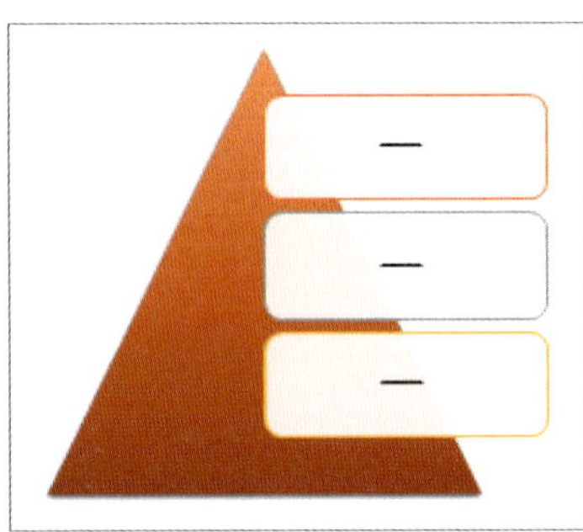

▲ 피라미드 목록형

3 | 프로세스형 SmartArt

단계별 혹은 순차적 흐름이 존재하는 도해로, 단계가 어떻게 이어지는지, 어떤 흐름으로 진행되는지 등을 설명할 때 자주 사용합니다.

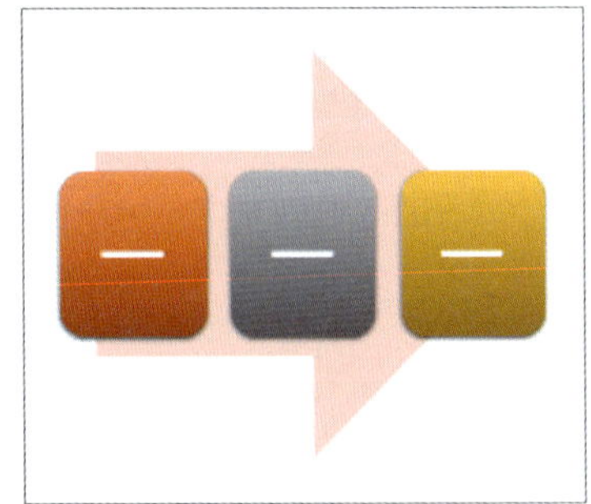

▲ 연속 블록 프로세스형

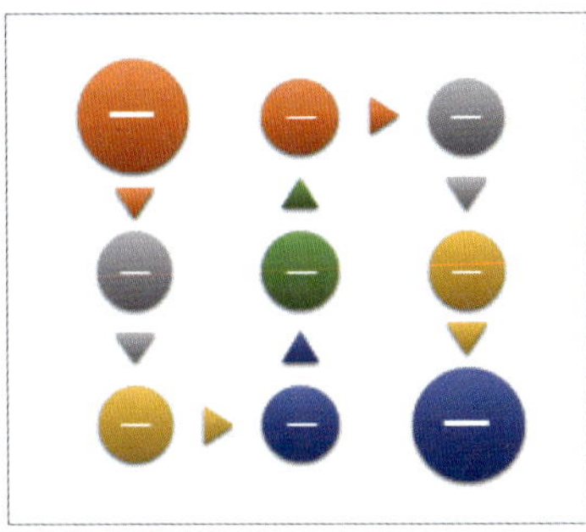

▲ 순환식 벤딩 프로세스형

▲ 톱니바퀴형

4 | 주기형 SmartArt

계속적으로 반복 혹은 순환되는 도해로, 제품의 생명 주기, 반복 혹은 순환이 필요한 배치도, 연간 스케줄 등을 표현할 때 주로 사용합니다.

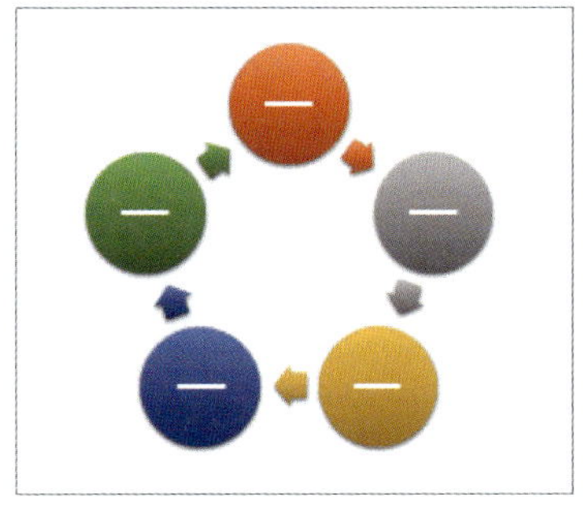

▲ 기본 주기형

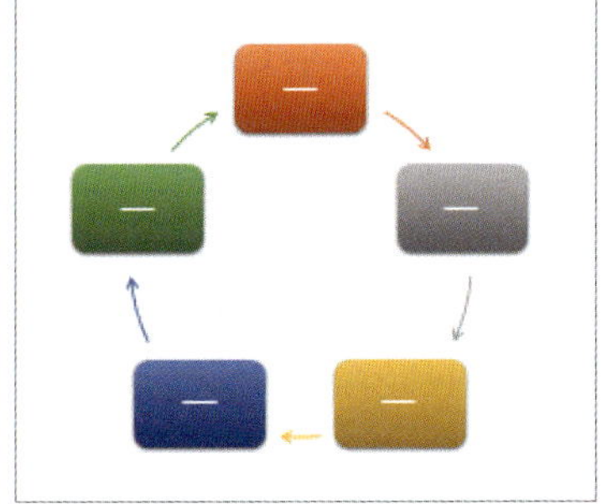

▲ 블록 주기형

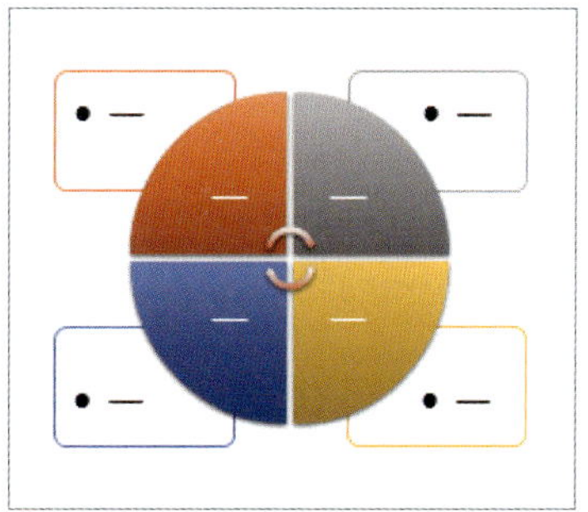

▲ 주기 행렬형

5 | 계층 구조형 SmartArt

회사 조직도와 같은 체계적인 구조나 트리형 프로세스를 표현하고 싶을 때 주로 사용합니다.

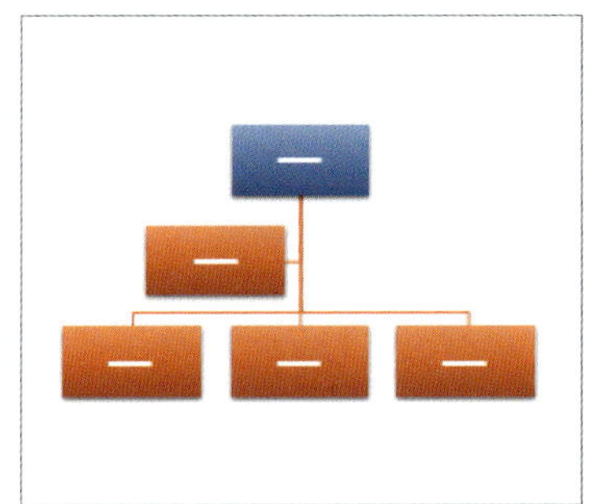

▲ 조직도형

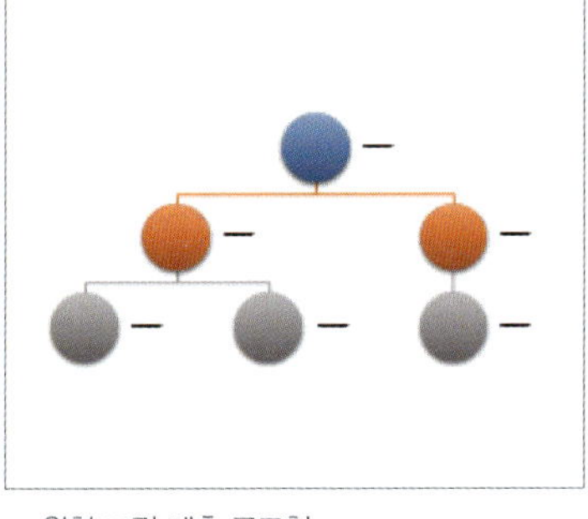

▲ 원형 그림 계층 구조형

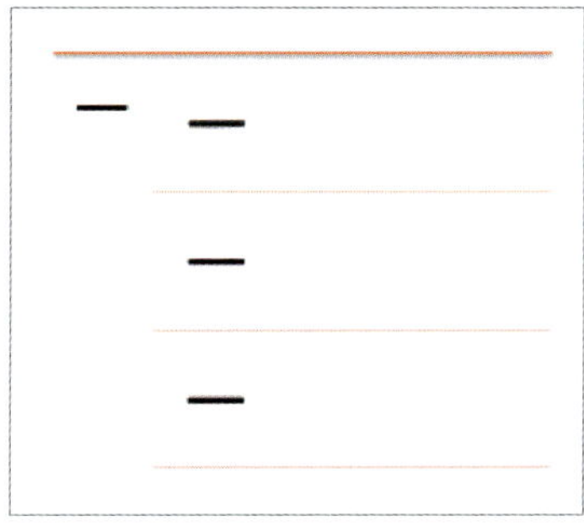

▲ 선이 그어진 목록형

6 | 관계형 SmartArt

여러 연결을 일러스트레이션으로 표시한 도해로써 밸런스형, 상반되는 내용, 세로 수식형이 이에 해당합니다.

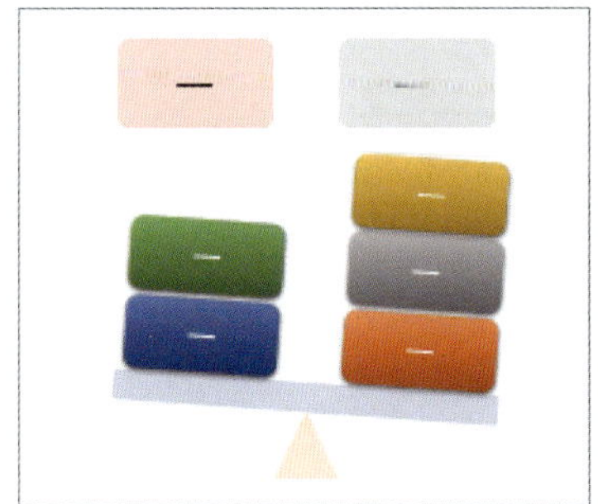

▲ 밸런스형

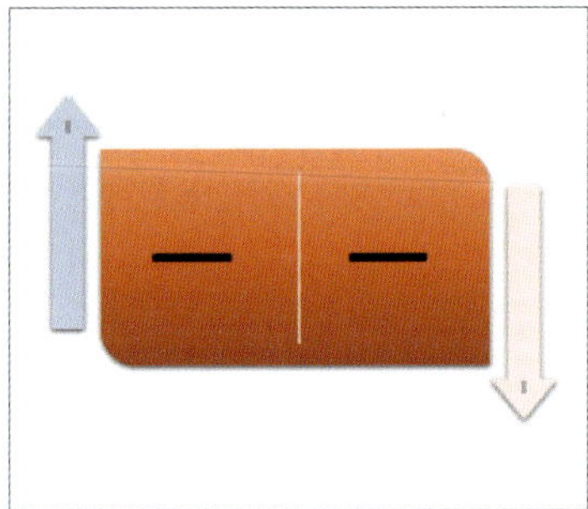

▲ 상반되는 내용

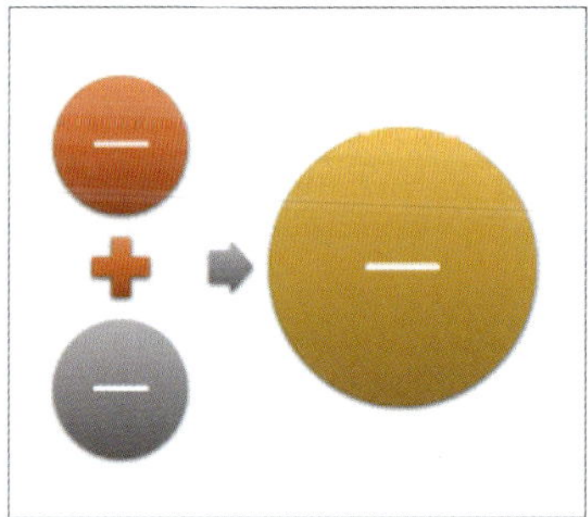

▲ 세로 수식형

7 | 행렬형 SmartArt

여러 가지 요소들을 행렬 형태로 표시해 놓은 도해입니다.

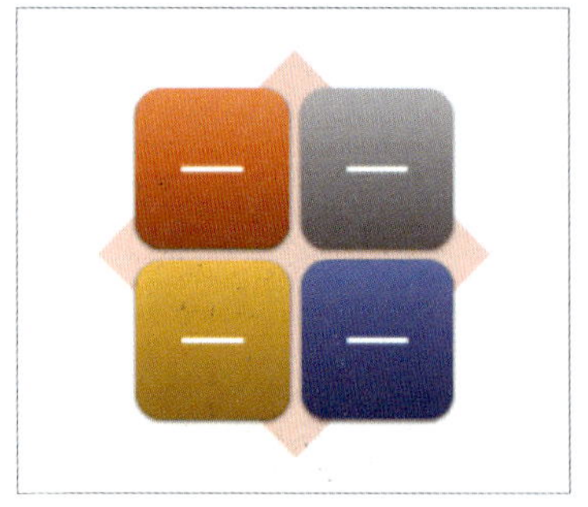

▲ 기본 행렬형

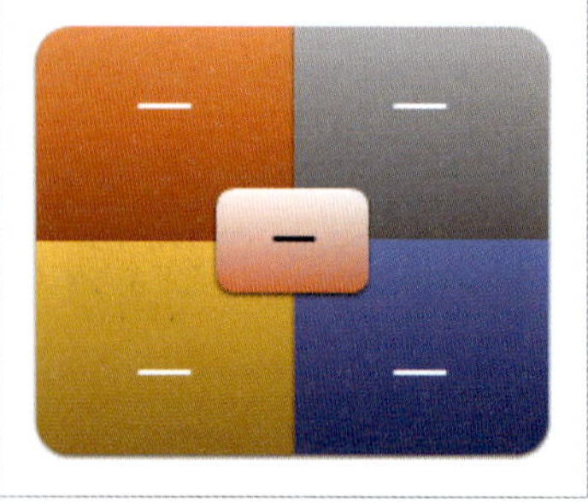

▲ 제목 있는 행렬형

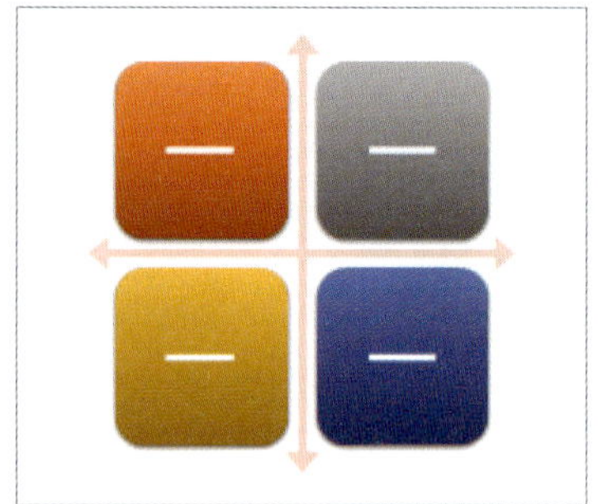

▲ 눈금 행렬형

8 | 피라미드형 SmartArt

가장 큰 요소가 맨 위에, 가장 작은 요소가 맨 아래에 있는 형태의 도해입니다.

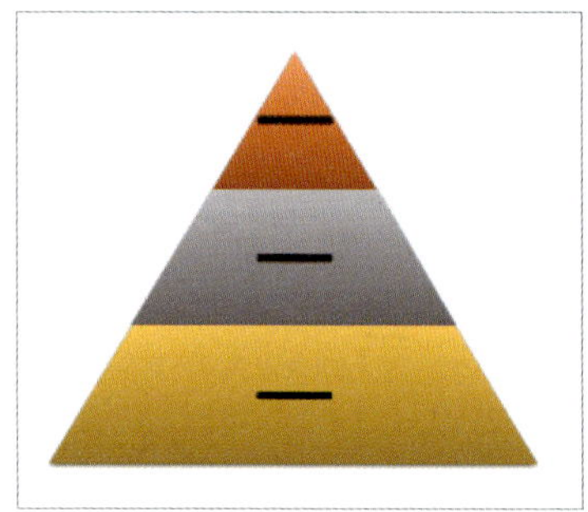

▲ 기본 피라미드형

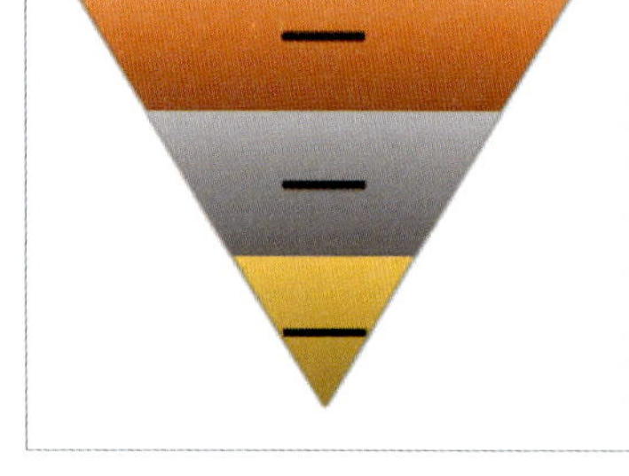

▲ 역피라미드형

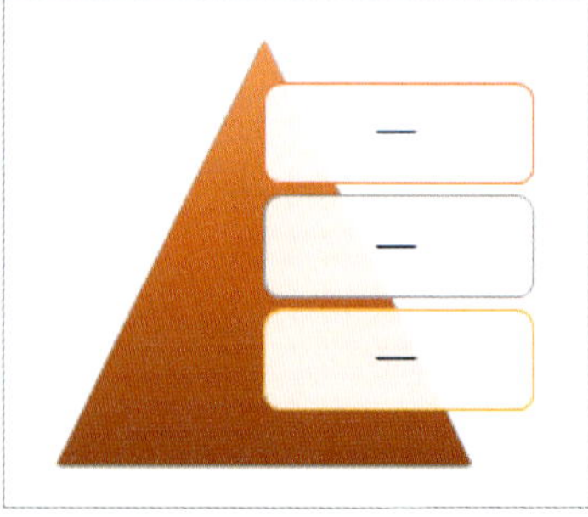

▲ 피라미드 목록형

9 | 그림 SmartArt

SmartArt 그래픽 개체에 그림을 삽입하여 표현하는 도해입니다.

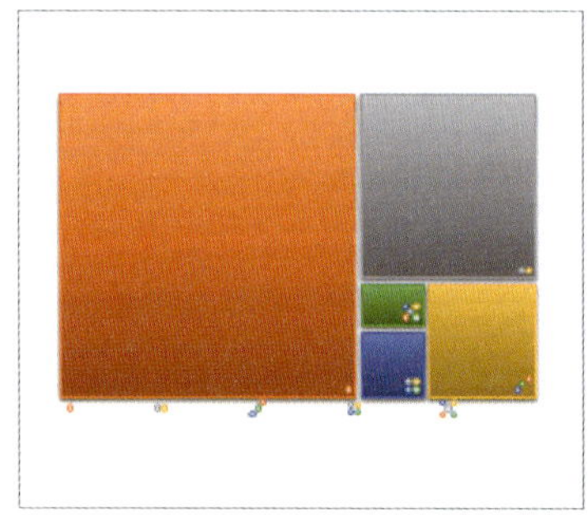
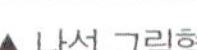

▲ 나선 그림형

▲ 제목 그림 라인업형

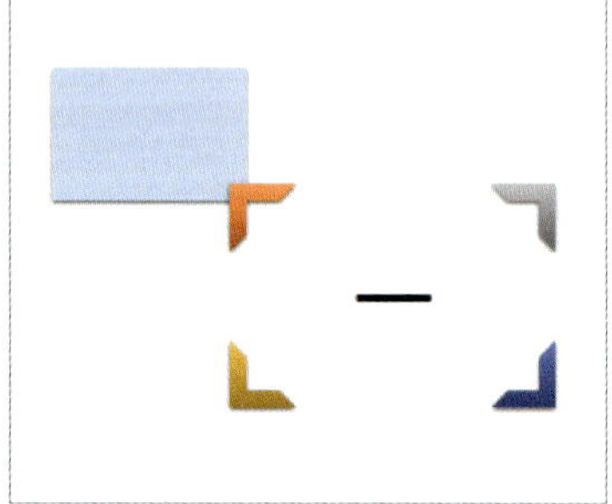

▲ 틀 텍스트 그림형

제대로 된 내용 전달을 위한 다이어그램 작성 노하우

다이어그램이란, 설명하려는 내용을 도형이나 그림 등의 개체를 이용하여 알기 쉽게 표현해 놓은 것을 말합니다. 다이어그램은 도해를 의미하는데, 이를 통해 슬라이드의 내용 전달이 쉬워집니다.

■ 도해 작성 노하우

프레젠테이션에서 도해는 복잡한 내용을 도형 등의 여러 가지 개체를 활용하여 쉽게 구분시켜 청중의 이해를 돕는 역할을 합니다.

1 | 도해 작성 과정

도해를 이용하면 직관적으로 사물을 표현할 수 있어 청중들의 이해력과 전달력을 높일 수 있습니다. 도해는 다음과 같은 3가지 과정을 거치게 됩니다.

❶ 키워드

문장을 키워드만으로 단순화하라

도해는 설명하려는 내용을 간결하게 전달하기 위해 도형이나 그림 등의 개체를 이용하게 됩니다. 그렇기에 설명하려는 내용도 핵심 키워드로 구성해야 합니다. 도해로 작성할 키워드는 동사형이 아닌 명사형으로 구성해야 합니다.

❷ 도해 구성

도형이나 그림으로 도해를 구성하라

키워드의 특성에 따라 도형이나 그림으로 스케치하여 도해를 구성합니다. A4 용지에 직접 도해를 작성해도 좋고 파워포인트 2007 이상에서는 SmartArt 기능을 활용하여 도해를 구성할 수도 있습니다.

❸ 디자인

디자인 요소를 가미하라

도해를 작성하는 이유는 내용을 제대로 전달하기 위해서 작성합니다. 그렇기에 도해 색상 등 도해와 어울리는 디자인 요소를 추가할 필요가 있습니다.

■ 도해 작성 시 주의할 사항

처음부터 도해를 완성도 높게 작성할 수는 없습니다. 자주 연습하고 훈련하다 보면 자신만의 노하우가 담긴 도해를 완성할 수 있습니다.

1 | 스케치할 때 중요한 점

꾸준한 연습만이 도해를 잘 작성할 수 있는 지름길입니다. 슬라이드는 여러 번 볼 수 있는 일반적인 문서와는 다르게 30초에서 1분 사이에 확인하고 넘어가는 특징이 있기에 간단명료한 메시지로 청중의 뇌리에 오래 기억시키는 것이 중요합니다. 즉, 이야기하려는 메시지를 간단명료하게 담는 연습을 많이 해야 합니다.

복잡한 도해 모양은 슬라이드로 표현하기도 힘들뿐더러 청중들이 보기에도 힘들기 때문에 본인이 작업할 수 있는 형식으로 여러 개 만들어본 후 가장 눈에 띄는 직관적인 도해를 선택하는 것이 좋습니다.

도해를 만들 때 주의사항은 다음과 같습니다.

❶ 각 단계별로 내용을 정리하라

전문가가 만들어 놓은 도해와 내가 만든 도해는 같은 색상과 배열을 적용해도 뭔가 어색한 경우가 많습니다. 도해를 표현할 때에는 전체 구성이 자연스럽게 이어지도록 배열하되 각 단계별로 내용을 정리하여 그룹화하는 작업이 선행되어야 합니다. 또한, 요점을 정리하여 배치하고 크기와 문구, 단위는 통일시켜야 합니다.

❷ 흐름을 정하라

도로가 막힐 때 교통정리를 해 주는 경찰이 있다면 한결 수월하게 교통이 정리되는 것을 경험한 적이 있을 것입니다. 프레젠테이션에서도 교통정리를 도와주는 요소가 있으면 청중들이 보다 쉽게 프레젠테이션의 흐름을 이해할 수 있습니다. 내용을 보여줄 때 청중이 보다 쉽고 빠르게 내용을 이해할 수 있도록 화살표나 흐름선을 제시해 주는 것이 좋습니다.

❸ 핵심 요소를 강조하라

도해는 텍스트보다 직관적이고 높은 전달력을 보일 수 있는 요소입니다. 하지만 도해 역시 여러 개가 나열되어 있을 경우 중요 메시지를 강조해 청중들에게 시선을 유도할 필요가 있습니다. 핵심이 되는 메시지는 강조색을 사용하고 형태를 다르게 표현하는 것이 좋습니다.

❹ 도해 작성 시에는 클립아트나 이미지 사용을 자제하라

도해 작성만으로도 한 장의 슬라이드는 이미 많은 이야기를 하게 됩니다. 그렇기에 되도록 클립아트나 이미지 등의 사용은 가급적 자제하는 것이 좋습니다. 오히려 클립아트나 이미지의 사용을 배제하고 도해를 최대한 부각하여 표현하는 것이 좋습니다.

SmartArt 그래픽으로 도해 쉽게 만들기

앞선 내용들을 읽은 독자라면 '그래서 어떻게 만들 수 있지?'라는 의문을 가질 수 있습니다. 파워포인트로 슬라이드 작업을 하는 분이라면 도해 작성만큼 난감하고 어려운 작업도 없을 거라 생각합니다. 다행히도 파워포인트는 SmartArt 그래픽을 제공하여 각종 도해를 쉽고 편하게 만들 수 있습니다.

■ SmartArt 그래픽으로 도해 작업하기

예제 파일 Part03/Lesson03/광고전략.pptx ┃ **완성 파일** Part03/Lesson03/광고전략_완성.pptx

프레젠테이션을 진행할 때 슬라이드에 삽입하는 여러 가지 요소 중에서 텍스트보다 그래픽으로 구성된 슬라이드가 청중들을 설득하는 데 있어 더 효과적입니다. 여기서는 이를 실현시켜줄 [SmartArt 그래픽 선택] 대화상자와 확장 탭에 대해서 살펴보겠습니다.

1 ┃ [SmartArt 그래픽 선택] 대화상자

[SmartArt 그래픽 선택] 대화상자를 통해 항목별로 다양한 SmartArt 형식을 선택할 수 있으며, 미리보기를 통해 특징을 살펴볼 수 있습니다.

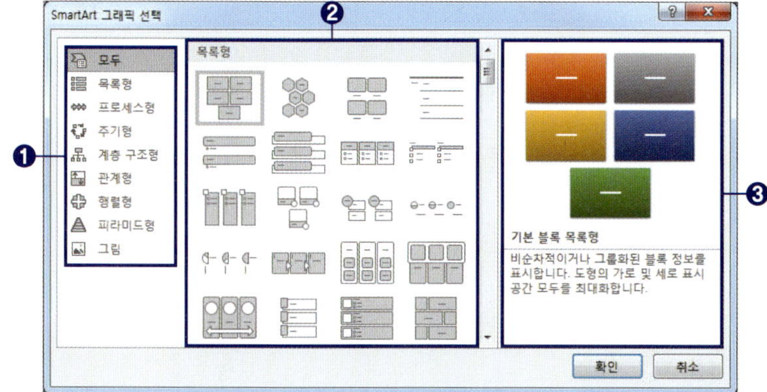

❶ **항목** : 목록형, 프로세스형, 주기형, 계층 구조형 등 다양한 SmartArt 항목을 선택할 수 있습니다.

❷ **종류** : 각 항목마다 특징적인 그래픽 목록이 나타납니다.

❸ **미리보기** : 선택한 SmartArt의 모양과 설명이 나타납니다.

SmartArt 그래픽은 파워포인트 2007 버전에서 처음 등장한 기능입니다. 버전에 따라 약간씩 모양은 달라졌지만 사용 방법은 큰 차이가 나지 않습니다.

2 │ [SmartArt 도구]–[디자인] 상황별 탭

SmartArt가 슬라이드에 삽입되면 [SmartArt 도구]–[디자인] 상황별 탭 및 [서식] 상황별 탭이 나타납니다. 상황별 탭을 통해 SmartArt에 대한 다양한 스타일과 서식을 꾸밀 수 있습니다.

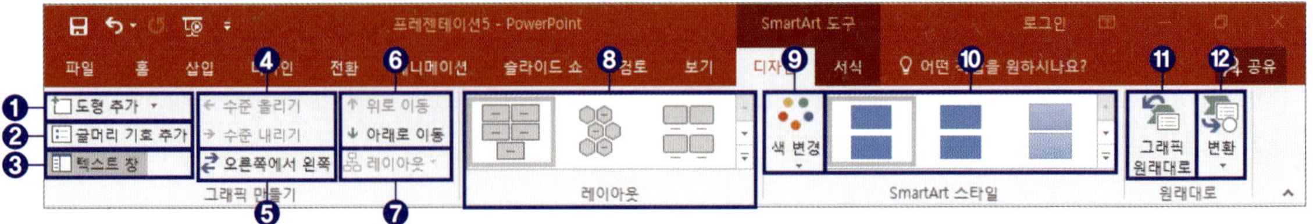

❶ 도형 추가 : SmartArt에 삽입된 도형을 추가할 수 있습니다.

❷ 글머리 기호 추가 : SmartArt에 글머리 기호를 쉽게 추가할 수 있습니다.

❸ 텍스트 창 : 텍스트 창을 표시하거나 숨길 수 있습니다.

❹ 수준 올리기/수준 내리기 : 선택 영역을 들여쓰기하거나 내어쓰기할 수 있습니다.

❺ 오른쪽에서 왼쪽 : SmartArt의 좌, 우를 서로 변경할 수 있습니다.

❻ 위로 이동/아래로 이동 : SmartArt의 위, 아래 위치를 이동할 수 있습니다.

❼ 레이아웃 : 선택한 SmartArt의 계층 구조를 변경할 수 있습니다.

❽ [레이아웃] 그룹 : 적용된 SmartArt의 레이아웃을 변경할 수 있습니다.

❾ 색 변경 : SmartArt 색상을 변경할 수 있습니다.

❿ SmartArt 스타일 : SmartArt 스타일을 윤곽선, 강한 효과, 벽돌 스타일 등으로 변경합니다.

⓫ 그래픽 원래대로 : SmartArt 스타일을 원래대로 되돌립니다.

⓬ 변환 : 텍스트나 도형으로 SmartArt를 변환합니다.

3 | SmartArt 그래픽 단축키

SmartArt 그래픽에는 다양한 단축키로 개체를 컨트롤할 수 있습니다. 여기서는 SmartArt 그래픽 단축키에 대해서 잠시 살펴보겠습니다.

작업	키
SmartArt 그래픽에서 다음 개체 선택	`Tab`
SmartArt 그래픽에서 이전 개체 선택	`Shift` + `Tab`
모든 도형 선택	`Ctrl` + `A`
선택한 도형 위치를 위로 이동	`↑`
선택한 도형 위치를 아래로 이동	`↓`
선택한 도형 위치를 왼쪽으로 이동	`←`
선택한 도형 위치를 오른쪽으로 이동	`→`
선택한 도형 텍스트 편집	`Enter` 또는 `F2`
선택한 도형 삭제	`Delete` 또는 `Back Space`
선택한 도형 가로 확대	`Shift` + `→`
선택한 도형 가로 축소	`Shift` + `←`
선택한 도형 세로 확대	`Shift` + `↑`
선택한 도형 세로 축소	`Shift` + `↓`
선택한 도형 오른쪽으로 회전	`Alt` + `→`
선택한 도형 왼쪽 회전	`Alt` + `←`

01 예제를 통해 살펴보겠습니다. Smart-Art를 삽입하기 위해 [삽입] 탭–[일러스트레이션] 그룹에서 [SmartArt]를 클릭합니다. [SmartArt 그래픽 선택] 대화상자가 나타나면 [프로세스형]–[기본 갈매기형 수장 프로세스형]을 선택한 후 [확인]을 클릭합니다.

팁 :: 처음 SmartArt를 접하는 분들은 어떤 Smart-Art를 선택해야 할지 망설일 수 있습니다. 이럴 경우에는 SmartArt 그래픽을 선택하면 오른쪽에 나타나는 설명을 참고하여 적당한 SmartArt를 선택합니다.

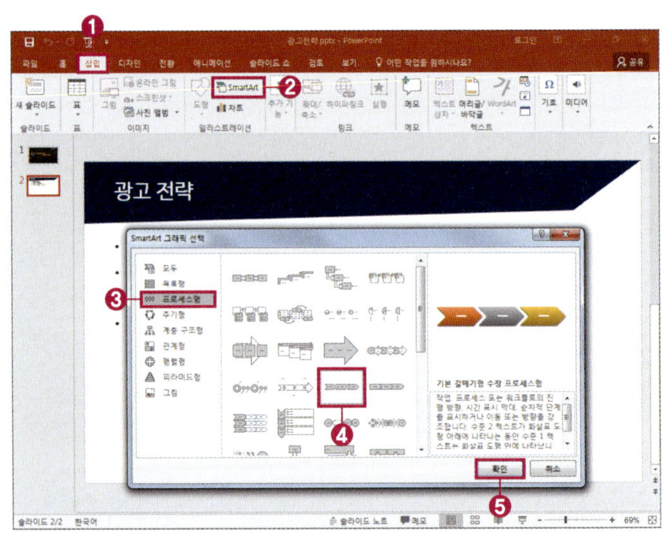

02 SmartArt가 슬라이드에 삽입됩니다. SmartArt의 테두리를 선택한 후 크기와 위치를 변경합니다.

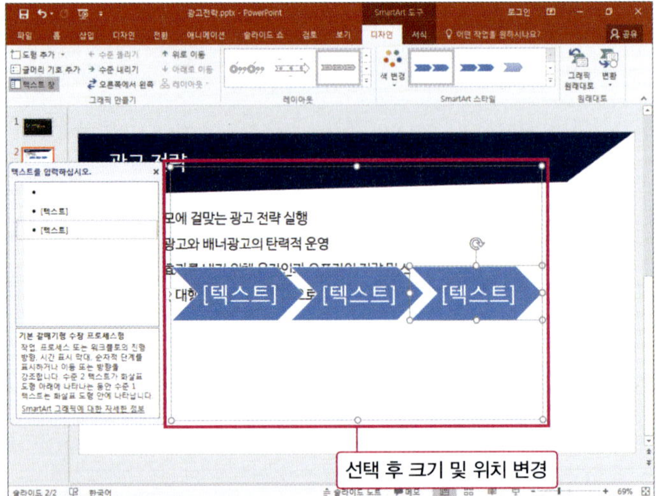

03 [텍스트를 입력하십시오.] 창에 다음과 같이 텍스트를 입력합니다.

팁 :: 텍스트 창은 [SmartArt 도구]–[디자인] 상황별 탭–[그래픽 만들기] 그룹–[텍스트 창]을 클릭하거나 SmartArt 그래픽의 왼쪽 중앙에 있는 [컨트롤]을 클릭하여 열거나 닫을 수 있습니다.

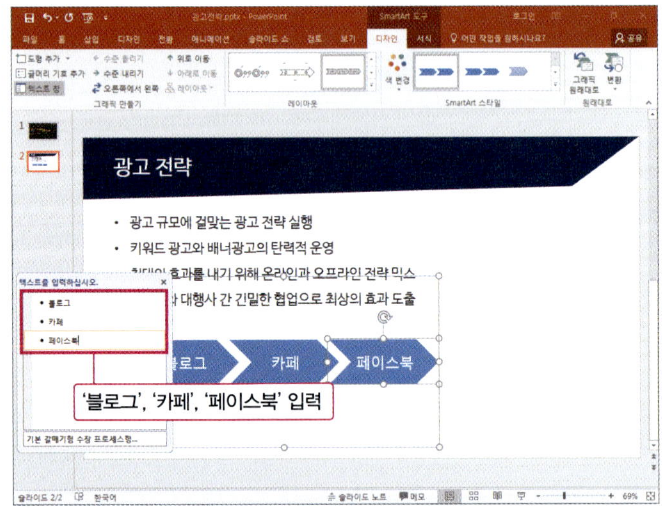

04 SmartArt 그래픽의 도형을 추가해 보겠습니다. [SmartArt 도구]–[디자인] 상황별 탭에서 [그래픽 만들기] 그룹–[도형 추가]의 화살표를 클릭한 다음 [뒤에 도형 추가]를 선택합니다.

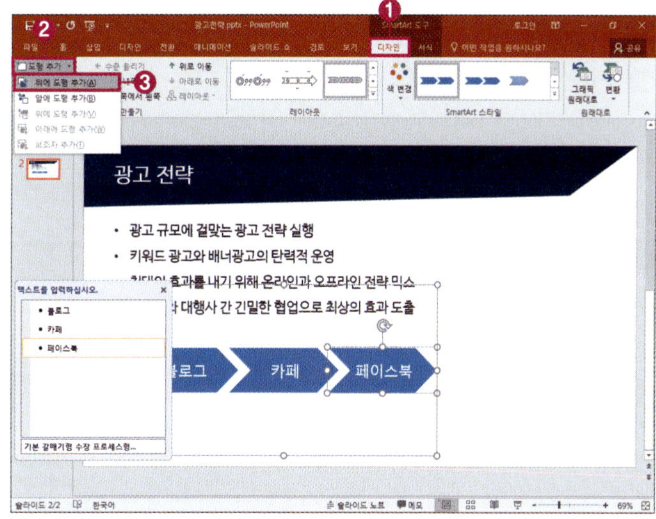

05 도형이 추가되면 『다양한 매체활용』을 입력합니다. 크기 조절 핸들을 드래그하여 SmartArt 크기를 조정합니다.

....

팁 :: 텍스트 창을 이용해서 도형에 텍스트를 입력할 때 커서를 위치시키고 텍스트를 입력하거나 ⬇를 눌러 아래 단락으로 이동해 텍스트를 입력해도 됩니다.

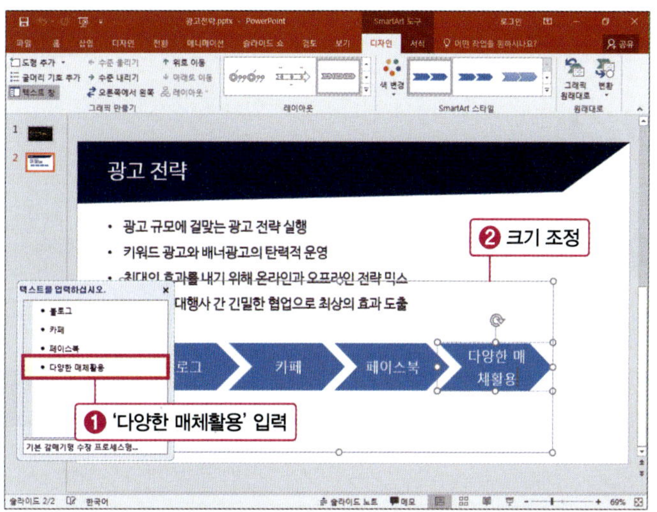

06 [SmartArt 도구]–[디자인] 상황별 탭에서 [그래픽 만들기] 그룹–[텍스트 창]을 클릭하여 텍스트 창을 닫습니다.

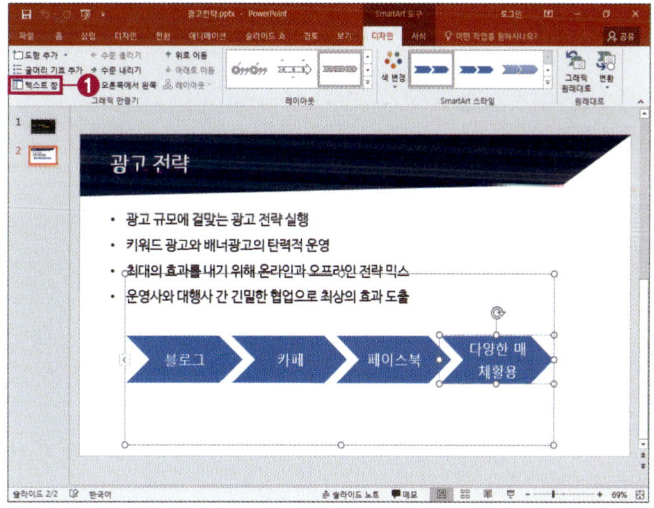

예제 파일 Part03/Lesson03/광고전략2.pptx ┃ **완성 파일** Part03/Lesson03/광고전략2_완성.pptx

SmartArt가 슬라이드에 삽입되면 원하는 스타일을 지정할 수 있습니다. 또한 SmartArt의 도형이나 글머리 기호를 추가한다든가 좌우 전환, 수준 올리기, 내리기 등도 설정할 수 있습니다.

01 SmartArt 색을 변경하기 위해 [SmartArt 도구]–[디자인] 상황별 탭–[SmartArt 스타일] 그룹에서 [색 변경]을 클릭합니다. 나타나는 다양한 갤러리 중에서 원하는 색상을 선택합니다.

팁 :: SmartArt 그래픽 도형의 색상을 하나씩 변경하려면 도형을 선택한 다음 [서식] 탭–[도형 스타일]의 [자세히]를 클릭한 후 스타일 갤러리 중에서 원하는 도형 스타일을 선택해 변경합니다.

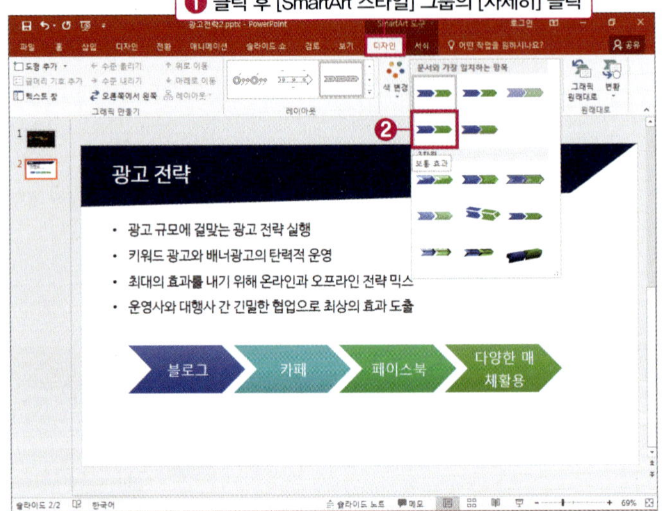

02 SmartArt 스타일을 변경하기 위해 [SmartArt 도구]–[디자인] 상황별 탭의 [SmartArt 스타일] 그룹–[자세히]를 클릭합니다. 나타나는 다양한 갤러리 중에서 원하는 스타일을 선택합니다.

■ SmartArt 그래픽의 모양 변경하기

예제 파일 Part03/Lesson03/광고전략3.pptx | 완성 파일 Part03/Lesson03/광고전략3_완성.pptx

SmartArt도 사실상 도형의 집합체입니다. 그렇기에 도형에서 적용할 수 있는 기능을 그대로 사용할 수 있습니다. 특히 SmartArt에 포함되어 있는 각각의 개체 크기를 조절한다거나 좌우 전환 등이 가능합니다.

01 [SmartArt 도구]-[디자인] 상황별 탭에서 [레이아웃] 그룹의 [자세히]를 클릭합니다. [기타 레이아웃]을 선택합니다.

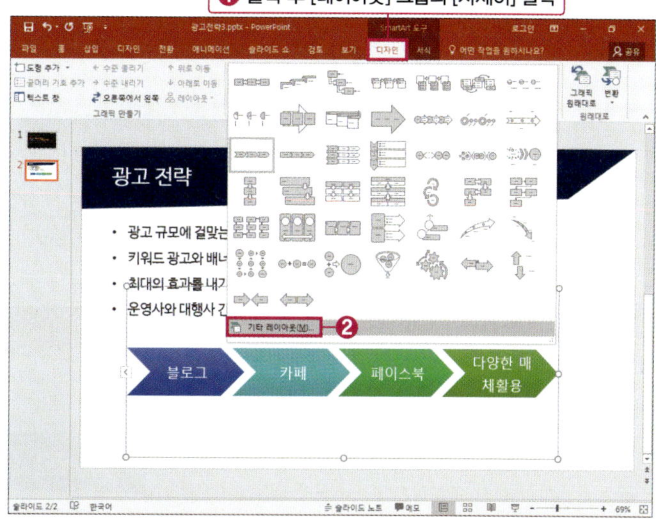

02 [SmartArt 그래픽 선택] 대화상자가 나타납니다. 변경하고 싶은 SmartArt 그래픽을 선택합니다. 여기서는 [목록형] 항목의 [교대 육각형]을 선택하고, [확인]을 클릭합니다.

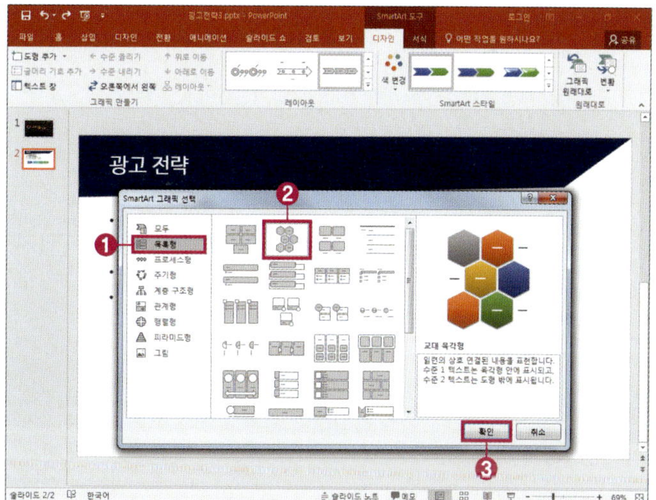

03 SmartArt 그래픽 모양이 변경됩니다. 위치 조정 핸들과 크기 조정 핸들을 활용하여 위치와 크기를 조정합니다.

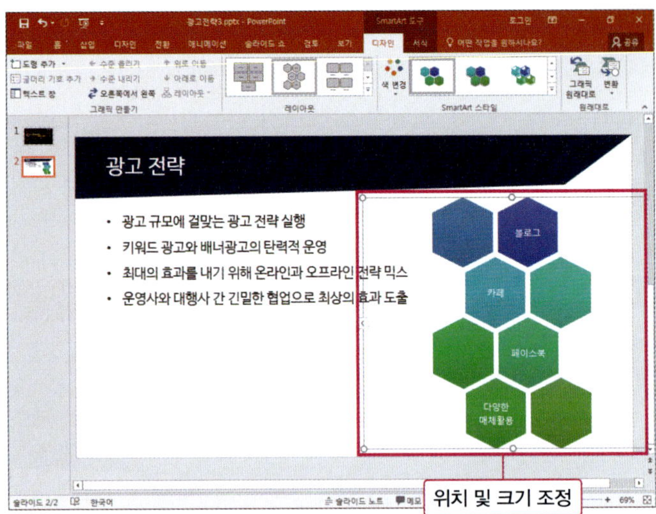

04 [홈] 탭-[글꼴] 그룹을 활용해 서체를 비롯해 텍스트 크기, 색상 등을 변경하여 예제를 완성합니다.

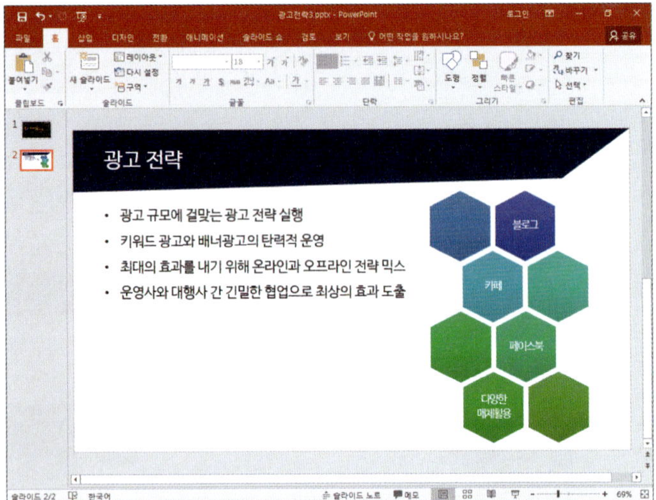

SmartArt 그래픽을 텍스트나 도형으로 변환하기

슬라이드에 작성된 텍스트를 SmartArt로 변경하고 싶을 때 일일이 복사 및 붙여넣기 등을 적용할 필요 없이 한 번에 텍스트를 SmartArt로 변경할 수 있습니다. 반대로 SmartArt를 텍스트나 도형으로 변환할 수도 있습니다.

■ SmartArt 그래픽을 도형으로 변환하기

예제 파일 Part03/Lesson03/오피스스쿨.pptx ┊ **완성 파일** Part03/Lesson03/오피스스쿨_완성.pptx

SmartArt 그래픽을 도형으로 변환할 수 있습니다. SmartArt 그래픽만으로도 훌륭한 도해를 작성할 수 있지만 도형으로 변환하게 되면 보다 자유롭게 도해를 디자인할 수 있습니다. 참고로, 도형으로 변환하면 SmartArt 기능은 사용할 수 없으나 각각의 개체별로 다양한 효과를 줄 수 있습니다.

01 SmartArt 그래픽을 선택합니다. [SmartArt 도구]–[디자인] 상황별 탭에서 [원래대로] 그룹의 [변환]–[도형으로 변환]을 선택합니다.

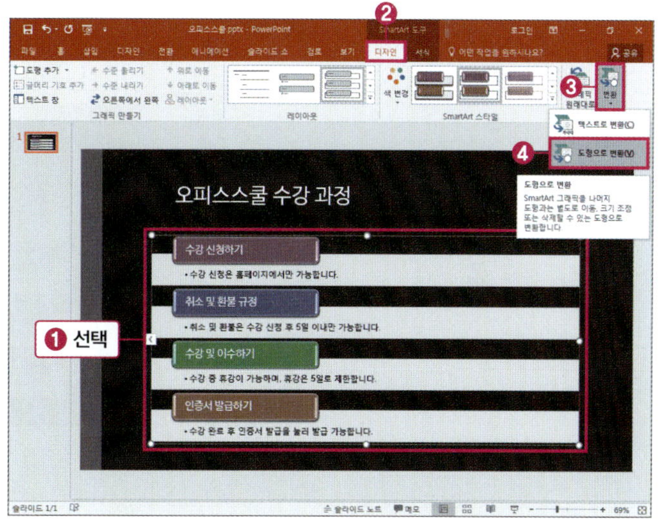

02 상황별 도구의 명칭이 [SmartArt 도구]–[디자인] 상황별 탭에서 [그리기 도구]–[서식] 상황별 탭으로 변경된 것을 확인힐 수 있습니다. 처음 변환되면 도형이 그룹으로 묶여있기 때문에 그룹 해제가 필요합니다.

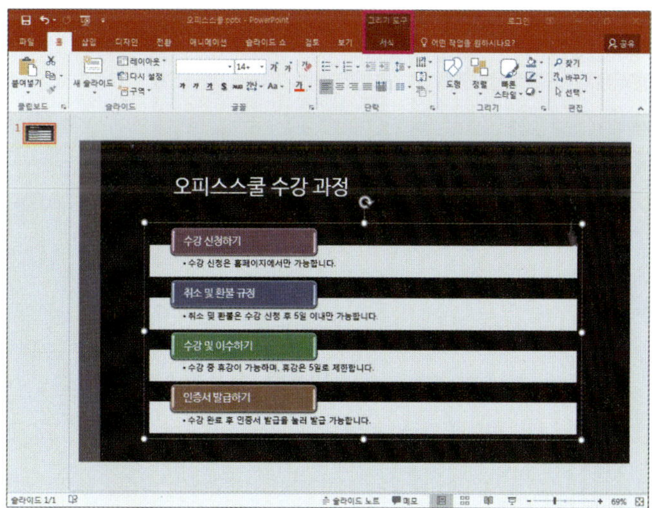

03 마우스 오른쪽 버튼을 누른 후 [그룹]-[그룹 해제]를 선택합니다.

팁 :: 그룹 지정 : `Ctrl`+`G`, 그룹 해제 : `Ctrl`+`Shift`+`G`

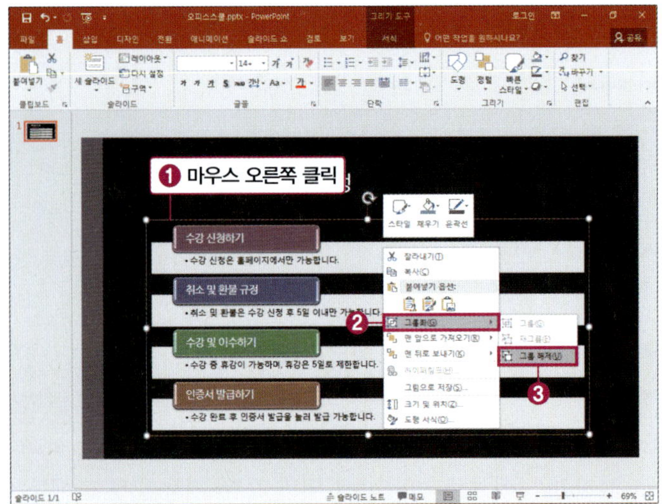

04 도형이 그룹 해제됩니다. 이제 도형의 간격 조정이나 다양한 서식을 적용할 수 있습니다.

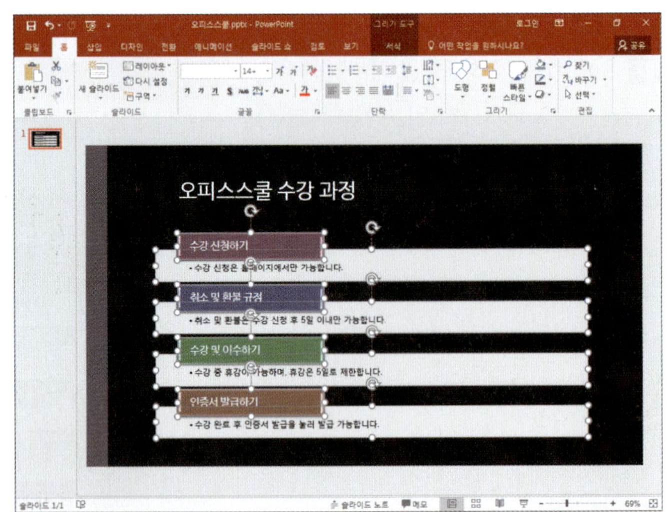

체크해봐요 :: **SmartArt 도구와 그리기 도구**

상황별 도구 명칭이 SmartArt일 경우에는 [SmartArt 도구]라고 표시되지만, 도형으로 변환 후에는 [그리기 도구]로 표시되는 것을 확인할 수 있습니다.

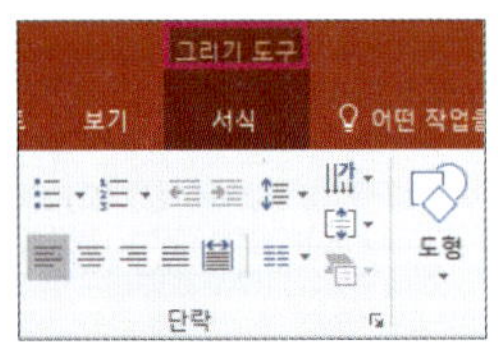

■ SmartArt 그래픽을 텍스트로 변환하기

예제 파일 Part03/Lesson03/오피스스쿨2.pptx | **완성 파일** Part03/Lesson03/오피스스쿨2_완성.pptx

SmartArt 그래픽을 텍스트로 변환할 수 있습니다. 텍스트로 변환하면 SmartArt 도형은 사라지며 텍스트만 남게 됩니다.

01 SmartArt 그래픽을 선택한 상태에서 [SmartArt 도구]–[디자인] 상황별 탭에서 [원래대로] 그룹의 [변환]–[텍스트로 변환]을 선택합니다.

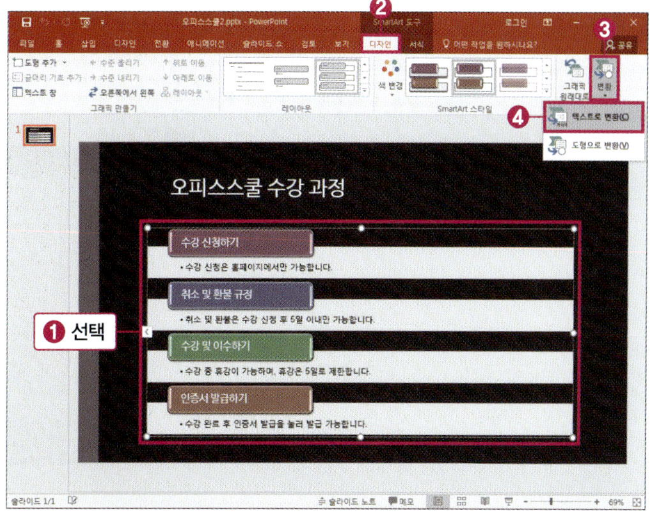

02 SmartArt 그래픽이 텍스트로 변경됩니다.

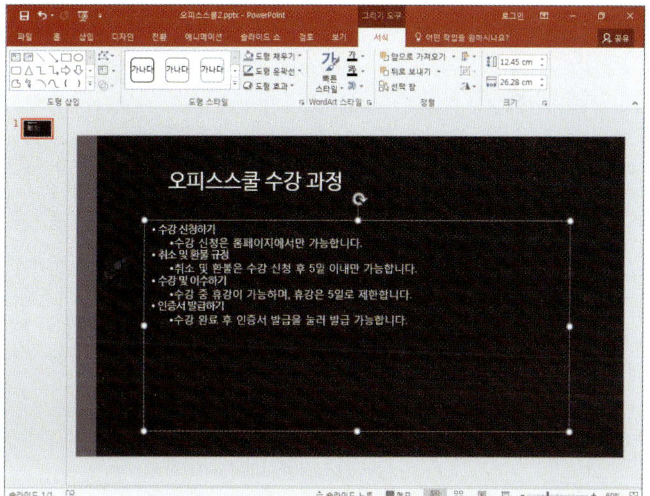

■ 텍스트를 SmartArt 그래픽으로 변환하기

예제 파일 Part03/Lesson03/오피스스쿨3.pptx **| 완성 파일** Part03/Lesson03/오피스스쿨3_완성.pptx

이번에는 반대로 텍스트를 SmartArt 그래픽으로 변환해 보겠습니다. 텍스트 개체 틀에 작성되어 있는 텍스트를 클릭 한두 번으로 도해로 만들 수 있다니 놀랍지 않나요?

01 텍스트 상자에 작성되어 있는 개체를 선택해 SmartArt 그래픽으로 변경해 보겠습니다. 텍스트 개체 틀을 선택하고 [홈] 탭-[단락] 그룹에서 [SmartArt로 변환]을 클릭합니다.

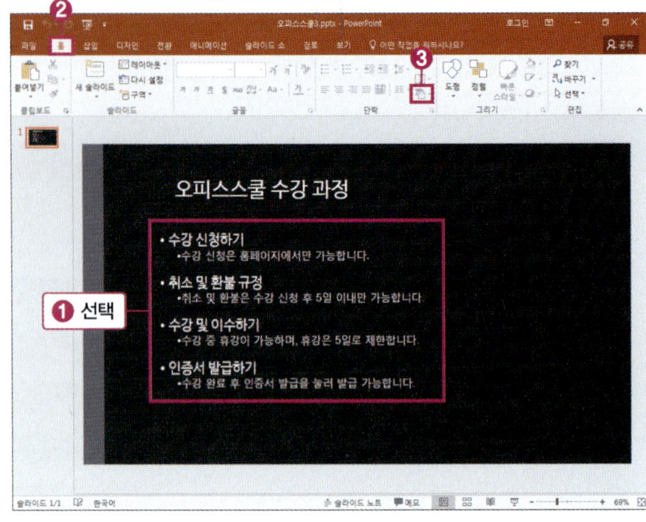

02 [기본 시간 표시 막대형]을 선택합니다.

팁 :: 원하는 SmartArt 그래픽이 없다면 [기타 SmartArt 그래픽]을 선택하여 [SmartArt 그래픽 선택] 대화상자에서 선택합니다.

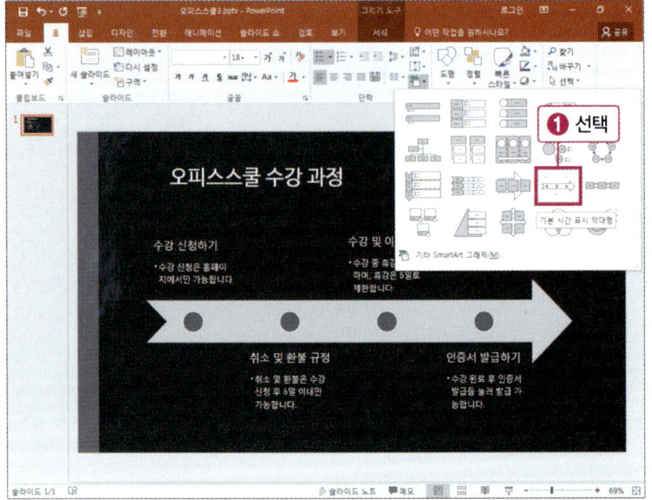

03 텍스트가 '기본 시간 표시 막대형' Smart Art 그래픽으로 변경됩니다. [SmartArt 도구]-[디자인] 상황별 탭의 [SmartArt 스타일] 그룹에서 색상과 스타일을 변경한 후 위치 및 크기를 조정한 후 완성합니다.

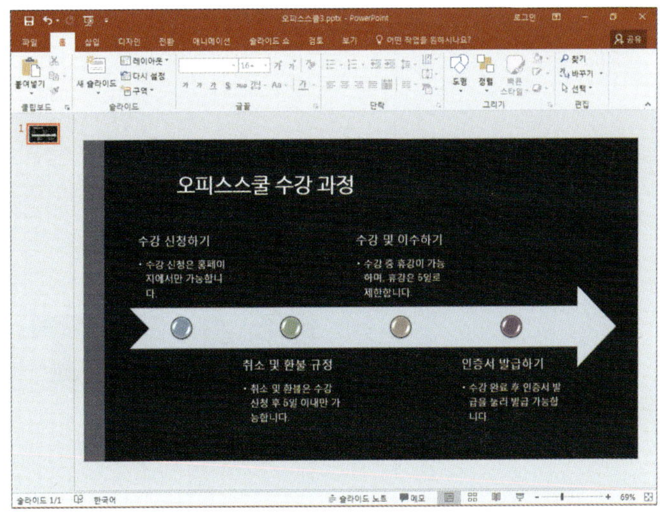

PART 04

파워포인트는 문서 도구가 아닌 멀티미디어 도구이다

슬라이드에 그림이나 사진과 같은 이미지를 삽입하면 프레젠테이션의 사실감이나 청중의 이해도를 높일 수 있습니다. 특히, 파워포인트의 버전이 업그레이드될 때마다 그림 편집 기능은 늘 개선되어 왔습니다. 이제는 포토샵에서나 구현이 가능하던 필터 기능까지 파워포인트에서 가능하기에 보다 편리하게 파워포인트를 활용할 수 있습니다.

기본탄탄!
그림 개체 적용하는 방법 익히기

포토샵 없이도 그림에 다양한 효과를!

그림 개체를 파워포인트에 삽입하려면 슬라이드의 내용에 적합한 이미지를 삽입해야 합니다. 또한, 슬라이드의 배경이나 구성에 어울리게 이미지를 편집할 수 있어야 합니다. 여기서는 가장 기본적인 그림 개체를 슬라이드에 적용하는 방법에 대해서 살펴보겠습니다.

내 마음대로 그림 스타일 지정하기

파워포인트에 삽입할 수 있는 그림 형식은 'jpg, png, bmp, gif'를 비롯해 'cdr, eps, emf' 등이 있습니다.

■ 파워포인트의 그림 옵션 살펴보기

파워포인트에서 텍스트만큼이나 자주 활용하는 개체가 바로 그림입니다. 파워포인트에 그림을 삽입하면 다양한 스타일로 그림을 꾸밀 수 있습니다. [그림 도구]-[서식] 상황별 탭을 활용하여 다양한 그림 효과를 만들어 봅니다.

1 | [그림 도구]-[서식] 상황별 탭

그림을 삽입하거나 슬라이드에 삽입된 그림을 선택하면 [그림 도구]-[서식] 상황별 탭이 나타납니다. [서식] 탭에는 다양한 그림과 관련된 기능들이 나타납니다.

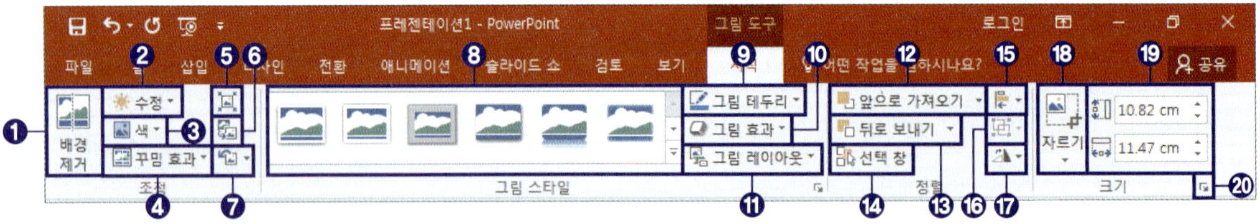

❶ 배경 제거 : 그림의 배경을 제거합니다.

❷ 수정 : 그림의 선명도와 밝기 및 대비 효과를 지정합니다.

❸ 색 : 채도, 색조 등의 효과를 지정합니다.

❹ 꾸밈 효과 : 스케치, 페인트 브러시 스타일 등의 다양한 꾸밈 효과를 지정합니다.

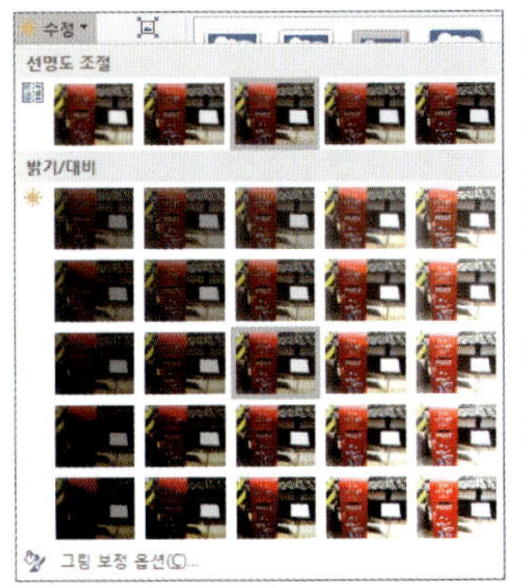

▲ 수정

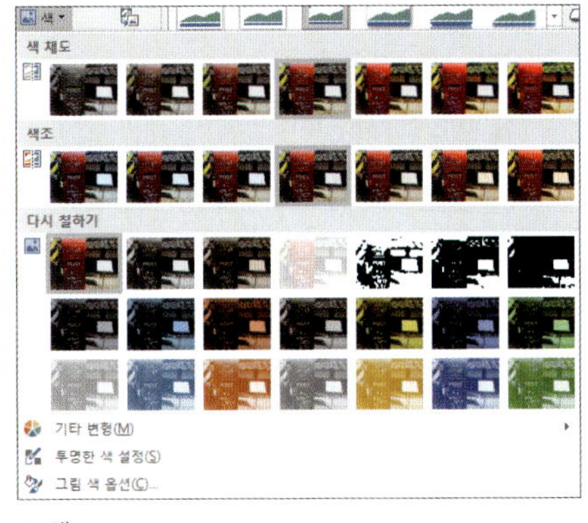

▲ 색

▲ 꾸밈 효과

❺ 그림 압축 : 그림을 압축하여 용량을 줄입니다.

❻ 그림 바꾸기 : 현재 적용되어 있는 서식은 유지한 채 그림을 바꿉니다.

❼ 그림 원래대로 : 그림을 초기 상태로 되돌립니다.

❽ 그림 스타일 : 그림에 스타일을 적용합니다.

❾ 그림 테두리 : 색, 두께, 선 스타일을 변경합니다.

❿ 그림 효과 : 그림자, 네온, 반사 등의 효과를 적용합니다.

⓫ 그림 레이아웃 : 그림을 레이아웃으로 지정합니다.

⓬ 앞으로 가져오기 : 선택한 그림을 맨 앞으로 정렬합니다.

⓭ 뒤로 보내기 : 선택한 그림을 맨 뒤로 정렬합니다.

⓮ 선택 창 : 순서를 변경할 수 있는 선택 창을 표시합니다.

⓯ 맞춤 : 선택한 그림들을 상하 좌우에 맞추거나 간격을 조절합니다.

⓰ 그룹 : 선택한 그림들을 그룹으로 지정합니다.

⓱ 회전 : 선택한 그림들을 회전, 대칭 이동합니다.

⓲ 자르기 : 그림을 원하는 크기로 자릅니다.

⓳ 높이 및 너비 : 그림의 높이 및 너비를 입력하여 직접 조절합니다.

⓴ [옵션]( ) 단추 : [옵션] 단추를 클릭하여 다양한 그림 도구 옵션을 지정할 수 있습니다.

2 | 그림 서식 – 채우기 및 선

삽입한 개체에 색상을 채우거나 그라데이션, 그림, 패턴 등을 지정할 수 있습니다. 또한, 선 서식을 지정하여 겹선 종류나 대시 종류 등을 지정할 수 있습니다.

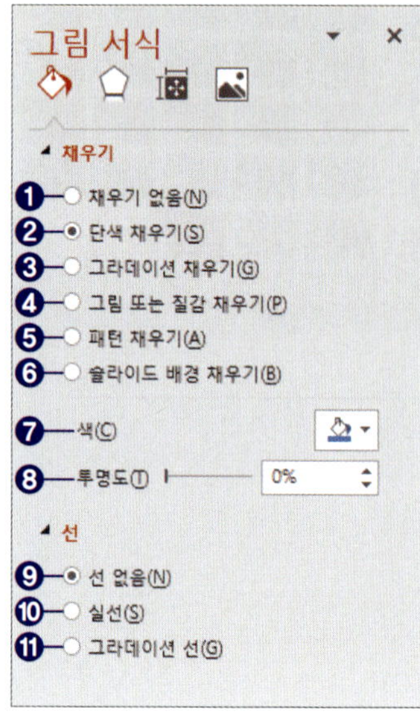

■ 채우기

❶ **채우기 없음** : 그림의 배경에 아무런 색상도 채우지 않습니다.

❷ **단색 채우기** : 그림의 배경에 채우기 색상을 지정합니다.

❸ **그라데이션 채우기** : 그림의 배경에 그라데이션 색상을 지정합니다.

❹ **그림 또는 질감 채우기** : 그림의 배경에 그림 또는 질감을 채웁니다.

❺ **패턴 채우기** : 그림의 배경에 패턴을 채웁니다.

❻ **슬라이드 배경 채우기** : 그림의 배경에 슬라이드 배경을 채웁니다.

❼ **색** : 테마 색, 표준 색 등 채우기 색을 통해 색상을 지정합니다.

❽ **투명도** : 색상에 투명도를 지정합니다.

■ 선

❾ **선 없음** : 그림의 테두리에 선을 넣지 않습니다.

❿ **실선** : 그림의 테두리에 선을 넣습니다.

⓫ **그라데이션 선** : 그림의 테두리에 그라데이션 색상의 선을 넣습니다.

3 | 그림 서식 – 효과

그림자를 비롯해 반사, 네온, 부드러운 가장자리 등의 효과를 지정할 수 있으며, 3차원 서식이나 회전 효과도 지정할 수 있습니다.

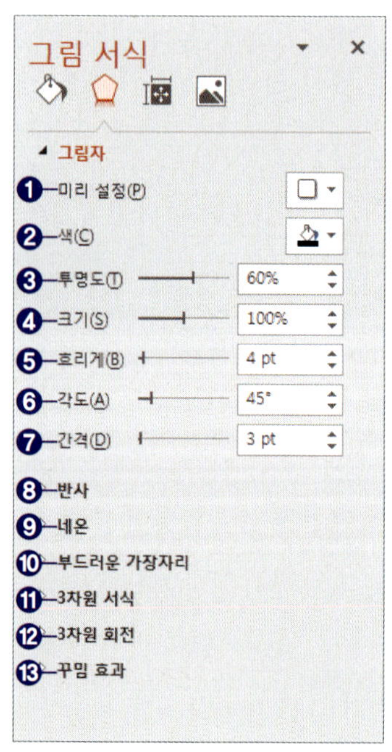

■ 그림자

❶ **미리 설정** : 다양한 갤러리를 통해 그림자를 지정합니다.

❷ **색** : 그림자의 색상을 지정합니다.

❸ **투명도** : 그림자의 투명도를 지정합니다.

❹ **크기** : 그림자의 크기를 지정합니다.

❺ **흐리게** : 진하게 혹은 흐리게 그림자를 지정합니다.

❻ **각도** : 그림자의 위치를 각도를 지정하여 이동합니다.

❼ **간격** : 그림과 그림자 사이의 간격을 지정합니다.

❽ **반사** : 그림에 반사 효과를 지정합니다.

❾ **네온** : 그림에 네온 효과를 지정합니다.

❿ **부드러운 가장자리** : 그림에 부드러운 가장자리 효과를 지정합니다.

⓫ **3차원 서식** : 그림에 위쪽, 아래쪽 입체 효과를 비롯해 외형선, 재질 등을 지정합니다.

⓬ **3차원 회전** : X 회전, Y 회전, Z 회전 등을 통해 회전 효과를 지정합니다.

⓭ **꾸밈 효과** : 연필 스케치, 수채화 스폰지, 파스텔 부드럽게 등 다양한 꾸밈 효과를 지정합니다.

4 | 그림 서식 – 크기 및 속성

삽입한 개체의 높이나 너비를 지정할 수 있으며, 가로나 세로 위치를 입력해 위치도 조정할 수 있습니다.

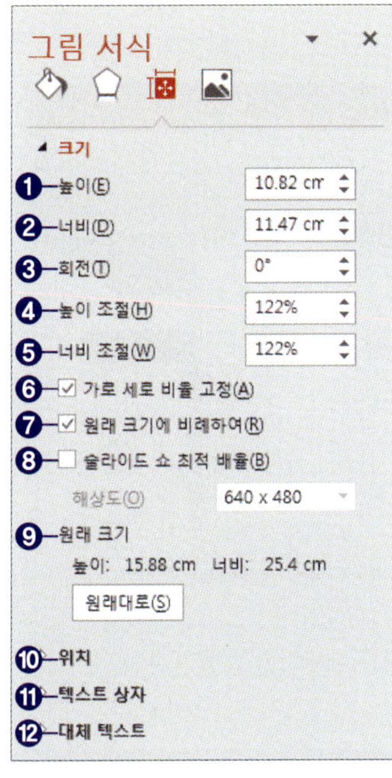

■ 크기

❶ **높이** : 그림의 세로 크기를 지정합니다.

❷ **너비** : 그림의 가로 크기를 지정합니다.

❸ **회전** : 그림의 각도를 지정합니다.

❹ **높이 조절** : 배율을 통해 그림의 높이를 지정합니다.

❺ **너비 조절** : 배율을 통해 그림의 너비를 지정합니다.

❻ **가로 세로 비율 고정** : 그림의 가로와 세로의 비율에 맞춰 그림의 크기를 지정합니다.

❼ **원래 크기에 비례하여** : 그림의 원래 크기에 비례하여 크기를 지정합니다.

❽ **슬라이드 쇼 최적 배율** : 슬라이드 쇼를 진행하는 해상도에 따라 그림의 최적 비율을 지정합니다.

❾ **원래 크기** : 그림의 최초 크기가 표시됩니다.

❿ **위치** : 그림의 가로 위치와 세로 위치를 지정합니다.

⓫ **텍스트 상자** : 텍스트 상자의 방향과 여백 등을 지정합니다.

⓬ **대체 텍스트** : 그림을 대체하여 표현할 수 있는 텍스트를 입력합니다.

5 | 그림 서식 – 그림

그림의 선명도나 밝기/대비를 조정하거나 색의 채도나 색조 등을 지정할 수 있습니다. 또한, 자르기를 통해 그림의 크기를 조정할 수 있습니다.

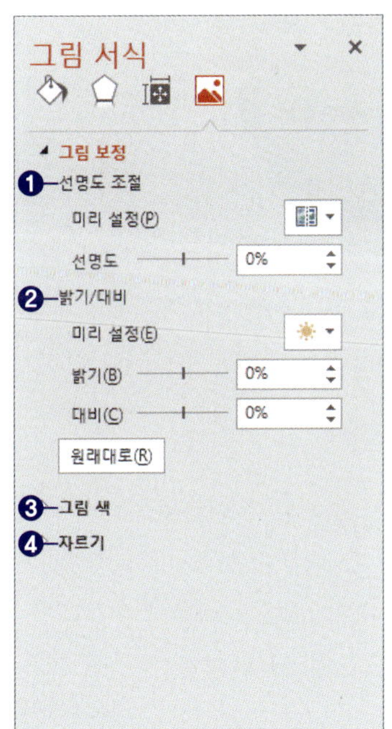

■ 그림 보정

❶ **선명도 조절** : 그림의 선명도를 부드럽게 하거나 선명하게 조절합니다.

❷ **밝기/대비** : 그림의 밝기와 대비를 조절합니다.

❸ **그림 색** : 그림의 채도를 비롯해 색조 등을 조절합니다.

❹ **자르기** : 그림에서 필요 없는 부분을 자릅니다.

■ 슬라이드에 그림 파일 삽입하기

예제 파일 Part04/Lesson01/광고분석.pptx, chart.jpg **| 완성 파일** Part04/Lesson01/광고분석_완성.pptx

다양한 종류의 그림 파일을 슬라이드에 삽입할 수 있습니다. jpg나 gif는 물론 emf나 png, tif 등의
확장자를 지닌 파일도 삽입할 수 있습니다.

01 [삽입] 탭–[이미지] 그룹에서 [그림]을
클릭합니다. [그림 삽입] 대화상자가 나타
나면 'chart.jpg' 파일을 선택한 후 [삽입]을
클릭합니다.

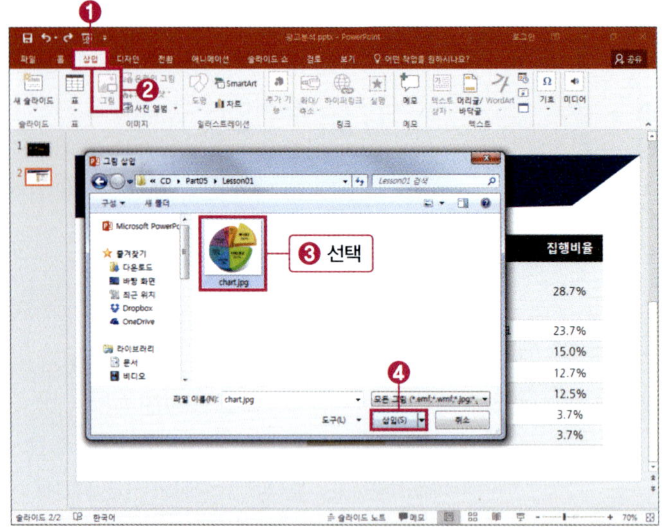

02 그림이 삽입되면 [그림 도구]–[서식]
상황별 탭에서 [크기] 그룹의 [가로]에 『12』
를 입력하여 그림의 크기를 조정합니다.

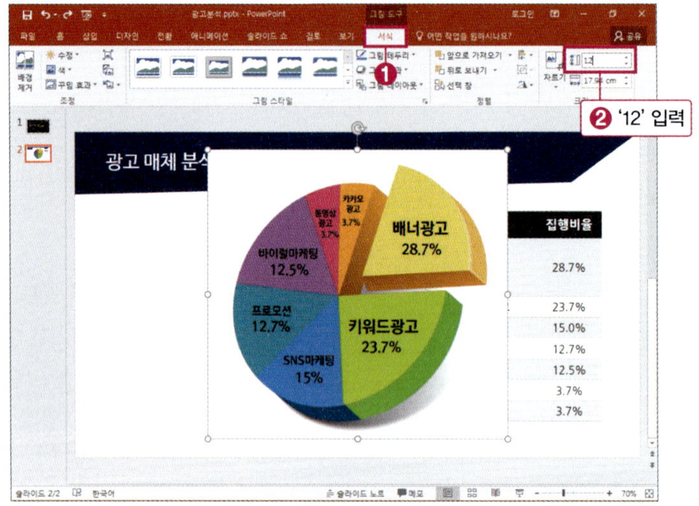

[그림 삽입] 대화상자의 [삽입]의 화살표를 클릭하면 다양한 옵션이 나타납니다. [파일에 연결]은 슬라이드에 그림을 연결만 하는 것으로, 원본 그림을 수정하면 슬라이드에 연결된 그림도 함께 수정됩니다. [삽입 및 연결]은 슬라이드에 그림을 삽입함과 동시에 연결합니다.

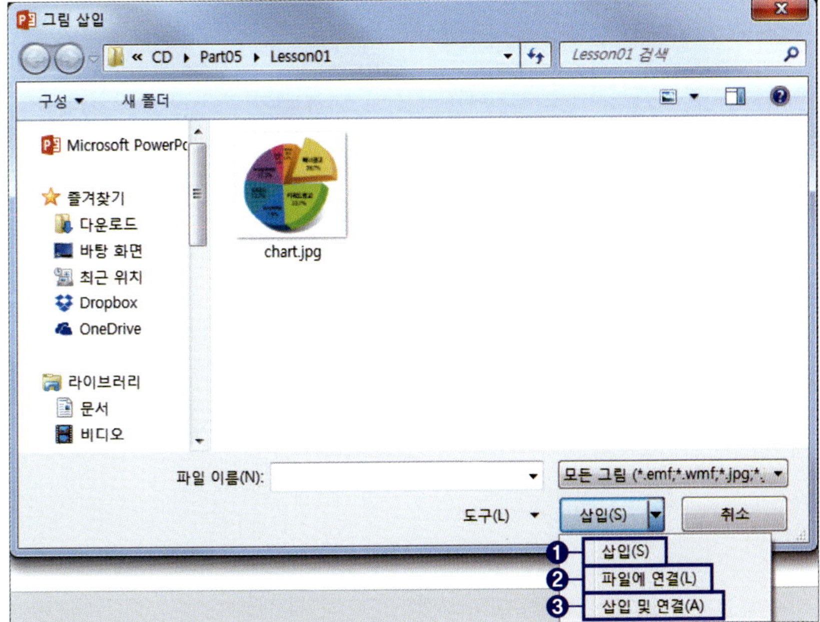

❶ **삽입** : 슬라이드에 그림을 삽입합니다.

❷ **파일에 연결** : 슬라이드에 그림을 삽입하는 것이 아니라 연결만 합니다. 원본 그림을 수정하면 슬라이드에 연결된 그림도 함께 수정됩니다.

❸ **삽입 및 연결** : 슬라이드에 그림을 삽입함과 동시에 연결합니다.

■ 그림에 다양한 효과 적용하기

예제 파일 Part04/Lesson01/광고분석2.pptx **ㅣ 완성 파일** Part04/Lesson01/광고분석2_완성.pptx

파워포인트에 삽입하는 그림에는 반사 효과를 비롯해 그림자, 네온, 입체 효과, 3차원 회전 등 다양
한 효과를 적용할 수 있습니다.

01 그림에 반사 효과를 주기 위해 그림을
선택합니다. [그림 도구]–[서식] 상황별 탭
에서 [그림 스타일] 그룹–[그림 효과]를 클
릭하고 [반사]에서 원하는 반사 효과를 선
택합니다.

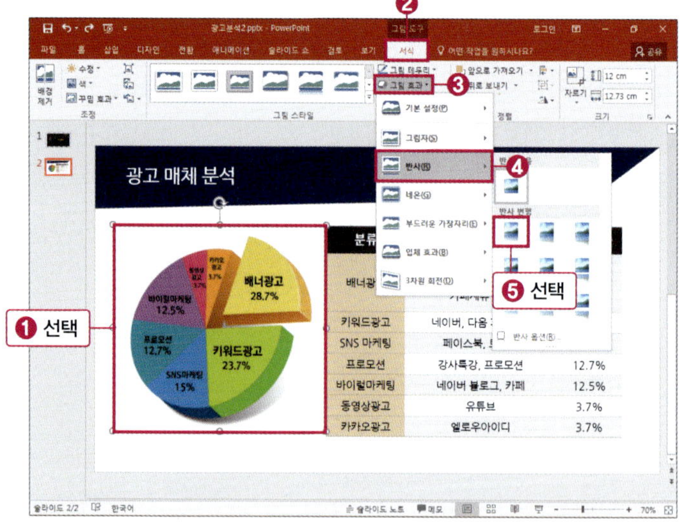

02 반사 효과가 지정됩니다. 반사 효과뿐
아니라 다양한 효과를 지정할 수 있습니다.
다른 효과도 적용해 보세요.

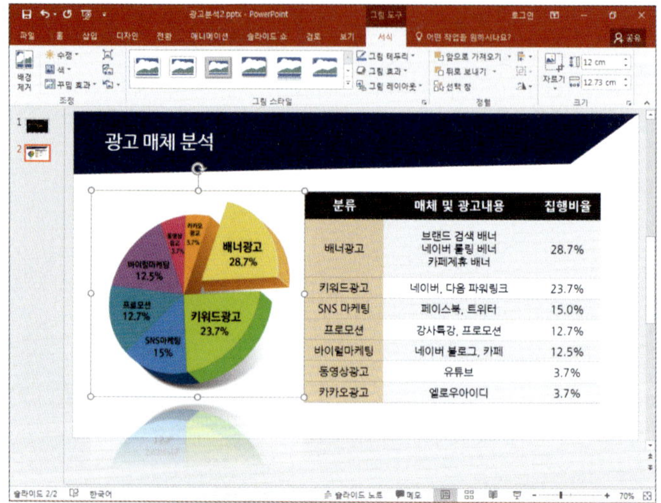

STORY 02 :: 파워포인트 기능은 여기에 다 있다! 실무 PPT 따라하기

그림 자르기와 도형에 맞춰 자르기

그림을 삽입한 후 [그림 도구]-[서식] 상황별 탭-[크기] 그룹에서 [자르기] 윗부분을 클릭하면 삽입한 그림을 원하는 모양으로 자를 수 있습니다. 또한, 그림 압축을 통해 잘려진 그림 영역을 삭제하거나 인쇄용, 화면용, 혹은 전자 메일용 등으로 압축할 수 있습니다.

■ 그림 자르기, 도형에 맞춰 그림 자르기

예제 파일 Part04/Lesson01/광안대교.pptx | **완성 파일** Part04/Lesson01/광안대교_완성.pptx

슬라이드에 삽입한 그림에서 필요 없는 부분은 자르기 옵션을 통해 삭제하는 것이 좋습니다. 그림 자르기를 통해 잘린 그림은 완전히 삭제된 것이 아니기에 나중에 다시 살릴 수도 있습니다.

1 | 자르기 옵션

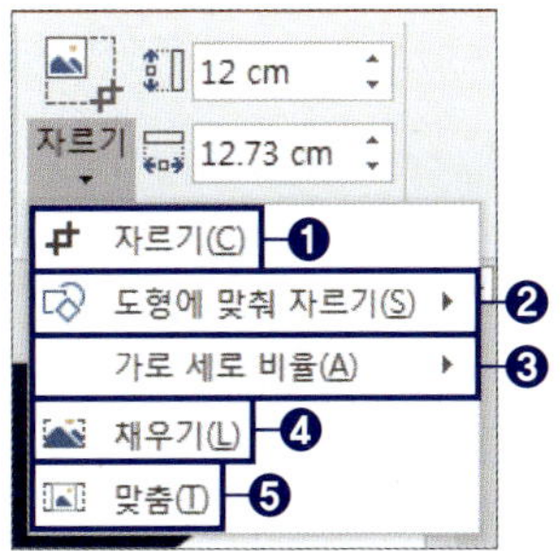

❶ 자르기 : 원하는 가로, 세로 방향으로 그림을 자릅니다.

❷ 도형에 맞춰 자르기 : 직사각형, 원형 등 도형의 모양에 맞춰 그림을 자릅니다.

❸ 가로, 세로 비율 : 1대1, 2대3, 3대4 등 가로, 세로 비율을 유지하면서 그림을 자릅니다.

❹ 채우기 : 채우기를 통해 자른 그림을 이동시킵니다.

❺ 맞춤 : 잘라진 비율에 맞게 그림을 고정시킵니다.

2 | 컨텍스트 메뉴

슬라이드에서 그림을 선택한 후 마우스 오른쪽 버튼을 누르면 미니 도구 모음이 표시됩니다. 미니 도구 모음의 컨텍스트 메뉴에서 그림 관련 명령을 실행할 수 있습니다.

❶ 스타일 : 그림 스타일을 지정할 수 있습니다.

❷ 자르기 : 자르기 기능을 실행할 수 있습니다.

01 예제를 통해 살펴보겠습니다. 삽입된 그림을 선택한 다음 [그림 도구]–[서식] 상황별 탭에서 [크기] 그룹–[자르기] 윗부분을 클릭합니다.

02 자르기 핸들이 나타나면 마우스로 드래그하여 원하는 부분만 표시되도록 크기를 조정한 후 [서식] 탭–[크기] 그룹에서 [자르기] 윗부분을 클릭하거나 슬라이드 편집 창의 빈 공간을 클릭합니다.

03 그림이 잘립니다. 잘라진 그림도 원하는 부분을 다시 지정할 수 있습니다. 그림을 선택한 상태로 [서식] 탭–[크기] 그룹에서 [자르기] 윗부분을 클릭합니다. 마우스를 드래그하여 그림 위치를 지정한 후 [서식] 탭–[크기] 그룹–[자르기] 윗부분을 클릭하거나 슬라이드 편집 창의 빈 공간을 클릭합니다.

04 이번에는 도형 모양에 맞춰서 그림을 잘라보겠습니다. 두 번째 슬라이드를 선택한 후 그림을 클릭합니다. [그림 도구]-[서식] 상황별 탭에서 [크기] 그룹-[자르기] 아랫부분을 클릭한 다음 [도형에 맞춰 자르기]를 선택합니다. 원하는 도형 모양을 클릭합니다.

05 도형에 맞춰 그림이 편집됩니다. 그림의 크기 및 위치를 조절한 후 완성합니다.

■ 개체 모양에 맞춰서 그림 삽입하기

예제 파일 Part04/Lesson01/홍보이벤트.pptx, img_01.jpg, img_02.jpg ┆ **완성 파일** Part04/Lesson01/홍보이벤트_완성.pptx

파워포인트에 삽입되는 그림은 원하는 모양대로 자르거나 도형의 모양대로 삽입할 수 있습니다. 이번에는 도형의 모양대로 그림을 삽입해 보겠습니다.

01 개체 모양에 맞춰서 그림을 삽입해 보겠습니다. 도형을 선택한 후 [그리기 도구]-[서식] 상황별 탭에서 [도형 스타일] 그룹의 [옵션]( ) 단추를 클릭합니다. [도형 서식] 옵션 창이 나타납니다.

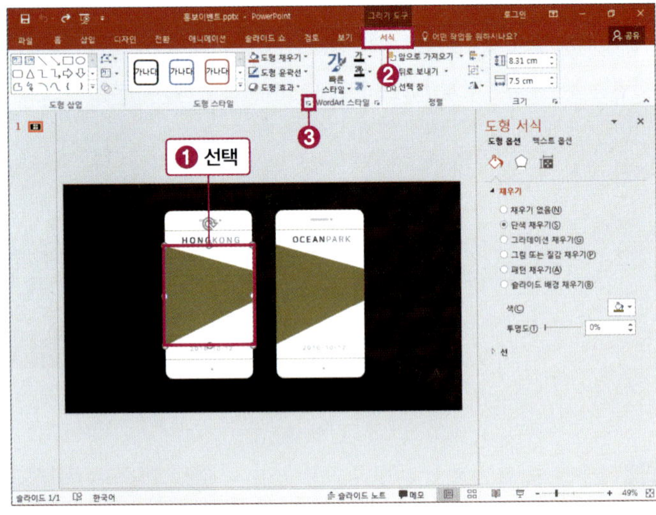

02 [도형 옵션]-[채우기]에서 [그림 또는 질감 채우기]-[파일]을 클릭합니다. [그림 삽입] 대화상자가 표시되면 'img_01.jpg' 파일을 선택한 후 [삽입]을 클릭합니다.

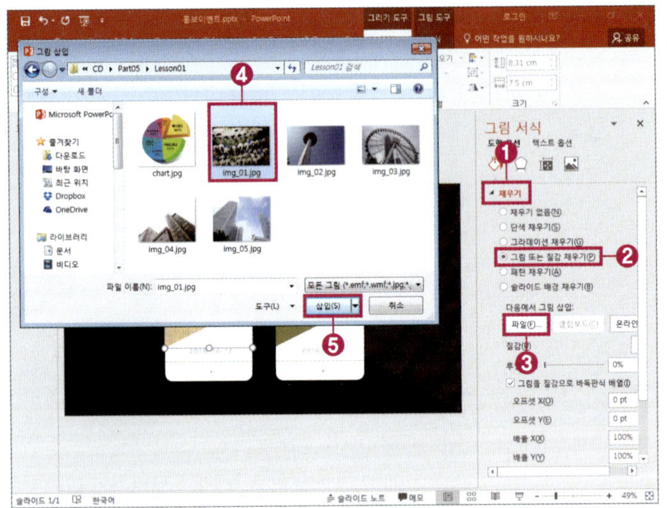

STORY 02 :: 파워포인트 기능은 여기에 다 있다! 실무 PPT 따라하기

03 도형에 그림이 삽입됩니다. 오프셋 왼쪽, 오른쪽 등을 통해 그림의 배열 및 대칭 비율을 조절할 수 있습니다. 여기서는 [오프셋 오른쪽]에 『-20』, [오프셋 위쪽]에 『-13』을 입력합니다.

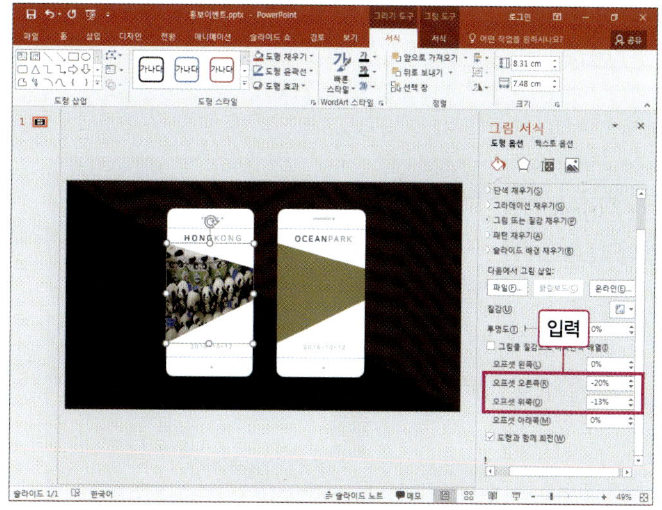

04 오른쪽 도형 개체도 선택한 후 [도형 옵션]-[채우기]에서 [그림 또는 질감 채우기]-[파일]을 클릭합니다. [그림 삽입] 대화 상자가 표시되면 'img_02.jpg' 파일을 선택한 후 [삽입]을 클릭합니다.

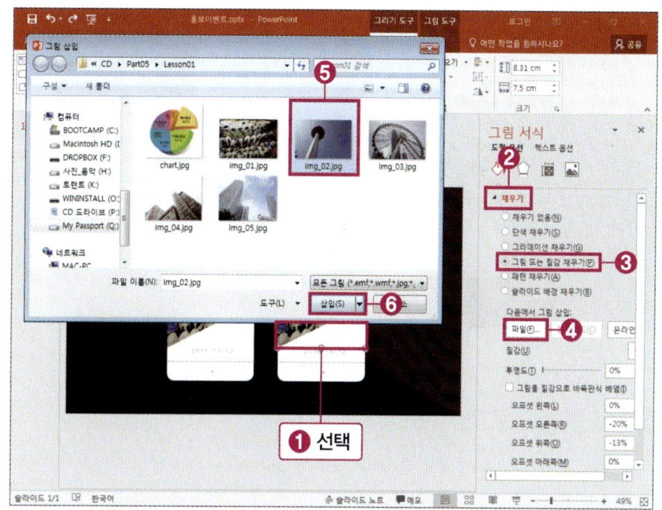

05 [오프셋 왼쪽]에 『-4』, [오프셋 오른쪽]에 『-24』, [오프셋 위쪽]에 『2』를 입력한 후 슬라이드를 완성합니다.

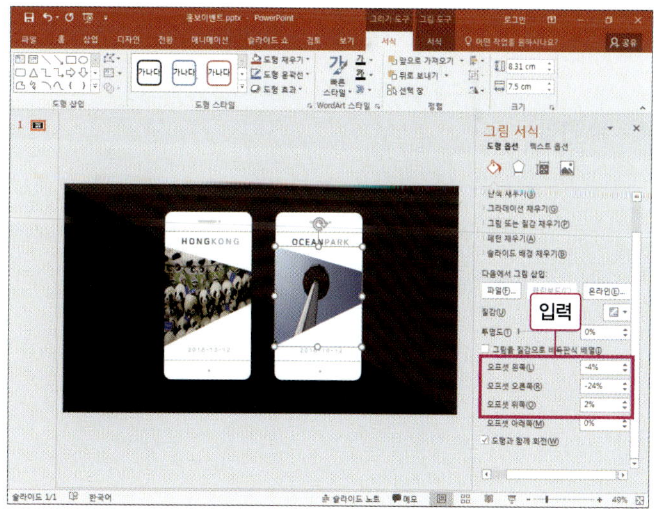

오프셋 기능은 그림을 도형에 삽입했을 때 크기가 서로 맞지 않아 늘어나거나 줄어든 그림의 비율을 맞출 수 있는 기능입니다. 그림을 도형 안에 밀어 넣을 때에는 '+', 도형 밖으로 밀어 낼 때에는 '-' 값으로 조절합니다.

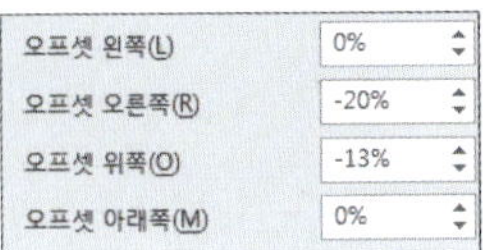

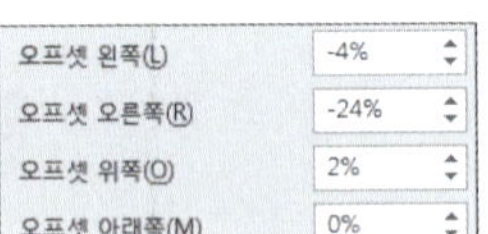

■ 점 편집으로 개체 모양 다듬기

예제 파일 Part04/Lesson01/홍보이벤트2.pptx | **완성 파일** Part04/Lesson01/홍보이벤트2_완성.pptx

개체 모양대로 그림을 삽입하게 되면 오프셋 왼쪽, 오프셋 오른쪽 등을 활용해서 그림 위치를 자유롭게 조정할 수 있다는 점을 앞선 예제에서 배웠습니다. 여기에 개체 모양을 점 편집으로 다듬으면 보다 완성도 높은 이미지를 만들 수 있습니다.

1 | 점 편집

대부분의 도형은 점 편집을 통해 새로운 도형을 만들 수 있습니다. 도형을 선택한 후 [그리기 도구]-[서식] 상황별 탭의 [도형 삽입] 그룹에서 [도형 편집]-[점 편집]을 클릭한 후 도형의 윤곽을 나타내는 정점 중 하나를 드래그합니다.

▲ [도형 편집]–[점 편집]　　　▲ [점 편집] 메뉴　　　▲ [선 편집] 메뉴

■ 점 위에서 점 편집하기

❶ 점 추가 : 점을 추가합니다.

❷ 점 삭제 : 점을 삭제합니다.

❸ 경로 열기 : 닫히지 않는 열린 도형을 만듭니다.

❹ 경로 닫기 : 닫힌 도형을 만듭니다.

❺ 부드러운 점 : 점을 기준으로 부드러운 모서리를 만듭니다.

❻ 직선 점 : 점을 기준으로 직선 점을 만듭니다.

❼ 꼭지 점 : 점을 기준으로 꼭지 점을 만듭니다.

❽ 점 편집 끝내기 : 점 편집을 종료합니다.

■ 선 위에서 점 편집하기

❾ 세그먼트 삭제 : 해당 선을 삭제합니다.

❿ 직선 세그먼트 : 해당 선을 직선으로 만듭니다.

⓫ 곡선 세그먼트 : 해당 선을 곡선으로 만듭니다.

도형의 윤곽을 나타내는 정점 중 하나를 드래그하거나 점의 모양을 부드러운 점, 직선 점으로 변형할 수 있습니다. 검은색 점(■)으로 표시되는 정점은 곡선이 끝나는 점이거나 자유형 도형에서 두 개의 선 세그먼트가 만나는 점입니다. 이를 드래그하여 다른 모양으로 변경할 수 있습니다.

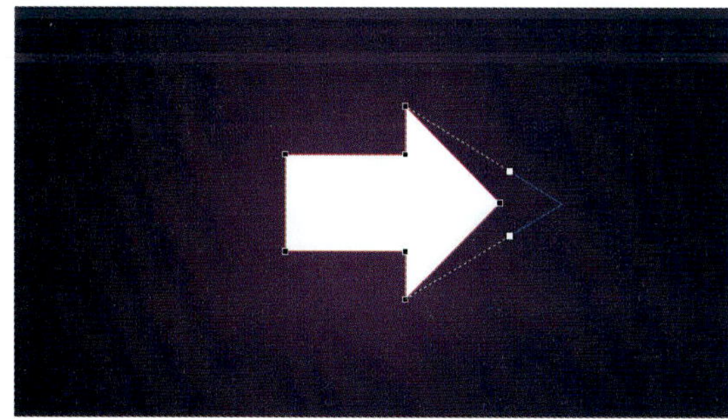

▲ 꼭지점의 위치 변경

▲ 꼭지점을 부드러운 점으로 변경

아래의 예처럼 점 편집을 통해 일상적인 도형이 아닌 곡선이 있는 도형이나 새로운 모양의 도형을
만들 수 있습니다.

01 예제를 통해 살펴보겠습니다. 예제를 가지고 실습해 보겠습니다. 왼쪽 도형을 선택한 후 [그리기 도구]–[서식] 상황별 탭의 [도형 삽입] 그룹에서 [도형 편집]–[점 편집]을 클릭하거나, 마우스 오른쪽 버튼을 누른 후 [점 편집]을 선택합니다.

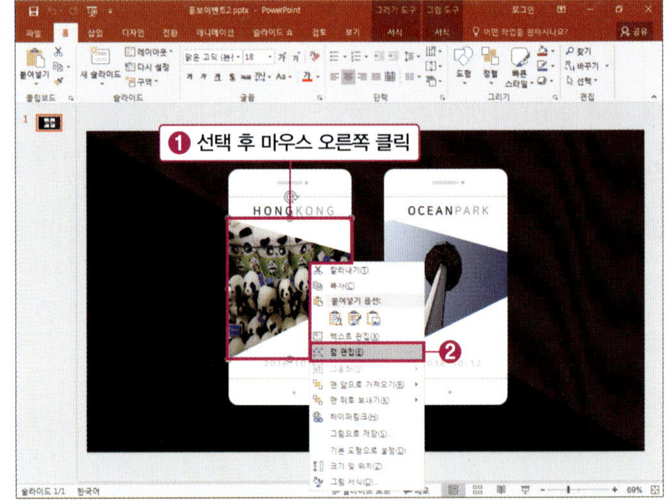

02 점 편집 모드가 되면 도형에 검은색 점(■)이 나타납니다. 점을 드래그하여 도형의 모양을 변형합니다.

03 이번에는 점 편집 모드에서 마우스 오른쪽 버튼을 눌러 [부드러운 점]을 선택합니다.

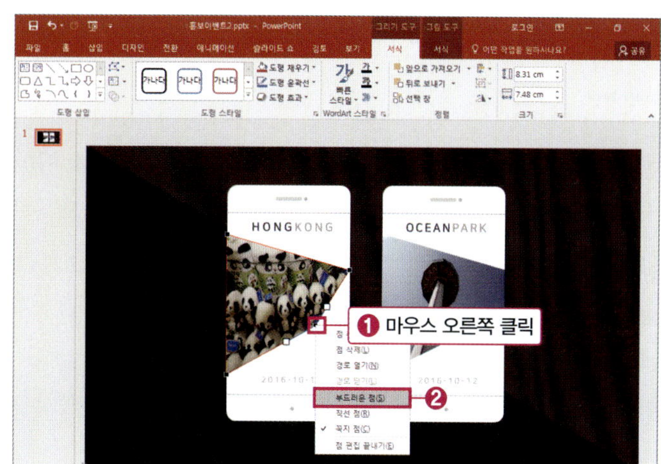

04 모서리 점이 부드러운 점으로 변경되면 위와 아래에 있는 흰색 점(ㅁ)을 드래그하여 부드러운 모서리를 만들어 줍니다.

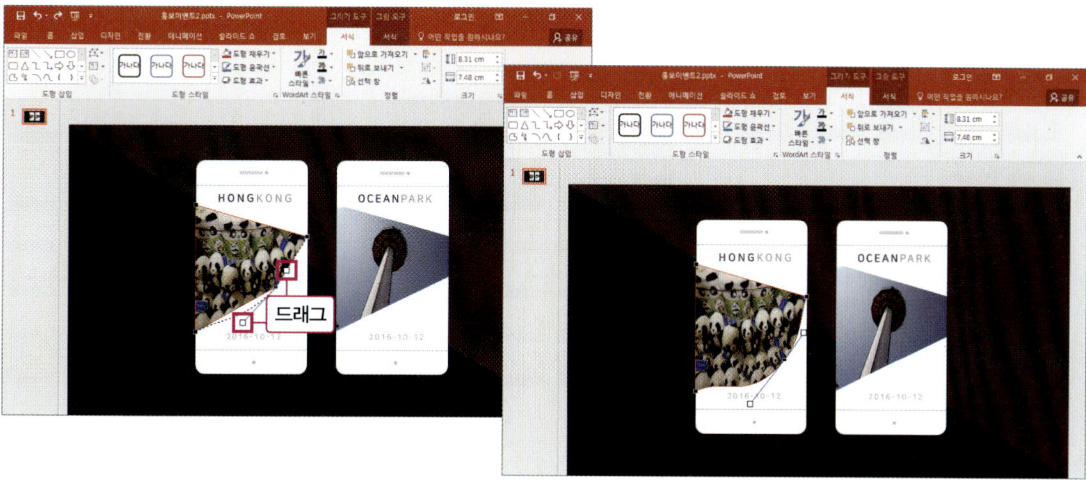

05 이번에는 오른쪽 이미지를 선택하고 [점 편집] 기능을 이용하여 개체 모양을 다듬어 줍니다.

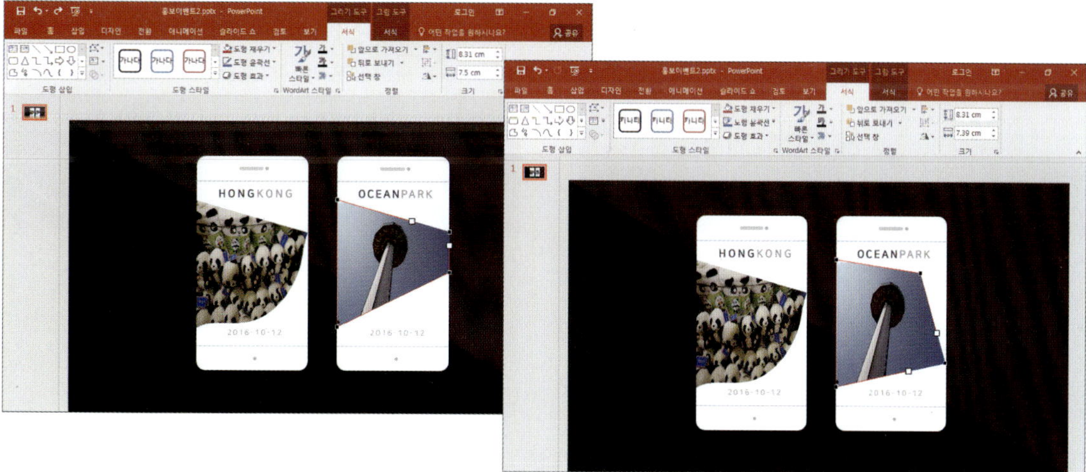

밝기 및 대비, 색상 톤 조정하기

밝기 및 대비, 색상 톤 등은 [조정] 그룹에서 지정할 수 있는데 포토샵과 같은 이미지 제작 도구에서 작업하던 것처럼 다양한 그림 효과를 파워포인트에서도 적용할 수 있습니다.

■ 밝기 및 대비, 색상 톤

예제 파일 Part04/Lesson01/이미지보정.pptx | 완성 파일 Part04/Lesson01/이미지보정_완성.pptx

밝기 및 대비, 색상 톤을 통해 다양하지 못한 이미지의 빛을 제대로 잡아주거나 칙칙하고 어두운 이미지를 다소 밝게 보정할 수 있습니다.

1 | [조정] 그룹

[조정] 그룹의 선명도, 밝기 및 대비를 활용해 포토샵과 같은 도구에서 작업하던 것처럼 다양한 이미지 효과를 그대로 적용할 수 있습니다.

▲ [조정] 그룹 ▲ 선명도 조절 ▲ 밝기/대비

▲ 보정 전

▲ 보정 후

▲ 부드럽게: 50%

▲ 선명하게: 0%

▲ 선명하게: 50%

▲ 온도: 4700K

▲ 온도: 7200K

▲ 온도: 11200K

▲ 꾸밈 효과: 밝은 화면

▲ 꾸밈 효과: 연필 스케치

▲ 꾸밈 효과: 네온 가장자리

체크해봐요 :: 그림 보정, 그림 색

[조정] 그룹을 통해 포토샵과 유사한 기능으로 이미지의 색상과 효과를 조정할 수 있습니다. 만일, 원하는 색상이나 효과가 없다면 [조정] 그룹-[수정]-[그림 보정 옵션]을 클릭하거나, [조정] 그룹-[색]-[그림 색 옵션]을 클릭합니다. [그림 서식] 옵션 창이 나타나면 그림 보정을 비롯해 그림 색 등을 원하는 옵션을 통해 지정할 수 있습니다.

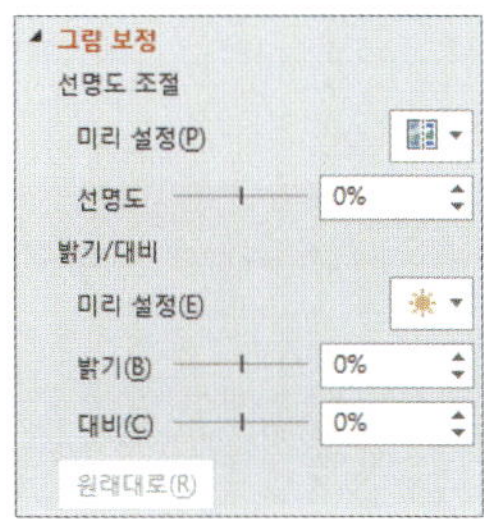

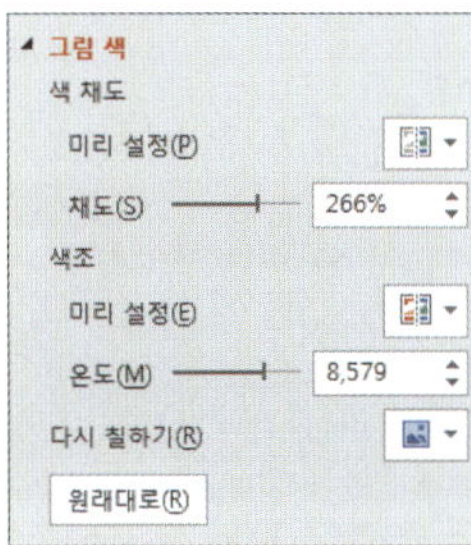

01 예제를 통해 살펴보겠습니다. 먼저 선명도를 조절해 보겠습니다. 두 번째 이미지를 선택한 후 [그림 도구]-[서식] 상황별 탭에서 [조정] 그룹-[수정]을 클릭한 다음 [밝기: +40%, 대비: +40%]를 선택합니다.

팁 :: 선명도와 꾸밈 효과는 파워포인트 2010 버전 이후부터 사용할 수 있습니다.

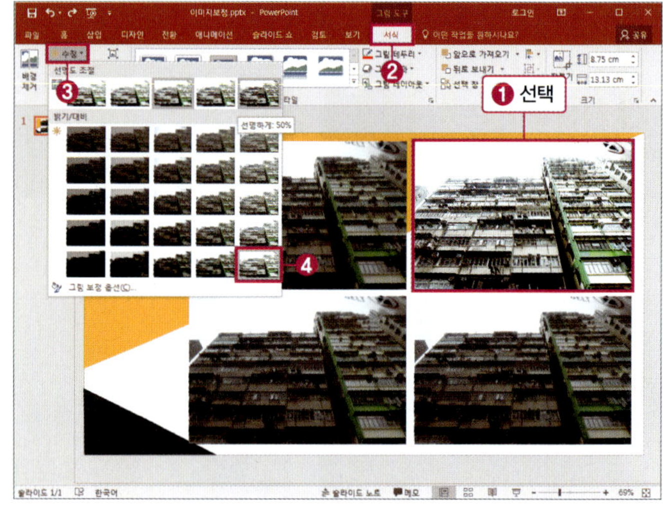

02 세 번째 이미지를 선택한 후 [그림 도구]-[서식] 상황별 탭에서 [조정] 그룹-[색]을 클릭한 후 [기타 변형]-[진한 빨강]을 선택합니다.

팁 :: [다시 칠하기]에서는 원하는 색상을 선택할 수 있습니다. 만일, 원하는 색상이 없다면 지금처럼 [기타 변형]을 클릭하여 원하는 색상을 선택할 수 있습니다.

03 마지막 이미지를 선택한 다음 [그림 도구]-[서식] 상황별 탭에서 [조정] 그룹-[색]을 클릭한 후 [그림 색 옵션]을 선택합니다. [그림 서식] 옵션 창이 나타나면 색채도를 비롯해 색조 등 원하는 옵션을 지정합니다.

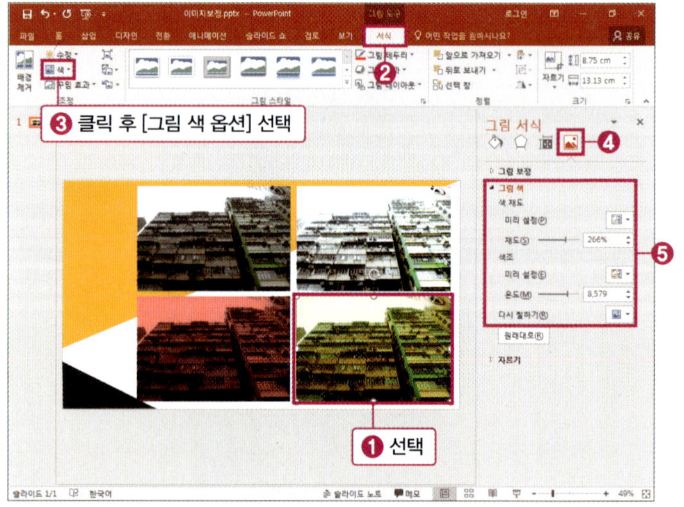

보기 싫은 슬라이드의 흰색 여백을 이미지화하기

배경으로 사용하고 싶은 이미지가 있어 파워포인트로 가져왔지만 가로와 세로 크기가 맞지 않아 생각보다 많은 여백이 발생할 때가 있습니다. 이런 경우 보통은 상하 너비를 늘려 조절하거나 전체 크기를 늘려 이미지를 조절하지만 이는 올바른 이미지 활용 방법이 아닙니다.

■ 이미지의 색상 상하 대칭을 활용해 여백 없애기

예제 파일 Part04/Lesson01/이미지여백.pptx | **완성 파일** Part04/Lesson01/이미지여백_완성.pptx

빈 여백에 단순히 이미지나 색상을 삽입하거나 이미지를 늘려 여백을 없애면 가장자리 부분의 색상이 서로 어울리지 못하고 어색한 느낌이 들게 됩니다. 이럴 때에는 어떻게 해야 할까요?

1 | 이미지 여백 없애기

슬라이드 크기의 적당한 이미지가 최선이지만 슬라이드 크기와 맞지 않는 이미지를 화면 가득 채우고 싶을 경우에는 색상을 채우거나 이미지 사이즈를 늘리게 됩니다.

예를 들어 아래와 같은 이미지를 배경으로 사용하고 싶다면 어떻게 배경을 처리해야 할까요?

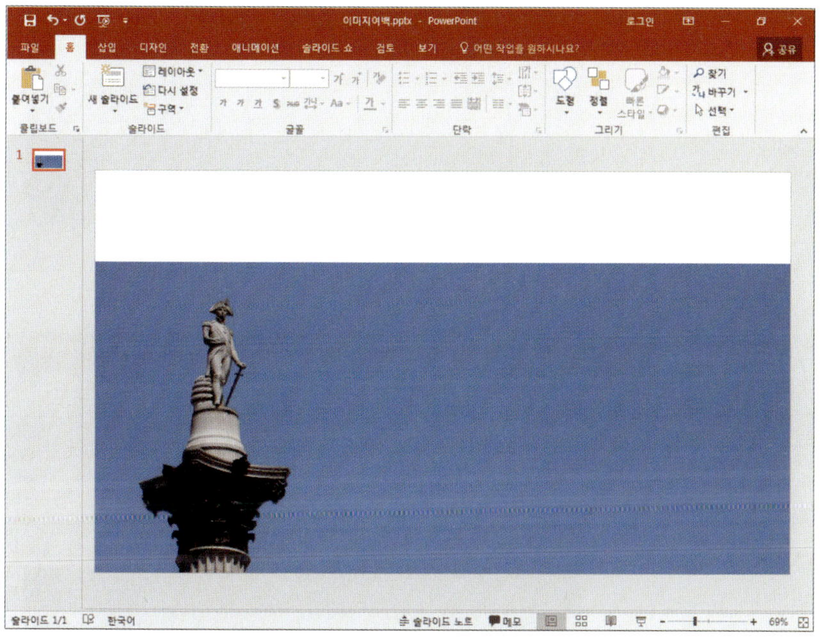

파란 계열의 색상을 채우게 되면 뒤 페이지의 ❶ 예시처럼 이질적인 느낌의 배경이 완성되며, 이미지 사이즈를 늘리게 되면 ❷ 예시처럼 이미지의 배율이 맞지 않아 어색한 이미지가 연출됩니다.

가장 좋은 방법은 바로 이미지 색상의 상하 대칭 기능을 통해 이미지를 채워 넣는 것입니다.

자세한 활용 방법은 따라하기를 참조하세요.

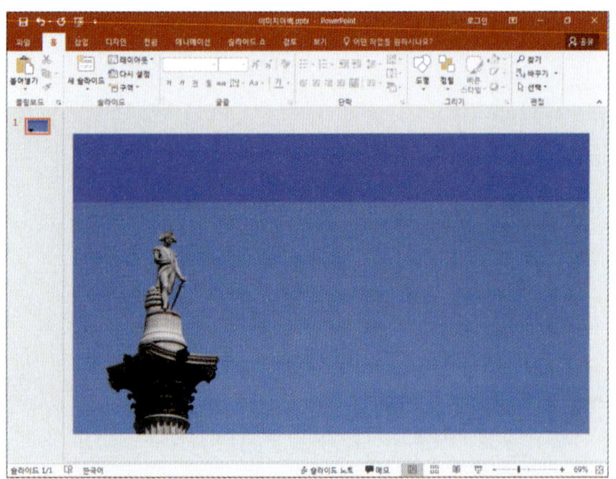

▲ ❶ 잘못된 예

▲ ❷ 잘못된 예

01 예제를 통해 슬라이드 여백을 이미지화하는 바른 방법에 대해서 살펴보겠습니다. 파일을 불러옵니다. 파일의 이미지는 위쪽에 여백이 많이 존재합니다. 이미지의 색상을 상하 대칭 기능을 이용해 이미지를 채워 넣어보겠습니다.

02 이미지를 선택한 후 Ctrl + D 를 눌러 복사합니다. 복사된 이미지를 선택한 후 [그림 도구]-[서식] 상황별 탭에서 [크기]-[자르기] 윗부분을 클릭합니다. 자르기 도구가 활성화되면 이미지의 아랫부분을 드래그하여 윗부분만 남겨놓습니다. Esc 를 눌러 자르기를 종료합니다.

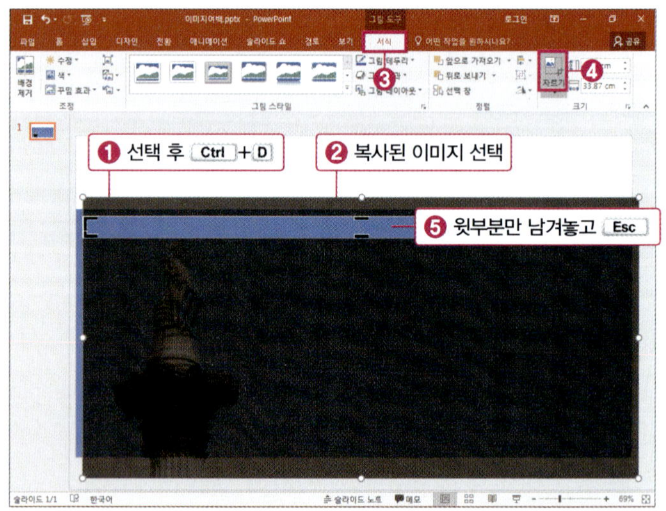

03 윗부분만 남겨놓은 이미지를 선택한 후 상하 대칭이 될 수 있게끔 드래그하여 위치를 조절합니다.

04 [그림 도구]–[서식] 상황별 탭의 [정렬] 그룹에서 [개체 회전]–[상하 대칭]을 선택합니다.

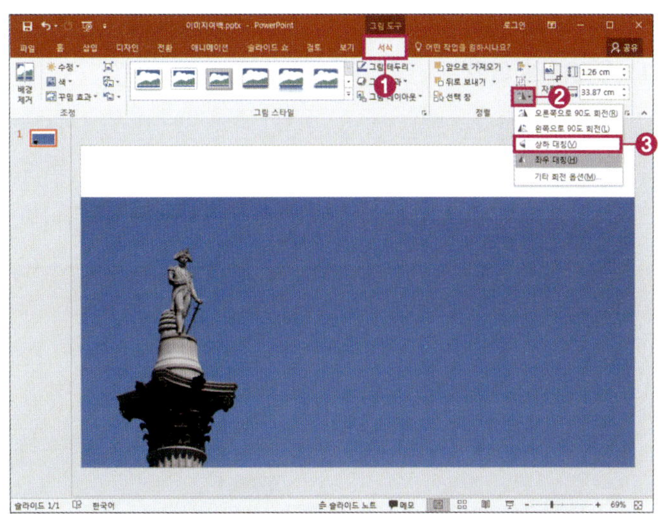

05 상하 대칭이 되면 이미지 크기 조절 핸들을 드래그하여 이미지를 조절합니다.

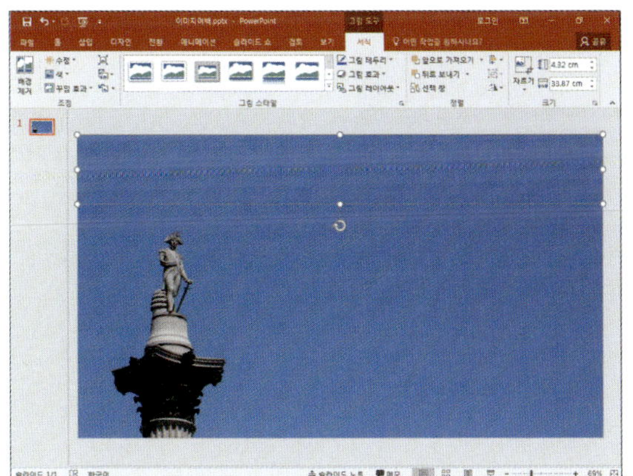 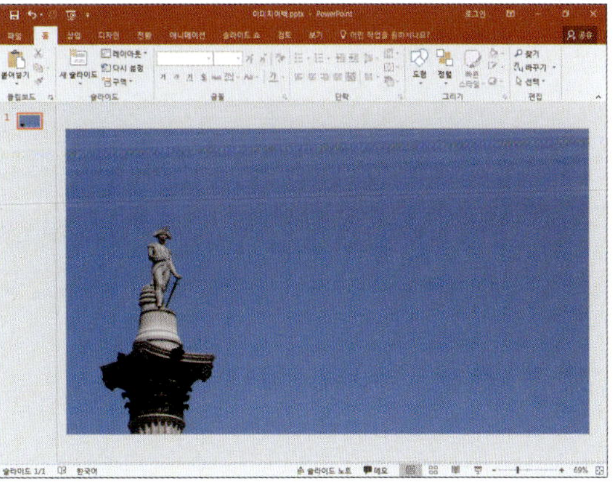

팁 :: 상하 대칭 이미지를 통해 배경을 채워 넣는 방법도 있지만 배경을 제거하여 사용하는 방법도 있습니다. 이미지의 배경 제거는 다음 페이지에서 자세히 다루고 있습니다.

삽입한 그림의 배경을 제거하는 2가지 방법

삽입한 그림의 배경을 제거하는 방법에는 '그림에 투명한 색 설정하기'와 '그림 배경 제거하기'가 있습니다. '그림에 투명한 색 설정하기'는 그림에서 쉽게 배경 등의 부분을 없앨 수 있다는 장점이 있지만 보다 정밀하게 투명한 색으로 설정하지 못한다는 단점이 있습니다. '그림 배경 제거하기'는 그림에 투명한 색 설정하기에 비해 완벽히 배경을 제거한다는 장점은 있지만 사용 방법이 다소 까다롭다는 단점이 있습니다.

■ 그림에 투명한 색 설정하기

예제 파일 Part04/Lesson01/투명한색.pptx | **완성 파일** Part04/Lesson01/투명한색_완성.pptx

파워포인트에 삽입한 그림은 그 어떤 그림이라도 배경 등 원하는 부분을 투명하게 없앨 수 있습니다.

1 | 투명한 색 설정

배경을 삭제할 수 있는 방법 중 [투명한 색 설정]은 [그림 도구]-[서식] 상황별 탭에서 [조정] 그룹-[색]을 클릭한 후 [투명한 색 설정]을 통해 지정할 수 있습니다. 투명하게 만들고 싶은 색상을 클릭하면 동일한 색상에 해당하는 모든 픽셀이 투명해집니다.

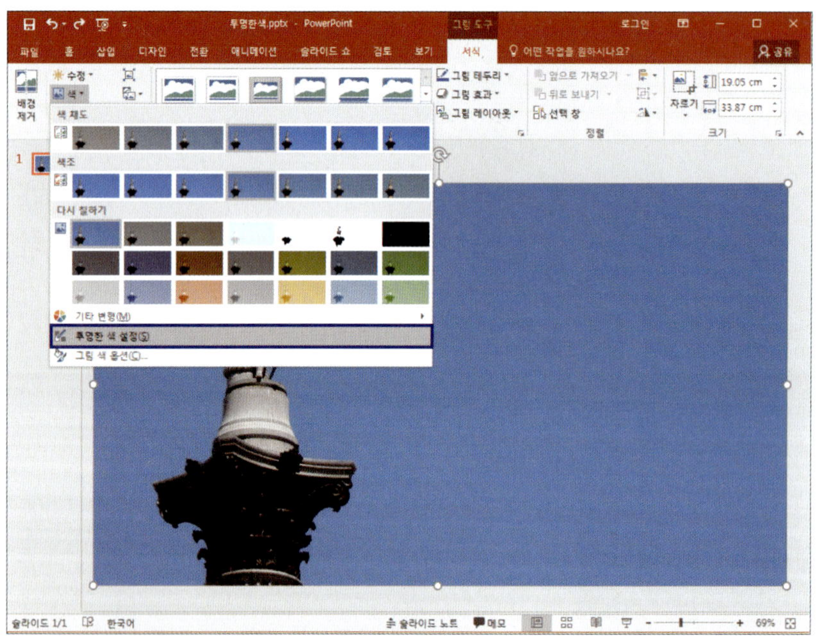

01 예제를 통해 살펴보겠습니다. 그림을 투명하게 만들기 위해 그림을 선택하고 [그림 도구]–[서식] 상황별 탭에서 [조정] 그룹–[색]을 클릭한 후 [투명한 색 설정]을 선택합니다.

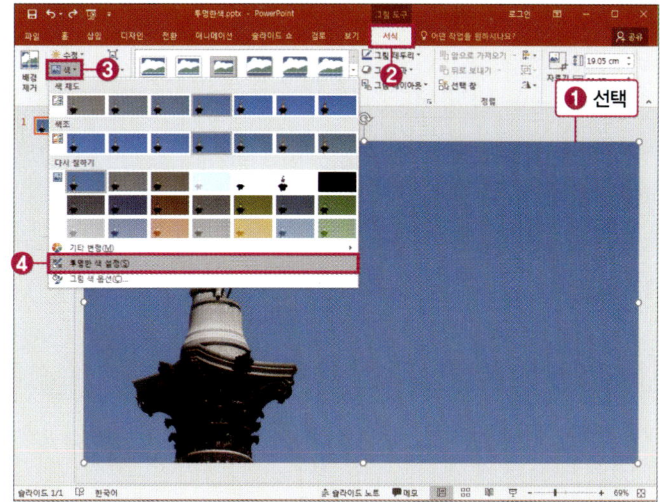

02 마우스 커서 모양이 변경됩니다. 투명하게 만들고 싶은 부분을 클릭합니다.

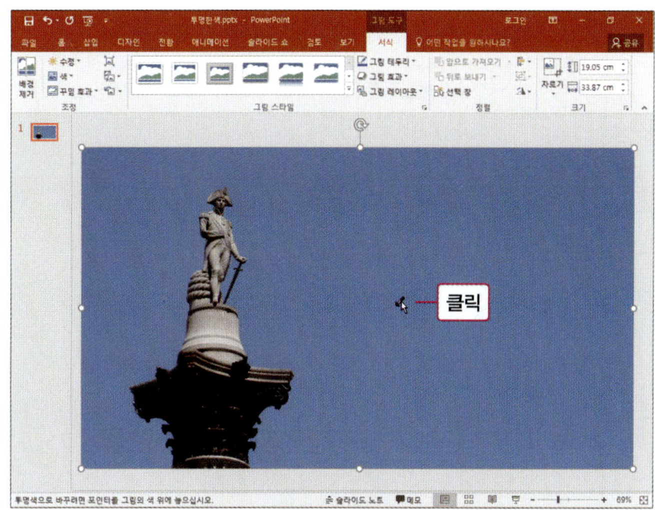

03 배경이 투명하게 변경됩니다.

체크해봐요 :: 이 기능은 투명한 색을 설정하려는 색상이 같아야 한다는 단점이 있습니다. 투명하게 만들고 싶은 색상의 픽셀이 다르면 기능이 적용되지 않을 수 있습니다.

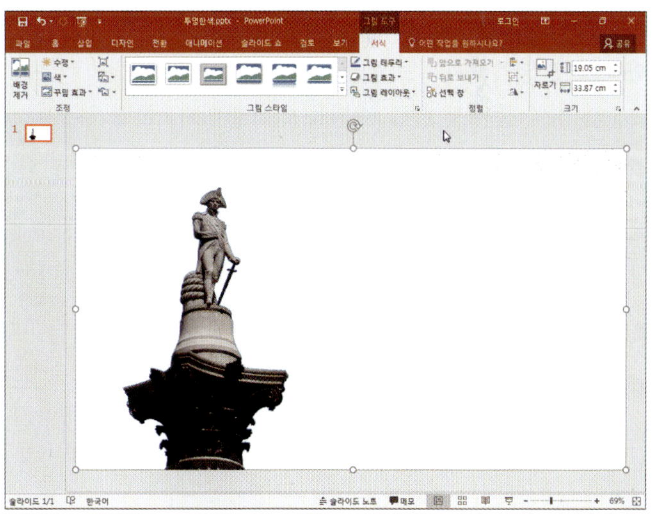

■ 그림 배경 제거하기

예제 파일 Part04/Lesson01/배경제거.pptx | **완성 파일** Part04/Lesson01/배경제거_완성.pptx

그림에 투명한 색 설정하기는 그림에서 쉽게 배경 등의 부분을 없앨 수 있다는 장점이 있지만 보다 정밀하게 투명한 색으로 설정하지 못한다는 단점이 있습니다. 이를 보완해 주는 기능이 바로 '그림 배경 제거하기'입니다.

1 | 배경 제거

배경 제거는 [그림 도구] 상황별 탭에 있는 [서식] 탭-[조정] 그룹의 [배경 제거]를 클릭하여 실행할 수 있습니다. 배경 제거의 경우 보라색으로 표시되는 부분은 제거될 부분을 의미합니다. [배경 제거] 탭에서 [보관할 영역 표시]를 통해 표시할 부분을 설정하고, [제거할 영역 표시]를 통해 제거할 부분을 적절히 조정합니다.

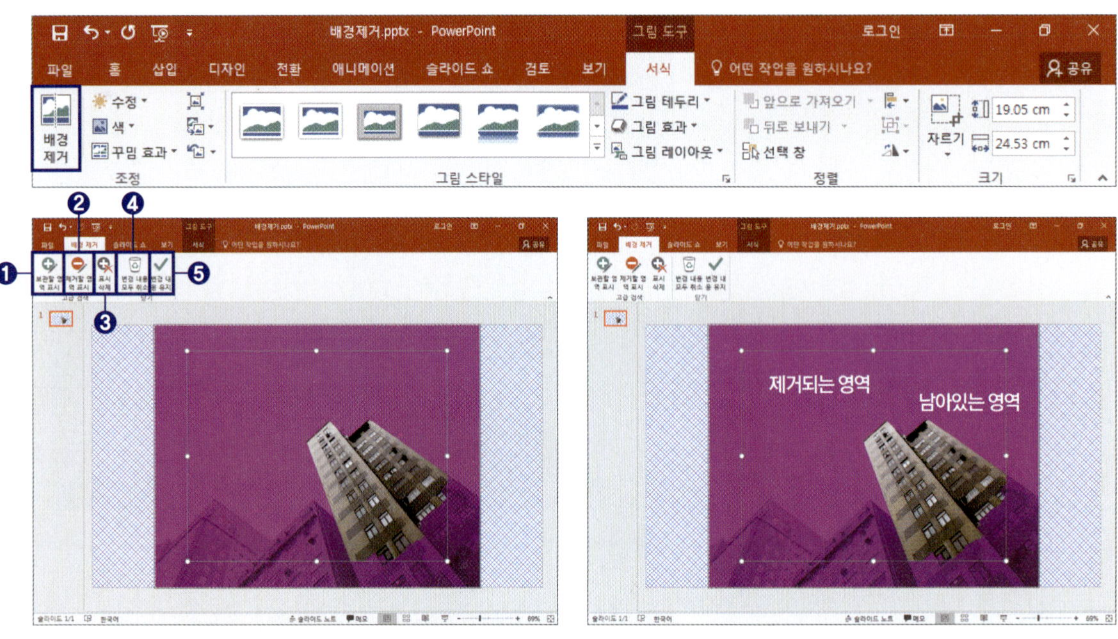

❶ **보관할 영역 표시** : [보관할 영역 표시]를 클릭하면 마우스 모양이 연필 모양으로 변경됩니다. 보라색 영역 중에서 살릴 부분을 클릭합니다. 살릴 부분을 클릭하면 (+)가 표시됩니다.

❷ **제거할 영역 표시** : [제거할 영역 표시]를 클릭한 후 제거할 부분을 클릭하면 (−)가 표시됩니다.

❸ **표시 삭제** : [보관할 영역 표시], [제거할 영역 표시]를 통해 설정한 (+), (−) 표시를 제거하고 싶다면 [표시 삭제]를 클릭한 후 (+), (−)를 클릭합니다.

❹ **변경 내용 모두 취소** : 지정한 변경 내용을 모두 취소합니다.

❺ **변경 내용 유지** : 지정한 변경 내용을 유지합니다.

01 예제를 통해 살펴보겠습니다. 배경을 제거하고 싶은 그림을 선택한 후 [그림 도구]–[서식] 상황별 탭에서 [조정] 그룹의 [배경 제거]를 클릭합니다.

02 [배경 제거] 탭이 나타나면서 그림의 영역을 보관하거나 제거할 수 있습니다. 여기서는 오른쪽 건물만 남겨놓고 나머지는 삭제하겠습니다. 남겨놓을 그림 영역을 드래그하여 크기를 조정합니다.

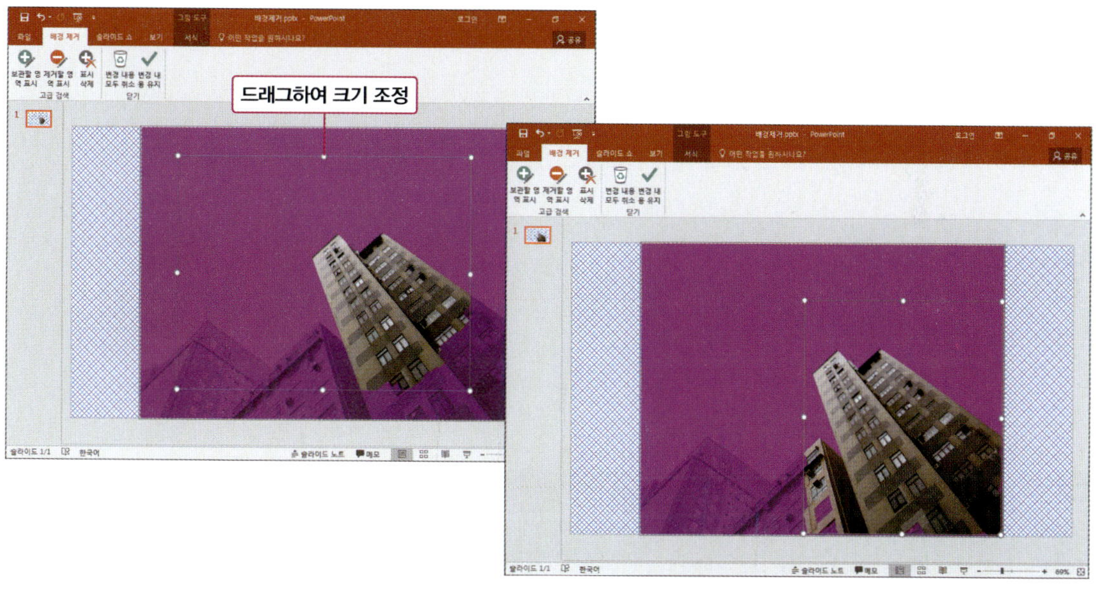

팁 :: 그림을 투명하게 만들거나 그림 스타일 등을 지정하였으나 마음에 안 들어 다시 조정하고 싶을 경우 [실행 취소]( )를 클릭하거나 [서식] 탭–[조정] 그룹에서 [그림 원래대로]를 클릭해 원래대로 되돌아올 수 있습니다.

03 이제 보관할 영역과 제거할 영역을 지정해야 합니다. 먼저 보관할 영역을 지정해 보겠습니다. 이미 영역 지정을 통해 보관할 영역이 지정되었지만 미세하게 지정이 안 된 부분을 선택해 보겠습니다. [배경 제거] 탭-[고급 검색] 그룹에서 [보관할 영역 표시]를 클릭한 다음 마우스로 보관할 영역을 드래그하여 지정합니다.

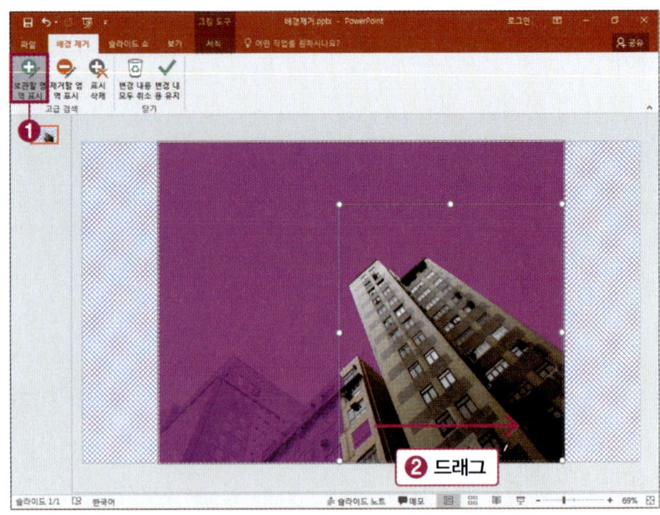

04 이번에는 제거할 부분을 지정해 보겠습니다. [배경 제거] 탭-[고급 검색] 그룹에서 [제거할 영역 표시]를 클릭한 다음 제거할 배경이 포함되어 있는 부분을 드래그하여 지정합니다.

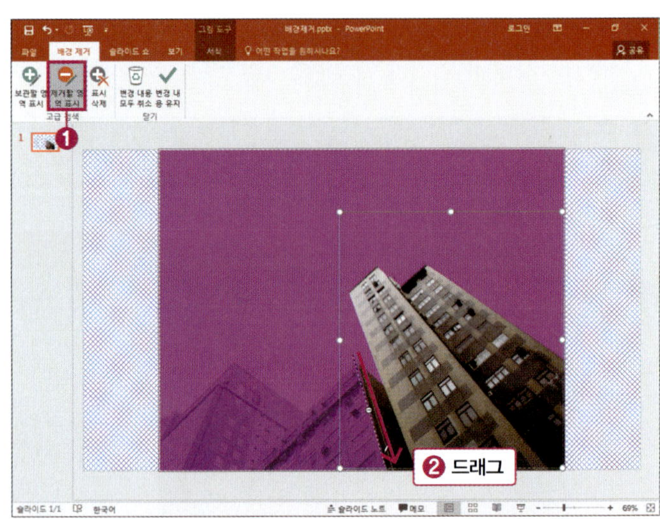

05 한 번에 지정되지 않을 경우 여러 번 드래그하여 지정합니다. 원하는 형식이 완성되면 [닫기] 그룹의 [변경 내용 유지]를 클릭하면 배경 제거가 완성됩니다. [배경 제거] 기능을 통해 [투명한 색 설정하기]보다 다소 디테일하게 배경을 제거할 수 있습니다.

....

팁 :: 보관할 영역이나 제거할 영역 모두 드래그 한 번에 지정되지 않을 수 있습니다. 이럴 경우 여러 번 드래그하여 원하는 결과물을 얻을 수 있습니다.

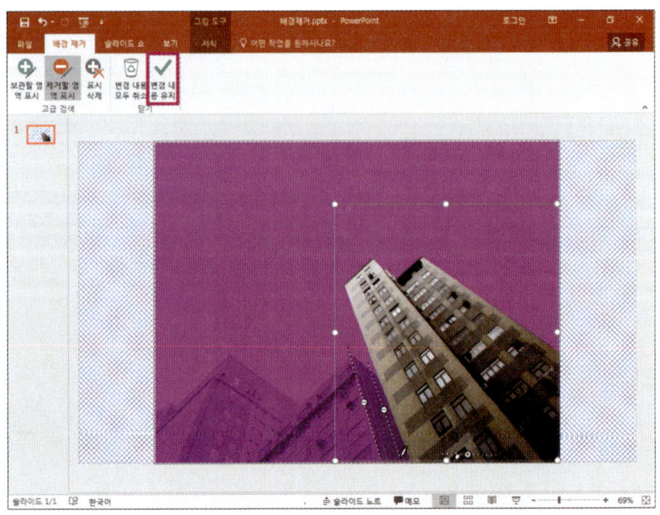

스크린샷과 화면 캡처하기

스크린샷 기능을 이용하면 빠르고 간편하게 화면을 캡처하여 파워포인트에 바로 삽입할 수 있습니다. 스크린샷 기능은 컴퓨터에 작동 중인 인터넷 화면이나 보이는 화면의 정보를 캡처하여 슬라이드 편집 창으로 불러올 수 있는 기능입니다.

■ 스크린샷

예제 파일 Part04/Lesson01/스크린샷.pptx **ㅣ 완성 파일** Part04/Lesson01/스크린샷_완성.pptx

스크린샷에는 작동 중인 화면을 그대로 가져올 수 있는 [스크린샷] 기능과 부분적으로 특정 화면만 가져올 수 있는 [화면 캡처] 기능이 있습니다.

1 ㅣ 사용할 수 있는 창과 화면 캡처

스크린샷에는 사용할 수 있는 창과 화면 캡처라는 2가지 중에서 선택할 수 있습니다.

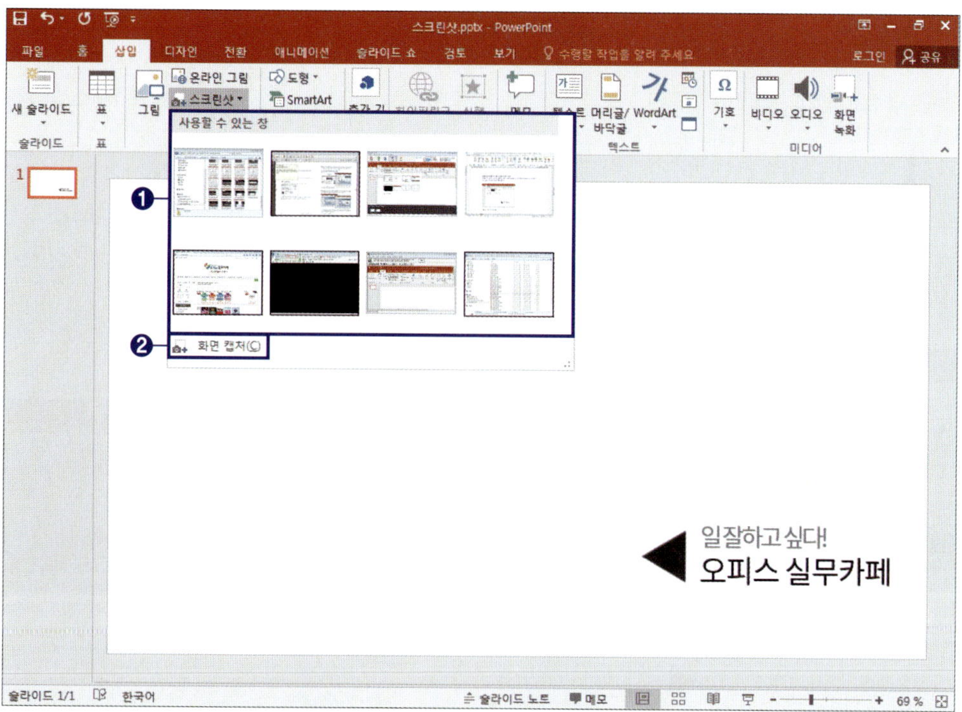

❶ **사용할 수 있는 창** : 현재 열려 있는 프로그램 중에 스크린샷을 할 수 있는 페이지를 표시합니다.

❷ **화면 캡처** : 파워포인트를 열기 바로 직전 프로그램 화면을 부분 캡처할 수 있습니다.

 [삽입] 탭–[스크린샷]을 클릭하면 내 컴퓨터에 현재 띄워져 있는 창이 나타납니다. 이 중 하나의 창을 선택할 수 있습니다. 여기서는 인터넷 브라우저상의 이미지를 스크린샷 기능으로 가져오기 위해 'http://cafe.naver.com/ppt' 사이트를 엽니다. 파워포인트로 돌아와서 [삽입] 탭–[스크린샷]을 클릭하면 내 컴퓨터에 현재 띄워져 있는 창이 나타납니다. 'http://cafe.naver.com/ppt' 사이트 창을 선택합니다.

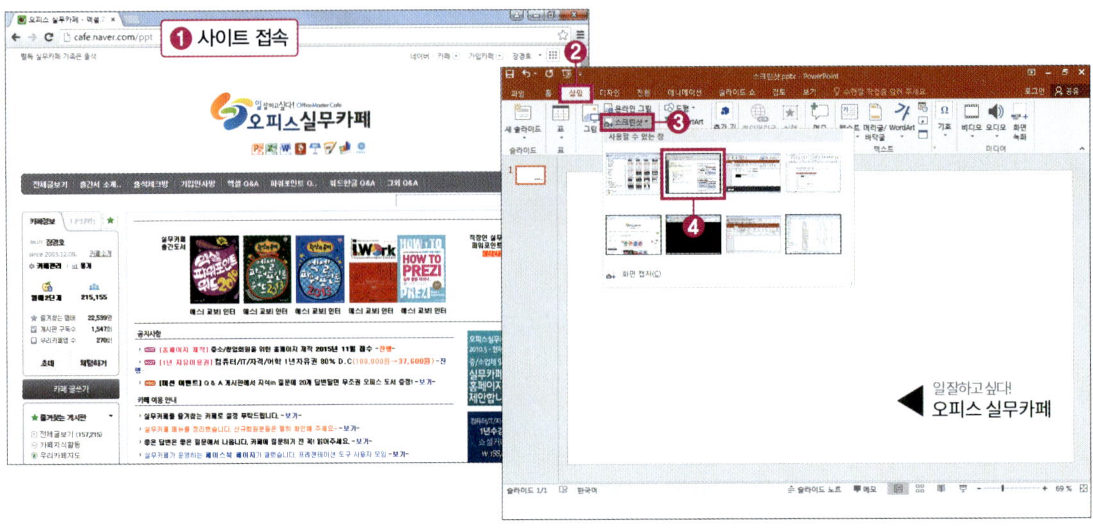

팁 :: 스크린샷 기능은 내 컴퓨터에 파워포인트 이외의 다른 프로그램이 실행되어 있을 때 제대로 작동합니다. 캡처를 원하는 프로그램이나 인터넷 창을 실행한 후 본 기능을 진행합니다.

 [캡처된 브라우저 창의 URL로 자동 연결되는 하이퍼링크를 스크린샷에 지정하시겠습니까?] 창이 나타납니다. 인터넷 창을 캡처했을 때 나타나는 경고 창으로 [예]를 클릭합니다. 이미지가 삽입되면 [그림 도구]–[서식] 상황별 탭의 [크기] 그룹–[자르기]를 통해 필요 없는 부분을 삭제한 후 위치 및 크기를 조정합니다.

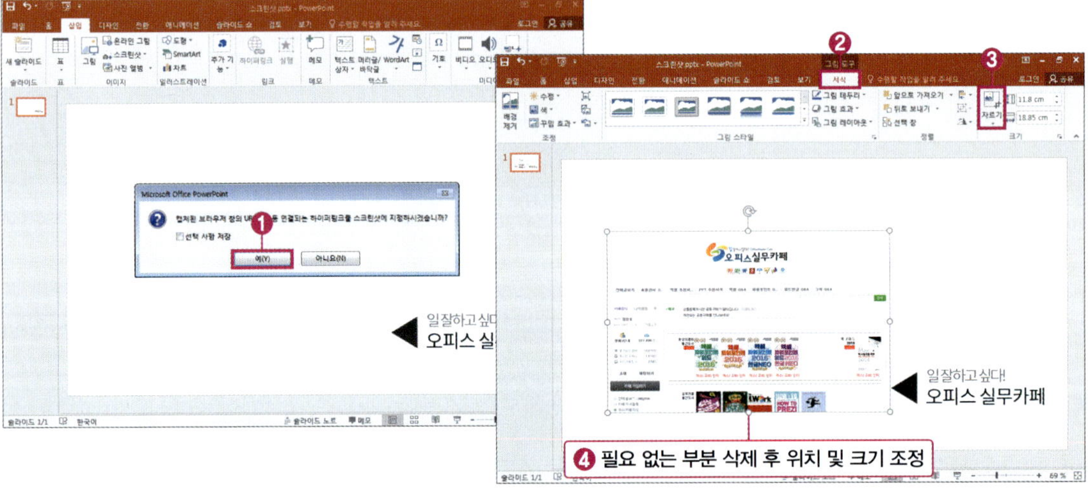

팁 :: [캡처된 브라우저 창의 URL로 자동 연결되는 하이퍼링크를 스크린샷에 지정하시겠습니까?] 창은 인터넷 창을 캡처했을 때 나타나는 경고 창으로 [예]를 클릭하면 슬라이드 쇼 진행 시 스크린샷에 하이퍼링크가 자동 연결됩니다. 참고로, 본 경고 창은 인터넷 익스플로러에서만 작동하며, 구글 크롬 등에서는 작동하지 않습니다.

■ 화면 캡처하기

[화면 캡처] 기능은 파워포인트 이외에 바로 직전에 실행한 프로그램 화면이 캡처됩니다. 캡처하고 싶은 프로그램의 화면을 먼저 실행하고 [삽입] 탭-[이미지] 그룹의 [스크린샷]-[화면 캡처]를 선택합니다.

01 이번에는 'http://cafe.naver.com/ppt' 사이트의 로고를 슬라이드에 삽입해 보겠습니다. 인터넷 창을 통해 'http://cafe.naver.com/ppt' 사이트를 엽니다. 파워포인트로 돌아와 [삽입] 탭-[이미지] 그룹의 [스크린샷]-[화면 캡처]를 클릭합니다.

┄┄┄┄┄┄┄┄┄┄┄┄┄┄┄┄┄┄┄┄┄┄

팁 :: [화면 캡처] 기능은 바로 전에 실행한 프로그램 화면이 캡처되는 기능입니다. 캡처하고 싶은 화면을 먼저 실행한 후 [삽입] 탭-[이미지] 그룹의 [스크린샷]-[화면 캡처]를 선택합니다.

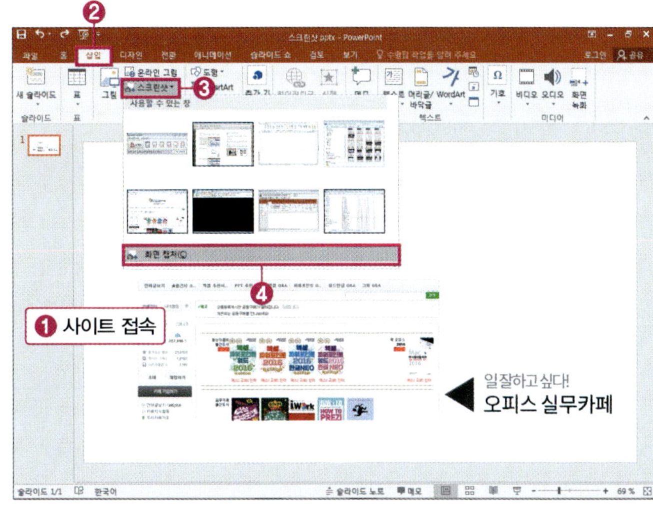

02 캡처할 창이 뜹니다. 캡처를 원하는 부분을 마우스로 드래그하여 선택합니다.

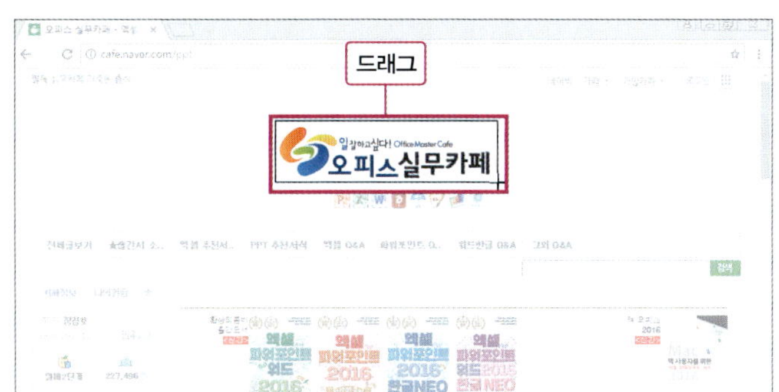

03 캡처한 영역이 슬라이드 편집 창에 나타납니다. 크기 및 위치를 조정하여 완성합니다.

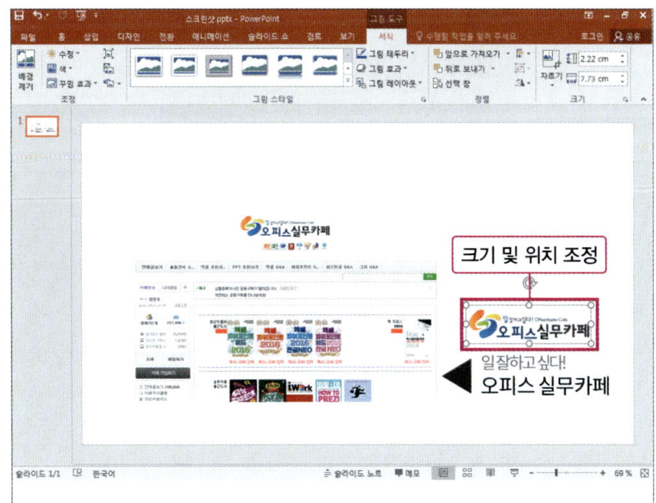

슬라이드를 PNG, JPG 등의 그림 파일로 저장하기

슬라이드를 그림 파일로 저장하면 파워포인트가 없어도, 혹은 파워포인트 버전에 상관없이 슬라이드를 열어 확인하고 공유할 수 있습니다. 여러 장의 슬라이드를 그림 파일로 저장하는 방법에 대해서 살펴보겠습니다.

■ PNG 파일로 저장하기

예제 파일 Part04/Lesson01/여행사진.pptx

슬라이드를 그림 파일로 저장할 수 있습니다. 한 장씩 그림 파일로 따로 저장할 필요 없이 전체 슬라이드를 그림 파일로 저장할 수 있으며, 원하는 슬라이드만을 저장할 수도 있습니다. 현재 슬라이드만을 그림 파일로 저장하기 위해서는 [현재 슬라이드]를 클릭합니다.

1 | 그림 파일

슬라이드 파일을 PNG뿐만 아니라 JPG 등 그림 파일로 저장할 수 있습니다. 그림 파일로 저장할 경우 파워포인트 버전이 달라 화면이 제대로 표시되지 않거나 서체가 설치되어 있지 않아서 글씨가 깨지는 현상도 방지할 수 있습니다. 물론, 애니메이션이나 화면 전환 효과 같은 움직이는 효과는 함께 저장되지 않습니다.

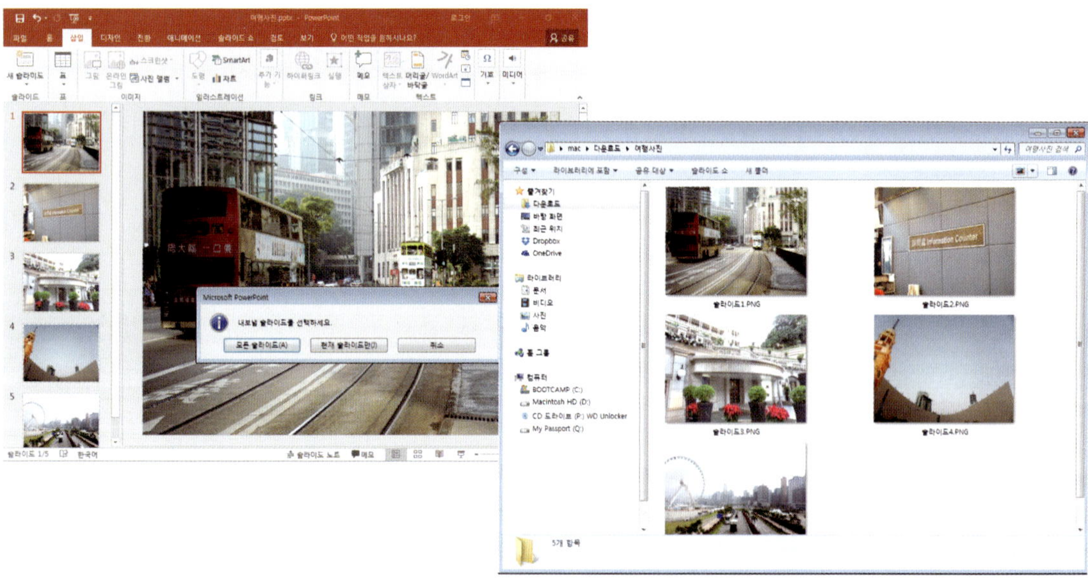

01 예제를 통해 살펴보겠습니다. [파일] 탭-[내보내기]를 클릭하여 [파일 형식 변경]을 선택합니다. [PNG(이동식 네트워크 그래픽) (*.png)]를 선택합니다.

....

팁 :: [파일] 탭-[다른 이름으로 저장]-[컴퓨터]-[찾아보기]를 클릭한 후 [다른 이름으로 저장] 대화상자에서 [파일 형식]-[PNG 형식 (*.png)]를 선택해도 됩니다.

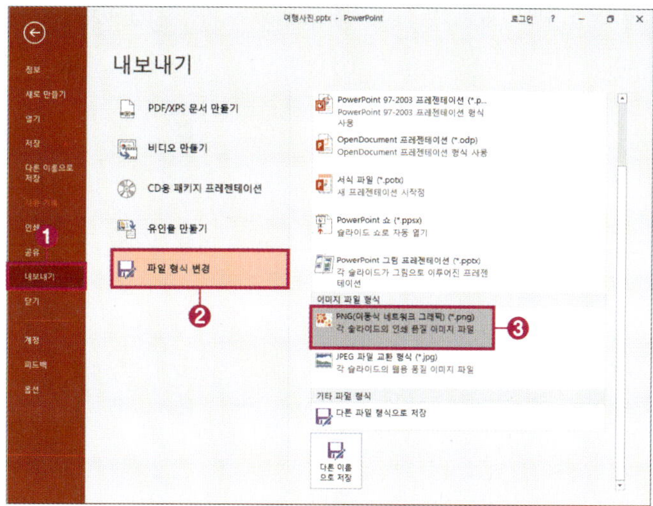

02 [다른 이름으로 저장] 대화상자가 나타나면 저장할 폴더를 지정하고 파일 이름을 입력한 후 [저장]을 클릭합니다.

03 [모든 슬라이드]를 저장할 것인지 [현재 슬라이드만]을 저장할 것인지를 묻는 경고 창이 나타나면 [모든 슬라이드]를 클릭합니다.

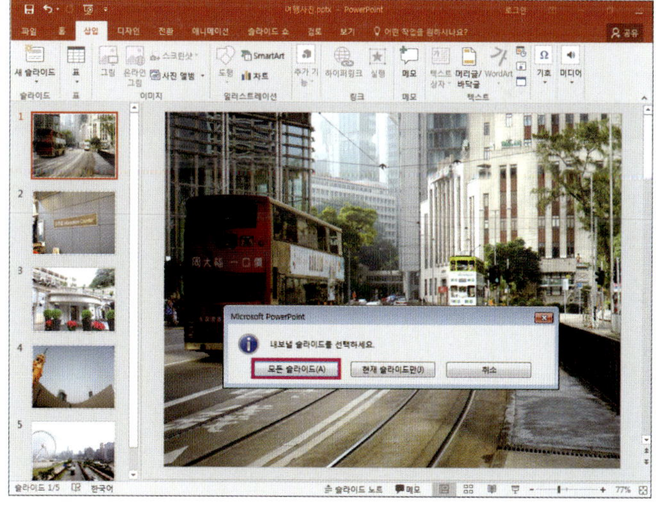

04 경고 창이 나타나면 [확인]을 클릭합니다.

05 내 컴퓨터를 열어 [다른 이름으로 저장] 대화상자에서 저장한 폴더를 엽니다. 슬라이드 파일이 PNG 그림 파일로 저장됩니다.

저작권에 문제가 없도록 이미지 출처 알아내기

예제 파일 Part04/Lesson01/naver.png

하루에도 수십번씩 인터넷이나 모바일에 접속하여 새로운 사진을 보고 자료 수집을 위해 이 사이트 저 사이트를 돌아다닙니다. 그러다가 좋은 이미지를 발견하고 내 컴퓨터에 저장해놓았는데 프레젠테이션 발표 시 출처 표시가 필요하다면 어떻게 하면 좋을까요?

최근에는 저작권이 강화되어 외부로 배포되는 이미지는 저작권에 문제가 없도록 출처를 표기하거나 저작권에 문제가 없는 이미지를 사용하는 것이 중요합니다. 여기서는 이미지 출처를 검색할 수 있는 유용한 팁을 알려보겠습니다.

01 먼저 'http://images.google.com'에 접속한 후 [이미지로 검색]을 클릭합니다.

팁 :: 인터넷에서 다운로드 받은 이미지나 내 컴퓨터에 저장된 이미지가 어떤 경로를 가지고 저장되었는지 알고 싶거나 이미지를 가져온 인터넷 주소를 표시하고 싶을 때 이미지를 검색하는 것만으로도 확인할 수 있습니다.

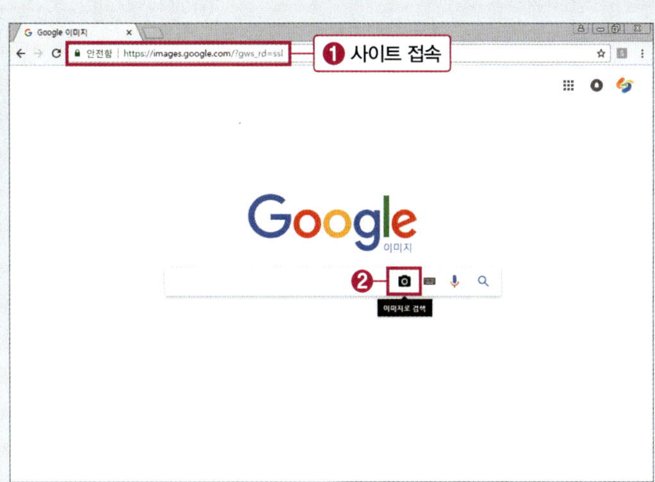

02 [이미지 업로드]–[파일 선택]를 클릭한 후 이미지 출처를 알고 싶은 이미지를 추가합니다. 여기서는 'naver.png' 파일을 선택합니다.

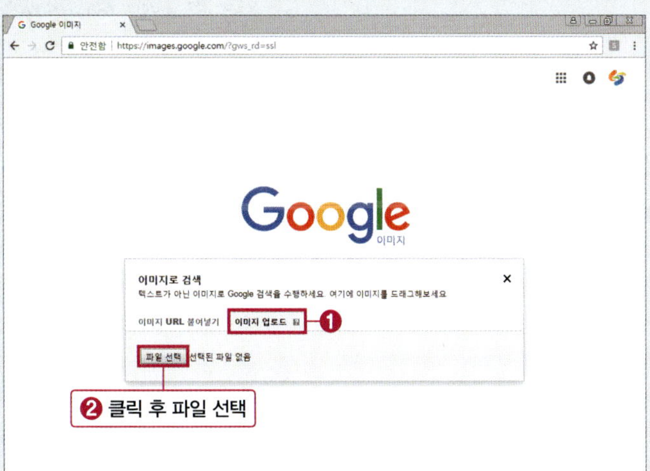

03 잠시 후 관련된 이미지가 출처와 함께 표시됩니다.

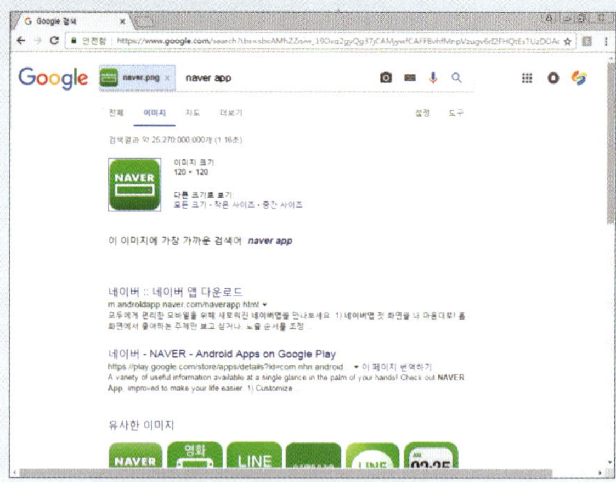

팁 :: 프레젠테이션 슬라이드 작업 시 이미지의 출처를 알지 못할 때 구글의 이미지 서비스를 이용하면 간단하게 이미지의 출처나 링크 주소를 알 수 있습니다.

04 Google을 이용하여 이미지 출처를 알아낼 수 있지만 tineye.com을 활용해도 이미지 출처를 알아낼 수 있습니다. 'https://www.tineye.com'에 접속한 후 궁금한 이미지의 URL 링크를 검색 창에 붙여 넣거나, 업로드 아이콘(⊙)을 클릭한 후 이미지를 업로드합니다.

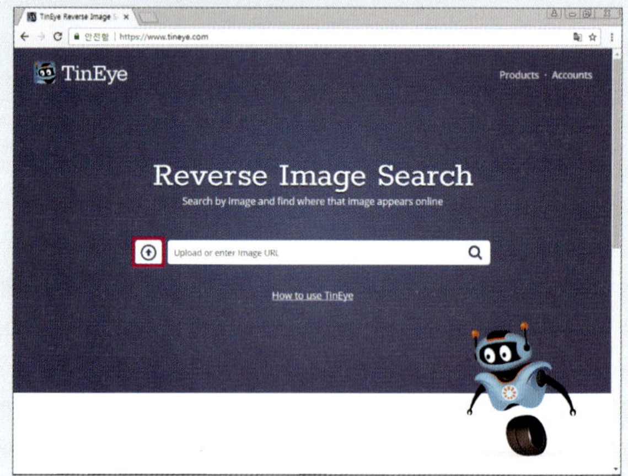

05 이미지의 출처를 비롯해 자세한 경로와 정보가 표시됩니다. 업로드한 이미지가 리사이징 되었거나 수정된 부분이 있는지도 확인할 수 있습니다.

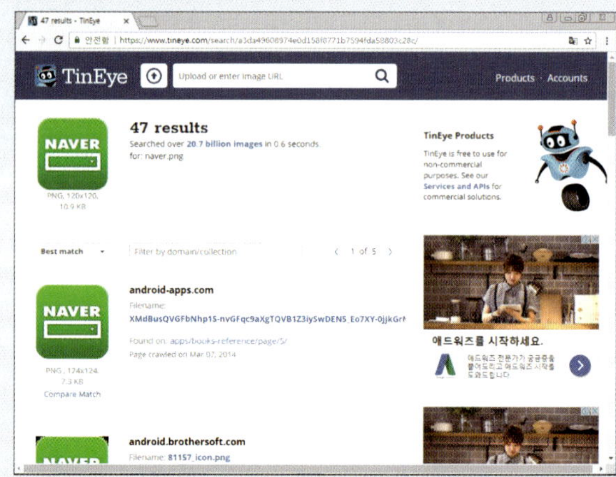

음원과 영상!
파워포인트에서 제대로 편집하기

**청중들의
눈과 귀를
모두 사로잡자!**

파워포인트 2016에서 가장 많은 변화가 있었던 부분 중 하나가 바로 오디오와 비디오 기능입니다. 오디오나 비디오에서 원하는 부분만 편집하여 재생할 수 있으며, YouTube나 웹 사이트에서 보았던 동영상을 스트리밍으로 바로 연결할 수 있습니다. 이번 레슨에서는 오디오, 비디오와 관련된 다양한 편집 기능에 대해서 살펴보겠습니다.

오디오 파일 삽입하고 책갈피 추가하기

파워포인트는 wav, mid, wma뿐만 아니라 mp3 등 다양한 소리 파일을 삽입할 수 있습니다. 동영상 파일과 마찬가지로 소리 파일 역시 슬라이드에 삽입하고 필요한 부분만 편집할 수 있으며, 원하는 위치를 지정하여 그 부분부터 소리를 재생할 수 있습니다.

■ 오디오 파일 삽입하기

예제 파일 Part04/Lesson02/세미나안내.pptx, sori.m4a | **완성 파일** Part04/Lesson02/세미나안내_완성.pptx

오디오 파일을 삽입하면 [오디오 도구]−[재생] 상황별 탭이 나타납니다. [재생] 탭을 통해 오디오 파일을 다양한 방법으로 조정할 수 있습니다.

1 │ 지원되는 오디오 파일 형식

파워포인트에서 제공하는 오디오 파일 형식은 우리가 알고 있는 대부분의 오디오 파일 형식을 지원합니다. 특히, mp3, m4a, mp4 또는 wav, wma까지 다양한 형식을 지원하고 있습니다.

파일 형식	확장명
AIFF 오디오 파일	.aiff
AU 오디오 파일	.au
MIDI 파일	.mid 또는 .midi

MP3 오디오 파일	.mp3
MPEG-4 오디오 파일	.m4a, .mp4
Windows 오디오 파일	.wav
Windows Media 오디오 파일	.wma

2 | [오디오 도구]–[재생] 상황별 탭 살펴보기

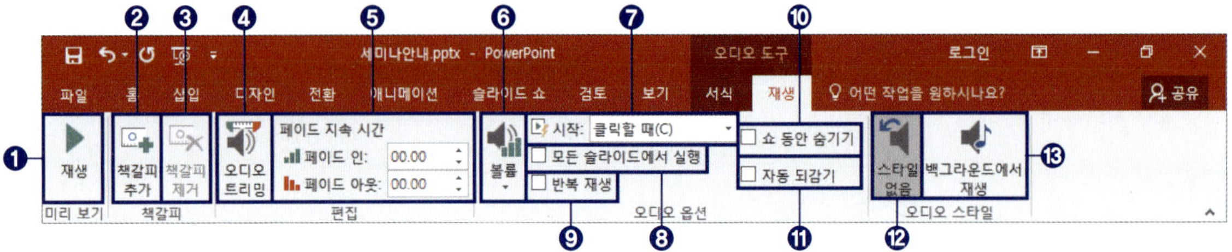

❶ 재생 : 오디오를 재생할 수 있습니다.

❷ 책갈피 추가 : 책갈피를 추가하여 특정 지점부터 오디오를 재생할 수 있습니다.

❸ 책갈피 제거 : 책갈피를 제거할 수 있습니다.

❹ 오디오 트리밍 : 오디오의 시작 지점과 끝 지점을 조절하여 원하는 부분만 재생할 수 있습니다.

❺ 페이드 지속 시간 : 페이드 인/아웃을 통해 오디오를 조절할 수 있습니다. 페이드 인은 설정하는 재생 시간 동안 볼륨이 점점 높아지며, 페이드 아웃은 설정하는 재생 시간 동안 볼륨이 점점 작아집니다.

❻ 볼륨 : 오디오의 볼륨을 조절할 수 있습니다.

❼ 시작 : 클릭할 때, 자동 실행 중 오디오 파일의 원하는 시작 시점을 지정할 수 있습니다.

❽ 모든 슬라이드에 실행 : 모든 슬라이드에서 오디오 파일을 재생할 수 있습니다.

❾ 반복 재생 : 오디오를 반복 재생합니다.

❿ 쇼 동안 숨기기 : 슬라이드 쇼에서 오디오 아이콘이 보이지 않게 숨길 수 있습니다.

⓫ 자동 되감기 : 오디오 재생이 끝나면 자동으로 처음으로 되돌아갑니다.

⓬ 스타일 없음 : 오디오 클립의 재생 옵션을 다시 지정합니다.

⓭ 백그라운드에서 재생 : 오디오 클립이 전체 슬라이드에 걸쳐 계속 재생되도록 설정합니다.

01 예제를 통해 살펴보겠습니다. 오디오 파일을 삽입하기 위해 [삽입] 탭–[미디어] 그룹–[오디오]를 클릭한 후 [내 PC의 오디오]를 클릭합니다. [오디오 삽입] 대화상자가 나타나면 'sori.m4a' 파일을 선택한 후 [삽입]을 클릭합니다.

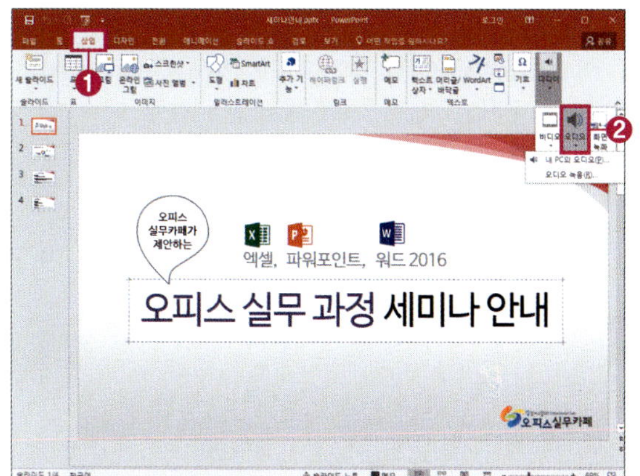

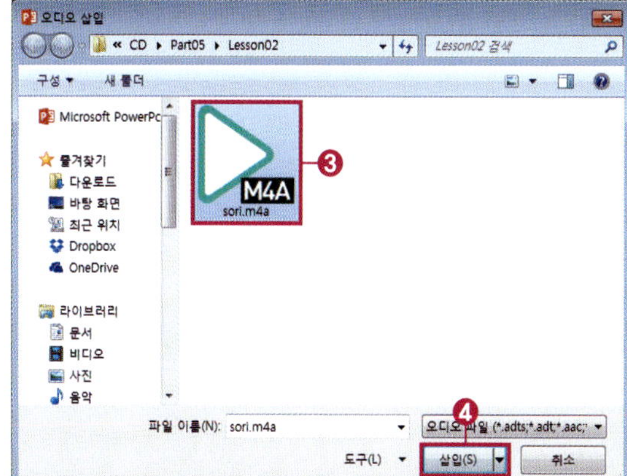

02 [소리 아이콘](🔊)을 마우스로 드래그 하여 아이콘 위치를 조절합니다. [소리 아이콘](🔊) 아래에 있는 제어판에서 [재생] 단추를 클릭하면 소리 파일을 미리 들어볼 수 있습니다.

체크해봐요 :: 소리 재생 단축키 살펴보기

소리 재생 시 단축키를 이용하면 보다 편하게 소리 파일을 컨트롤할 수 있습니다.

재생/일시 중지	Alt + P
0.25초 이전으로	Alt + Shift + ←
0.25초 이후로	Alt + Shift + →
음소거/음소거 해제	Alt + U

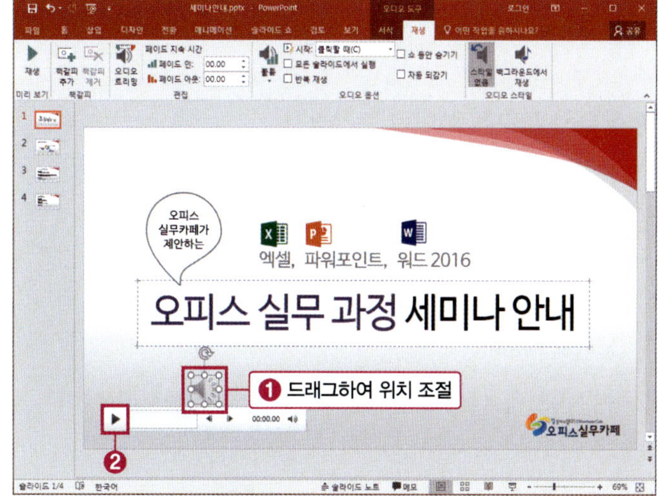

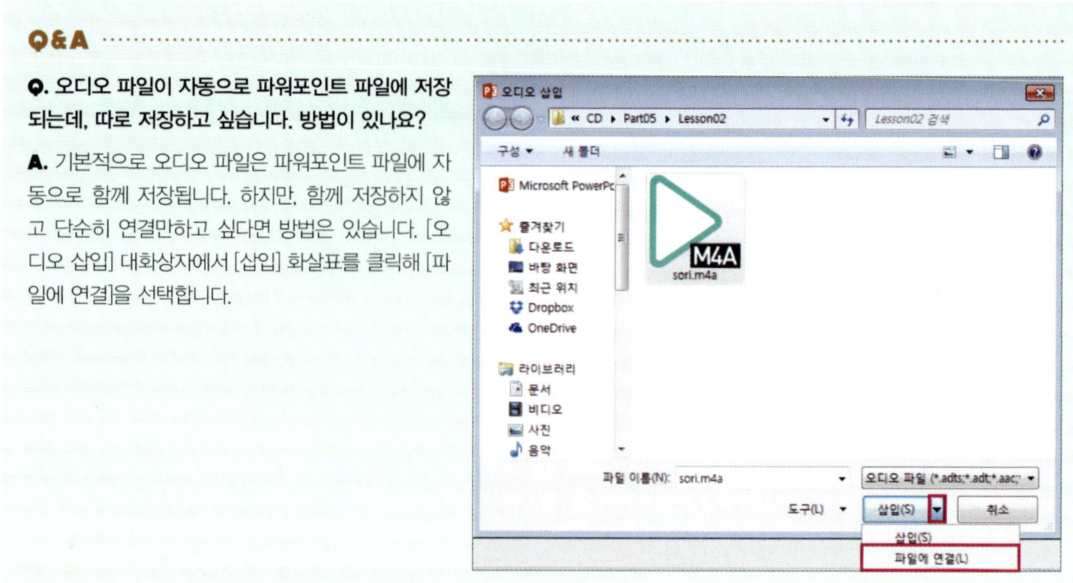

■ 오디오 파일에 책갈피 추가하기

예제 파일 Part04/Lesson01/세미나안내2.pptx | **완성 파일** Part04/Lesson01/세미나안내2_완성.pptx

책갈피 추가 기능은 오디오 클립의 특정 지점을 빠르게 찾기 위해 사용됩니다. 오디오 재생 시간이
길 경우 책갈피를 추가하여 원하는 지점에 빠르게 접근할 수 있습니다.

1 | 오디오 재생바

오디오 파일을 삽입하면 슬라이드 편집 창에 소리 아이콘이 생성됩니다. 슬라이드에 삽입된 오디오
는 소리 아이콘을 컨트롤하여 조정할 수 있습니다.

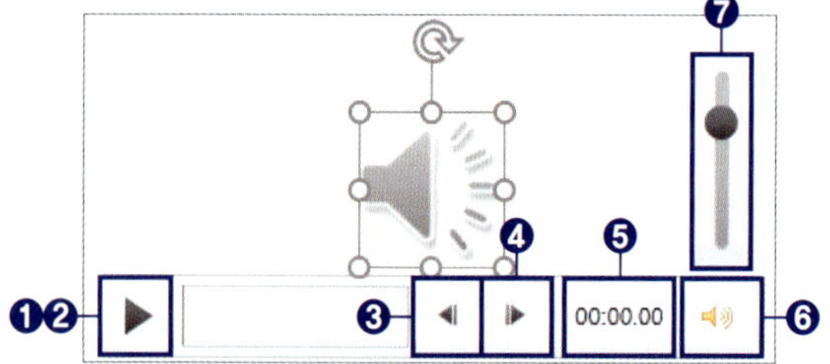

❶ 재생 : 오디오 파일을 실행할 수 있습니다.

❷ 일시 중지 : 재생 중인 오디오 파일을 일시 중지할 수 있습니다.

❸ 빠르게 되돌리기 : 오디오 파일을 이전 부분으로 빠르게 되돌릴 수 있습니다.

❹ 빠르게 진행하기 : 오디오 파일을 이후 부분으로 빠르게 진행할 수 있습니다.

❺ 재생 시간 : 오디오 파일의 재생 시간을 확인할 수 있습니다.

❻ 음소거 : 오디오 파일의 음소거를 할 수 있습니다.

❼ 볼륨 조정 핸들 : 볼륨 조정 핸들을 이용해 볼륨을 조정할 수 있습니다.

2 | 책갈피 추가하기

책갈피 추가 기능은 오디오 클립의 특정 지점을 빠르게 찾기 위해 사용합니다. 단, 오디오 클립은
한 개의 책갈피만 추가할 수 있습니다.

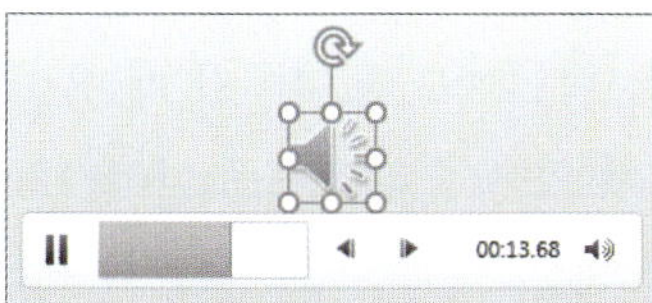

▲ 기본 오디오 재생바

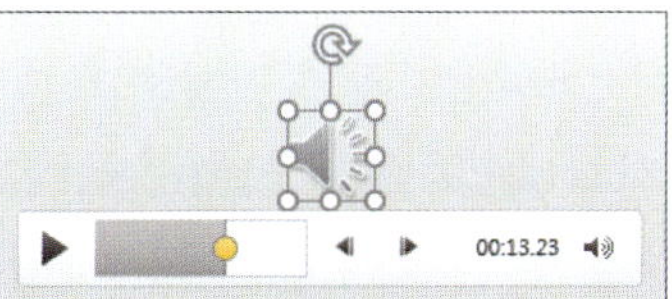

▲ 책갈피 추가 시 오디오 재생바

01 예제를 통해 살펴보겠습니다. [소리 아
이콘](🔊)을 클릭하면 오디오 재생바가 나
타납니다. 책갈피를 넣을 부분을 드래그하
여 위치를 조정합니다. [오디오 도구]–[재
생] 상황별 탭을 클릭한 후 [책갈피] 그룹에
서 [책갈피 추가]를 클릭합니다.

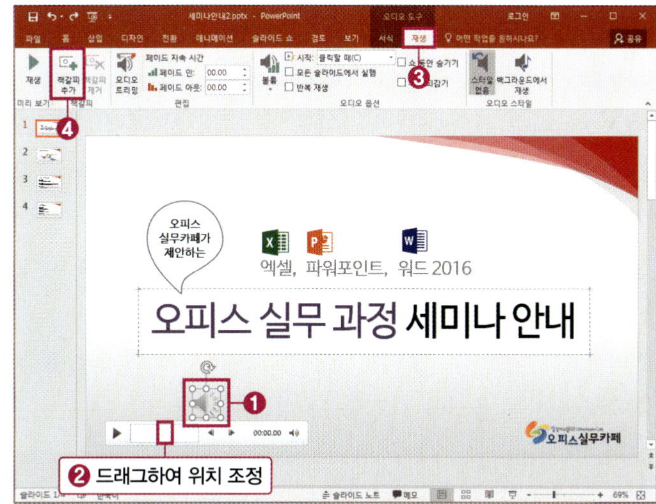

02 클릭한 지점에 책갈피가 추가됩니다.
F5를 눌러 슬라이드 쇼를 진행한 다음 [소
리 아이콘](🔊)에 마우스를 가져가면 책갈
피가 나타납니다. 추가한 책갈피를 클릭하
여 원하는 지점부터 오디오를 재생할 수
있습니다.

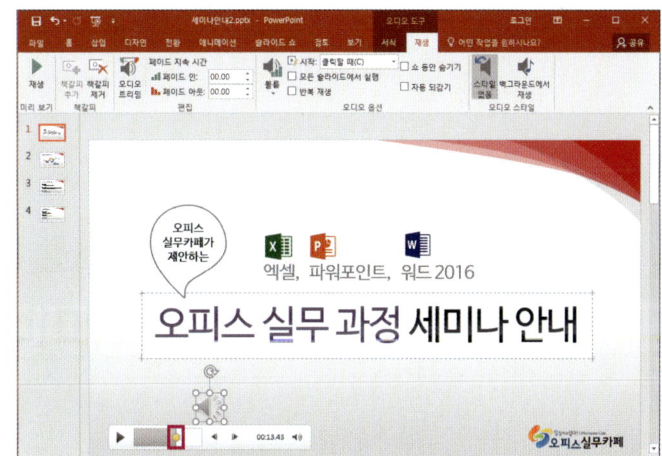

Q&A

Q. 페이드 인, 페이드 아웃 기능이 무엇인가요?

A. 페이드 인과 페이드 아웃 기능은 오디오 클립이 재생될 때 음향 조절이 자동으로 설정되면서 부드럽게 시작되고 종료되도
록 만들 수 있는 기능입니다. 오디오 클립을 선택한 상태로 [오디오 도구]–[재생] 상황별 탭에서 [편집] 그룹–[페이드 인]과 [페
이드 아웃]에 원하는 재생 속도를 입력합니다.

오디오 자동 재생하고 연속으로 음원 재생하기

오디오 자동 재생이란 슬라이드 쇼 진행 시 별도의 작동 없이 자동으로 재생하는 기능입니다. 또한, 슬라이드에 멋진 음악을 삽입하여 슬라이드 쇼를 진행해 보면 다음 슬라이드로 넘어갈 때 음악은 자동으로 멈추게 됩니다. 하지만 전체 슬라이드나 특정 슬라이드에서 다음 슬라이드로 넘어가도 음악이 계속 나오게 할 수 있습니다. 여기서는 오디오를 자동 재생해 보고 소리 아이콘을 숨기는 방법, 그리고 연속으로 음원을 재생하는 방법에 대해서 살펴보겠습니다.

■ 오디오 자동 재생하기

예제 파일 Part04/Lesson01/세미나안내3.pptx **|** **완성 파일** Part04/Lesson01/세미나안내3_완성.pptx

[자동 실행]을 선택하면 슬라이드 쇼 진행 시 해당 슬라이드에서 오디오가 자동 재생됩니다. 특정 슬라이드까지 페이지가 넘어가도 삽입한 음악이 계속 나오게 하고 싶다면 [오디오 재생] 대화상자에서 지정할 수 있습니다.

1 | 자동 실행과 클릭할 때

오디오를 삽입한 후 [오디오 옵션] 그룹-[시작]의 화살표를 클릭하여 ❶ '자동 실행'과 ❷ '클릭할 때' 중에서 원하는 옵션을 선택할 수 있습니다.

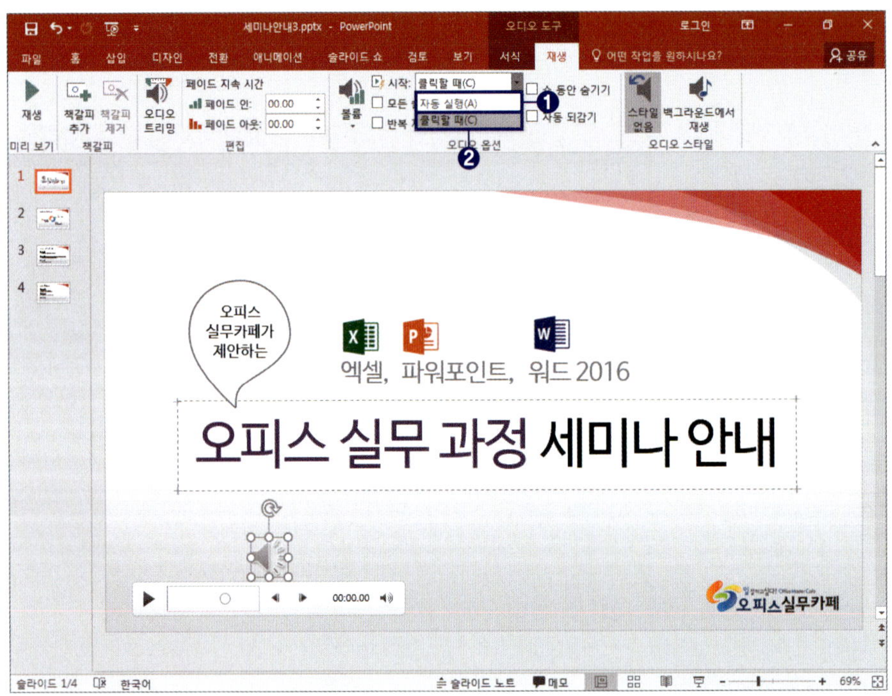

❶ **자동 실행** : 슬라이드 쇼 진행 시 오디오가 자동으로 실행됩니다.

❷ **클릭할 때** : 슬라이드 쇼 진행 시 화면을 클릭해야 오디오가 실행됩니다.

01 예제를 통해 살펴보겠습니다. 슬라이드 쇼가 진행되면 자동으로 오디오가 재생되도록 설정해 보겠습니다. [소리 아이콘](🔊)을 클릭한 상태에서 [오디오 도구]–[재생] 상황별 탭을 클릭합니다. [오디오 옵션] 그룹–[시작]의 화살표를 클릭하여 [자동 실행]을 선택합니다.

팁 :: 두 번째 슬라이드로 넘어가면 오디오는 멈추게 됩니다. 이럴 때에는 [오디오 옵션] 그룹의 [모든 슬라이드에서 실행]을 선택하거나 [오디오 스타일] 그룹의 [백그라운드에서 재생]을 선택하여 전체 슬라이드에 오디오를 재생할 수 있습니다. 267 페이지를 참조하세요.

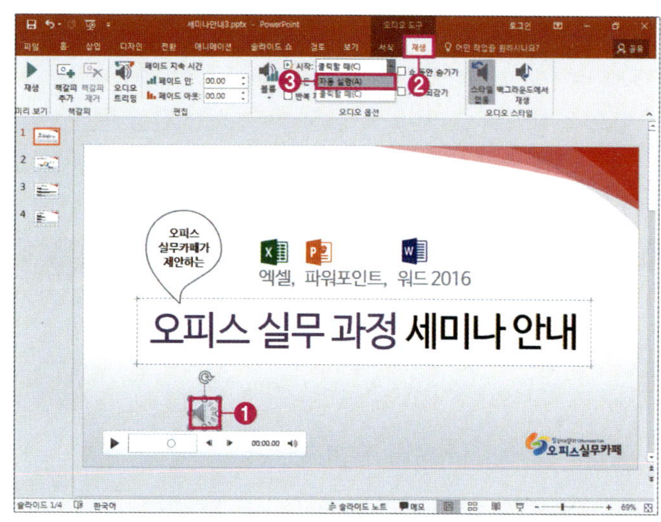

02 이번에는 전체 슬라이드가 아닌 1번 슬라이드부터 3번 슬라이드까지 오디오를 연속으로 재생해 보겠습니다. [소리 아이콘](🔊)을 클릭한 상태에서 [애니메이션] 탭–[애니메이션] 그룹에서 [추가 효과 옵션 표시](📷) 단추를 클릭합니다. [오디오 재생] 대화상자가 나타나면 [효과] 탭에서 [재생 중지]–[지금부터]를 체크한 후 「3」을 입력하고 [확인]을 클릭합니다.

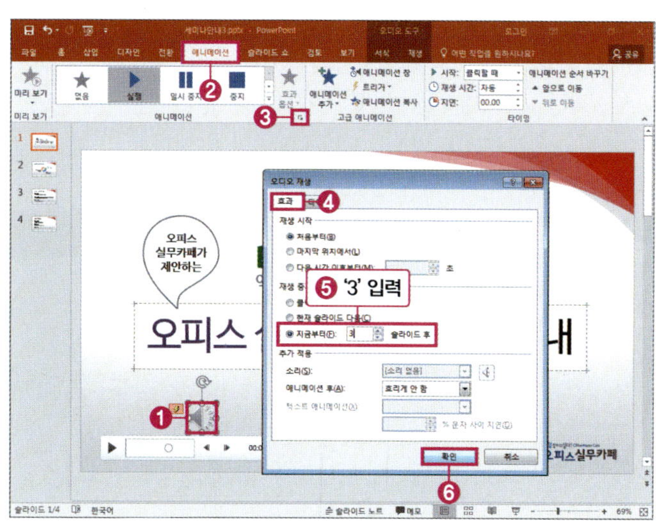

팁 :: 슬라이드에 멋진 음악을 삽입하여 슬라이드 쇼를 진행해 보면 소리는 삽입된 슬라이드에서만 재생되기 때문에 다음 슬라이드로 넘어갈 때 음악은 자동으로 멈추게 됩니다. 하지만 [효과] 탭을 이용하여 여러 슬라이드에 걸쳐서 연속으로 소리를 재생할 수 있도록 설정할 수 있습니다.

■ 쇼 동안 숨기기

예제 파일 Part04/Lesson01/세미나안내4.pptx | **완성 파일** Part04/Lesson01/세미나안내4_완성.pptx

오디오가 삽입된 슬라이드는 슬라이드 쇼가 진행되는 동안 소리 아이콘이 표시됩니다. 소리 아이콘은 청중들에게 굳이 보여줄 필요는 없기에 쇼 동안 숨기기 기능을 통해 숨겨 놓는 것이 좋습니다.

01 [오디오 도구]–[재생] 상황별 탭을 클릭합니다. [오디오 옵션] 그룹–[쇼 동안 숨기기]에 체크합니다.

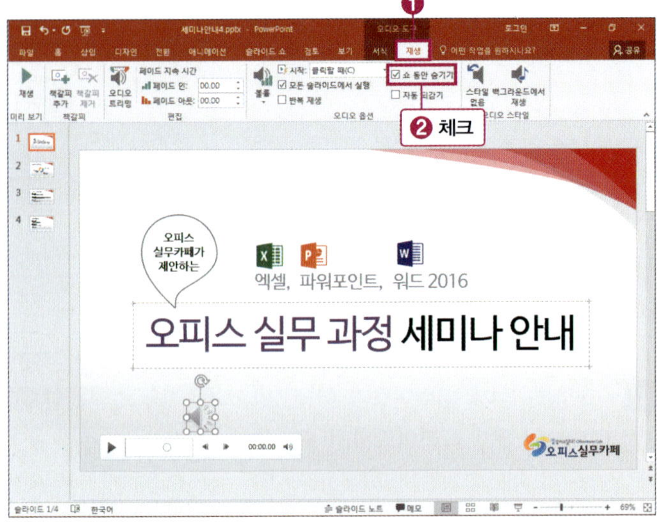

02 [쇼 동안 숨기기]를 체크하면 슬라이드 쇼 진행 시 [소리 아이콘]( )이 나타나지 않습니다.

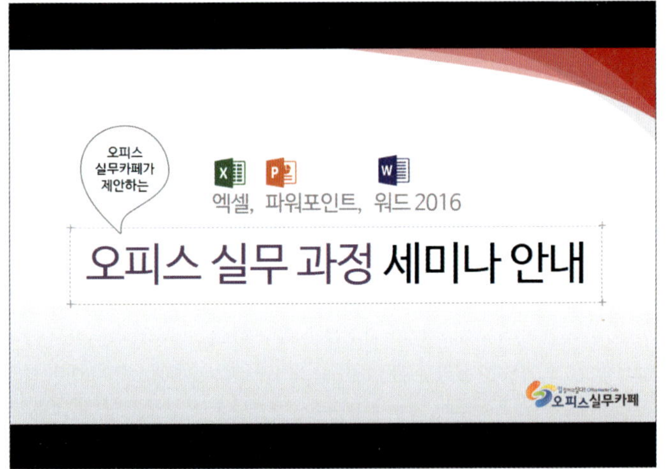

■ 전체 슬라이드에 오디오 재생하기

예제 파일 Part04/Lesson01/세미나안내5.pptx | **완성 파일** Part04/Lesson01/세미나안내5_완성.pptx

파워포인트에는 [백그라운드에서 재생]이라는 기능이 있습니다. [백그라운드에서 재생]은 슬라이드 바탕에서 오디오가 재생되는 것으로, 오디오가 끊어지지 않고 전체 슬라이드에서 재생할 수 있습니다.

01 [오디오 도구]–[재생] 상황별 탭에서 [오디오 스타일] 그룹의 [백그라운드에서 재생]을 클릭합니다. 슬라이드 쇼를 진행하면 오디오가 전체 슬라이드에서 재생됩니다.

팁 :: [재생] 탭–[오디오 옵션] 그룹의 [모든 슬라이드에서 실행]에 체크해도 전체 슬라이드에서 오디오를 재생할 수 있습니다.

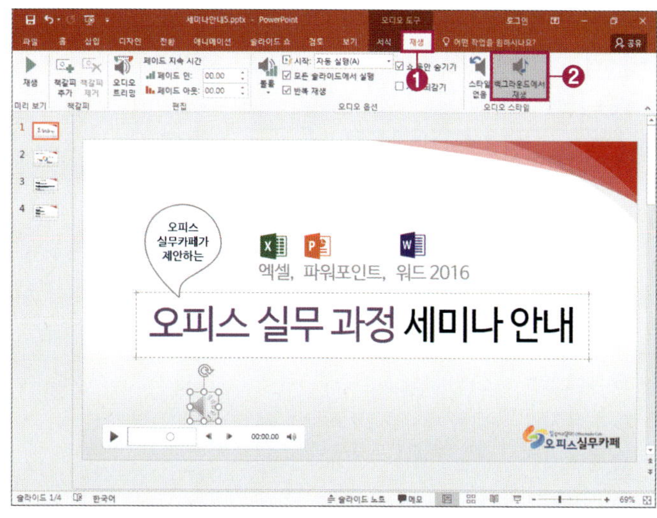

02 [백그라운드에서 재생]을 클릭하면 자동으로 [오디오 옵션] 그룹의 [모든 슬라이드에서 실행]과 [반복 재생]에 체크됩니다. 보통은 슬라이드 개수보다 오디오 파일의 재생 시간이 짧기 때문에 [모든 슬라이드에서 실행]과 [반복 재생]에 자동으로 체크되면서 프레젠테이션 내내 음악을 재생할 수 있습니다.

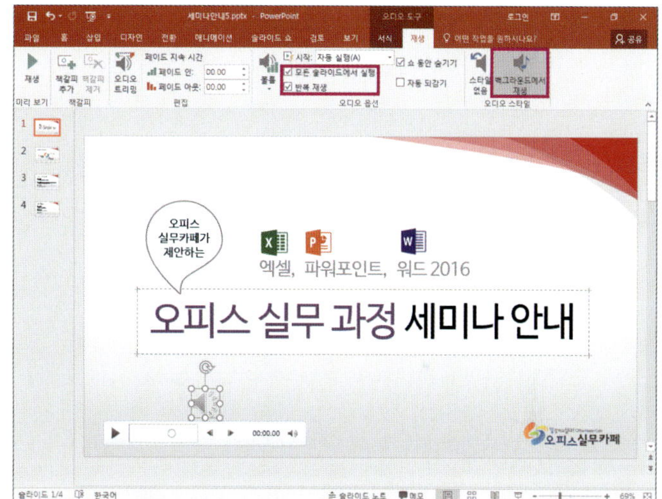

Q. 삽입한 오디오를 특정 부분만 재생할 수 있나요?

A. 특정 부분만 재생하고 싶다면 '오디오 트리밍' 기능을 활용하면 됩니다. [오디오 도구]–[재생] 상황별 탭에서 [편집] 그룹–[오디오 트리밍]을 클릭하면 [오디오 맞추기] 대화상자가 나타납니다. 녹색(█)과 적색(█) 아이콘을 드래그하여 원하는 부분을 선택할 수 있습니다.

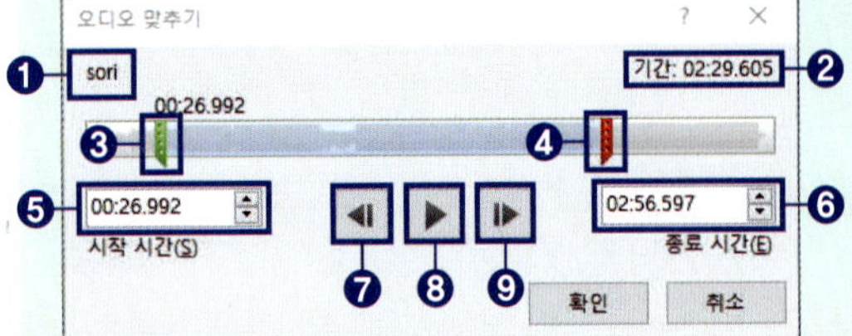

❶ **파일명** : 삽입한 오디오의 파일명이 표시됩니다.

❷ **재생 시간** : 전체 재생 시간이 표시됩니다.

❸ **녹색 핸들** : 녹색(█)의 핸들을 드래그하여 시작 지점을 지정할 수 있습니다.

❹ **적색 핸들** : 적색(█)의 핸들을 드래그하여 종료 지점을 지정할 수 있습니다.

❺ **시작 시간** : 수정된 시작 시간이 표시됩니다.

❻ **종료 시간** : 수정된 종료 시간이 표시됩니다.

❼ **이전으로** : 이전 오디오 프레임으로 이동됩니다.

❽ **재생** : 편집된 오디오가 재생됩니다.

❾ **이후로** : 이후 오디오 프레임으로 이동됩니다.

비디오 파일 삽입하고 서식 변경하기

파워포인트에 삽입할 수 있는 동영상 파일의 확장자는 avi, wmv, mp4 등 다양합니다. 파워포인트 2016에는 동영상이 파워포인트 파일에 바로 삽입되기 때문에 좀 더 편리하게 동영상을 삽입하고 재생할 수 있습니다

■ 비디오 삽입하기

예제 파일 Part04/Lesson02/동영상.pptx, 세미나안내.mp4 | **완성 파일** Part04/Lesson02/동영상_완성.pptx

비디오 파일을 삽입하면 [비디오 도구]-[재생] 상황별 탭이 나타납니다. [재생] 탭을 통해 비디오 파일을 다양한 방법으로 조정할 수 있습니다.

1 | 지원되는 비디오 파일 형식

파워포인트에서 지원하는 비디오 파일 형식은 asf, avi를 비롯해 mp4, m4v, mov 등 다양하며, 플래시 비디오 파일 형식인 swf까지 지원하고 있습니다.

파일 형식	확장명
Windows Media 파일	.asf
Windows 비디오 파일	.avi
MP4 비디오 파일	.mp4, .m4v, .mov
동영상 파일	.mpg 또는 .mpeg
Adobe Flash Media	.swf
Windows Media 비디오 파일	.wmv

2 | 비디오 재생바

비디오 파일을 삽입하면 슬라이드 편집 창에 비디오 재생 아이콘이 생성됩니다. 슬라이드에 삽입된
비디오는 비디오 재생 아이콘을 컨트롤하여 조정할 수 있습니다.

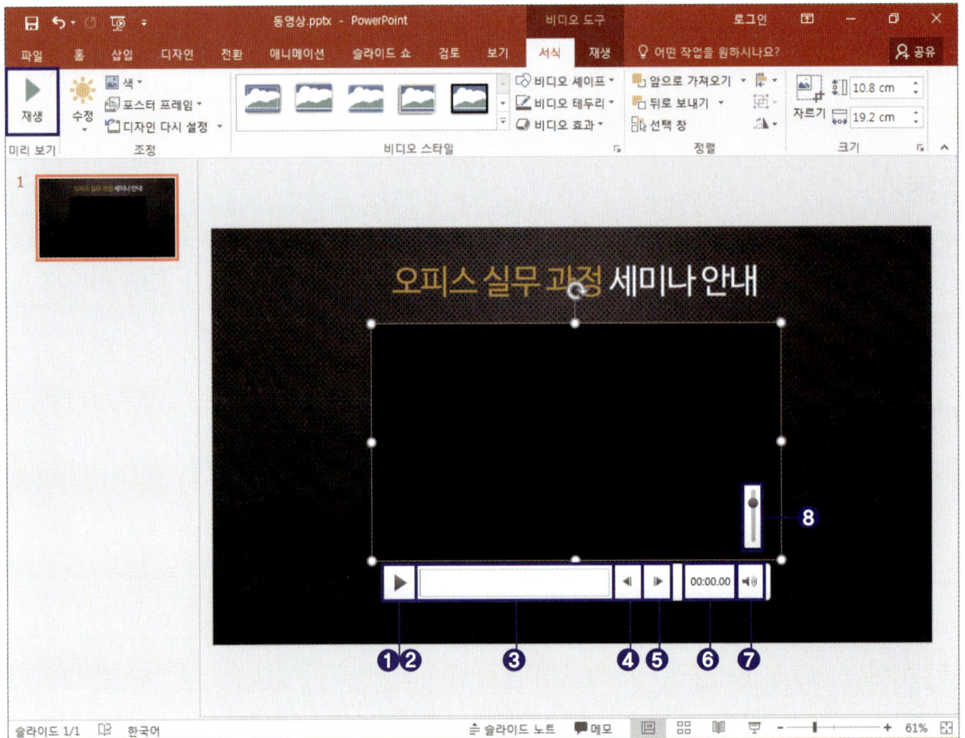

❶ 재생 : 비디오 파일을 실행할 수 있습니다.

❷ 일시 중지 : 재생 중인 비디오 파일을 일시 중지할 수 있습니다.

❸ 재생 슬라이드 : 현재 위치를 재생 슬라이드를 통해 확인할 수 있습니다.

❹ 빠르게 되돌리기 : 비디오 파일을 0.25초씩 이전 부분으로 빠르게 되돌릴 수 있습니다.

❺ 빠르게 진행하기 : 비디오 파일을 0.25초씩 이후 부분으로 빠르게 진행할 수 있습니다.

❻ 재생 시간 : 비디오 파일의 재생 시간을 확인할 수 있습니다.

❼ 음소거 : 비디오 파일의 음소거를 할 수 있습니다.

❽ 볼륨 조정 핸들 : 볼륨 조정 핸들을 이용해 볼륨을 조정할 수 있습니다.

01 예제를 통해 살펴보겠습니다. 비디오 파일을 삽입하기 위해 [삽입] 탭–[미디어] 그룹에서 [비디오]–[내 PC의 비디오]를 클릭합니다. [동영상 삽입] 대화상자가 나타나면 '세미나안내.mp4' 파일을 선택한 후 [삽입]을 클릭합니다.

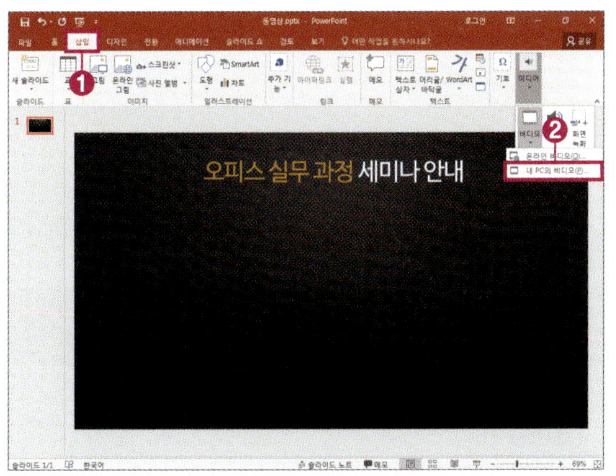
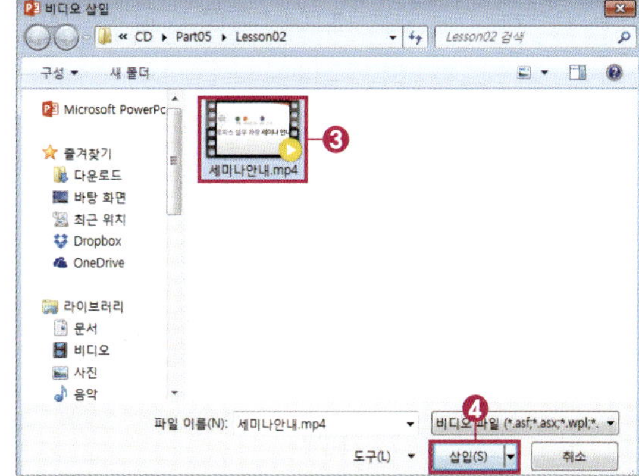

팁 ::
- **온라인 비디오** : YouTube 서비스를 통해 동영상을 가져오거나 홈페이지상의 동영상을 Embed 태그를 통해 파워포인트에 가져올 수 있습니다.
- **내 PC의 비디오** : 내 컴퓨터에 있는 비디오 파일을 파워포인트에 삽입합니다.

02 슬라이드에 동영상이 삽입됩니다. 크기 및 위치를 조정한 후 비디오 클립 아래에 있는 제어판에서 [재생] 단추를 클릭하여 동영상을 확인합니다.

팁 :: 동영상 파일을 파워포인트 파일에 함께 포함하는 방법은 파워포인트 2010 버전 이상에서만 가능합니다. 파워포인트 2007 버전 이하일 경우 동영상을 파워포인트 파일과 함께 저장할 수 없습니다.

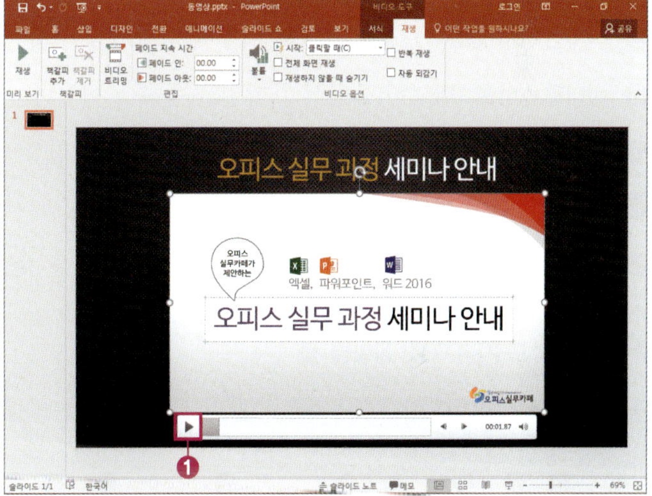

■ 비디오의 서식 변경하기

예제 파일 Part04/Lesson02/동영상2.pptx | **완성 파일** Part04/Lesson02/동영상2_완성.pptx

동영상에도 도형이나 이미지처럼 색이나 포스터 프레임 등을 적용하여 꾸밀 수 있습니다. 여기서는
비디오 클립 서식을 변경하는 방법에 대해서 살펴보겠습니다.

1 | [비디오 도구]-[서식] 상황별 탭

[비디오 도구]-[서식] 상황별 탭의 [비디오 스타일] 그룹을 통해 다양한 비디오 스타일 갤러리를 만
날 수 있습니다.

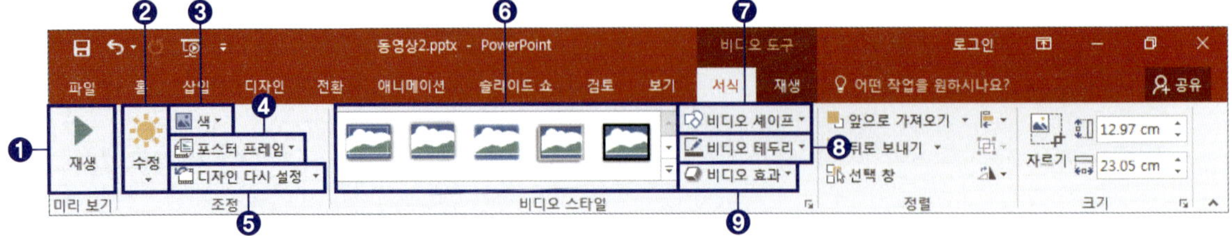

❶ **재생** : 동영상을 슬라이드 편집 창에서 재생할 수 있습니다.

❷ **수정** : 동영상의 밝기 및 대비를 조정할 수 있습니다.

❸ **색** : 동영상의 색상을 조정할 수 있습니다.

❹ **포스터 프레임** : 동영상의 포스터 틀을 선택할 수 있습니다.

❺ **디자인 다시 설정** : 동영상 크기를 비롯해 디자인을 다시 설정할 수 있습니다.

❻ **비디오 스타일** : 다양한 동영상 스타일을 통해 도형이나 반사 효과 등으로 꾸밀 수 있습니다.

❼ **비디오 셰이프** : 동영상 서식을 그대로 유지한 채 동영상의 모양을 변경합니다.

❽ **비디오 테두리** : 동영상 윤곽선의 선, 두께 등을 조정합니다.

❾ **비디오 효과** : 동영상에 그림자, 네온, 반사 효과 등을 지정할 수 있습니다.

2 | [비디오 도구]-[재생] 상황별 탭

동영상을 삽입하면 [비디오 도구]-[재생] 상황별 탭이 생성됩니다. [재생] 탭을 통해 비디오 파일을
다양한 방법으로 조정할 수 있습니다.

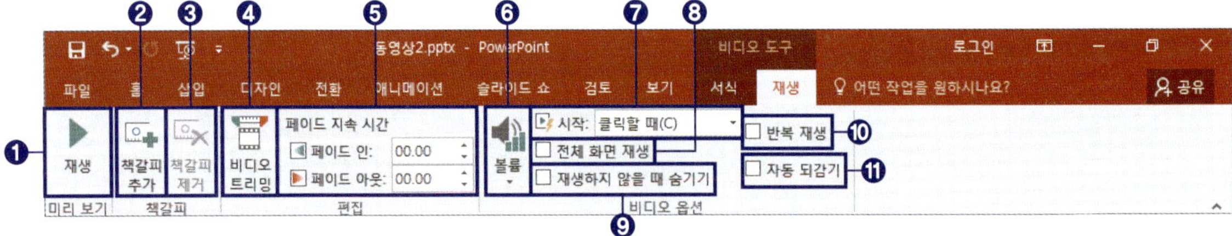

❶ **재생** : 동영상을 재생할 수 있습니다.

❷ **책갈피 추가** : 책갈피를 추가하여 특정 지점부터 동영상을 재생할 수 있습니다. 소리 파일과 다르
게 여러 개의 책갈피를 추가할 수 있습니다.

❸ 책갈피 제거 : 책갈피를 제거할 수 있습니다.

❹ 비디오 트리밍 : 동영상의 시작 지점과 끝 지점을 조절하여 원하는 부분만 재생할 수 있습니다.

❺ 페이드 인 / 페이드 아웃 : 페이드 인(점점 밝아지기)과 페이드 아웃(점점 어두워지기)을 통해 동영상에 효과를 지정할 수 있습니다.

❻ 볼륨 : 동영상의 볼륨을 조절할 수 있습니다.

❼ 시작 : 동영상의 원하는 시작 시점을 지정할 수 있습니다.

❽ 전체 화면 재생 : 동영상을 슬라이드 화면에 꽉 채워 재생할 수 있습니다.

❾ 재생하지 않을 때 숨기기 : 재생하지 않을 때 동영상을 숨길 수 있습니다.

❿ 반복 재생 : 동영상을 반복 재생합니다.

⓫ 자동 되감기 : 동영상 재생이 끝나면 자동으로 처음으로 되돌아갑니다.

01 예제를 통해 살펴보겠습니다. 동영상을 선택한 상태로 [비디오 도구]-[서식] 상황별 탭에서 [비디오 스타일] 그룹의 [자세히]를 클릭합니다. [입체 프레임, 그라데이션]을 선택합니다.

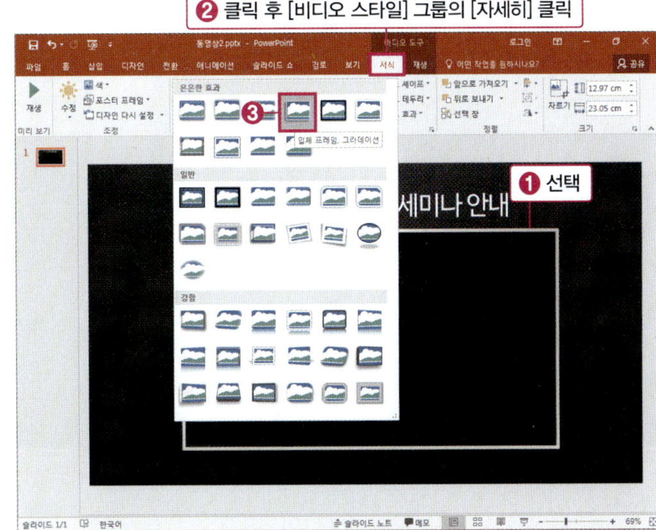

02 비디오 클립의 서식이 변경됩니다. 비디오 클립은 색상도 변경할 수 있습니다. [비디오 도구]-[서식] 상황별 탭에서 [조정] 그룹-[색]을 클릭한 후 원하는 색상을 선택하여 변경할 수 있습니다.

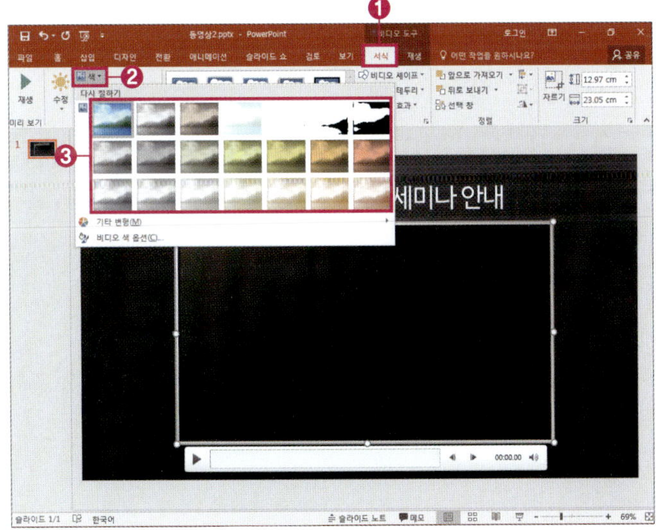

삽입한 동영상에 표지 입히기

동영상을 삽입한 슬라이드에는 검은색이나 중요하지 않은 무의미한 캡처 화면이 나타납니다. 이럴 때에는 포스터 틀을 이용하여 동영상 표지를 만들어 주는 것이 좋습니다.

■ 표지를 만들어 주는 포스터 프레임

예제 파일 Part04/Lesson02/동영상3.pptx ㅣ **완성 파일** Part04/Lesson02/동영상3_완성.pptx

슬라이드 편집 창이나 슬라이드 쇼를 진행하면 검은색의 화면이 나오면서 동영상이 재생됩니다. 이를 방지하기 위해 표지를 삽입할 수 있습니다.

1 ㅣ 포스터 프레임

동영상을 삽입한 후 슬라이드 쇼(**F5**)를 진행하면 검은색의 무의미한 화면이 표시됩니다.

▲ 포스터 프레임 없음　　　　　　　　　　　▲ 포스터 프레임 있음

삽입한 동영상은 원하는 형태의 표지를 만들 수 있습니다. [비디오 도구]─[서식] 상황별 탭에서 [포스터 프레임]을 클릭하여 원하는 형식의 표지를 선택합니다.

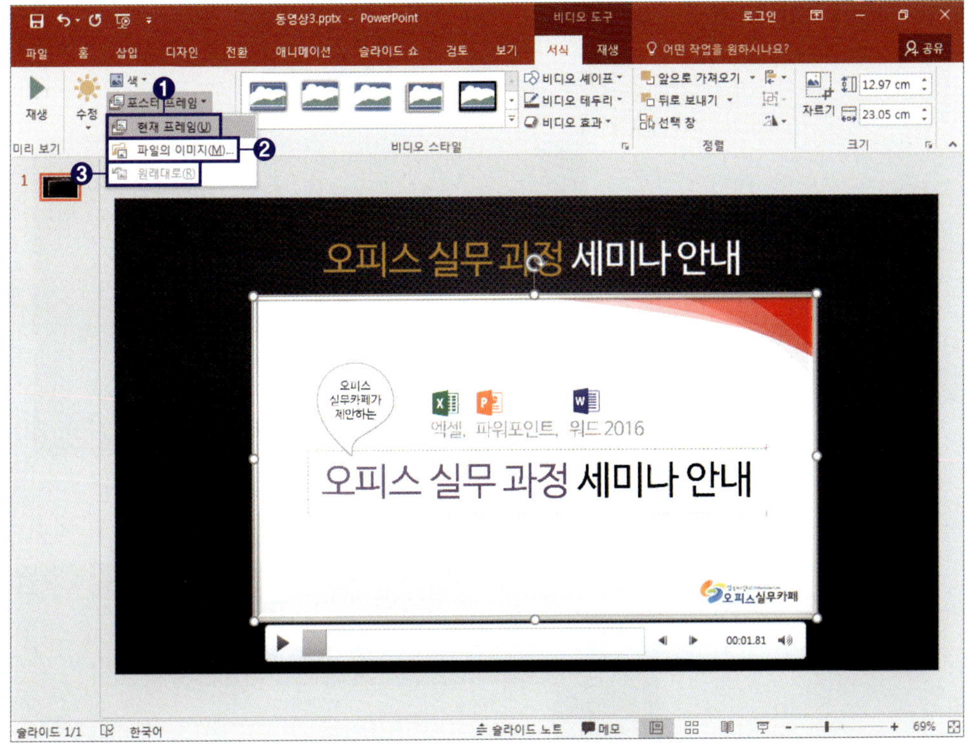

❶ **현재 프레임** : 현재 동영상 프레임 위치의 이미지가 표지로 선택됩니다. 현재 프레임을 선택하기 전에 동영상을 원하는 위치로 이동해 놓아야 합니다.

❷ **파일의 이미지** : 내 컴퓨터에 있는 이미지로 표지를 만들 수 있습니다.

❸ **원래대로** : 마음에 들지 않는 표지라면 다시 설정을 통해 다시 표지를 만들 수 있습니다.

01 예제를 통해 살펴보겠습니다. 동영상을 재생한 후 표지로 사용할 부분을 선택합니다. [비디오 도구]–[서식] 상황별 탭에서 [포스터 프레임]을 클릭한 후 [현재 프레임]을 선택합니다.

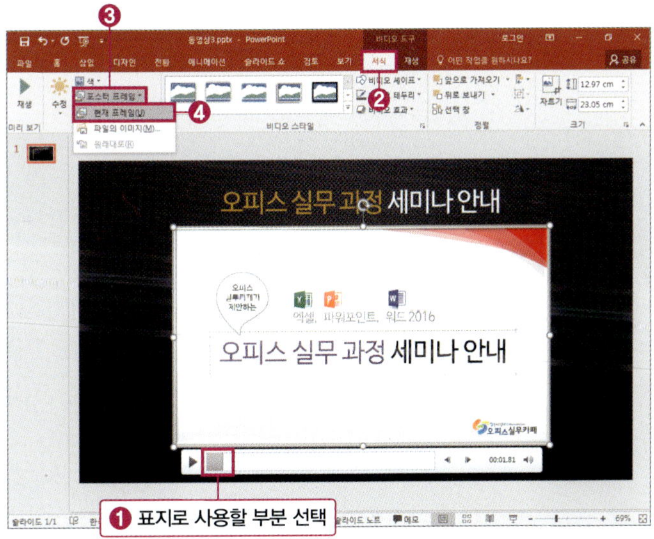

02 재생 바에 포스터 틀이 설정되었다는 문구가 나타납니다.

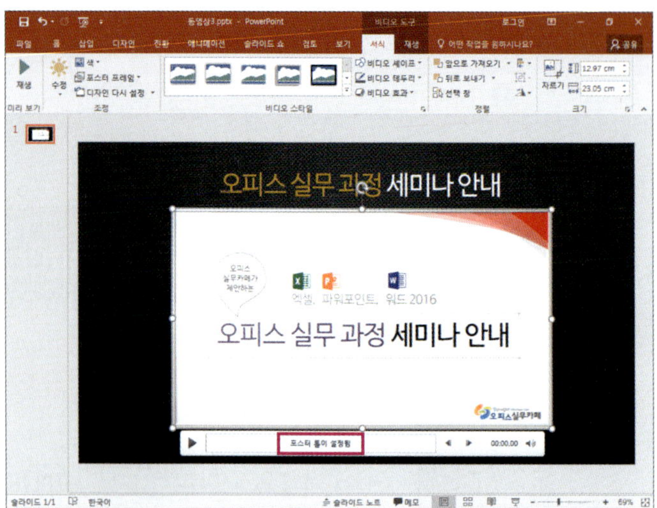

03 F5 를 눌러 슬라이드 쇼를 진행해 봅니다. 현재 틀이 동영상 표지로 저장됩니다.

■ 파일의 이미지로 포스터 프레임 지정하기

예제 파일 Part04/Lesson02/동영상4.pptx, title.png **| 완성 파일** Part04/Lesson02/동영상4_완성.pptx

이번에는 재생되는 동영상 속의 이미지가 아닌 특정 파일의 이미지를 포스터 프레임으로 지정해 보겠습니다.

01 [비디오 도구]–[서식] 탭에서 [포스터 프레임]을 클릭한 후 [파일의 이미지]를 선택합니다.

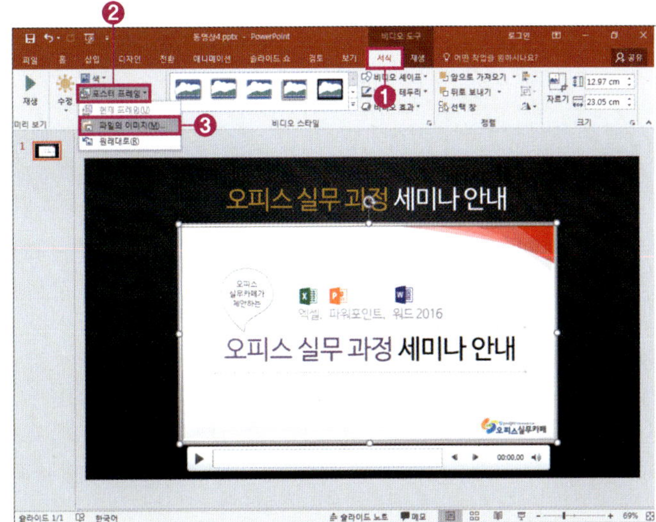

02 [그림 삽입] 창이 뜨면 [파일에서]–[찾아보기]를 선택합니다. [그림 삽입] 대화상자가 나타나면 'title.png' 파일을 선택한 후 [삽입]을 클릭합니다.

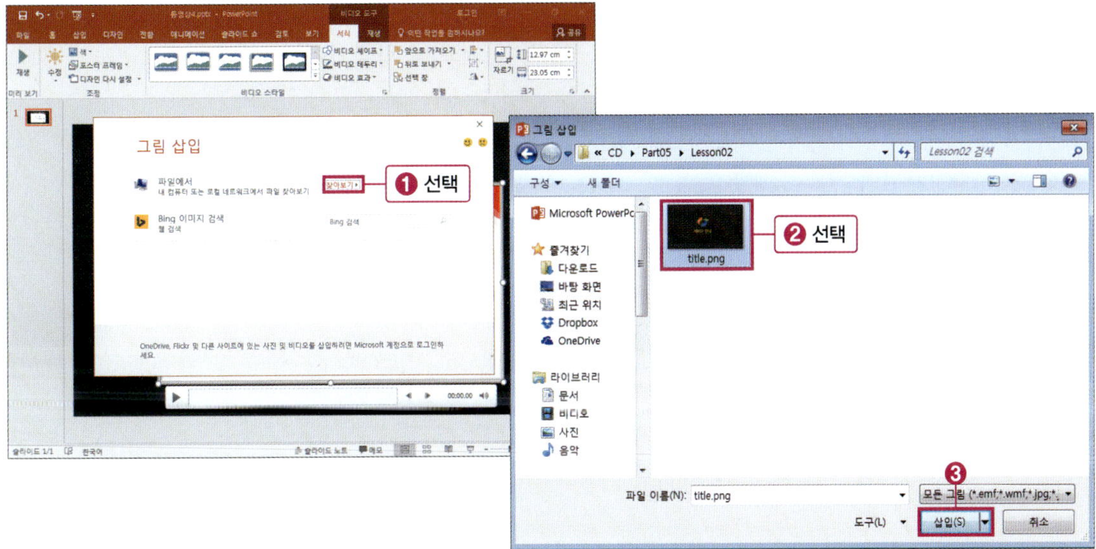

03 재생 바에 포스터 틀이 설정되었다는 문구가 나타나며, 이미지 파일이 포스터 프레임으로 설정됩니다.

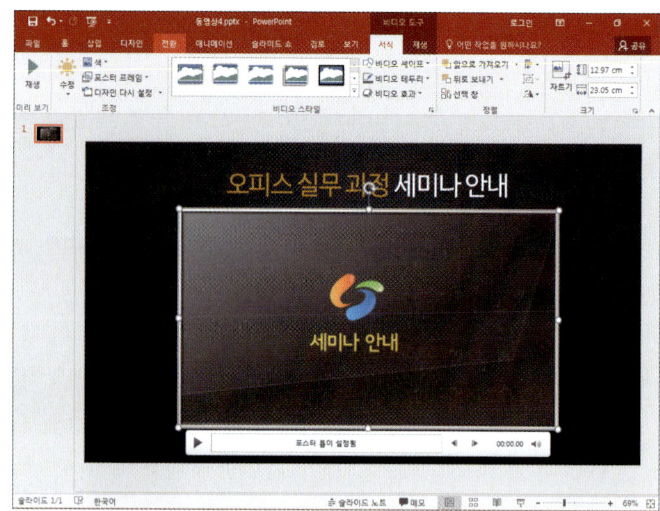

- -

팁 :: 동영상을 전체 화면에 재생하거나 재생 유무 선택하기

슬라이드에서 작은 크기로 동영상을 재생하기보다는 전체 화면에서 재생하는 경우가 많습니다. 전체 화면에서 슬라이드를 재생하고 싶거나 시간을 따져 동영상을 재생할지 안 할지 선택할 때에는 보다 간단한 팁이 있습니다.

슬라이드상에 동영상을 아주 작게 배치한 후 [비디오 도구]-[재생] 상황별 탭에서 [전체 화면 재생]을 클릭합니다. F5를 눌러 슬라이드 쇼를 진행하다가 동영상이 배치된 슬라이드가 나오면 동영상을 클릭하거나 넘어갑니다. 동영상을 클릭하면 동영상이 전체 화면으로 재생됩니다.

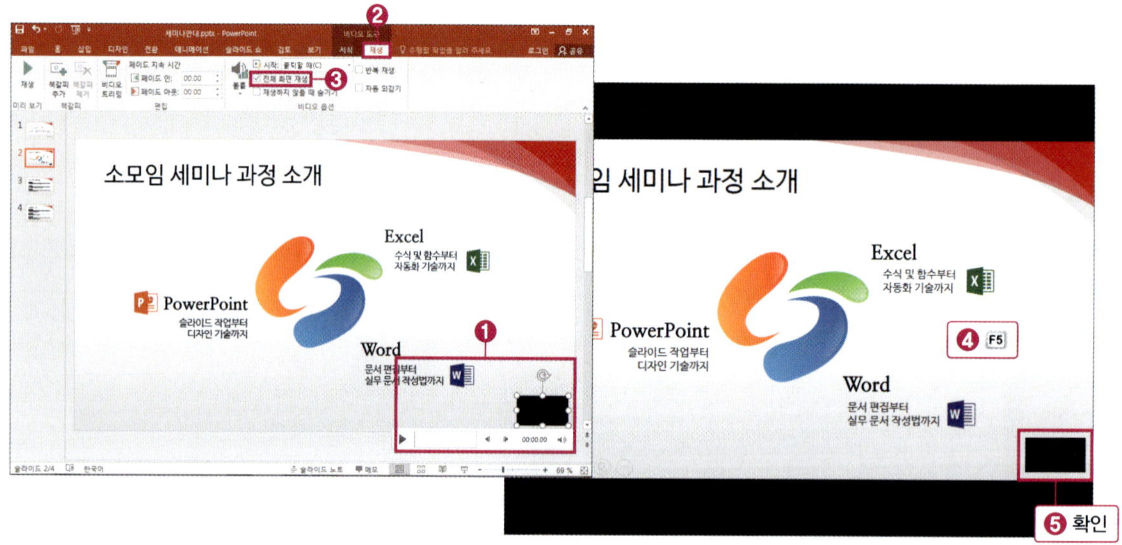

비디오 파일을 내 마음대로 편집하기

기존 동영상 편집 프로그램에서나 가능하던 동영상 편집 기능을 파워포인트에서도 실행할 수 있습니다. 즉, 삽입한 동영상의 내용 중에서 필요한 부분만 따로 편집하거나, 동영상 이미지로 표지를 만들거나, 동영상을 압축하여 파워포인트 파일의 용량을 줄일 수도 있습니다.

■ 책갈피 추가하기

예제 파일 Part04/Lesson02/동영상5.pptx | **완성 파일** Part04/Lesson02/동영상5_완성.pptx

오디오 파일은 하나의 책갈피만 추가할 수 있지만, 비디오 파일은 여러 책갈피를 추가할 수 있습니다.

1 | 책갈피

오디오 파일이나 비디오 파일에 책갈피를 넣을 수 있습니다. 우리가 평소에 즐겨 읽는 책에도 다음에 다시 읽기 위해, 혹은 페이지를 기억하기 위해 책갈피를 꽂아 놓는 것처럼 오디오 파일이나 비디오 파일에도 책갈피를 꽂아 원하는 위치를 슬라이드가 기억하게 만들 수 있습니다.

01 삽입한 동영상에서 원하는 위치에 책갈피를 추가하여 위치를 기록할 수 있습니다. 동영상을 재생한 다음 원하는 위치에서 [비디오 도구]−[재생] 상황별 탭에서 [책갈피] 그룹의 [책갈피 추가]를 클릭합니다.

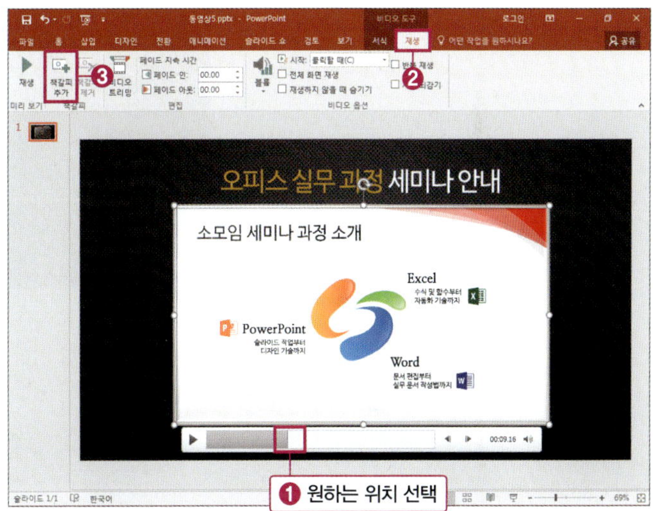

02 비디오 재생바에 책갈피 아이콘이 생성됩니다. 책갈피는 원하는 만큼 생성할 수 있습니다. 다시 동영상을 재생한 후 원하는 지점에서 [재생] 탭–[책갈피] 그룹의 [책갈피 추가]를 선택합니다.

팁 :: 책갈피가 필요 없다면 책갈피 아이콘을 클릭한 후 [재생] 탭–[책갈피] 그룹의 [책갈피 제거]를 클릭합니다.

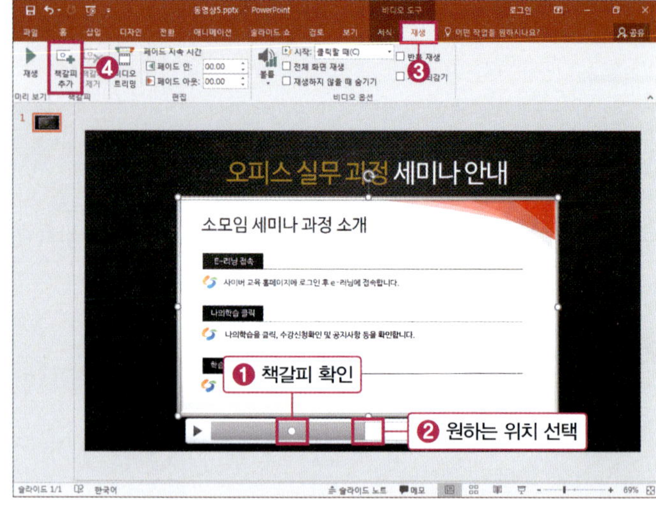

03 F5 를 눌러 슬라이드 쇼를 실행합니다. 원하는 책갈피를 기억하고 있기에 원하는 위치부터 동영상을 재생할 수 있습니다.

■ 트리밍 만들기

예제 파일 Part04/Lesson02/동영상6.pptx | 완성 파일 Part04/Lesson02/동영상6_완성.pptx

트리밍은 오디오나 비디오 파일에서 필요 없는 부분을 잘라서 원하는 부분만 재생할 수 있는 기능입니다. 트리밍은 [오디오 맞추기] 대화상자 혹은 [비디오 맞추기] 대화상자에서 실행할 수 있습니다.

1 | [비디오 맞추기] 대화상자

[비디오 트리밍]을 선택하면 [비디오 맞추기] 대화상자가 나타납니다. [비디오 맞추기] 대화상자에서는 비디오의 시작 지점과 종료 지점 등을 지정할 수 있습니다.

트리밍에서 가장 중요한 부분은 바로 시작 지점을 지정할 수 있는 ❷ 녹색 핸들과, 종료 지점을 지정할 수 있는 ❸ 적색 핸들입니다.

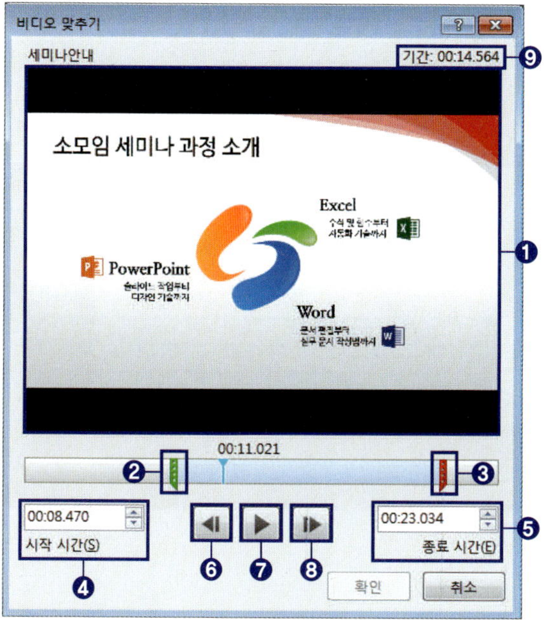

❶ 미리보기 화면 : 동영상의 미리보기 화면입니다.

❷ 녹색 핸들 : 녹색()의 핸들을 드래그하여 시작 지점을 지정할 수 있습니다.

❸ 적색 핸들 : 적색()의 핸들을 드래그하여 종료 시점을 시성할 수 있습니다.

❹ 시작 시간 : 수정된 시작 시간이 표시됩니다.

❺ 종료 시간 : 수정된 종료 시간이 표시됩니다.

❻ 이전으로 : 이전 동영상 프레임으로 이동됩니다.

❼ 재생 : 편집된 동영상이 재생됩니다.

❽ 이후로 : 이후 동영상 프레임으로 이동됩니다.

❾ 재생 시간 : 편집된 동영상 재생 시간이 표시됩니다.

01 이번에는 비디오 트리밍을 통해 동영상을 편집해 보겠습니다. [비디오 도구]-[재생] 상황별 탭-[편집] 그룹에서 [비디오 트리밍]을 클릭합니다. [비디오 맞추기] 대화상자가 나타나면 녹색() 지점의 위치를 조절한 후 빨간() 지점의 위치를 조절합니다. [확인]을 클릭합니다.

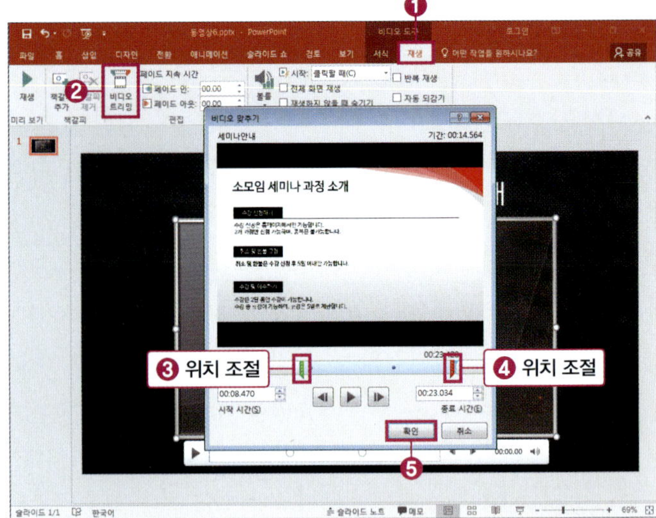

02 F5를 눌러 슬라이드 쇼를 실행합니다. 비디오 맞추기를 통해 편집한 부분만 재생되는지 확인합니다.

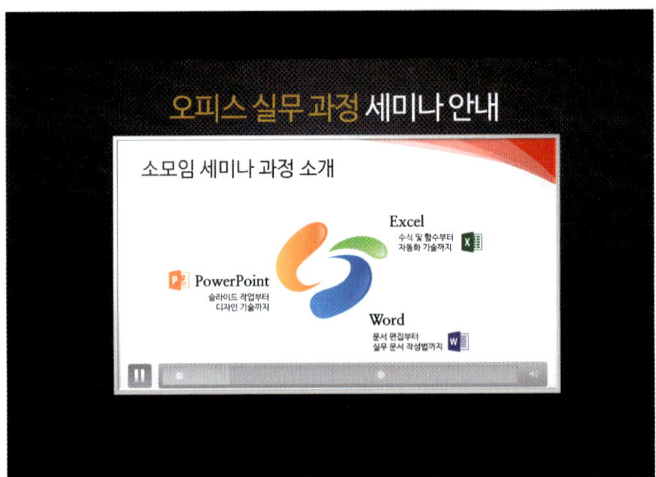

슬라이드를 움직이는 동영상 파일로 만들기

예제 파일 Part04/Lesson02/이미지검색.pptx | 완성 파일 Part04/Lesson02/이미지검색.mp4

슬라이드 파일도 화면 전환 효과를 추가하여 동영상으로 만들 수 있습니다. 또한, 동영상의 해상도를 비롯하여 각 슬라이드의 화면 전환 속도도 조정할 수 있습니다.

01 [파일] 탭–[내보내기]–[비디오 만들기]에서 [컴퓨터 및 HD 디스플레이]를 클릭한 후 원하는 해상도를 선택합니다. 여기서는 [프레젠테이션 품질]을 선택합니다.

팁 :: 파워포인트 2016은 1920 * 1080 해상도의 고품질 비디오도 만들 수 있습니다.

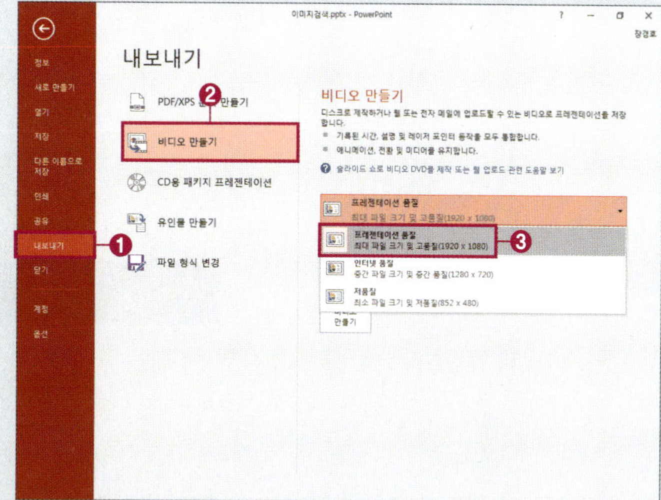

02 [각 슬라이드에 걸리는 시간(초)]에 원하는 시간을 입력한 후 [비디오 만들기]를 클릭합니다.

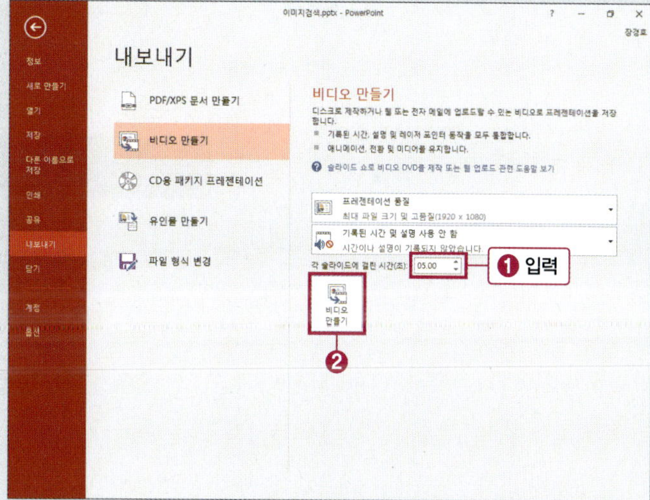

03 [다른 이름으로 저장] 대화상자가 나타나면 [저장 위치]를 선택하고 [파일 이름]을 입력한 후 [저장]을 클릭합니다.

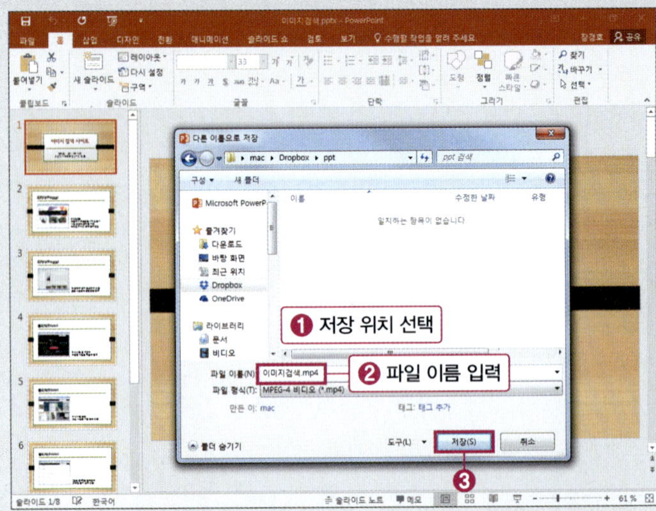

04 슬라이드가 동영상 파일로 변환됩니다. 저장한 파일을 실행하면 슬라이드가 아닌 동영상 파일이 열립니다.

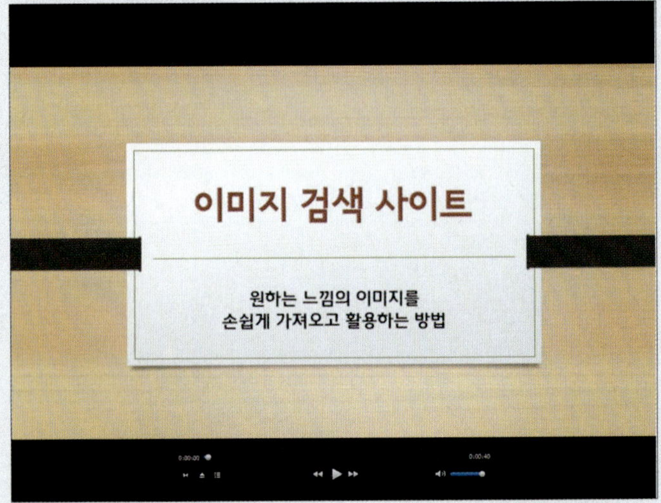

전문가도 어려워하는
동영상 클립 자유롭게 활용하기

동영상 편집!
정말 쉬워졌다.

파워포인트에서 동영상을 추가하여 재생하거나 편집하는 경우가 점점 많아지고 있습니다. 파워포인트도 이런 추세에 따라 페이드 인, 페이드 아웃 기능을 포함해 YouTube 동영상 연동 기능과 같은 동영상 재생, 편집 기능이 점점 좋아지고 있습니다. 여기서는 전문가도 어려워하는 동영상 클립 활용하는 방법에 대해서 살펴보겠습니다.

페이드 인과 페이드 아웃

동영상 재생 시 페이드 인은 점점 밝아지는 효과를 말하며, 페이드 아웃은 점점 어두워지는 효과를 말합니다.

■ 페이드 인, 페이드 아웃

예제 파일 Part04/Lesson03/페이드인.pptx ┃ **완성 파일** Part04/Lesson03/페이드인_완성.pptx

파워포인트 2016에서는 페이드 인과 페이드 아웃 기능을 이용하여 동영상 편집 프로그램에서 주로 사용하는 페이드 효과를 편하게 적용할 수 있습니다.

페이드 인과 페이드 아웃 효과를 통해 동영상에 재생 효과를 적용할 수 있습니다. 만일, 페이드 인 효과를 5초간 적용한다면 동영상이 시작되고 5초 동안 점점 밝아지는 동영상 재생 효과가 적용됩니다. 마찬가지로 페이드 아웃 효과를 5초간 적용한다면 동영상이 종료될 때 5초 동안 점점 흐려지는 동영상 재생 효과가 적용됩니다.

❶ 페이드 인(Fade in) : 점점 밝아지는 효과

❷ 페이드 아웃(Fade out) : 점점 흐려지는 효과

01 동영상을 선택한 상태에서 [비디오 도구]–[재생] 상황별 탭–[편집] 그룹–[페이드 인]에 『05.00』을 입력한 다음 [페이드 아웃]에 『05.00』을 입력합니다.

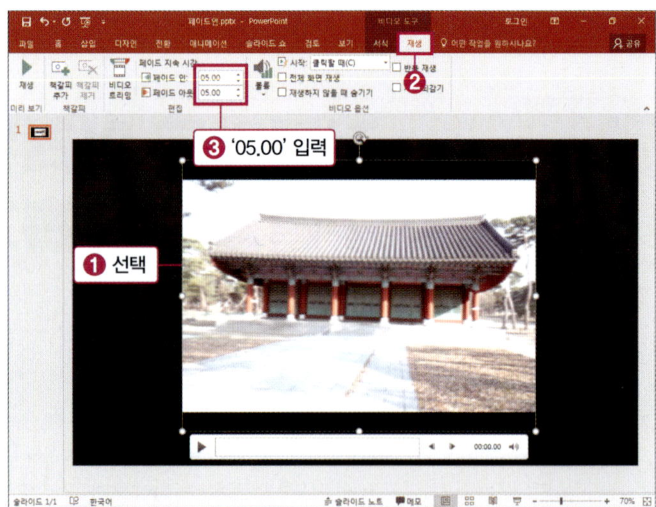

02 [비디오 도구]–[재생] 상황별 탭–[미리 보기] 그룹의 [재생]을 클릭합니다. 5초 동안 페이드 인 효과가 지속되며, 동영상의 마지막 부분 중 5초 동안 페이드 아웃 효과가 지속됩니다.

YouTube 동영상을 파워포인트에 연결하기

파워포인트 2016에서는 YouTube 동영상을 슬라이드에 쉽게 삽입할 수 있습니다. 파워포인트 2010에서는 Embed 태그를 통해서만 파워포인트에 삽입이 가능했지만 파워포인트 2013부터는 Embed 태그 없이 파워포인트에 바로 삽입할 수 있습니다.

■ 온라인 비디오로 동영상 넣기

파워포인트에 YouTube 동영상을 넣는 방법은 온라인 비디오를 이용하거나 YouTube 동영상 링크를 이용하는 방법이 있습니다.

01 [삽입] 탭–[미디어] 그룹에서 [비디오]를 클릭한 후 [온라인 비디오]를 클릭합니다.

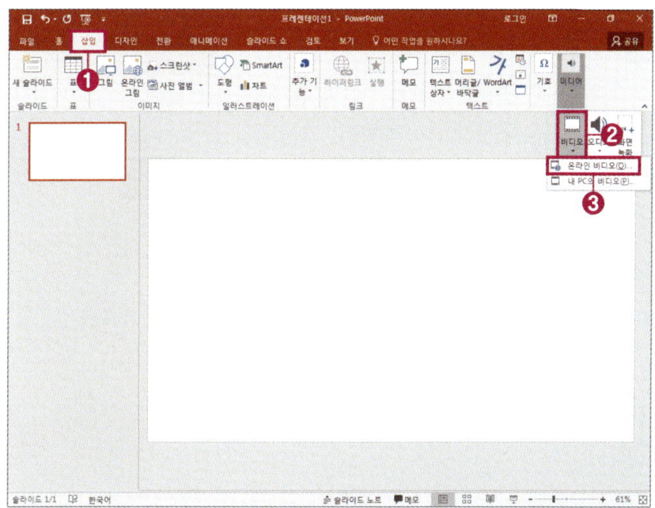

02 [비디오 삽입] 창이 뜹니다. [YouTube 검색]에 『office 2016』을 입력한 후 [찾기]를 클릭합니다.

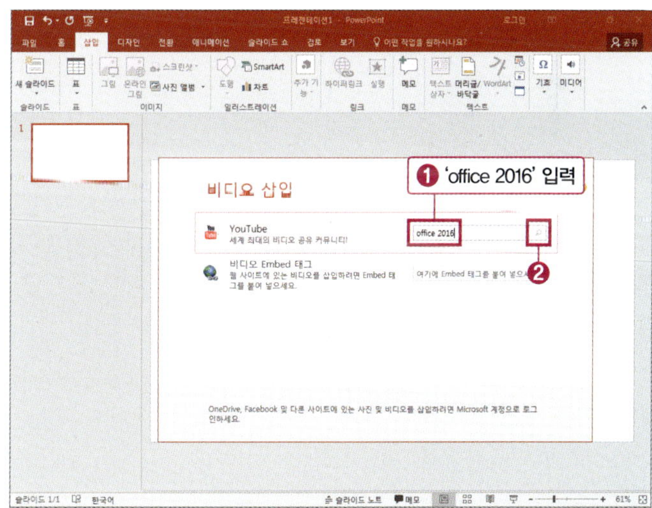

03 'office2016' 관련 다양한 동영상이 검색됩니다. 원하는 동영상을 선택한 후 [삽입]을 클릭합니다.

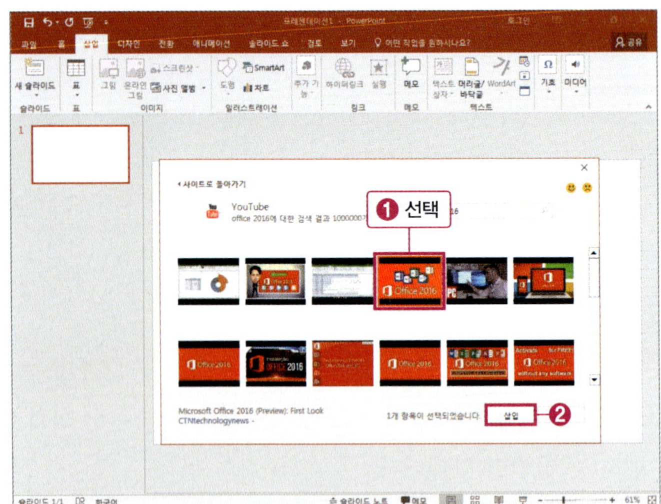

04 슬라이드 편집 창에 동영상이 삽입됩니다. 크기 및 위치를 조절한 후 [비디오 도구]–[서식] 상황별 탭–[미리보기] 그룹의 [재생]을 클릭해 동영상이 정상적으로 재생되는지 확인합니다.

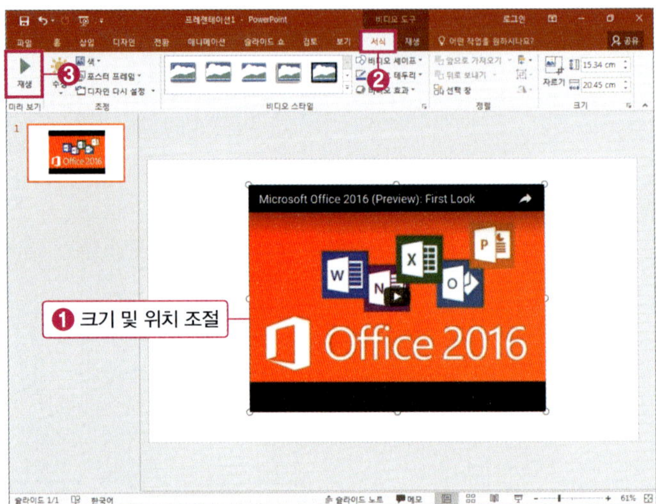

파워포인트에 최적화되도록 미디어 압축하기

파워포인트는 기본적으로 동영상 파일이 슬라이드에 포함됩니다. 용량이 큰 동영상 파일의 경우 슬라이드에 포함하기보다는 연결하여 파일 전송이나 공유 시 시간을 단축하는 것도 좋은 방법이지만, 파워포인트 기능 중 하나인 미디어 압축을 통해 동영상 파일의 크기를 조절하는 것도 좋은 방법입니다.

■ 파일에 연결하기

예제 파일 Part04/Lesson03/세미나안내.mp4

동영상 파일을 압축하기 전에 동영상 파일을 파워포인트 파일에 포함하지 않고 연결하는 방법에 대해서 살펴보겠습니다.

1 │ 동영상 파일을 연결하고 연결 끊기

파일에 연결할 경우 비디오 용량이 아무리 커도 파워포인트 파일에 포함되지 않습니다. 파일에 연결할 경우에는 비디오 클립을 프레젠테이션과 동일한 폴더에 복사한 후에 해당 폴더에서 비디오에 연결하는 것이 좋습니다.

❶ **파일에 연결** : [비디오 삽입] 대화상자에서 [삽입] 화살표를 클릭한 후 [파일에 연결]을 선택하면 동영상이 슬라이드에 포함되지 않고 연결만 됩니다.

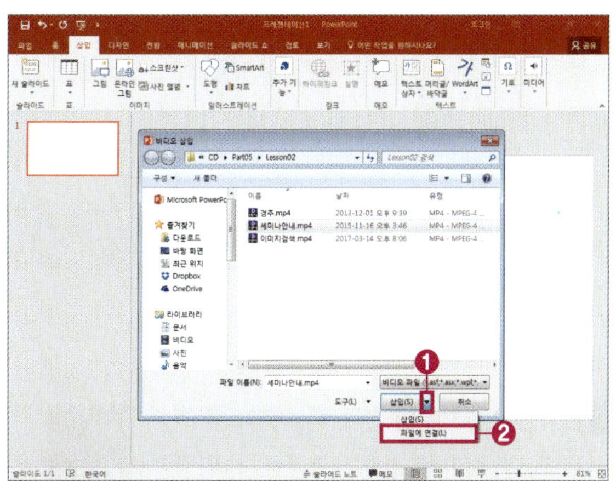

▶ 파일에 연결

❷ **연결 끊기** : 슬라이드에 포함하지 않고 연결해 놓았던 동영상을 다시 포함할 수 있습니다. [정보] 항목에서 [미디어 호환성 최적화]–[연결 보기]–[연결 끊기]를 클릭하면 동영상 파일이 슬라이드에 포함됩니다.

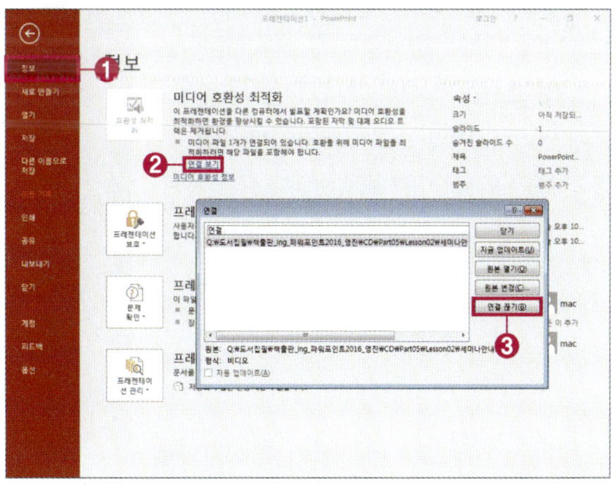

▶ 연결 끊기

01 예제를 통해 살펴보겠습니다. [삽입] 탭−[미디어] 그룹에서 [비디오]를 클릭한 다음 [내 PC의 비디오]를 선택합니다.

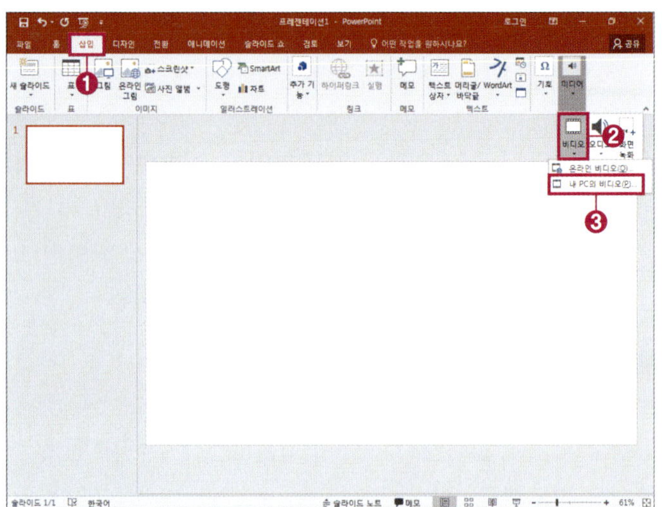

02 [비디오 삽입] 대화상자가 나타나면 '세미나안내.mp4' 파일을 찾아 선택합니다. [삽입] 화살표를 클릭해 [파일에 연결]을 선택합니다.

팁 :: 동영상을 [파일에 연결]하면 동영상이 슬라이드에 포함되지 않고 단순히 연결만 됩니다.

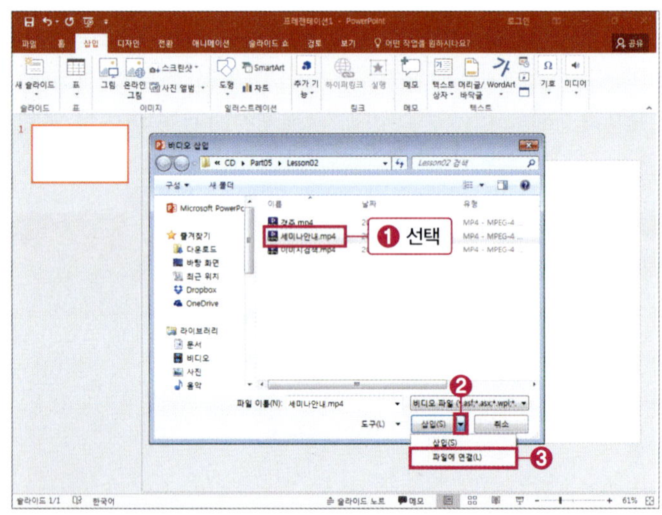

03 동영상이 파워포인트 파일에 포함되지 않고 연결됩니다. 이번에는 단순히 연결한 동영상을 파워포인트 파일에 포함해 보겠습니다. [파일] 탭−[정보]를 클릭합니다. [미디어 호환성 최적화]에서 [연결 보기]를 클릭합니다. [연결] 창이 뜨면 [연결 끊기]를 선택한 후 [닫기]를 클릭합니다.

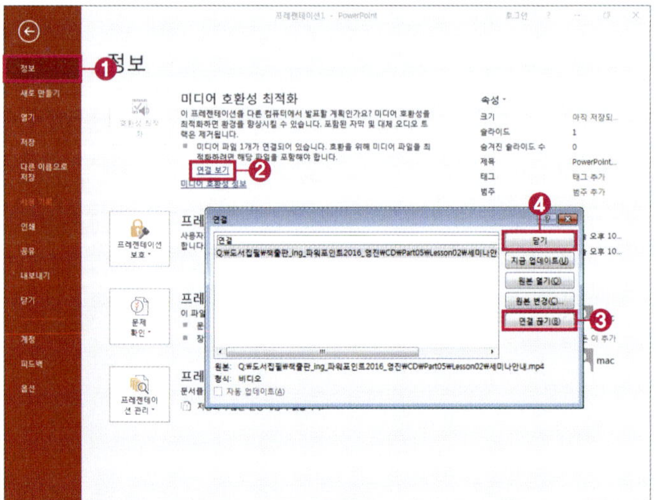

■ 동영상 최적화하기

예제 파일 Part04/Lesson03/동영상최적화_전.pptx | **완성 파일** Part04/Lesson03/동영상최적화_후.pptx

이번에는 미디어 호환성을 통해 동영상 환경을 내 컴퓨터에 맞게 최적화하는 방법을 배워보겠습니다.

1 | 용량 비교하기

미디어 호환성을 통해 동영상을 최적화해보면 최적화 전과 후의 파워포인트 파일 용량의 차이를 확인할 수 있습니다.

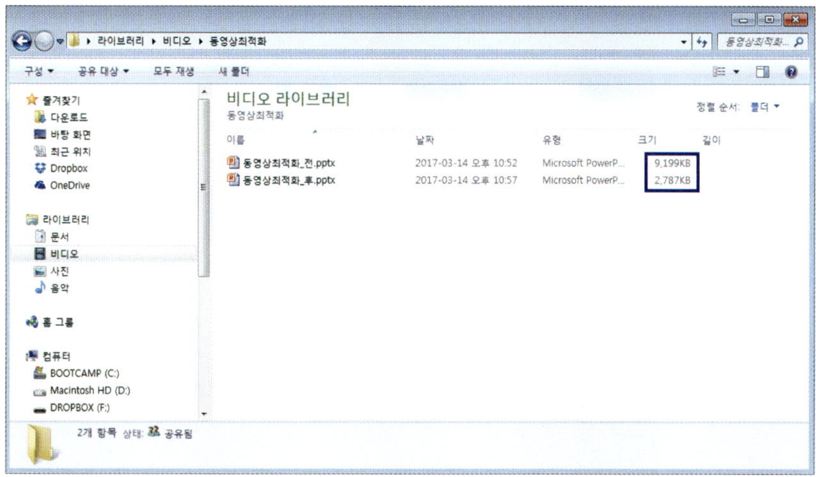

▲ 동영상 최적화 전과 후

2 | 미디어 압축하기

[파일] 탭-[정보]를 클릭한 후 [미디어 압축]을 클릭하면 압축할 파일의 크기 및 성능을 선택할 수 있습니다.

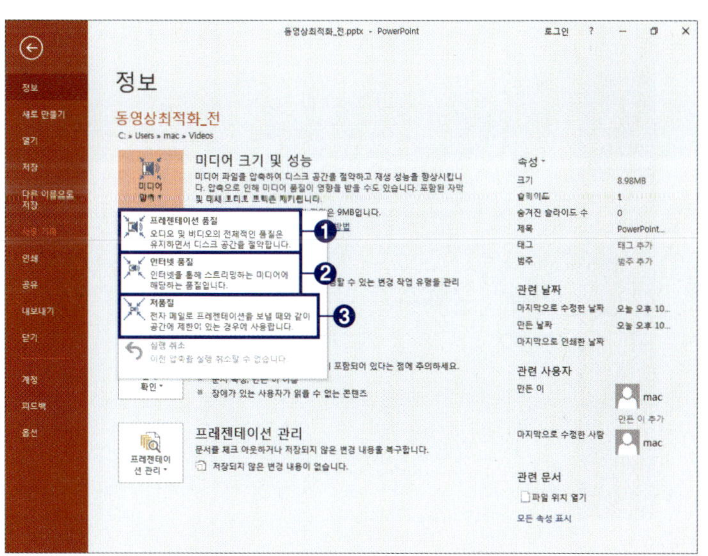

❶ 프레젠테이션 품질 : 오디오 및 비디오의 품질을 유지하면서 파일 크기를 조정합니다.

❷ 인터넷 품질 : 인터넷 스트리밍 수준의 품질을 유지하면서 파일 크기를 조정합니다.

❸ 저품질 : 전자 메일로 정상적으로 송/수신이 가능할 정도의 파일 용량으로 조정합니다.

01 예제를 통해 살펴보겠습니다. 미디어 압축을 통해 디스크 공간을 절약하고 재생 성능을 높일 수 있습니다. [파일] 탭-[정보]를 클릭한 후 [미디어 압축]을 클릭합니다. 옵션이 표시되면 여기서는 [인터넷 품질]을 선택합니다.

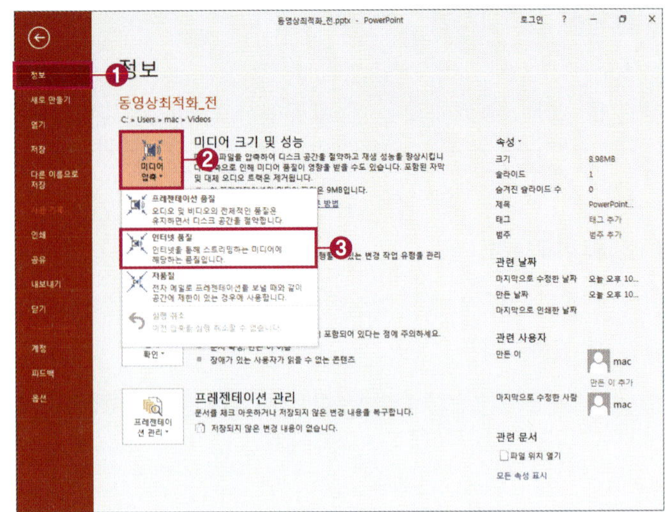

02 [미디어 압축] 창이 뜨면서 최적화 작업이 진행됩니다. 호환성 최적화가 완료되면 [닫기]를 클릭합니다.

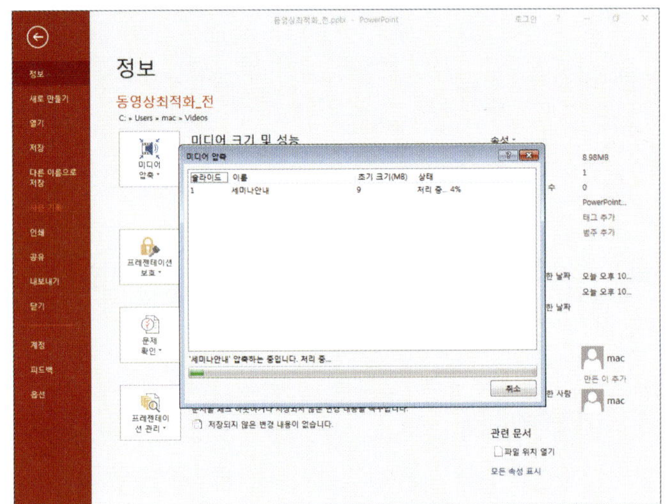

03 미디어가 압축됩니다. 미디어 파일 용량을 비롯해 압축 사항이 표시됩니다.

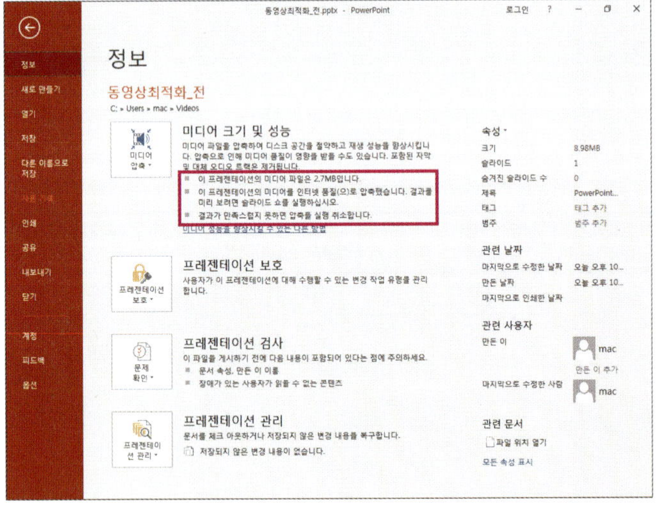

화면 녹화를 통해 작업 화면 녹화하기

파워포인트 2016에 새롭게 등장한 기능 중 가장 눈에 띄는 기능 하나가 바로 '화면 녹화' 기능입니다. 화면 녹화 기능을 통해 사용자가 직접 화면을 녹화하여 동영상 파일로 생성하거나 슬라이드에 삽입할 수 있습니다.

01 파워포인트 2016을 실행한 후 [삽입] 탭-[미디어] 그룹에서 [화면 녹화]를 클릭합니다.

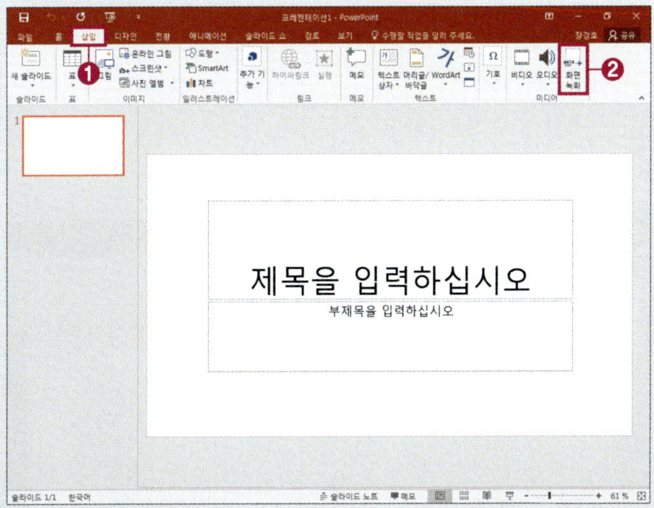

02 상단 중앙에 작은 옵션 창이 표시됩니다. 동영상으로 만들 범위를 지정하기 위해 [영역 선택]을 클릭합니다. 마우스 포인터가 영역 선택 커서로 변경되면 동영상으로 만들 범위를 드래그하여 지정합니다.

팁 :: 영역 선택이 중요한 이유는 영역 선택된 범위에서 동영상이 만들어지기 때문입니다. 영역을 벗어난 부분은 동영상에 포함되지 않습니다.

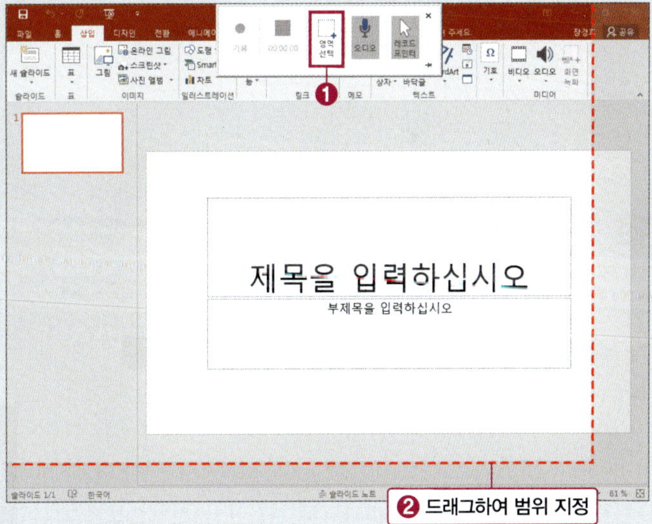

03 빨간색의 테두리가 그려지면 [기록]을 클릭합니다.

팁 :: 만일, 오디오를 음소거하고 싶다면 [오디오] 아이콘을 클릭해 비활성화합니다. 또한, 마우스 포인터를 표시하고 싶지 않다면 [레코드 포인터] 아이콘을 클릭해 비활성화합니다.

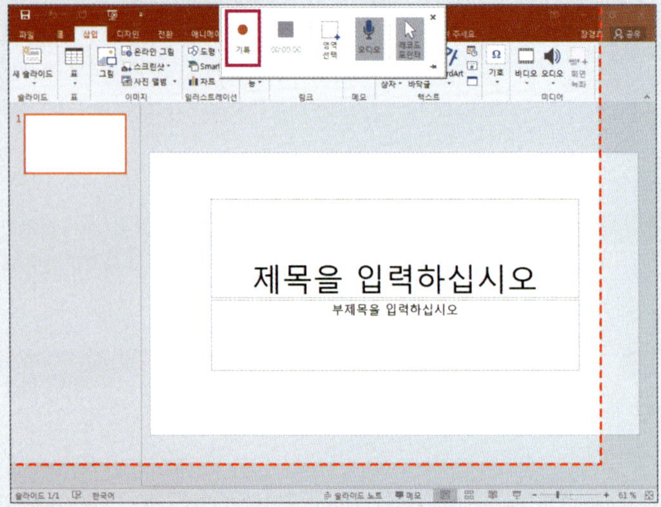

04 잠시 후 동영상 녹화가 진행됩니다. 이제 동영상으로 만들 내용을 작업합니다.

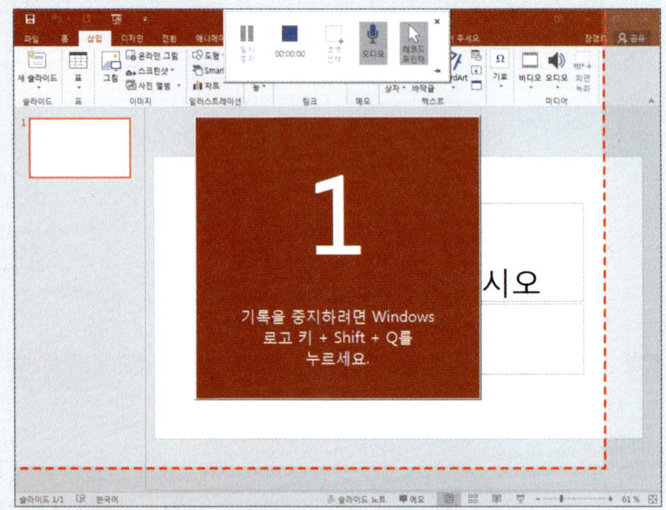

05 여기서는 동영상 삽입하는 방법을 화면 녹화 기능을 통해 작업했습니다. 작업이 완료되었다면 [🏁]+**Shift**+**Q**를 누르거나 상단 중앙에 마우스를 올려 옵션 창을 불러온 다음 [멈춤]을 클릭합니다.

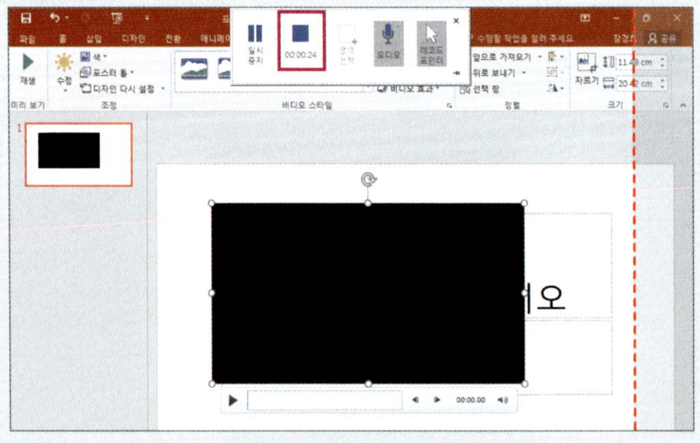

06 동영상이 만들어집니다. 재생을 클릭하면 동영상으로 만든 내용을 확인할 수 있습니다.

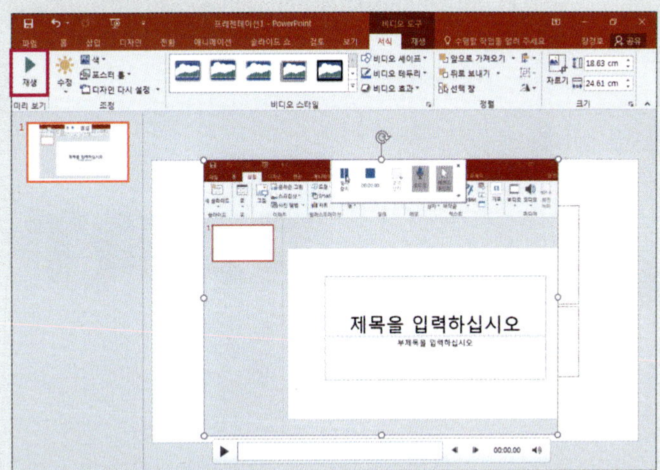

07 파워포인트 슬라이드에 동영상이 포함되었지만 이를 파일로 만들고 싶다면 동영상을 마우스 오른쪽 버튼으로 누른 후 [다른 이름으로 미디어 저장]을 선택합니다.

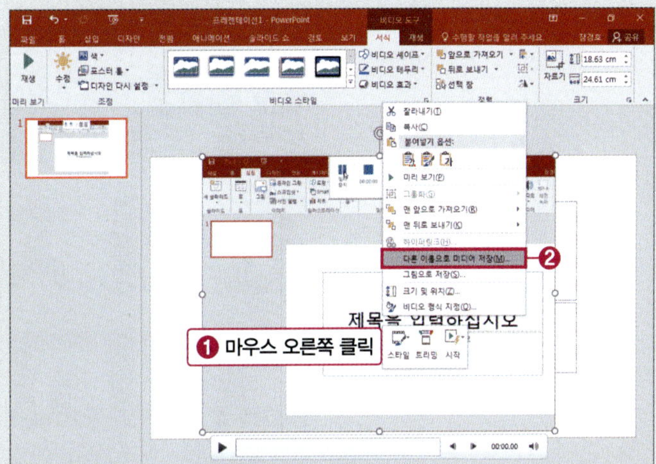

08 [다른 이름으로 미디어 저장] 대화상자가 나타내면 원하는 파일 이름과 파일 형식을 지정한 후 [서징]을 클릭합니다.

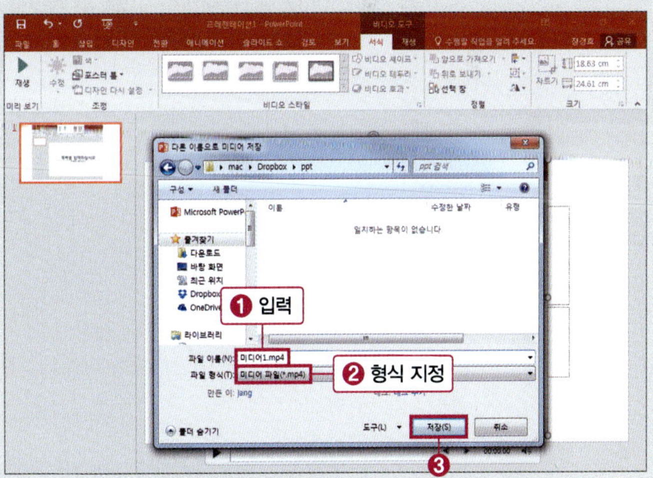

PART 05

약방에 감초!
표와 차트, 그리고 애니메이션 효과

파워포인트에서 표와 차트, 그리고 애니메이션은 청중의 시선을 끄는 역할을 합니다. 표를 통해 많은 내용을 깔끔하게 구성할 수 있으며, 차트를 통해 복잡한 데이터를 한 눈에 볼 수 있도록 구성할 수 있습니다.
또한, 애니메이션을 통해 정적인 슬라이드를 동적인 슬라이드로 변환하여 청중의 흥미와 관심을 끌 수 있습니다. 애니메이션을 제대로 활용하는 방법은 꼭 필요한 부분에 적절히 사용하는 것이며, 청중들이 애니메이션을 통해 어떤 부분을 보아야 하는지 파악하여, 동선이나 시선을 유도하도록 만든 애니메이션이라면 잘 구성된 애니메이션이라고 할 수 있습니다.

실무에 바로 사용할 수 있는 표 디자인하기

뺄 건 빼고 강조할 건 강조하자.

프레젠테이션에서는 수많은 텍스트와 수치 데이터가 오고 갑니다. 짧은 시간 안에 많은 내용을 설명하기에는 표나 차트만큼 좋은 도구도 없습니다. 표를 활용하여 텍스트를 일목요연하게 작성하고, 차트를 이용하여 보기에도 머리 아픈 수치 데이터를 한 눈에 볼 수 있게 표현한다면 파워포인트를 제대로 활용하고 있다고 자신 있게 말할 수 있을 것입니다.

내용에 적합한 표를 삽입하여 슬라이드 디자인하기

■ 표 삽입하고 셀 추가하기

예제 파일 Part05/Lesson01/모집안내.pptx | **완성 파일** Part05/Lesson01/모집안내_완성.pptx

표 삽입에는 '모형대로 표 삽입, 행과 열을 입력하여 표 삽입, 표 그리기, Excel 스프레드시트로 표 작성하기'의 4가지 방법이 있습니다. 여기서는 가장 흔히 사용하는 [삽입] 탭–[표] 그룹의 [표]를 이용해 삽입하는 방법에 대해서 살펴보겠습니다.

1 | 모형대로 표 삽입

[삽입] 탭–[표] 그룹에서 [표]를 클릭합니다. 표 삽입 셀이 나타나면 포인터를 이동하여 원하는 행 및 열 개수를 드래그하여 선택합니다.

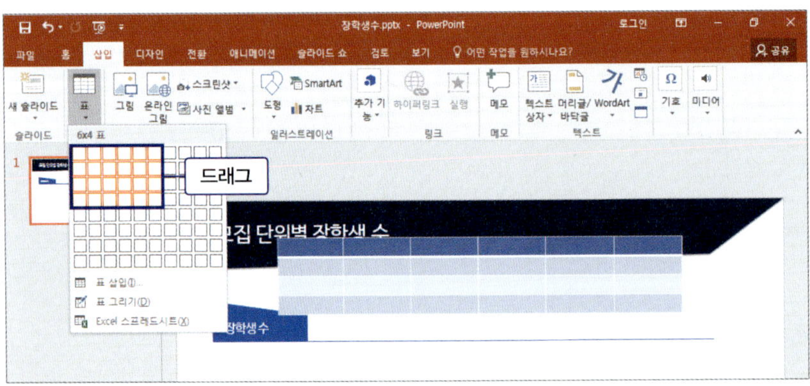

2 | 행과 열을 입력하여 표 삽입

[삽입] 탭–[표] 그룹에서 [표]를 클릭하여 나타나는 메뉴 중 [표 삽입]을 클릭하여 [표 삽입] 대화상
자를 불러옵니다. 그런 다음 열 개수 및 행 개수 목록에 숫자를 입력합니다.

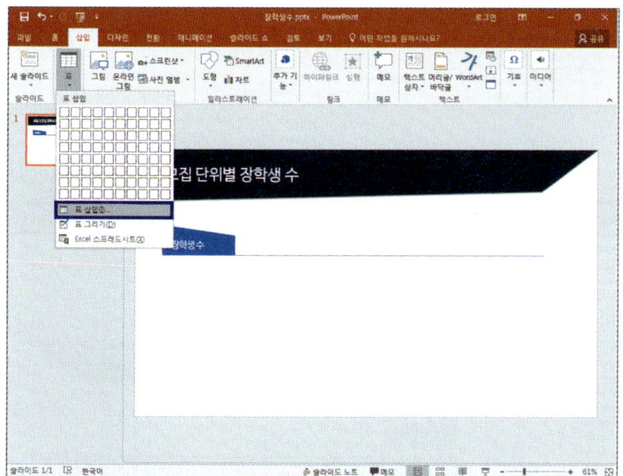
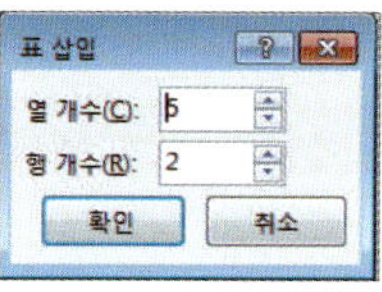

3 | 표 그리기

슬라이드 편집 창에서 그림을 그리듯 마우스를 드래그하여 원하는 크기의 열과 행 개수를 가진 표
를 그릴 수 있습니다. [삽입] 탭–[표] 그룹에서 [표]를 클릭한 후 [표 그리기]를 선택합니다. 마우스
포인터가 ⏚ 모양으로 변경되면 먼저 표의 전체 윤곽선을 그리기 위해 원하는 표의 크기만큼 드래
그합니다.

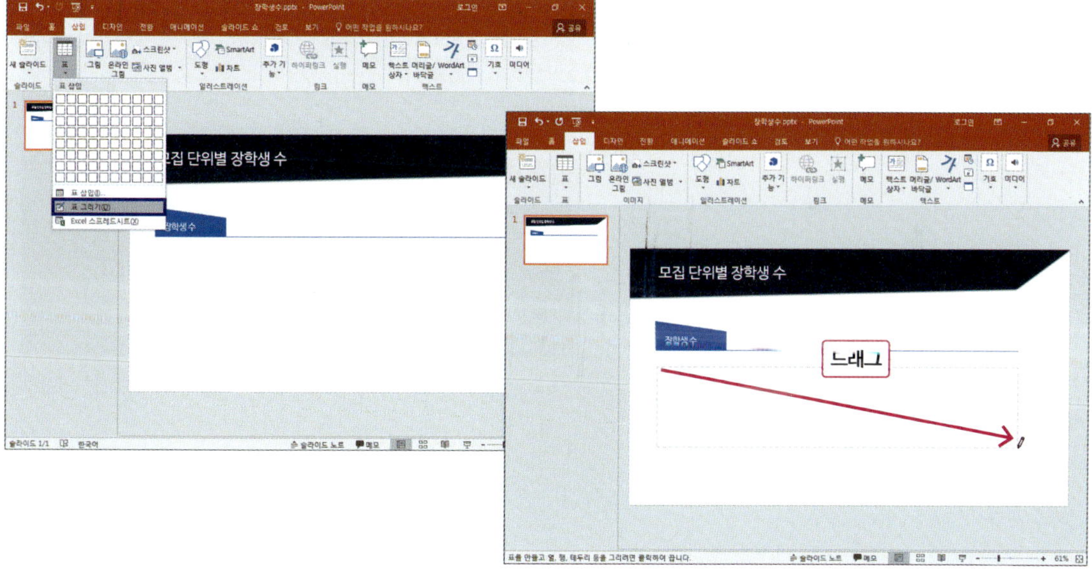

4 | Excel 스프레드시트

파워포인트에서 엑셀의 워크시트를 이용하여 표를 만들거나 기존에 작성한 표를 복사하여 파워포
인트에 넣을 수 있습니다. [삽입] 탭–[표] 그룹의 [표]를 클릭한 후 [Excel 스프레드시트]를 선택합
니다. 잠시 후 워크시트를 작성할 수 있는 엑셀 창이 열립니다.

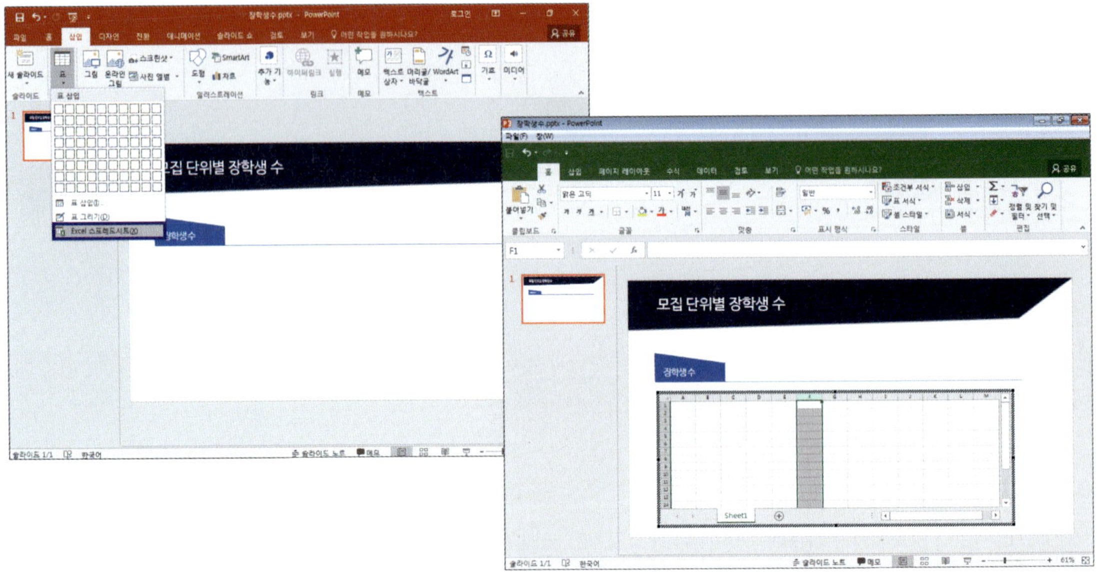

01 예제를 통해 살펴보겠습니다. 슬라이
드에 표를 삽입하기 위해 [삽입] 탭–[표] 그
룹에서 [표]를 클릭합니다. 표 삽입 셀이 나
타나면 포인터를 이동하여 원하는 행 및
열 개수를 드래그하여 선택합니다. 여기서
는 가로 7, 세로 5를 드래그하여 표를 삽입
합니다.

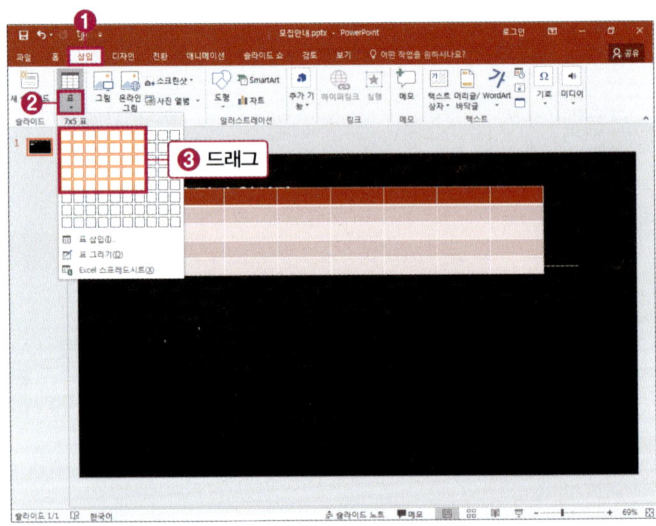

02 표가 삽입되면 크기 및 위치를 조절합니다. 삽입된 표 안의 셀은 병합하거나 분할하여 표 모양을 변형할 수 있습니다. 여기서는 셀을 병합하기 위해 두 번째 행과 세 번째 행의 첫 번째 열을 드래그하여 선택한 후 [표 도구]–[레이아웃] 상황별 탭에서 [병합] 그룹의 [셀 병합]을 선택합니다.

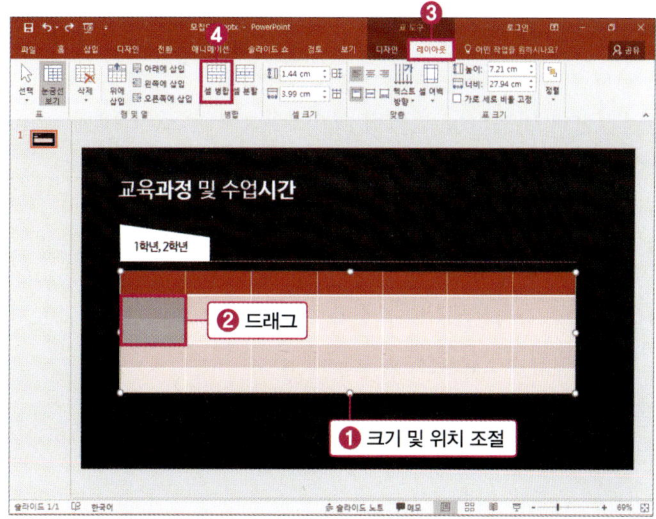

03 셀이 병합되면 위와 동일한 방법으로 네 번째 행과 다섯 번째 행의 첫 번째 열, 두 번째 행과 세 번째 행의 마지막 열, 네 번째 행과 다섯 번째 행의 마지막 열도 셀 병합을 통해 셀을 합칩니다.

팁 ::
- **셀 병합** : 선택한 두 개 이상의 셀을 하나로 합치는 기능
- **셀 분할** : 선택할 셀을 여러 개의 셀로 나누는 기능

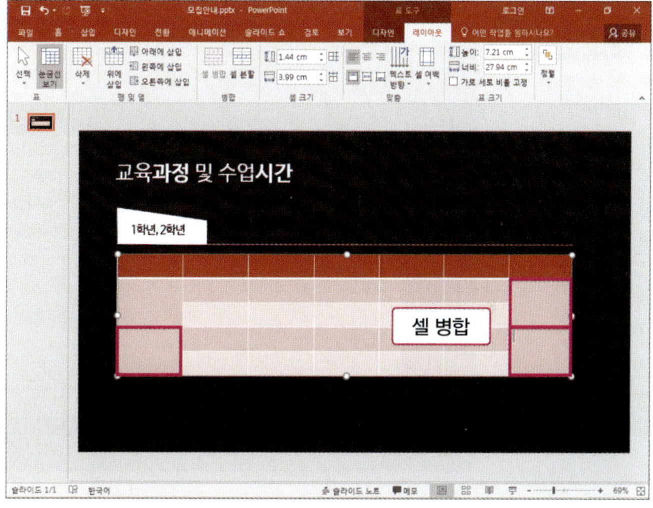

04 셀 사이의 테두리를 드래그하면 셀 사이의 간격을 조절할 수 있습니다. 각각의 셀 테두리를 드래그하여 셀 사이의 간격을 조절한 후 표 안에 들어갈 텍스트를 입력합니다.

팁 :: 예제 파일의 'Part05/Lesson01' 폴더에서 '표.pptx' 파일을 열어 표를 가져와도 됩니다.

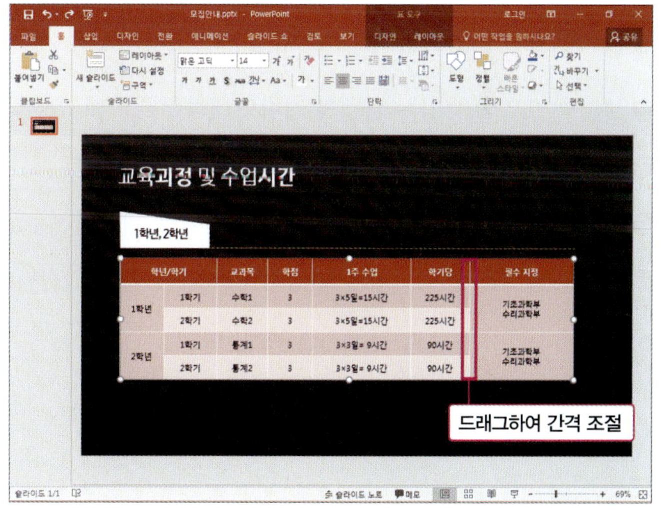

■ 표와 셀 크기 변경하기

예제 파일 Part05/Lesson01/모집안내2.pptx │ **완성 파일** Part05/Lesson01/모집안내2_완성.pptx

표의 전체 테두리를 선택한 후 드래그하면 표의 전체 크기를 변경할 수 있으며, 표 안의 테두리를 선택한 후 드래그하면 셀의 크기를 변경할 수 있습니다.

1 │ 표 구조 살펴보기

표 구조를 살펴보면 행과 열에 내용을 입력할 수 있으며, 셀 경계선을 드래그하여 행 너비나 열 높이를 변경할 수 있습니다.

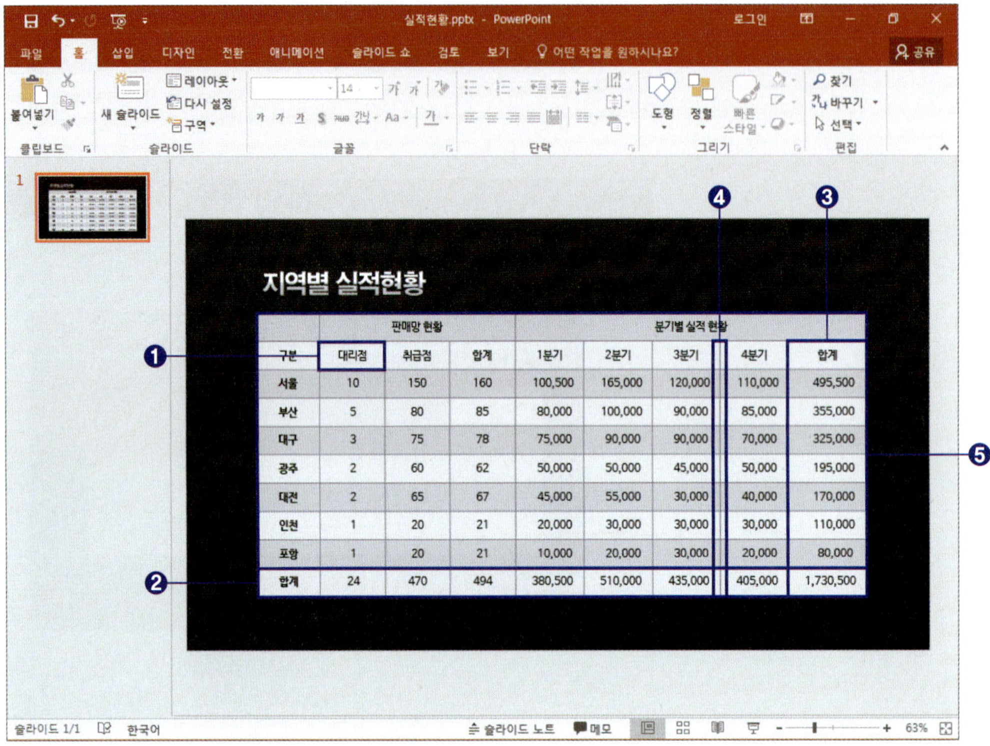

❶ **셀** : 사각형 모양으로, 내용을 입력하는 공간입니다.

❷ **행** : 가로로 표시되는 셀들의 집합입니다.

❸ **열** : 세로로 표시되는 셀들의 집합입니다.

❹ **셀 경계선** : 드래그하여 행 너비나 열 높이를 변경할 수 있습니다.

❺ **표 테두리** : 표 전체 크기를 변경하거나 이동할 수 있습니다.

2 | 셀 병합, 셀 분할

[레이아웃] 탭-[셀 크기] 그룹에서 여러 개의 셀을 하나로 병합하거나 셀 분할을 통해 셀을 여러 개로 나눌 수 있습니다.

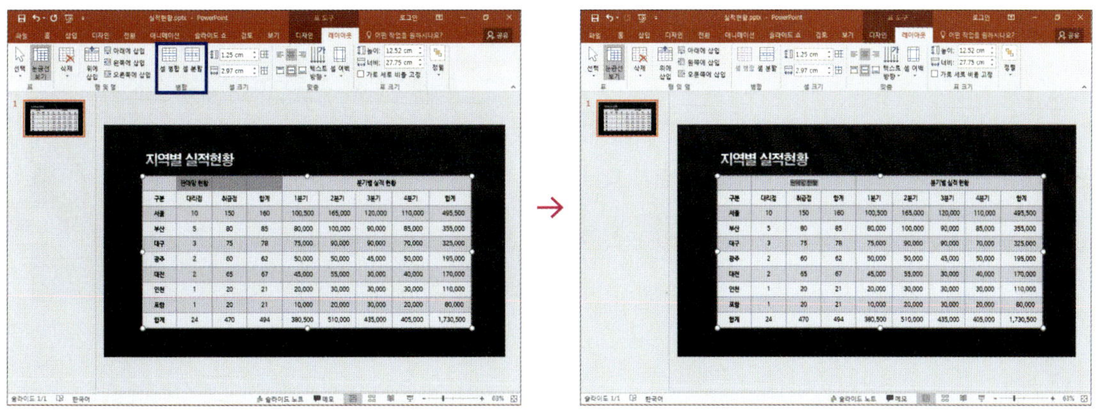

3 | [맞춤] 그룹

표의 특정 셀 영역을 드래그하여 선택한 후 [위쪽 맞춤], [가운데 맞춤], 혹은 [아래쪽 맞춤]을 클릭하여 정렬할 수 있습니다. 또한, 텍스트 방향이나 셀 여백을 클릭해 텍스트의 방향이나 셀 여백을 조절할 수도 있습니다.

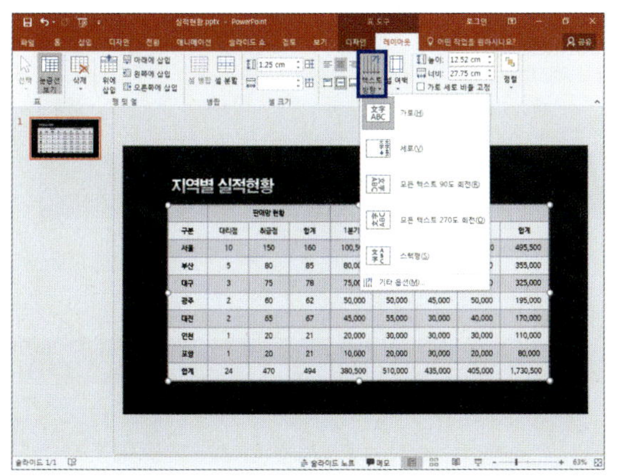
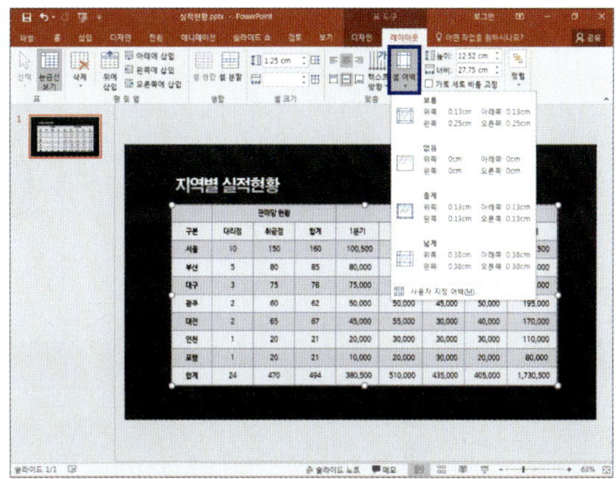

4 | MS 오피스의 표 구조 살펴보기

파워포인트에서 작성하는 표는 엑셀이나 워드의 표 기능과 거의 비슷합니다. 파워포인트에서 표 작업이 어렵다면 엑셀이나 워드에서 표 작업을 한 후 복사하여 사용해도 됩니다. 여기서는 MS 오피스에서 공통적으로 사용하는 표 구조에 대해서 잠시 살펴보겠습니다.

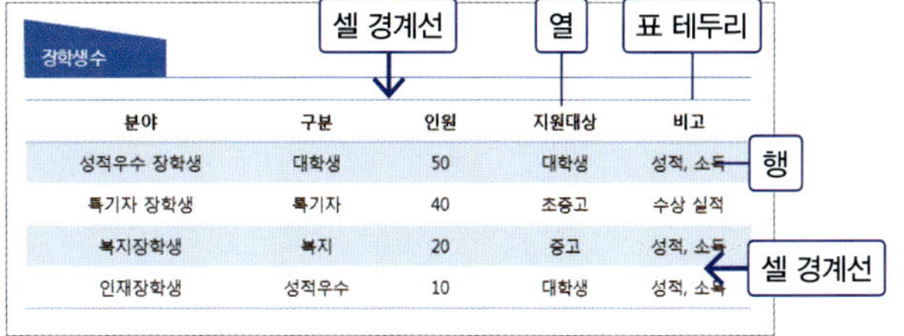

01 예제를 통해 살펴보겠습니다. 표의 전체 테두리를 선택한 후 모양 조절 핸들을 드래그합니다.

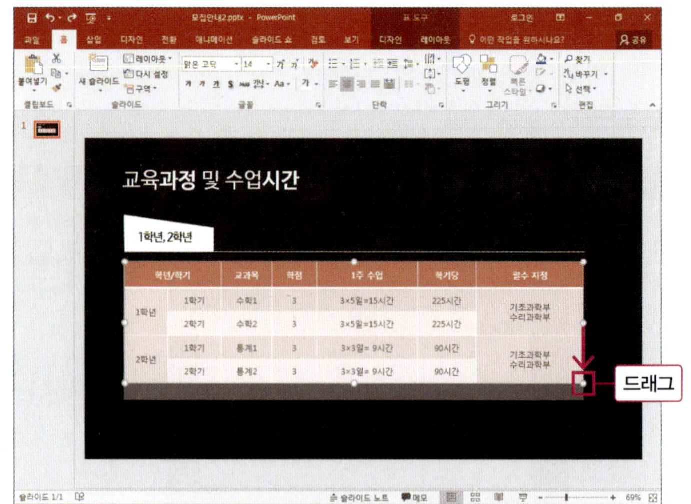

02 표의 전체 크기가 변경됩니다. 이번에는 셀 영역을 드래그하여 선택합니다. [표 도구]–[레이아웃] 상황별 탭에서 [셀 크기] 그룹의 [표 열 너비]에 숫자를 입력하여 영역을 조정합니다. 여기서는 『4.2』를 입력합니다.

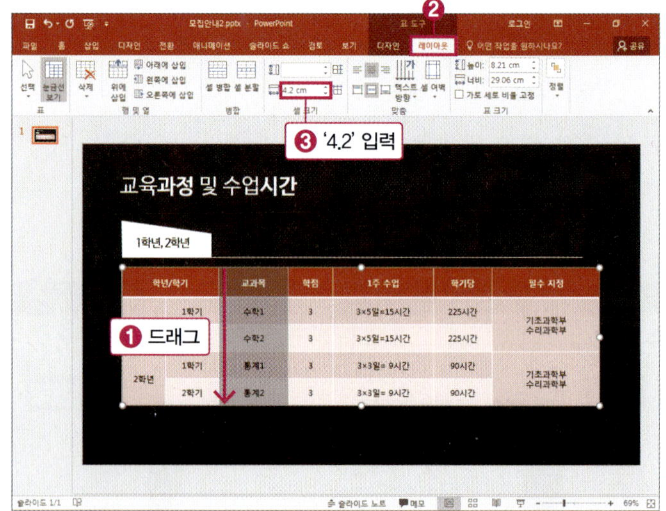

03 같은 방법으로 셀 영역을 드래그하여 선택한 후 [표 도구]–[레이아웃] 상황별 탭에서 [셀 크기] 그룹의 [표 열 너비]에 숫자를 입력합니다. 여기서는 『5.5』를 입력합니다.

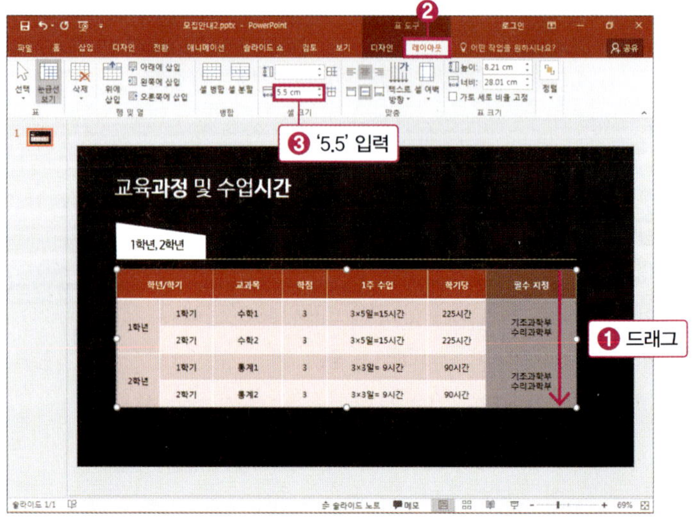

■ 셀 추가하고 셀 삭제하기

예제 파일 Part05/Lesson01/모집안내3.pptx | **완성 파일** Part05/Lesson01/모집안내3_완성.pptx

표의 마지막 셀에서 Tab 을 누르면 셀을 한 줄 추가할 수 있습니다. 지울 셀을 선택한 후 Back Space 를 누르면 셀을 삭제할 수 있습니다. 참고로, Del 을 누르면 셀에 삽입되어 있는 텍스트만 삭제할 수 있습니다.

1 | Tab , Back Space , Del 사용법

표 안에 셀을 추가하거나 삭제, 혹은 셀 안의 텍스트를 삭제할 때 쓰는 글쇠를 알고 있으면 보다 빠르게 표 작업을 처리할 수 있습니다.

❶ Tab : 셀 추가

마지막 셀에서 Tab 을 누르면 셀을 한 줄 추가할 수 있습니다.

	1분기	2분기	3분기
A 지점	100	120	130
B 지점	110	120	140

→

	1분기	2분기	3분기
A 지점	100	120	130
B 지점	110	120	140

❷ Back Space : 셀 삭제

지울 셀을 선택한 후 Back Space 를 누르면 셀이 삭제됩니다.

	1분기	2분기	3분기
A 지점	100	120	130
B 지점	110	120	140

→

	1분기	2분기
A 지점	100	120
B 지점	110	120

❸ Del : 셀 안의 텍스트 삭제

지울 셀을 선택한 후 Del 를 누르면 텍스트가 삭제됩니다.

	1분기	2분기	3분기
A 지점	100	120	130
B 지점	110	120	140

→

	1분기	2분기	
A 지점	100	120	
B 지점	110	120	

01 예제를 통해 살펴보겠습니다. 표의 마지막 셀을 선택한 후 **Tab** 을 누릅니다.

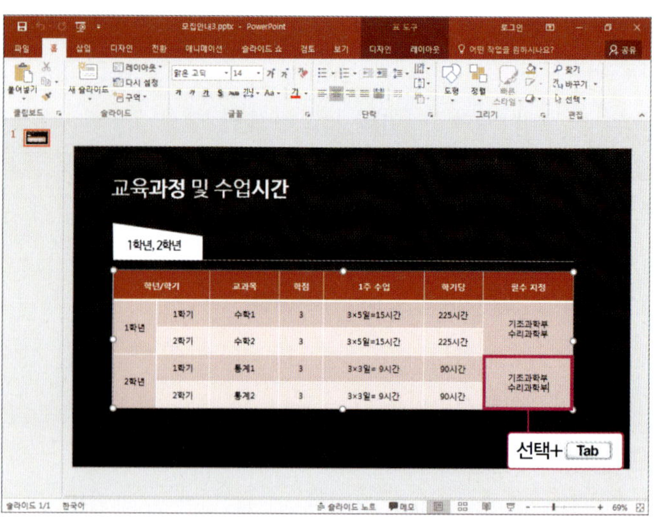

02 표 안의 셀이 한 줄 추가되는 것을 확인할 수 있습니다. 삭제하고 싶은 셀을 드래그하여 선택한 후 **Back Space** 을 누르면 셀이 삭제됩니다.

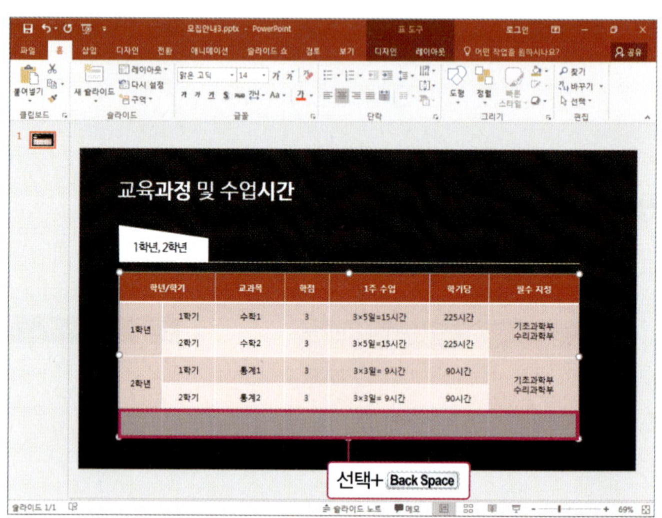

03 셀 안의 텍스트를 삭제하고 싶다면 셀을 드래그하여 선택한 후 **Del** 을 누릅니다.

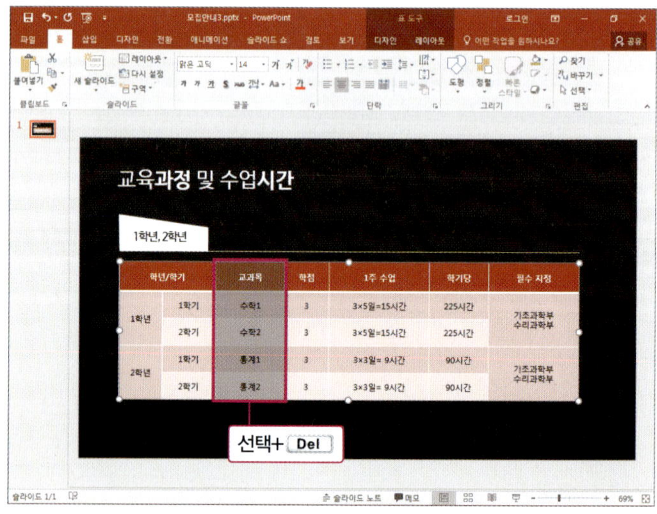

 셀 안에 텍스트가 삭제됩니다.

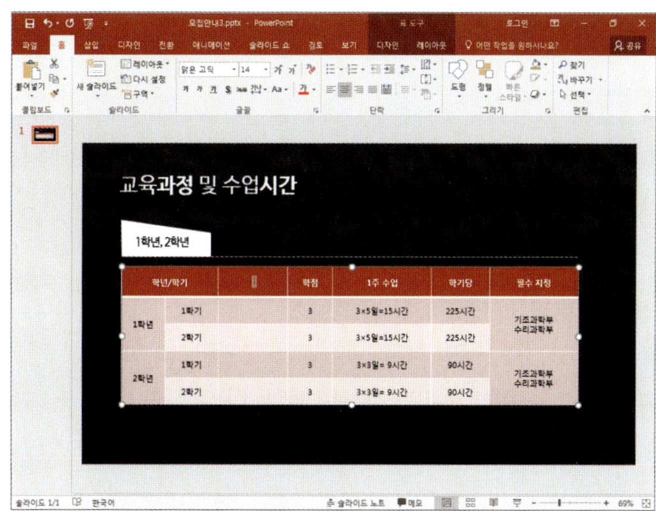

팁 ∷ 미니 도구 모음으로 표 삽입하기

삽입한 표의 특정 셀에서 마우스 오른쪽 버튼을 눌러 표를
삽입할 수 있습니다. 미니 도구 모음이 나타나면 [삽입]을
클릭하여 원하는 공간에 셀을 삽입할 수 있습니다.

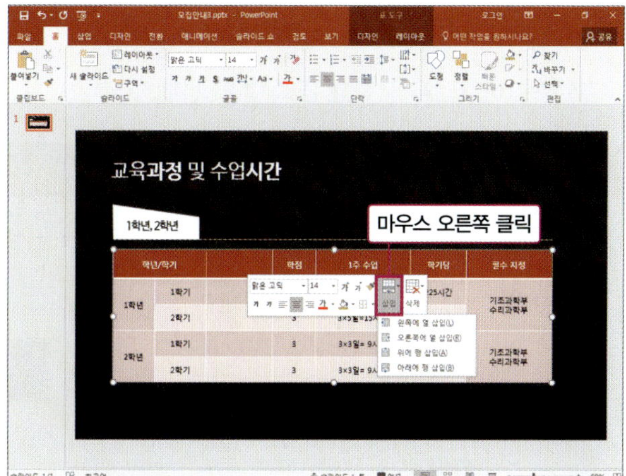

표 단락과 표 크기 조절하기

[표 도구]–[레이아웃] 상황별 탭의 [셀 크기] 그룹에서 표의 높이 및 너비 수치를 조정할 수 있습니다. 여기서는 표에 텍스트를 입력해 보고 표 단락을 조정하는 방법에 대해서 살펴보겠습니다.

■ 표 디자인과 레이아웃 살펴보기

예제 파일 Part05/Lesson01/장학생수.pptx ㅣ **완성 파일** Part05/Lesson01/장학생수_완성.pptx

표를 삽입하면 [표 도구] 상황별 탭이 나타납니다. [표 도구] 상황별 탭을 통해 디자인이나 레이아웃을 원하는 대로 변경할 수 있습니다. 여기서는 표 디자인을 살펴보고, [레이아웃] 탭에 대해서 살펴보겠습니다.

1 ㅣ [표 도구]–[디자인] 상황별 탭

표의 디자인 스타일을 변경하기 위해서는 [표 도구]–[디자인] 상황별 탭의 [표 스타일] 그룹–[자세히]를 클릭한 후 원하는 표 스타일을 선택할 수 있습니다.

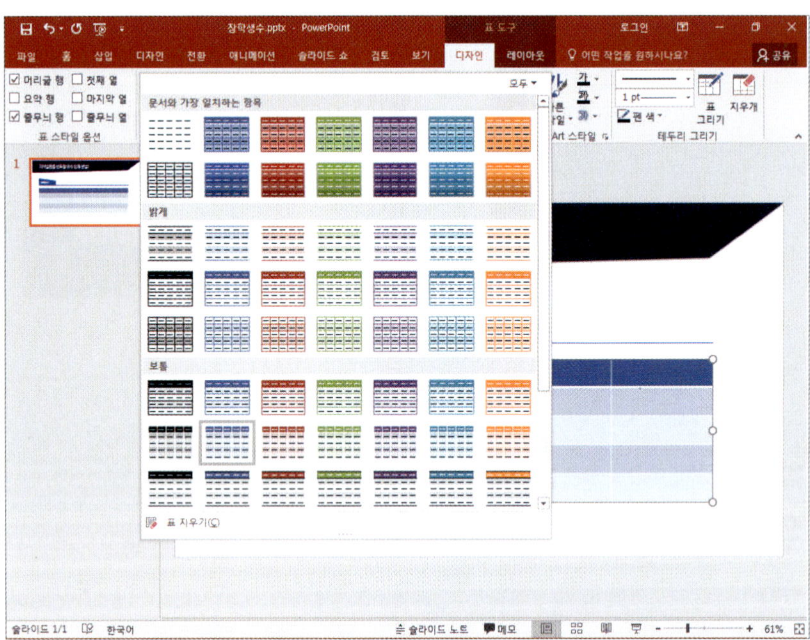

   STORY 02 :: 파워포인트 기능은 여기에 다 있다! 실무 PPT 따라하기

2 | [표 도구]-[레이아웃] 상황별 탭 살펴보기

표를 작성하면 [표 도구]-[디자인]/[레이아웃] 상황별 탭이 나타납니다. 특히 [레이아웃] 상황별 탭에서는 표의 다양한 기능들을 실행할 수 있습니다.

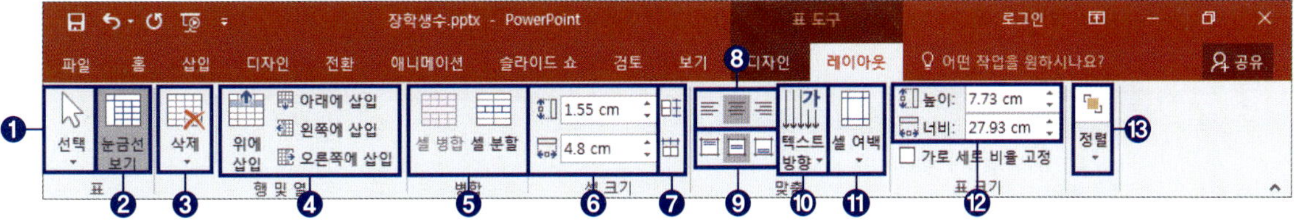

❶ **표 선택** : 행 또는 열을 선택하거나 전체 표를 선택할 수 있습니다.

❷ **눈금선 보기** : 표 안에 눈금선을 표시하거나 숨길 수 있습니다.

❸ **삭제** : 행 또는 열을 삭제합니다.

❹ **위/아래/왼쪽/오른쪽에 삽입** : 셀의 위, 아래, 왼쪽, 오른쪽에 셀을 삽입합니다.

❺ **셀 병합 및 분할** : 선택한 셀을 하나의 셀로 병합하거나 여러 셀로 분할합니다.

❻ **셀 크기 입력 상자** : 셀 크기를 직접 지정할 수 있습니다.

❼ **행 높이 / 열 너비 같게** : 선택한 행과 열의 높이와 너비를 동일하게 지정합니다.

❽ **가로 맞춤** : 왼쪽, 가운데, 오른쪽으로 맞춤 정렬합니다.

❾ **세로 맞춤** : 위쪽, 가운데, 아래쪽으로 맞춤 정렬합니다.

❿ **텍스트 방향** : 텍스트의 방향을 가로나 세로 혹은 여러 방향으로 변경합니다.

⓫ **셀 여백** : 선택한 셀의 여백을 지정합니다.

⓬ **표 크기 입력 상자** : 선택한 표의 높이와 너비를 직접 지정할 수 있습니다.

⓭ **정렬** : 표의 위치를 정렬합니다.

01 예제를 통해 살펴보겠습니다. 머리글 행의 첫 번째 셀에 『분야』를 입력합니다. `Tab` 이나 →을 눌러 다음과 같이 텍스트를 입력합니다.

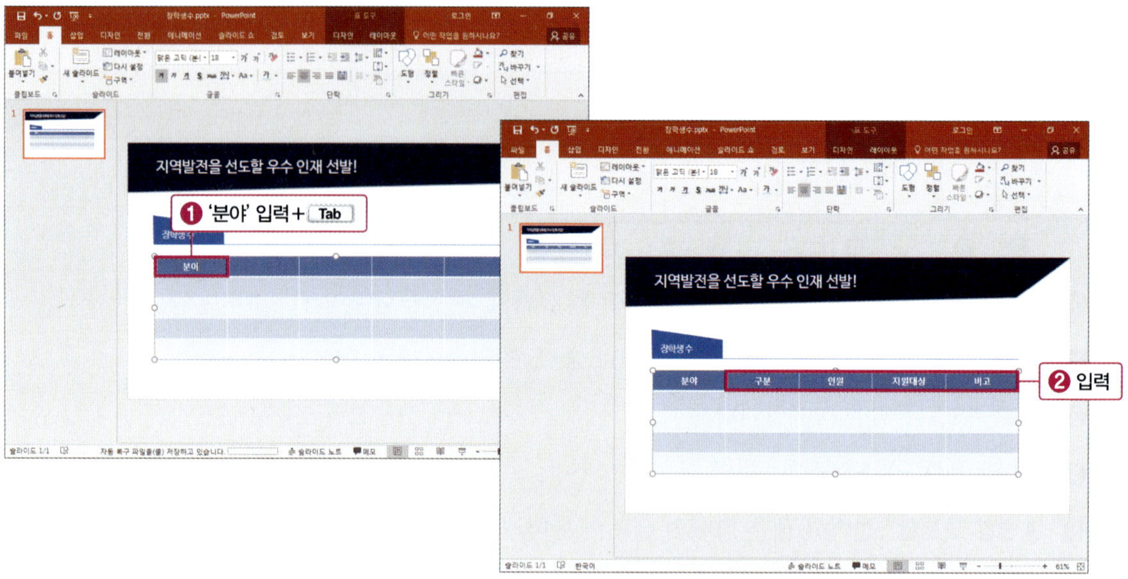

02 셀 경계선을 드래그하여 셀 너비를 변경합니다.

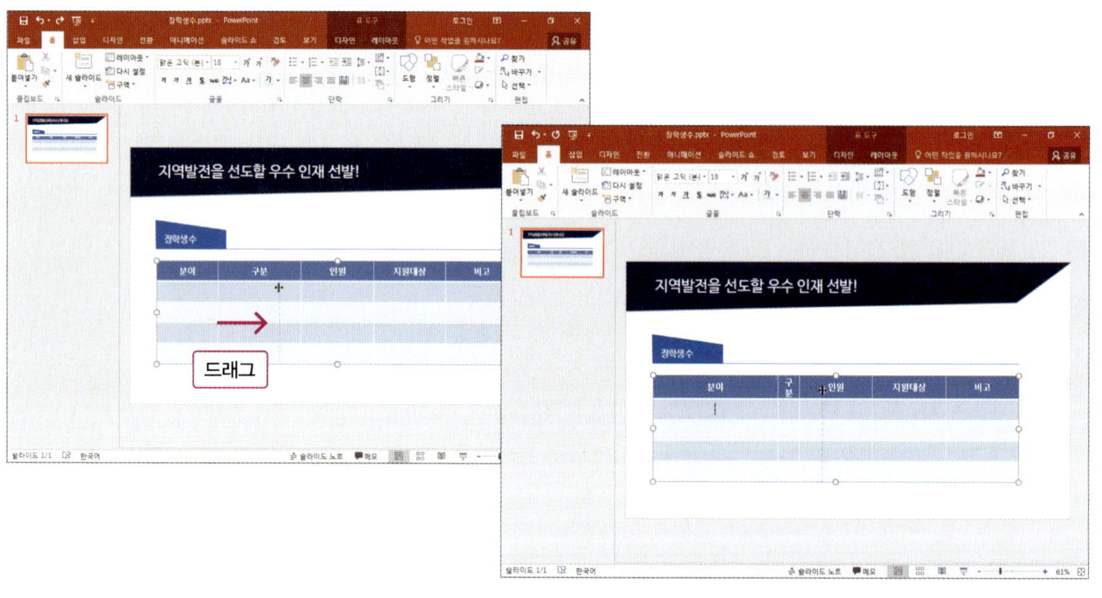

팁 :: [표 도구]-[레이아웃] 상황별 탭에서 [셀 크기] 그룹-[표 행 높이] 혹은 [표 열 너비]를 선택한 후 원하는 수치를 입력하여 조절할 수도 있습니다.

03 두 번째 열부터 마지막 열까지 동일한 너비를 지정하기 위해 두 번째 열부터 마지막 열까지 드래그하여 선택한 후 [표 도구] 상황별 탭에서 [레이아웃] 탭–[셀 크기] 그룹의 [열 너비를 같게]를 클릭합니다.

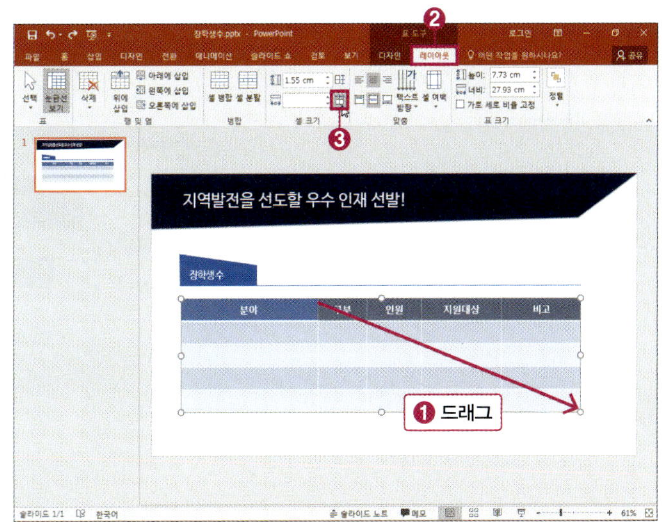

04 두 번째 열부터 마지막 열까지 너비가 동일하게 조정되면 나머지 셀에도 텍스트를 입력하여 표를 완성합니다.

팁 :: 예제 파일의 'Part05/Lesson01' 폴더에서 '표2.pptx' 파일을 열어 표를 가져와도 됩니다.

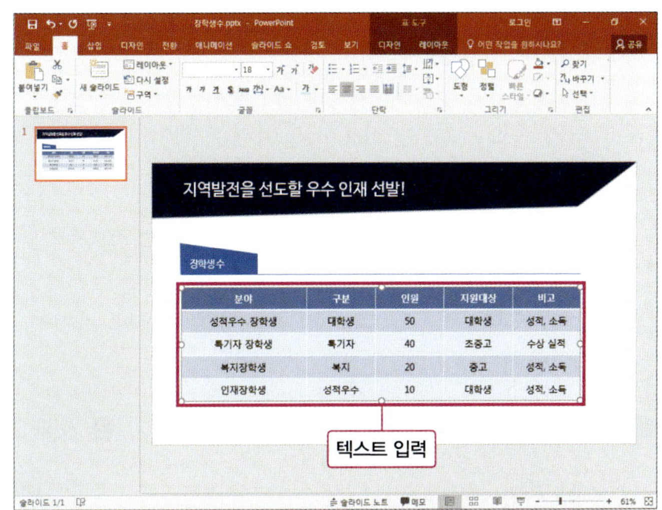

05 이번에는 표 스타일을 변경해 보겠습니다. [표 도구]–[디자인] 상황별 탭에서 [표 스타일] 그룹의 [자세히]를 클릭합니다. 원하는 표 스타일을 선택합니다.

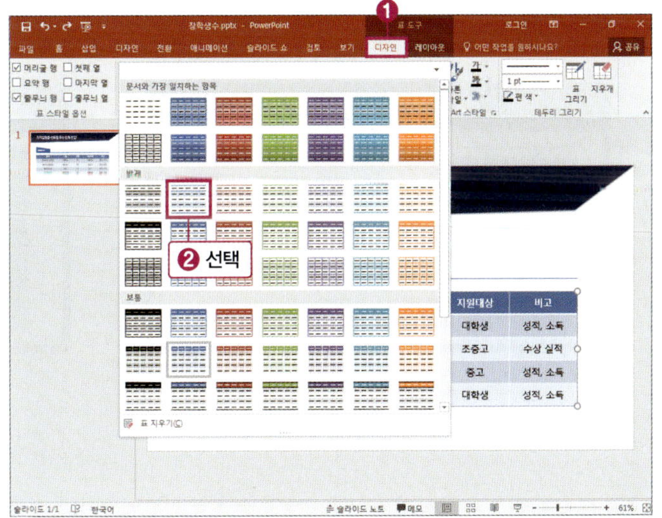

06 표 스타일이 변경되는 것을 확인할 수 있습니다. 이를 통해 원하는 표 스타일을 선택할 수 있습니다.

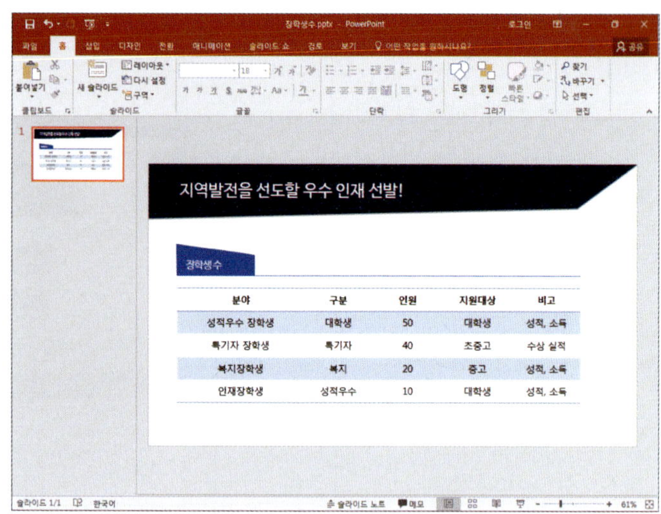

■ 표 스타일 옵션 살펴보기

예제 파일 Part05/Lesson01/거래처.pptx | **완성 파일** Part05/Lesson01/거래처_완성.pptx

[표 스타일 옵션] 그룹을 이용하면 머리글 행이나 요약 행 등 행이나 열의 특정 부분을 강조할 수 있습니다.

1 | [표 스타일 옵션] 그룹

[표 스타일 옵션] 그룹을 통해 표 스타일을 새롭게 지정할 수 있습니다. 표 스타일 옵션은 총 6개의 옵션으로 구성되어 있습니다.

❶ **머리글 행** : 표의 첫 번째 행을 강조합니다.

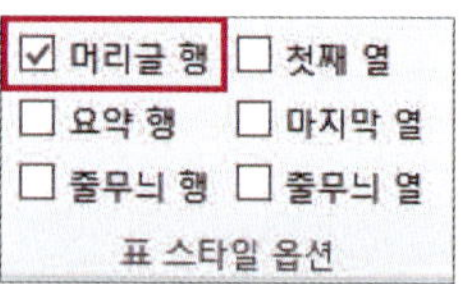

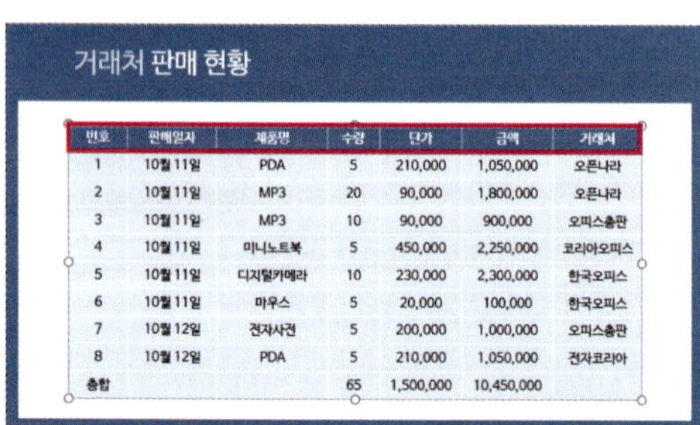

❷ **첫째 열** : 표의 첫 번째 열을 강조합니다.

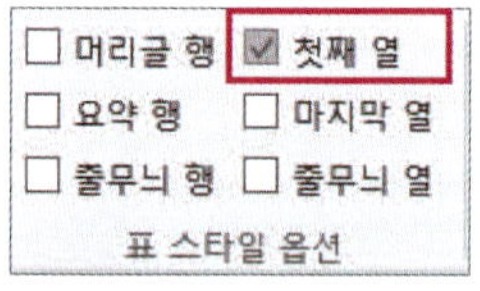

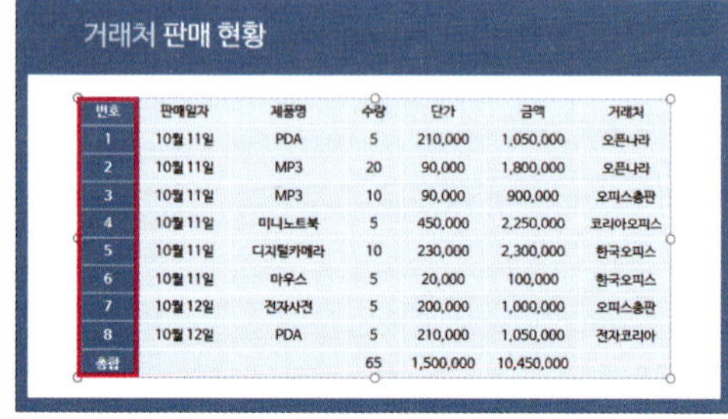

❸ **요약 행** : 표의 마지막 행을 강조합니다.

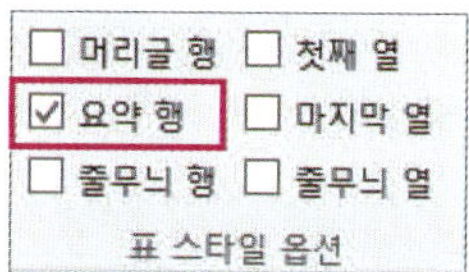

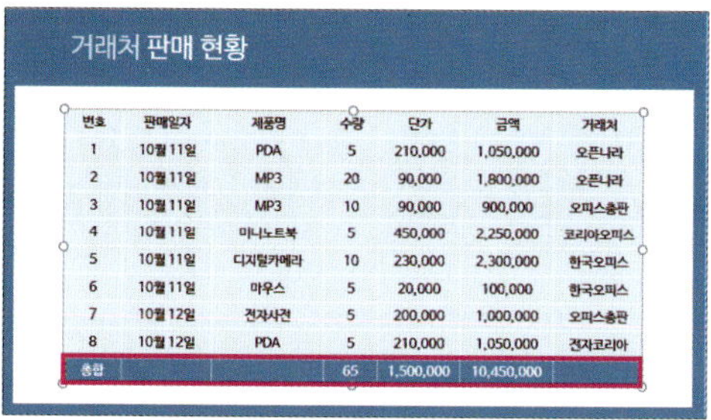

❹ **마지막 열** : 표의 마지막 열을 강조합니다.

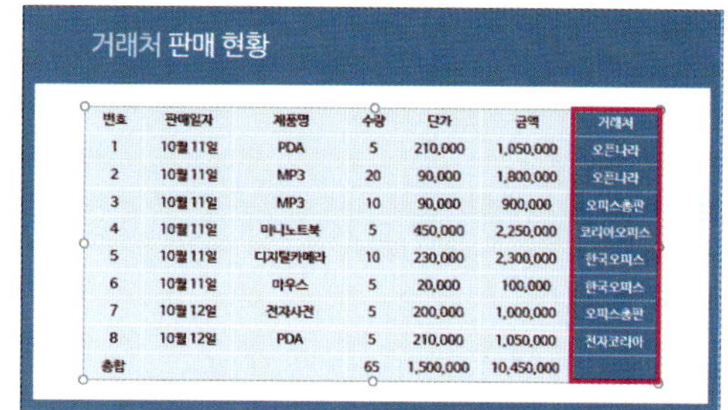

❺ **줄무늬 행** : 대체 줄무늬 행을 표시합니다.

❻ **줄무늬 열** : 대체 줄무늬 열을 표시합니다.

팁 :: 표 스타일 옵션

01 예제를 통해 살펴보겠습니다. [표 스타일 옵션] 그룹을 통해 머리글 행을 비롯해 특정 부분을 강조해 보겠습니다. [표 스타일 옵션] 그룹에서 모든 체크를 해제합니다. 참고로, 예제 파일에는 표 스타일 옵션이 지정되어 있지 않습니다.

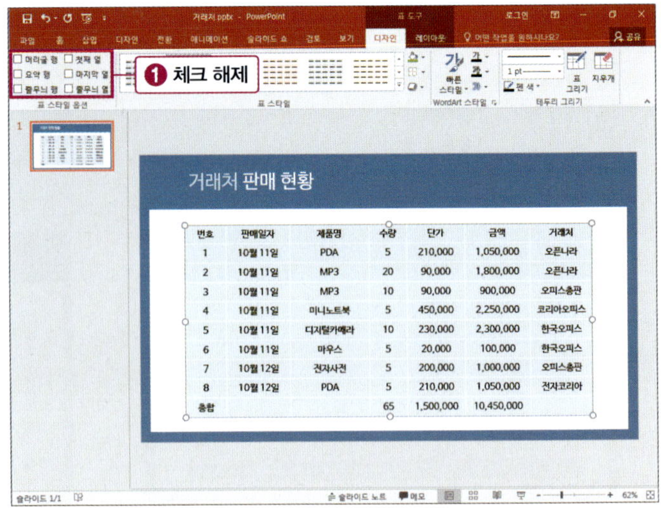

02 [머리글 행]과 [요약 행]에 체크합니다. 머리글 행과 요약 행에 표 스타일이 지정됩니다.

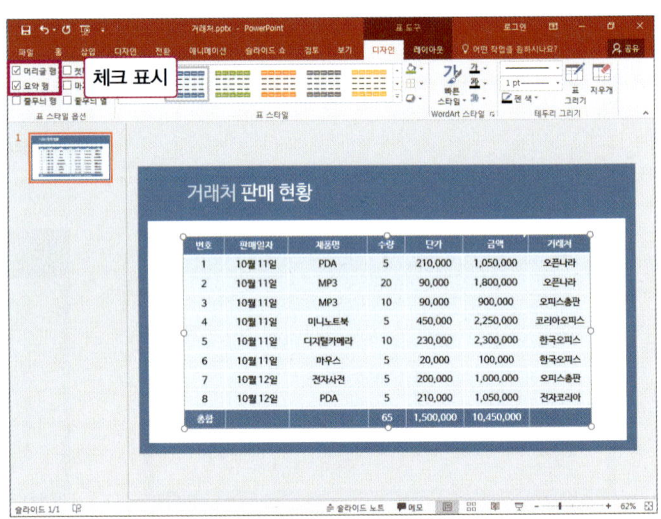

03 이번에는 [첫째 열]과 [줄무늬 행]에 체크합니다. 첫째 열과 줄무늬 행에 표 스타일이 지정됩니다.

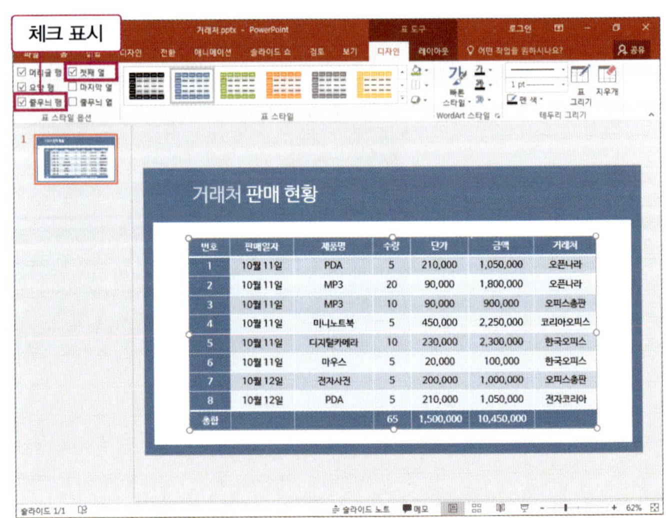

입체 효과를 통해 비주얼한 표 작업하기

이번에는 파워포인트에서 제공하는 표 스타일이 아닌 사용자가 직접 표 색상을 지정해 보겠습니다.

■ 표 스타일 변경하기

예제 파일 Part05/Lesson01/광고.pptx **│ 완성 파일** Part05/Lesson01/광고_완성.pptx

여기서는 비주얼한 표를 작성하기 위해 입체 효과를 지정하는 방법에 대해서 살펴보겠습니다.

01 표 전체를 드래그하여 선택한 후 [표 도구]-[디자인] 상황별 탭에서 [표 스타일] 그룹의 [자세히]를 클릭한 후 [스타일 없음, 눈금 없음]을 선택합니다.

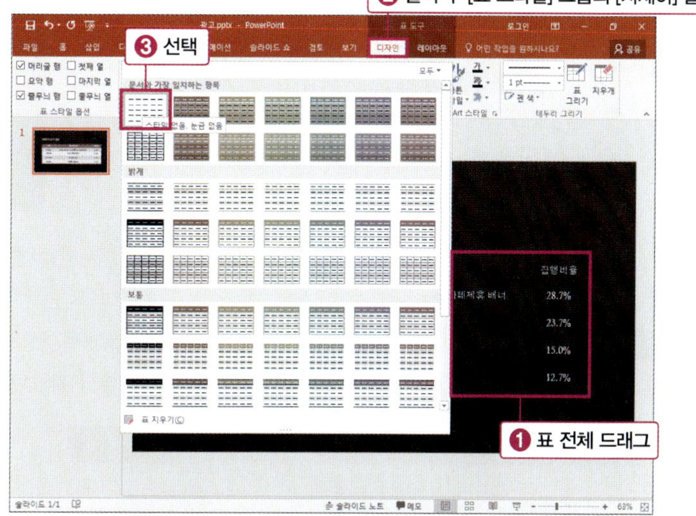

02 [음영]의 화살표를 클릭한 후 [밤색, 강조 6, 80% 더 밝게]를 선택합니다.

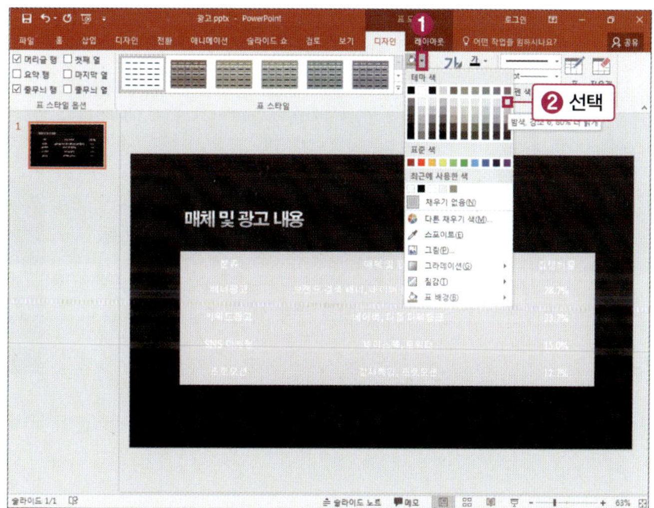

03 [홈] 탭–[글꼴] 그룹에서 [글꼴]의 화살표를 클릭한 후 [나눔바른고딕]을 선택합니다. [글꼴 크기]에 『18』을 입력하고 [글꼴 색]의 화살표를 클릭한 후 [검정, 배경 1]을 선택합니다.

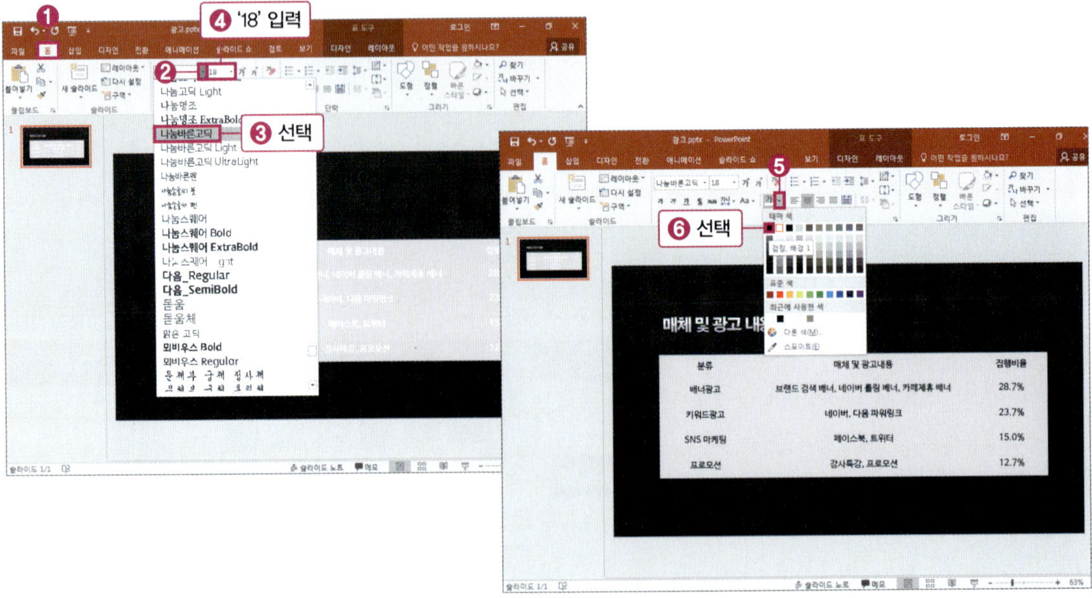

04 [표 도구]–[디자인] 상황별 탭의 [테두리 그리기] 그룹에서 [펜 색]의 화살표를 클릭한 후 [흰색, 텍스트 1, 50% 더 어둡게]를 선택합니다. [표 스타일] 그룹의 [테두리]의 화살표를 클릭한 후 [모든 테두리]를 선택합니다.

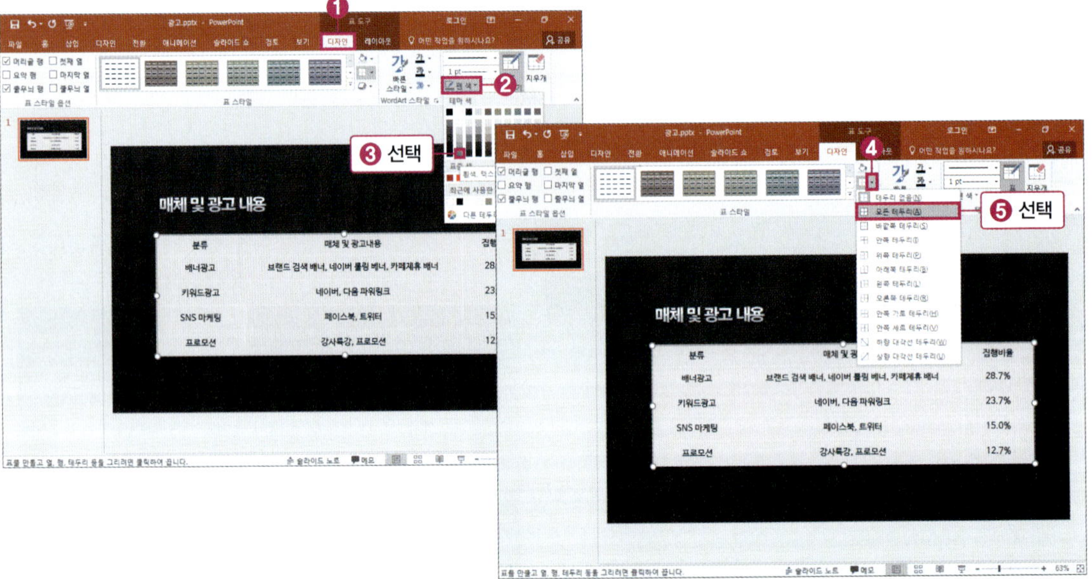

05 표에서 첫째 행을 드래그하여 선택한 후 [표 도구]–[디자인] 상황별 탭에서 [표 스타일] 그룹의 [음영] 화살표를 클릭한 후 [흰색, 텍스트 1, 35% 더 어둡게]를 선택합니다.

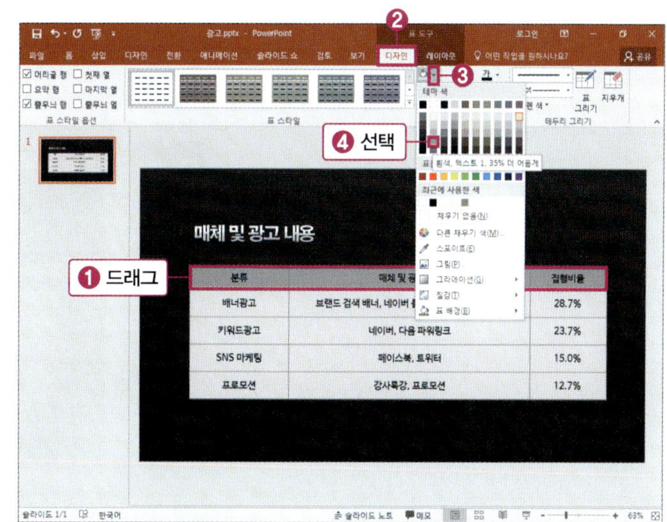

06 이번에는 표 안의 셀을 강조하기 위해 세 번째 행을 드래그하여 선택한 후 [표 스타일] 그룹의 [음영] 화살표를 클릭해 [흰색, 텍스트 1, 5% 더 어둡게]를 선택합니다. 마찬가지로 다섯 번째 열을 드래그하여 선택한 후 [표 스타일] 그룹의 [음영] 화살표를 클릭해 [흰색, 텍스트 1, 5% 더 어둡게]를 선택합니다.

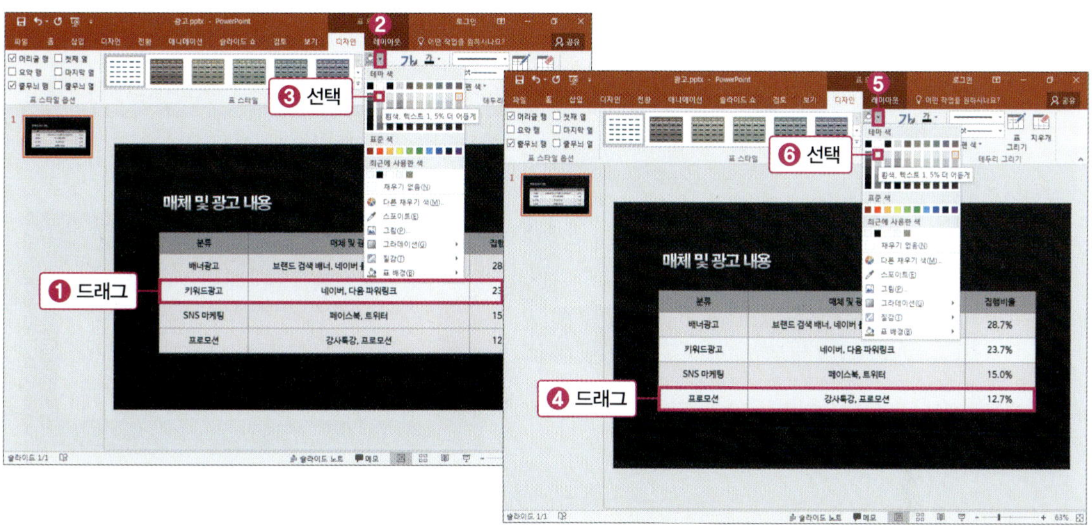

07 표가 완성되면 입체적인 느낌을 내기 위해 자유형 도형을 삽입하겠습니다. [홈] 탭–[그리기] 그룹에서 [도형]을 클릭한 후 [선]–[자유형]을 선택합니다.

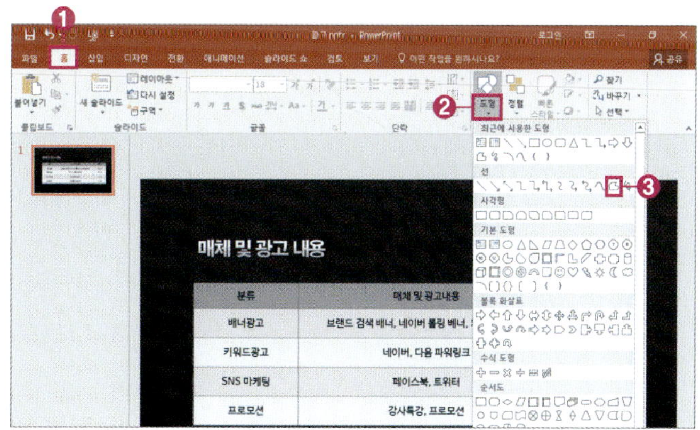

08 표의 상단에 입체 느낌이 날 수 있도록 마우스로 각 모서리를 클릭하여 도형을 만들어 줍니다.

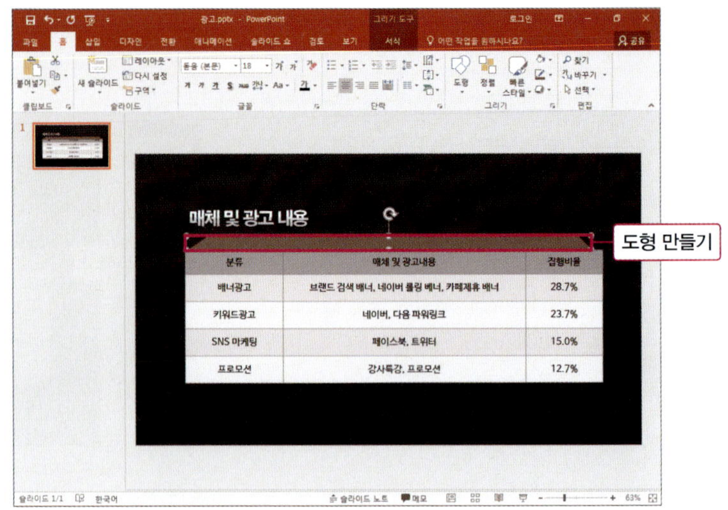

09 [그리기 도구]-[서식] 상황별 탭에서 [도형 스타일] 그룹의 [도형 채우기]를 클릭한 후 [밝은 회색, 텍스트 2, 50% 더 어둡게]를 선택합니다. 표에 입체 효과가 날 수 있게 위치와 크기를 조절합니다.

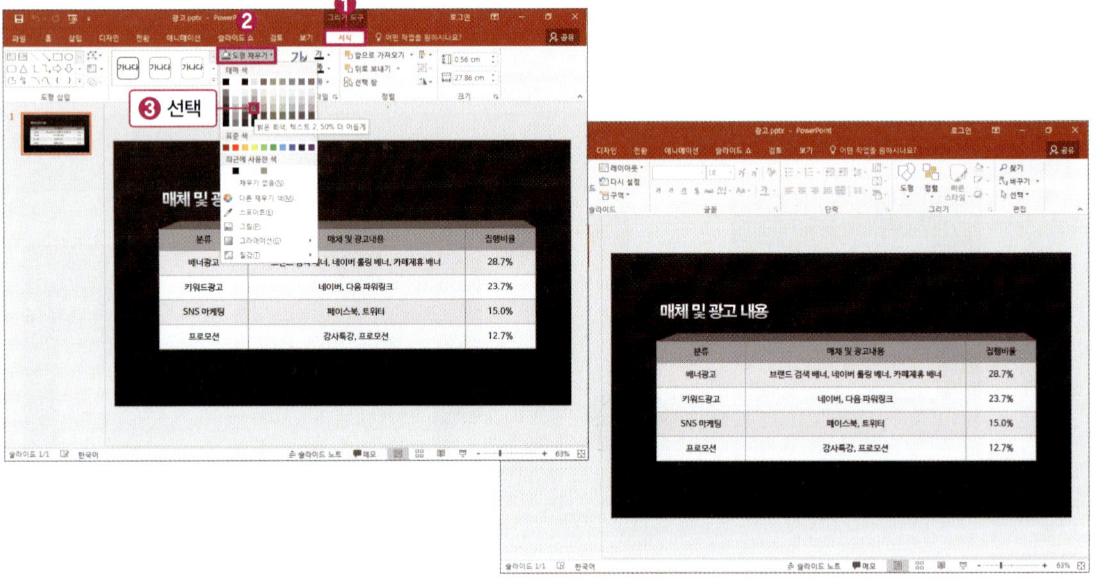

가로 테두리를 정리하여 개방형 표 디자인하기

가로 테두리를 정리하면 보다 완성도 높은 표를 완성할 수 있습니다. 여기서는 지금까지 배운 표 기능을 활용하여 개방형 표를 디자인해 보겠습니다.

■ 개방형 표 만들기

예제 파일 Part05/Lesson01/광고2.pptx ┊ 완성 파일 Part05/Lesson01/광고2_완성.pptx

표의 가로 테두리를 막을 필요는 없습니다. 가로 테두리 선이 많으면 표가 답답해 보일 수 있기에 가로 테두리를 오픈하여 시원하면서도 정돈된 보기 좋은 표를 만들어보기 바랍니다.

1 │ 막힌 표와 개방형 표

막힌 표는 왼쪽, 오른쪽 테두리를 삭제하여 개방형 표로 만들 수 있습니다.

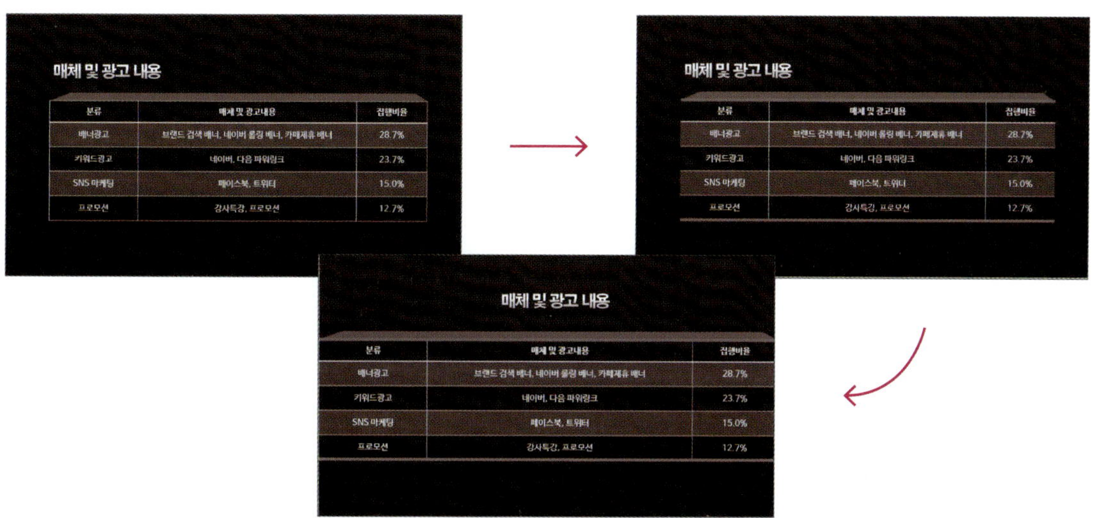

01 예제를 통해 살펴보겠습니다. 표를 선택한 후 [표 도구]-[디자인] 상황별 탭의 [테두리 그리기] 그룹에서 [지우개]를 선택합니다. 마우스 포인터가 지우개(⌧) 모양으로 변경되면 왼쪽 테두리와 오른쪽 테두리를 선택하여 테두리 선을 삭제합니다.

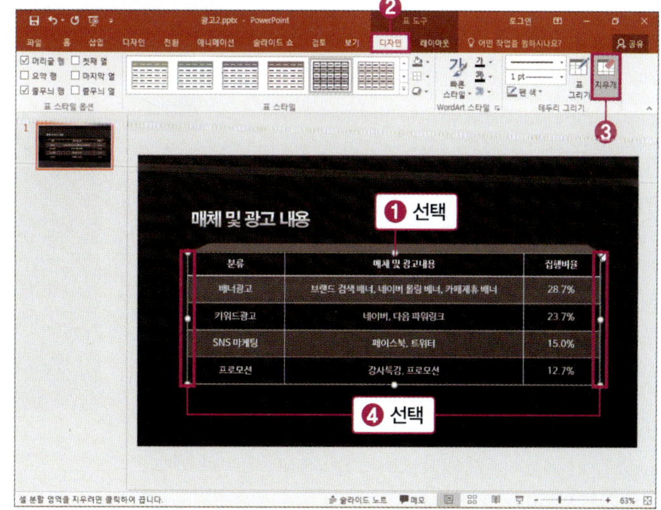

02 표의 완성도를 높이기 위해 상단과 하단을 굵은 선으로 마무리하겠습니다. 표를 선택한 상태로 [표 도구]-[디자인] 상황별 탭에서 [테두리 그리기] 그룹의 [펜 두께] 화살표를 클릭하고 [6 pt]를 선택합니다. [표 스타일] 그룹에서 [테두리]를 클릭한 후 [위쪽 테두리]를 선택합니다. 같은 방법으로 [아래쪽 테두리]를 선택하여 상단과 하단 테두리 굵기를 조정합니다.

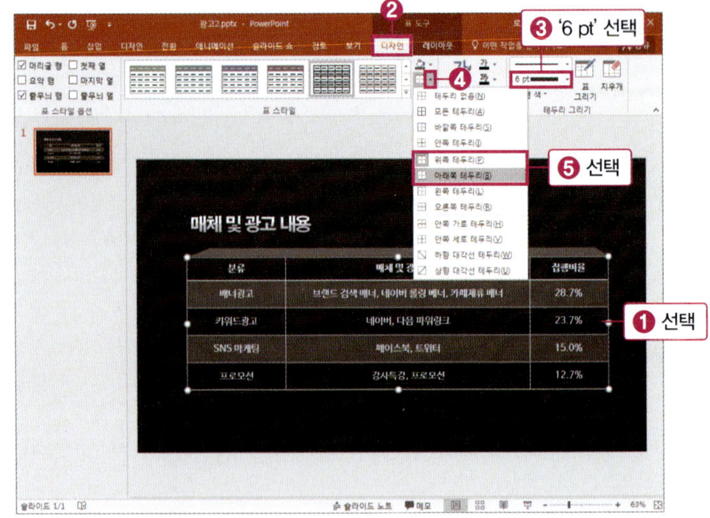

03 왼쪽 테두리와 오른쪽 테두리가 오픈되면서 상단과 하단의 선 굵기가 조절된 표가 완성됩니다.

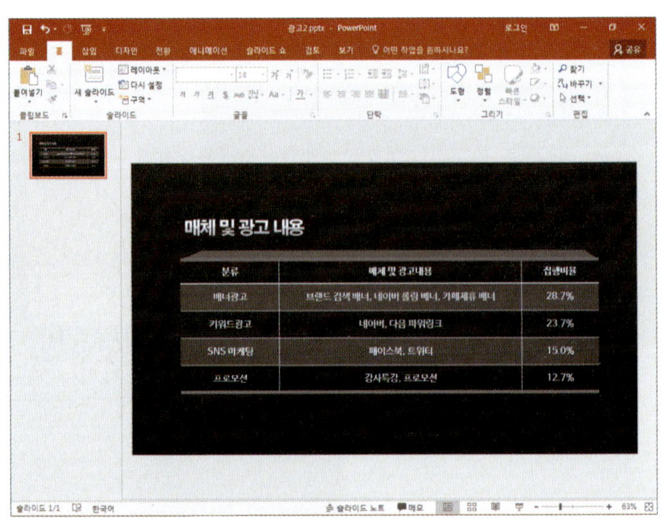

04 또한, 표의 가로 사이즈를 슬라이드 가로 사이즈에 맞추면 보다 안정감이 있는 표 디자인을 완성할 수 있습니다.

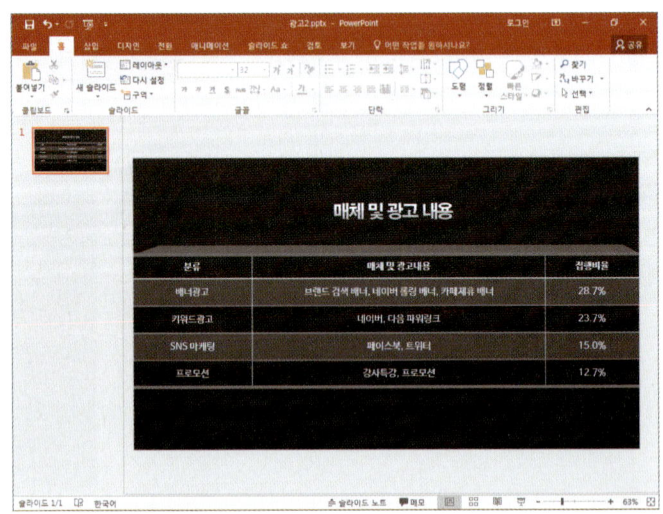

엑셀 워크시트를 통해 계산이 가능한 표 작업하기

파워포인트의 표 기능을 이용하면 텍스트나 숫자 등의 데이터를 체계적으로 정리하여 표현할 수 있고, 엑셀에 작업한 표를 그대로 가져와 활용하거나 수식이 들어간 엑셀의 데이터를 연동하여 파워포인트에서 그대로 사용할 수도 있습니다.

■ 대상 스타일 사용

예제 파일 Part05/Lesson01/영업망현황.xlsx **｜ 완성 파일** Part05/Lesson01/영업망현황_완성.pptx

엑셀에서 작업한 표를 파워포인트에 그대로 붙여 넣을 수가 있습니다. 엑셀의 장점이 수식 및 자동 산출이 가능하다는 점이고, 파워포인트의 장점이 개체를 효과적으로 꾸밀 수 있다는 점인데 이 둘의 장점을 잘 활용합니다.

1 ｜ 대상 스타일 사용

앞에서 다룬 붙여넣기 옵션을 통해 복사한 내용을 다양한 방법으로 붙여넣기할 수 있습니다. [대상 스타일 사용]의 경우 엑셀의 표를 파워포인트에 불러온 후 스타일을 그대로 사용할 수 있어 편리합니다.

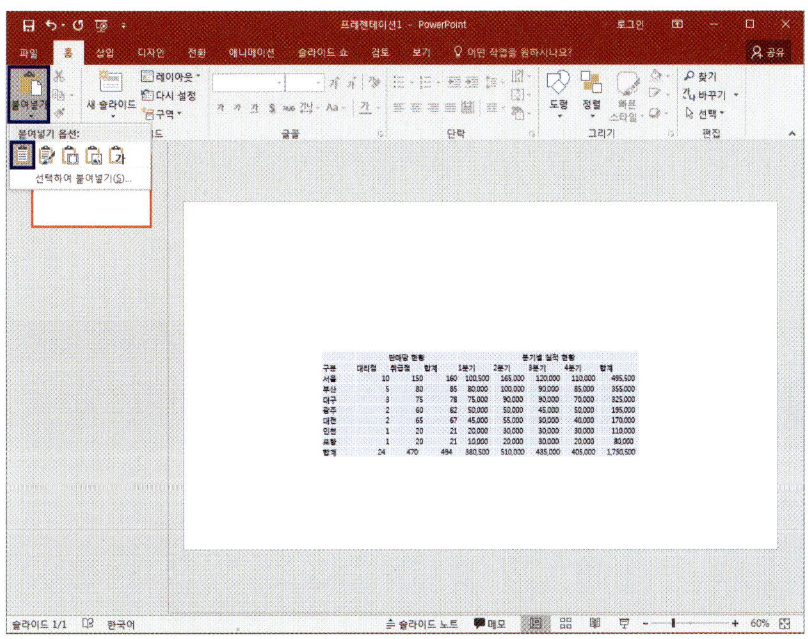

01 예제 파일을 살펴보겠습니다. '영업망 현황.xlsx' 파일을 엽니다. 엑셀 파일이 열리면 셀 영역을 마우스로 드래그한 다음 [홈] 탭–[클립보드] 그룹에서 [복사]를 클릭합니다.

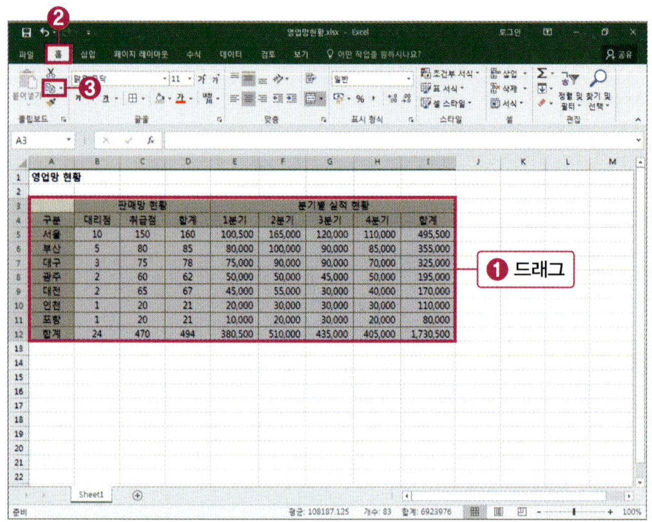

02 파워포인트로 돌아와서 새 프레젠테이션 파일에서 빈 화면 슬라이드를 엽니다. [홈] 탭–[클립보드] 그룹에서 [붙여넣기] 아랫부분을 클릭하여 [대상 스타일 사용]을 선택합니다.

·······································

팁 :: [홈] 탭–[클립보드] 그룹에서 [붙여넣기]를 클릭하면 다양한 옵션을 선택할 수 있습니다. 옵션에 대한 보다 다양한 기능은 78 페이지에서 자세히 다루고 있으니 이를 참고하기 바랍니다.

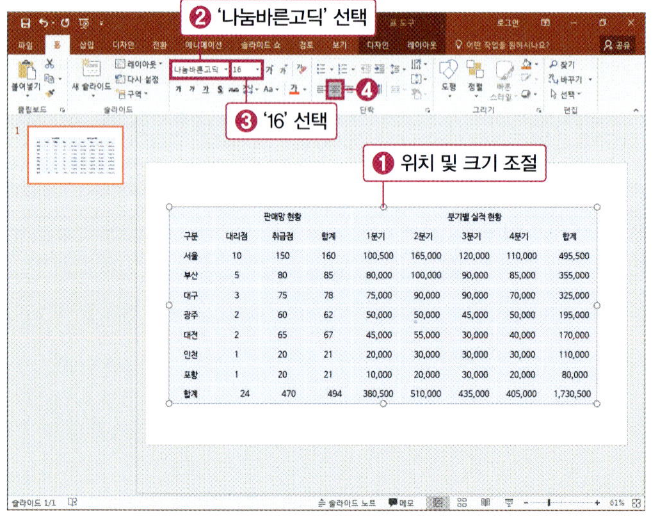

03 표가 파워포인트에 붙여넣기됩니다. 표의 위치를 옮기고 테두리를 드래그하여 크기를 조절합니다. 텍스트 및 텍스트 크기, 서식 등을 수정합니다. 여기서는 [홈] 탭–[글꼴] 그룹에서 [글꼴]–[나눔바른고딕]을 선택합니다. [글꼴 크기]–[16]을 선택하고, [단락] 그룹에서 [가운데 맞춤]을 클릭합니다.

STORY 02 :: 파워포인트 기능은 여기에 다 있다! 실무 PPT 따라하기

04 [표 도구]–[디자인] 상황별 탭에서 [표 스타일 옵션] 그룹의 [머리글 행], [요약 행], [줄무늬 행]에 체크합니다.

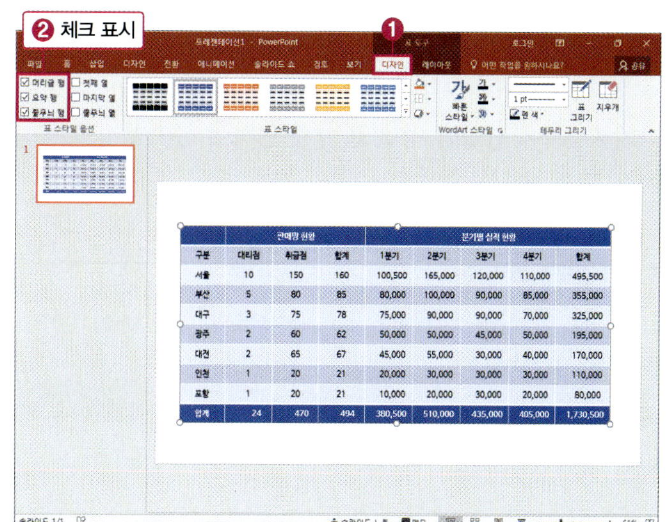

05 더 많은 스타일은 [표 도구]–[디자인] 상황별 탭에서 [표 스타일] 그룹의 [자세히]를 클릭하여 선택할 수 있습니다.

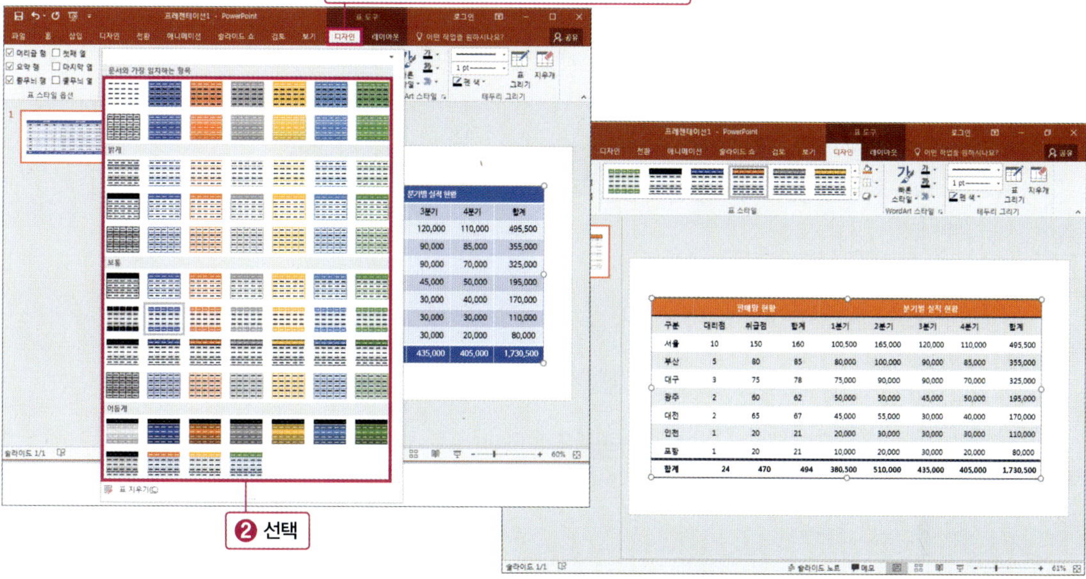

■ 연결하여 붙여넣기

예제 파일 Part05/Lesson01/영업망현황.xlsx | **완성 파일** Part05/Lesson01/영업망현황2_완성.pptx

파워포인트에 삽입한 엑셀 표는 '연결하여 붙여넣기'를 통해 연동할 수 있습니다. 연동하면 좋은 점은 엑셀 데이터를 수정하면 파워포인트에도 그대로 반영된다는 점입니다.

1 | 연결하여 붙여넣기

데이터의 양이 방대하거나 자주 수정하는 표를 파워포인트로 불러와야 한다면 엑셀 데이터를 연결하여 붙여넣기하는 것이 좋습니다. 종종 엑셀 데이터가 변경되거나 방대한 데이터의 경우 오류를 바로 잡는다는 것은 매우 불편한 일이지만, 엑셀과 연동이 가능한 파워포인트를 활용하면 매우 간단한 일입니다.

엑셀에서 표를 복사한 후 [홈] 탭-[클립보드] 그룹에서 [붙여넣기]의 아랫부분을 클릭하여 [선택하여 붙여넣기]를 선택하면 엑셀의 워크시트와 파워포인트 슬라이드 편집 창이 서로 연동됩니다.

연동된 파워포인트에 삽입된 표를 더블클릭하면 엑셀 워크시트가 나타나며 수정이 쉽게 됩니다. [선택하여 붙여넣기]를 클릭한 다음 [선택하여 붙여넣기] 대화상자가 나타나면 [연결하여 붙여넣기]의 [Microsoft Office Excel 워크시트 개체]를 선택한 다음 [확인]을 클릭합니다.

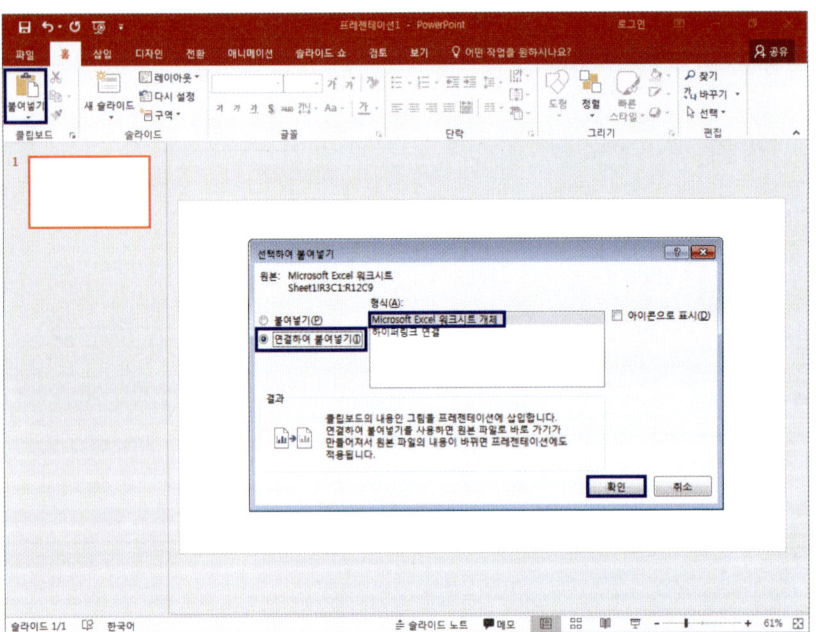

01 예제를 통해 살펴보겠습니다. '영업망 현황.xlsx' 파일을 엽니다. 엑셀에서 파워포인트로 불러올 표를 드래그하여 Ctrl +C를 눌러 복사합니다.

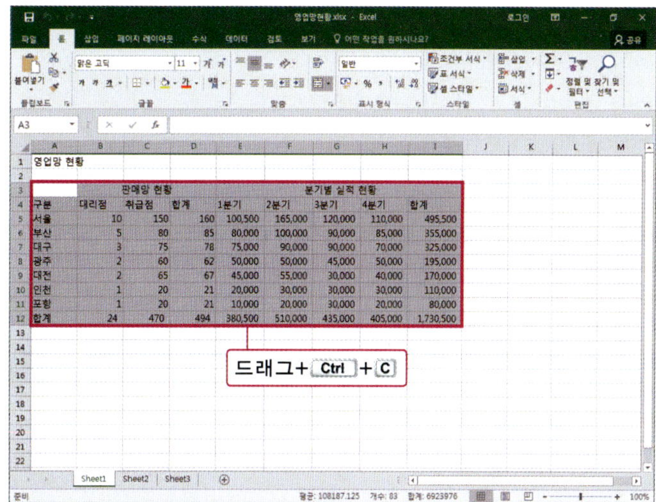

02 파워포인트로 돌아와서 새 프레젠테이션 파일에서 빈 화면 슬라이드를 엽니다. [홈] 탭–[클립보드] 그룹에서 [붙여넣기]의 아랫부분을 클릭하여 [선택하여 붙여넣기]를 선택합니다.

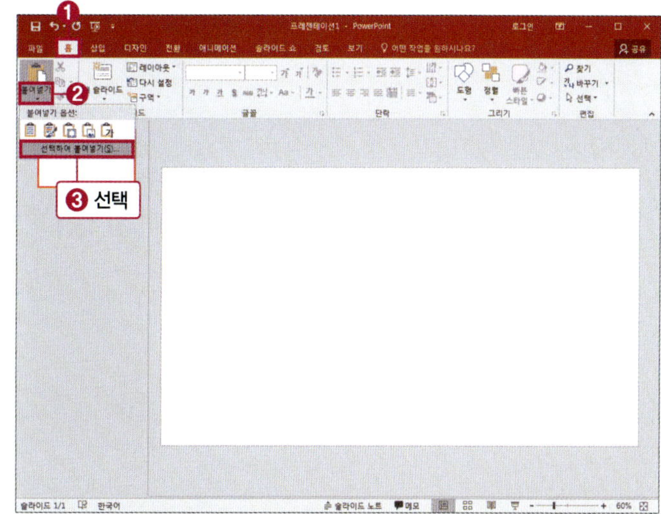

03 [선택하여 붙여넣기] 대화상자가 나타나면 [연결하여 붙여넣기]의 [Microsoft Office Excel 워크시트 개체]를 선택한 다음 [확인]을 클릭합니다.

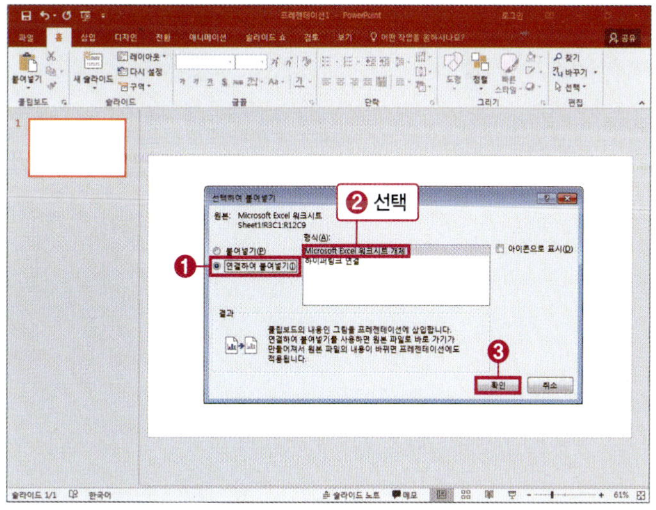

04 표가 삽입됩니다. 이런 방식으로 표를 붙여넣으면, 파워포인트에 삽입된 표가 엑셀과 연동됩니다. 표 서식을 수정합니다. 표가 엑셀과 연동되었는지 확인하기 위해 표를 더블클릭합니다. 또는, 마우스 오른쪽 버튼을 눌러 [연결된 워크시트 개체]–[편집]을 선택해 엑셀 표를 수정합니다.

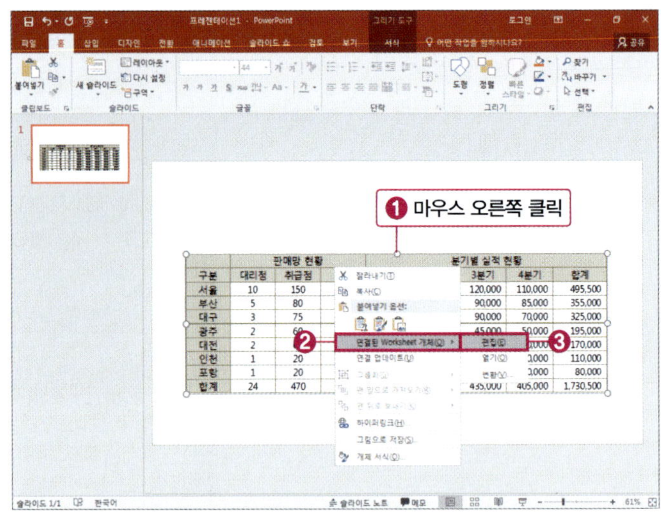

05 엑셀 프로그램이 열립니다. 시트의 데이터를 수정합니다.

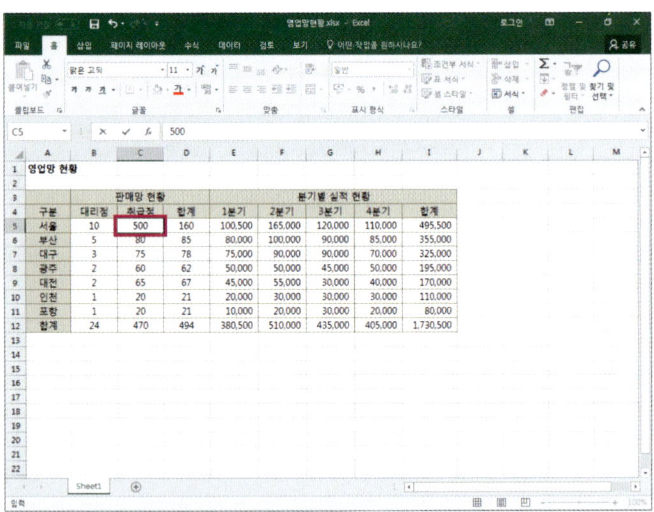

06 파워포인트에도 데이터가 수정된 것을 확인할 수 있습니다.

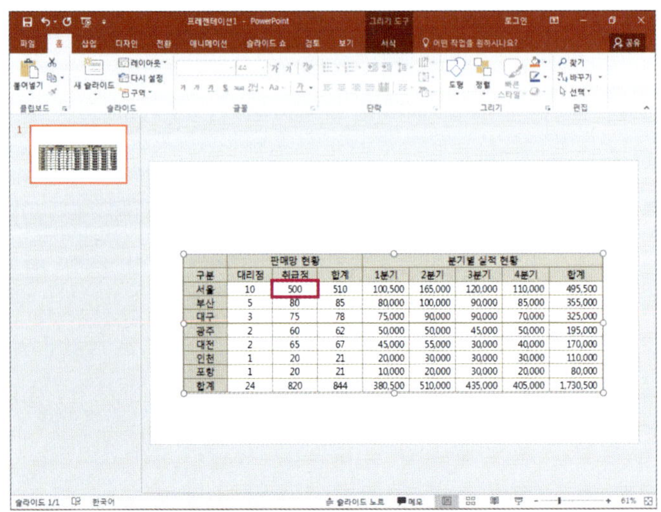

표 디자인을 위한 3가지 스킬

프레젠테이션을 위한 표는 문서를 위한 표와 동일하게 취급해서는 안 됩니다. 아무리 내용을 요약하고 디자인에 신경 쓴다고 해도 좀처럼 줄어들지 않는 것이 프레젠테이션의 표 디자인입니다. 표 디자인이 힘들다면 전달하려는 부분만을 집중적으로 부각한다는 생각으로 작업해 보기 바랍니다.

■ 표의 수치는 간소화하며 정렬에 신경 쓴다

모두가 중요한 데이터는 존재하지 않습니다. 강조해야 할 수치가 있다면 나머지 수치는 간소화하여 한 눈에 들어오게 디자인해야 합니다. 의외로 간단한 부분이지만 알고 모르는 차이는 큽니다.

표는 셀이라는 작은 사각형으로 이루어지는 개체로써 사각형 안에는 짧은 문장도, 긴 문장도 들어갈 수 있습니다. 표로 작업하는 텍스트 중 짧은 문장은 가운데 맞춤으로 정렬하고, 긴 문장은 왼쪽 맞춤으로 정렬하면 깔끔하게 표를 정렬할 수 있습니다. 물론 수치는 가운데 맞춤이 적합합니다.

모집 단위별 장학생 수

대 학	장학생 수	모집단위별 장학생 수
인문과학대학	8명	국어국문학과 3명, 문예창작학과 1명, 영어영문학과 4명
자연과학대학	6명	화학과 2명, 생물학과 3명, 생명공학과 1명
법과대학	18명	법학과 3명, 글로벌법학과 15명
사회과학대학	14명	행정복지학부 10명, 경찰행정학과 4명
경상대학	4명	경영학부 4명
공과대학	2명	토목공학과 1명, 전기공학과 1명
사범대학	84명	국어교육과 18명, 영어교육과 28명, 독어교육과 1명, 특수교육과 7 수학교육과 18명, 과학교육과 10명, 음악교육과 2명
외국어대학	3명	영어과 2명, 일본어과 1명
체육대학	1명	체육학부 1명
의과대학	42명	간호학과 42명
독립학부	86명	상담심리학부 2명, 기초의과학부 75명, 자유전공학부 6명, 군사학부 3명

▲ 파워포인트 표 작업

■ 표는 직관적이어야 한다

그래프는 색상과 도형 개체로 인해 한 눈에 데이터를 표현할 수 있지만, 표는 텍스트와 수치로만 구성되기 때문에 한 눈에 데이터를 표현하려면 여러모로 신경을 써야 합니다. 만일, 여러 데이터가 표시되는 표라면 강조할 부분이나 전달할 부분에 강조색을 적용하는 것이 좋습니다.

표 작업을 하다보면 특별히 강조하고 싶은 부분이 발생하게 됩니다. 표 역시 키워드가 존재하기 때문에 중요한 부분은 전체적인 색상 조합을 참조하여 강조색을 사용하면 효과적입니다. 일단 전체적인 배경과 테두리 선을 지정한 다음 중요한 부분에는 강조색을 적용합니다. 이럴 경우 전체적인 색 조합에 신경 쓰지 않더라도 자연스럽고 안정적인 색상 조합이 나오게 됩니다. 다만, 타이틀 부분은 진한 색으로, 콘텐츠 부분은 밝은 색으로 설정하는 것이 표 디자인에 효과적입니다.

모집 단위별 장학생 수

대 학	장학생 수	모집단위별 장학생 수
인문과학대학	8명	국어국문학과 3명, 문예창작학과 1명, 영어영문학과 4명
자연과학대학	6명	화학과 2명, 생물학과 3명, 생명공학과 1명
법과대학	18명	법학과 3명, 글로벌법학과 15명
사회과학대학	14명	행정복지학부 10명, 경찰행정학과 4명
경상대학	4명	경영학부 4명
공과대학	2명	토목공학과 1명, 전기공학과 1명
사범대학	84명	국어교육과 18명, 영어교육과 28명, 독어교육과 1명, 특수교육과 7 수학교육과 18명, 과학교육과 10명, 음악교육과 2명
외국어대학	3명	영어과 2명, 일본어과 1명
체육대학	1명	체육학부 1명
의과대학	42명	간호학과 42명
독립학부	86명	상담심리학부 2명, 기초의과학부 75명, 자유전공학부 6명, 군사학부 3명

▲ 중요 부분에 강조색 적용

■ 파워포인트를 버리자

엑셀과 연동해서 작업하는 표가 아니라면 파워포인트의 표 기능을 버려야 합니다. 표 기능을 그대로 사용하기 보다는 여러 가지 항목을 줄여 최대한 깔끔하면서도 청중들이 이해하기 쉽도록 작성해야 합니다.

파워포인트에서 제공하는 표 디자인은 매우 제한적이기 때문에 보고서 형식이라면 크게 문제될 것이 없겠지만 프레젠테이션을 위해 표 디자인을 한다면 여러 가지 신경을 써야 합니다. 강조해야 할 부분과 그렇지 않은 부분을 보다 효과적으로 표시하고 싶다면, 강조해야 할 부분은 또 다른 표로 디자인하고 나머지 부분은 투명도를 조절해 보기 바랍니다.

핵심적인 부분은 다른 색상을 지정하는 것이 좋은데, 전체적인 색상에 투명도를 적용했다면 강조 부분은 투명도를 낮춰 눈에 띄게 하거나 투명도를 주지 않은 표라면 강조 부분의 테두리에 색상과 보색 관계에 있는 색상을 주어 조절합니다.

모집 단위별 장학생 수

대 학	장학생 수	모집단위별 장학생 수
인문과학대학	8명	국어국문학과 3명, 문예창작과 1명, 영어영문학과 4명
자연과학대학	6명	화학과 2명, 생물학과 3명, 생명공학과 1명
법과대학	18명	법학과 3명, 글로벌법학과 15명
사회과학대학	14명	행정복지학부 10명, 경찰행정학과 4명
경상대학	4명	경영학부 4명
공과대학	2명	토목공학과 1명, 전기공학과 1명
사범대학	84명	국어교육과 18명, 영어교육과 28명, 독어교육과 1명, 특수교육과 7명, 수학교육과 18명, 과학교육과 10명, 음악교육과 2명
외국어대학	3명	영어과 2명, 일본어과 1명
체육대학	1명	체육학부 1명
의과대학	42명	간호학과 42명
독립학부	86명	상담심리학부 2명, 기초의과학부 75명, 자유전공학부 6명, 군사학부 3명

▲ 전체적인 색상에 투명도 조절하여 중요 부분 강조

체크해봐요 :: 표를 그릴 때 주의해야 할 사항
1. 각각의 셀과 셀은 선 굵기나 색상 등으로 구분한다.
2. 텍스트는 장문이 아닌 단문으로 작성한다.
3. 글자 크기가 작아지면 표로 작성하는 효과가 없어진다.
4. 주목해야 하는 부분이나 중요 부분의 색상이나 글자에 신경쓴다.

한 눈에 수치가 파악되는 차트 디자인하기

수치 데이터의 시각화

차트하면 생각나는 프로그램은 엑셀입니다. 하지만 파워포인트 역시 엑셀 못지않게 전문가 수준의 차트를 쉽게 만들 수 있습니다. 숫자를 그래픽 요소가 가미된 차트로 변환하면 청중들의 이해도를 높일 수 있습니다. 또한, 각종 수치들을 차트로 구성하면 데이터를 비교하거나 패턴 및 추세를 시각적으로 보여줄 수 있어 정확한 내용 전달이 가능합니다.

차트 삽입하고 데이터 입력하기

차트는 여러 가지 구성 요소를 가지고 있습니다. 차트 기능을 제대로 익히려면 구성 요소의 기능을 정확히 알고 있어야 합니다. 여기서는 차트의 구성 요소를 살펴보고 차트를 삽입한 후 데이터를 입력하는 방법을 배워 보겠습니다.

■ 차트 삽입하기

예제 파일 Part05/Lesson02/사교육비.pptx ┃ **완성 파일** Part05/Lesson02/사교육비_완성.pptx

차트는 차트 영역, 그림 영역을 비롯하여 데이터 계열, 데이터 값, 범례 등으로 구성됩니다. 파워포인트에서 비교 대상을 나열할 때는 텍스트보다 차트로 작성하는 것이 효과적입니다. 차트는 데이터를 시각적으로 표현하기에 의사결정을 내리기가 훨씬 쉬워지기 때문입니다.

1 | 차트의 구성 요소

차트 영역이나 그림 영역, 데이터 영역, 데이터 레이블 등 각각의 차트 구성 요소를 알고 있으면 차트 기능을 다룰 때 많은 도움이 됩니다.

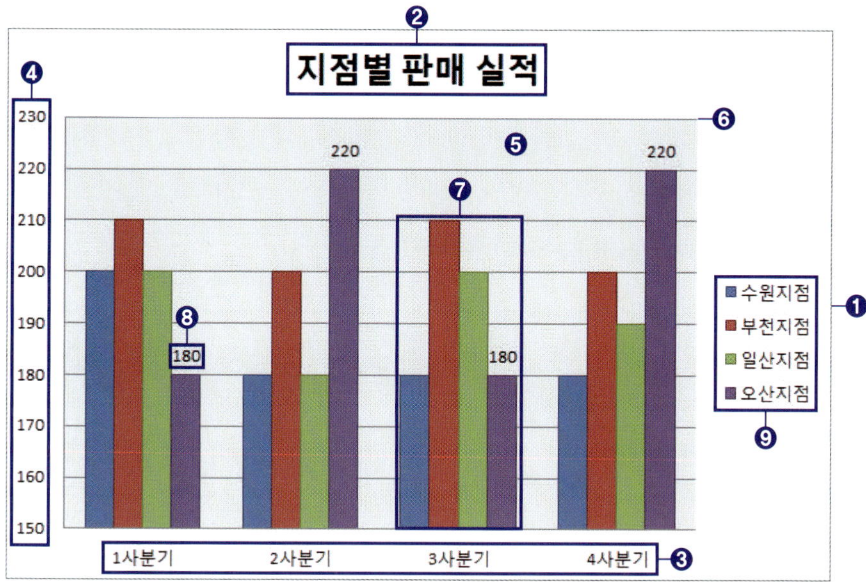

❶ 차트 영역 : 차트의 전체 부분을 말합니다.

❷ 차트 제목 : 차트의 제목을 말합니다.

❸ 가로 (항목) 축 : X축의 항목이 표시되는 부분입니다.

❹ 세로 (값) 축 : Y축의 값이 표시되는 부분입니다.

❺ 그림 영역 : 차트가 직접 그려진 그래프 그림을 말합니다.

❻ 눈금 영역 : 각 데이터의 측정 단위를 말합니다.

❼ 데이터 영역 : 데이터가 표현되는 모든 데이터 영역을 말합니다.

　• 데이터 계열 : 데이터 영역 중 한 가지 종류를 데이터 계열이라고 합니다.
　• 데이터 요소 : 데이터 계열 중 하나를 데이터 요소라고 합니다.

❽ 데이터 레이블 : 데이터 계열 또는, 요소의 값이나 이름을 표시합니다.

❾ 범례 영역 : 각 차트를 구별해 주는 참조 영역을 말합니다.

엑셀이 제공하는 다양한 차트를 살펴보고, 각 차트별로 제공하는 하위 차트도 살펴보겠습니다.

차트 종류	설명	예
세로 막대형	시간의 경과에 따른 데이터 변동을 표시하거나, 항목별 비교	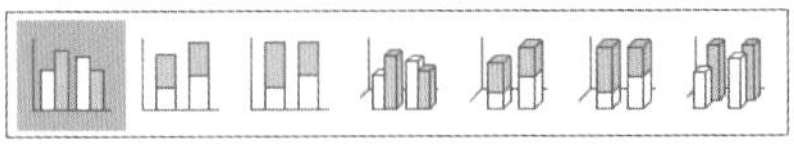
꺾은선형	연속적인 데이터를 표시하거나, 일정 간격에 따라 데이터의 추세를 표시	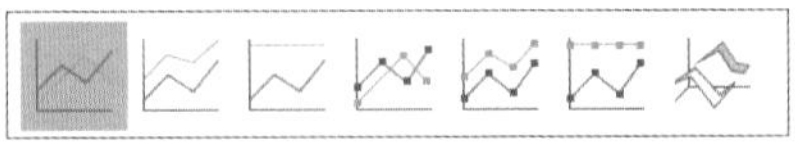
원형	열이나 행에 있는 데이터를 원형으로 나타내며, 데이터 요소는 원형 전체에 대한 백분율로 표시	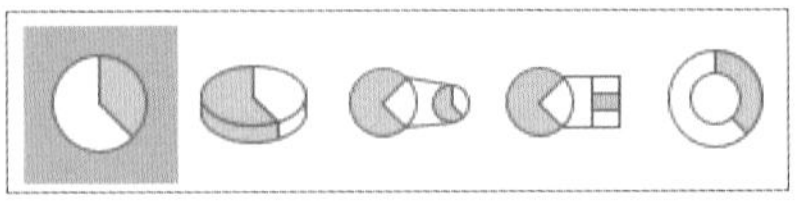
가로 막대형	여러 열이나 행에 있는 데이터를 가로 막대형 차트로 표시	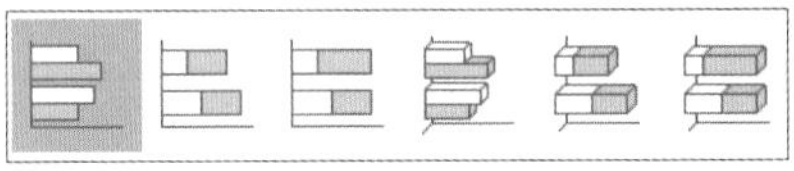
영역형	여러 열이나 행에 있는 데이터 표시, 시간에 따른 변동의 크기나 합계 값을 추세에 표시	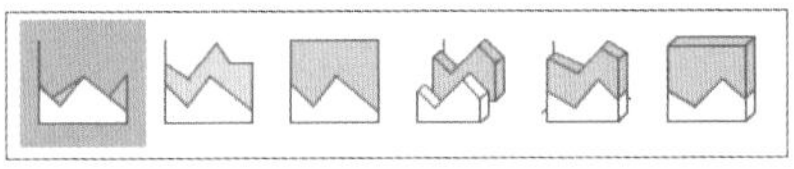
분산형	여러 데이터 계열에 있는 숫자 값 사이의 관계를 표시	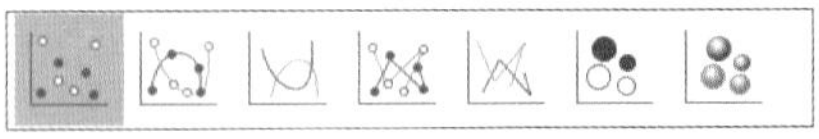
주식형	주가 변동을 나타내는 데 주로 사용	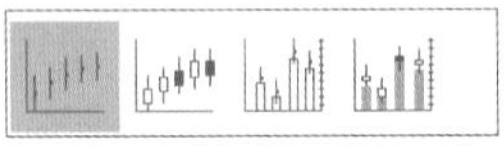
표면형	두 데이터 집합 간의 최적 조합을 표시	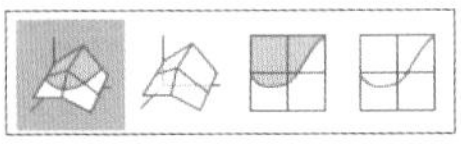
방사형	여러 데이터 계열의 집계 값을 비교	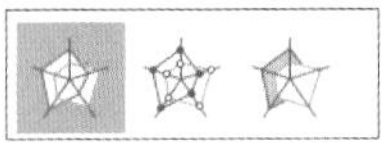
트리맵	데이터를 계층 구조 보기로 제공	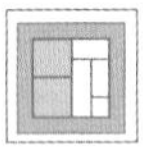
선버스트	하나의 고리나 원으로 계층 구조의 각 수준을 표시	
히스토그램	분포 내의 빈도수를 표시	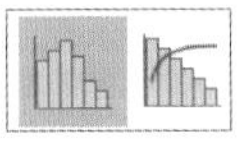
상자 수염 그림	데이터 분포를 사분위수로 표시, 평균과 이상값을 강조	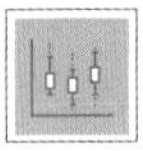
폭포	값을 더하거나 빼는 재무 데이터의 누계를 표시	
콤보	계열이 두 개 이상일 경우 두 개의 차트를 하나의 차트에 표시	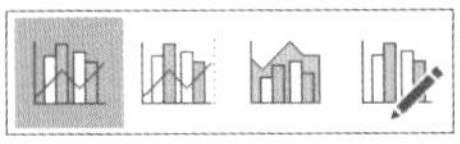

01 예제를 통해 살펴보겠습니다. 두 번째 슬라이드를 선택합니다. [삽입] 탭–[일러스트레이션] 그룹의 [차트]를 클릭합니다.

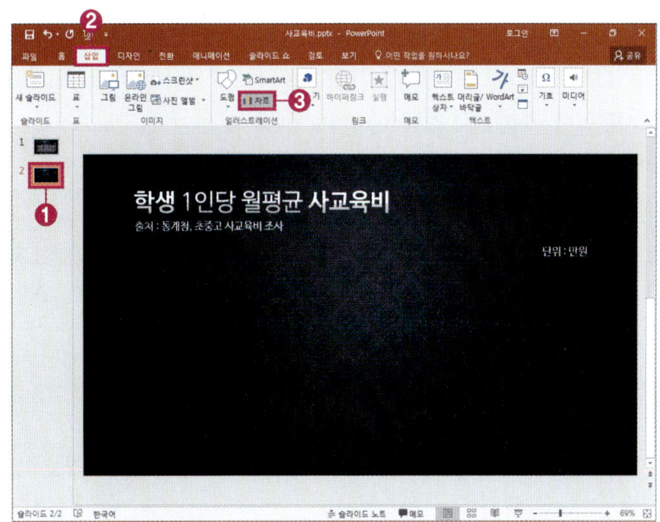

02 [차트 삽입] 대화상자가 나타나면 [세로 막대형]–[3차원 묶은 세로 막대형]을 선택한 후 [확인]을 클릭합니다.

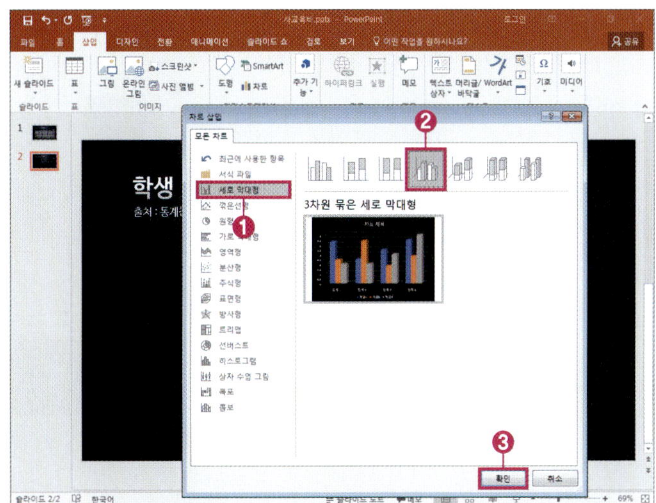

03 엑셀 시트 창이 열리면 입력되어 있는 샘플 데이터를 모두 삭제하기 위해 왼쪽 상단의 [모두 선택]( )을 클릭한 후 Del 을 누릅니다.

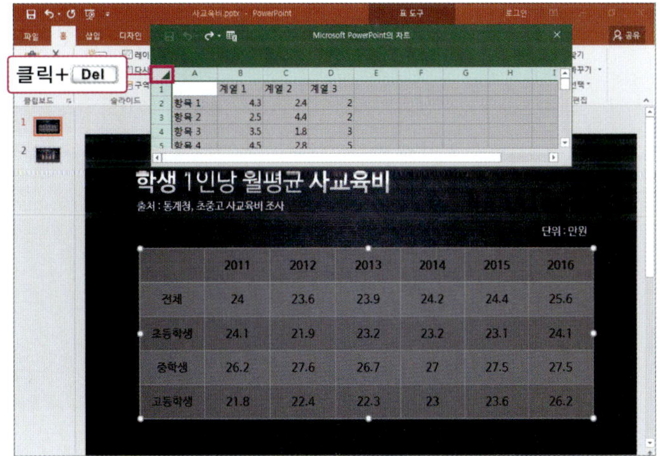

04 데이터가 삭제되면 첫 번째 슬라이드의 표를 드래그한 후 `Ctrl`+`C`를 눌러 복사합니다. 엑셀 시트 창의 [A1] 셀을 선택하고 `Ctrl`+`V`를 눌러 표를 붙여넣기 합니다.

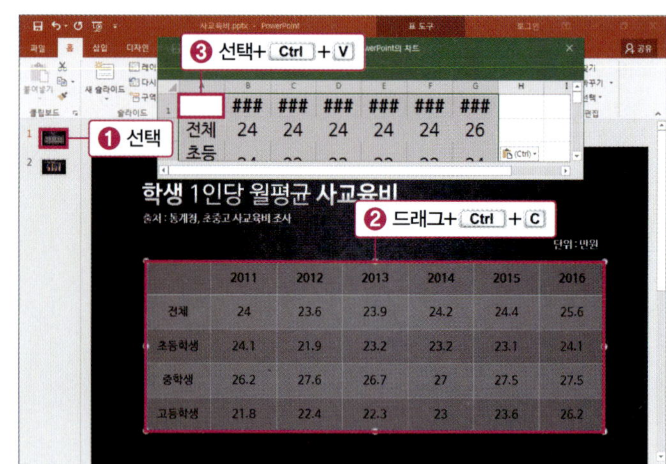

	2011	2012	2013	2014	2015	2016
전체	24	23.6	23.9	24.2	24.4	25.6
초등학생	24.1	21.9	23.2	23.2	23.1	24.1
중학생	26.2	27.6	26.7	27	27.5	27.5
고등학생	21.8	22.4	22.3	23	23.6	26.2

05 엑셀 시트에는 빨간색, 보라색, 파란색 선이 나타납니다. 이 선은 계열과 항목, 그리고 데이터의 범위를 알려줍니다. 각각의 선 안에 데이터가 포함되어야 제대로 된 차트를 완성할 수 있습니다. 엑셀 창의 크기를 조정한 후 아래와 같이 각각의 범위 안에 데이터가 포함될 수 있도록 빨간색 선과 파란색 선을 조정합니다. 엑셀 창의 [닫기]를 클릭합니다.

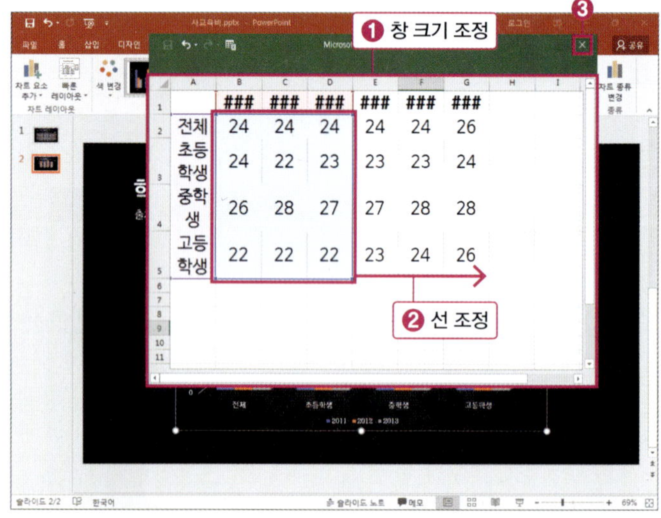

06 두 번째 슬라이드를 클릭합니다. 차트가 완성됩니다.

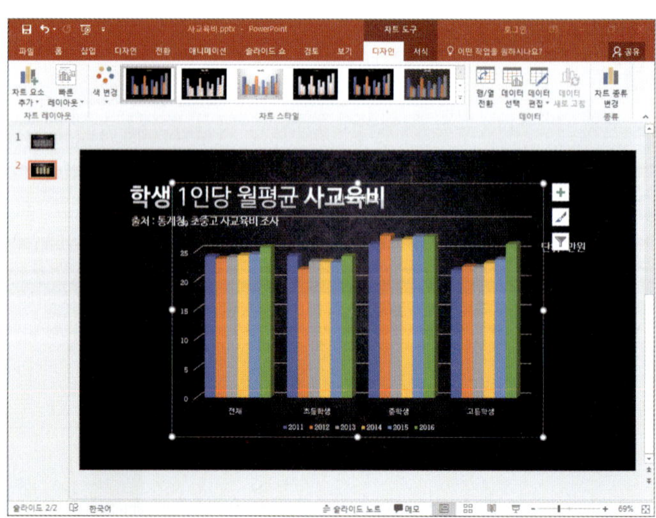

[삽입] 탭–[일러스트레이션] 그룹에서 [차트]를 클릭하면 [차트 삽입] 대화상자가 나타납니다. 세로 막대형 차트를 비롯해, 꺾은선형, 콤보 차트 등을 삽입할 수 있습니다.

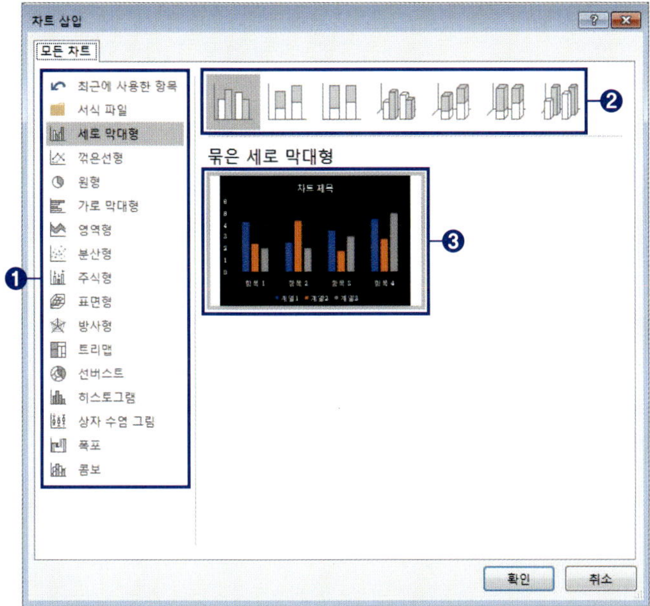

❶ **항목** : 최근에 사용한 항목을 비롯해 서식 파일, 세로 막대형 등 차트 형식을 선택할 수 있습니다. 참고로, 서식 파일을 선택하면 차트에 서식을 지정하여 불러올 수 있습니다.

❷ **세부 항목** : 선택한 항목 중에서 세부 형식을 선택할 수 있습니다.

❸ **미리보기** : 차트의 모양을 미리 표시하여 원하는 형식인지를 확인할 수 있습니다.

■ 차트 스타일과 레이아웃, 데이터 요소

예제 파일 Part05/Lesson02/사교육비2.pptx ┃ 완성 파일 Part05/Lesson02/사교육비2_완성.pptx

[차트 도구]–[디자인] 상황별 탭의 여러 기능을 이용해 차트 스타일 및 레이아웃을 변경할 수 있습니다. 또한, [차트 레이아웃] 그룹을 통해 축 제목이나 차트 제목 등 차트 요소를 추가하거나 다른 레이아웃으로 변경할 수도 있습니다.

1 ┃ 차트 스타일

차트 스타일에서 빠른 스타일을 지정하면 세련된 디자인의 차트로 변경할 수 있습니다.

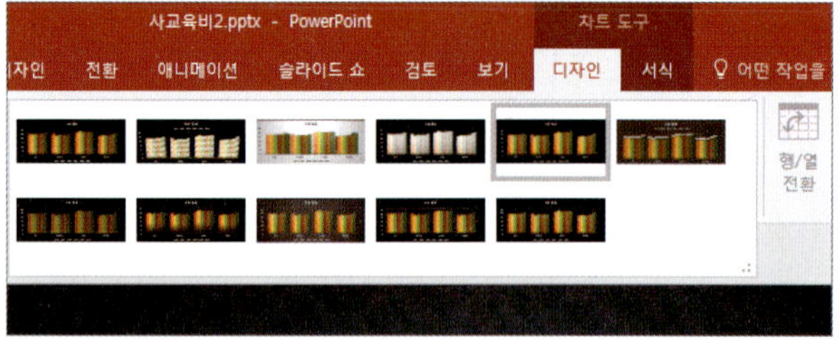

2 ┃ 차트 요소 추가와 빠른 레이아웃

설정한 차트 모양은 [차트 레이아웃] 그룹의 [차트 요소 추가], [빠른 레이아웃]을 통해 다른 차트 모양으로 손쉽게 변경할 수 있습니다.

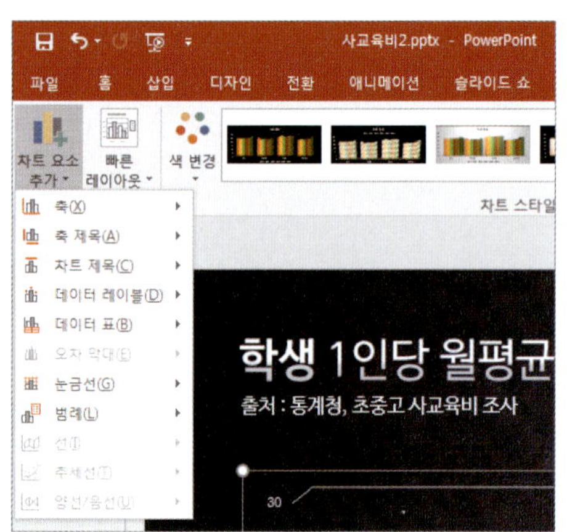
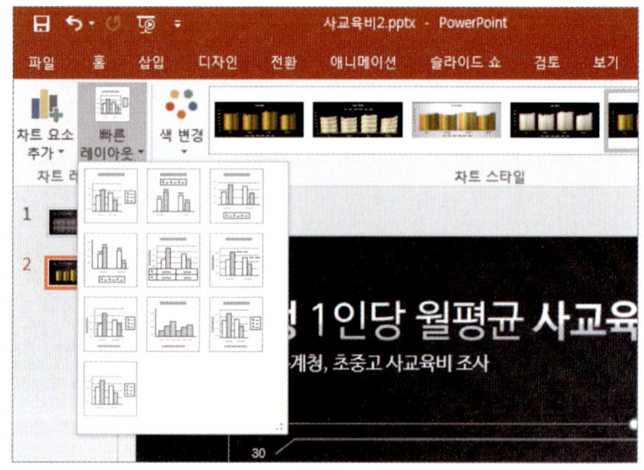

01 예제를 통해 살펴보겠습니다. 차트를 선택한 상태에서 크기 및 위치를 조정합니다. [차트 도구]–[디자인] 상황별 탭에서 [차트 스타일] 그룹의 [자세히]를 클릭하고 원하는 스타일을 선택합니다. 여기서는 [스타일 5]를 선택합니다.

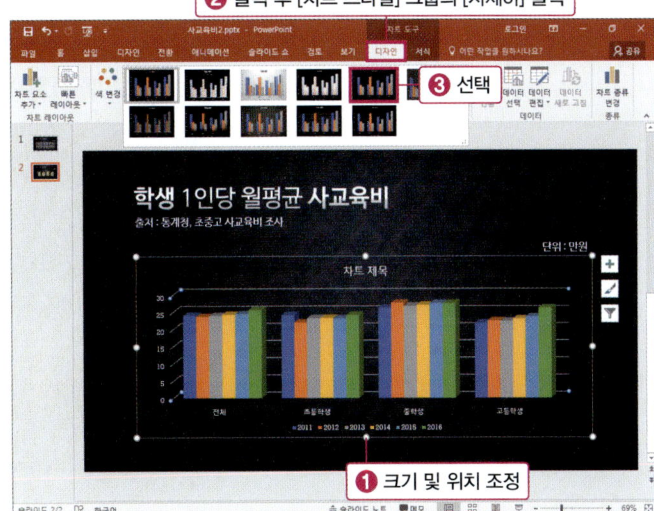

02 [차트 도구]–[디자인] 상황별 탭에서 [차트 스타일] 그룹의 [색 변경]을 클릭합니다. 다양한 색상 중에 원하는 색상을 선택합니다. 여기서는 [색 3]을 선택합니다.

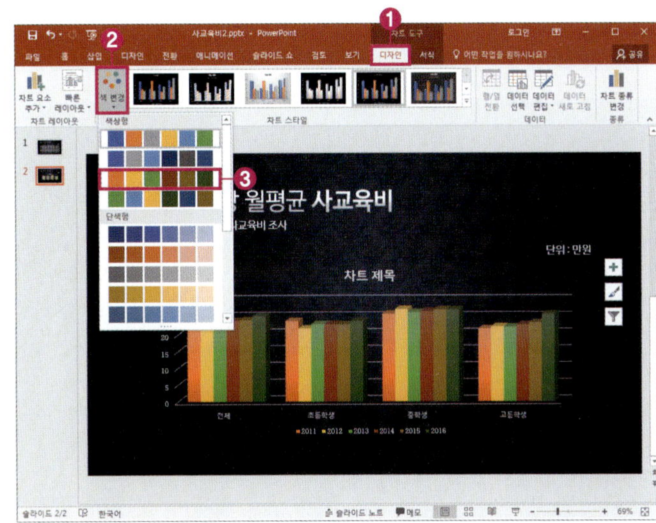

03 이번에는 범례의 위치를 이동해 보겠습니다. 차트를 선택한 상태로 [차트 도구]–[디자인] 상황별 탭에서 [차트 레이아웃] 그룹–[차트 요소 추가]를 클릭합니다. 다양한 차트 요소가 나타나면 [범례]–[오른쪽]을 선택합니다.

팁 :: 참고로, [차트 요소 추가]는 개별적으로 차트 요소 변경이 가능하지만, [차트 레이아웃]은 한 번에 차트 요소를 변경할 수 있습니다.

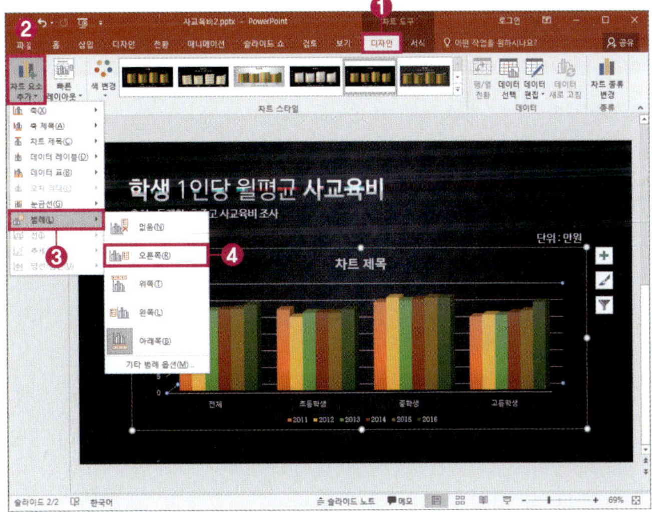

04 레이아웃이 변경됩니다. 차트는 슬라이드 편집 창에서도 변경이 가능합니다. '차트 제목'을 선택한 후 마우스 오른쪽 버튼을 눌러 [삭제]를 선택합니다.

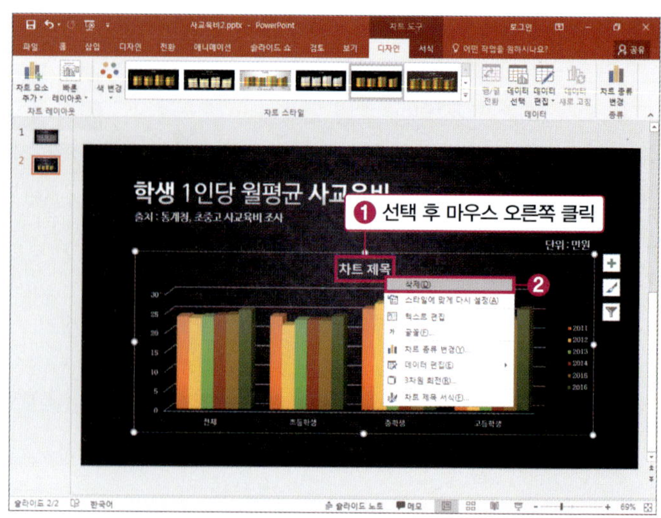

· ·

팁 :: 차트 요소

차트를 삽입하면 오른쪽 상단에 차트 요소가 표시됩니다. 차트를 보다 쉽고 빠르게 수정할 수 있어 편리합니다.

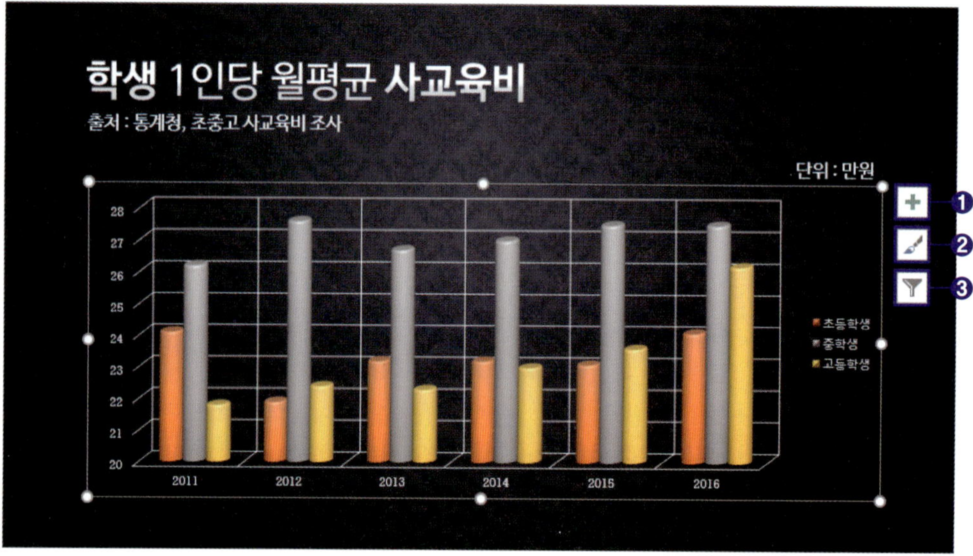

❶ **차트 요소 :** 축 제목이나 데이터 레이블. 눈금선 등 표시하거나 숨기고 싶은 차트 요소를 선택합니다.

❷ **차트 스타일 :** 파워포인트가 제공하는 차트 스타일이나 색상을 선택합니다.

❸ **차트 필터 :** 차트 데이터 중에서 계열이나 범주 등 특정 항목을 표시하거나 숨길 수 있습니다.

차트 옵션과 스타일을 활용하여 차트 만들기

차트는 구성 요소만큼이나 옵션이나 스타일을 어떻게 활용하느냐에 따라 완성도 높은 차트를 만들수 있습니다. 여기서는 차트 옵션과 스타일을 지정하는 방법에 대해서 살펴보겠습니다.

■ [데이터 원본 선택] 대화상자를 통해 행/열 전환하기

예제 파일 Part05/Lesson02/사교육비3.pptx ㅣ **완성 파일** Part05/Lesson02/사교육비3_완성.pptx

행과 열의 순서가 잘못 기재되어 있을 경우 [데이터 원본 선택] 대화상자를 통해 행과 열을 전환할수 있습니다.

1 ㅣ [차트 도구]-[디자인] 상황별 탭

차트를 삽입하면 [차트 도구]-[디자인] 상황별 탭을 비롯해 [서식] 상황별 탭이 나타납니다. 행/열전환 역시 [차트 도구]-[디자인] 상황별 탭에서 해결할 수 있습니다.

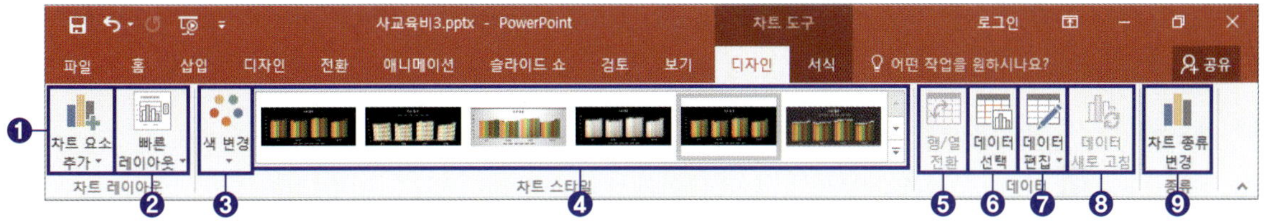

❶ **차트 요소 추가** : 차트의 다양한 요소를 추가하거나 삭제할 수 있습니다.

❷ **빠른 레이아웃** : 차트의 레이아웃 갤러리가 나타납니다.

❸ **색 변경** : 차트의 색상을 변경합니다.

❹ **차트 스타일** : 차트의 스타일 갤러리가 나타납니다.

❺ **행/열 전환** : 데이터의 행과 열의 위치를 변경합니다.

❻ **데이터 선택** : [데이터 원본 선택] 대화상자를 통해 범례 항목이나 가로 축 레이블 등을 변경할 수있습니다.

❼ **데이터 편집** : 엑셀을 불러와 데이터를 수정할 수 있습니다.

❽ **데이터 새로 고침** : 엑셀 데이터가 업데이트되었다면 데이터 새로 고침을 통해 파워포인트의 엑셀데이터를 업데이트합니다.

❾ **차트 종류 변경** : 차트 종류를 변경합니다.

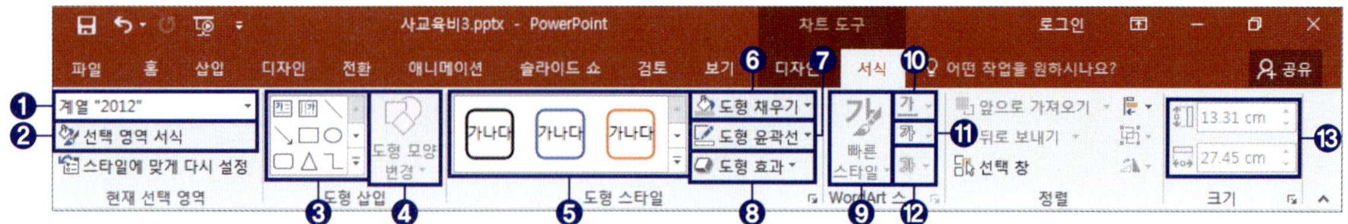

❶ 차트 요소 : 차트의 특정 요소를 선택할 수 있습니다.

❷ 선택 영역 서식 : 선택된 차트 요소별로 옵션을 변경할 수 있습니다.

❸ 도형 삽입 : 차트에 텍스트 상자나 도형을 추가할 수 있습니다.

❹ 도형 모양 변경 : 도형 모양을 다른 도형으로 변경할 수 있습니다.

❺ 도형 스타일 : 차트 요소의 기본 스타일을 변경할 수 있습니다.

❻ 도형 채우기 : 차트 요소의 도형 채우기 색을 변경할 수 있습니다.

❼ 도형 윤곽선 : 차트 요소의 윤곽선을 변경할 수 있습니다.

❽ 도형 효과 : 차트 요소에 그림자나 네온, 입체 효과 등을 설정할 수 있습니다.

❾ WordArt 스타일 : WordArt 스타일을 변경할 수 있습니다.

❿ 텍스트 채우기 : 텍스트 색상을 변경하거나 텍스트 속성을 변경할 수 있습니다.

⓫ 텍스트 윤곽선 : 텍스트 윤곽선을 변경하거나 윤곽선 속성을 변경할 수 있습니다.

⓬ 텍스트 효과 : 텍스트에 그림자, 네온, 입체 효과 등을 설정할 수 있습니다.

⓭ 크기 : 차트의 높이와 너비를 변경할 수 있습니다.

01 예제를 통해 살펴보겠습니다. X 좌표와 Y 좌표의 위치를 변경하기 위해 [차트 도구]-[디자인] 상황별 탭에서 [데이터] 그룹의 [데이터 선택]을 클릭합니다. [데이터 원본 선택] 대화상자가 나타나면 [행/열 전환]을 선택한 후 [확인]을 클릭합니다. 엑셀 창의 [닫기]를 클릭합니다.

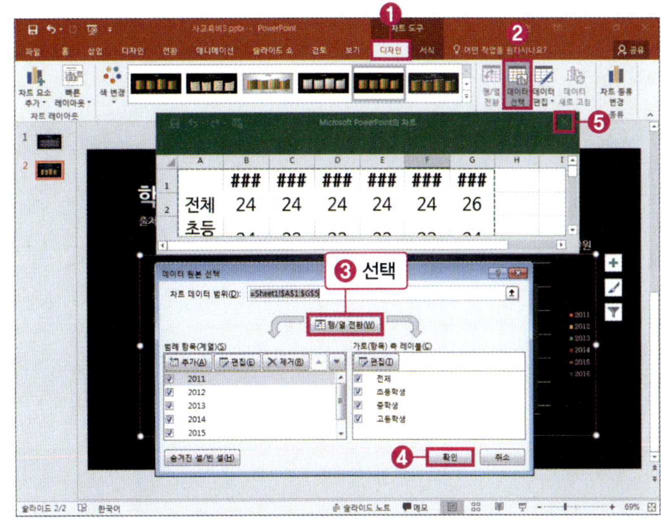

02 차트의 행과 열이 전환되어 표시됩니다.

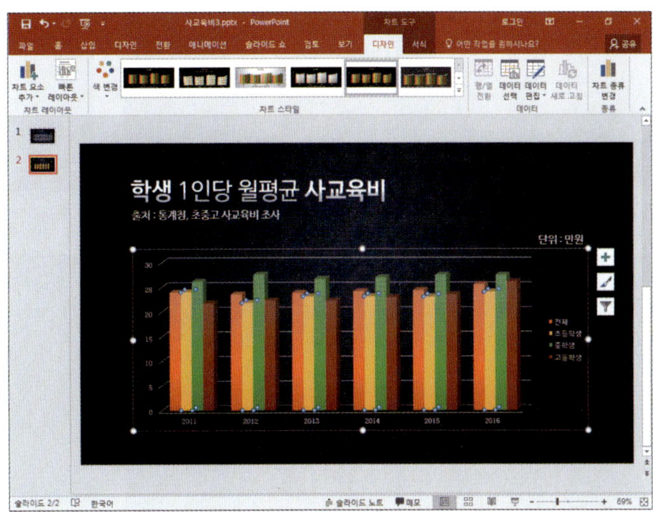

Q&A

Q. 엑셀 창에 표시되는 텍스트가 너무 큽니다. 왜 이런거죠?

A. 복사한 표의 경우 표의 서식이 그대로 표시되기 때문에 의도하지 않게 색상이나 크기가 반영되어 있는 경우가 있습니다. 차트 작업에는 전혀 문제될 것이 없으나 그래도 불편하다면 색상이나 글자 크기를 조정한 후 엑셀 시트로 불러오면 됩니다.

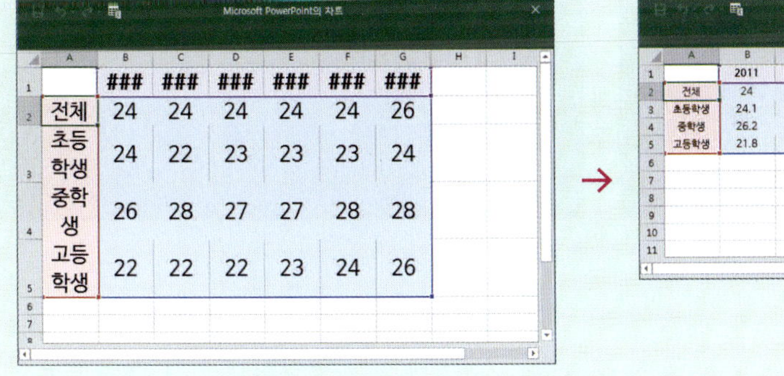

A	B	C	D	E	F	G
	###	###	###	###	###	###
전체	24	24	24	24	24	26
초등학생	24	22	23	23	23	24
중학생	26	28	27	27	28	28
고등학생	22	22	22	23	24	26

→

A	2011	2012	2013	2014	2015	2016
전체	24	23.6	23.9	24.2	24.4	25.6
초등학생	24.1	21.9	23.2	23.2	23.1	24.1
중학생	26.2	27.6	26.7	27	27.5	27.5
고등학생	21.8	22.4	22.3	23	23.6	26.2

■ [데이터 계열 서식] 옵션 창으로 막대 모양 변경하기

예제 파일 Part05/Lesson02/사교육비4.pptx | **완성 파일** Part05/Lesson02/사교육비4_완성.pptx

차트에 삽입되는 막대 모양은 직사각형으로 표시됩니다. 직사각형이 무난하지만 이를 원형 등 원하는 모양으로 변경할 수 있습니다.

1 | 계열 옵션 살펴보기

계열 옵션을 통해 간격 길이와 너비, 세로 막대 모양 등을 변경할 수 있습니다. 세로 막대 모양의 경우 보편적으로 사용하는 상자형을 비롯해 피라미드형, 원통형, 원뿔형 등 다양한 형식을 선택할 수 있습니다.

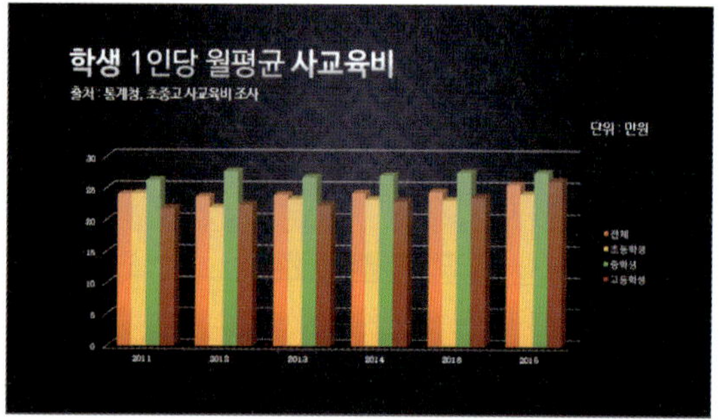

▲ 상자

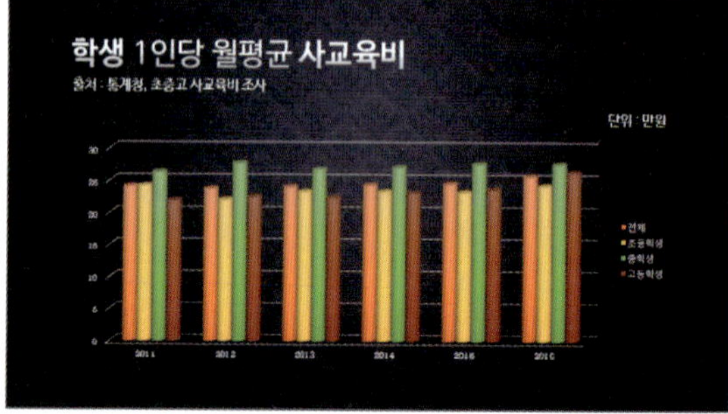

▲ 원통형

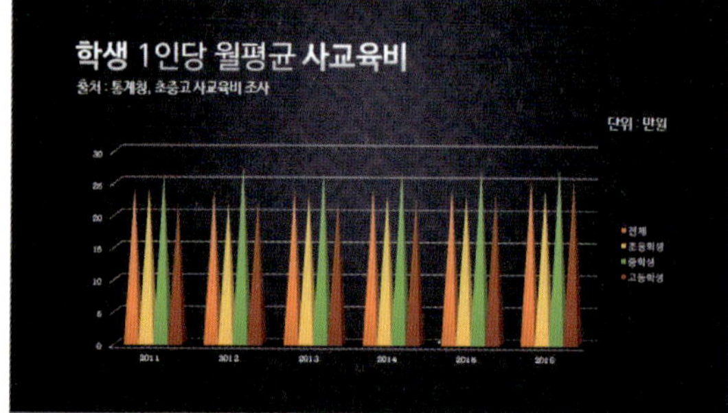

▲ 전체 피라미드형

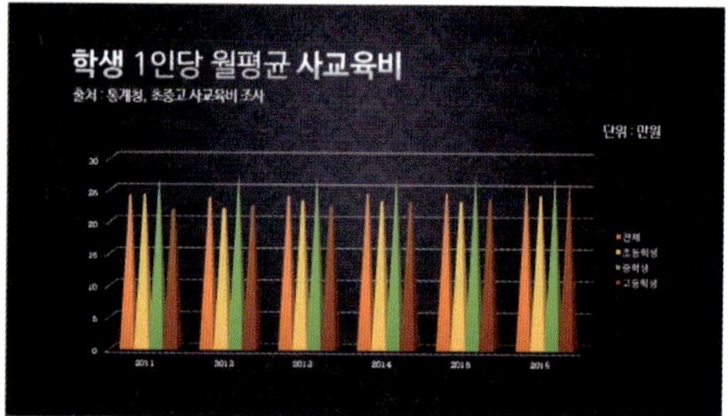

▲ 부분 피라미드형

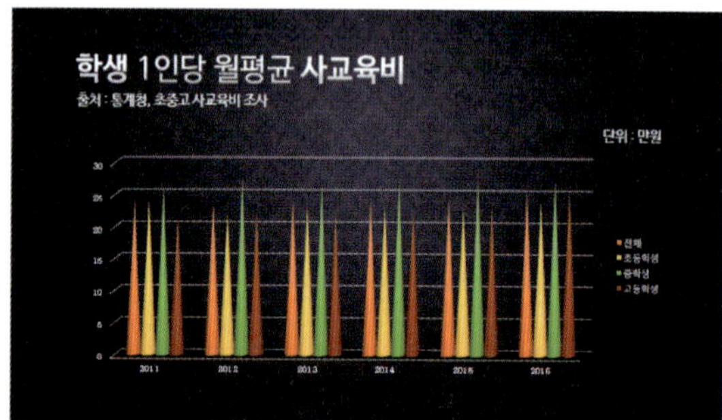

▲ 전체 원뿔형

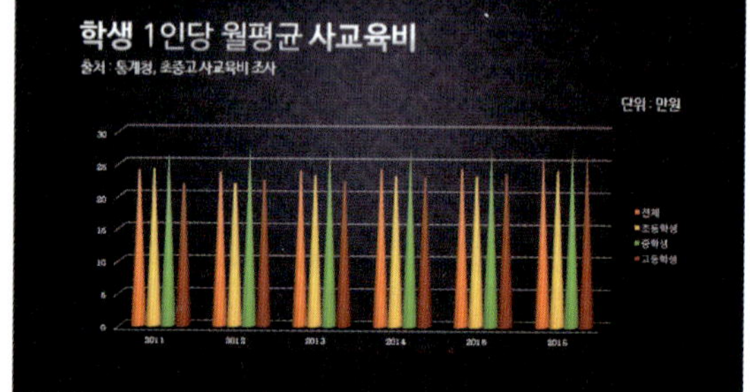

▲ 부분 원뿔형

01 예제를 통해 살펴보겠습니다. 두 번째 슬라이드에서 차트 선택 후 '전체' 계열을 선택하고 [차트 도구]–[서식] 상황별 탭에서 [도형 스타일] 그룹의 [도형 서식]( )을 클릭합니다. [데이터 계열 서식] 옵션 창이 나타나면 [계열 옵션]–[계열 옵션]에서 [세로 막대 모양]–[원통형]을 선택합니다.

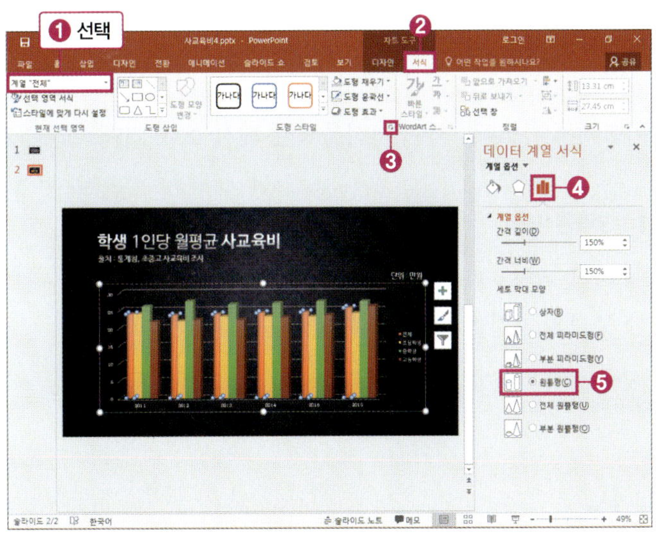

02 '초등학생' 계열을 선택한 후 [데이터 계열 서식] 옵션 창에서 [계열 옵션]–[계열 옵션]의 [세로 막대 모양]–[원통형]을 선택합니다.

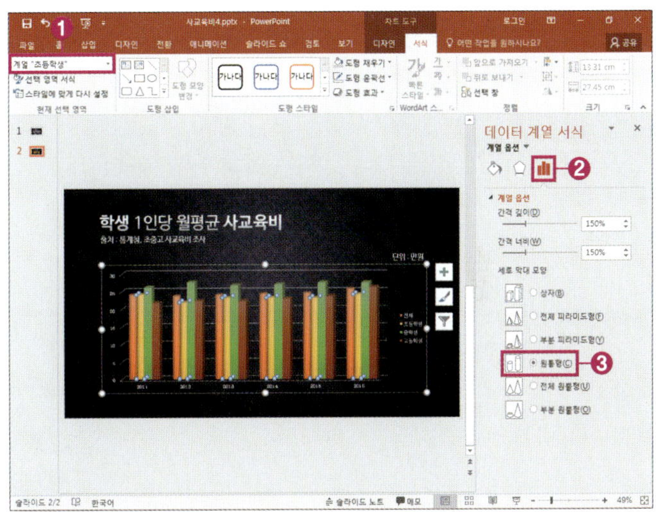

03 같은 방법으로 나머지 계열도 '원통형' 으로 변경합니다.

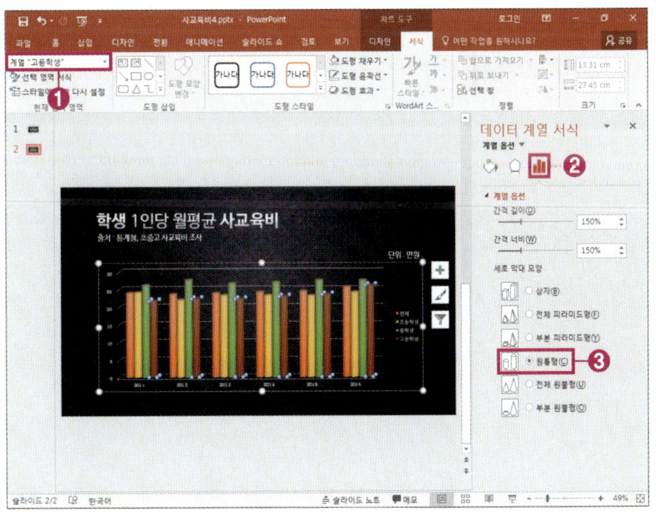

■ 3차원 서식 적용하기

예제 파일 Part05/Lesson02/사교육비5.pptx ┃ **완성 파일** Part05/Lesson02/사교육비5_완성.pptx

이번에는 차트에 3차원 서식을 적용해서 보다 입체적인 차트를 만들어보겠습니다.

1 ┃ 3차원 서식

[데이터 계열 서식] 옵션 창에서 [효과]-[3차원 서식]을 선택하면 입체 모양을 비롯해 재질 등 다양
한 옵션을 지정할 수 있습니다.

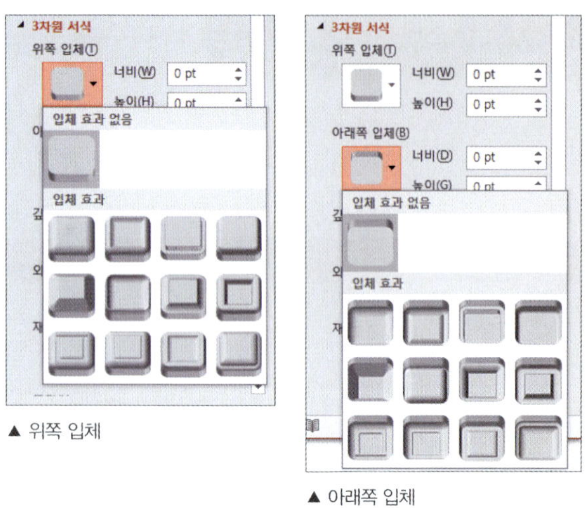

▲ 위쪽 입체

▲ 아래쪽 입체

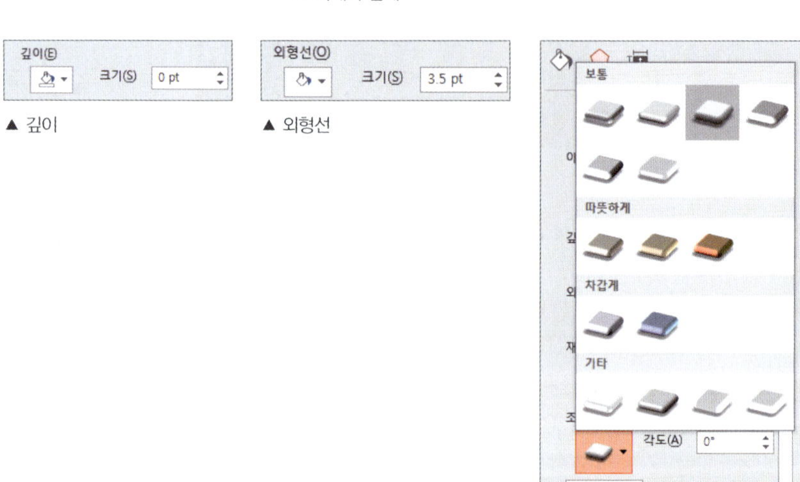

▲ 깊이   ▲ 외형선

▲ 재질

01 예제를 통해 살펴보겠습니다. 입체적인 차트 모양을 위해 다시 '전체' 계열을 선택합니다. [데이터 계열 서식] 옵션 창에서 [효과]–[3차원 서식]을 선택합니다. 다음과 같이 3차원 서식 옵션을 지정합니다.

위쪽 입체 : 각지게
재질 : 부드러운 무광택
너비 : 3 pt
높이 : 3 pt

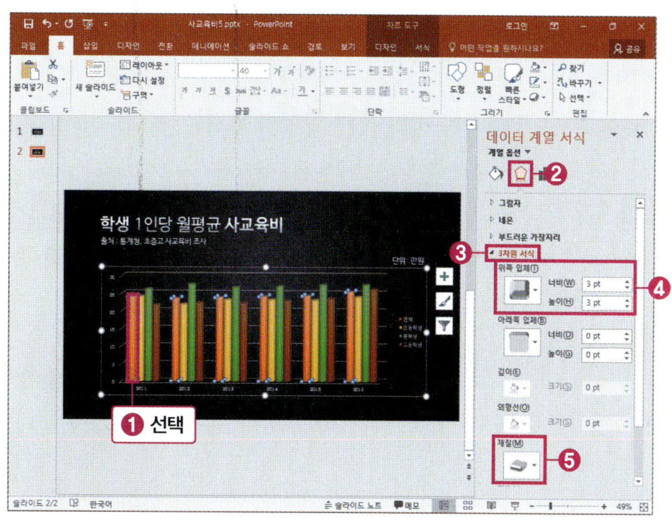

02 '초등학생' 계열을 선택한 후 [데이터 계열 서식] 옵션 창에서 [효과]–[3차원 서식]을 선택합니다. '전체' 계열과 동일하게 다음과 같이 3차원 서식 옵션을 지정합니다.

위쪽 입체 : 각지게
재질 : 부드러운 무광택
너비 : 3 pt
높이 : 3 pt

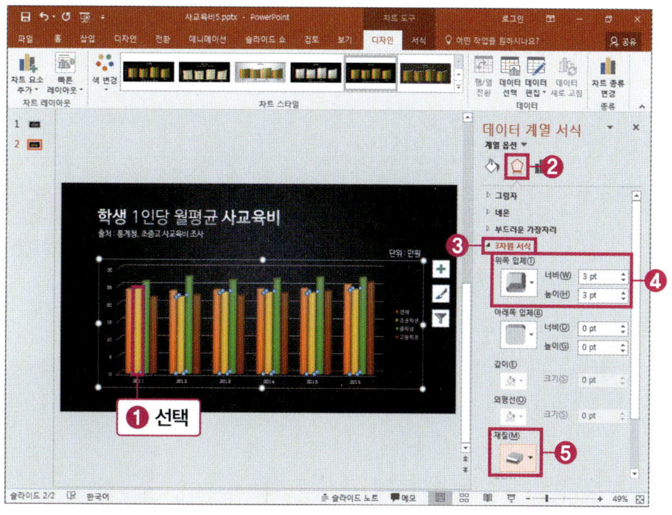

03 나머지 계열도 동일한 방법으로 3차원 서식을 지정합니다.

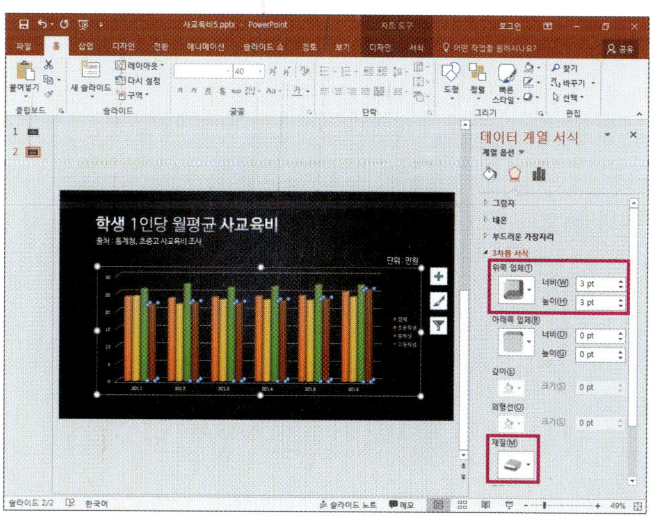

■ 세로 (값) 축의 최소값과 최대값 변경하기

예제 파일 Part05/Lesson02/사교육비5.pptx ┃ **완성 파일** Part05/Lesson02/사교육비5_완성.pptx

세로 (값) 축에 표시되는 값은 사용자가 최소값과 최대값을 지정할 수 있습니다.

01 차트를 선택한 후 [데이터 계열 서식] 옵션 창에서 [계열 옵션] 화살표를 클릭한 후 나타나는 항목 중에서 [세로 (값) 축]을 선택합니다.

··

팁 :: 차트에서 세로 (값) 축을 더블클릭해도 됩니다.

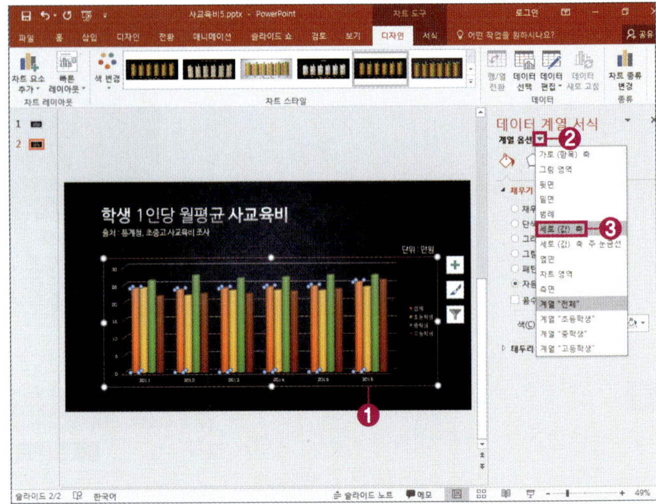

02 [축 서식] 옵션 창이 나타나면 [축 옵션]–[축 옵션]을 차례대로 선택합니다. [경계]–[최소값]에 『20』을 입력한 뒤 최대값이나 단위는 그대로 둡니다. [닫기]를 클릭하여 슬라이드를 완성합니다.

··

팁 :: 수치의 간격, 즉 단위를 변경하려면 [축 서식] 옵션 창의 [축 옵션]–[단위]에서 주, 보조 단위를 변경합니다.

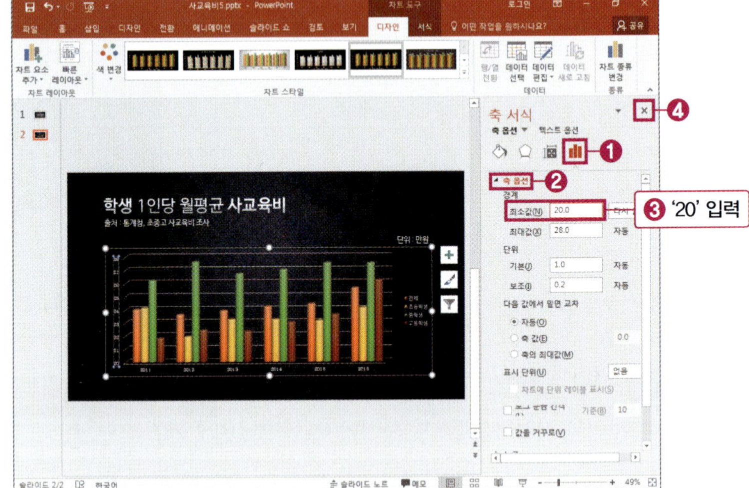

차트 편집 아이콘을 통해 빠르게 옵션 지정하기

차트를 삽입하면 차트 오른쪽 상단에 빠른 실행 단추가 표시됩니다. 빠른 실행 단추를 통해 원하는 차트 요소나 스타일, 색 등을 보다 빠르게 수정할 수 있습니다.

■ 빠른 차트 요소, 스타일 및 색, 필터

예제 파일 Part05/Lesson02/사교육비6.pptx | 완성 파일 Part05/Lesson02/사교육비6_완성.pptx

차트 삽입 시 차트의 오른쪽 상단에 차트 요소, 스타일 및 색, 차트 필터를 선택할 수 있습니다. 이를 통해 원하는 차트를 빠르고 쉽게 만들 수 있습니다.

1 | 차트 요소

축 제목, 차트 제목, 데이터 레이블, 데이터 표 혹은 눈금선, 범례 등 차트 구성 요소를 차트에 표시하거나 제거할 수 있습니다.

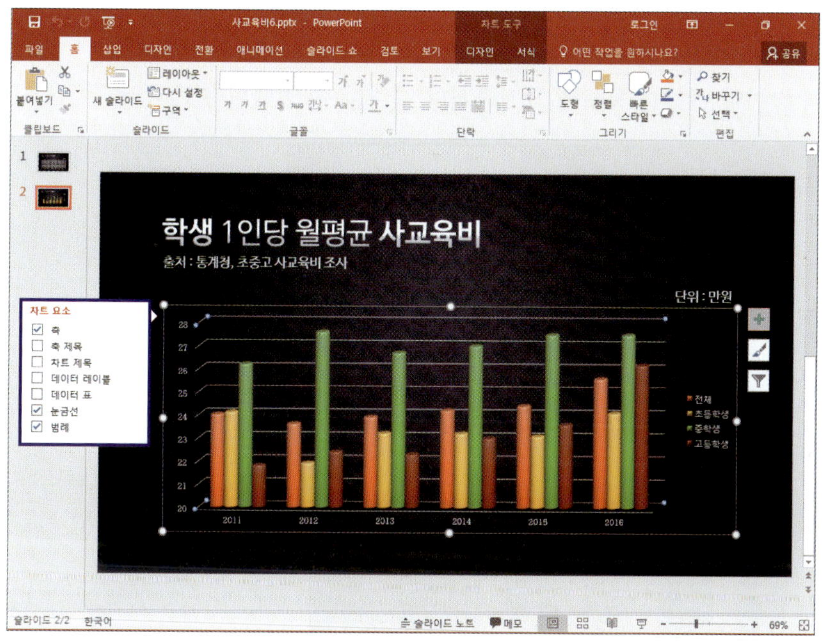

2 | 차트 스타일

차트의 다양한 스타일을 한 번에 변경하거나 색상형, 단색형 등으로 색상을 선택할 수 있습니다.

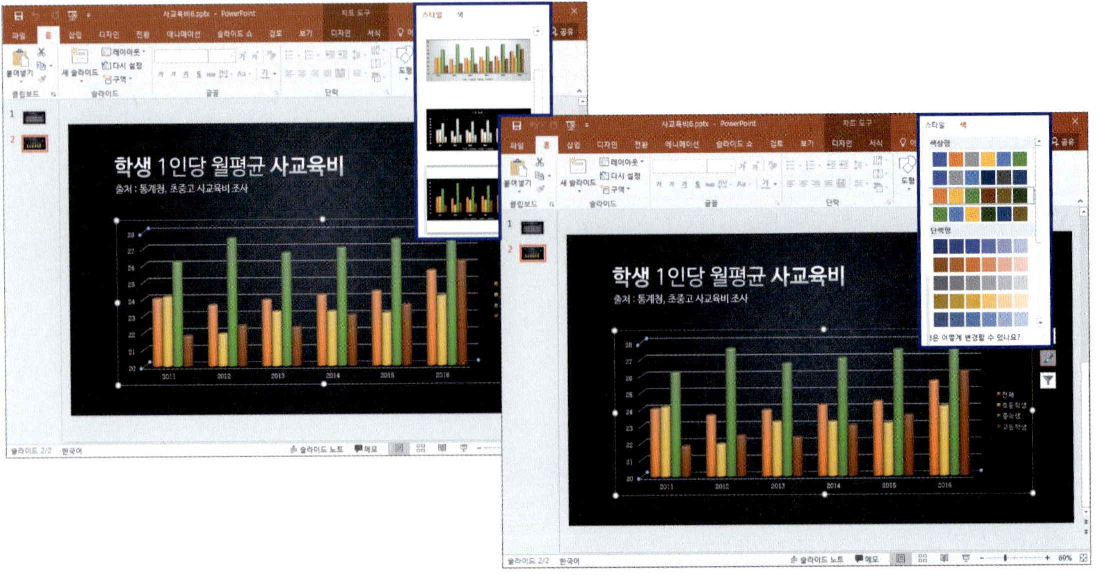

차트 필터 계열이나 범주의 값이나 이름을 차트에 표시하거나 제거할 수 있습니다.

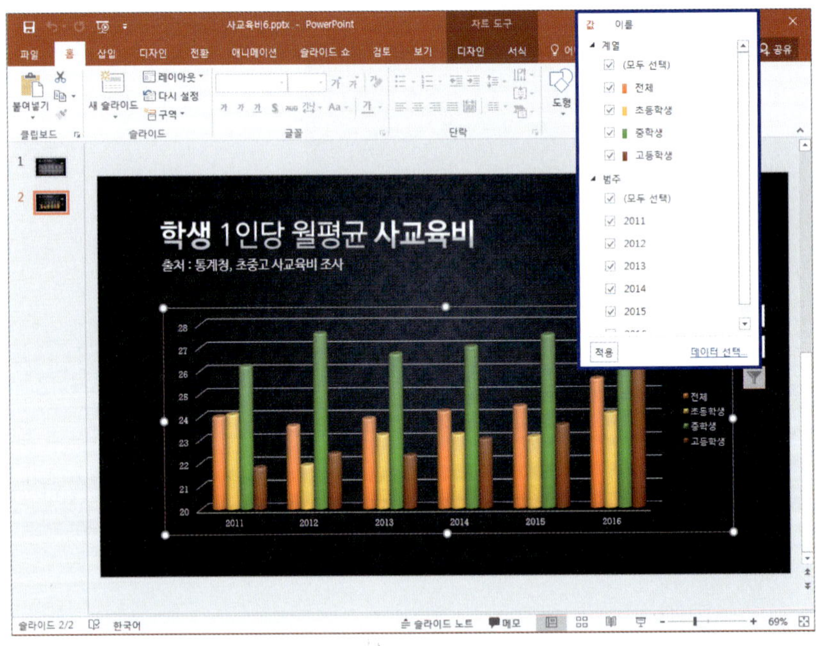

01 예제를 통해 살펴보겠습니다. 차트 상단 오른쪽에 있는 아이콘 중 [차트 스타일]을 선택합니다. [차트 스타일]에는 [스타일]과 [색] 중에서 원하는 항목을 선택할 수 있습니다. [색]을 클릭한 후 원하는 색상을 선택합니다. 여기서는 [다양한 색상표 1]을 선택합니다.

팁 :: 차트 상단 오른쪽에 있는 아이콘 중 [차트 스타일]을 선택하면 차트의 스타일 및 색상을 변경할 수 있습니다.

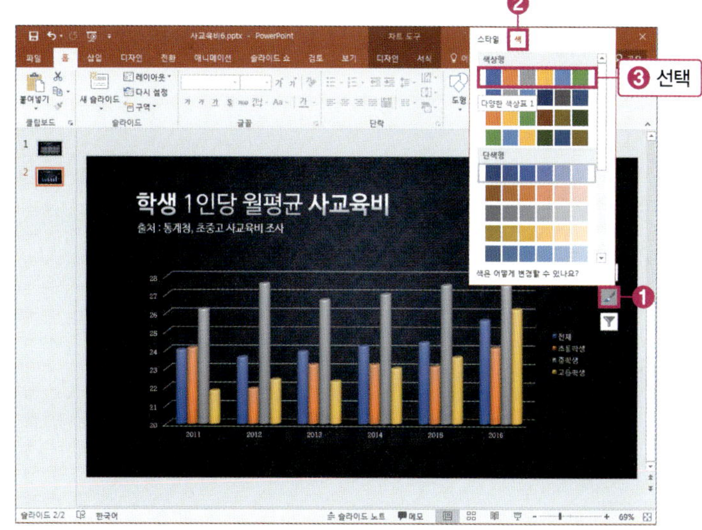

02 '전체' 데이터 계열을 제외하기 위해 [차트 필터]를 클릭하고 [전체]의 체크를 해제한 후 [적용]을 클릭합니다. '전체' 항목이 모두 감춰지면서 차트가 완성됩니다.

팁 :: 파워포인트 2013부터 등장한 차트 필터 기능은 차트 계열이나 범주를 삭제하지 않더라도 필터를 통해 쉽게 감출 수 있습니다.

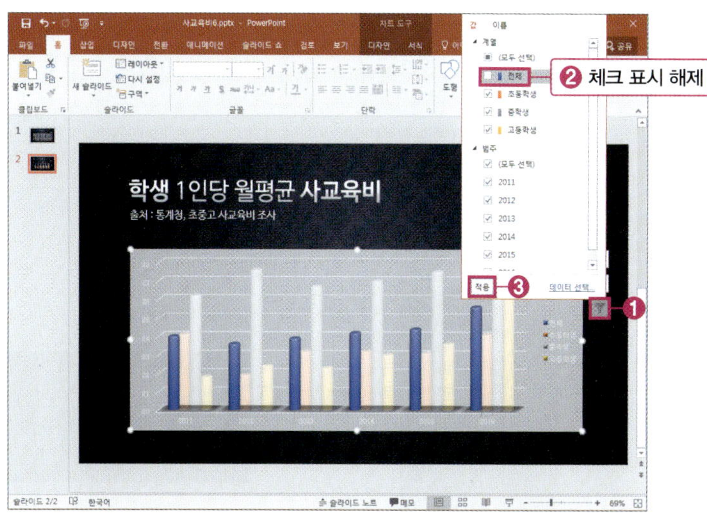

03 이번에는 [차트 요소]를 선택하고 [눈금선]의 화살표를 클릭한 후 [기본 주 세로]에 체크하여 슬라이드를 완성합니다.

Q&A

Q. 차트 필터를 통해 제거한 부분을 다시 불러올 수는 없나요?

A. [차트 필터]를 통해 계열이나 범주를 삭제한다고 해서 차트에 계열이나 범주가 완전히 삭제되는 것은 아닙니다. 차트 필터에서 원하는 항목을 체크하면 차트에 다시 표시됩니다.

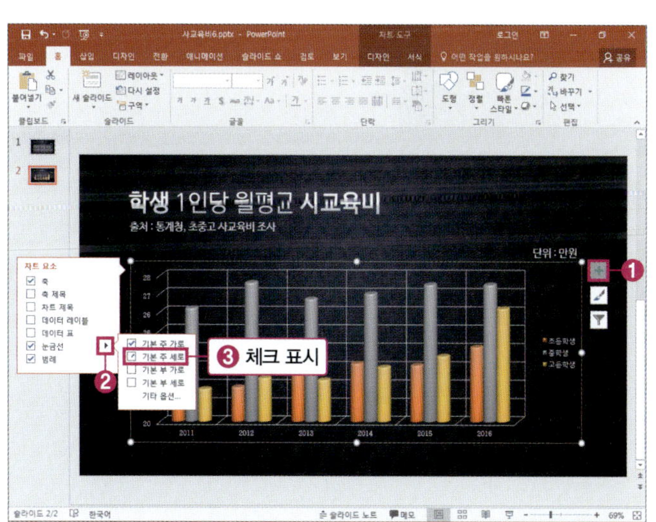

이질적인 데이터를 통합하여 혼합 차트 만들기

이질적인 데이터를 포함하고 있다면 혼합 차트를 통해 표현할 수 있습니다. 혼합 차트는 보통 꺾은 선형과 함께 표시하며, 축 관련 옵션을 비롯해 차트 요소를 보기 좋게 변경하여 차트를 완성해 보겠습니다.

■ 혼합 차트라고 불리는 콤보 차트 만들기

예제 파일 Part05/Lesson02/여성고용동향.pptx ┃ **완성 파일** Part05/Lesson02/여성고용동향_완성.pptx

데이터 계열에 대한 차트 종류와 축을 선택하여 콤보 차트를 지정할 수 있습니다.

1 ┃ 콤보 차트

콤보 차트를 삽입하면 [보조 축]을 체크하여 오른쪽에 보조 축을 삽입할 수 있습니다. 또한, 차트 종류를 지정하여 원하는 조합을 선택할 수 있습니다.

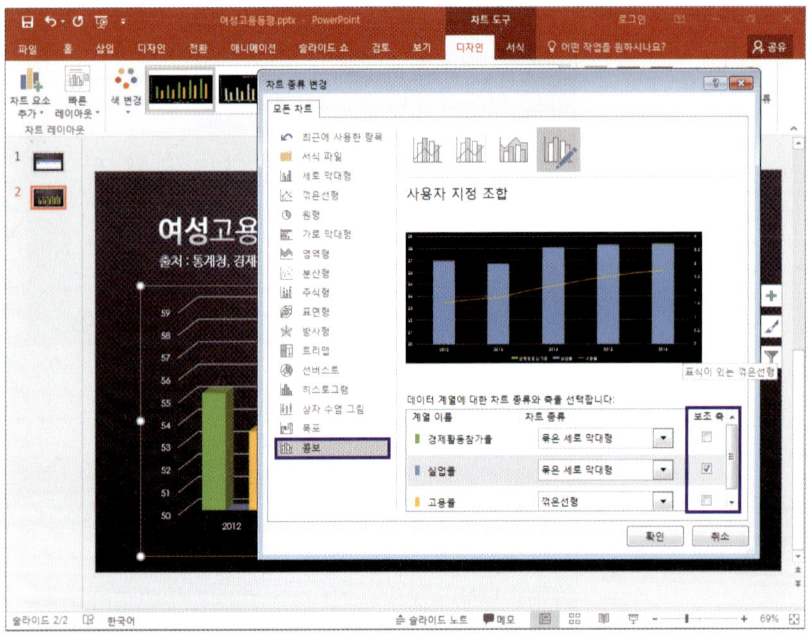

01 예제를 통해 살펴보겠습니다. [차트 도구]–[디자인] 상황별 탭에서 [종류] 그룹의 [차트 종류 변경]을 클릭합니다. [차트 종류 변경] 대화상자가 나타나면 [콤보]–[사용자 지정 조합]을 선택합니다. 여기서는 '실업률'의 [보조 축]에 체크한 후 [차트 종류]를 [표식이 있는 꺾은선형]으로 선택합니다.

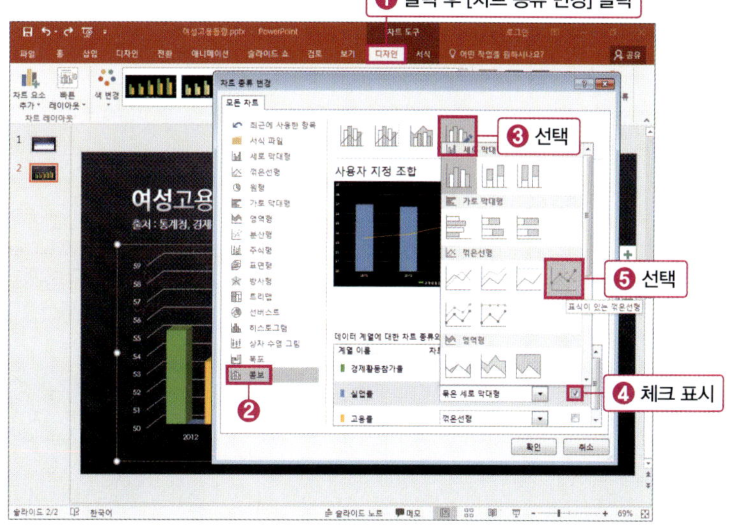

02 '고용률'의 [차트 종류]를 [꺾은선형]으로 선택한 후 [확인]을 클릭합니다.

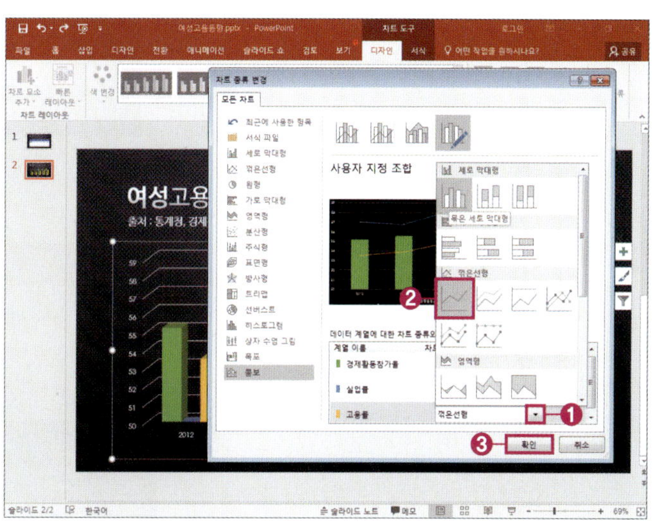

03 [차트 도구]–[디자인] 상황별 탭에서 [차트 스타일] 그룹의 [자세히]를 클릭하고 [스타일 8]을 선택합니다.

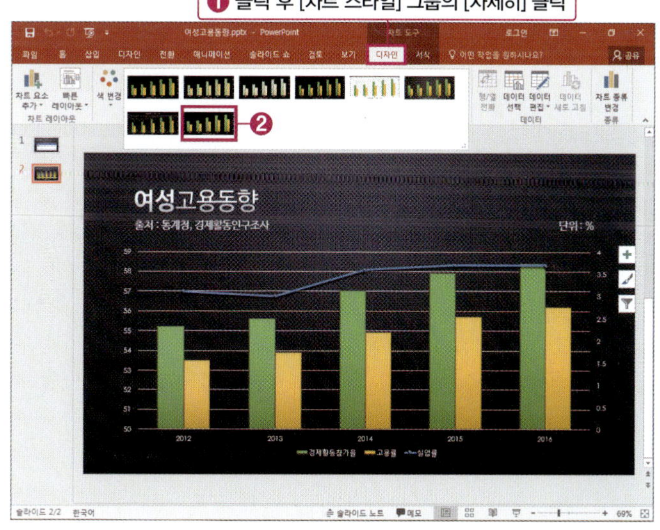

■ 꺾은선형 차트 디자인하기

예제 파일 Part05/Lesson02/여성고용동향2.pptx | 완성 파일 Part05/Lesson02/여성고용동향2_완성.pptx

꺾은선형 차트는 선으로 구성된 차트이다 보니 콤보 차트로 만들어 놓으면 시각적으로 완성도가 떨어집니다. 꺾은선형 차트를 디자인해 보겠습니다.

01 꺾은선형 차트를 디자인하기 전에 보조 축의 값을 조정해 보겠습니다. 보조 축의 값 역시 차트의 데이터 수치에 따라 자동으로 지정됩니다. 보조 축의 최소값 혹은 최대값을 변경하기 위해 보조 축을 선택하고 마우스 오른쪽 버튼을 누른 후 [축 서식]을 선택합니다.

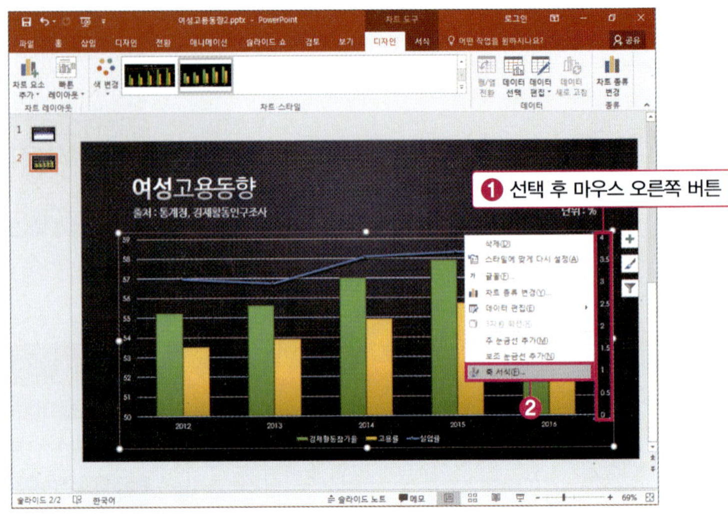

02 [축 서식] 옵션 창이 나타나면 [축 옵션]–[축 옵션]을 차례대로 선택합니다. [경계]–[최소값]에 『2.5』를 입력합니다. 최대값이나 단위는 그대로 둡니다.

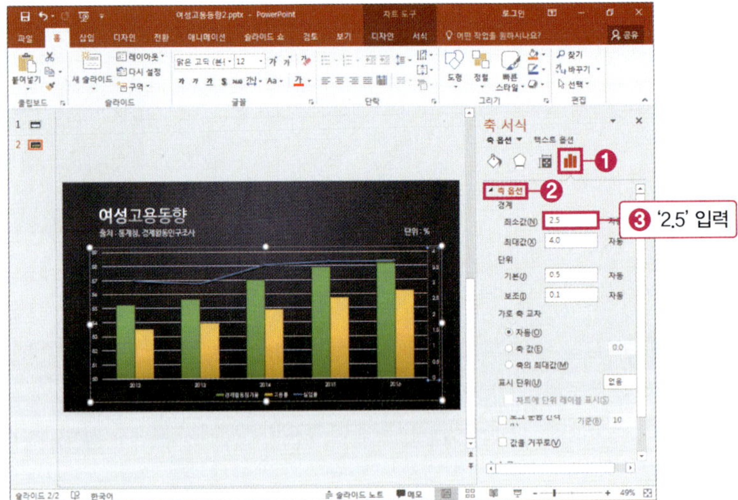

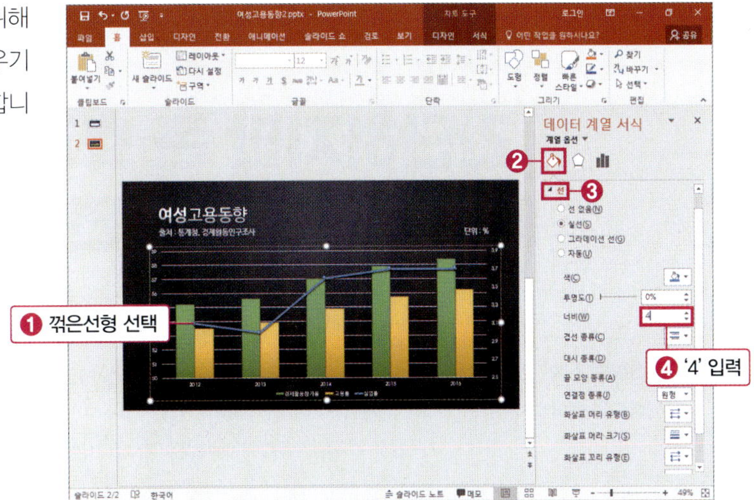

03 꺾은선형의 스타일을 변경하기 위해 꺾은선형을 선택한 후 [계열 옵션]–[채우기 및 선]에서 [선]–[너비]에 『4』를 입력합니다.

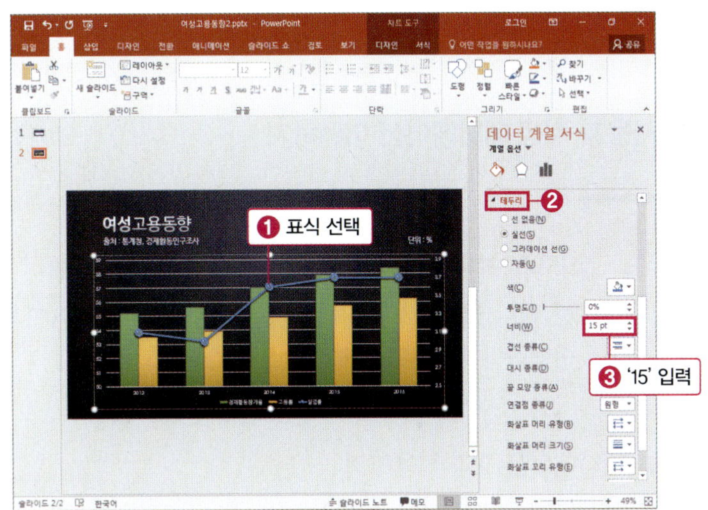

04 표식을 선택합니다. [표식]–[테두리]에서 [너비]에 『15』를 입력합니다.

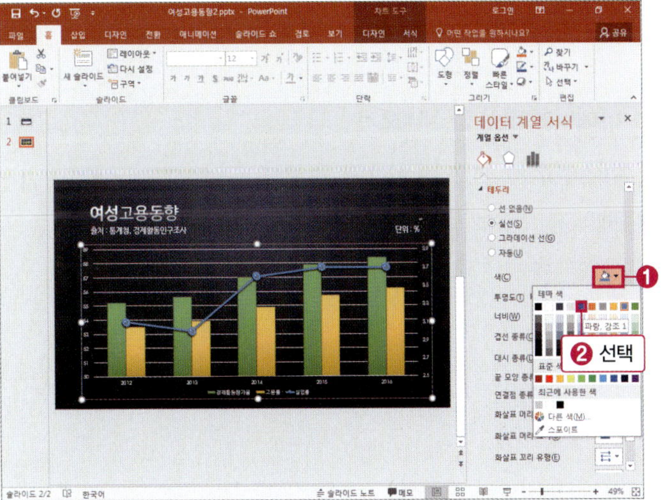

05 [색] 화살표를 클릭한 후 [파랑, 강조1]을 선택하여 혼합 차트를 완성합니다.

간단하지만 큰 효과를 주는 애니메이션과 화면 전환 효과

**슬라이드 쇼에
생명력을 불어넣자!**

청중의 시선을 사로잡는 데 가장 효과적인 파워포인트 기능 중 하나가 바로 애니메이션입니다. 화려한 애니메이션 효과나 많은 애니메이션 효과는 프레젠테이션 진행 시 오히려 역효과가 날 수 있지만 적당하게 구성된 애니메이션 효과는 프레젠테이션을 돋보이게 합니다.

사용자 지정 애니메이션 이해하기

애니메이션을 적용할 개체를 선택한 후 [애니메이션] 탭-[애니메이션] 그룹에서 [자세히]를 클릭하면 다양한 애니메이션 갤러리를 볼 수 있습니다. 애니메이션 효과는 총 4개의 영역으로 표시되는데 각각의 영역마다 강조하는 애니메이션 효과가 다릅니다.

■ 애니메이션 효과 적용하기

예제파일 Part05/Lesson03/광고전략.pptx | 완성 파일 Part05/Lesson03/광고전략_완성.pptx

애니메이션에는 나타내기, 강조, 끝내기, 이동 경로 등 4가지 영역이 표시됩니다. 각기 다른 효과를 낼 수 있기에 여기서는 4가지 영역의 특성을 살펴보고 애니메이션 효과를 적용해 보겠습니다.

1 | [애니메이션] 탭 살펴보기

[애니메이션] 탭을 이용하면 개체나 슬라이드에 애니메이션을 효과적으로 적용할 수 있습니다. [애니메이션] 탭에서는 화면 전환 효과나 텍스트, 차트 또는 사용자 지정 애니메이션을 사용자가 원하는 대로 적용할 수 있습니다.

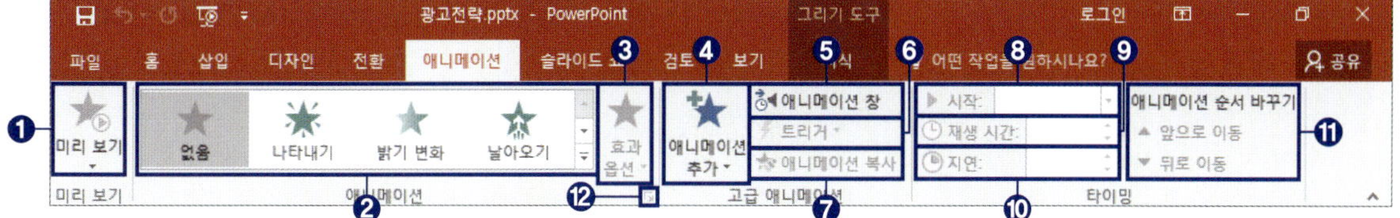

❶ 미리보기 : 선택한 애니메이션을 슬라이드 편집 창에서 바로 확인할 수 있습니다.

❷ 애니메이션 : 다양한 애니메이션 효과를 선택할 수 있습니다.

❸ 효과 옵션 : 방향이나 색 등 다양한 효과 옵션을 지정할 수 있습니다.

❹ 애니메이션 추가 : 하나의 애니메이션에 다른 애니메이션을 추가할 수 있습니다.

❺ 애니메이션 창 : 애니메이션 창을 열어 애니메이션 순서 및 효과를 확인할 수 있습니다.

❻ 트리거 : 애니메이션에서 특수 시작 조건을 설정합니다.

❼ 애니메이션 복사 : 애니메이션 효과를 복사해 다른 개체에 지정할 수 있습니다.

❽ 시작 : 클릭할 때, 이전 효과와 함께, 이전 효과 다음에 중 원하는 시작 방법을 선택합니다.

❾ 재생 시간 : 재생 시간을 설정합니다.

❿ 지연 : 지연 시간을 설정합니다.

⓫ 애니메이션 순서 바꾸기 : 애니메이션의 순서를 변경합니다.

⓬ 추가 효과 옵션 표시 : 애니메이션의 대화상자를 표시해 다양한 옵션을 설정할 수 있습니다.

2 | 애니메이션 효과

[애니메이션] 탭-[애니메이션] 그룹의 [자세히]를 클릭하면 다양한 애니메이션 갤러리가 나타납니다. 마음에 드는 애니메이션 효과가 없다면 [추가 나타내기 효과] 혹은 [추가 강조하기 효과] 등을 클릭해 더 많은 애니메이션 효과를 선택할 수 있습니다.

[추가 나타내기 효과] 혹은 [추가 강조하기 효과] 등을 클릭하면 숨겨져 있던 모든 사용자 지정 애니메이션 효과가 나타납니다. 각각의 특성별로 그룹화되어 있어서 애니메이션을 선택할 때에도 편리합니다.

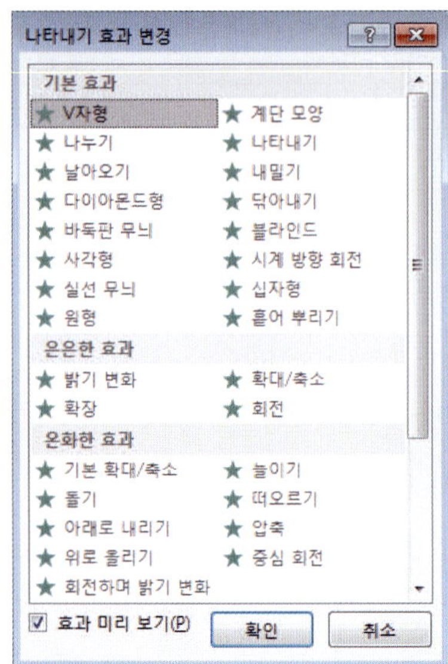

▲ 나타내기 효과

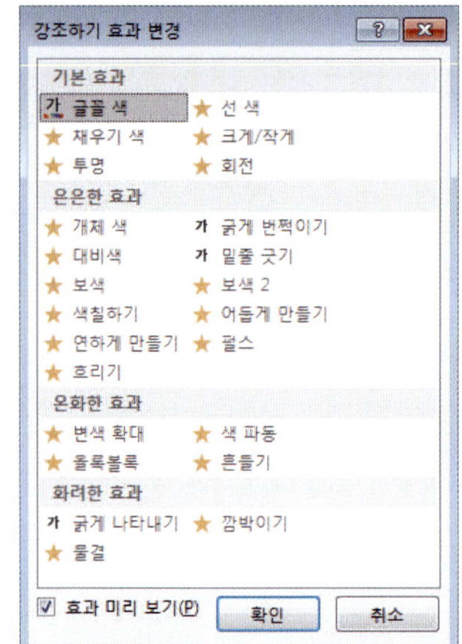

▲ 강조하기 효과

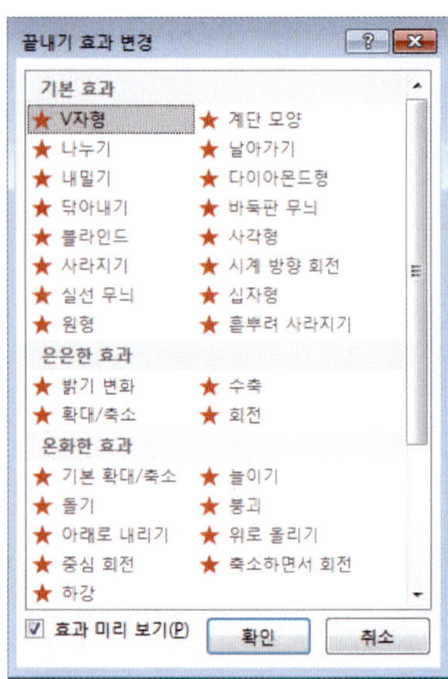

▲ 끝내기 효과

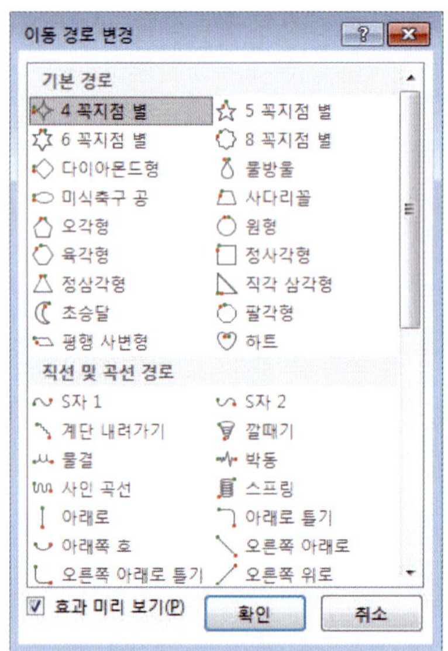

▲ 이동 경로

- **나타내기** : 가장 많이 사용하는 애니메이션으로 녹색 별 모양으로 표시됩니다. 선택한 개체가 숨겨진 상태에서 표시되는 애니메이션 효과입니다.

- **강조하기** : 노란색 별 모양으로 표시되는 강조 효과는 개체를 강조하기 위해 시선을 끌 수 있는 애니메이션 효과로, 개체 회전이나 물결 표시 등의 효과를 말합니다.

- **끝내기** : 빨간색 별 모양으로 표시되는 끝내기 효과는 개체를 표시한 후 사라지게 할 때 사용하는 애니메이션 효과입니다.

- **이동 경로** : 개체를 이동 경로에 따라 움직일 때 사용하는 애니메이션 효과입니다. 타원이나 사용자가 지정하는 패스에 따라 애니메이션이 움직입니다.

01 예제를 통해 살펴보겠습니다. 첫 번째 개체를 선택합니다. [애니메이션] 탭–[애니메이션] 그룹의 [자세히]를 클릭합니다. [나타내기]–[밝기 변화]를 선택합니다.

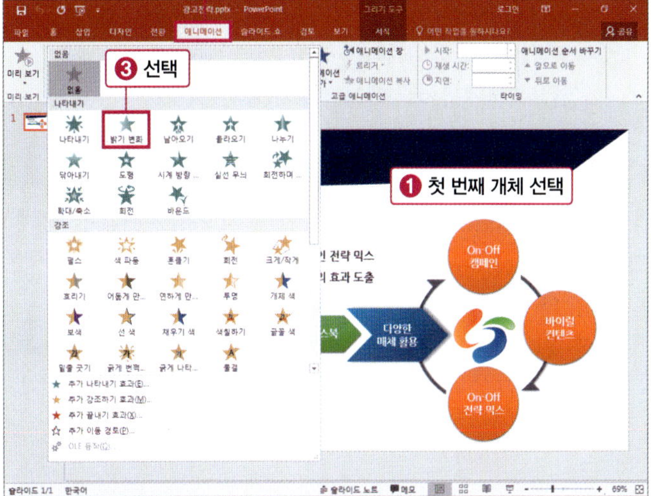

02 애니메이션이 적용되면 개체에 번호가 지정됩니다. 하나의 개체에 여러 개의 애니메이션을 중복 적용할 수 있습니다. [애니메이션] 탭–[고급 애니메이션] 그룹에서 [애니메이션 추가]를 클릭합니다. [강조]–[펄스]를 선택합니다.

....

팁 :: 개체 왼쪽에 번호가 매겨진 것을 볼 수 있습니다. 이 번호는 애니메이션 효과의 진행 순서를 의미하며, 슬라이드 쇼 화면이나 인쇄 시에는 나타나지 않습니다.

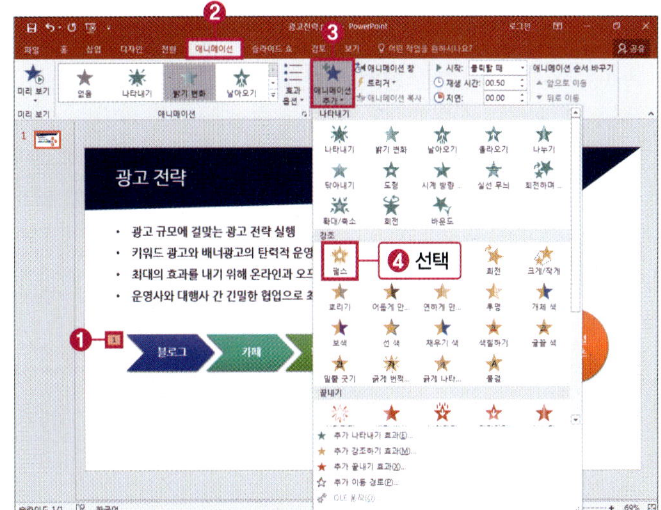

Q&A ··

Q. 애니메이션을 추가하면 이전에 적용한 애니메이션이 삭제됩니다.

A. 하나의 개체에 두 개 이상의 애니메이션을 추가할 때에는 [애니메이션 추가]를 클릭한 후 애니메이션을 선택해야 합니다. 애니메이션 목록에서 애니메이션을 추가하면 기존에 적용되었던 애니메이션은 삭제되고 새로운 애니메이션이 적용됩니다.

03 이번에는 보다 다양한 애니메이션을 적용해 보겠습니다. [애니메이션] 탭–[고급 애니메이션] 그룹에서 [애니메이션 추가]를 클릭한 후 [추가 끝내기 효과]를 선택합니다.

팁 :: 추가 나타내기 효과, 추가 강조하기 효과, 추가 끝내기 효과 등 보다 다양한 애니메이션 효과를 지정할 수 있습니다.

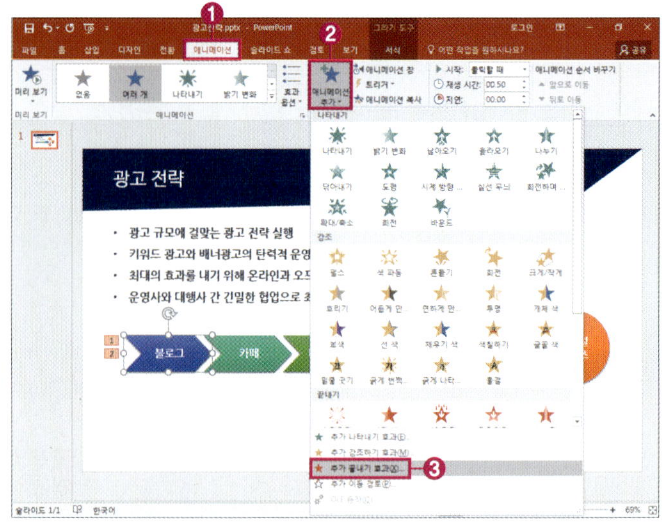

04 [끝내기 효과 추가] 대화상자가 나타납니다. [온화한 효과]–[아래로 내리기]를 선택한 후 [확인]을 클릭합니다.

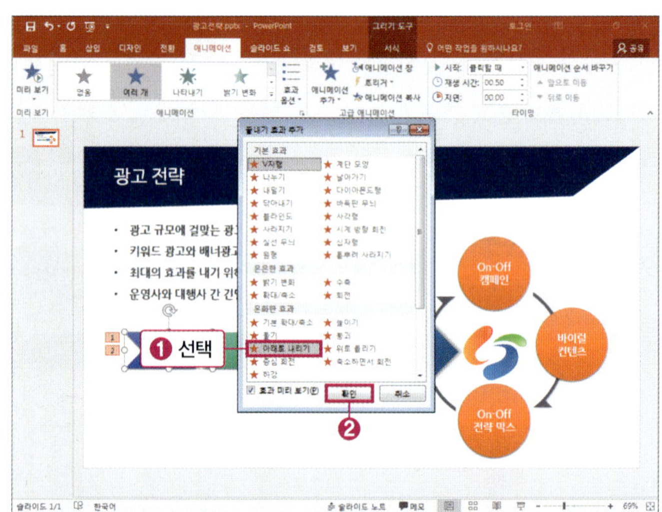

05 이것으로 하나의 개체에 총 3개의 애니메이션을 지정했습니다. [애니메이션] 탭–[미리보기] 그룹에서 [미리보기] 상단을 클릭하여 애니메이션을 확인합니다.

팁 :: [미리보기] 탭의 [미리보기]를 클릭하면 적용된 애니메이션을 미리보기 할 수 있습니다.

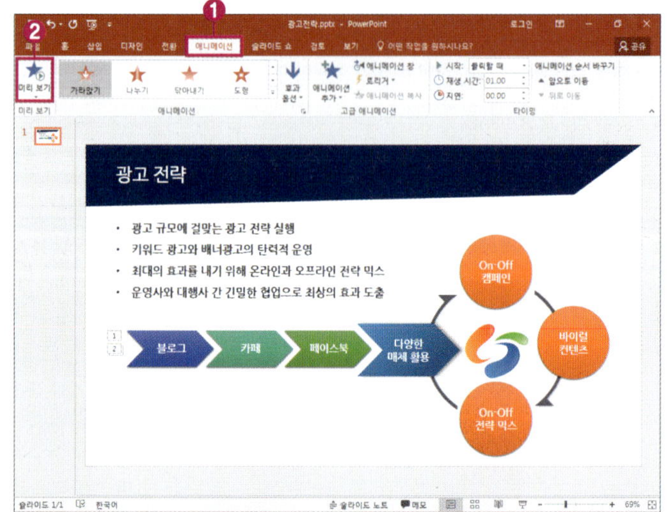

애니메이션 복사하여 빠르게 적용하기

[애니메이션] 탭–[애니메이션] 그룹에서 [애니메이션 복사]를 더블클릭하면 여러 번 연속으로 애니메이션을 복사할 수 있습니다.

■ 한 번 클릭하여 애니메이션 복사하기

예제 파일 Part05/Lesson03/광고전략2.pptx | **완성 파일** Part05/Lesson03/광고전략2_완성.pptx

첫 번째 개체에 적용되어 있는 애니메이션 효과를 두 번째, 세 번째 개체에도 그대로 적용할 수 있습니다. [애니메이션 복사]를 한 번 클릭한 후 애니메이션을 복사하면 단 1회 복사가 진행됩니다.

01 첫 번째 슬라이드에서 애니메이션을 복사할 개체를 선택한 다음 [애니메이션] 탭–[애니메이션] 그룹에서 [애니메이션 복사]를 한 번 클릭합니다.

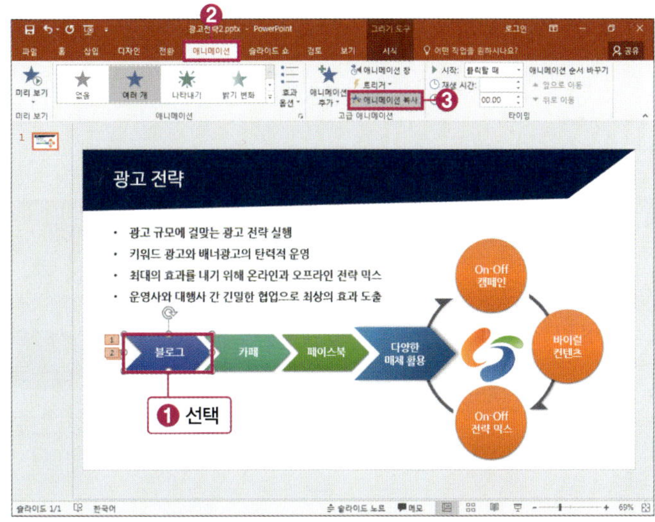

02 마우스 포인터 모양이 변경되면 복사한 애니메이션을 적용할 개체를 클릭합니다. 4, 5, 6번 번호가 지정되며 애니메이션이 적용됩니다.

....

팁 ::[애니메이션 복사]를 지금처럼 한 번 클릭한 후 애니메이션을 복사하면 단 1회 복사가 진행됩니다.

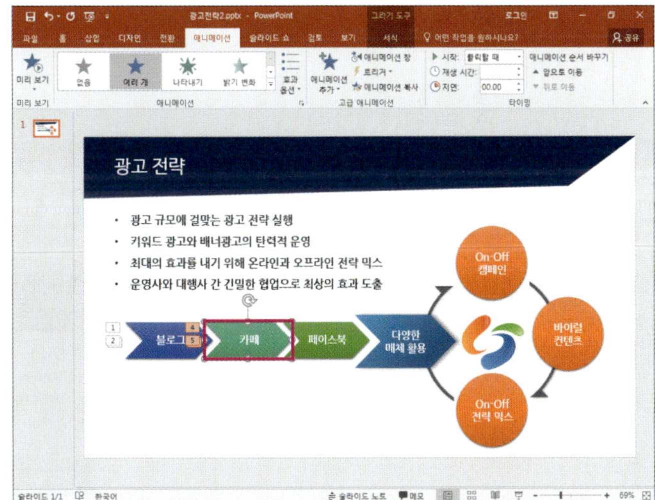

■ 두 번 클릭하여 애니메이션 복사하기

예제 파일 Part05/Lesson03/광고전략3.pptx | **완성 파일** Part05/Lesson03/광고전략3_완성.pptx

[애니메이션 복사]를 두 번 클릭하면 애니메이션을 연속으로 복사할 수 있습니다.

01 애니메이션을 복사할 개체를 선택한 다음 [애니메이션] 탭–[애니메이션] 그룹에서 [애니메이션 복사]를 두 번 클릭합니다.

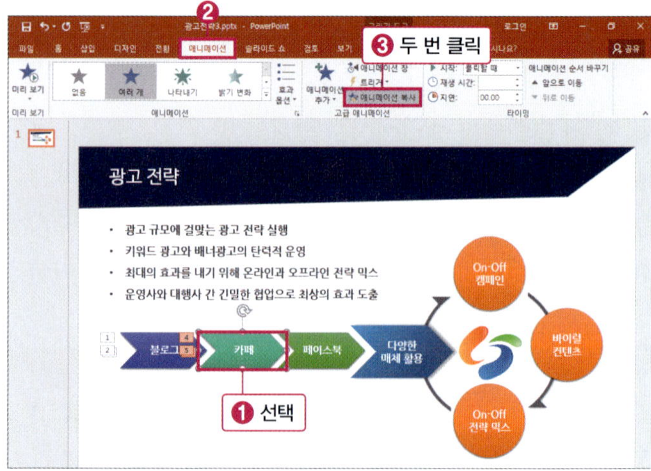

02 마우스 포인터 모양이 변경되면 복사한 애니메이션을 적용할 개체를 클릭합니다.

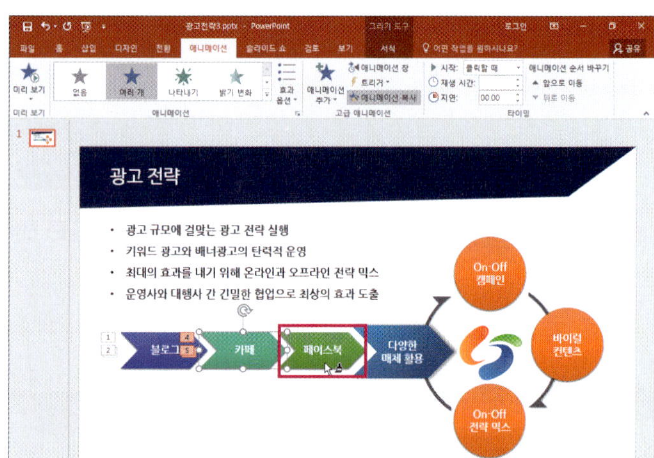

03 4, 5, 6번 애니메이션 번호가 표시됩니다. 계속해서 다른 개체도 선택하여 애니메이션을 복사합니다. 7, 8, 9번 애니메이션 번호가 표시됩니다. 애니메이션 복사를 중단하려면 [애니메이션 복사]를 다시 한 번 클릭합니다.

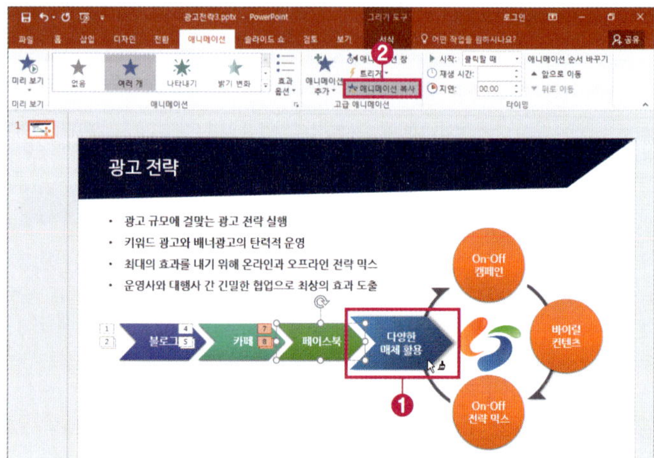

사용자 지정 경로로 애니메이션 그리기

사용자 지정 경로 그리기란 애니메이션을 사용할 때 사용자가 지정하는 경로대로 개체가 움직이는 것을 말하는 것으로 이 기능을 잘 활용하면 남들과 다른 애니메이션을 구성할 수 있습니다.

■ 사용자 지정 경로 그리기

예제 파일 Part05/Lesson03/광고전략4.pptx ㅣ 완성 파일 Part05/Lesson03/광고전략4_완성.pptx

이동 경로를 그려 넣으면 그 이동 경로에 따라 개체가 움직이게 되므로 효과 만점의 애니메이션을 만들 수 있습니다.

1 ㅣ 추가 이동 경로

사용자 지정 경로는 [추가 이동 경로]를 선택하여 다양한 애니메이션 이동 경로를 설정할 수 있습니다.

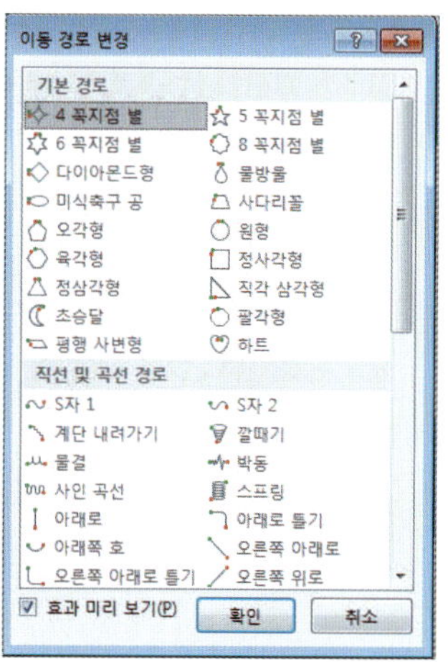

2 ㅣ 경로 변경하기

지정한 이동 경로는 점 편집 기능을 통하여 원하는 경로로 변경할 수 있습니다. 지정 경로 선을 선택한 후 마우스 오른쪽 버튼을 눌러 [점 편집]을 선택하면 지정 경로를 변경할 수 있습니다.

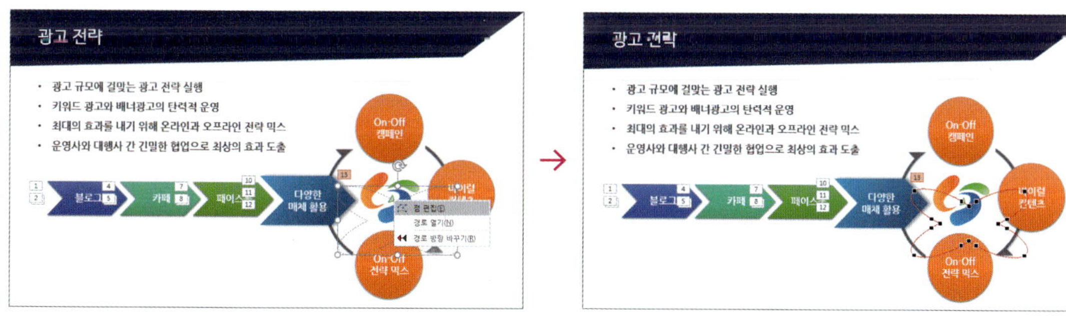

01 예제를 열어 이동 경로를 통해 특별한 애니메이션 효과를 적용해 보겠습니다. 로고를 선택한 후 [애니메이션] 탭–[애니메이션] 그룹의 [자세히]를 클릭하고 [추가 이동 경로]를 선택합니다.

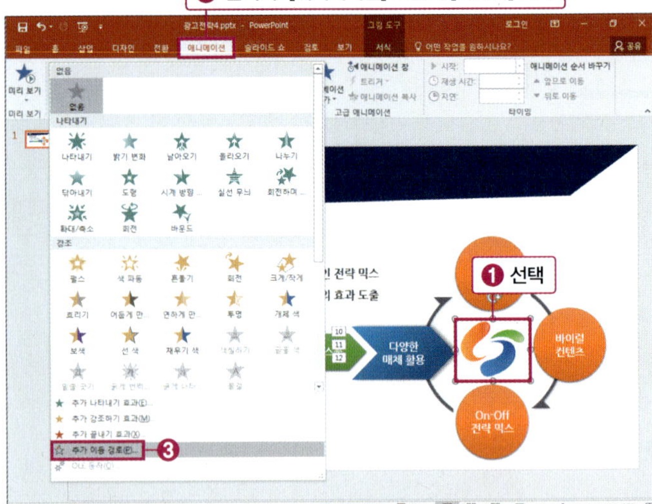

02 [이동 경로 변경] 대화상자가 나타나면 [기타 경로]–[둥근 X]를 선택한 후 [확인]을 클릭합니다.

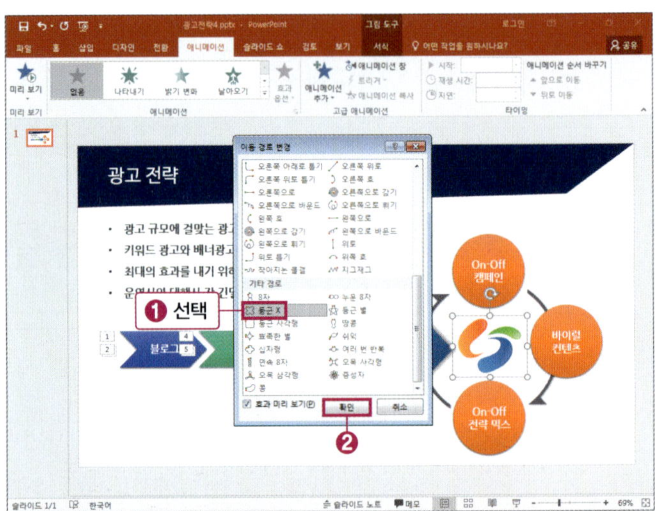

03 이동 경로가 지정됩니다. 이동 경로가 슬라이드 편집 창에 표시됩니다.

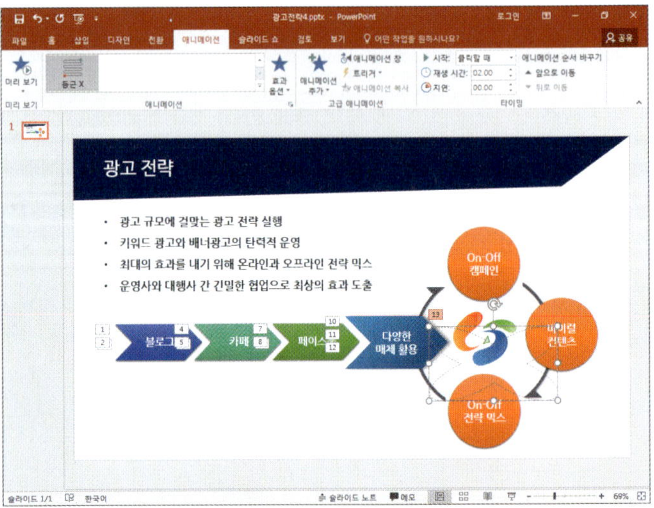

04 지정 경로 선은 점 편집 기능을 통하여 원하는 경로로 변경할 수 있습니다. 지정 경로 선을 선택하고 마우스 오른쪽 버튼을 눌러 [점 편집]을 선택합니다.

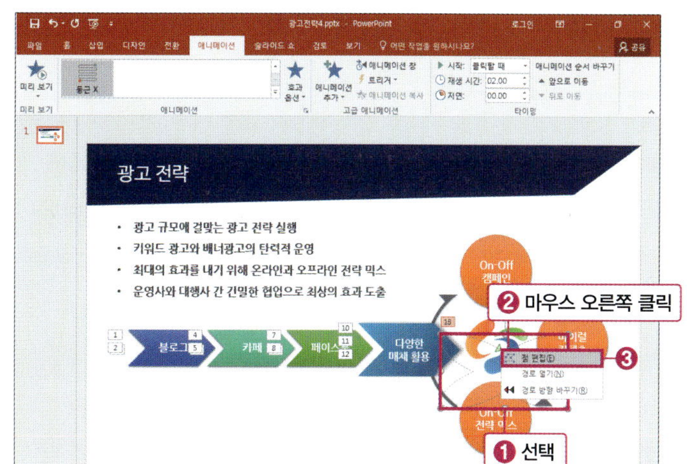

05 지정한 경로의 점이 편집이 가능한 상태로 열립니다. 마우스로 드래그하여 지정 경로를 변경합니다.

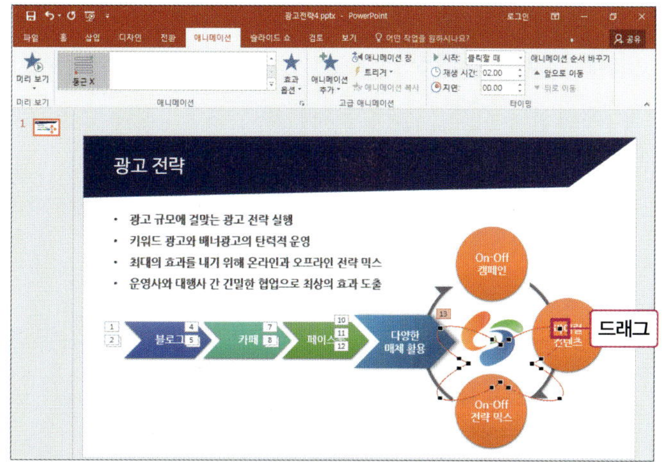

06 원하는 형식으로 경로를 편집한 후 Esc 를 눌러 지정 경로를 마무리합니다. [애니메이션] 탭–[미리보기] 그룹에서 [미리보기] 윗부분을 클릭하여 애니메이션을 확인합니다.

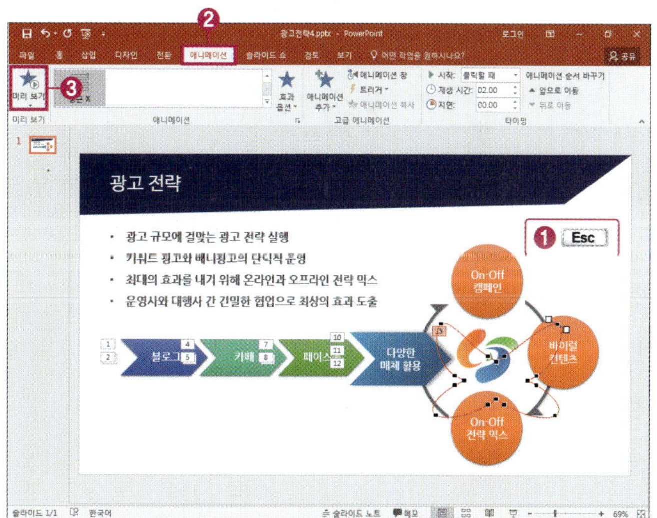

Q&A

Q. 개체가 이동하거나 끝날 때 흔들리는 느낌이 있습니다. 왜 그런 걸까요?

A. 애니메이션 효과에 따라 흔들리는 느낌이 있을 수 있습니다. 애니메이션 효과 때문이 아니라면 [효과 옵션] 대화상자에서 옵션 값 조정을 통해 흔들리는 느낌을 조정할 수 있습니다. [효과 옵션] 대화상자를 열고 [부드럽게 시작], [부드럽게 종료]의 값을 『0』으로 조정합니다.

애니메이션 시작과 순서 변경하기

애니메이션 시작이란 애니메이션을 적용한 개체가 어떤 방법으로 슬라이드 화면에 나타날지를 설정하는 기능을 말합니다. 즉, 마우스로 클릭할 때 애니메이션이 작동하게 할 것인지 자동으로 애니메이션이 작동하게 할 것인지를 지정할 때 사용할 수 있습니다.

■ 애니메이션 효과를 이전 효과와 함께 시작하기

예제 파일 Part05/Lesson03/소셜네트워크.pptx ┃ 완성 파일 Part05/Lesson03/소셜네트워크_완성.pptx

애니메이션 효과는 '클릭할 때 시작', '이전 효과와 함께 시작', '이전 효과 다음에 시작'으로 시작 방법을 설정할 수 있습니다.

1 ┃ [애니메이션] 옵션 창

애니메이션의 시작을 설정할 개체를 선택한 다음 [고급 애니메이션] 그룹에서 [애니메이션 창]을 클릭하면 [애니메이션] 옵션 창이 뜹니다. 항목에서 목록 단추를 클릭하면 [클릭할 때 시작], [이전 효과와 함께 시작], [이전 효과 다음에 시작]이라는 3가지 시작 방법이 나타납니다.

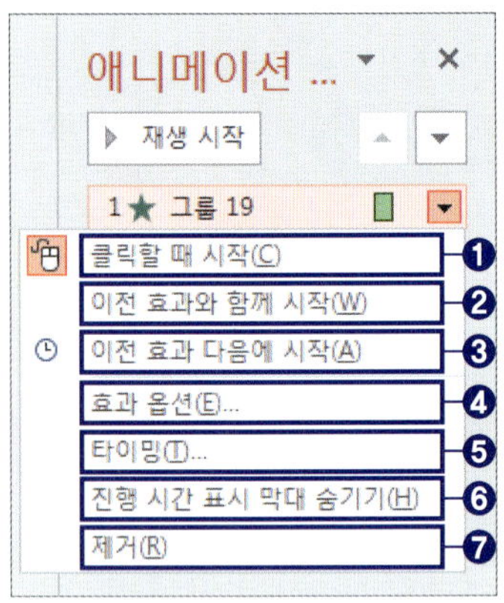

❶ **클릭할 때 시작** : 슬라이드 쇼를 진행할 때 마우스를 클릭하거나 Enter 를 눌러야만 애니메이션이 실행됩니다.

❷ **이전 효과와 함께 시작** : 이전 애니메이션 효과와 함께 애니메이션이 실행됩니다.

❸ **이전 효과 다음에 시작** : 이전 애니메이션이 실행된 다음 애니메이션이 실행됩니다.

❹ **효과 옵션** : 애니메이션 옵션을 지정하여 보다 상세한 효과를 줄 수 있습니다.

❺ **타이밍** : 지연 시간이나 재생 시간, 시작 옵션 등을 지정할 수 있습니다.

❻ **진행 시간 표시 막대** : 진행 시간 표시 막대를 표시하거나 감출 수 있습니다.

❼ **제거** : 애니메이션 효과를 제거할 수 있습니다.

01 애니메이션이 적용된 개체를 선택한 후 [애니메이션] 탭-[고급 애니메이션] 그룹에서 [애니메이션 창]을 클릭합니다. [애니메이션] 옵션 창이 열리면 첫 번째 항목을 선택한 후 화살표를 클릭합니다. 목록이 나타나면 [이전 효과 다음에 시작]을 선택합니다.

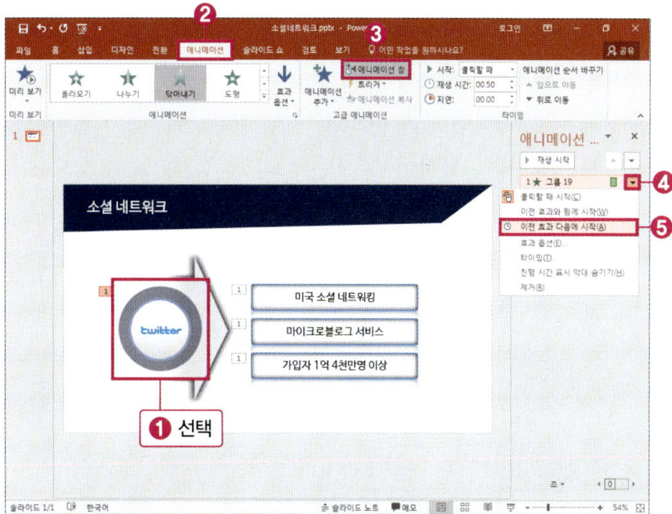

02 이번에는 여러 항목을 한 번에 변경해 보겠습니다. 두 번째 항목부터 네 번째 항목까지를 **Ctrl** 을 누른 채 함께 선택한 후 화살표를 클릭합니다. 목록이 나타나면 [클릭할 때 시작]을 선택합니다.

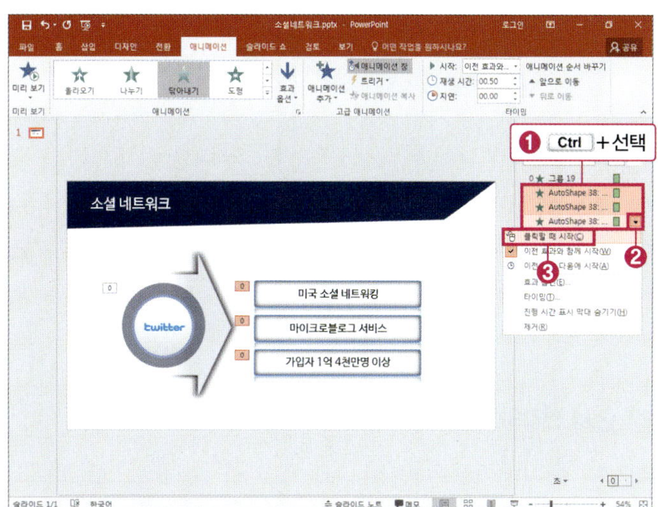

팁 :: 동일한 효과나 시작을 반복해서 주고 싶을 경우 [애니메이션 복사]를 클릭해 애니메이션을 복사하여 적용하는 경우도 있지만, [애니메이션] 옵션 창의 목록에서 모두를 선택한 후 원하는 애니메이션 효과나 방향, 속도 등을 지정해 한 번에 지정할 수도 있습니다.

■ 애니메이션 순서 변경하기

예제 파일 Part05/Lesson03/소셜네트워크2.pptx | **완성 파일** Part05/Lesson03/소셜네트워크2_완성.pptx

이번에는 애니메이션의 순서를 지정해 보겠습니다. 애니메이션 순서 지정하기를 통해 각각의 애니메이션의 순서를 설정할 수 있습니다.

1 | 창 크기 조정하기

애니메이션 효과를 많이 지정하게 되면 애니메이션 프레임의 길이가 길어질 수 있습니다. 이럴 경우 어떤 순서 및 시간으로 애니메이션이 움직이는지 확인하기 어렵기 때문에 [애니메이션] 옵션 창을 늘려 확인하는 것이 좋습니다. [애니메이션] 옵션 창의 경계선을 드래그하여 크기를 조절합니다.

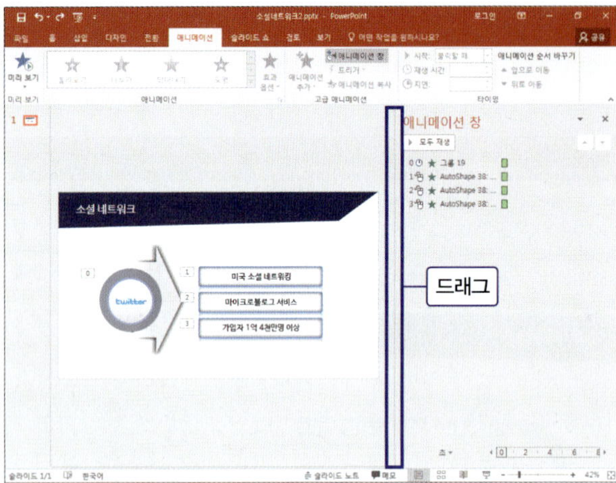

2 | 순서 변경하기

각각의 애니메이션은 만든 순서에 따라 순차적으로 목록에 나타나게 됩니다. 이를 변경하고 싶은 경우 [애니메이션] 옵션 창에서 변경하거나 [애니메이션] 탭-[타이밍] 그룹의 [앞으로 이동], [뒤로 이동]을 클릭해 순서를 변경할 수 있습니다.

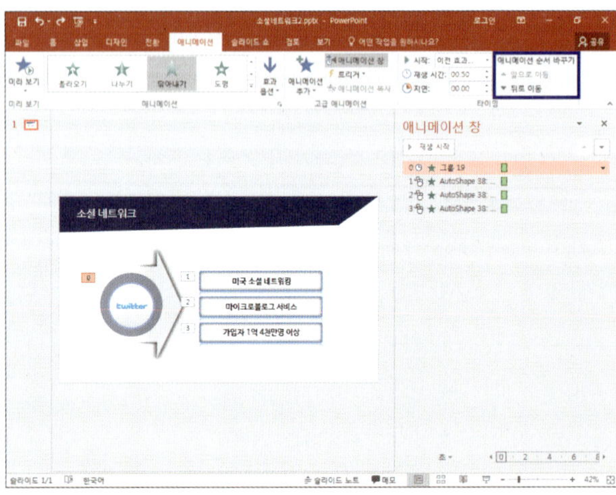

01 예제를 통해 애니메이션 순서를 변경해 보겠습니다. [애니메이션] 옵션 창에서 첫 번째 애니메이션 개체를 선택합니다. [뒤로 이동]을 클릭해 제일 마지막으로 이동합니다.

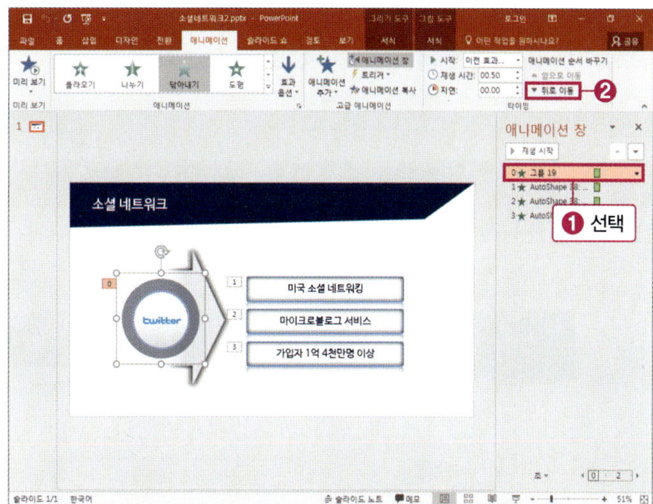

02 애니메이션의 순서가 변경됩니다. [애니메이션] 탭–[미리보기] 그룹의 [미리보기]를 클릭해 순서가 변경된 애니메이션을 확인합니다.

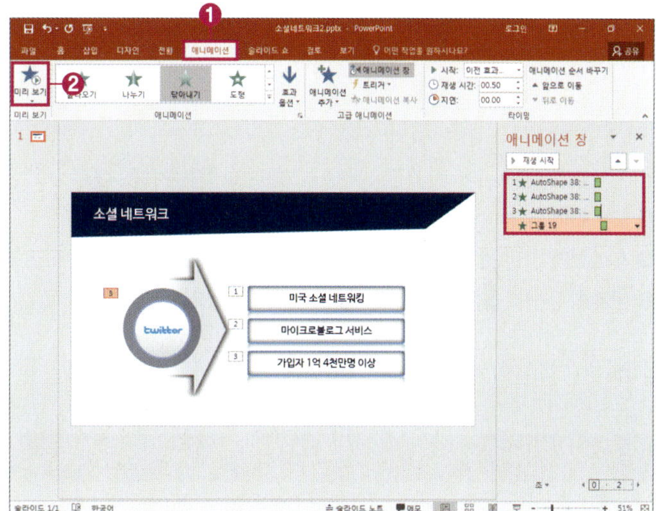

순서를 변경할 수 있는 [선택] 옵션 창을 표시하여 개체를 선택하거나 순서를 변경할 수 있습니다. [홈] 탭–[편집] 그룹에서 [선택]을 클릭하면 '모두 선택, 개체 선택, 선택 창'을 통해 개체를 선택할 수 있습니다.

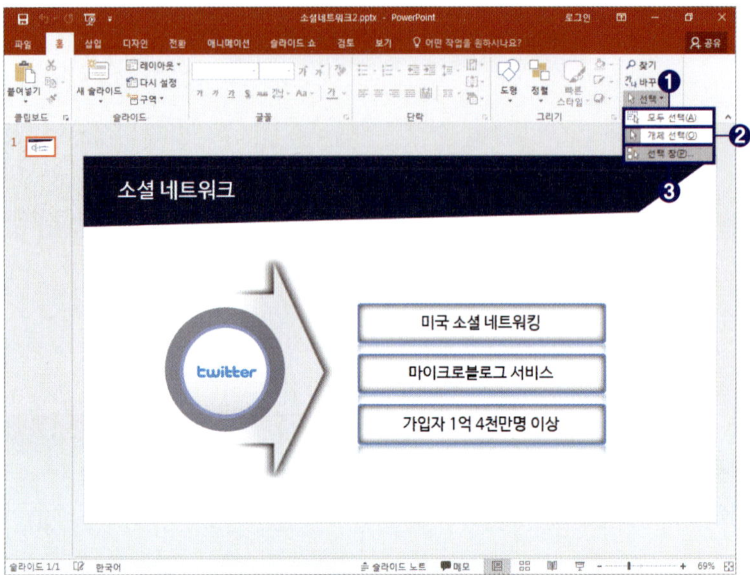

❶ **모두 선택** : 슬라이드 편집 창의 모든 항목을 선택할 수 있습니다.

❷ **개체 선택** : 기본 설정되어 있는 옵션으로 슬라이드의 개체를 선택할 수 있습니다.

❸ **선택 창** : [선택] 옵션 창을 열어 개체를 선택할 수 있습니다.

[선택] 옵션 창이 표시되면 현재 슬라이드 편집 창에 표시된 모든 개체의 이름과 순서가 나타납니다. 개체 수가 많을 경우에는 [선택] 옵션 창을 통해 개체를 구분할 수 있습니다. 각각의 개체를 더블클릭하면 이름을 수정할 수도 있습니다.

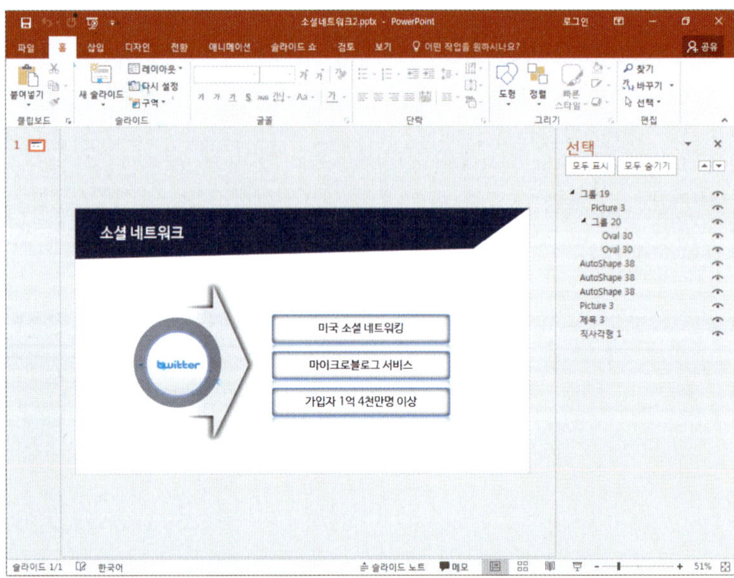

또한, [선택] 옵션 창 오른쪽에 있는 눈 아이콘(👁)을 클릭하면 개체를 숨길 수도 있습니다. 개체가 겹쳐 있거나 선택이 어려울 때 눈 아이콘(👁)을 적절히 활용하면 개제 선택에 노움을 받을 수 있습니다. 위, 아래 단추를 클릭해 개체의 순서도 변경할 수 있습니다.

2 | 모든 애니메이션 실행하지 않기

예제 파일 Part05/Lesson03/소셜네트워크3.pptx ┃ **완성 파일** Part05/Lesson03/소셜네트워크3_완성.pptx

실전 프레젠테이션에서는 다양한 변수가 생기게 마련입니다. 설정한 애니메이션을 본의 아니게 실행하지 못하는 경우도 생길 수 있는데 이럴 때에는 일일이 애니메이션을 삭제하는 것보다는 애니메이션 옵션을 선택하는 것이 바른 방법입니다.

01 [슬라이드 쇼] 탭-[설정] 그룹에서 [슬라이드 쇼 설정]을 클릭합니다.

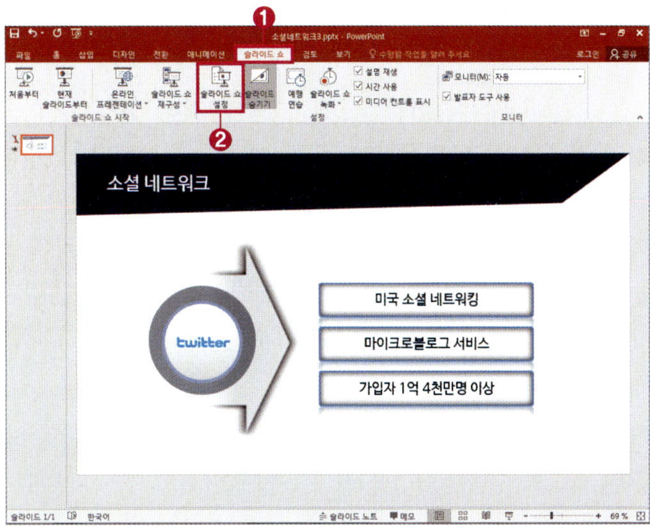

02 [쇼 설정] 대화상자 나타나면 [표시 옵션]-[애니메이션 없이 보기]에 체크한 후 [확인]을 클릭합니다. 슬라이드 쇼를 하면 애니메이션이 표시되지 않는 것을 확인할 수 있습니다.

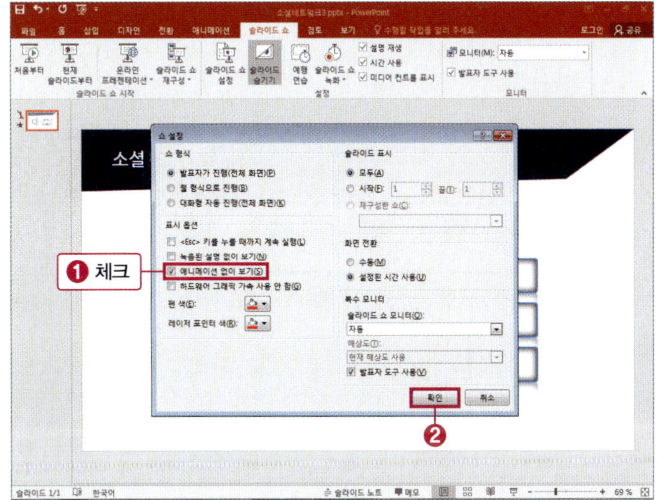

생동감을 느낄 수 있는 화면 전환 효과 지정하기

종종 사용자 지정 애니메이션 효과와 화면 전환 효과를 혼동하는 경우가 있습니다. 사용자 지정 애니메이션은 슬라이드에 있는 텍스트, 도형, 차트 등의 개체에 사용자가 직접 애니메이션을 지정하는 것을 말하며, 화면 전환 효과는 텍스트, 도형, 차트 등의 개체가 아닌 슬라이드 전체에 적용하는 애니메이션 효과를 말합니다.

■ 화면 전환 효과 지정하기

예제 파일 Part05/Lesson03/매체운영방안.pptx ㅣ **완성 파일** Part05/Lesson03/매체운영방안_완성.pptx

화면 전환 효과는 각각의 슬라이드에 애니메이션 효과를 주어 세련된 애니메이션 효과를 낼 수 있는 기능으로써 쉽고 간편하게 애니메이션 효과를 줄 수 있다는 것이 장점입니다.

1 ㅣ [전환] 탭 살펴보기

각각의 개체에 애니메이션 효과를 주는 것도 효과적이긴 하지만 전체 슬라이드에 화면 전환 효과를 주면 슬라이드의 통일성을 해치지 않으면서도 멋진 애니메이션을 연출할 수 있습니다.

가장 쉽게 사용할 수 있는 애니메이션 효과 중 하나가 바로 화면 전환 효과입니다. 이를 통해 사용자 지정 애니메이션 효과보다 빠르면서도 세련된 애니메이션 효과를 낼 수 있습니다. 화면 전환 효과는 [전환] 탭을 통해 지정할 수 있습니다.

❶ **미리보기** : 전환 효과를 미리 볼 수 있습니다.

❷ **슬라이드 화면 전환** : 다양한 화면 전환 효과를 미리보고 선택할 수 있습니다.

❸ **효과 옵션** : 선택한 화면 전환 효과에 따른 옵션을 지정할 수 있습니다.

❹ **소리** : 전환 효과에 소리를 삽입할 수 있습니다.

❺ **기간** : 화면 전환 시간을 설정합니다.

❻ **모두 적용** : 적용된 화면 전환 효과를 모든 슬라이드에 적용합니다.

❼ **마우스를 클릭할 때** : 화면 전환 효과가 마우스를 클릭할 때 넘어가도록 지정합니다.

❽ **다음 시간 후** : 입력된 시간 후 자동으로 화면 전환 효과가 작동됩니다.

01 예제를 통해 살펴보겠습니다. 화면 전환 효과를 지정하기 위해 첫 번째와 두 번째 슬라이드를 선택한 다음 [전환] 탭–[슬라이드 화면 전환] 그룹에서 [자세히]를 클릭합니다. 화면 전환 관련 갤러리가 나타나면 [동작 콘텐츠]–[회전]을 선택합니다.

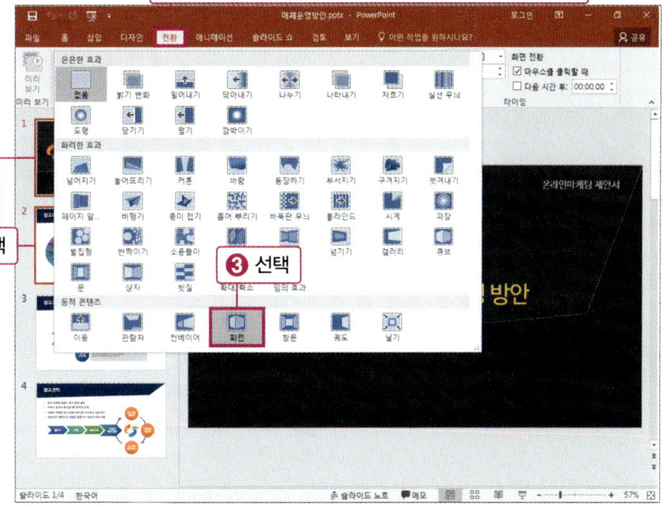

02 슬라이드 미리보기 창에 애니메이션 효과 아이콘이 표시됩니다. 두 번째 슬라이드를 선택한 후 [전환] 탭–[미리보기] 그룹에서 [미리보기]를 클릭합니다.

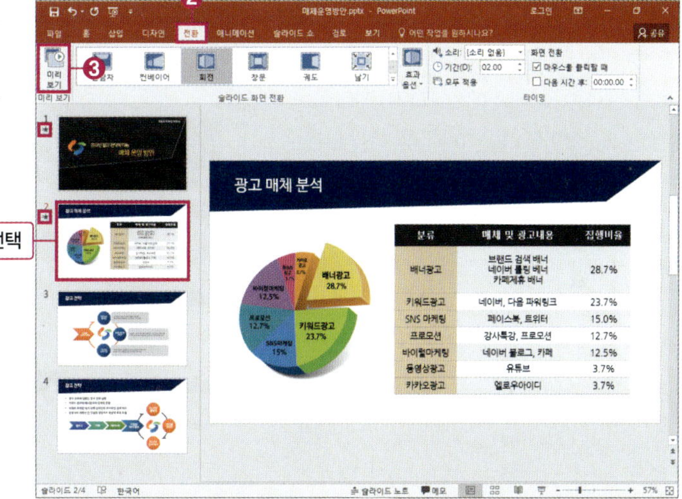

03 화면 전환 효과가 제대로 작동하는지 확인합니다.

팁 :: [미리보기]를 통해 슬라이드 편집 창에서 화면 전환 효과를 확인할 수 있으며, [슬라이드 쇼] 탭의 [처음부터], [현재 슬라이드부터]를 눌러 화면 전환 효과를 확인할 수 있습니다.

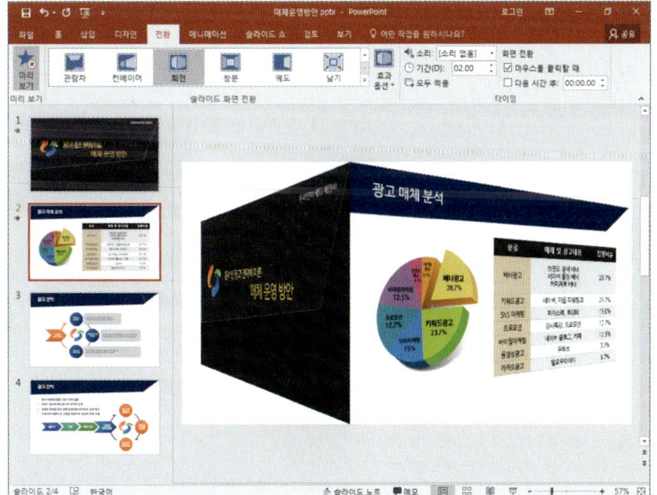

04 적용된 회전 효과의 동작 옵션을 변경할 수 있습니다. [전환] 탭–[슬라이드 화면 전환] 그룹에서 [효과 옵션]–[위에서]를 클릭합니다.

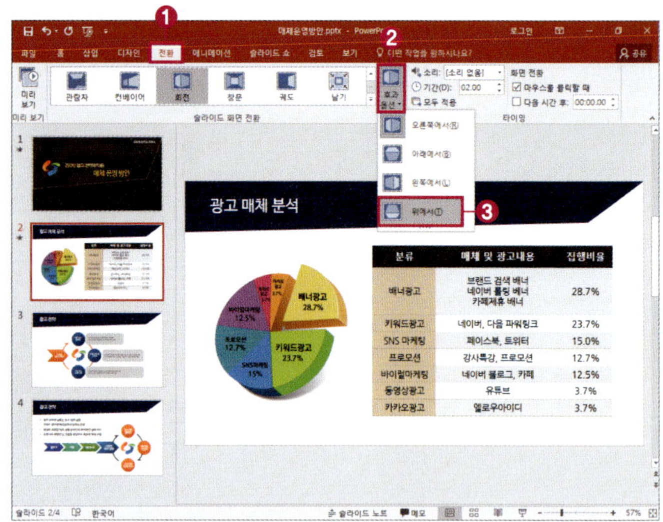

05 두 번째 슬라이드를 선택한 후 [전환] 탭–[미리보기] 그룹에서 [미리보기]를 클릭하여 선택한 화면 전환 효과가 제대로 작동하는지 확인합니다. 제대로 적용되었으면 이번에는 전체 슬라이드에 동일한 화면 전환 효과를 지정하기 위해 [타이밍] 그룹에서 [모두 적용]을 클릭합니다.

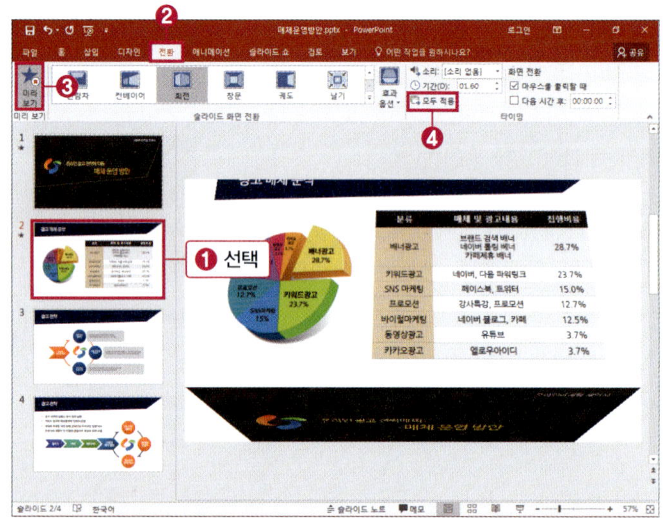

06 슬라이드 미리보기 창에 화면 전환 효과 아이콘이 모두 표시됩니다. F5를 눌러 슬라이드 쇼를 진행해 효과를 확인합니다.

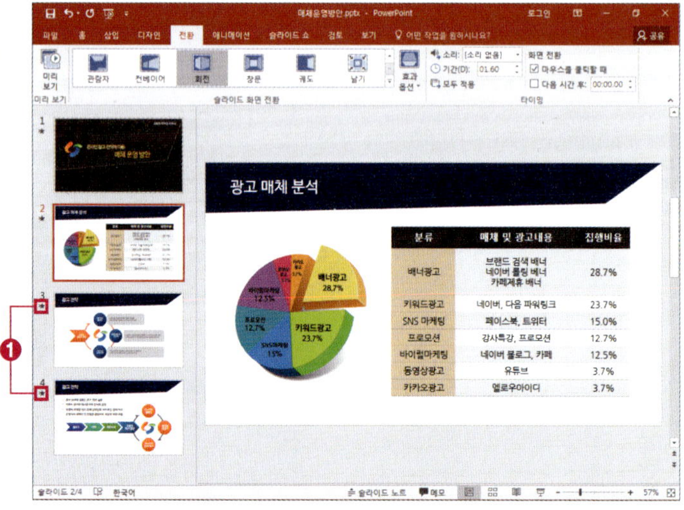

■ 전체 슬라이드에 전환 효과를 한 번에 적용하기

예제 파일 Part05/Lesson03/매체운영방안2.pptx **| 완성 파일** Part05/Lesson03/매체운영방안2_완성.pptx

슬라이드 화면이 일정 시간 후 자동으로 다음 슬라이드 화면으로 전환되도록 하기 위해서는 [다음 시간 후]에 시간을 설정한 후 [모두 적용]을 클릭해야 합니다. 『00:03』을 입력하면 3초 후에 마우스를 클릭하지 않아도 자동으로 화면이 전환됩니다.

1 | 슬라이드 자동 전환

화면 전환을 자동 전환으로 설정하기 위해서는 [전환] 탭-[타이밍] 그룹에서 [다음 시간 후]에서 시간을 설정해 주면 됩니다. 자동으로 슬라이드 쇼를 진행하거나 전시용 프레젠테이션을 제작할 때 적용할 수 있습니다.

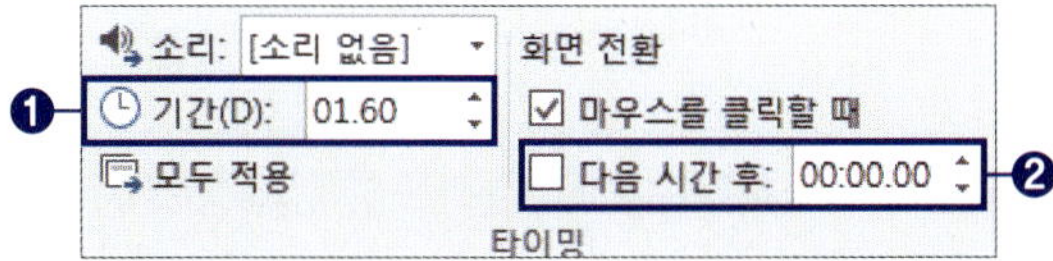

❶ **기간** : 화면 전환 효과가 진행되는 시간을 말합니다. 3초를 지정하면 3초 동안 화면 전환 효과가 진행됩니다.

❷ **다음 시간 후** : A 슬라이드에서 B 슬라이드로 넘어갈 때 A 슬라이드에 머무르는 시간을 말합니다.

상태 표시줄에 있는 [여러 슬라이드](📇)를 클릭하면 애니메이션 효과가 적용되어 있는지를 확인할 수 있습니다. 화면 전환 효과가 지정되어 있다면 각각의 슬라이드 하단에 화면 전환 아이콘과 함께 재생 시간이 표시됩니다.

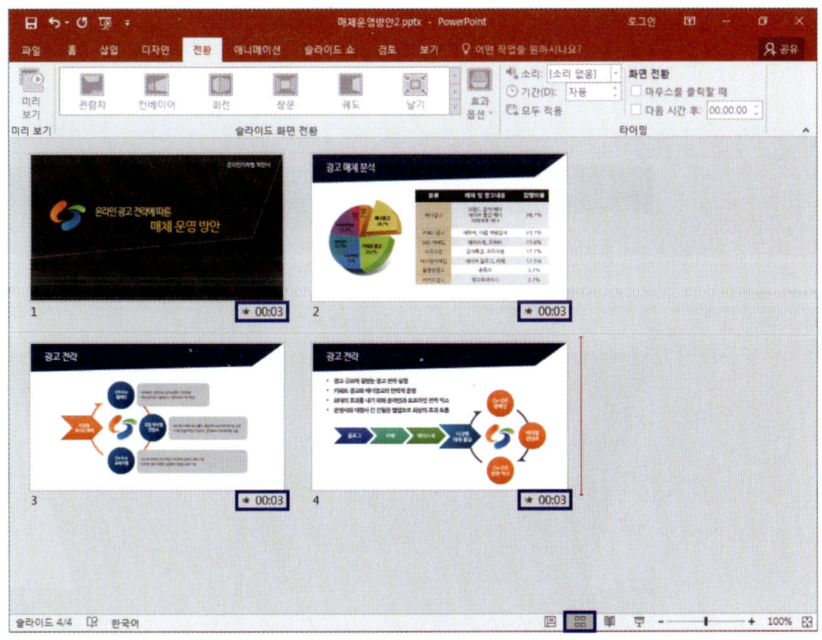

01 예제를 통해 살펴보겠습니다. [전환] 탭–[타이밍] 그룹에서 [마우스를 클릭할 때]에 체크를 해제한 다음 [다음 시간 후]에 체크한 후 『00:03.00』을 입력한 다음 [모두 적용]을 클릭합니다.

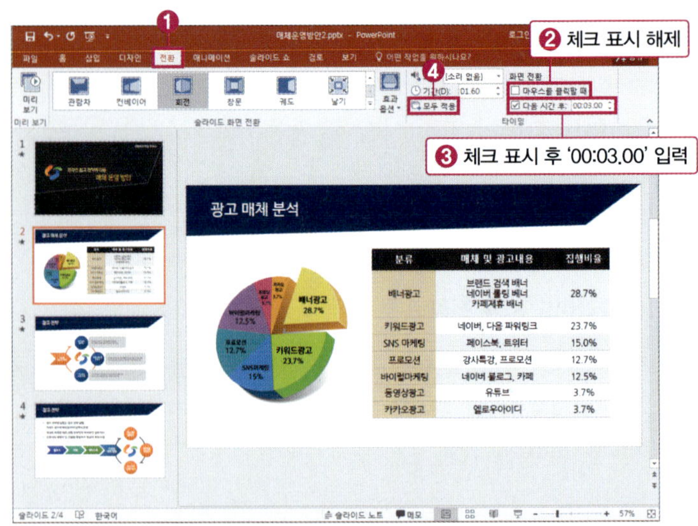

02 [여러 슬라이드](田)를 클릭합니다. 여러 슬라이드 보기 화면이 열리면 각 슬라이드의 아래쪽에 화면 전환 아이콘과 시간이 나타납니다. 미리보기 화면에서 원하는 슬라이드를 선택하여 [미리보기] 그룹의 [미리보기]를 클릭하면 특정 슬라이드에만 미리보기가 실행됩니다.

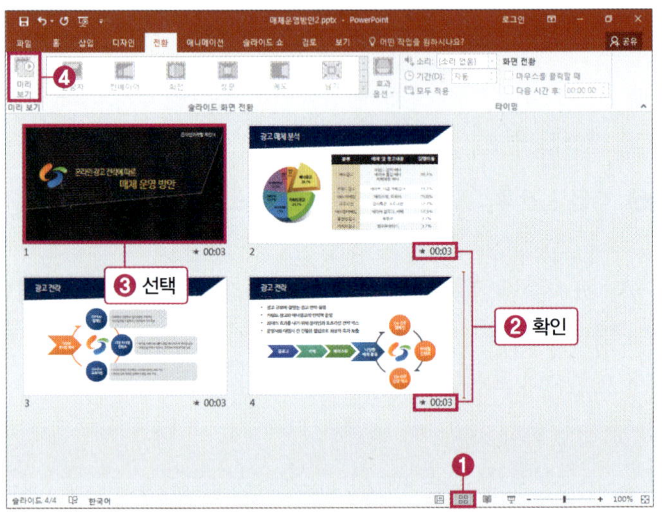

03 이번에는 F5 를 눌러 슬라이드 쇼를 진행합니다. '00:03' 초 마다 슬라이드가 자동 전환되는 것을 알 수 있습니다.

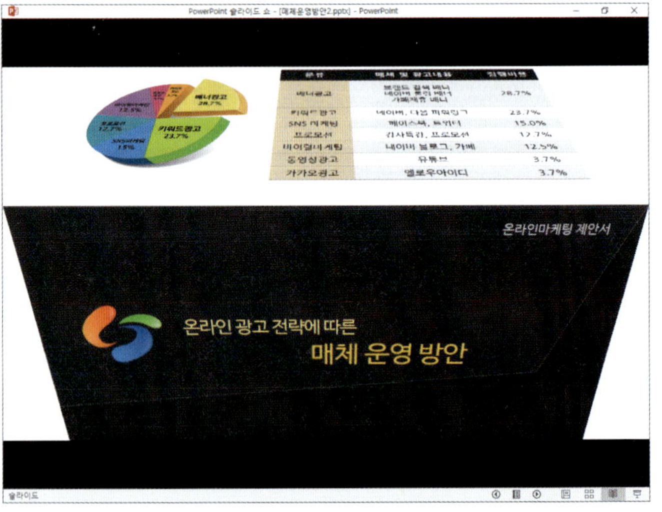

■ 화면 전환 효과에 시간 및 소리 설정하기

예제 파일 Part05/Lesson03/매체운영방안3.pptx ┃ **완성 파일** Part05/Lesson03/매체운영방안3_완성.pptx

화면 전환 속도는 이전 슬라이드와 현재 슬라이드 간의 이동하는 속도를 지정하는 것으로써 될 수 있으면 빠르게 지정하는 것이 좋습니다. 소리는 가급적 자제하는 것이 좋지만 때에 따라서는 좋은 효과가 될 수 있습니다.

01 화면 전환 속도를 조정해 보겠습니다. [전환] 탭–[타이밍] 그룹에서 [기간]의 화살표를 클릭합니다. 여기서는 『05.00』을 입력합니다.

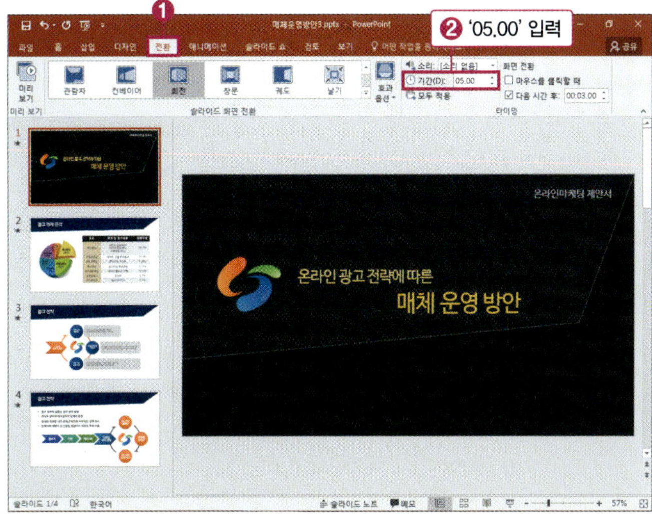

02 이번에는 소리를 선택해 보겠습니다. [소리]의 화살표를 선택하여 나타나는 다양한 소리 중에서 [클릭]을 선택합니다.

팁 :: [소리] 화살표를 클릭한 후 [다른 소리]를 선택하면 내 컴퓨터의 소리 파일을 연결해 화면 전환 소리로 지정할 수 있습니다.

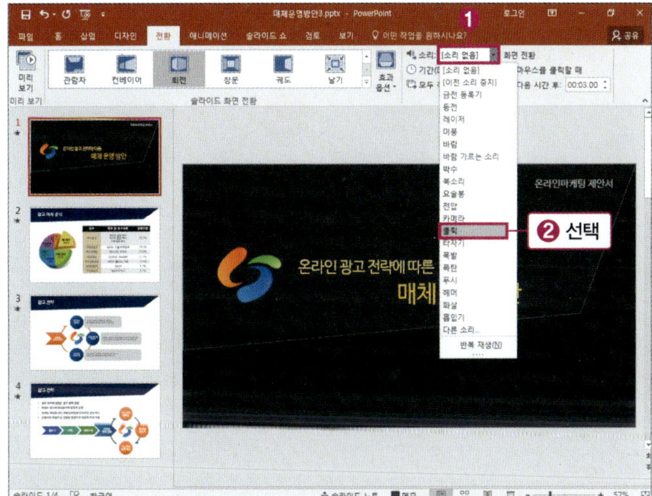

03 모든 슬라이드에 동일한 효과를 적용하기 위해 [모두 적용]을 클릭합니다.

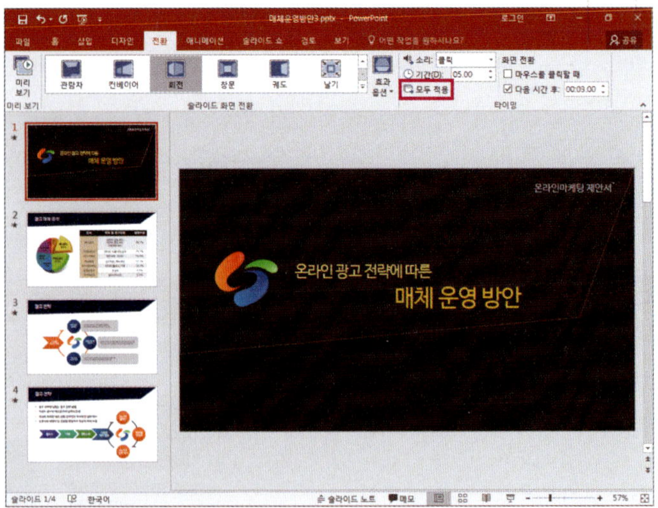

Q&A

Q. [타이밍] 그룹에서 [기간]과 [다음 시간 후]가 하는 역할이 궁금합니다.

A. [기간]은 화면 전환 효과가 진행되는 시간을 말합니다. 3초를 지정하면 화면 전환 효과가 3초 동안 진행됩니다. [다음 시간 후]는 A 슬라이드에서 B 슬라이드로 넘어갈 때 A 슬라이드에 머무르는 시간을 말합니다. 3초를 지정하면 A 슬라이드가 3초 동안 보인 다음 B 슬라이드로 넘어갑니다.

Q. 별 모양 아이콘과 숫자가 의미하는 것이 무엇인지 궁금합니다.

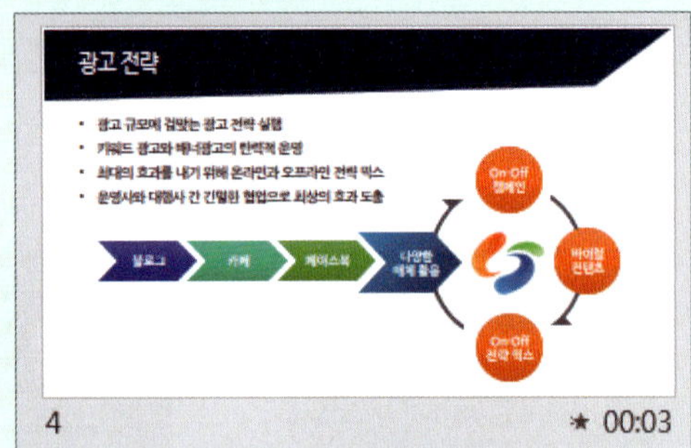

A. 별 모양 아이콘은 애니메이션이나 화면 전환 기능을 적용하면 표시되는 아이콘으로 별 모양 아이콘을 클릭하면 애니메이션이나 화면 전환 효과를 미리 확인할 수 있습니다. 또한, 옆에 표시되는 숫자는 재생되는 시간을 의미합니다.

PART 06

파워포인트 2016, 나만 알고 있는 진짜 노하우

슬라이드 쇼를 제대로 활용하는 방법은 [쇼 설정] 대화상자를 적극 이용하는 것입니다. [슬라이드 쇼] 탭에서 [슬라이드 쇼 설정]을 선택합니다.

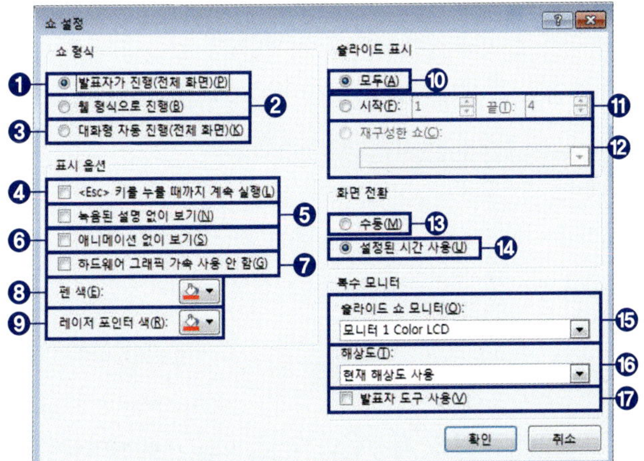

❶ **발표자가 진행(전체 화면)** : 슬라이드 쇼의 기본 선택 옵션입니다. F5를 눌러 슬라이드 쇼를 진행할 때 슬라이드가 전체 화면으로 표시됩니다.

❷ **웹 형식으로 진행** : 웹 형식으로 슬라이드 쇼를 진행합니다.

❸ **대화형 자동 진행(전체 화면)** : 슬라이드 쇼에서 Enter 나 마우스 클릭을 활용할 수 없습니다. 다만, 하이퍼링크가 설정된 개체는 클릭할 수 있습니다.

❹ **〈ESC〉 키를 누를 때까지 계속 진행** : 슬라이드 쇼는 Enter 를 눌러 다음 페이지로 넘길 수 있습니다. 마지막 페이지에서 Enter 를 누르면 슬라이드 쇼가 종료되지만 Esc 를 누를 때까지 슬라이드 쇼가 종료되지 않게 계속 반복됩니다.

❺ **녹음된 설명 없이 보기** : 녹음이 되어 있더라도 녹음 없이 슬라이드 쇼를 진행합니다.

❻ **애니메이션 없이 보기** : 애니메이션이 되어 있더라도 애니메이션 없이 슬라이드 쇼를 진행합니다.

❼ **하드웨어 그래픽 가속 사용 안 함** : 컴퓨터 사양에 따라 하드웨어 그래픽 가속을 사용하지 않을 수 있습니다.

❽ **펜 색** : 슬라이드 쇼의 기본 펜 색을 설정합니다.

❾ **레이저 포인터 색** : 슬라이드 쇼의 레이저 포인터 색을 설정합니다.

❿ **모두** : 모든 슬라이드를 슬라이드 쇼합니다.

⓫ **시작/끝** : 슬라이드로 표시할 시작과 끝 슬라이드를 지정합니다.

⓬ **재구성한 쇼** : 슬라이드 쇼를 진행할 때 재구성한 쇼가 실행됩니다.

⓭ **수동** : 화면 전환의 시간을 사용하지 않고 사용자가 수동으로 화면 전환합니다.

⓮ **설정된 시간 사용** : 설정된 시간이 지정되어 있을 경우 그 시간을 활용해 쇼를 진행합니다.

⓯ **슬라이드 쇼 모니터** : 슬라이드 쇼를 진행할 모니터를 선택합니다.

⓰ **해상도** : 해상도를 선택하여 슬라이드 쇼를 진행합니다. 기본으로 현재 해상도 사용이 선택되어 있으며, 현재 컴퓨터의 기본 해상도로 슬라이드 쇼가 진행됩니다.

⓱ **발표자 도구 사용** : 프로젝터 연결 시 발표자 도구를 사용할 수 있습니다.

슬라이드 파일을 온라인 프레젠테이션하기

Microsoft Lync 혹은 Office Presentation Service를 통해 온라인 프레젠테이션을 제공합니다. 멀리 떨어져 있는 고객이나 부서 직원들과 실시간 온라인으로 프레젠테이션을 진행할 수 있습니다. Office Presentation Service를 통해 웹 브라우저로 온라인 프레젠테이션을 진행할 수 있습니다.

■ 슬라이드 파일을 온라인 프레젠테이션하기

예제 파일 Part06/Lesson01/광고타켓.pptx

1 │ 온라인 프레젠테이션

[슬라이드 쇼] 탭–[슬라이드 쇼 시작] 그룹에서 [온라인 프레젠테이션]을 클릭하면 Microsoft Lync 혹은 Office Presentation Service를 통해 온라인 프레젠테이션을 제공합니다. 온라인 프레젠테이션을 통해 상대방과 모임 메모를 원노트로 공유할 수 있으며, 특정한 상대방을 초대하여 멀리 떨어져 있어도 1대 1, 혹은 1대 다자간의 프레젠테이션을 진행할 수 있습니다.

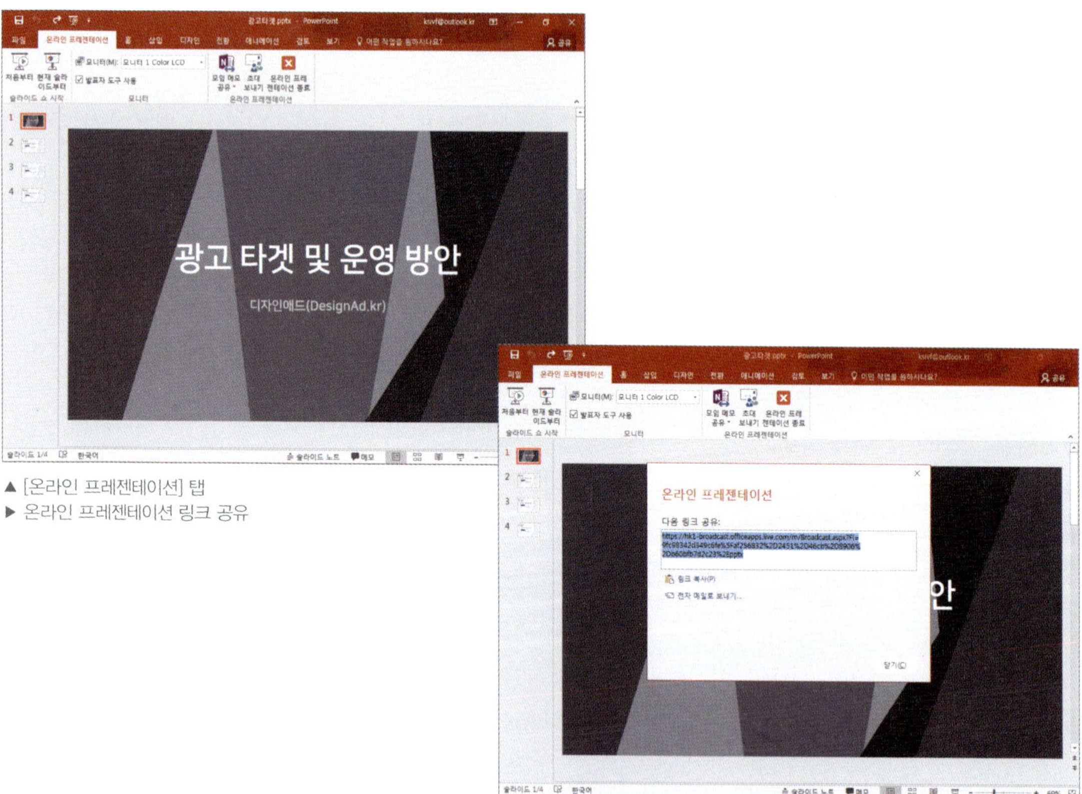

▲ [온라인 프레젠테이션] 탭
▶ 온라인 프레젠테이션 링크 공유

슬라이드 쇼를 제대로 활용하는 방법은 [쇼 설정] 대화상자를 적극 이용하는 것입니다. [슬라이드 쇼] 탭에서 [슬라이드 쇼 설정]을 선택합니다.

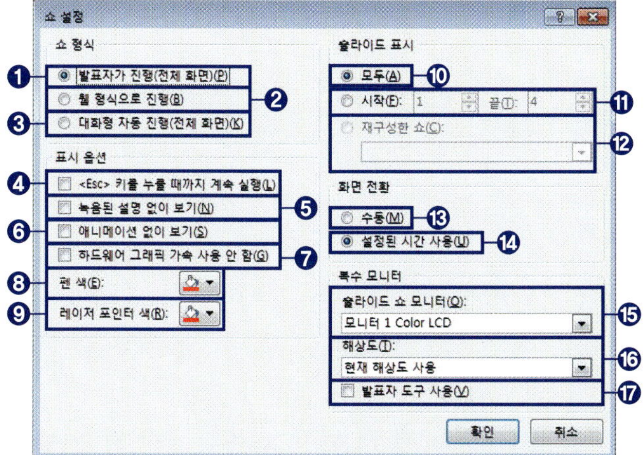

❶ **발표자가 진행(전체 화면)** : 슬라이드 쇼의 기본 선택 옵션입니다. F5를 눌러 슬라이드 쇼를 진행할 때 슬라이드가 전체 화면으로 표시됩니다.

❷ **웹 형식으로 진행** : 웹 형식으로 슬라이드 쇼를 진행합니다.

❸ **대화형 자동 진행(전체 화면)** : 슬라이드 쇼에서 Enter 나 마우스 클릭을 활용할 수 없습니다. 다만, 하이퍼링크가 설정된 개체는 클릭할 수 있습니다.

❹ **〈ESC〉 키를 누를 때까지 계속 진행** : 슬라이드 쇼는 Enter 를 눌러 다음 페이지로 넘길 수 있습니다. 마지막 페이지에서 Enter 를 누르면 슬라이드 쇼가 종료되지만 Esc 를 누를 때까지 슬라이드 쇼가 종료되지 않게 계속 반복됩니다.

❺ **녹음된 설명 없이 보기** : 녹음이 되어 있더라도 녹음 없이 슬라이드 쇼를 진행합니다.

❻ **애니메이션 없이 보기** : 애니메이션이 되어 있더라도 애니메이션 없이 슬라이드 쇼를 진행합니다.

❼ **하드웨어 그래픽 가속 사용 안 함** : 컴퓨터 사양에 따라 하드웨어 그래픽 가속을 사용하지 않을 수 있습니다.

❽ **펜 색** : 슬라이드 쇼의 기본 펜 색을 설정합니다.

❾ **레이저 포인터 색** : 슬라이드 쇼의 레이저 포인터 색을 설정합니다.

❿ **모두** : 모든 슬라이드를 슬라이드 쇼합니다.

⓫ **시작/끝** : 슬라이드로 표시할 시작과 끝 슬라이드를 지정합니다.

⓬ **재구선한 쇼** : 슬라이드 쇼를 진행할 때 재구선한 쇼가 실행됩니다.

⓭ **수동** : 화면 전환의 시간을 사용하지 않고 사용자가 수동으로 화면 전환합니다.

⓮ **설정된 시간 사용** : 설정된 시간이 지정되어 있을 경우 그 시간을 활용해 쇼를 진행합니다.

⓯ **슬라이드 쇼 모니터** : 슬라이드 쇼를 진행할 모니터를 선택합니다.

⓰ **해상도** : 해상도를 선택하여 슬라이드 쇼를 진행합니다. 기본으로 현재 해상도 사용이 선택되어 있으며, 현재 컴퓨터의 기본 해상도로 슬라이드 쇼가 진행됩니다.

⓱ **발표자 도구 사용** : 프로젝터 연결 시 발표자 도구를 사용할 수 있습니다.

슬라이드 파일을 온라인 프레젠테이션하기

Microsoft Lync 혹은 Office Presentation Service를 통해 온라인 프레젠테이션을 제공합니다. 멀리 떨어져 있는 고객이나 부서 직원들과 실시간 온라인으로 프레젠테이션을 진행할 수 있습니다. Office Presentation Service를 통해 웹 브라우저로 온라인 프레젠테이션을 진행할 수 있습니다.

■ 슬라이드 파일을 온라인 프레젠테이션하기

예제 파일 Part06/Lesson01/광고타겟.pptx

1 | 온라인 프레젠테이션

[슬라이드 쇼] 탭-[슬라이드 쇼 시작] 그룹에서 [온라인 프레젠테이션]을 클릭하면 Microsoft Lync 혹은 Office Presentation Service를 통해 온라인 프레젠테이션을 제공합니다. 온라인 프레젠테이션을 통해 상대방과 모임 메모를 원노트로 공유할 수 있으며, 특정한 상대방을 초대하여 멀리 떨어져 있어도 1대 1, 혹은 1대 다자간의 프레젠테이션을 진행할 수 있습니다.

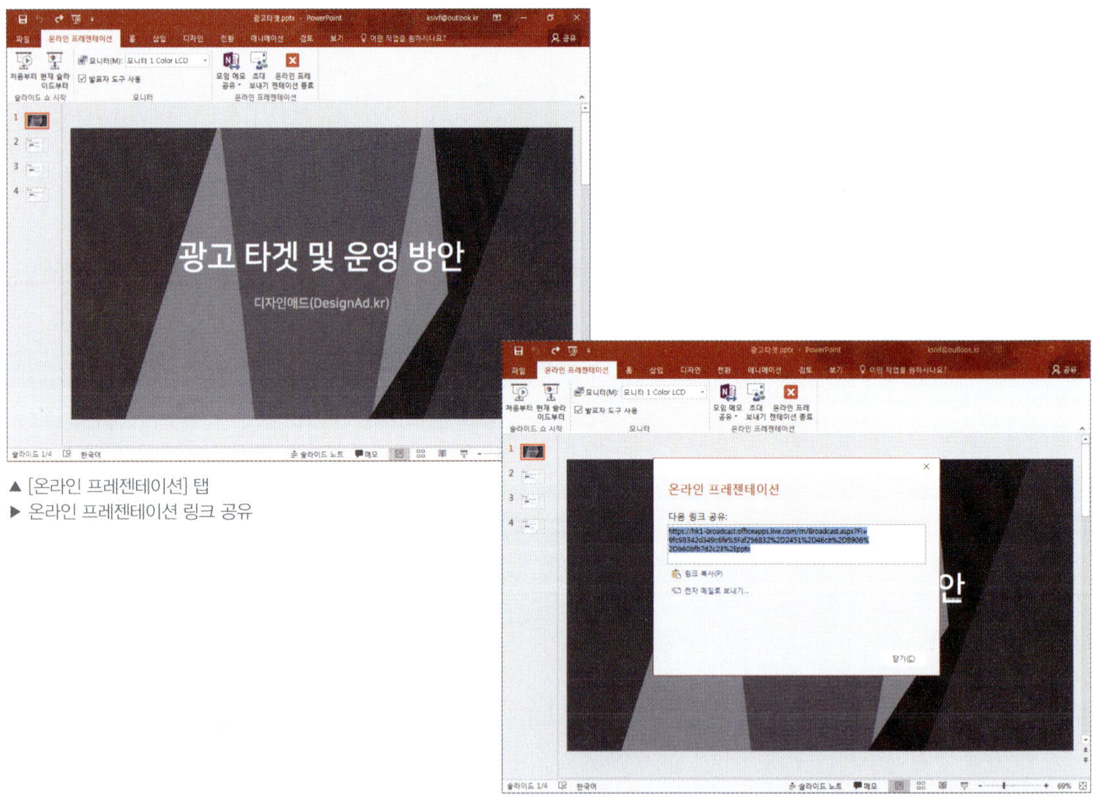

▲ [온라인 프레젠테이션] 탭
▶ 온라인 프레젠테이션 링크 공유

04 [녹화] 창의 시간이 초기화되며 다시 예행연습을 진행합니다.

05 전체 슬라이드에 대한 예행연습이 끝나면 전체 시간을 비롯해 경고 창이 나타납니다. 경고 창에서 [예]를 클릭합니다.

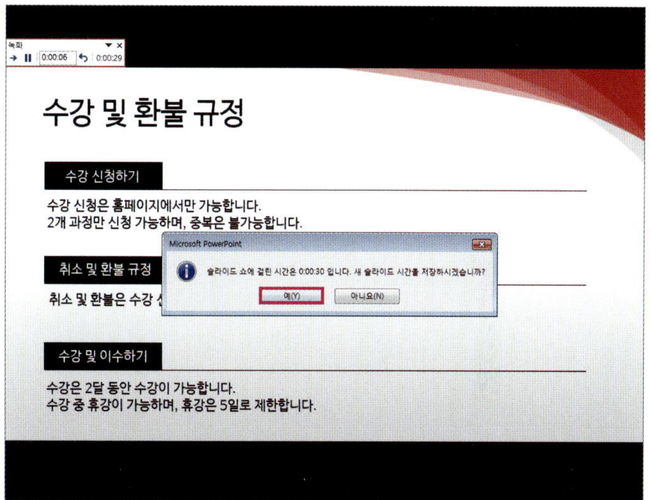

06 [여러 슬라이드](⊞)를 클릭합니다. 예행연습에서 기록한 새 슬라이드 시간이 표시됩니다.

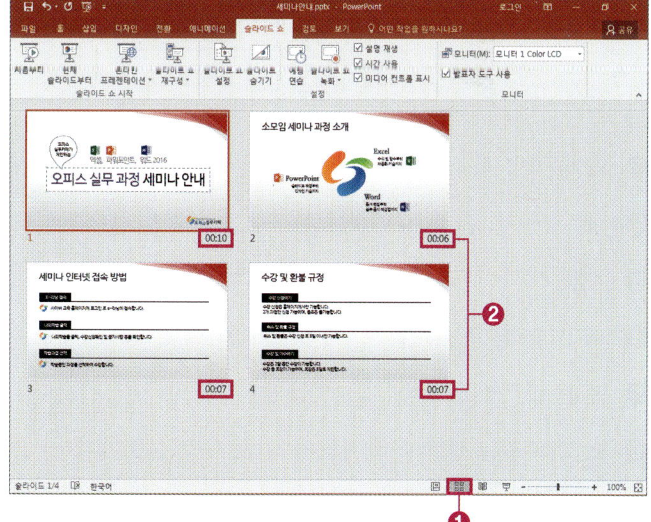

■ 슬라이드 쇼 재구성하기

예제 파일 Part06/Lesson01/세미나안내2.pptx **l 완성 파일** Part06/Lesson01/세미나안내2_완성.pptx

슬라이드 쇼를 재구성하면 전체 슬라이드 중 몇몇 슬라이드를 선택하여 슬라이드 쇼를 진행할 수 있습니다. 이 기능은 전체 슬라이드로 프레젠테이션을 진행하기에는 시간이 부족하거나 청중의 눈높이에 따라 프레젠테이션의 내용과 순서가 달라져야 할 때 사용합니다.

1 l [쇼 재구성] 대화상자

프레젠테이션에 총 4장의 슬라이드가 있다면 슬라이드 1, 3, 4만 슬라이드 쇼에 포함하여 재구성할 수 있습니다. [슬라이드 쇼] 탭–[슬라이드 쇼 시작] 그룹에서 [슬라이드 쇼 재구성]을 클릭한 후 [쇼 재구성]을 선택하여 지정할 수 있습니다.

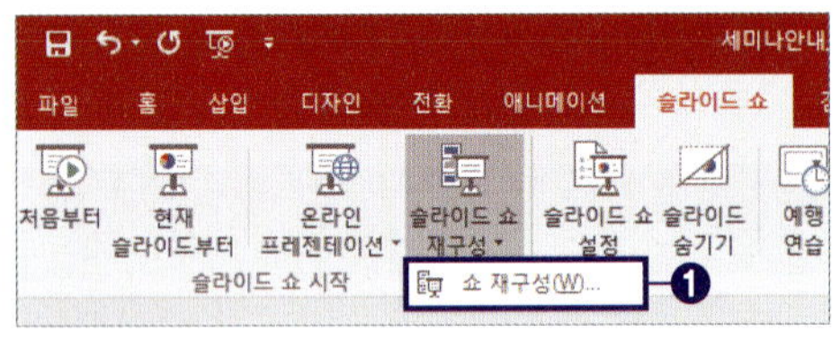
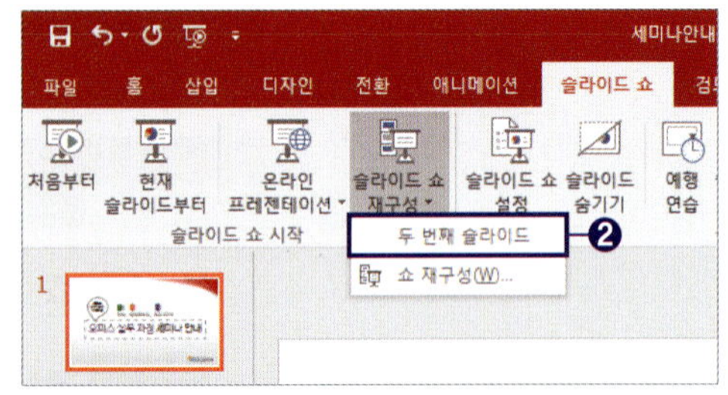

❶ 재구성할 슬라이드를 선택할 수 있는 대화상자가 표시됩니다.

❷ 생성된 재구성 슬라이드 제목이 표시됩니다. 슬라이드 쇼를 할 때 이 부분을 클릭하면 재구성된 슬라이드 쇼를 진행할 수 있습니다.

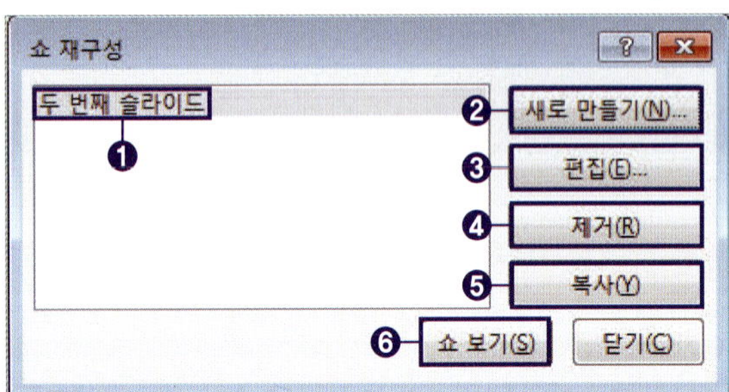

❶ 쇼 재구성 : 재구성한 슬라이드 파일 제목이 나타납니다.

❷ 새로 만들기 : 슬라이드 쇼를 재구성할 파일을 생성합니다.

❸ 편집 : 슬라이드 쇼를 재구성할 슬라이드를 편집합니다.

❹ 제거 : 슬라이드 쇼를 재구성할 슬라이드를 제거합니다.

❺ 복사 : 슬라이드 쇼를 재구성할 슬라이드를 복사합니다.

❻ 쇼 보기 : 재구성한 슬라이드의 쇼 보기를 실행합니다.

01 예제를 살펴 보겠습니다. 특정 페이지만으로 슬라이드 쇼를 재구성하기 위해 [슬라이드 쇼] 탭–[슬라이드 쇼 시작] 그룹에서 [슬라이드 쇼 재구성]을 클릭한 후 [쇼 재구성]을 클릭합니다.

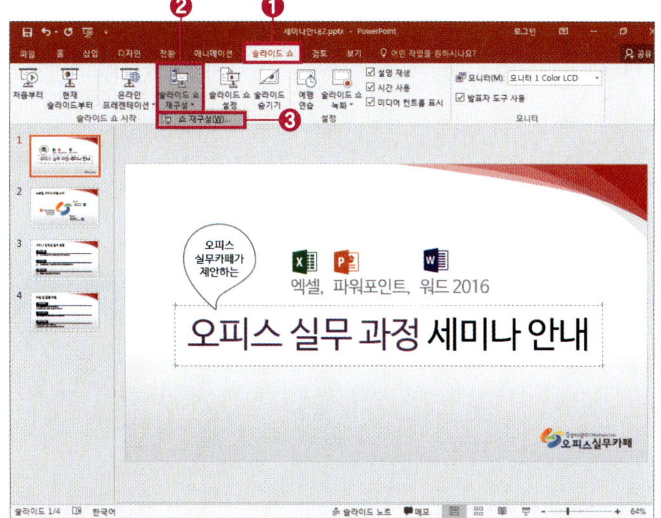

02 [쇼 재구성] 대화상자가 나타나면 [새로 만들기]를 클릭합니다.

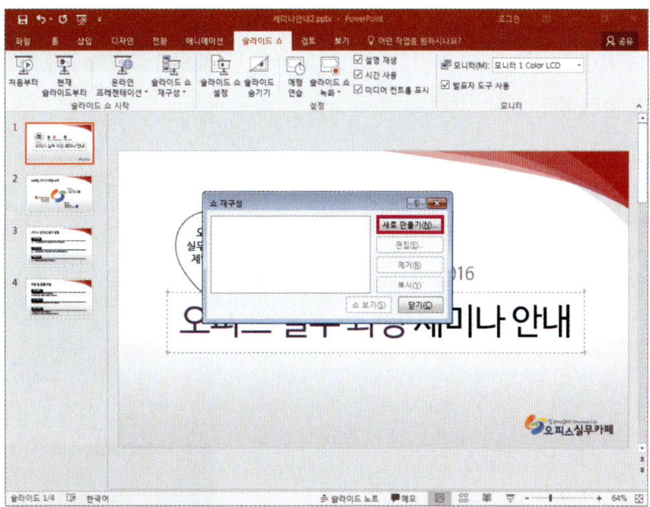

03 [쇼 재구성하기] 대화상자가 나타나면 [슬라이드 쇼 이름]에 『두 번째 슬라이드』를 입력합니다. 재구성할 슬라이드에 체크한 후 [추가]를 클릭합니다. [재구성할 쇼에 있는 슬라이드] 목록에 선택한 슬라이드가 표시됩니다. [확인]을 클릭합니다.

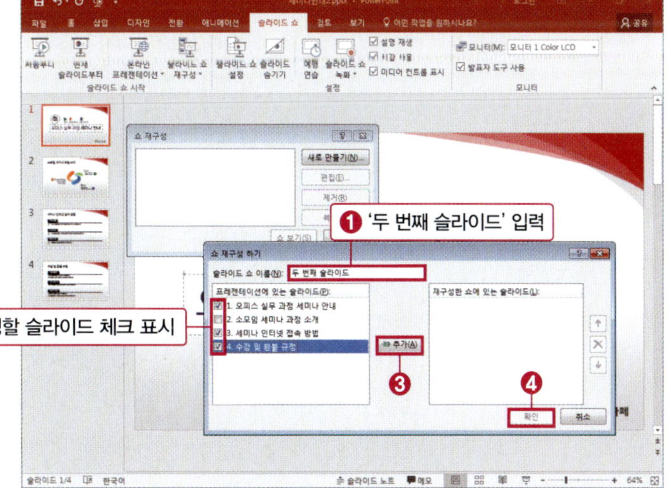

04 [쇼 재구성] 대화상자가 나타납니다. [쇼 재구성] 목록에 새로 만든 재구성한 슬라이드 쇼가 나타나면 [쇼 보기]를 클릭합니다.

....

팁 :: [쇼 재구성] 대화상자에서 [편집]을 클릭하면 원하는 슬라이드를 다시 재구성할 수 있습니다.

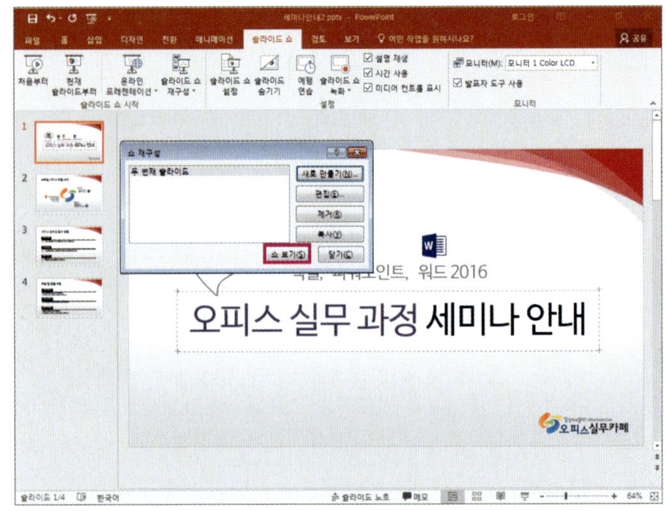

05 슬라이드 쇼 화면이 열립니다. 전체 슬라이드가 아닌 재구성한 슬라이드만으로 슬라이드 쇼가 진행됩니다.

....

팁 :: [슬라이드 쇼] 탭–[슬라이드 쇼 시작] 그룹에서 [슬라이드 쇼 재구성]을 클릭하면 생성한 '두 번째 슬라이드' 슬라이드 쇼 파일이 생성된 것을 확인할 수 있습니다.

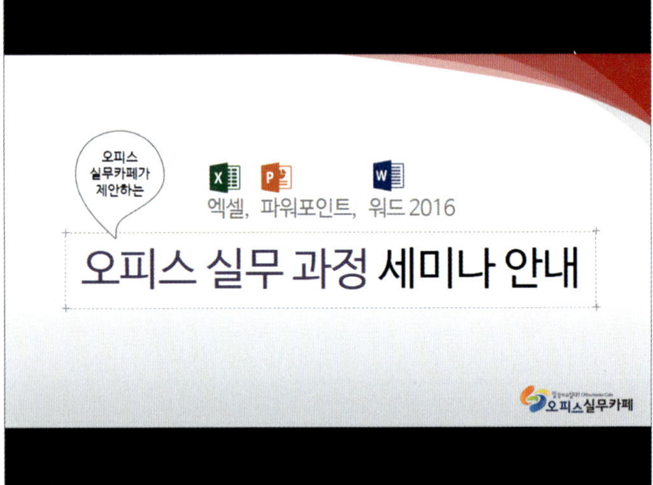

■ 재구성한 슬라이드 삭제하고 슬라이드 숨기기

예제 파일 Part06/Lesson01/세미나안내3.pptx | 완성 파일 Part06/Lesson01/세미나안내3_완성.pptx

'슬라이드 쇼 재구성하기'와 비슷한 기능이긴 하지만 숨긴 슬라이드를 슬라이드 편집 창에서 눈으로
확인할 수 있기에 편리합니다.

1 | 슬라이드 숨기기

슬라이드 쇼를 진행하다 보면 시간적인 제약이나 청중들의 스타일에 따라 특정 슬라이드를 보여주
지 말아야 할 경우가 생깁니다. 이럴 경우 슬라이드 숨기기 기능이 유용하게 사용됩니다. [슬라이드
쇼 재구성하기] 기능을 통해서도 가능하지만 [슬라이드 숨기기] 기능을 이용하면 슬라이드 삭제 없
이 보다 간편하게 슬라이드를 재조정할 수 있습니다.

2 | 특정 슬라이드로 빠르게 이동하기

특정 슬라이드를 보여주기 싫을 경우 사용할 수 있는 또 다른 기능으로 슬라이드 쇼에서 특정 슬라
이드로 바로 이동하는 기능을 사용할 수 있습니다. 슬라이드 쇼를 진행 중에 슬라이드 번호를 입력
하고 Enter 를 누릅니다. 예를 들어 '1번' 슬라이드를 진행 중에 '5' 번 슬라이드로 바로 가고 싶다면
5 를 누른 다음 Enter 를 누릅니다. 또는, 슬라이드 쇼에서 [모든 슬라이드 보기]( )를 클릭한 후
원하는 슬라이드를 클릭합니다. 보다 자세한 사항은 392 페이지에 다루겠습니다.

01 예제를 통해 살펴보겠습니다. 슬라이드를 숨기기 위해 3번 슬라이드를 선택합니다. [슬라이드 쇼] 탭-[설정] 그룹에서 [슬라이드 숨기기]를 클릭합니다.

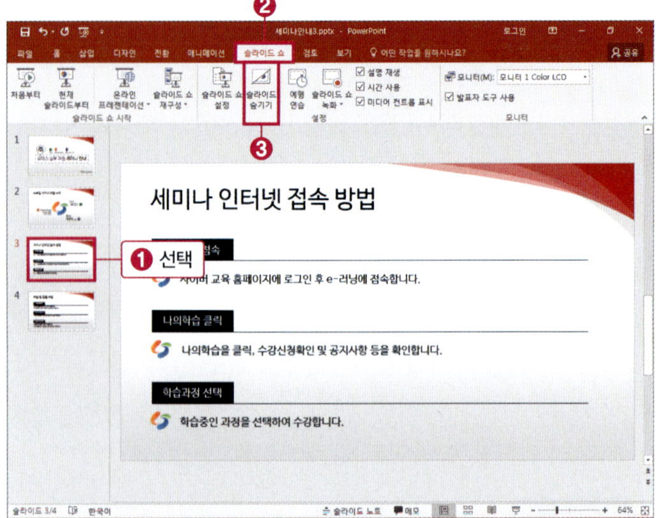

02 3번 슬라이드가 연한 색상으로 변경됩니다. 이 슬라이드는 슬라이드 편집 창에서는 보이지만 슬라이드 쇼를 진행하면 표시되지 않게 됩니다.

팁 :: 슬라이드 편집 창에서는 슬라이드가 표시되지만 연하게 표시됩니다. 슬라이드 쇼를 진행하면 슬라이드 숨기기를 한 슬라이드는 슬라이드 쇼가 진행되지 않습니다.

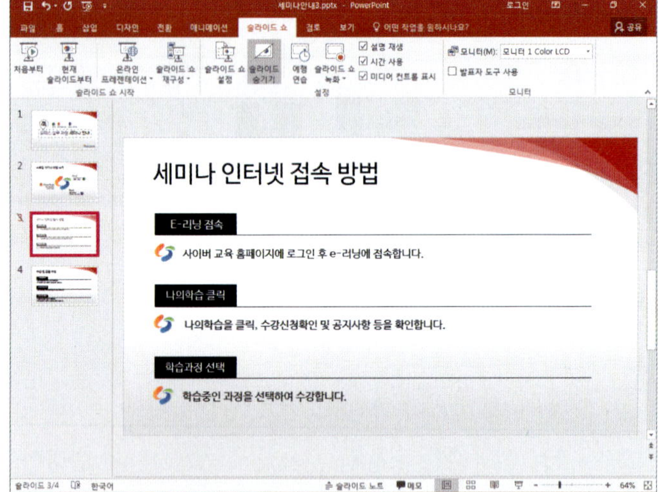

프레젠테이션 중에 보조 도구 활용하기

슬라이드 쇼를 진행하는 도중에 청중들에게 중요한 정보나 분위기 전환을 위해 포인트 옵션 기능을 사용할 수 있습니다.

■ 슬라이드 쇼 화면에 글자나 그림 그려 넣기

예제 파일 Part06/Lesson01/슬라이드쇼.pptx **| 완성 파일** Part06/Lesson01/슬라이드쇼_완성.pptx

슬라이드 쇼를 진행할 때 잉크 색을 선택하면 슬라이드 화면에 펜처럼 글자나 그림을 그려 넣을 수 있습니다.

1 | 색상과 도구 선택하기

슬라이드 쇼를 진행할 때 마우스 오른쪽 버튼을 누른 후 [포인트 옵션]-[잉크 색]을 선택하면 색상을 선택할 수 있습니다. 잉크 색뿐 아니라 레이저 포인터나 펜, 형광펜 등 원하는 도구를 선택할 수 있습니다.

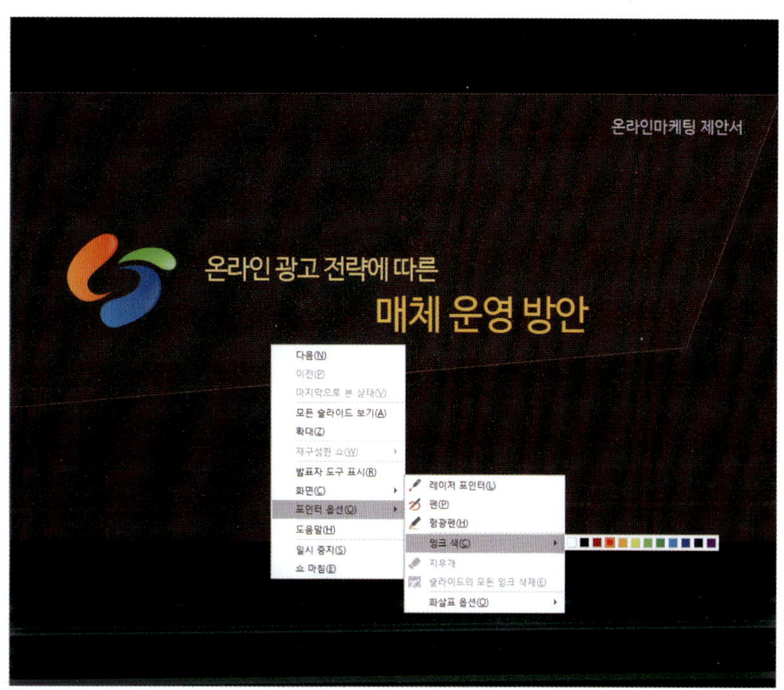

2 | 펜, 형광펜, 레이저 포인터 단축키

펜이나 형광펜, 레이저 포인터를 위한 단축키를 알고 있으면 복잡한 선택 과정 없이 바로 실행할 수 있습니다. 슬라이드 쇼와 관련된 다른 단축키는 396 페이지에서 다루고 있으니 참고하세요.

- 펜 : **Ctrl** + **P**
- 레이저 포인터 : **Ctrl** + **L**
- 모든 잉크 삭제 : **E**
- 지우개 : **Ctrl** + **E**
- 형광펜 : **Ctrl** + **I**

01 F5 를 눌러 슬라이드 쇼를 진행한 다음 마우스 오른쪽 버튼을 눌러 [포인트 옵션]-[잉크 색]을 선택한 후 원하는 색상을 선택합니다.

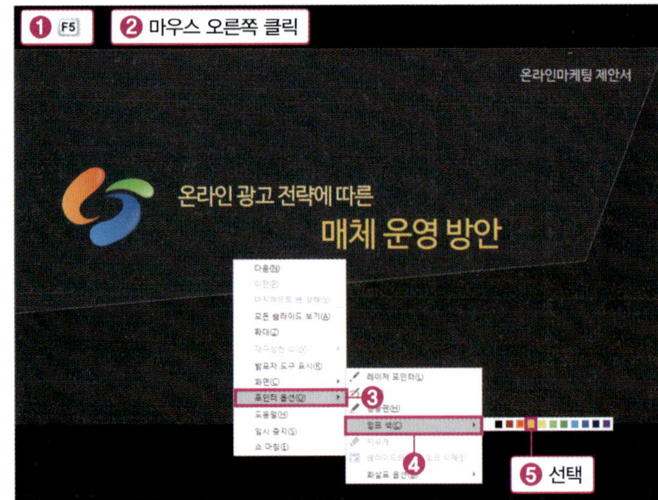

02 마우스 포인터 모양이 변경됩니다. 다음과 같이 마우스로 드래그하여 그려봅니다. 펜 효과가 슬라이드 쇼에 적용됩니다.

팁 :: Ctrl + P 를 누른 후 마우스를 드래그하여도 동일하게 펜 기능을 실행할 수 있으며, 내용을 삭제하고 싶다면 E 를 누른 후 삭제할 수 있습니다.

팁 ::

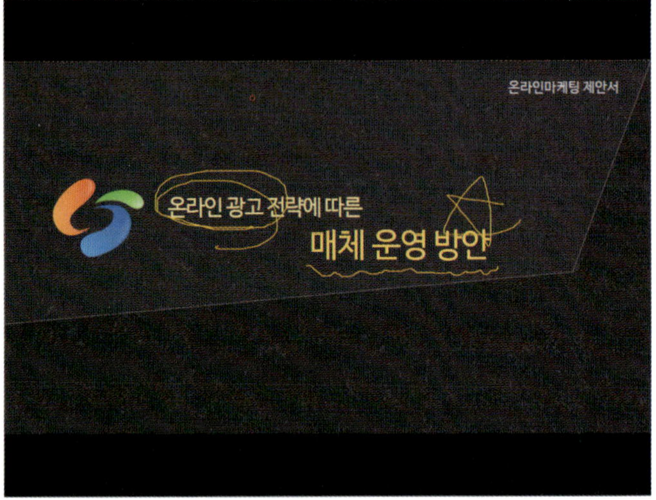

슬라이드 쇼에서 왼쪽 하단의 아이콘 중 세 번째 아이콘을 클릭해도 레이저 포인터나 펜, 형광펜 등을 선택해 그려 넣을 수 있습니다.

03 Esc 를 눌러 슬라이드 쇼를 마칩니다. 잉크 주석을 유지하겠냐고 묻는 메시지 창이 나타나면 [예]를 클릭합니다.

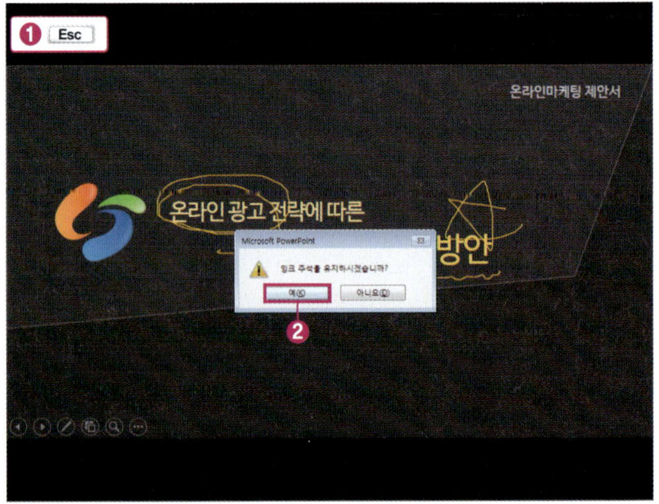

04 슬라이드 편집 창에 잉크 주석이 유지된 채 저장됩니다. 잉크 주석은 하나의 개체로 인식되기 때문에 삭제를 원할 경우 마우스로 클릭하여 삭제할 수 있습니다.

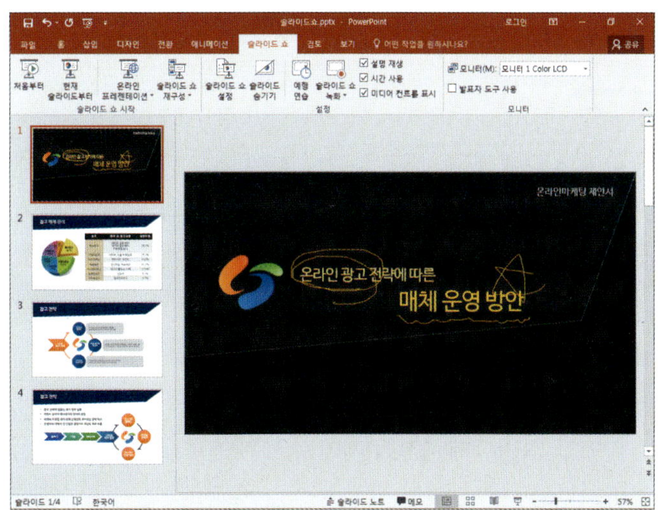

팁 :: 레이저 빔 없이도 레이저 빔 효과를 적용할 수 있습니다. 슬라이드 쇼를 진행하다 레이저 빔을 사용할 필요가 있을 경우에는 `Ctrl`을 누른 채 마우스를 드래그하거나 왼쪽 하단의 아이콘 중 세 번째 아이콘을 클릭해서 레이저 포인터를 선택한 후 레이저 포인트를 표시할 수 있습니다.

팁 :: 슬라이드 쇼를 웹 형식 혹은 대화형으로 진행하기

슬라이드 쇼는 프레젠테이션의 최종 단계로써 실전 무대와 같습니다. 그렇기에 슬라이드 쇼와 관련된 모든 기능은 최대한 숙지하고 있는 것이 좋습니다. 특히, 슬라이드 쇼는 원하는 형식으로 미리 설정해 놓는 것이 좋습니다. [쇼 설정] 대화상자는 [슬라이드 쇼] 탭에서 [슬라이드 쇼 설정]을 클릭하면 불러올 수 있습니다.

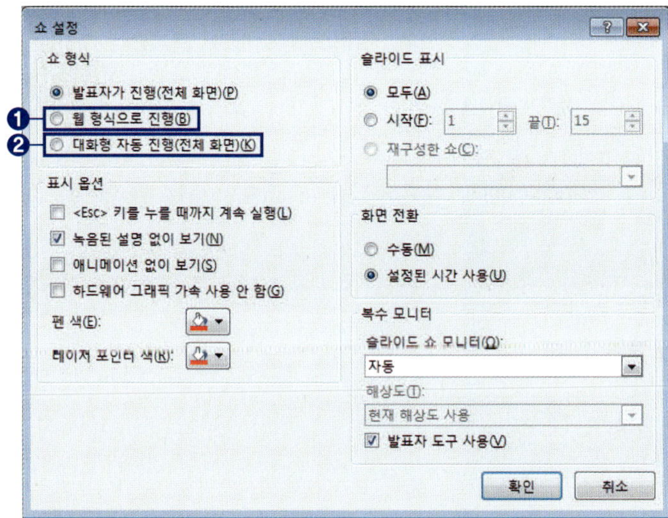

❶ **웹 형식으로 진행하기 :** 웹 형식은 말 그대로 인터넷 웹 페이지처럼 슬라이드 쇼를 진행하는 것으로 슬라이드 쇼를 진행하면 자동으로 '읽기용 모드'로 진행되는 것을 의미합니다.

❷ **대화형 자동 진행(전체 화면) :** 슬라이드 쇼를 진행할 때 `Enter`를 비롯해 마우스 클릭 등을 전혀 사용할 수 없으며, 단지 하이퍼링크가 설정된 개체를 통해서면 슬라이드 쇼를 진행할 수 있는 방법으로 마치 스무고개하는 형식으로 슬라이드 쇼를 진행할 수 있습니다.

원하는 슬라이드 찾기와 특정 영역 확대하기

슬라이드 쇼를 진행할 때 특정 슬라이드로 빠르게 넘어갈 수 있습니다. 또한, 슬라이드 쇼를 진행할 때 특정 영역을 크게 확대하여 화면에 표시할 수 있습니다. 강조해야 할 부분이 있거나 청중들에게 뭔가 특별한 액션을 보여주고 싶을 때 사용하면 좋습니다.

■ 특정 슬라이드로 바로 넘어가기

예제 파일 Part06/Lesson01/슬라이드쇼2.pptx

슬라이드 쇼는 1페이지, 2페이지, 3페이지가 순차적으로 진행됩니다. 하지만 중간중간 필요 없는 슬라이드를 뛰어넘어야 하거나 특정 슬라이드로 한 번에 빠르게 넘어가고 싶다면 어떻게 해야 할까요? 여기서는 슬라이드 쇼를 진행하는 방법에 대해서 살펴보겠습니다.

1 | 처음부터 슬라이드 쇼 시작하기

가장 흔하게 사용하는 슬라이드 쇼 진행 방법입니다. 첫 페이지부터 슬라이드 쇼를 진행하고 싶을 때 사용합니다.

❶ 빠른 실행 도구 모음에서 [슬라이드 쇼] 단추를 클릭합니다.

❷ [슬라이드 쇼] 탭에서 [처음부터]를 클릭합니다.

❸ 단축키 : F5

2 | 현재 슬라이드부터 슬라이드 쇼 시작하기

첫 페이지부터 슬라이드 쇼를 진행하는 것이 아니라 현재 편집하고 있는 슬라이드부터 슬라이드 쇼를 진행하고 싶을 때 사용합니다.

❶ 상태 표시줄에서 [슬라이드 쇼]를 클릭합니다.

❷ [슬라이드 쇼] 탭에서 [현재 슬라이드부터]를 클릭합니다.

❸ 단축키 : Shift + F5

3 | 슬라이드 번호 + Enter

슬라이드 쇼를 진행하는 도중에 특정 슬라이드로 빠르게 넘어가고 싶다면 어떻게 하면 될까요? 간단합니다. 만일, 5페이지로 바로 넘어가고 싶다면 5 + Enter 를 누르면 됩니다.

❶ 슬라이드 번호 + Enter

❷ 쇼 보기 왼쪽 하단에 있는 [모든 슬라이드 보기]를 클릭한 후 원하는 슬라이드를 클릭합니다.

01 예제를 통해 살펴보겠습니다. F5 를 눌러 슬라이드 쇼 상태에서 3 + Enter 를 누릅니다.

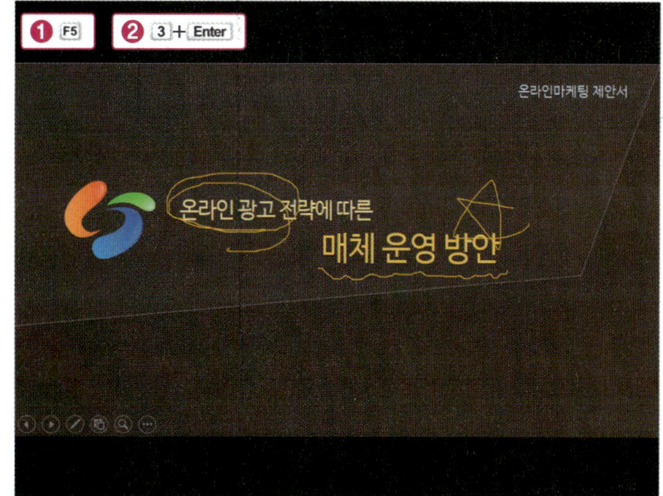

02 3번째 슬라이드가 바로 표시됩니다. 쇼 보기 왼쪽 하단에 있는 [모든 슬라이드 보기]를 클릭합니다.

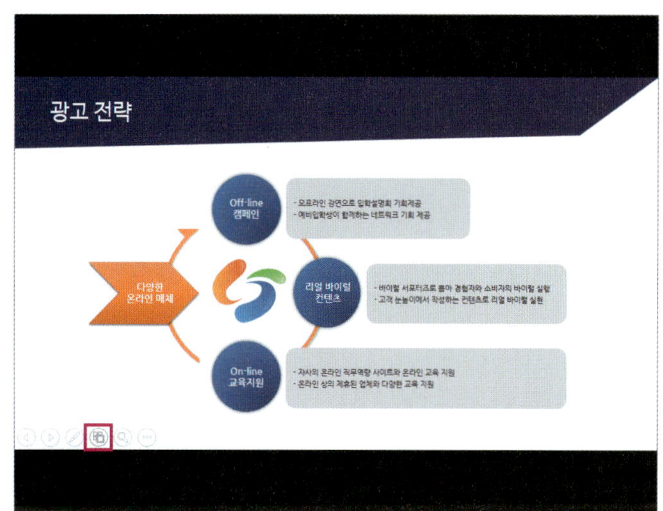

03 여러 슬라이드 보기가 표시되면 원하는 슬라이드를 선택합니다.

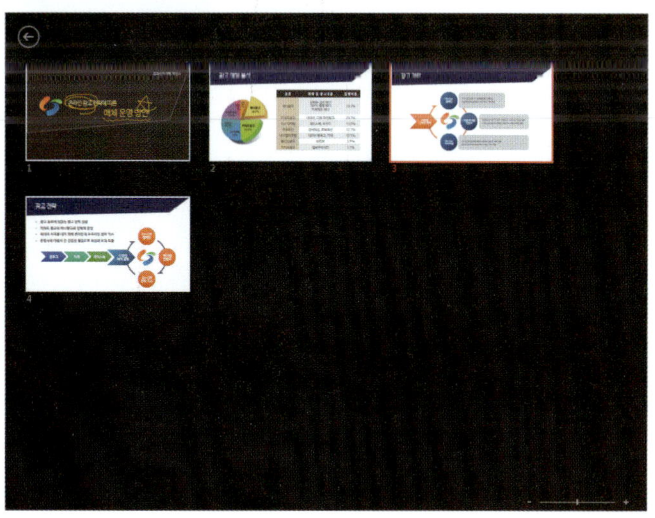

■ 돋보기 기능으로 화면 확대하기

예제 파일 Part06/Lesson01/슬라이드쇼2.pptx

슬라이드 쇼를 진행하는 도중에 왼쪽 하단의 아이콘 중에서 돋보기 모양의 다섯 번째 아이콘을 클릭하면 슬라이드 쇼 화면을 확대할 수 있습니다. **Esc** 를 누르면 확대 모드를 종료합니다.

1 | 포인트 옵션 살펴보기

프레젠테이션을 진행할 때 보통 레이저 펜을 이용하여 슬라이드 쇼를 진행하게 됩니다. 하지만 파워포인트에도 이와 유사한 기능이 숨겨져 있습니다. 슬라이드 쇼에는 왼쪽 하단에 6개의 아이콘을 통해 옵션을 지정할 수 있습니다.

❶ 이전 슬라이드로 돌아가기

❷ 다음 슬라이드로 넘어가기

❸ 레이저 포인터를 비롯해 펜, 형광펜 표시하기

❹ 섬네일 화면으로 모든 슬라이드 보기

❺ 슬라이드 일부 확대하기

❻ 슬라이드 쇼 옵션 더 보기

01 왼쪽 하단의 아이콘 중 돋보기 모양의 다섯 번째 아이콘을 클릭합니다.

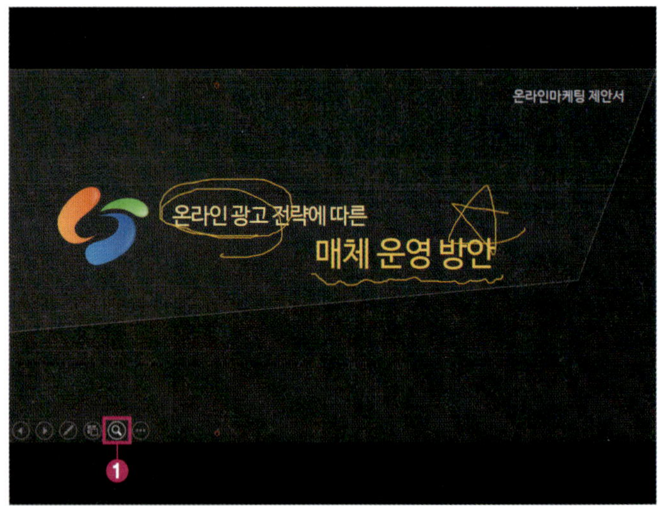

02 직사각형 모양의 영역이 표시됩니다. 확대를 원하는 영역을 마우스로 클릭합니다.

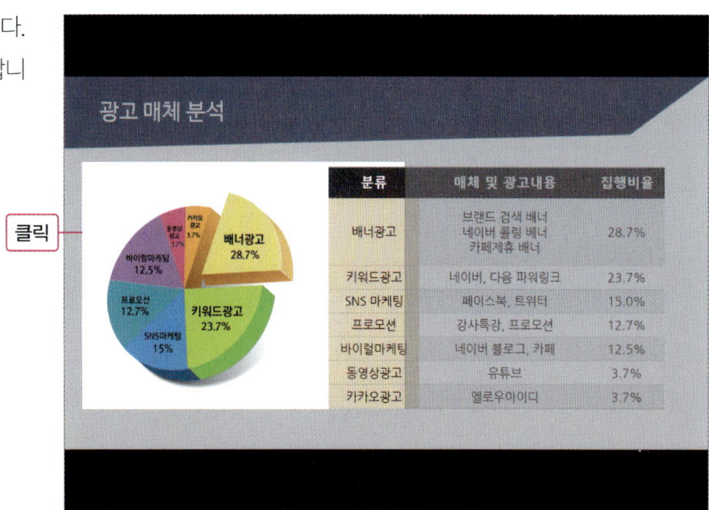

03 원하는 영역이 확대되어 표시됩니다. Esc 를 눌러 확대를 해제합니다.

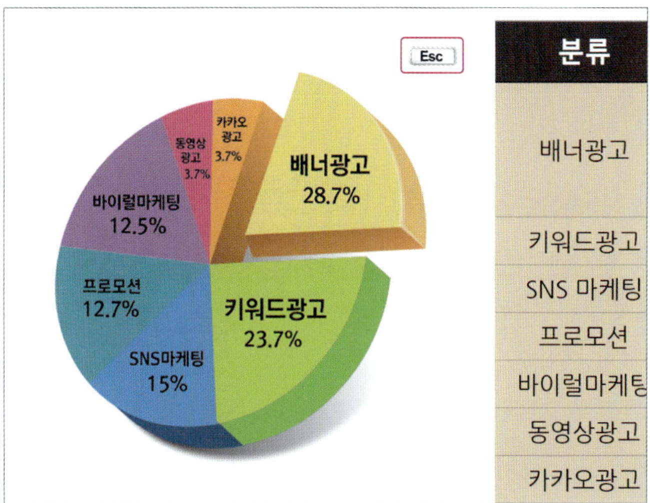

■ 슬라이드 쇼 화면 어둡게 하거나 밝게 하기

예제 파일 Part06/Lesson01/슬라이드쇼2.pptx

발표를 하다보면 잠시 휴식을 취해야 하거나 청중을 집중시켜 중요한 메시지를 전달해야 하는 경우가 있습니다. 이럴 때에는 어떻게 하는 것이 좋을까요?

1 | 화면 어둡게 하기

B를 누르면 슬라이드 쇼 화면이 어둡게 변합니다. 슬라이드 쇼를 통해 화려한 슬라이드가 진행되다가 갑자기 아무것도 없는 어두운 화면이 나타나면 자연스럽게 청중의 시선이 발표자에게 집중될 것입니다. B를 한 번 더 누르면 다시 원래대로 되돌아갑니다.

2 | 화면 밝게 하기

W를 누르면 슬라이드 쇼 화면이 밝게 변합니다. 사실, 화면을 어둡게 하는 효과보다는 청중들이 느끼는 효과는 덜하지만 조명이 전혀 없는 공간에서는 화면을 어둡게 하는 효과보다는 화면을 밝게 하여 청중의 시선을 집중시키는 것이 좋을 수 있습니다. W를 한 번 더 누르면 다시 원래대로 되돌아갑니다.

3 | 슬라이드 쇼 단축키

그렇다면, 슬라이드 쇼에서 사용할 수 있는 단축키는 어떤 것이 있을까요? 슬라이드 쇼에서 제공되는 단축키가 궁금하다면 슬라이드 쇼에서 마우스 오른쪽 버튼을 누른 후 [도움말]을 선택하면 단축키를 확인할 수 있습니다.

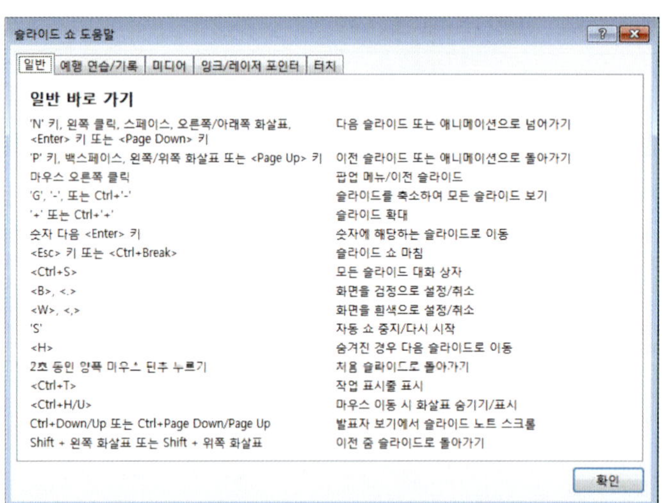

체크해봐요 :: 단축키가 먹히지 않는 경우가 발생할 수 있습니다. 가장 많이 발생하는 문제는 현재 입력 상태가 한글이기 때문입니다. 키보드에서 [한/영]을 눌러 영문 입력 모드로 전환한 후 다시 단축키를 선택해 보기 바랍니다.

01 예제를 통해 살펴보겠습니다. 슬라이드 쇼에서 여섯 번째 아이콘을 클릭한 후 [화면]–[화면 어둡게 하기]를 선택하거나 **B**를 누르면 슬라이드 쇼 화면이 어둡게 변경됩니다.

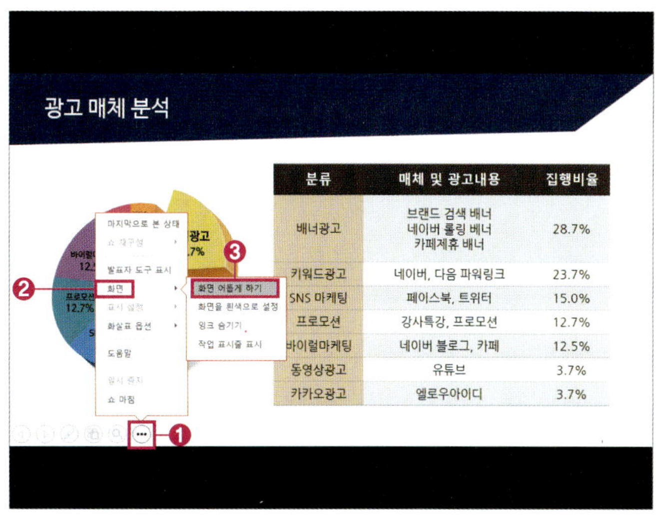

02 슬라이드 쇼에서 단축키가 궁금하다면 슬라이드 쇼 화면에서 마우스 오른쪽 버튼을 누른 후 [도움말]을 선택합니다.

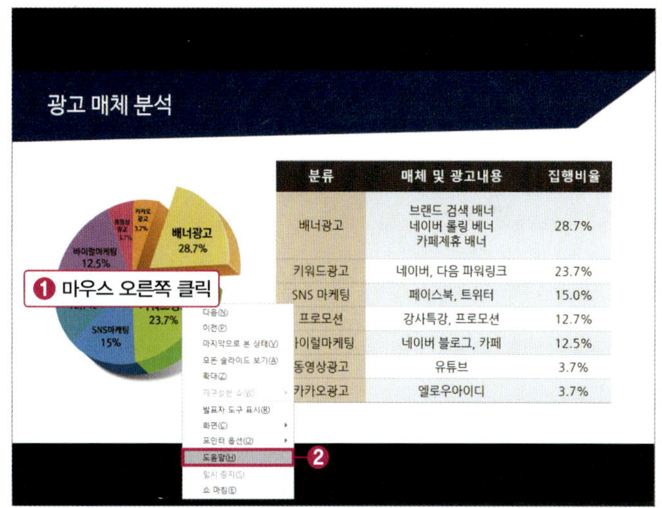

슬라이드 쇼를 녹화하여 프레젠테이션하기

슬라이드를 비디오로 녹화하면 프레젠테이션을 자동으로 진행하는 효과를 얻을 수 있습니다. 또한, 파워포인트가 설치되어 있지 않은 곳이나 YouTube 등에 업로드하여 수월하게 슬라이드를 공유하거나 프레젠테이션할 수 있습니다.

■ 슬라이드 쇼 녹화하기

예제 파일 Part06/Lesson01/슬라이드쇼2.pptx　｜　**완성 파일** Part06/Lesson01/슬라이드쇼2_완성.pptx

슬라이드 쇼를 비디오로 녹화하면 음성이나 레이저 포인터 동작 등이 모두 기록됩니다. [슬라이드 쇼] 탭-[설정] 그룹에서 [슬라이드 쇼 녹화]를 클릭하여 슬라이드 쇼를 진행합니다.

1 ｜ 비디오로 녹화하기

비디오로 녹화하는 방법은 처음부터 녹음 시작, 현재 슬라이드에서 녹음 시작 중에서 선택할 수 있습니다.

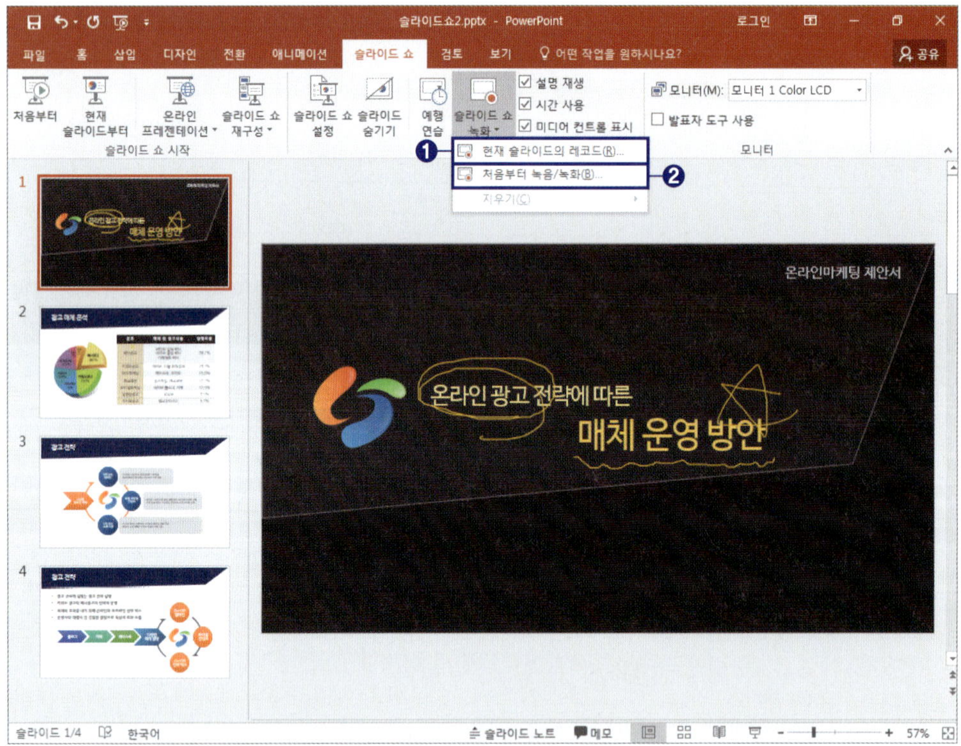

❶ **현재 슬라이드의 레코드** : 현재 선택한 슬라이드에서 녹음/녹화를 시작합니다.

❷ **처음부터 녹음/녹화** : 처음 슬라이드부터 녹음/녹화를 시작합니다.

01 예제를 통해 살펴보겠습니다. [슬라이드 쇼] 탭-[설정] 그룹에서 [슬라이드 쇼 녹화]의 아랫부분을 클릭한 후 [처음부터 녹음/녹화]를 선택합니다.

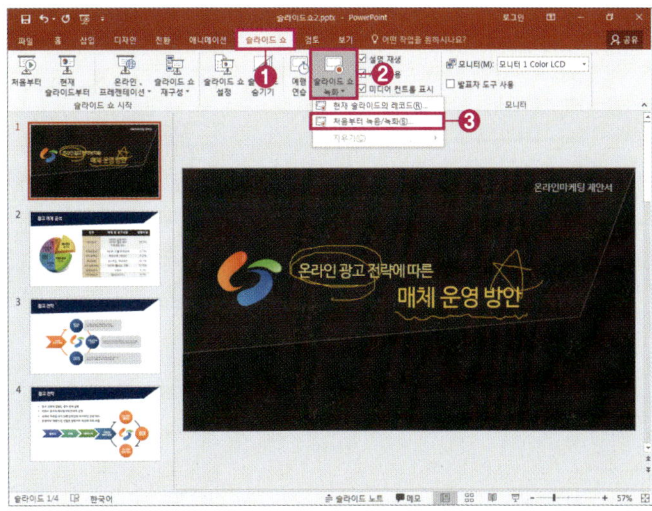

02 [슬라이드 쇼 녹화] 대화상자가 나타나면 [녹화 시작]을 클릭합니다.

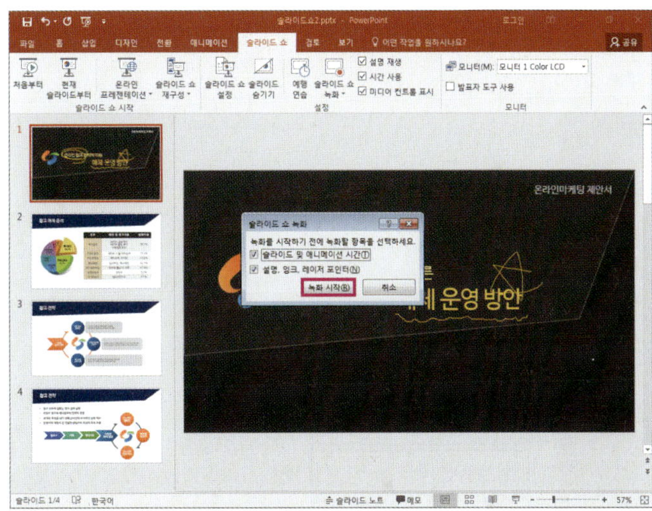

03 슬라이드 쇼가 실행되며 녹화가 진행됩니다. 실제 프레젠테이션을 한다는 생각으로 내용을 녹화합니다.

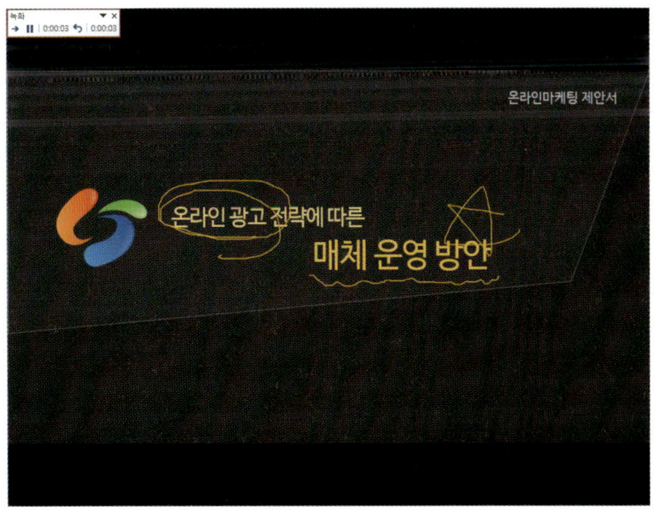

04 슬라이드 쇼가 끝나면 첫 번째 슬라이드에 오디오 아이콘이 만들어집니다. 이를 클릭해 녹음된 내용을 확인할 수 있습니다.

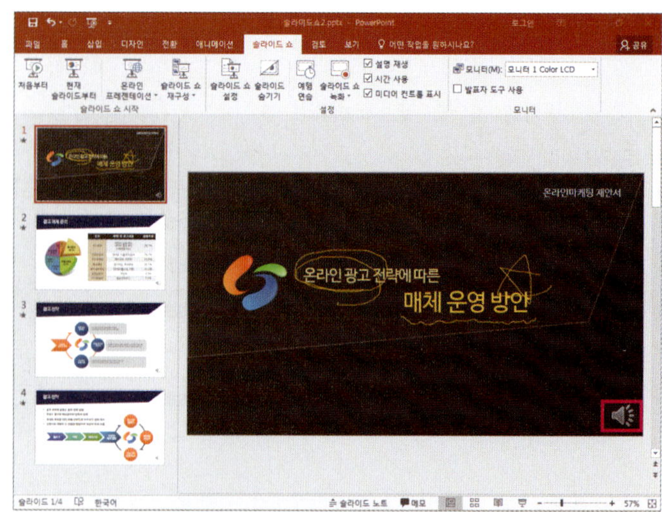

팁 :: 프레젠테이션 파일을 공유하기

파워포인트로 만든 슬라이드는 원드라이브나 메일, 혹은 매신저로 공유할 수 있습니다. 파일을 공유하고 싶다면 [파일] 탭–[공유]를 클릭합니다.

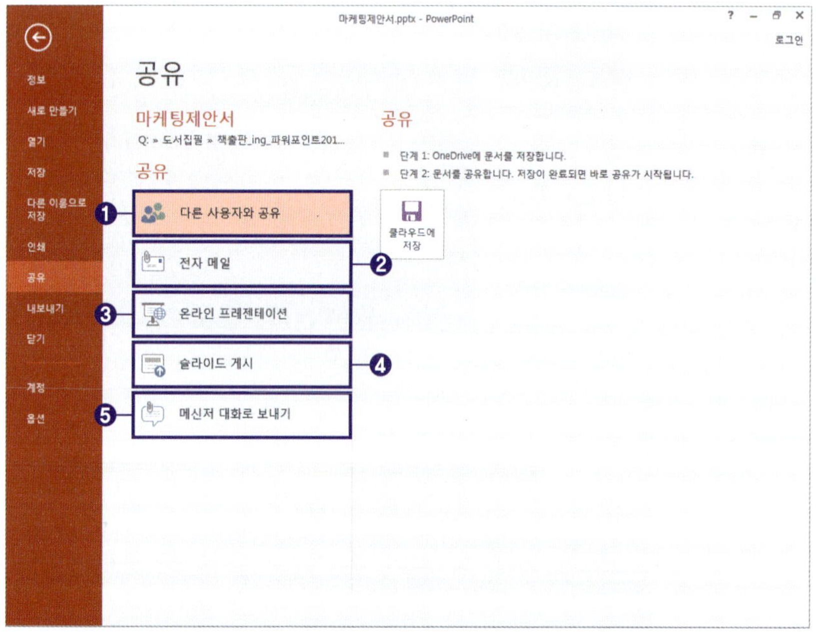

❶ **다른 사용자와 공유** : 원드라이브에 문서를 저장한 후 다른 사용자와 공유합니다.

❷ **전자 메일** : 첨부 파일로 메일을 전송하거나 PDF, XPS 파일로 변환 후 전송할 수 있습니다.

❸ **온라인 프레젠테이션** : Office Presentation Service를 통해 온라인으로 프레젠테이션을 진행합니다.

❹ **슬라이드 게시** : 슬라이드 라이브러리 또는 SharePoint 사이트에 게시합니다.

❺ **메신저 대화로 보내기** : 초대받은 사람에게 메신저 대화로 보낼 수 있습니다.

발표자 도구를 100% 활용하기

컴퓨터를 빔 프로젝터에 연결하거나 멀티 모니터에 연결했을 경우 발표자 도구를 실행할 수 있습니다. 발표자 도구를 사용하면 발표자의 모니터에는 슬라이드 노트를 표시하고, 빔 프로젝트나 다른 모니터에는 슬라이드 쇼를 표시할 수 있습니다.

■ 발표자 도구 사용하기

예제 파일 Part06/Lesson01/슬라이드쇼2.pptx

발표자 도구는 프레젠테이션을 진행할 때 발표자를 도와주는 중요한 도구입니다. 발표자 도구를 열면 왼쪽에는 현재 화면이 뜨고, 오른쪽에는 다음 화면, 오른쪽 하단에는 슬라이드 노트에 입력한 내용 등이 표시됩니다.

1 ┃ [발표자 보기] 창 살펴보기

[발표자 보기] 창을 통해 현재 진행되는 슬라이드를 비롯해 전체 슬라이드를 컨트롤할 수 있습니다.

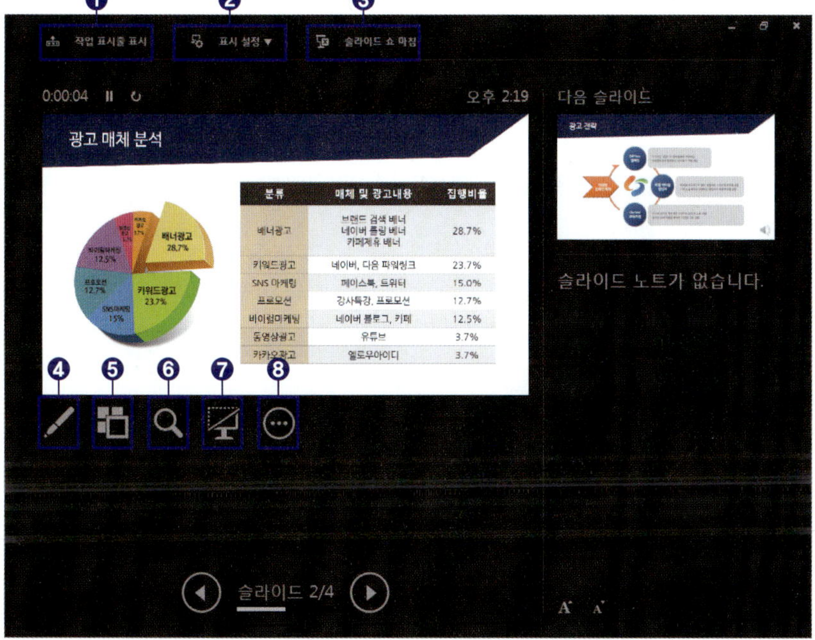

❶ **작업 표시줄 표시** : 하단에 윈도우 작업 표시줄을 표시합니다. 인터넷을 실행하거나 다른 프로그램을 여는 등 윈도우에서 작업 표시줄을 사용하는 것과 동일하게 사용할 수 있습니다. 물론, 청중들은 볼 수 없습니다.

❷ **표시 설정** : 발표자 도구와 슬라이드 쇼 모니터를 서로 변경하거나 슬라이드 쇼를 복제하여 같은 화면을 표시합니다.

❸ **슬라이드 쇼 마침** : 슬라이드 쇼를 종료합니다.

❹ 펜 및 레이저 포인터 도구 : 펜과 레이저 포인터를 설정합니다.

❺ 모든 슬라이드 보기 : 모든 슬라이드를 미리 볼 수 있습니다.

❻ 슬라이드 확대 : 슬라이드의 개체나 영역을 확대하여 표시할 수 있습니다.

❼ 슬라이드 쇼를 검정으로 설정/취소 : 슬라이드 쇼 화면을 검은색으로 설정하거나 취소합니다.

❽ 슬라이드 쇼 옵션 더 보기 : 슬라이드 쇼와 관련된 옵션을 표시합니다.

01 예제를 통해 살펴보겠습니다. [슬라이드 쇼] 탭–[모니터] 그룹의 [발표자 도구 사용]에 체크가 되어 있는지 확인합니다. 체크되어 있지 않다면 체크 표시를 합니다. **F5**를 눌러 슬라이드 쇼를 진행합니다.

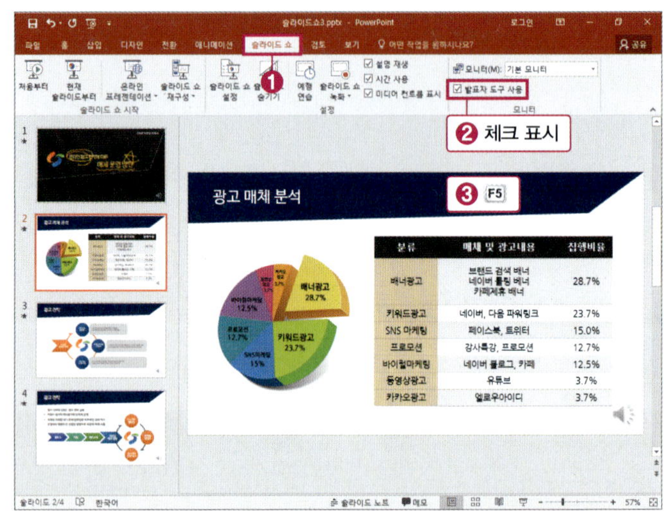

02 만일, 슬라이드 쇼 진행 시 발표자 도구가 표시되지 않는다면 마우스 오른쪽 버튼을 누른 후 [발표자 도구 표시]를 선택합니다.

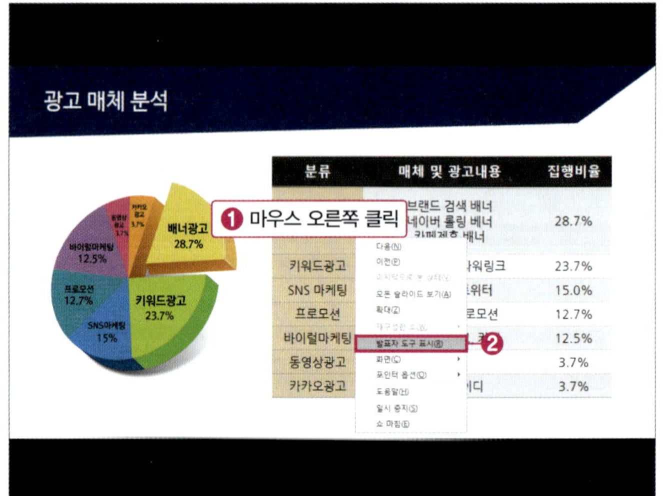

01 예제를 통해 살펴보겠습니다. [슬라이드 쇼] 탭–[슬라이드 쇼 시작] 그룹에서 [온라인 프레젠테이션] 하단을 클릭한 후 [Office Presentation Service]를 클릭합니다.

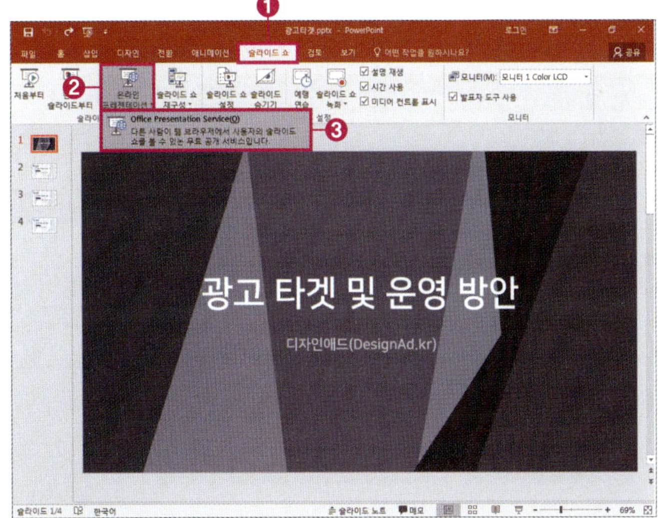

02 [Office Presentation Service]는 외부의 다른 사람에게 특정 인터넷 주소를 알려주어 웹 브라우저를 통해 프레젠테이션을 진행할 수 있습니다. [온라인 프레젠테이션] 창이 뜨면 [연결]을 클릭합니다.

팁 :: 원격으로 연결되는 사용자에게 프레젠테이션을 다운로드 받도록 허용하려면 [원격으로 보는 사용자에게 프레젠테이션 다운로드 허용]을 클릭합니다.

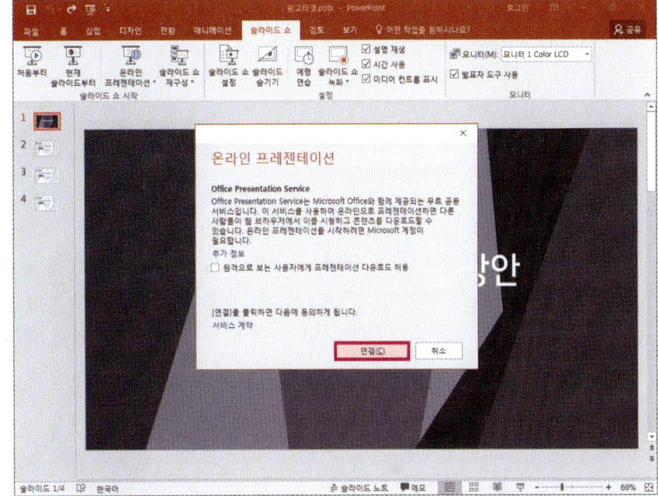

 [로그인] 창이 뜨면 계정 연결을 위해 전자 메일 주소를 비롯해 패스워드를 입력합니다.

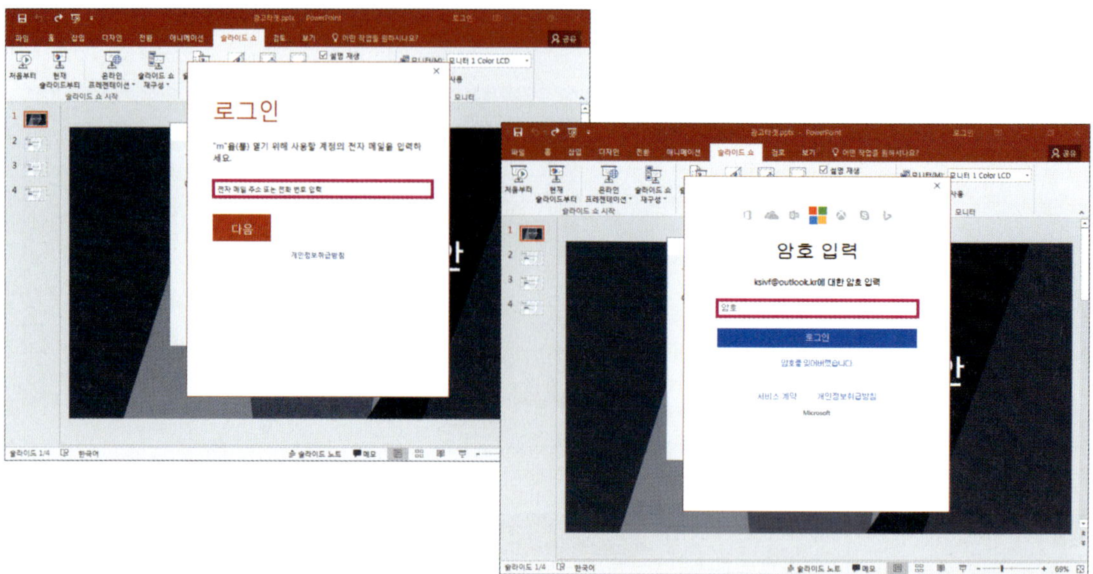

04 Office Presentation Service에 연결 되면 인터넷 주소가 생성됩니다. [링크 복 사]를 클릭하거나 [전자 메일로 보내기]를 클릭해 온라인으로 프레젠테이션을 진행 할 당사자의 메일이나 채팅 프로그램을 통 해 공유합니다.

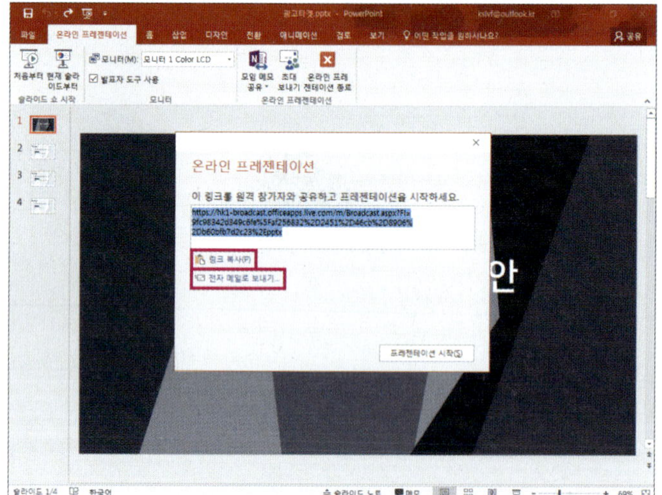

스티브 잡스 프레젠테이션 배우기

프레젠테이션을 다루는 도서라면 단골 메뉴로 등장하는 인물이 한 명 있습니다. 바로 스티브 잡스입니다. 그의 프레젠테이션은 그 누구도 흉내 내지 못하는 절제와 단순함, 강력하면서도 미묘한 슬라이드 디자인 등을 엿볼 수 있습니다.

▲ 애플의 전 CEO, 스티브 잡스

스티브 잡스는 아이폰과 아이팟, 매킨토시 등을 만든 애플의 CEO이자 이 시대의 가장 훌륭한 발표자 중 한사람입니다. 항상 검은 티셔츠와 청바지를 입고 애플에서 나온 신제품을 직접 프레젠테이션을 진행하면서 청중들에게 큰 감흥을 주었습니다. 일단, 그는 제품의 스펙 등을 설명할 때 어려운 용어나 전문적인 단어는 사용하지 않습니다. 청중들이 잘 이해할 수 있도록 최대한 쉽게 이야기합니다.

프레젠테이션에서 가장 중요한 요소 3가지를 뽑으라면 스토리와 디자인, 그리고 발표자의 역량입니다. 스토리가 좋으면 그 프레젠테이션은 기억에 오래 남으며, 디자인이 이쁘면 청중들에게 강렬한 인상을 남길 수 있습니다. 또한, 발표자의 역량이 뛰어나면 프레젠테이션을 신뢰할 수 있습니다.

누구나 최고의 프레젠테이션을 진행하고 싶고, 많은 이의 환호를 받으며 무대에서 내려오고 싶을 것입니다. 스티브 잡스의 프레젠테이션을 보면 이 시대의 프레젠테이션은 어떻게 진행해야 하며 청중들과 어떤 방식으로 소통해야 하는지에 대한 정석을 느낄 수가 있습니다.

Apple Event Pages : http://www.apple.com/apple-events

프레젠테이션 보물창고 테드 컨퍼런스

매년 2월이면 캘리포니아에서 테크놀로지(Technology), 엔터테인먼트(Entertainment), 디자인(Design)의 앞글자를 딴 테드(TED) 컨퍼런스가 열립니다. 테드 컨퍼런스는 세계적인 사상가와 사회 운동가들이 다양한 이슈를 가지고 20분 내외의 짧은 시간 안에 수준 높은 강연을 제공하는 것으로 유명합니다.

시간이 제한적이다 보니 발표자는 간결하고 압축적인 이야기를 할 수 밖에 없습니다. 그렇기에 군더더기 없는 내용은 물론이거니와 다양한 사람들의 다양한 이야기를 한 공간에서 들을 수 있기에 프레젠테이션 발표 스킬에 많은 도움을 받을 수 있습니다.

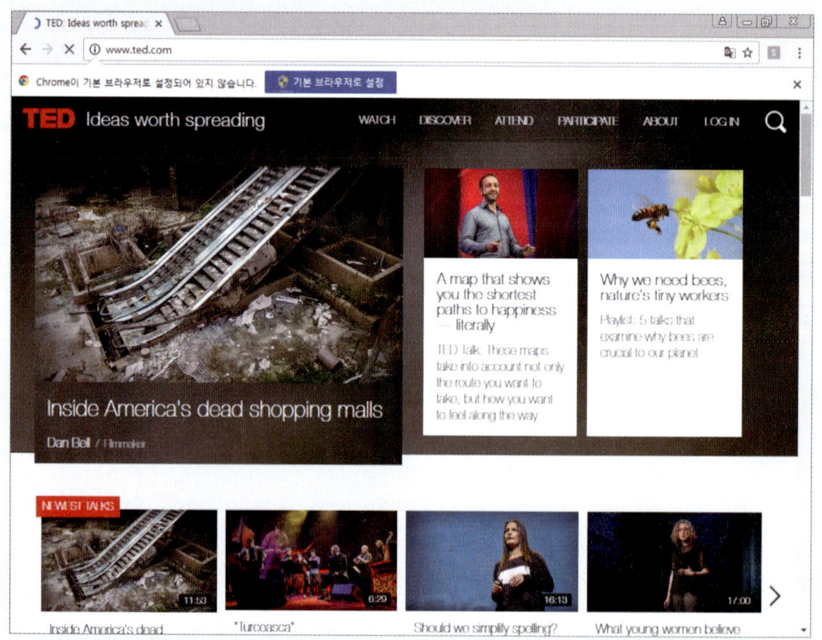

테드 컨퍼런스에서 진행했던 동영상은 테드 홈페이지에서 언제든지 참고할 수 있으니 프레젠테이션 시 참고하시기 바랍니다. 물론 유명한 강연에는 한국어 자막으로도 제공됩니다. 수많은 강연자의 다양한 프레젠테이션 스타일을 보면서 프레젠테이션에 대해 연구해 보면 언젠가는 자신도 멋진 프레젠테이션을 하는 당사자가 되어 있을 것입니다.

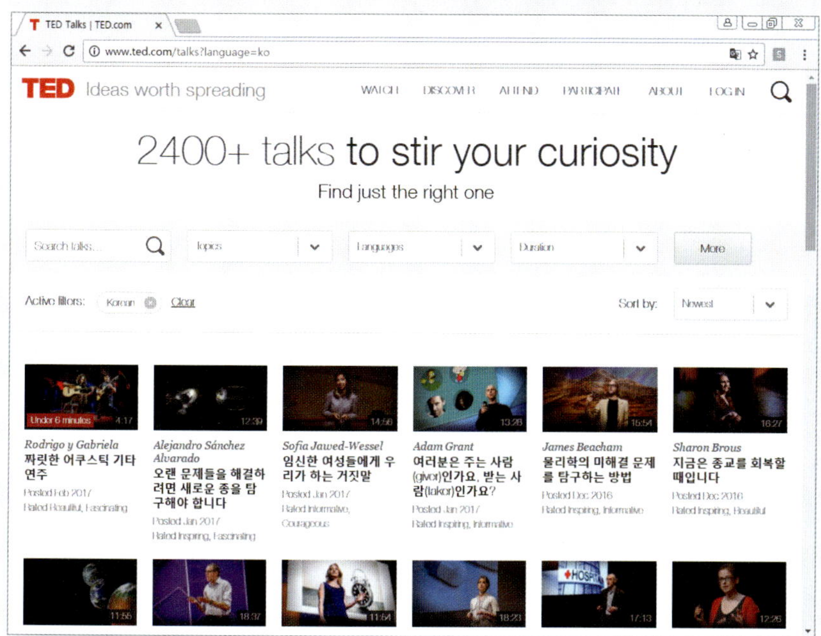

▲ 한글 TED

테드 컨퍼런스의 강연 동영상은 아래의 주소를 통해 확인할 수 있습니다.

테드 컨퍼런스 : http://www.ted.com

한글판 테드 컨퍼런스 : http://www.ted.com/talks?language=ko

슬라이드 마스터와 테마 살펴보기

마스터를 마스터해보자!

슬라이드 마스터는 '마스터'와 '레이아웃'으로 구성되어 있습니다. '마스터'는 모든 슬라이드에 적용되는 최상위 1장의 슬라이드를 말하며, '레이아웃'은 용도별로 각기 다른 배경이나 서식을 지정할 수 있는 여러 장의 슬라이드를 말합니다. 이번 레슨에서는 조금 난이도가 있는 마스터와 레이아웃에 대해서 살펴보겠습니다. 마스터와 레이아웃이 어렵다면 테마만이라도 제대로 마스터하기 바랍니다.

이번에는 슬라이드 마스터와 테마에 대해 살펴보겠습니다. 마스터에는 그 기능에 따라 슬라이드 마스터, 유인물 마스터, 슬라이드 노트 마스터 등 3가지 종류로 나뉩니다.

먼저 슬라이드 마스터와 유인물 마스터, 슬라이드 노트 마스터가 무엇인지 알고 있는 것이 좋습니다. 슬라이드 마스터는 슬라이드의 배경과 서식, 머리글과 바닥글, 페이지 번호 등을 설정하거나 슬라이드 레이아웃과 모든 테마 정보를 저장하는 슬라이드를 말합니다. 유인물 마스터는 프레젠테이션 인쇄 시 유인물로 인쇄할 경우에 배경 등을 지정할 때 사용합니다. 슬라이드 노트 마스터는 프레젠테이션을 슬라이드 노트로 인쇄할 경우에 슬라이드 노트의 머리글이나 날짜 등 서식을 지정할 때 사용합니다.

테마란, 파워포인트에서 활용 가능한 글꼴이나 색상 등이 모두 적용된 문서를 말합니다. 즉, 슬라이드 마스터를 미리 지정해 놓은 것이 테마라고 할 수 있는데 테마를 통해 보다 편리하게 슬라이드 디자인을 적용할 수 있습니다.

슬라이드 마스터와 테마란?

슬라이드 마스터를 통해 사용자가 원하는 다양한 레이아웃 모양을 만들 수 있습니다. 테마를 통해 파워포인트가 제공하는 디자인 갤러리를 통해 쉽게 전체 슬라이드에 적용할 수 있습니다.

■ 슬라이드 마스터 종류 살펴보기

슬라이드 마스터는 주로 본문과 제목 슬라이드의 서식을 지정할 때 사용됩니다. 모든 프레젠테이션에는 슬라이드 마스터가 하나 이상 포함되어 있으며, 다양한 레이아웃으로 구성되어 있습니다.

1 | 슬라이드 마스터, 유인물 마스터, 슬라이드 노트 마스터

필요에 따라서 슬라이드 마스터를 변경할 수 있는데, 슬라이드 마스터를 수정하면 프레젠테이션의 모든 슬라이드 스타일이 일괄적으로 수정되어 편리하게 프레젠테이션을 관리할 수 있습니다.

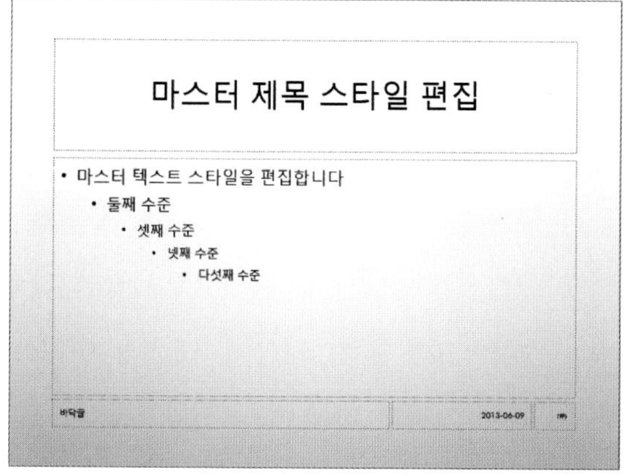

◀ 슬라이드 마스터

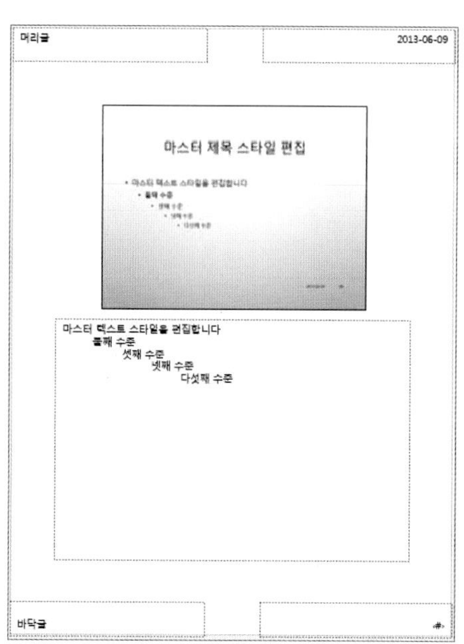

◀ 유인물 마스터
◀◀ 슬라이드 노트 마스터

2 | 슬라이드 마스터와 슬라이드 레이아웃

슬라이드 마스터 안에는 제목 슬라이드 레이아웃을 비롯해 다양한 마스터 레이아웃이 포함되어 있습니다. 마스터 레이아웃에 포함된 레이아웃을 살펴보면 제목 슬라이드를 비롯해 제목 및 내용, 구역 머리글, 콘텐츠 2개 등 다양한 레이아웃이 포함되어 있는 것을 확인할 수 있습니다.

레이아웃에는 제목 영역과 부제목 영역, 그리고 날짜, 바닥글, 번호 등을 삽입할 수 있는 영역, 그리고 본문 영역으로 나뉩니다.

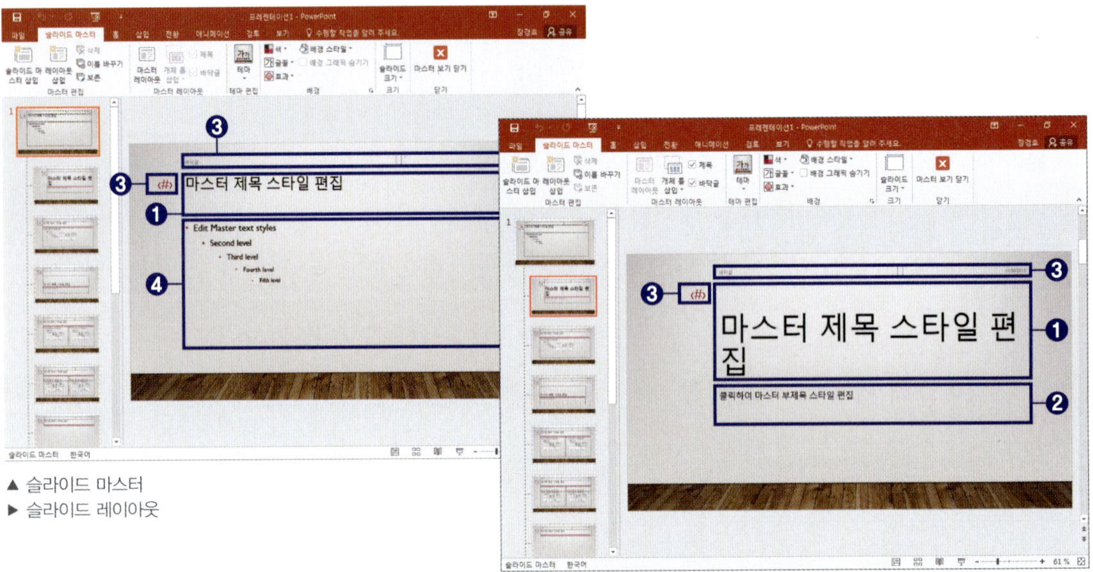

▲ 슬라이드 마스터
▶ 슬라이드 레이아웃

❶ **제목 영역** : 제목 서식을 작성할 수 있는 영역입니다. 슬라이드의 제목이나 본문 내용의 제목 스타일을 편집합니다.

❷ **부제목 영역** : 부제목 서식을 작성할 수 있는 영역입니다.

❸ **날짜/바닥글/번호 영역** : 슬라이드에 날짜나 바닥글, 번호를 입력할 수 있는 영역으로 내용을 표시할 수도 표시하지 않을 수도 있습니다.

❹ **본문 영역** : 본문을 입력할 수 있는 영역입니다. 본문에는 글머리 기호나 여러 텍스트 서식을 지정합니다.

3 | 새 슬라이드 레이아웃과 슬라이드 마스터 레이아웃

기본 보기에서 [새 슬라이드]를 클릭하면 나타나는 레이아웃 종류와 슬라이드 마스터에 표시되는 레이아웃 종류는 동일합니다. 즉, 슬라이드 마스터에서 슬라이드를 꾸미거나 레이아웃을 조정하면 기본 보기 모드에서도 동일하게 레이아웃이 적용되는 것을 확인할 수 있습니다.

▲ '제목 슬라이드' 레이아웃

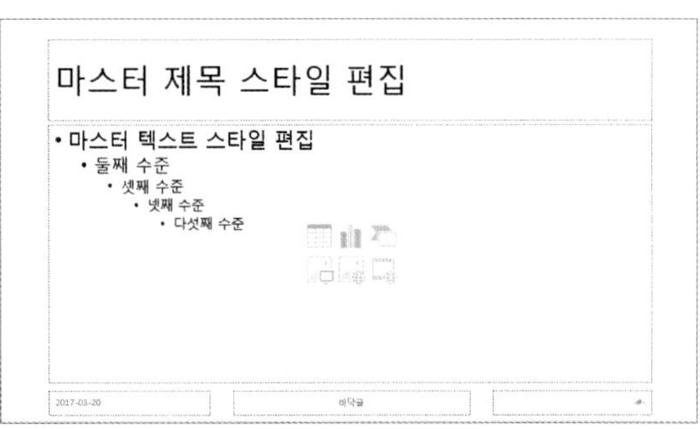

▲ '제목 및 내용' 레이아웃

▲ '구역 머리글' 레이아웃

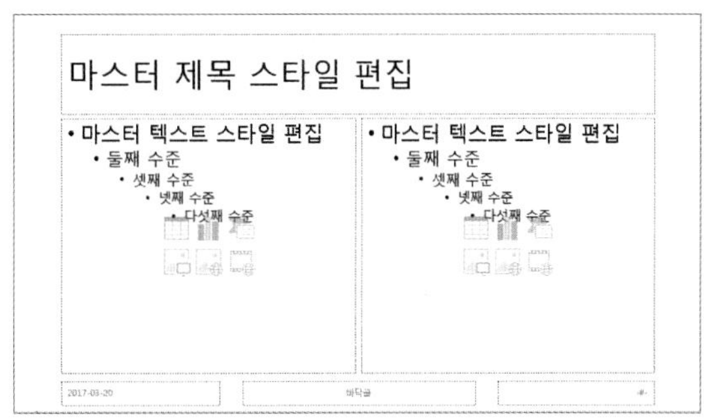

▲ '콘텐츠 2개' 레이아웃

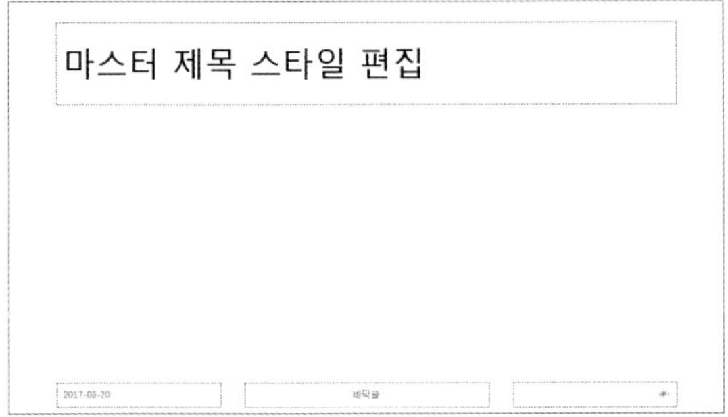

▲ '제목만' 레이아웃

▲ '빈 화면' 레이아웃

01 여기서는 슬라이드 마스터를 불러오는 방법을 살펴보겠습니다. [보기] 탭–[마스터 보기] 그룹에서 [슬라이드 마스터]를 클릭합니다.

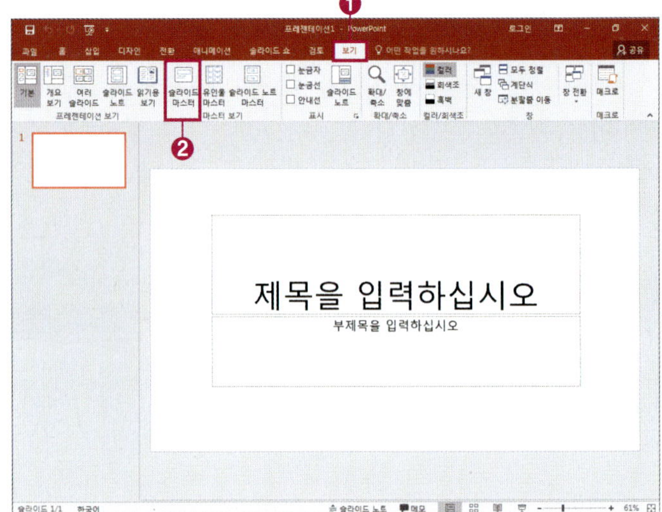

02 [슬라이드 마스터] 창이 뜨면서 왼쪽에는 슬라이드 마스터와 슬라이드 레이아웃이 표시됩니다. [마스터 보기 닫기]를 클릭합니다.

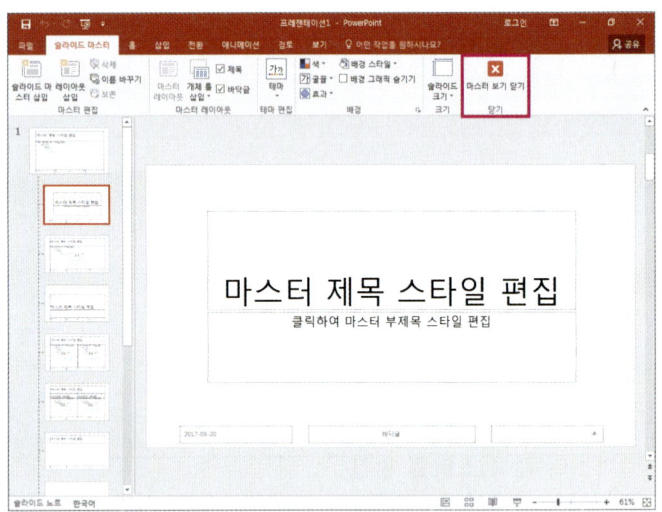

03 슬라이드 마스터를 여는 다른 방법을 살펴보겠습니다. Shift 를 누른 상태에서 [기본 보기]를 클릭합니다.

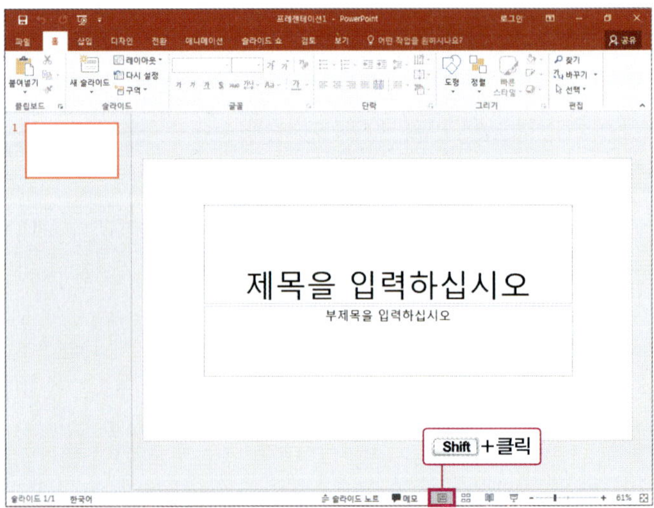

04 슬라이드 마스터 화면이 나타납니다. 기본 보기로 되돌아가기 위해서는 [기본 보기] 단추를 클릭합니다.

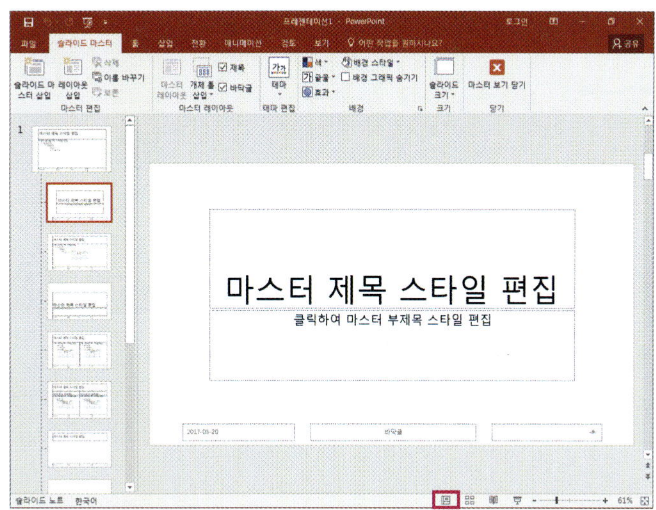

....

팁 :: 내용 슬라이드 레이아웃에 들어가는 개체 틀 살펴보기

'제목 및 내용' 레이아웃을 비롯해 '콘텐츠 2개' 레이아웃 등에는 여러 개의 아이콘이 표시되는 것을 확인할 수 있습니다. 리본 메뉴를 통하지 않고서도 개체 틀을 통해 텍스트나 표, 차트 등 다양한 콘텐츠를 바로 삽입할 수 있습니다. 참고로, 슬라이드 마스터 화면에서는 작동하지 않으며, 슬라이드 편집 창에서 아이콘이 활성화됩니다.

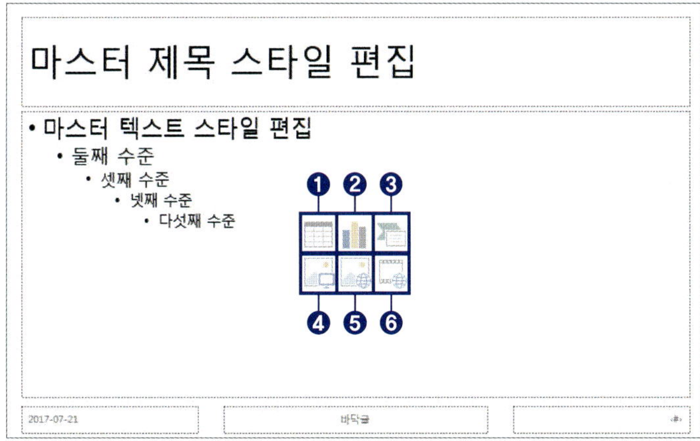

❶ **표 삽입 :** [표 삽입] 대화상자가 나타납니다.

❷ **차트 삽입 :** [차트 삽입] 대화상자가 나타납니다.

❸ **SmartArt 그래픽 삽입 :** [SmartArt 그래픽] 대화상자가 나타납니다.

❹ **그림 삽입 :** [그림 삽입] 대화상자가 나타납니다.

❺ **온라인 그림 삽입 :** 'Bing 이미지 검색'을 비롯해 원드라이브, Flickr 등 다양한 온라인 그림을 삽입할 수 있습니다.

❻ **비디오 삽입 :** [비디오 삽입] 대화상자가 나타납니다.

배경 서식 지정하고 레이아웃 삭제하기

슬라이드 마스터에서 배경 서식을 지정하면 모든 슬라이드에 동일한 배경이 지정되기 때문에 빠르고 편리하게 배경 서식을 지정할 수 있습니다. 여기서는 슬라이드 마스터를 통해 배경 서식을 지정해 보고, 필요 없는 레이아웃을 삭제해 보겠습니다.

■ 배경 서식 지정하기

예제 파일 Part06/Lesson02/bg_01.png, bg_02.png

여기서는 슬라이드 마스터를 통해 배경 서식을 지정하는 방법에 대해서 살펴보겠습니다.

1 | [슬라이드 마스터] 탭 살펴보기

슬라이드 마스터를 통해 배경 서식을 지정하거나 레이아웃을 삭제하기 위해서는 [슬라이드 마스터] 탭의 사용 방법을 먼저 알고 있어야 합니다. 여기서는 [슬라이드 마스터] 탭의 기능에 대해서 살펴보겠습니다.

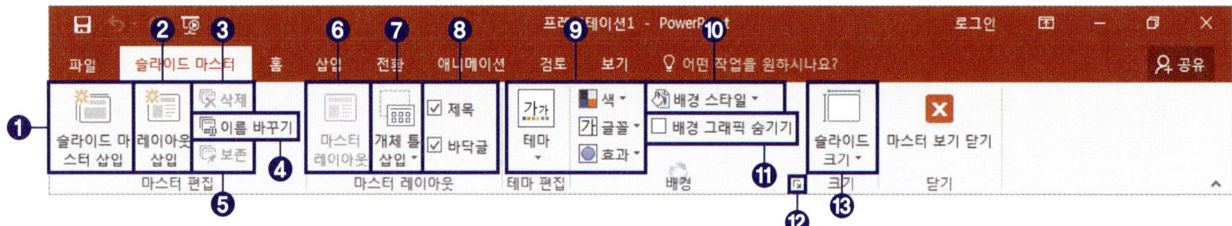

❶ 슬라이드 마스터 삽입 : 새 슬라이드 마스터를 삽입합니다.

❷ 레이아웃 삽입 : 새 슬라이드 레이아웃을 삽입합니다.

❸ 삭제 : 슬라이드 마스터나 레이아웃을 삭제합니다.

❹ 이름 바꾸기 : 슬라이드 마스터나 레이아웃의 이름을 변경합니다.

❺ 보존 : 다중 마스터가 설정되어 있을 때 기존 슬라이드 마스터가 변경되지 않도록 유지합니다.

❻ 마스터 레이아웃 : [마스터 레이아웃] 대화상자를 열어 개체 틀을 선택합니다.

❼ 개체 틀 삽입 : 마스터에 개체 틀을 삽입할 수 있습니다.

❽ 제목/바닥글 : 제목 개체 틀 혹은 바닥글을 표시하거나 숨길 수 있습니다.

❾ 테마 편집 : 테마를 비롯해 색, 글꼴, 효과를 변경할 수 있습니다.

❿ 배경 스타일 : 배경 스타일을 변경합니다.

⓫ 배경 그래픽 숨기기 : 설정한 배경 그래픽을 숨깁니다.

⓬ [배경 서식] 표시 아이콘 : 배경 서식을 채우기 위해 [배경 서식] 옵션 창이 나타납니다.

⓭ 슬라이드 크기 : 표준, 와이드 스크린 등 슬라이드 크기를 변경할 수 있습니다.

01 예제를 통해 살펴보겠습니다. 새 프레젠테이션을 연 다음 [디자인] 탭–[사용자 지정] 그룹에서 [슬라이드 크기]–[표준(4:3)]을 클릭합니다.

팁 :: 슬라이드 크기를 '표준 (4:3)'으로 변경하면 슬라이드 편집 창이 와이드 크기에서 표준 크기로 변경됩니다.

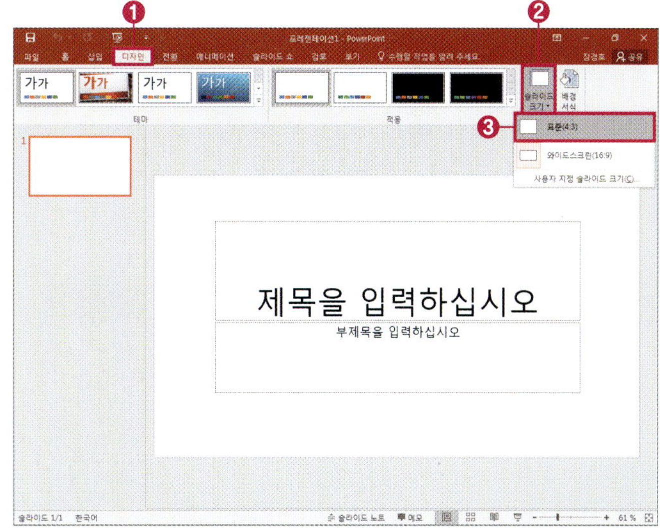

체크해봐요 :: **최대화와 맞춤 확인**

파워포인트 2007이나 2010 버전의 슬라이드 크기는 전형적인 4:3 비율을 가지고 있지만 파워포인트 2013과 2016은 와이드 스크린과 HD 형식을 채택하고 있습니다. 하지만 와이드 화면이 불편하거나 빔 프로젝터가 와이드를 지원하지 않는다면 슬라이드 화면을 4:3 비율로 변경하여 사용하는 것이 좋습니다. 와이드 슬라이드 크기를 표준 슬라이드 크기로 변경 시 [최대화], [맞춤 확인] 중에서 선택할 수 있습니다.

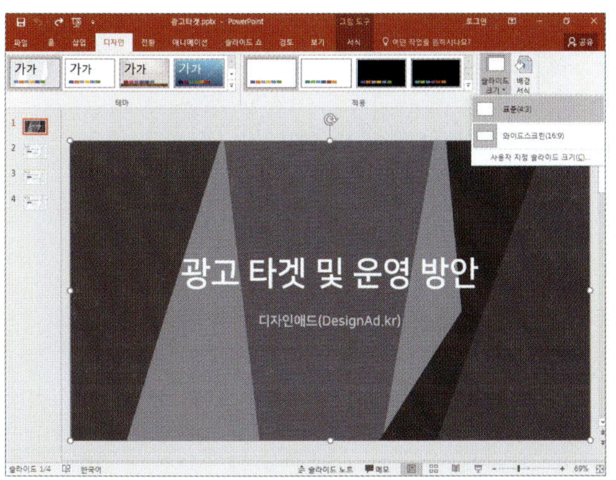
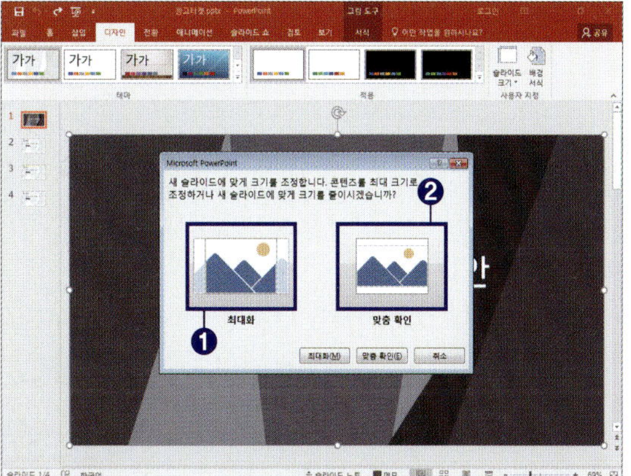

❶ **최대화 :** 슬라이드 크기가 4:3 비율을 가진 표준 모드로 변경되면서 축소되지만 슬라이드에 포함되어 있는 개체는 원래의 크기를 유지합니다.

❷ **맞춤 확인 :** 슬라이드 크기가 4:3 비율을 가진 표준 모드로 변경되면서 슬라이드에 포함되어 있는 개체도 함께 축소되어 표시됩니다.

02 슬라이드 편집 창의 크기가 와이드 화면에서 표준 화면으로 변경됩니다. 슬라이드 마스터에서 배경 서식을 지정하기 위해 [보기] 탭–[마스터 보기] 그룹에서 [슬라이드 마스터]를 클릭합니다.

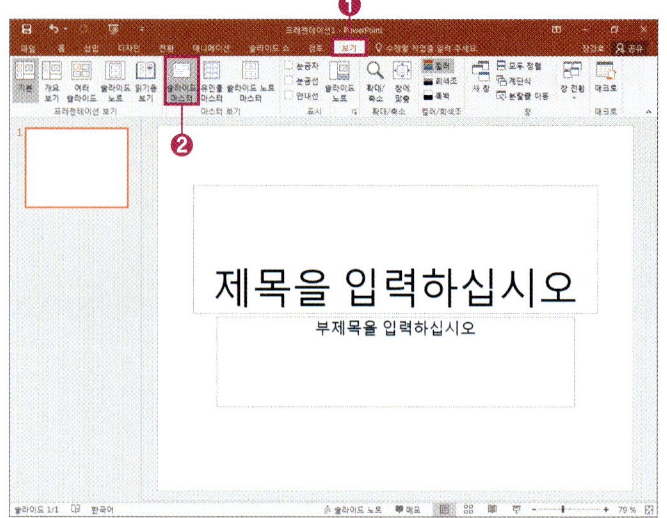

03 슬라이드 마스터 편집 창이 열리면 맨 위에 있는 슬라이드 마스터를 클릭합니다. [슬라이드 마스터] 탭–[배경] 그룹에서 [배경 스타일]을 클릭한 후 [스타일 11]을 선택합니다.

....

팁 :: 슬라이드 미리보기 창에 다양한 레이아웃이 나타납니다. 각각의 레이아웃에 다른 서식을 지정할 수도 있지만 제일 위에 있는 슬라이드 마스터에서 한 번에 동일한 서식을 지정하는 것이 가장 효율적입니다. 특정 레이아웃만 서식을 변경하려면 원하는 슬라이드 레이아웃을 선택한 다음 서식을 지정하도록 합니다.

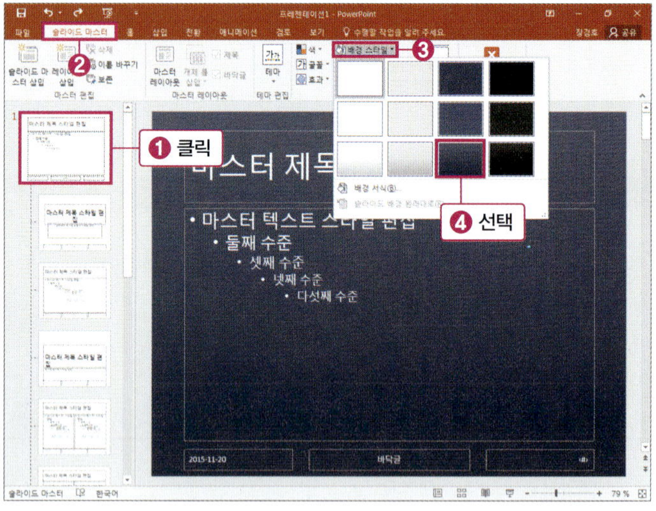

04 배경 스타일이 적용됩니다. 배경 서식을 가져와 슬라이드 마스터의 배경으로 지정할 수도 있습니다. [슬라이드 마스터]를 선택하고 [슬라이드 마스터] 탭–[배경] 그룹에서 [배경 스타일]을 클릭한 후 [배경 서식]을 선택합니다.

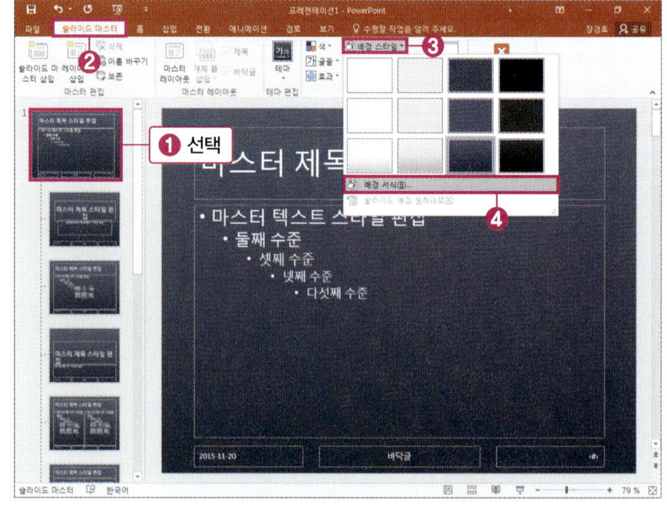

05 [배경 서식] 옵션 창이 나타납니다. [채우기] 항목에서 [그림 또는 질감 채우기]를 선택한 다음 [파일]을 클릭합니다. [그림 삽입] 대화상자가 나타나면 'bg_02.png' 파일을 선택한 다음 [삽입]을 클릭합니다.

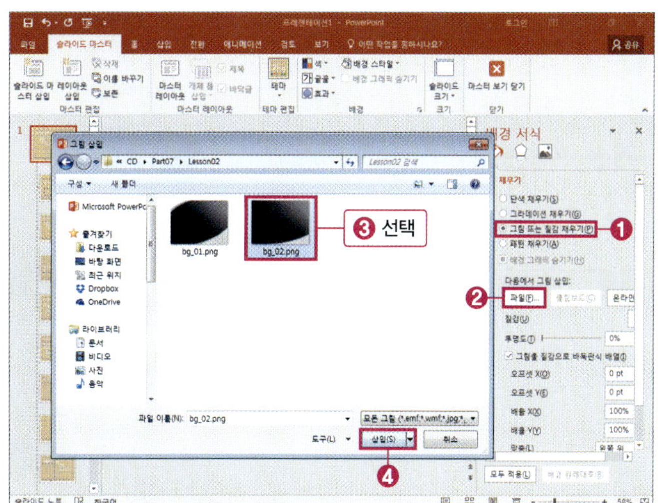

06 슬라이드 마스터 편집 창에 배경 그림이 삽입됩니다. 이번에는 제목 슬라이드에 배경 그림을 삽입해 보겠습니다. 제목 슬라이드 레이아웃을 선택한 후 [파일]을 클릭합니다. [그림 삽입] 대화상자가 나타나면 'bg_01.png' 파일을 선택한 다음 [삽입]을 클릭합니다.

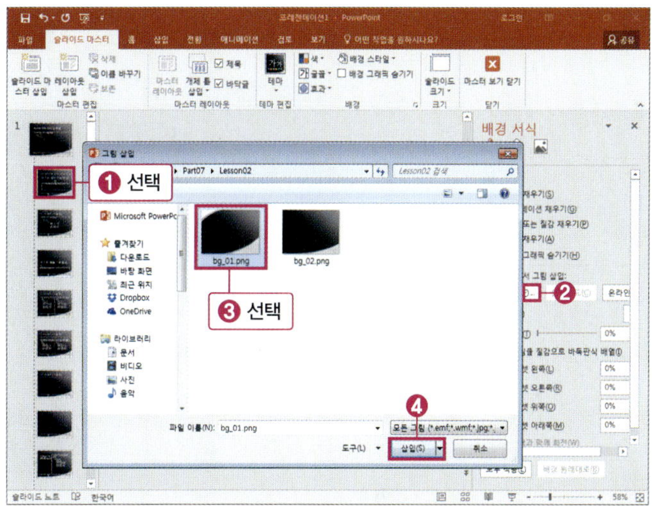

07 제목 슬라이드에만 다른 배경 그림이 지정됩니다. [배경 서식] 옵션 창의 [닫기]를 클릭한 후 [슬라이드 마스터] 탭–[닫기] 그룹에서 [마스터 보기 닫기]를 클릭합니다.

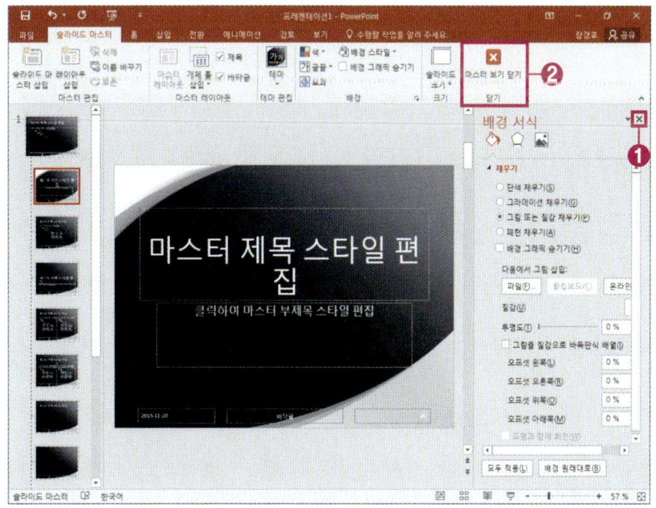

08 슬라이드 편집 창으로 돌아옵니다. 슬라이드를 선택한 후 **Enter**를 눌러 새 슬라이드를 추가합니다.

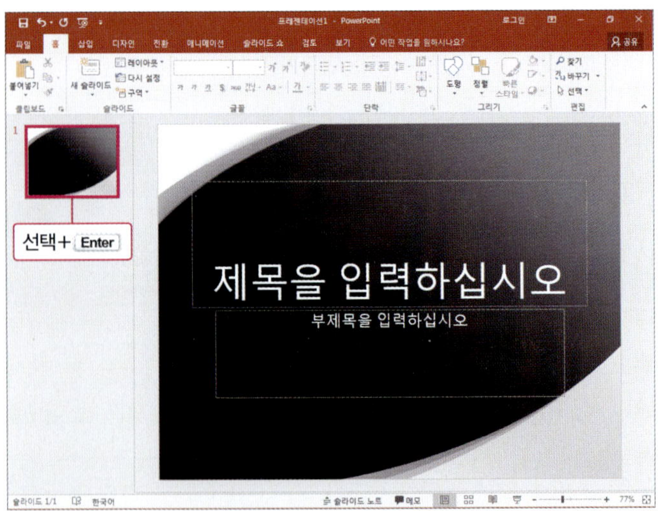

09 슬라이드 마스터에서 지정한 배경이 적용되는 것을 확인할 수 있습니다.

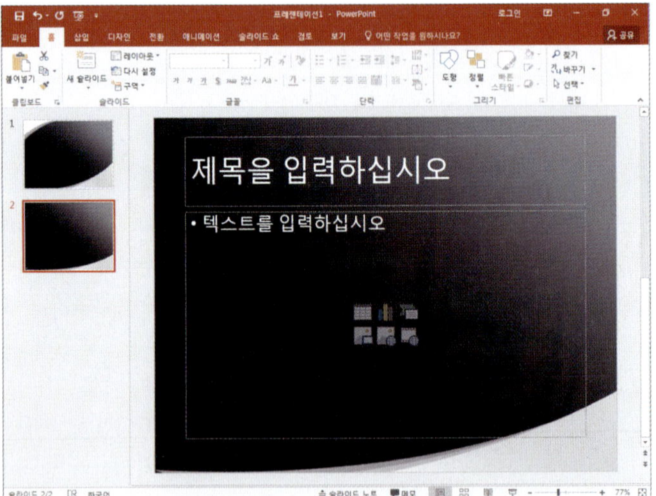

■ 필요 없는 레이아웃 제거하기

완성 파일 Part06/Lesson02/마스터_완성.pptx

슬라이드 마스터를 이용하면 전체 슬라이드를 일관성 있게 제작할 수 있을 뿐만 아니라 여러 구성
요소의 서식을 편하게 작성할 수 있습니다. 다만, 슬라이드 레이아웃 중에서는 사용하지 않는 레이
아웃도 많습니다. 여기서는 필요 없는 레이아웃을 제거해 보겠습니다.

01 앞선 따라하기에 이어서 진행하겠습니다. [보기] 탭–[마스터 보기] 그룹에서 [슬라이드 마스터]를 클릭합니다. [캡션 있는 콘텐츠 레이아웃]을 선택한 후 [슬라이드 마스터] 탭–[마스터 편집] 그룹의 [삭제]를 클릭합니다.

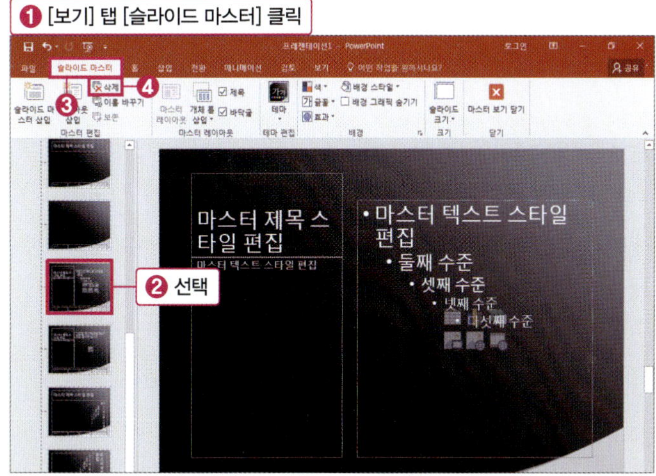

02 슬라이드 레이아웃이 삭제됩니다. 마찬가지로 그림과 같이 여러 슬라이드를 선택한 후 [슬라이드 마스터] 탭–[마스터 편집] 그룹에서 [삭제]를 클릭합니다. [닫기] 그룹에서 [마스터 보기 닫기]를 클릭합니다.

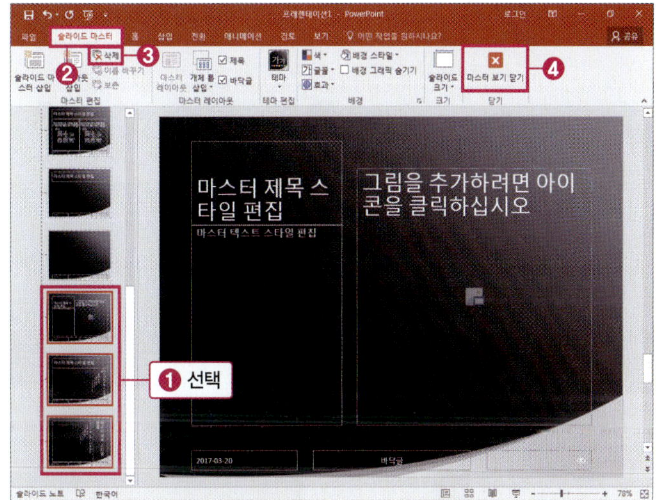

03 [홈] 탭–[슬라이드] 그룹에서 [레이아웃]을 클릭합니다. 필요 없는 레이아웃이 정리된 것을 확인할 수 있습니다.

새 레이아웃 추가하고 이름 바꾸기

슬라이드 마스터를 통해 디자인이나 텍스트 속성을 변경하거나 불필요한 슬라이드 레이아웃을 삭제할 수 있지만, 새로운 레이아웃을 추가하여 색다른 개체 틀을 만들 수도 있습니다. 여기서는 새로운 슬라이드 레이아웃을 추가하고, 여러 가지 개체 틀을 활용해 슬라이드 레이아웃을 꾸미는 방법에 대해서 살펴보겠습니다.

■ 새로운 레이아웃 만들기

예제 파일 Part06/Lesson02/마스터2.pptx

레이아웃은 슬라이드 마스터에서 새롭게 만들 수 있으며, 개체 틀을 삽입할 수 있습니다. 여기서는 레이아웃을 새로 만들고 이름을 지정해 보겠습니다.

1 | 개체 틀 삽입

슬라이드 마스터에서는 슬라이드 레이아웃을 자유자재로 만들 수 있습니다. [마스터 레이아웃] 그룹의 [개체 틀 삽입]에서는 콘텐츠를 비롯해, 텍스트, 그림, 차트, 표 등 다양한 개체를 레이아웃에 삽입할 수 있습니다.

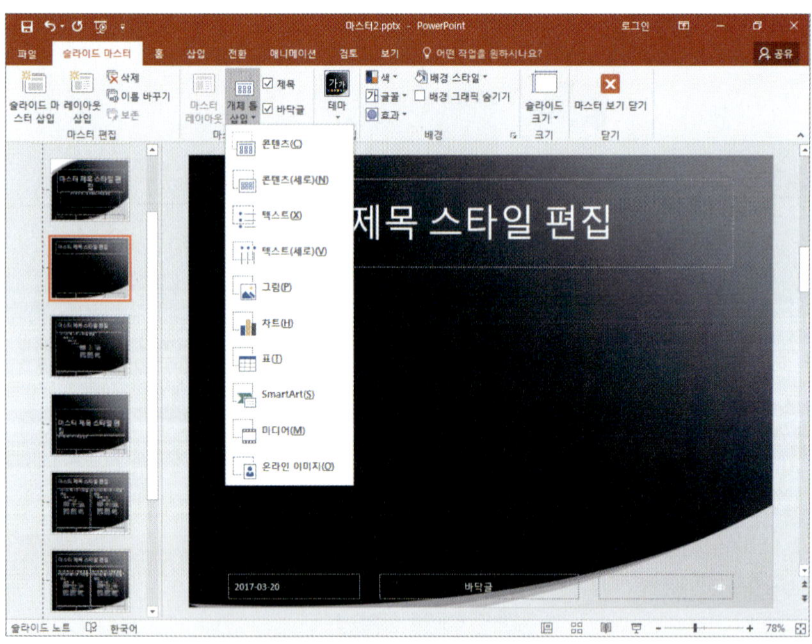

01 새로운 레이아웃은 슬라이드 마스터에서 지정할 수 있습니다. [보기] 탭-[마스터 보기]에서 [슬라이드 마스터]를 클릭합니다.

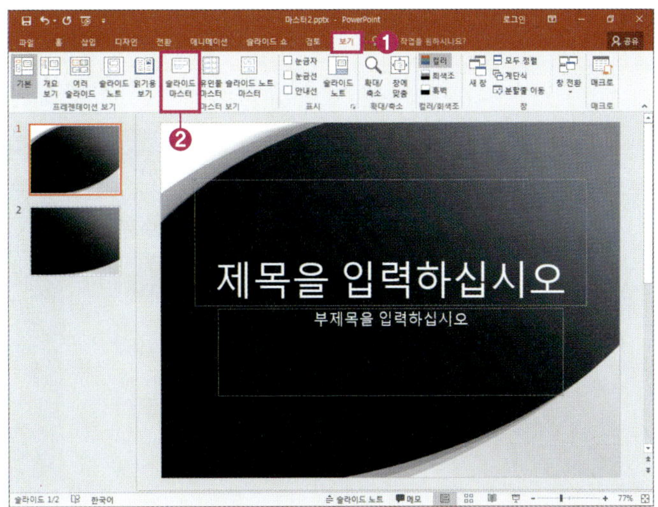

02 [슬라이드 마스터] 탭-[마스터 편집] 그룹에서 [레이아웃 삽입]을 클릭합니다.

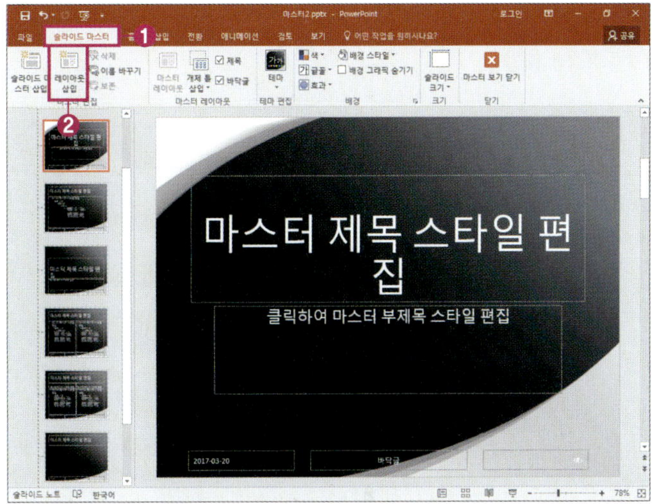

03 사용자 레이아웃이 삽입됩니다. [슬라이드 마스터] 탭-[마스터 레이아웃] 그룹에서 [개체 틀 삽입]을 클릭합니다. 원하는 개체 틀을 선택합니다. 여기서는 [온라인 이미지]를 클릭합니다.

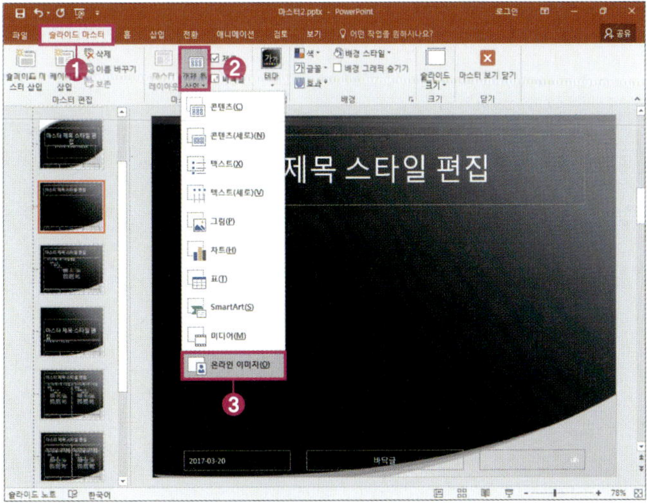

04 슬라이드 편집 창에서 마우스로 드래 그하여 온라인 이미지 개체 틀을 삽입합 니다.

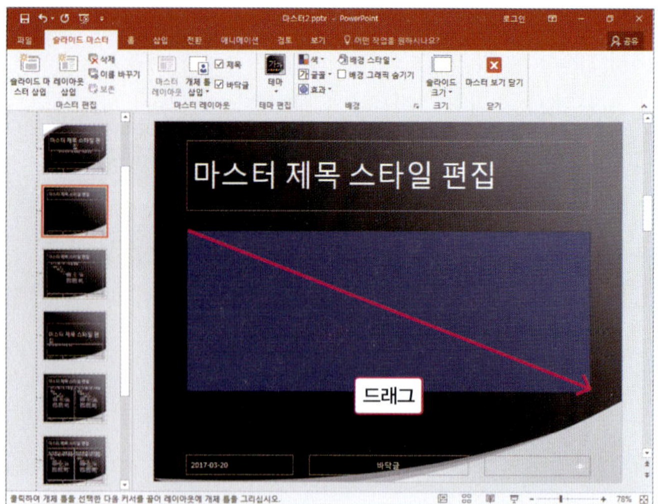

05 '온라인 이미지'라는 새로운 개체 틀이 만들어 집니다.

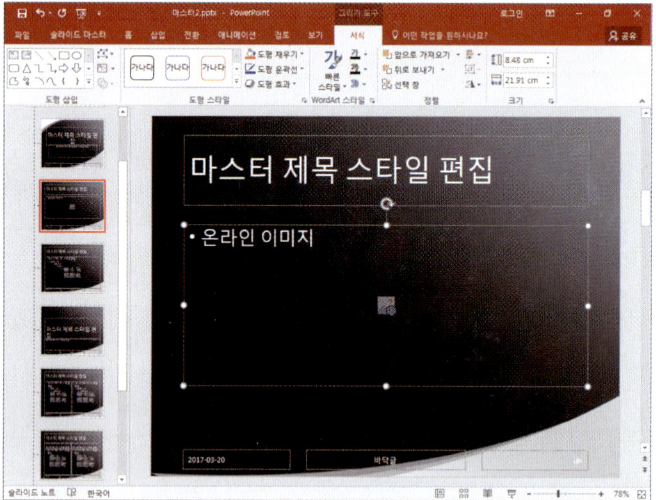

■ 레이아웃 이름 변경하기

완성 파일 Part06/Lesson02/마스터2_완성.pptx

한 번 만들어진 슬라이드 레이아웃은 슬라이드 작업을 진행할 때 종종 사용될 수 있습니다. 하지만, 파워포인트는 슬라이드 레이아웃 이름을 제목 및 내용, 구역 머리글, 콘텐츠 2개 등 형식적인 이름으로 지정하고 있습니다. 이런 이름보다는 레이아웃만의 특성을 지닌 새로운 이름을 지정해 놓으면 레이아웃을 선택할 때 보다 편리합니다.

01 앞선 따라하기에 이어서 진행하겠습니다. [슬라이드 마스터] 탭–[마스터 편집] 그룹에서 [이름 바꾸기]를 클릭합니다. [레이아웃 이름 바꾸기] 대화상자가 나타나면 [레이아웃 이름]에 『온라인 이미지』를 입력한 후 [이름 바꾸기]를 클릭합니다. [닫기] 그룹의 [마스터 보기 닫기]를 클릭합니다.

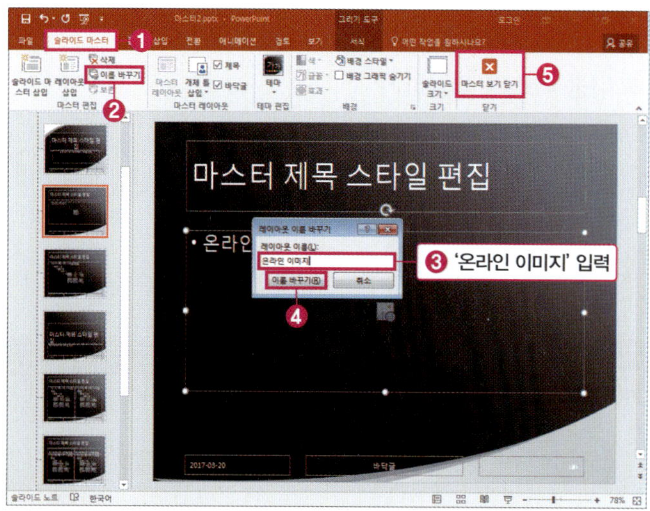

02 [홈] 탭–[슬라이드] 그룹에서 [새 슬라이드]의 아랫부분을 클릭하면 레이아웃의 이름이 변경된 것을 확인할 수 있습니다.

마스터 여러 개 적용하기

슬라이드 마스터는 파워포인트 기능 중 다소 고급 기능에 속합니다. 하지만 슬라이드 마스터를 제대로 활용할 수 있다면 슬라이드 작업 시간을 비롯해 다양한 슬라이드를 취합할 때에도 시간을 획기적으로 줄일 수 있습니다. 참고로, 슬라이드 마스터는 하나뿐 아니라 원하는 숫자대로 적용할 수 있습니다. 여기서는 여러 개의 마스터를 적용하는 방법에 대해서 살펴보겠습니다.

■ 다중 마스터 적용하기

예제 파일 Part06/Lesson02/다중마스터.pptx

슬라이드 마스터를 여러 개 적용하는 것을 다중 마스터라고 합니다. 여기서는 슬라이드 마스터에 여러 개의 다중 마스터를 만들어 놓고 원하는 슬라이드마다 다른 마스터를 지정하는 방법에 대해서 살펴보겠습니다.

01 [보기] 탭–[마스터 보기] 그룹에서 [슬라이드 마스터]를 클릭합니다.

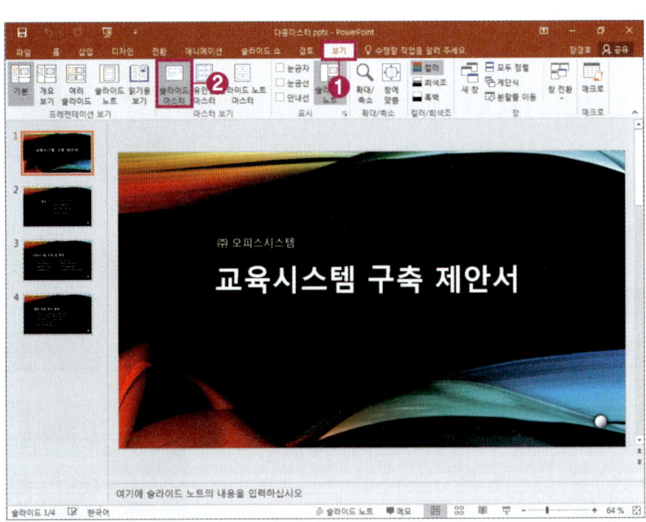

02 [슬라이드 마스터]에서 마우스 오른쪽 버튼을 누른 후 [마스터 유지]를 선택하거나, [마스터 편집]–[보존]을 선택합니다.

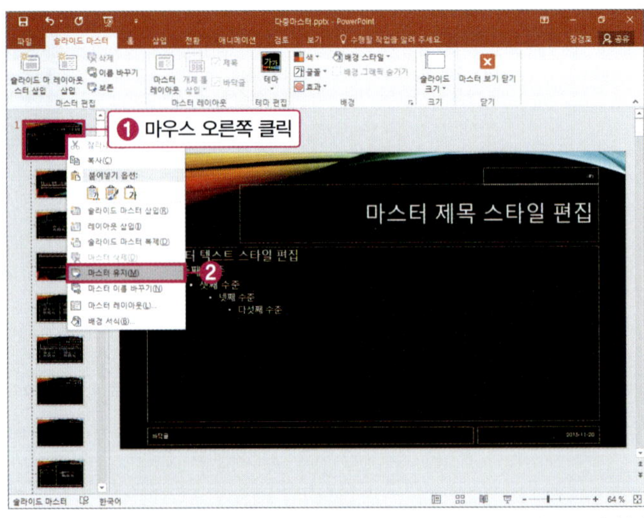

03 슬라이드 마스터에 고정 단추가 생성됩니다. 슬라이드 마스터에서 마우스 오른쪽 버튼을 눌러 [슬라이드 마스터 복제]를 선택합니다.

팁 :: 다중 마스터 기능은 슬라이드 마스터에 여러 개의 슬라이드 마스터를 만들어 놓고 슬라이드 편집 창에서 슬라이드마다 다른 슬라이드 마스터를 지정할 수 있는 기능입니다.

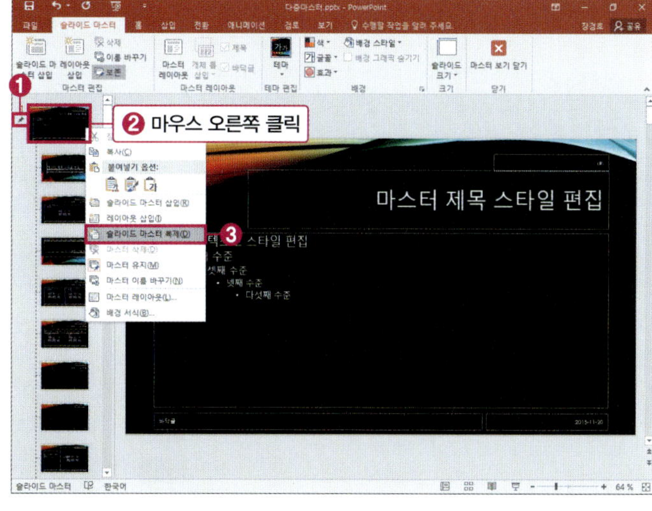

04 슬라이드가 복제되면서 하단에 슬라이드 마스터를 비롯해 다중 마스터가 만들어집니다.

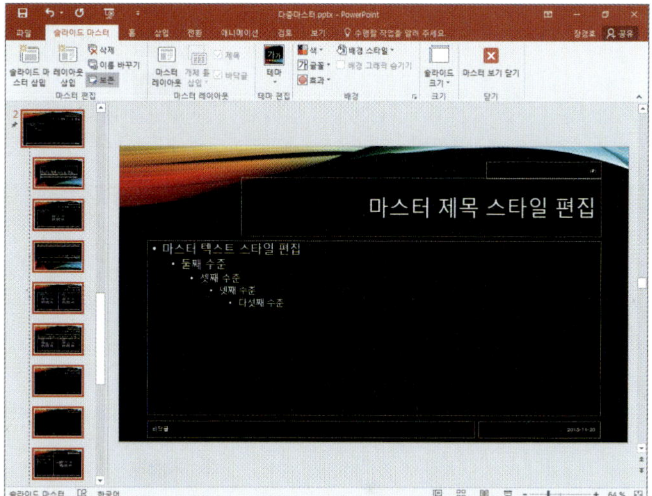

■ 다중 마스터에 배경과 서식 지정하기

완성 파일 Part06/Lesson02/다중마스터_완성.pptx

다중 마스터도 기존에 적용한 슬라이드 마스터처럼 원하는 배경 및 서식을 적용할 수 있습니다.

01 앞선 따라하기에 이어서 다중 마스터도 기존에 적용한 슬라이드 마스터처럼 원하는 배경 및 서식을 적용할 수 있습니다. [슬라이드 마스터] 탭–[테마 편집] 그룹의 [테마]를 클릭한 후 원하는 테마를 선택합니다.

02 다중 마스터에 테마가 변경됩니다. 다중 마스터가 완성되면 [닫기] 그룹의 [마스터 보기 닫기]를 클릭합니다.

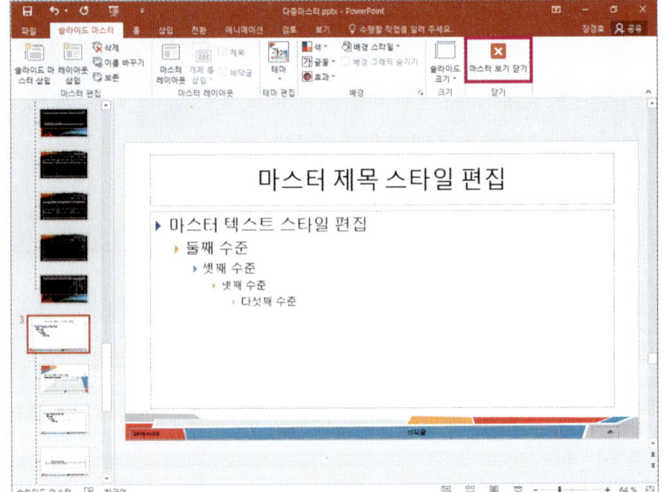

03 [홈] 탭–[슬라이드] 그룹에서 [새 슬라이드]의 하단을 클릭합니다. 다중 슬라이드 레이아웃이 적용되어 있는 것을 확인할 수 있습니다.

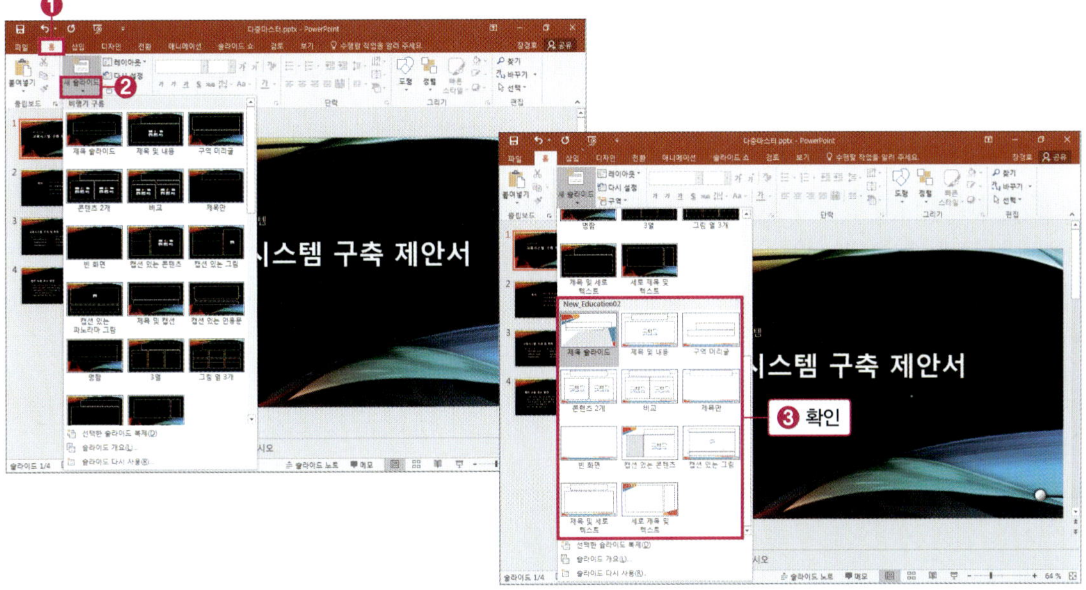

Q&A

Q. 기존 마스터가 해제되어 표시됩니다.

A. 다중 마스터를 적용할 경우 기존 마스터가 적용 해제될 수 있습니다. 다중 마스터를 지정하기 전에 [마스터 편집] 그룹의 [보존]을 클릭하여 기존 마스터를 유지할 수 있습니다. 또는, 마우스 오른쪽 버튼을 누른 후 [마스터 유지]를 선택하면 슬라이드 마스터에 [고정] 아이콘 표시가 나타나면서 마스터가 유지됩니다.

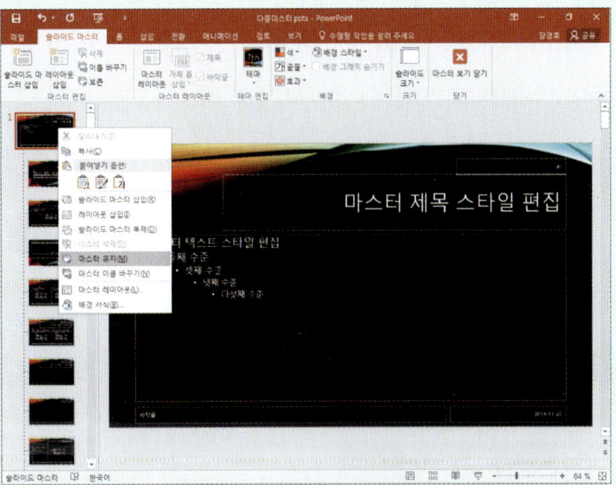

슬라이드에 특정 테마 적용하기

[디자인] 탭-[테마] 그룹을 클릭하면 전문가 수준의 다양한 테마 파일이 나타납니다. 이미 지정되어 있는 테마를 통해 누구나 쉽게 슬라이드를 디자인할 수 있습니다.

테마 갤러리에 나타나는 다양한 테마는 배경과 색상, 글꼴 등 서로 다른 서식이 적용되어 있습니다. 테마 색, 글꼴 및 효과는 원하는 효과로 변경할 수 있습니다. 슬라이드에 테마를 적용하면 모든 레이아웃에 동일한 테마가 적용되며, 선택한 테마 스타일에 따라서 텍스트, 도형 등의 서식에도 변화가 생깁니다.

■ 테마 갤러리 사용하기

예제 파일 Part06/Lesson02/제안서.pptx | **완성 파일** Part06/Lesson02/제안서_완성.pptx

여기서는 흰색 배경으로 구성된 예제 파일에 테마를 적용해 디자인이 가미된 멋진 슬라이드로 만들어보겠습니다.

1 | 테마

[디자인] 탭을 클릭하면 파워포인트가 제공하는 다양한 테마를 볼 수 있습니다. 테마마다 각기 다른 디자인 속성과 텍스트 속성이 지정되어 있는 것을 확인할 수 있습니다.

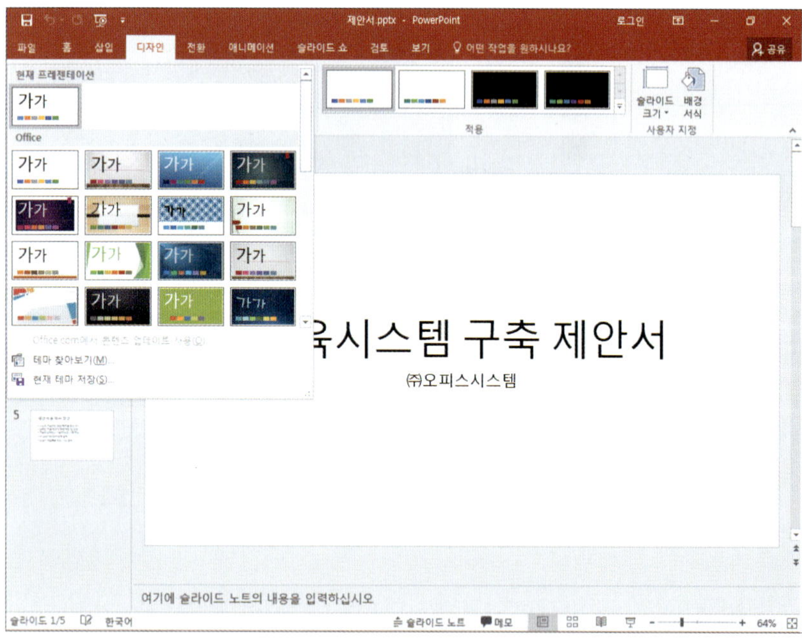

▲ 테마 종류

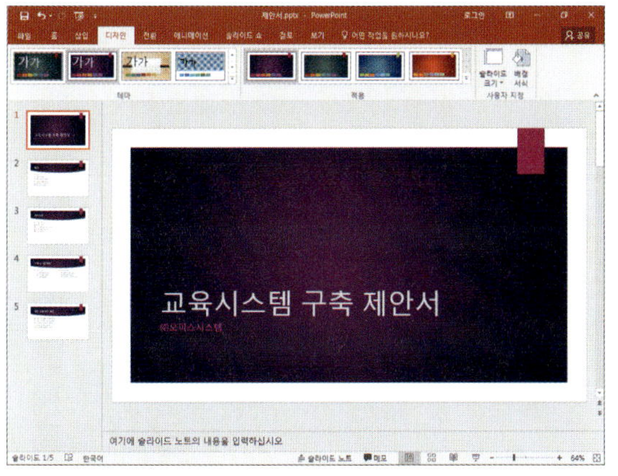

▲ 이온(회의실)

▲ 전체

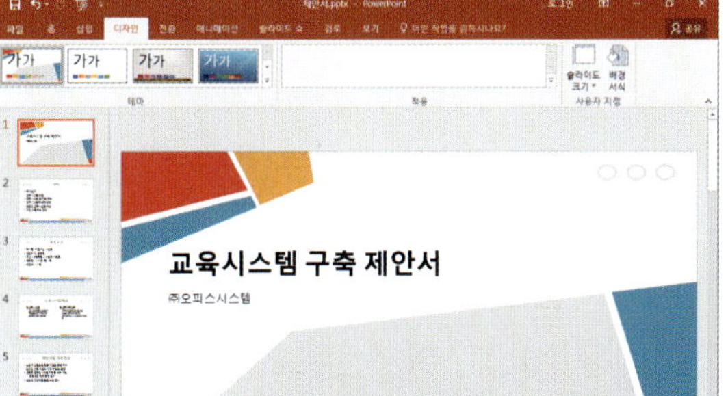

▲ 교육 테마

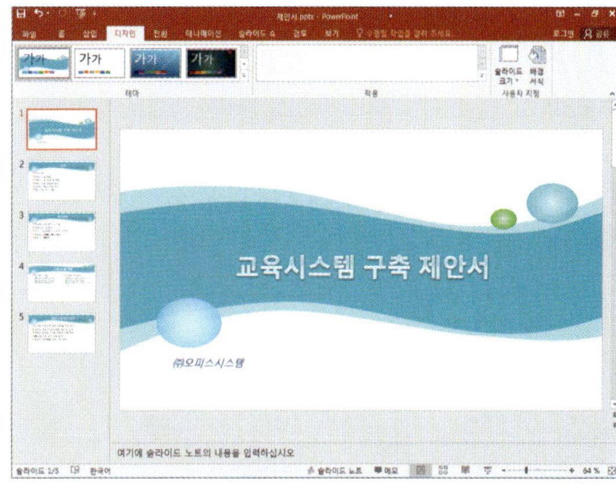

▲ 자연 테마

01 예제를 통해 살펴보겠습니다. [디자인] 탭-[테마] 그룹의 [자세히]를 클릭하면 테마 갤러리가 나타납니다. 원하는 테마 스타일을 선택합니다. 여기서는 [주요 이벤트]를 선택합니다.

팁 :: 테마 갤러리 위에 마우스를 위치시키면 슬라이드 편집 창에 선택한 테마가 미리보기됩니다.

02 선택한 테마가 전체 슬라이드에 적용됩니다. 선택한 테마도 다른 색상 및 텍스트 등을 지정할 수 있습니다. [디자인] 탭–[적용] 그룹에서 원하는 색상을 선택합니다. 원하는 색상이 없다면, [자세히]를 클릭한 후 색상을 선택합니다. 여기서는 [움직이는 텍스트]를 선택합니다.

··

팁 :: [디자인] 탭–[적용] 그룹의 [자세히]를 클릭하면 색상을 비롯해 글꼴이나 효과 등을 적용하여 원하는 스타일로 변경할 수 있습니다.

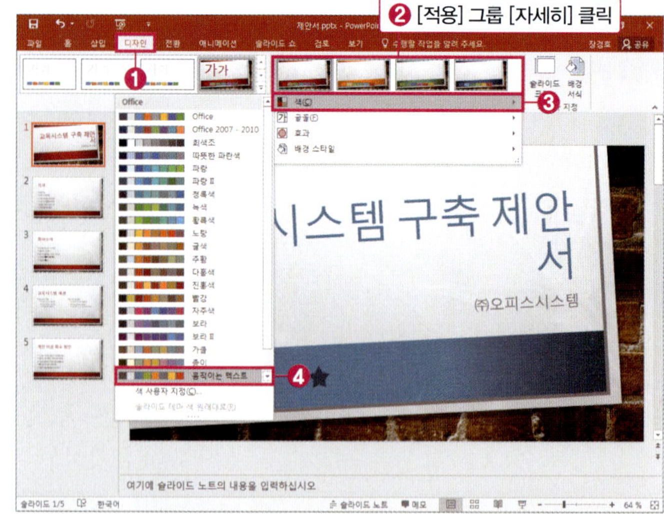

체크해봐요 :: **슬라이드 너비와 높이를 원하는 크기로 지정하기**

[디자인] 탭–[사용자 지정] 그룹에서 [슬라이드 크기]–[사용자 지정 슬라이드 크기]를 클릭하면 [슬라이드 크기] 대화상자가 열립니다. 여기서는 슬라이드의 크기를 설정하거나 방향 등을 변경할 수 있습니다.

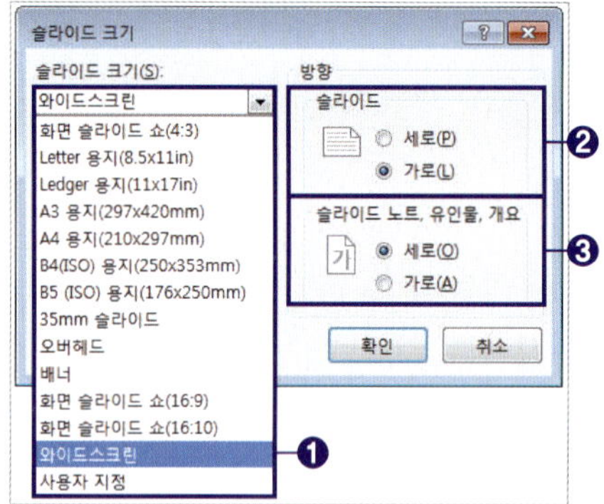

❶ **슬라이드 크기 :** 화면 슬라이드 쇼(4:3), A3 용지, A4 용지 등 용도에 따라 다른 크기의 슬라이드를 선택할 수 있습니다.

❷ **슬라이드 :** 슬라이드의 방향을 세로, 가로 중에서 선택할 수 있습니다.

❸ **슬라이드 노트, 유인물, 개요 :** 슬라이드, 슬라이드 노트, 유인물 등 인쇄되는 방향을 가로, 세로 중에서 선택할 수 있습니다.

■ 색 사용자 지정하기

예제 파일 Part06/Lesson02/제안서2.pptx ｜ 완성 파일 Part06/Lesson02/제안서2_완성.pptx

적용한 테마는 배경 스타일을 비롯하여 색상, 글꼴, 효과 등 다양한 서식을 변경할 수 있습니다.

1 ｜ 테마 색과 일반 색

자주 사용하는 테마 색을 등록해 놓으면 자신만의 테마 색을 필요할 때마다 불러올 수 있습니다. 테마 색을 색상으로 선택했다면 추후 테마를 변경할 경우 선택한 색상도 함께 변경됩니다.

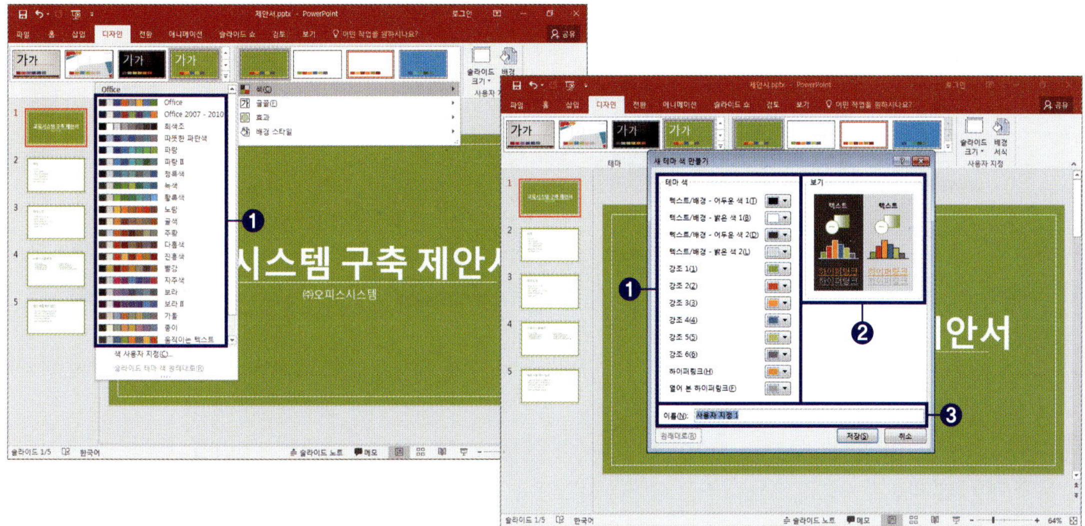

❶ 테마 색 : 제목 개체 틀이나 내용 개체 틀, 하이퍼링크 등에 원하는 테마 색상을 지정할 수 있습니다.

❷ 보기 : 적용한 테마 색을 미리볼 수 있습니다.

❸ 이름 : 새 테마 색의 이름으로 지정합니다.

2 ｜ 테마 효과 살펴보기

테마 효과는 테마의 다양한 스타일을 변경하는 기능입니다. 원하는 테마 효과를 선택하면 테마 효과에 해당하는 도형 스타일이나 선 효과가 변경됩니다.

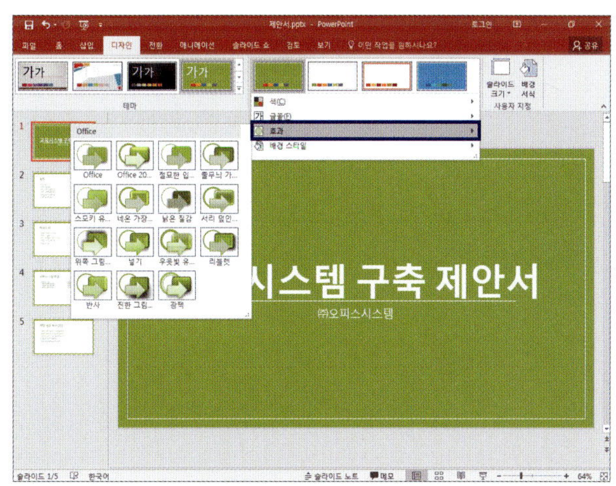

01 예제를 통해 살펴보겠습니다. 테마 색을 변경하기 위해 [디자인] 탭–[적용] 그룹의 [자세히]를 클릭한 다음 [색]–[색 사용자 지정]을 선택합니다. [새 테마 색 만들기] 대화상자가 나타나면 각각의 색상을 클릭해 원하는 색상을 합니다. [이름] 입력란에 『사용자 색상』을 입력한 후 [저장]을 클릭합니다.

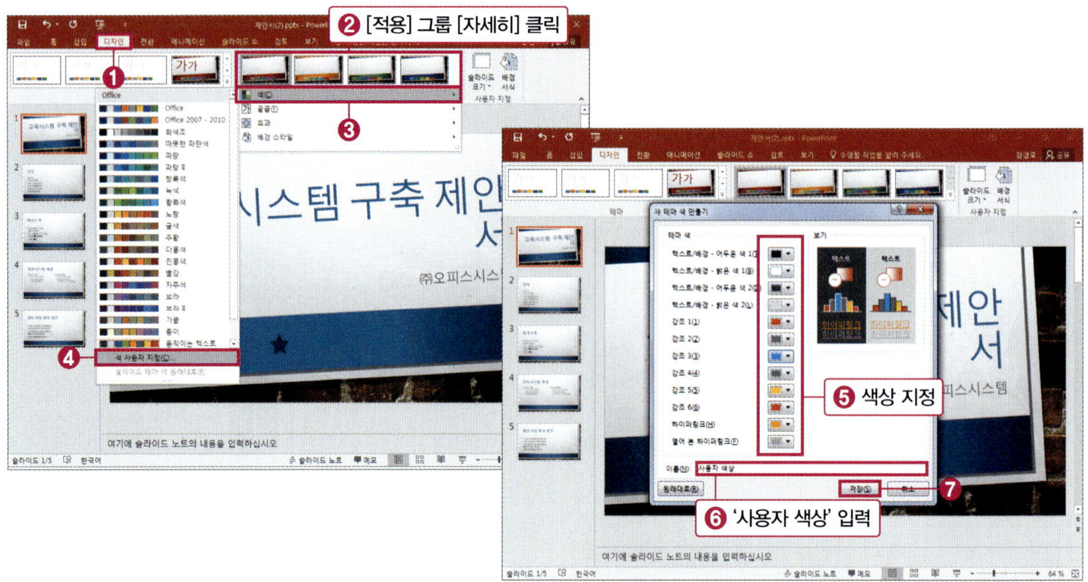

02 사용자가 지정한 색상으로 테마 색상이 변경됩니다. [디자인] 탭–[적용] 그룹의 [자세히]를 클릭한 다음 [색]–[사용자 지정]에 새롭게 구성한 사용자 지정 색상을 확인합니다.

■ 테마 글꼴 지정하기

예제 파일 Part06/Lesson02/제안서2.pptx | 완성 파일 Part06/Lesson02/제안서2_완성.pptx

테마에는 기본 설정된 글꼴 이외에 다른 글꼴을 지정할 수 있습니다. 글꼴도 앞에서 배운 색 사용자 지정과 동일하게 글꼴 사용자 지정을 통해 다양한 글꼴을 선택해 보세요.

1 | 테마 글꼴과 일반 글꼴

테마 글꼴은 영문 제목 글꼴, 영문 본문 글꼴, 한글 제목 글꼴, 한글 본문 글꼴로 구성되어 있습니다.

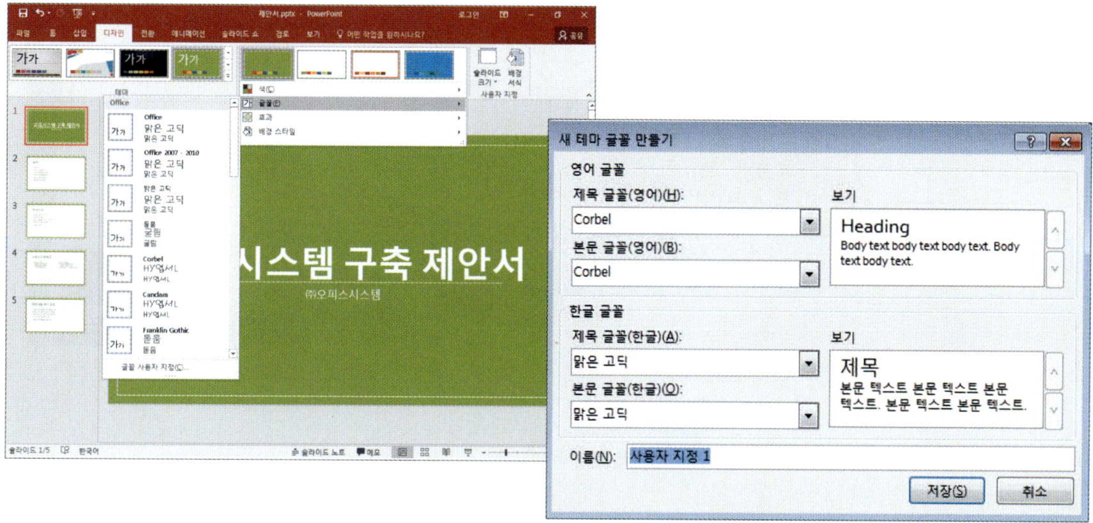

슬라이드 작성을 할 때 글꼴 중에서 테마 글꼴로 텍스트를 작성했다면 본 텍스트는 테마 글꼴로 묶여서 나중에 테마를 변경할 경우 글꼴도 함께 변경이 됩니다. 테마를 변경해도 글꼴은 변경하고 싶지 않다면 [홈] 탭-[글꼴] 그룹에 있는 일반 글꼴을 선택하는 것이 좋습니다.

01 예제를 통해 살펴보겠습니다. 테마 글꼴을 변경하기 위해 [디자인] 탭-[적용] 그룹의 [자세히]를 클릭한 다음 [글꼴]-[글꼴 사용자 지정]을 선택합니다. [새 테마 글꼴 만들기] 대화상자가 나타나면 [한글 글꼴]-[제목 글꼴(한글)]의 글꼴을 [다음_SemiBold]로 변경합니다. [본문 글꼴(한글)]에는 [다음_Regular]을 선택한 후 [이름] 입력란에 『사용자 글꼴』을 입력합니다. [저장]을 클릭합니다.

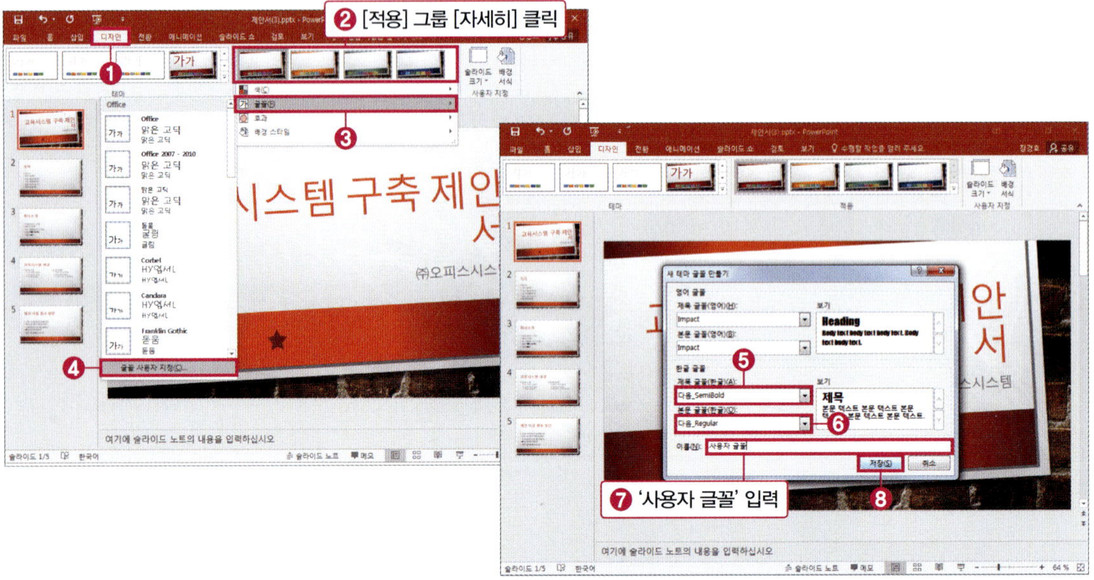

02 사용자가 지정한 글꼴로 모두 변경됩니다. 텍스트를 정렬한 다음 [디자인] 탭-[적용] 그룹의 [자세히]를 클릭한 다음 [글꼴]-[사용자 지정]에 새롭게 구성한 사용자 지정 글꼴을 확인합니다.

팁 :: 사용자 지정한 테마를 삭제하고 싶으면 새롭게 구성한 사용자 지정 글꼴을 마우스 오른쪽 버튼으로 눌러 [삭제]를 선택합니다.

다른 컴퓨터에서 사용하기 위해 테마 파일 저장하기

예제 파일 Part06/Lesson02/제안서4.pptx · **완성 파일** Part06/Lesson02/제안서4_완성.pptx

힘들게 슬라이드 마스터를 이용하여 서식을 설정하였다면 이를 앞으로도 계속 사용할 수 있어야 합니다. 이럴 경우 서식 파일이라는 별도의 파일로 저장해두면 필요할 때마다 불러와 사용할 수 있습니다.

01 [디자인] 탭-[테마] 그룹의 [자세히]를 클릭한 후 [현재 테마 저장]을 선택합니다.

02 [현재 테마 저장] 대화상자가 나타나면 [파일 이름]에 『테마1.thmx』를 입력하거나 확인한 후 [저장]을 클릭합니다.

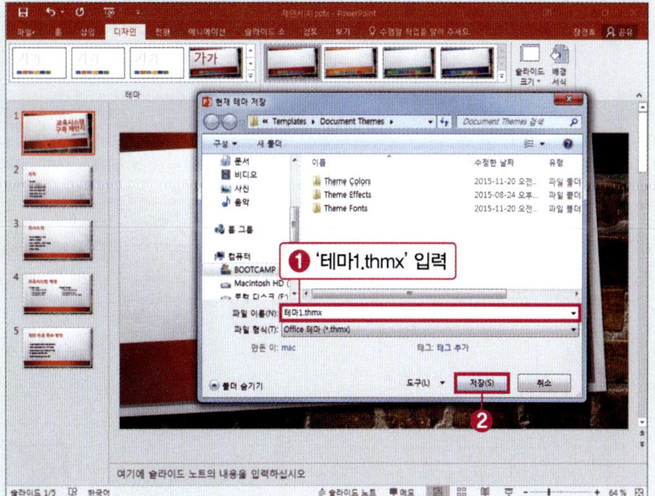

03 [디자인] 탭–[테마] 그룹의 [자세히]를 클릭합니다. [사용자 지정]에 새로운 테마가 나타납니다. 마우스를 올리면 파일 이름으로 지정한 '테마'이라는 나만의 테마를 확인할 수 있습니다.

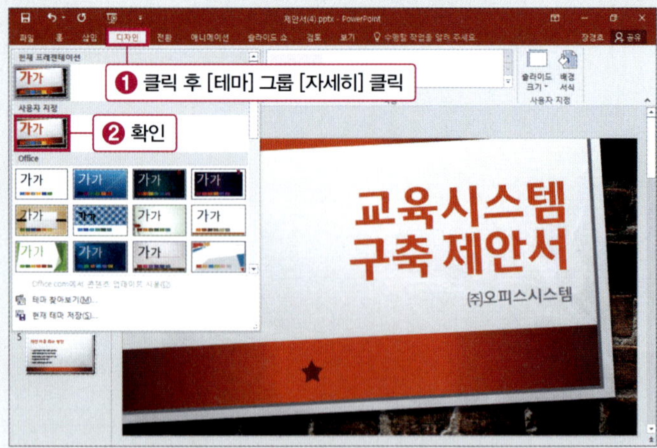

04 이제 저장된 테마를 불러오기 위해 새 슬라이드를 엽니다. [디자인] 탭–[테마] 그룹의 [자세히]를 클릭한 후 [사용자 지정]–[테마]을 선택합니다.

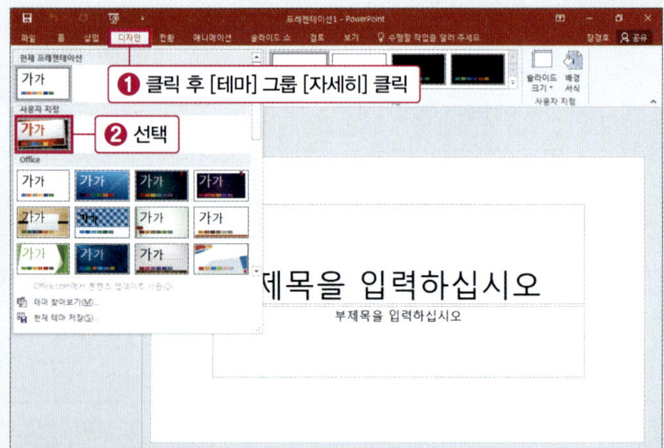

05 저장한 테마가 새 슬라이드에 적용되어 나타납니다. 이처럼 사용자 지정 테마 색이나 글꼴을 통해 완성한 슬라이드 테마를 사용자 지정 테마로 저장하여 원할 때마다 언제든지 불러올 수 있습니다.

Q&A

Q. 사용자 테마를 삭제하고 싶어요.

A. 저장한 테마는 [디자인] 탭–[테마] 그룹의 [자세히]를 클릭한 후 [사용자 지정]–[테마]를 마우스 오른쪽 버튼을 눌러 삭제할 수 있습니다. 삭제뿐 아니라 기본 테마로 설정할 수도 있습니다.

슬라이드 인쇄에 감춰진 기능 살펴보기

마지막으로 인쇄까지 완벽하게!

파워포인트 슬라이드는 슬라이드를 그대로 인쇄하거나 유인물, 흑백, 회색조 인쇄 등 다양한 방법으로 인쇄할 수 있습니다. 유인물의 경우 2장을 한 장에 인쇄하거나 6장을 한 장에 인쇄할 수 있으며, 컬러가 많이 들어간 슬라이드 같은 경우 흑백이나 회색조로도 인쇄하여 잉크 비용을 줄일 수도 있습니다. 이번에는 슬라이드를 인쇄하고 출판하는 기능에 대해서 살펴보겠습니다.

다양한 파워포인트 인쇄 옵션 살펴보기

여기서는 [인쇄]를 선택해 지정할 수 있는 인쇄 옵션에 대해서 잠시 살펴보겠습니다.

■ [인쇄] 기능 살펴보기

내 컴퓨터에 프린터가 연결되어 있다면 [파일] 탭에서 [인쇄]를 클릭하여 다양한 방법으로 인쇄를 진행할 수 있습니다. [전체 페이지 슬라이드]를 선택하여 인쇄하거나 [유인물] 항목에서 원하는 슬라이드 페이지 수를 입력하여 원하는 페이지만큼 인쇄할 수 있습니다. 여기서는 파워포인트의 다양한 인쇄 기능에 대해서 살펴보겠습니다.

1 | 인쇄 옵션

인쇄는 [파일] 탭–[인쇄] 옵션에서 처리할 수 있습니다. 인쇄의 단축키는 **Ctrl** + **P** 입니다.

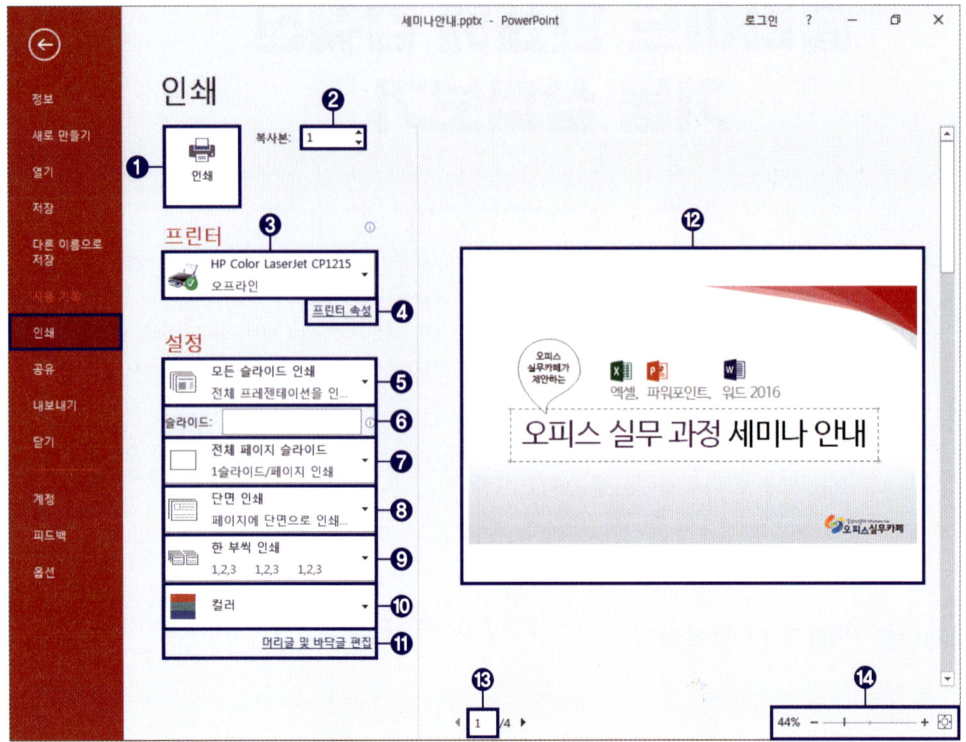

❶ 인쇄 : 현재 설정으로 인쇄를 진행합니다.

❷ 복사본 : 인쇄 부수를 조정할 수 있습니다.

❸ 프린터 : 프린터를 선택할 수 있습니다.

❹ 프린터 속성 : 선택한 프린터의 속성을 변경합니다.

❺ 모든 슬라이드 인쇄 : 모든 슬라이드를 인쇄할 것인지 특정 슬라이드를 인쇄할 것인지 선택합니다.

❻ 슬라이드 수 : 인쇄할 슬라이드 번호를 직접 입력합니다. 예를 들어, 『1』을 입력하면 첫 번째 슬라이드만 인쇄되며, 『3-5』를 입력하면 세 번째 슬라이드부터 다섯 번째 슬라이드까지 인쇄됩니다.

❼ 전체 페이지 슬라이드 : 인쇄 모양이나 유인물, 인쇄 옵션을 변경할 수 있습니다.
- 인쇄 모양
  : 전체 페이지 슬라이드 – 한 페이지에 한 장의 슬라이드를 인쇄합니다.
  : 슬라이드 노트 – 슬라이드와 슬라이드 노트에 입력된 내용을 인쇄합니다.
  : 개요 – [개요] 탭에 입력된 텍스트를 인쇄합니다.
- 유인물
  : 한 페이지에 여러 장의 슬라이드를 인쇄합니다.
- 옵션
  : 슬라이드 테두리 – 슬라이드 테두리를 인쇄합니다.

: 용지에 맞게 크기 조정 – 여백을 줄여 용지에 맞게 인쇄합니다.

: 고품질 – 고품질로 인쇄합니다.

: 메모 및 잉크 표시 인쇄 – 메모, 잉크 표시가 있다면 함께 인쇄합니다.

❽ 단면 인쇄 : 단면 인쇄를 할 것인지 양면 인쇄를 할 것인지를 선택합니다.

❾ 한 부씩 인쇄 : 한 부씩 인쇄할 것인지 선택할 수 있습니다. 한 부씩 인쇄를 선택하면 전체 슬라이드를 한번 인쇄하고 다시 한 부를 인쇄합니다.

❿ 컬러 : 컬러 혹은 회색조, 흑백 중 원하는 색상을 선택할 수 있습니다.

⓫ 머리글 및 바닥글 편집 : 머리글 및 바닥글을 편집할 수 있습니다.

⓬ 미리보기 : 인쇄될 모양을 미리볼 수 있습니다.

⓭ 페이지 선택 : 미리보기할 페이지를 선택합니다.

⓮ 미리보기 확대/축소 : 미리보기 화면을 확대 혹은 축소할 수 있습니다.

2 | [머리글/바닥글] 대화상자 살펴보기

[파일] 탭–[인쇄]에서 [머리글 및 바닥글 편집]을 클릭하면 [머리글/바닥글] 대화상자가 나타납니다. [머리글/바닥글] 대화상자에서는 슬라이드를 인쇄할 때 윗부분과 아랫부분에 작성되는 머리글과 바닥글을 지정할 수 있습니다.

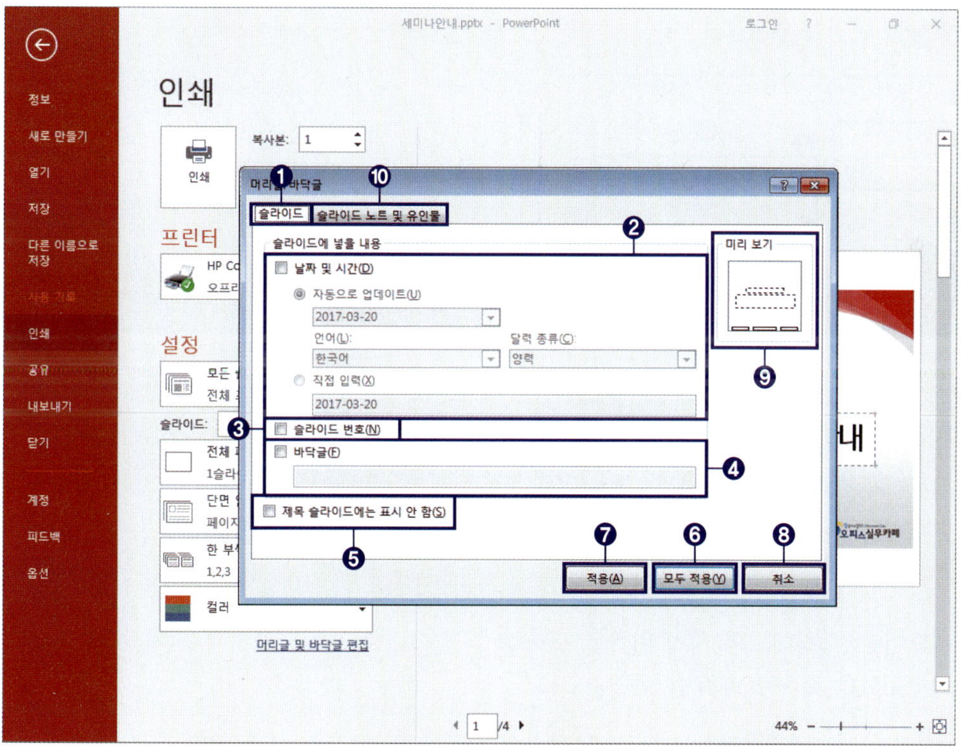

❶ **[슬라이드] 탭** : 슬라이드 페이지에 넣을 머리글/바닥글을 선택할 수 있습니다.

❷ **날짜 및 시간** : 날짜 및 시간을 머리글/바닥글에 삽입할 수 있습니다.

❸ **슬라이드 번호** : 슬라이드 번호를 머리글/바닥글에 삽입할 수 있습니다.

❹ **바닥글** : 바닥글에 넣을 내용을 입력할 수 있습니다.

❺ **제목 슬라이드에는 표시 안 함** : 날짜 및 시간 혹은 페이지 번호 등을 제목 슬라이드에는 표시하지 않습니다.

❻ **모두 적용** : 슬라이드의 전체 페이지에 머리글/바닥글에서 지정한 내용을 모두 적용합니다.

❼ **적용** : 현재 슬라이드에만 머리글/바닥글에서 지정한 내용을 적용합니다.

❽ **취소** : 머리글/바닥글 지정을 취소합니다.

❾ **미리보기** : 머리글/바닥글에 지정될 부분을 미리볼 수 있습니다.

❿ **[슬라이드 노트 및 유인물] 탭** : 슬라이드 노트 및 유인물 페이지에 넣을 머리글/바닥글을 선택할 수 있습니다.

3 | [페이지 설정] 대화상자 살펴보기

[디자인] 탭-[사용자 지정] 그룹에서 [슬라이드 크기]-[사용자 지정 슬라이드 크기]를 클릭하면 [슬라이드 크기] 대화상자가 열립니다. 여기서는 A4 용지를 비롯해 다양한 인쇄 크기를 설정하거나 가로, 세로 등 방향을 변경할 수 있습니다.

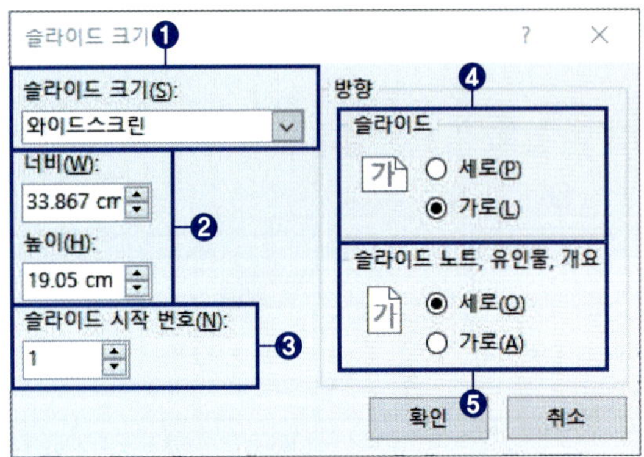

❶ **슬라이드 크기** : 화면 슬라이드 쇼(4:3), A3 용지, A4 용지 등 용도에 따라 다른 크기의 슬라이드를 선택할 수 있습니다.

❷ **너비/높이** : 사용자가 직접 너비나 높이를 입력하여 슬라이드 크기를 설정할 수 있습니다.

❸ **슬라이드 시작 번호** : 슬라이드의 시작 번호를 선택할 수 있습니다. 만일, 시작 번호에 『0』을 입력하면 두 번째 슬라이드의 번호가 '1'로 지정됩니다.

❹ **슬라이드** : 슬라이드의 방향을 세로, 가로 중에서 선택할 수 있습니다.

❺ 슬라이드 노트, 유인물, 개요 : 슬라이드, 슬라이드 노트, 유인물 등 인쇄되는 방향을 가로, 세로 중에서 선택할 수 있습니다.

■ 슬라이드 문서를 고품질로 인쇄하기

예제 파일 Part06/Lesson03/세미나안내.pptx

그라데이션이 포함되어 있는 슬라이드는 인쇄할 경우 그라데이션 부분이 제대로 인쇄되지 않는 경우가 많습니다. 이럴 때에는 고품질로 설정하여 해결할 수 있습니다.

1 | [고급]-[고품질]

[PowerPoint 옵션] 대화상자의 [고급] 항목에서는 슬라이드 쇼를 진행할 때 메뉴 표시를 비롯해 잉크 주석 유지 등을 설정할 수 있으며, 인쇄할 때 트루타입 글꼴을 그래픽으로 인쇄하거나 그라데이션이 포함된 슬라이드를 위해 고품질로 인쇄할 수 있습니다. 다만, 고품질로 인쇄할 때에는 프린터에서 고품질로 인쇄가 가능한지를 파악해야 합니다.

[PowerPoint 옵션] 대화상자에서 [고급] 항목을 클릭합니다. [인쇄]-[고품질]에 체크합니다.

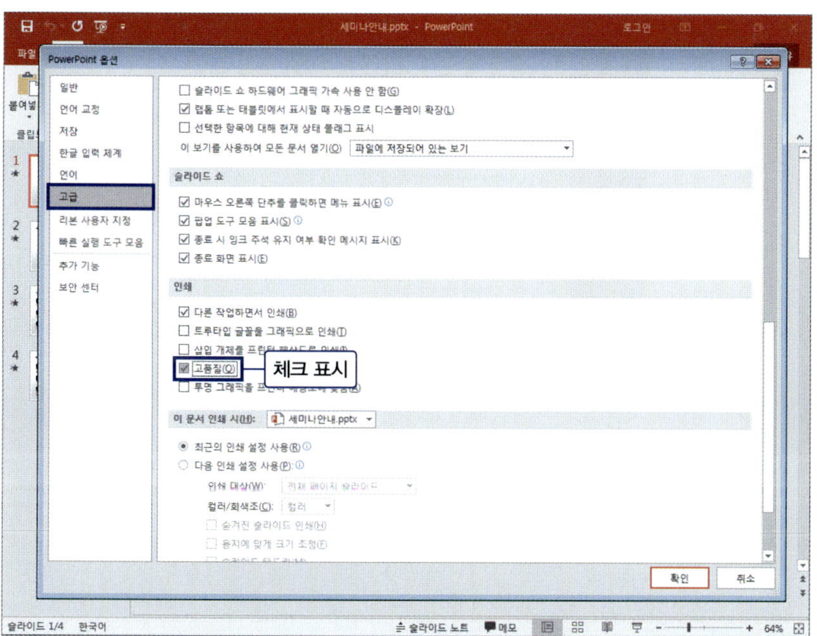

01 [파일] 탭을 클릭하여 [인쇄]를 선택하거나 **Ctrl** + **P** 를 누릅니다.

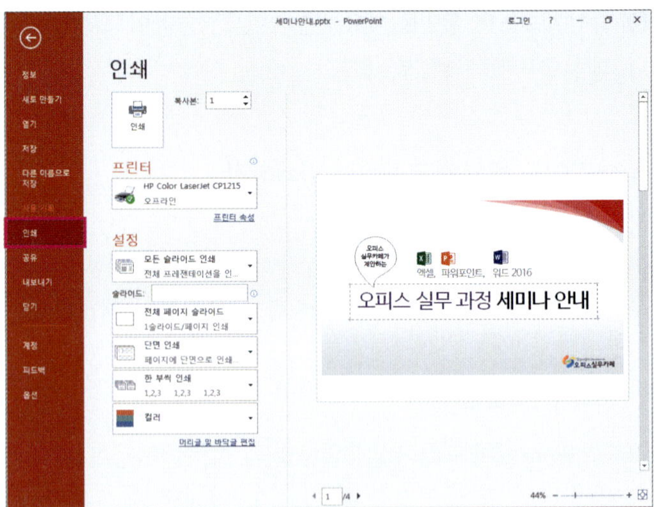

02 인쇄와 관련된 설정 옵션이 나타납니다. 오른쪽 미리보기 화면을 통해 인쇄될 화면을 미리 확인할 수 있습니다. [다음 페이지]를 클릭하여 인쇄될 페이지를 확인합니다. [프린터]를 클릭하여 프린터를 선택한 후 [인쇄]를 클릭합니다.

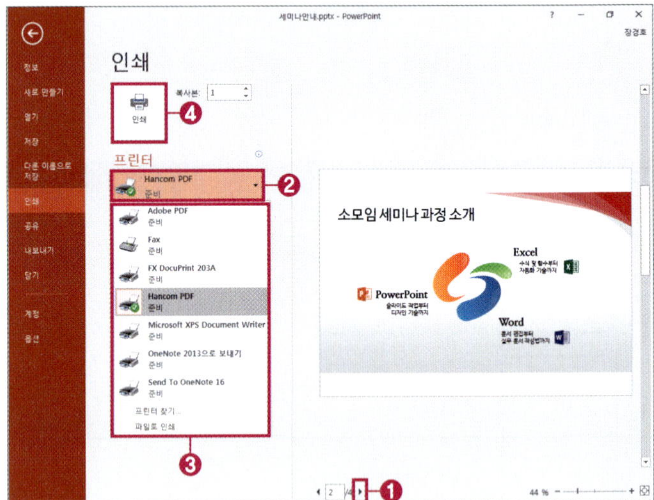

STORY 02 :: 파워포인트 기능은 여기에 다 있다! 실무 PPT 따라하기

여러 슬라이드와 슬라이드 노트 인쇄하기

검토용으로 슬라이드를 인쇄하거나 유인물 형태로 인쇄를 하기 위해서는 한 페이지에 여러 슬라이드를 인쇄하는 것이 효율적입니다. 여기서는 한 페이지에 여러 슬라이드를 인쇄하는 방법이나 슬라이드 노트를 인쇄하는 방법에 대해서 살펴보겠습니다.

■ 여러 슬라이드 인쇄하기

예제 파일 Part06/Lesson03/세미나안내.pptx

한 페이지에 여러 장의 슬라이드를 인쇄하는 것을 유인물 인쇄라고 하며, 유인물로 먼저 설정이 되어야 한 페이지에 넣을 페이지 수를 지정할 수 있습니다.

01 [파일] 탭-[인쇄]를 클릭한 후 한 페이지에 2슬라이드를 인쇄하기 위해 [설정]-[슬라이드 노트]를 클릭한 다음 [2슬라이드]를 선택합니다.

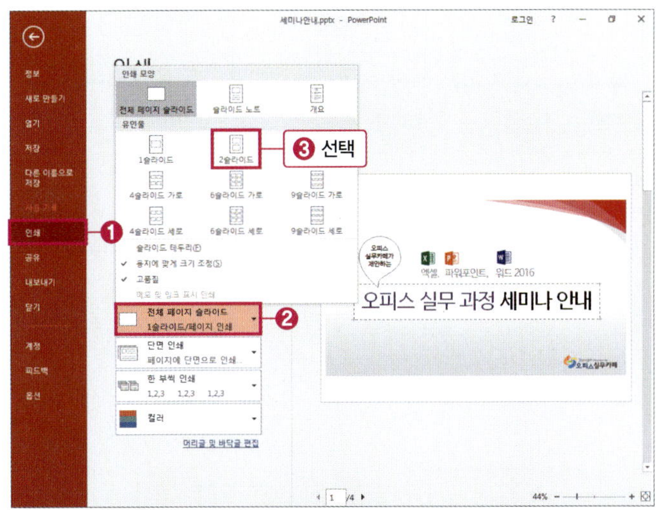

02 용지에 맞게 크기를 조정하기 위해 [용지에 맞게 크기 조정]을 클릭합니다.

Q&A

Q. [인쇄]-[설정]에서 [컬러]로 지정해도 미리보기 화면에 흑백으로 표시됩니다.

A. 프린터를 체크해 보세요. 프린터가 컬러 프린터인지 흑백 프린터인지에 따라 표시되는 미리보기 화면도 달라집니다. 즉, 연결된 프린터가 흑백 프린터일 경우 [설정]에서 [컬러]로 지정해도 미리보기 화면은 흑백으로 표시됩니다.

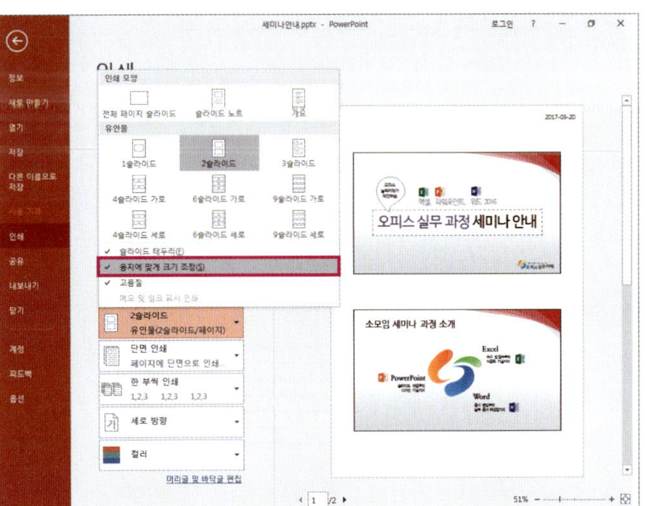

■ 시나리오를 작성하기 위해 스토리보드 만들기

유인물은 시나리오를 작성할 때에도 유용하게 사용할 수 있습니다. 파워포인트를 다루는 사람이라면 파워포인트로 간단히 시나리오를 위한 스토리보드를 만들어 사용할 수 있습니다.

1 | 파워포인트로 스토리보드 만들기

스토리보드는 A4 용지에 작성할 수 있으며, 스토리보드 용지를 구매하여 작성할 수도 있습니다. 하지만, 파워포인트를 활용해 스토리보드를 만들 수 있습니다.

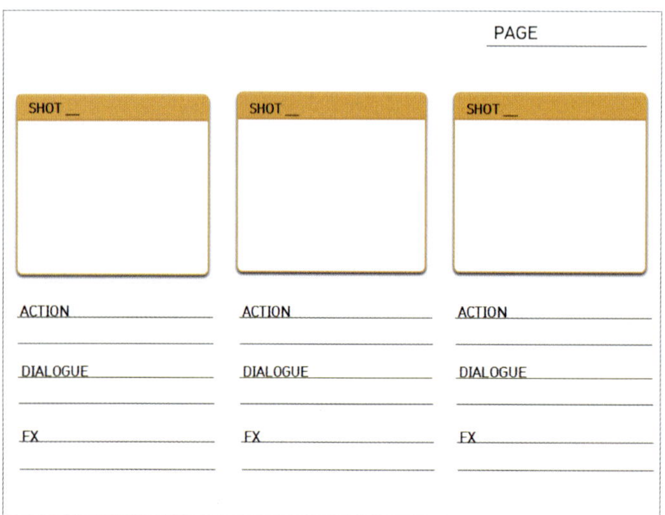

◀ 스토리보드

◀ 유인물로 만든 스토리보드

01 스토리보드를 파워포인트에서 만들어 보겠습니다. 파워포인트에서 빈 화면 슬라이드를 세 장 생성합니다.

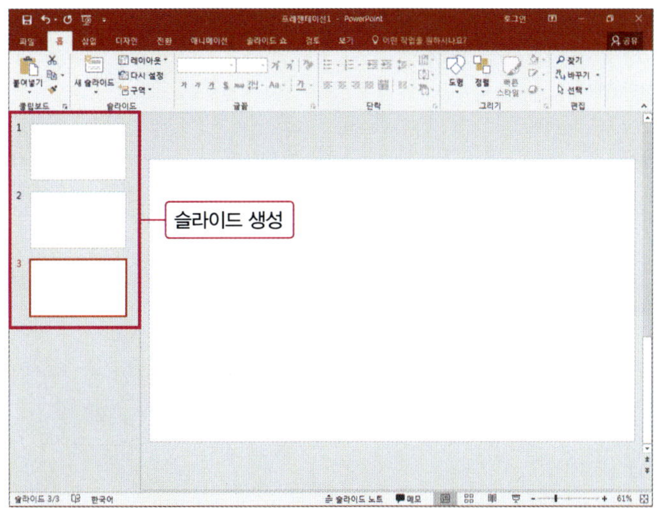

02 [파일] 탭–[인쇄]를 클릭합니다. [전체 페이지 슬라이드]를 클릭하여 [유인물]–[3 슬라이드]를 선택합니다. 미리보기 화면을 보면 스토리보드 형식의 페이지가 완성됩니다.

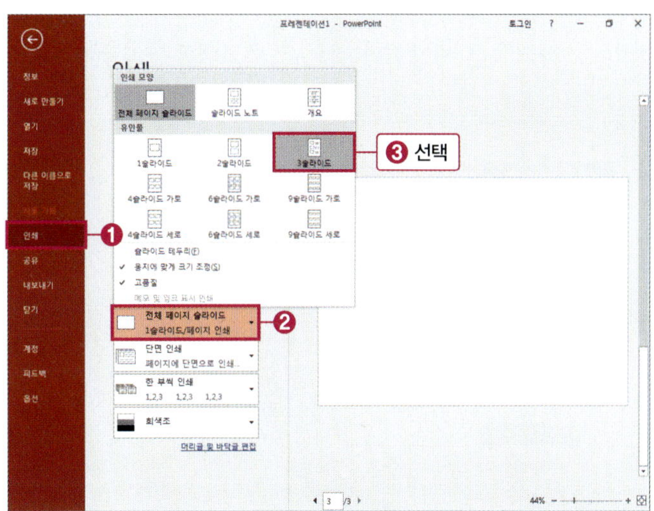

03 [인쇄]를 클릭하여 스토리보드 용지로 활용합니다. 이 외에도 파워포인트의 도형이나 선 개체 등을 이용해 원하는 형식으로 직접 만들어 사용할 수도 있습니다.

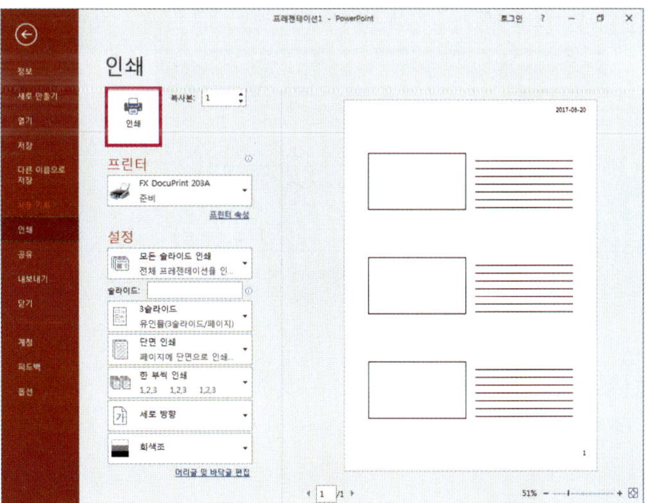

프린트에 따라 흑백이나 회색조로 인쇄하기

파워포인트는 워드나 엑셀과 달라서 출력 시 컬러로 인쇄하면 토너나 잉크 소모가 크다는 단점이 있습니다. 이럴 때에는 회색조나 흑백으로 인쇄하여 해결할 수 있습니다.

■ 컬러에서 회색조, 흑백 선택하기

슬라이드는 컬러 혹은 흑백과 회색조로 인쇄를 할 수 있습니다. 흑백이나 회색조로 인쇄하려면 [파일] 탭-[인쇄]를 선택해 [컬러]에서 [회색조] 혹은 [흑백]을 선택해서 지정할 수 있습니다.

1 | 컬러, 흑백, 회색조

회색조나 흑백으로 인쇄 시 이미지나 텍스트가 자동으로 회색조와 흑백으로 전환되어 표시됩니다. 만일, 그라데이션 색상이나 다른 프로그램에서 만든 이미지나 아이콘의 경우 제대로 표시되지 않을 수 있습니다.

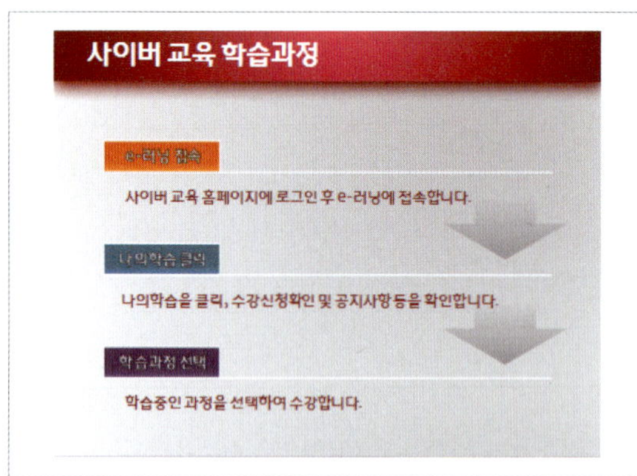

▲ 컬러   ▲ 흑백

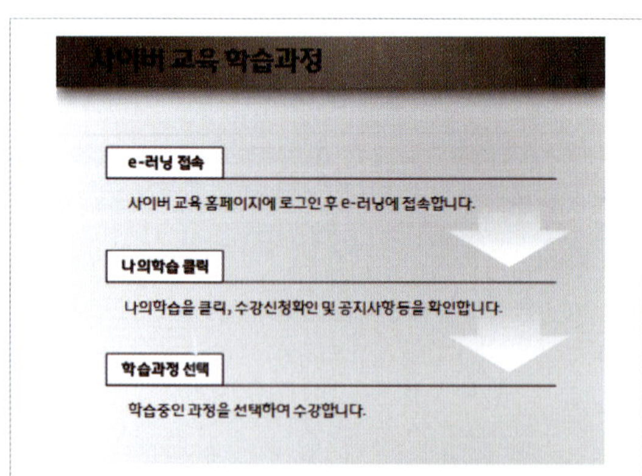

▲ 회색조

01 [파일] 탭–[인쇄]를 클릭한 후 [컬러]에서 [회색조]를 선택합니다.

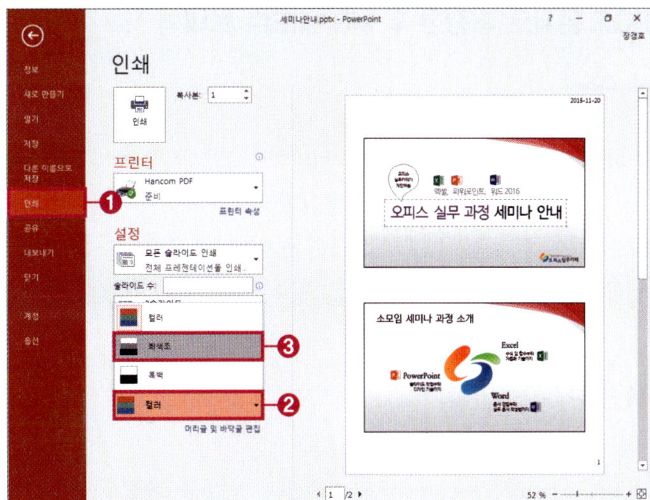

02 컬러에서 회색조로 변경됩니다.

팁 :: 회색조나 흑백으로 인쇄 시 이미지나 텍스트가 자동으로 회색조와 흑백으로 전환되어 표시됩니다. 만일, 그라데이션 색상이나 다른 프로그램에서 만든 이미지나 아이콘의 경우 제대로 표시되지 않을 수 있습니다.

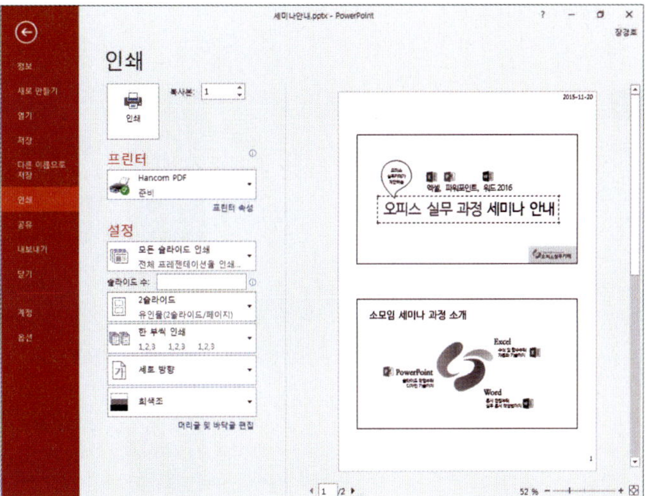

PDF 문서로 저장한 후 MS 워드로 보내기

PDF(Portable Document Format) 파일은 전자문서 파일 형태를 말하는데 어떤 운영체제에서도 전송과 읽기가 가능해 문서를 출판할 때 주로 사용하는 형태입니다. 특히, 변환 전의 파일보다 용량을 많이 줄여주고 뷰어 프로그램만 있어도 내용을 볼 수 있어 많이 사용하고 있습니다. 파워포인트 파일을 PDF 파일로 한 번에 변환할 수 있습니다. 또한, 변환된 파일을 MS 워드로 보낼 수 있습니다.

■ PDF/XPS 만들기

예제 파일 Part06/Lesson03/세미나안내.pptx ┃ **완성 파일** Part06/Lesson03/세미나안내.pdf

PDF(Portable Document Format)는 공유를 목적으로 하는 전자문서 파일 형식을 말하는 것으로 리눅스, 윈도우, 매킨토시 등 어떤 운영체제에서도 전송과 읽기가 가능한 전자문서 파일 형식이라고 볼 수 있습니다.

01 [파일]–[내보내기]–[PDF/XPS 문서 만들기]를 클릭한 다음 [PDF/XPS 만들기]를 선택합니다.

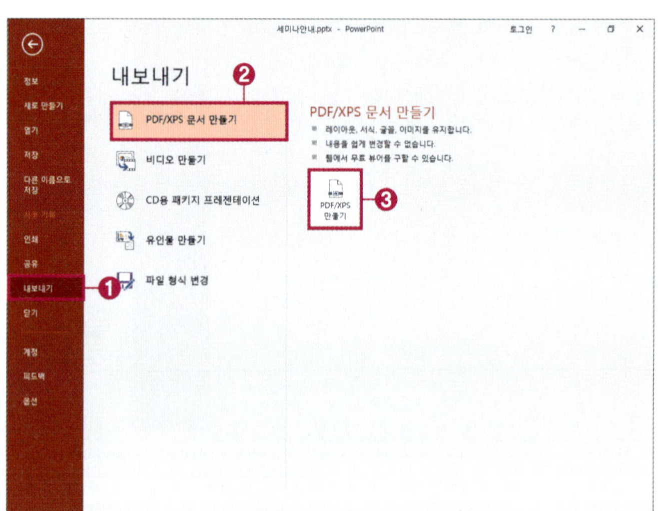

02 [PDF 또는 XPS로 게시] 대화상자가 나타나면 원하는 폴더를 선택한 다음 [파일 이름]에 『세미나안내』를 입력한 후 [게시]를 클릭합니다.

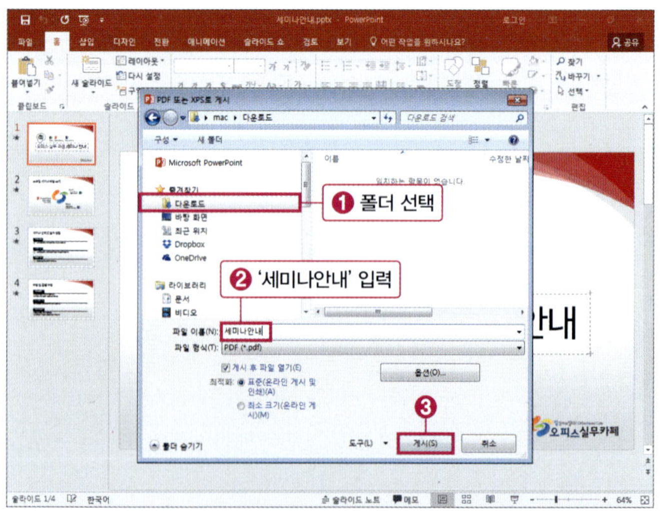

03 슬라이드가 PDF로 변환되며, 파일이
실행됩니다.

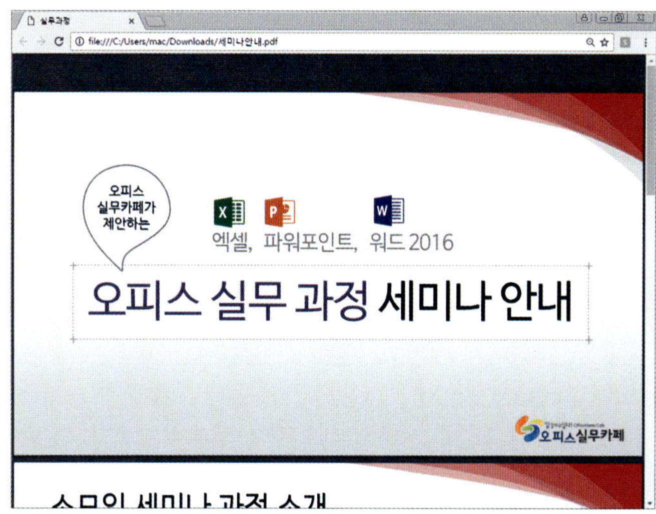

■ 파워포인트 파일을 워드에서 편집하기

예제 파일 Part06/Lesson03/세미나안내.pptx ┃ **완성 파일** Part06/Lesson03/세미나안내.docx

파워포인트 파일은 파워포인트에서만 수정하고 편집할 수 있는 것은 아닙니다. 다음에 다루게 될
원드라이브를 통해 파워포인트 온라인에서 작업할 수 있으며, 워드에서 작업을 이어할 수 있습니
다. 특히, 워드에서 편집할 경우 워드의 다양한 문서 편집 기능을 활용할 수 있어서 유용하게 사용
됩니다.

01 [파일] 탭–[내보내기]–[유인물 만들기]
를 클릭합니다.

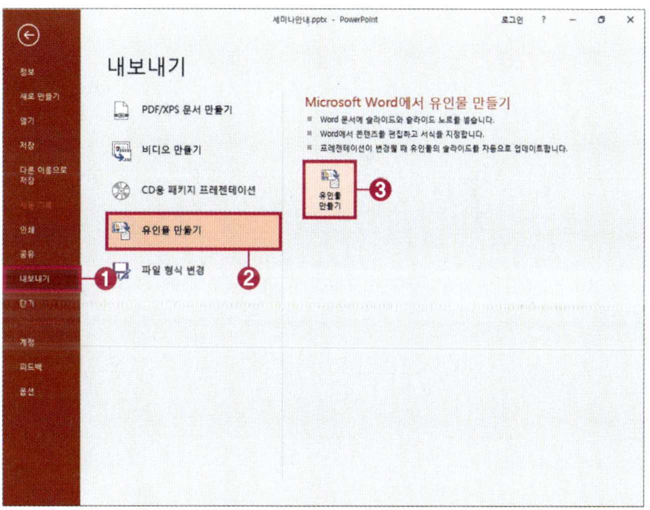

02 [Microsoft Word로 보내기] 창이 뜨면 [슬라이드 옆에 설명문]을 선택한 후 [확인]을 클릭합니다.

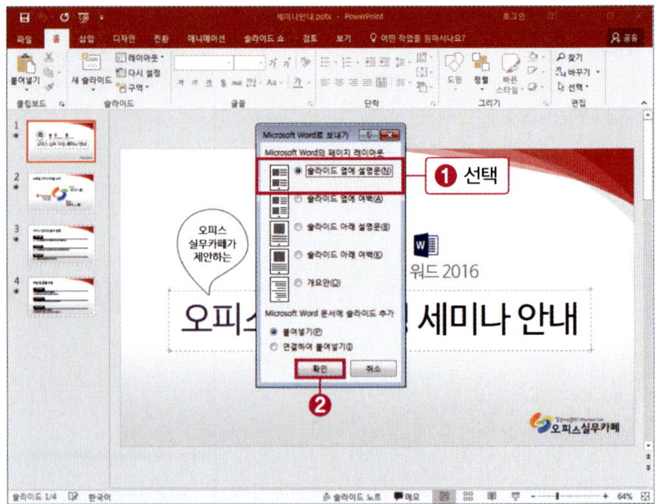

03 워드가 자동으로 열립니다. 워드에서 슬라이드 파일을 자유롭게 편집하고 인쇄할 수 있습니다.

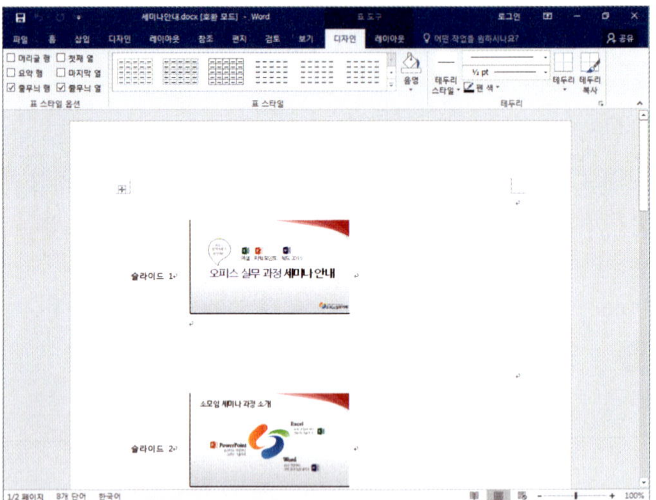

스토리가 살아있는
POWERPOINT 2016

1판 1쇄 발행   2017년 9월 25일

저   자 | 장경호
발 행 인 | 김길수
발 행 처 | (주)영진닷컴
주   소 | (우)08505 서울시 금천구 가산디지털2로 123
　　　　 월드메르디앙벤처센터2차 10층 1016호
등   록 | 2007. 4. 27. 제16-4189

©2017. (주)영진닷컴
ISBN | 978-89-314-5667-7

이 책에 실린 내용의 무단 전재 및 무단 복제를 금합니다.

도서문의처 | http://www.youngjin.com

YoungJin.com **Y.**
영진닷컴